Darstellende Künste im öffentlichen Raum

Gefördert vom Fonds Darstellende Künste e. V. mit Mitteln des Bundes auf Empfehlung des Haushaltsausschusses des Deutschen Bundestags und des Beschlusses des Stiftungsrats der Kulturstiftung des Bundes

Unterstützt mit Mitteln des Bundesverbands Theater im Öffentlichen Raum und von Günter Jeschonnek

FONDS DARSTELLENDE KÜNSTE

Darstellende Künste im öffentlichen Raum
Transformationen von Unorten und ästhetische Interventionen
Herausgegeben von Günter Jeschonnek

Ein Projekt vom Bundesverband Theater im Öffentlichen Raum und Fonds Darstellende Künste

Recherchen 127

© 2017 by Theater der Zeit

Texte und Abbildungen sind urheberrechtlich geschützt. Jede Verwertung, die nicht ausdrücklich im Urheberrechts-Gesetz zugelassen ist, bedarf der vorherigen Zustimmung des Verlages. Das gilt insbesondere für Vervielfältigungen, Bearbeitungen, Übersetzungen, Mikroverfilmung und die Einspeisung und Verarbeitung in elektronischen Medien.

Verlag Theater der Zeit
Verlagsleiter Harald Müller
Winsstraße 72 | 10405 Berlin | Germany
www.theaterderzeit.de

Redaktion: Günter Jeschonnek, Mitarbeit: Matthias Däumer
Lektorat: Erik Zielke
Gestaltung: Sibyll Wahrig
Cover: Inszenierungsfoto *Zum goldenen Leben*, © Meyer Originals, Futur3

Printed in Germany

ISBN 978-3-95749-087-2

Darstellende Künste im öffentlichen Raum

Transformationen von Unorten und ästhetische Interventionen

Herausgegeben von Günter Jeschonnek

Ein Projekt vom Bundesverband Theater im Öffentlichen Raum und Fonds Darstellende Künste

Theater der Zeit
Recherchen 127

Gewidmet allen freien Theater-
und Tanzschaffenden,
die sich selbstbestimmt
für ihre experimentellen
und fragilen Wege entschieden haben.

Inhalt

Clair Howells
Der öffentliche Raum – eine Bühne von 360 Grad   10

Günter Jeschonnek
Über die Kunst, Erinnerungen wachzuhalten   12
und ins Heute und Morgen zu transformieren

UNORT-PROJEKTE

Matthias Däumer
Vom Unort zur Verunortung   18

Theater Willy Praml
Heine – Wacht auf und erzählt seinem Freund Karl Marx   22
wie er im Traum in einem Kahn die Kurt-Schumacher-Straße
rauf und runter fuhr. Stationen eines Traumas

Theater Titanick
Lost Campus   32

Das letzte Kleinod
Exodus   42

Freies Theaterteam Karen Breece/Jurgen Kolb
Dachau//Prozesse   52

werkgruppe2
Blankenburg   64

TheatreFragile
Out of Bounds – GEHschichten eines Stadtteils   75

Verein für Raum und Zeit e. V.
Das Haus :: Acht Räume Acht Spieler Ein Zuschauer   89

Inhalt

Irina Pauls
Second Splash — 99

bodytalk
Bonnkrott – Eine Stadt tanzt — 108

Ender/Kolosko
Das Zentrum lebt! — 116

Constanze Fischbeck, Daniel Kötter, Jochen Becker
state-theatre/translokal #1 — 127

The Working Partys
Rettungsschirme — 137

Theater Anu
Expedition Thälmannpark — 145

Anna Peschke/Uwe Lehr
Gräsertheater — 155

Futur3
Zum goldenen Leben — 164

Aktionstheater PAN.OPTIKUM
Zeit heilt alle Stunden — 174

Philipp Hauß
Wunderblock – Deutschland, Deine Speicher – 50 Jahre Super 8 — 184

Angie Hiesl und Roland Kaiser
ID-clash — 194

Inhalt

INTERNATIONALES SYMPOSIUM

Begrüßung und Impulsreferate 212

Erstes Podium 244

Zweites Podium 280

Drittes Podium 309

Viertes Podium 331

DISKURS

Frauke Surmann
ÄSTHETISCHE IN(TER)VENTIONEN IM 370
ÖFFENTLICHEN RAUM
Grundzüge einer politischen Ästhetik

Hilke Berger
„UND JETZT BITTE ALLE: INTERVENTION" 376
Über die Kunst der Partizipation zwischen
Instrumentalisierung und Aktivierung

Katja Drews
CREATIVE SPACING 383
Die Performativität des sozialen Raums und die
Transformationspotenziale darstellender Künste
im öffentlichen Raum

Thomas Kaestle
WIE FUNKTIONIERT DEMOKRATISCHE KUNST? 393
Hilmar Hoffmanns Thesen zur Kunst im Stadtraum

Barbara Hoidn
DEMO:POLIS 405
The Right to Public Space

Inhalt

Florian Matzner
STREIFZÜGE DURCH DEN ÖFFENTLICHEN RAUM 416
Anmerkungen zu Stadt und Öffentlichkeit
im frühen 21. Jahrhundert

Florian Heilmeyer
MENTALE MONUMENTE 424
Vom dauerhaften Wert des Temporären in der Stadt

Hanno Rauterberg
AB NACH DRAUSSEN! 431
Wie ausgerechnet das Internet eine Renaissance
des öffentlichen Lebens befeuert

Vanessa Weber und Gesa Ziemer
URBANITÄT KURATIEREN? 435
Plädoyer für einen erweiterten Nachhaltigkeitsbegriff
durch Kunst

Hilke Berger und Thomas Kaestle
SCHULTERBLICK NACH VORN 443
Ein später Dialog zum Symposium

ANHANG

Gesamtstatistik – Theater im öffentlichen Raum 452

Geförderte Projekte – Theater im öffentlichen Raum 454

Die Kraft der Evaluation 456
Ein Interview von Felicitas Kleine mit Günter Jeschonnek

Autorinnen und Autoren 462

Genese und Danksagung 474

DER ÖFFENTLICHE RAUM –
EINE BÜHNE VON 360 GRAD

Der öffentliche Raum hat in den letzten Jahren große Aufmerksamkeit von vielen Künstlern erhalten, sowohl in den theoretischen Diskursen als auch in Auseinandersetzungen um die künstlerische Praxis. Bildende und darstellende Kunst, Performance- oder Installationskunst haben ihn als Schaffensfeld und Arbeitsraum entdeckt. Das Theater im öffentlichen Raum nutzt diesen seit jeher als Bühne. Es ist die Form des Theaters, die sich gezielt in städtisches Leben einbringt: Plätze im öffentlichen Raum werden in ganz besondere Bühnen verwandelt und damit auch in einen neuen Bedeutungszusammenhang für die Menschen vor Ort gebracht. Eine Vorstellung im öffentlichen Raum ist eine künstlerische Unterbrechung des Alltags, ein „Überfall" auf das Alltagsleben mittels Kunst.

Der im Jahr 2007 veröffentlichte Bericht der Enquête-Kommission des Bundestags zur Situation der Kultur in Deutschland erläuterte, dass das Genre „identitätsstiftend ist für breite soziale Schichten und für zentrale Orte der Städte". Für Momente scheinen die Warnungen vom Verfall der städtischen Gesellschaft, von der kulturellen Spaltung und vom Publikumsschwund im Theater vergessen – das Theater im öffentlichen Raum hat sich aus stadtsoziologischer Sicht und für die darstellenden Künste zu einem zukunftsweisenden Genre entwickelt.

Der Bundesverband Theater im Öffentlichen Raum e. V. vertritt seit 2006 die Interessen von Veranstaltern, Künstlern und Produzenten, mit dem Ziel, diese Theaterform als eigenständiges Genre im Bereich der darstellenden Künste zu fördern. Er versteht sich als Sprachrohr der Künstler und Organisatoren und als Ansprechpartner für Politik, Wirtschaft und Wissenschaft. Der Bundesverband setzt sich für die künstlerische und professionelle Anerkennung seiner Mitglieder und für die gesamte Theaterlandschaft ein – eine Anerkennung, die dem Genre innerhalb und außerhalb Europas längst zuteilwird.

Das Sonderprojekt Unorte, das gemeinsam mit dem Fonds Darstellende Künste im Sommer 2012 initiiert wurde und für das der Haushaltsausschuss des Bundestags 600 000 Euro bewilligte, ermöglichte die Förderung von 18 Produktionen im und für den öffentlichen Raum, die in diesem Buch vorgestellt werden. Für den Bundesverband stellen das

Sonderprojekt, das Berliner Symposium zu diesem Thema und das vorliegende Buch wichtige Meilensteine für die künftige Arbeit dar.

Das Buch erscheint elf Jahre nach der Gründung des Bundesverbands und es dokumentiert eindrucksvoll die Vielfalt der künstlerischen Ausdrucksformen sowie die aktuelle gesellschaftliche und kulturpolitische Relevanz der Eroberung des öffentlichen Raums durch das Theater.

Mit dem Buch gelingt es, die von den Künstlerinnen und Künstlern gewählte Auseinandersetzung mit den jeweiligen Orten und Themen zu beschreiben und nachhaltig festzuhalten. Zugleich stellt die Publikation eine Sammlung der Texte dar, die auf dem internationalen Symposium Darstellende Künste im öffentlichen Raum im März 2015 vorgetragen wurden, ergänzt durch hervorragende aktuelle Gastbeiträge.

Der Bundesverband Theater im Öffentlichen Raum e. V. beteiligt sich auch finanziell am Erscheinen der Publikation. Möge dieses komplexe Buch einen Beitrag dazu leisten, dass das Genre differenzierter wahrgenommen und besser verstanden wird.

Als Vorsitzende des Bundesverbands Theater im Öffentlichen Raum bedanke ich mich bei allen Autorinnen und Autoren, die ihre Texte zur Verfügung gestellt haben.

Ein besonderer Dank gilt an dieser Stelle Günter Jeschonnek, der für die Redaktion und die sinnvolle Zusammenstellung aller Texte als Herausgeber verantwortlich zeichnet. Er hat in seiner ehemaligen Funktion als Geschäftsführer des Fonds Darstellende Künste das Sonderprojekt überhaupt erst ermöglicht. Ohne seine Kontakte und sein ehrenamtliches Engagement wäre die vorliegende Publikation nicht zustande gekommen.

November 2017, Clair Howells

Erste Vorsitzende Bundesverband Theater im Öffentlichen Raum e. V.

ÜBER DIE KUNST, ERINNERUNGEN WACHZUHALTEN UND INS HEUTE UND MORGEN ZU TRANSFORMIEREN

Die vorliegende Publikation schließt das Sonderprojekt „Unorte – Theater im öffentlichen – Raum" ab. Dazu gehörten die Realisierung von 18 bundesweit geförderten Projekten professioneller freier Künstlergruppen und ein anschließendes internationales Symposium. Für diese Theaterprojekte wurde 2013 in der Ausschreibung als Zielsetzung formuliert, „Unorte zu theatralen Wirkungs- und zeitweiligen neuen Lebensräumen zu transformieren und somit zu nachhaltigem Bewusstsein für die ursprüngliche Bedeutung dieser Unorte sowie zu Diskursen für kreative Nutzungskonzepte anzuregen." Dafür warb der Fonds Darstellende Künste in Kooperation mit dem Bundesverband Theater im Öffentlichen Raum Sondermittel des Deutschen Bundestages in Höhe von 600 000 Euro ein, welche die Kulturstiftung des Bundes zur Verfügung stellte. Weil es sich um eine Komplementärförderung des Bundes handelte, musste über Kommunen und Länder mindestens ein weiterer Finanzierungsanteil von 25 Prozent akquiriert werden. Das gelang den Künstlergruppen mit zusätzlichen 750 000 Euro überaus beeindruckend, sodass insgesamt ein Budget von 1,35 Millionen Euro zur Verfügung stand.

Nach Beendigung der Inszenierungsphasen aller Projekte Ende 2014 stand für mich als Geschäftsführer des Fonds und Leiter des Sonderprojektes fest, dass von diesen außergewöhnlichen künstlerischen Arbeiten möglichst viele freie Theater- und Tanzschaffende erfahren müssten. Ich dachte an einen internationalen Diskurs für das gesamte Spektrum der darstellenden Künste im öffentlichen Raum, der über Transformationen von Unorten hinausgehen sollte. Dafür sprach auch die Bilanz unter statistischen Gesichtspunkten: Die Künstlergruppen erweiterten ihre Teams auf insgesamt 470 Beteiligte, die mit 150 Aufführungen in 23 deutschen Kommunen sowie in Israel und Bangladesch mehr als 25 000 Zuschauer erreichten.

In Absprache mit den Gremien des Fonds und dem Bundesverband folgte im März 2015 das mehrtägige Symposium in Berlin. Dort kündigte ich am Ende an, eine Publikation herauszugeben, in der die Projekte und das Symposium dokumentiert werden. Nun ist es geschafft, der Flüchtigkeit und Vergänglichkeit dieser künstlerischen Interventionen und temporären Transformationen in Form des vorliegenden

Buches etwas Bleibendes zu geben und damit die leidenschaftliche und fantasiereiche Arbeit dieser Künstlergruppen und aller Beteiligter des internationalen Symposiums nachhaltig zu würdigen. Darüber hinaus konnten renommierte Autoren für Gastbeiträge gewonnen werden, die sich seit Jahren mit der Thematik auseinandersetzen. Diese Texte komplettieren das Buch zu einem wichtigen und nachhaltigen Impulsgeber.

Im *ersten Kapitel* des Buches beschreiben die Künstlergruppen ihre Projekte hinsichtlich ihrer jeweiligen Schaffens- und Wirkungsästhetiken, ihrer Aneignungs- und Auseinandersetzungsstrategien am Unort und mit kommunalen Verwaltungen. Sie berichten über die Zusammenarbeit mit neu gewonnenen Partnern, partizipative Einbindung des gesellschaftlichen Umfelds und die Resonanz beim Publikum, den Medien und Kulturverwaltungen. Auch erste Selbsteinschätzungen gehören dazu, wie z. B. die Frage, ob ihre ästhetischen Interventionen den gewählten Unort nachhaltig beeinflussen.

Diese kompakten Darstellungen entstanden bereits für das Symposium und wurden dort nach einer Matrix formaler Vorgaben hinsichtlich der Ausschreibungskriterien präsentiert. In dieser Form habe ich sie mit ausgewählten Inszenierungsfotos für das Buch übernommen. Umfangreichere Projektbeschreibungen und Darstellungen, wie filmische Ausschnitte, Fotos und Medienberichte, sind auf den jeweiligen Webseiten der Gruppen eingestellt. Das gilt auch für neue Produktionen, die nach dem Sonderprojekt entstanden.

Den Projektdarstellungen schließen sich eine Einführung zu relevanten Unort-Theorien und detaillierte Aufführungsbeschreibungen sowie Einordnungen in diese Theorien und Fragen sozialer Nachhaltigkeit an. Diese Texte wurden von Matthias Däumer verfasst, den ich für das Sonderprojekt als akademischen Fachberater gewinnen konnte. Er war am gemeinsamen Sichtungsprozess der 165 eingereichten Projektanträge aus allen Bundesländern und den nachfolgenden Kuratoriumssitzungen beteiligt. Des Weiteren hatten Matthias Däumer und ich die Möglichkeit, fast alle Inszenierungen zu sehen. Die wenigen Projekte, die er nicht besuchen konnte, beschreibe ich in diesem Kapitel. Seine wie auch meine Texte sind Ergebnis unseres konstruktiven Gedankenaustauschs. Wir waren von den Experimenten der Künstlergruppen, den Transformationen der von ihnen ausgewählten Unorte und den facettenreichen Einbindungen von Experten des Alltags, Laiendarstellern und Einwohnern vor Ort sehr beeindruckt.

Im Mai 2016 befragte ich die jeweiligen künstlerischen Leiter, wie sie rückblickend die Ausschreibung zum Sonderprojekt einschätzen und ihre Inszenierungen mit den nachhaltigen Folgewirkungen innerhalb der Kunstsparte einordnen. Bei dieser Form der Evaluation interessierte mich auch, was ihre künstlerische Arbeit im öffentlichen Raum grundsätzlich behindert, ob sie die Fortsetzung eines ähnlichen Sonderprojektes befürworten und welche Bedeutung sie künftigen ästhetischen Interventionen im öffentlichen Raum geben. Die Zusammenfassung der Reflexionen schließt das erste Kapitel ab.

Im *zweiten Kapitel* sind die lebendigen Diskussionen und themenorientierten Impulsreferate des internationalen Symposiums zum breiten Spektrum ästhetischer, konzeptioneller und kulturpolitischer Fragen zu den darstellenden Künsten im öffentlichen Raum sowie zu Diskursen zum öffentlichen Raum im Allgemeinen zusammengefasst. In den vier Podiumsrunden und zwölf einleitenden Impulsreferaten analysierten und diskutierten 45 interdisziplinär agierende Fachleute aus Theorie und Praxis Fragen der gesellschaftlichen Relevanz des öffentlichen Raumes und die Wirkmächtigkeit der in ihm intervenierenden Künstler.[1] Sie erörterten neue ästhetische Handlungsfelder und kulturpolitische Rahmensetzungen sowie Strategien für die Stärkung dieser Kunstsparte. Zwei Fazit-Beiträge bilanzieren die unmittelbaren Eindrücke von den Debatten und schließen dieses Kapitel ab.

Die offenen Diskussionsrunden der insgesamt 250 anwesenden Künstler, Wissenschaftler, Kuratoren, Förderer und Kulturpolitiker sind zusammengefasst an das Ende der jeweiligen Podien gestellt. Der lebendige Gestus des mündlich Vorgetragenen während des Symposiums wurde erhalten.

Alle Beteiligten des Symposiums plädierten für die Herausgabe des vorliegenden Buches zur Kunstsparte darstellende Künste im öffentlichen Raum, mit dessen Erkenntnissen und Empfehlungen der notwendige kulturpolitische Aushandlungsprozess und einzuleitende Paradigmenwechsel begleitet und unterstützt werden soll. Insgesamt wurde eine überaus positive Bilanz des Symposiums gezogen. Gefordert wurde eine spürbare Erweiterung und Verbesserung der Förderstrukturen und Arbeitsbedingungen der professionellen freien Theater- und Tanzschaffenden – insbesondere durch effizientere und offensivere Kooperationen von Kommunal-, Landes- und Bundespolitik.

Im *dritten Kapitel* stellen zehn Autoren aus Wissenschaft und Forschung, angewandter Kuratoren- und Kunstpraxis sowie internationaler

---

[1] Grundsätzlich wird in der Buchreihe „Recherchen" aus Gründen der Lesbarkeit geschlechtergerechte Sprache nicht durch Binnen-I, Sternchen o. ä. gekennzeichnet. Es sind jedoch stets Personen jeglichen Geschlechts gemeint.

Publikationstätigkeit ihre jeweiligen Sichtweisen auf die gesellschaftlichen und künstlerischen Gestaltungs- und Transformationsprozesse im öffentlichen Raum zur Diskussion. Das breite Spektrum der Beiträge umfasst temporäre und nachhaltige Auswirkungen für Städte, den ländlichen Raum und die Gesellschaft insgesamt. Es werden Fragen nach dem individuellen Recht auf öffentlichen Raum, die Definition und Übertragung von Nachhaltigkeit auf künstlerische Projekte und die Ambivalenz partizipativer Beteiligungen aufgeworfen. Die Rolle des Politischen, des Privaten und des Öffentlichen bei ästhetischen Interventionen sowie Auswirkungen digitaler Medien im öffentlichen Raum werden ebenfalls erörtert. Die hier versammelten Beiträge sind zum Teil exklusiv für dieses Buch geschrieben oder dankenswerterweise zur Verfügung gestellt worden

Ein zweites Fazit, das ein Jahr nach dem Symposium unter dem Eindruck nachfolgender Debatten zur Gesamtthematik entstand, schließt den Diskurs ab. Die beiden Autoren befragen sich im Dialog, welche Prioritäten und Empfehlungen sie ins Zentrum künftiger Strategien für die darstellenden Künste im öffentlichen Raum stellen würden und werfen dabei diskutierbare Fragen auf.

Aus Kapazitätsgründen konnte die umfangreiche Literaturliste leider nicht ins Buch aufgenommen werden.[2]

Das Buchprojekt ist zugleich der Abschluss meiner langjährigen Tätigkeit als Berater und Geschäftsführer des Fonds Darstellende Künste. Das im Anhang aufgenommene Interview beschreibt beispielhaft diese Zeit.

Die positive Resonanz zum Gesamtprojekt seitens der geförderten Künstlergruppen, der Einwohner und Zuschauer vor Ort, der Teilnehmer des Symposiums und der kommunalen Verwaltungen wirft erneut die Frage auf, ob und wann es ähnliche Nachfolgeprojekte geben soll und kann. Diese Überlegungen standen auch während der Inszenierungs- und Aufführungsphasen immer wieder im Raum und durchzogen viele Statements während des Symposiums. Es ging vielen eben um eine ganz praktische Nachhaltigkeit des Geleisteten.

Meine Antwort auf diese Forderung ist: Ja, sie muss es angesichts der gesellschaftlichen Relevanz des öffentlichen Raumes geben. Gerade hier werden essentielle Fragen gestellt: Wie wollen wir zusammenleben und wie müssen wir unsere öffentlichen Räume gestalten?

Für Folgeprojekte braucht es den politischen Willen der Verantwortlichen in den Kommunen und Ländern, auch, um den Bund zu überzeu-

---

[2] Verfasserin: Frauke Surmann, online verfügbar unter www.theater-im-oeffentlichen-raum.de.

gen, sich als Komplementärförderer zu beteiligen. Und selbstverständlich sind auch die Künstlerinnen und Künstler, ihre Verbände, Förderinstitutionen, Kuratoren und Wissenschaftler gefordert, bewährte Fördermodelle weiter zu entwickeln und vor allem neue Ideen zu konzipieren, welche die Politik überzeugen und Stabilität und Perspektiven für diese besondere und äußerst fragile Kunstsparte ermöglichen.

Am Geld allein können Veränderungen nicht scheitern. Wirtschaftlich wie auch hinsichtlich der Steuereinnahmen der öffentlichen Haushalte geht es der Bundesrepublik Deutschland so gut wie lange nicht. Und wie oft wird immer wieder betont, dass es bei Förderungen von Kunst und Kultur um Investitionen in die Zukunft geht und Kulturpolitik zugleich Stadtpolitik ist.[3] Und zudem sind sich inzwischen auch alle Parteien darin einig, dass die permanente Selbstausbeutung freier Künstler ein unhaltbarer Zustand ist.

Ähnlich wie bei diesem Sonderprojekt plädiere ich aufgrund meiner langjährigen Erfahrungen für thematische Ausschreibungen von Sonderprojekten bzw. für mehrjährige Fördermodelle mit Anforderungsprofilen, die im Dialog mit Künstlern entstehen. Mit diesem Sonderprojekt gaben die Gremien des Fonds lediglich eine konkrete Rahmung vor, die eine breite Vielfalt der ästhetischen Handschriften und Auswahl unterschiedlichster Unorte eröffnete. Im Zentrum der konzeptionellen Überlegungen aller 18 Künstlergruppen standen zuerst Fragen nach geeigneten Unorten und danach, wie sie mittels ästhetischer Interventionen zu temporären Heterotopien verwandelt werden können. Jedes einzelne Projekt war ein Experiment, ein ästhetisches und soziales Laboratorium, auf das sich die Gruppen wie auch der Fonds einließen – ohne zu wissen, was letztlich in der Öffentlichkeit zu betrachten ist und wie das Publikum darauf reagiert. Dafür stellten der Bund, Länder und Kommunen finanzielle Ressourcen für die einzelnen Projekte mit jeweils 40 000 bis zu 200 000 Euro zur Verfügung.

Die freien Theater- und Tanzschaffenden benötigen für ihre künftigen Experimente und Laboratorien deutlich nachhaltigere politische Rahmenbedingungen sowie bessere finanzielle Ausstattungen. Ihre Erwartungen an uns sind auch mit diesem Buch begründet – machen wir uns dafür gemeinsam stark!

November 2017, Günter Jeschonnek

---

[3] Vgl. Deutscher Städtetag: *Kulturpolitik als Stadtpolitik. Positionspapier des Deutschen Städtetages*, September 2015. Online: http://www.staedtetag.de/imperia/md/content/dst/veroeffentlichungen/mat/positionspapier_kulturpolitik_als_stadtpolitik_sept_2015.pdf (Zugriff am 15.11.2017).

Unort-Projekte

Matthias Däumer

VOM UNORT ZUR VERUNORTUNG

Bei dem 2010 an der Johannes Gutenberg-Universität Mainz abgeschlossenen Projekt „Unorte. Spielarten einer verlorenen Verortung"[1] handelte es sich um den Versuch, den Begriff Unort über kulturtheoretische Ansätze anders zu fassen als bloß über die pejorative Vagheit eines Orts, mit dem irgendetwas irgendwie nicht stimmt. Theoretische Leitlinien, um das Phänomen besser beschreiben zu können, waren damals mehr als genügend vorhanden. So war es eher das Ziel, angesichts der Schwemme raumtheoretischer Ansätze seit dem sogenannten *spatial turn,* das Beschreibungsinstrumentarium für den Unort möglichst einzuschränken, um einen handhabbaren Kommunikationsrahmen für eine Tagung und später dann ein Buch abzustecken.

Drei Denkmuster erwiesen sich dabei aus der Fülle an Theorie als entscheidend. Als erstes ist Marc Augés Konzept der Nicht-Orte *(non-lieux)* naheliegend,[2] vor allem deshalb, weil es der gängigen Bedeutung eines Orts, mit dem irgendetwas irgendwie nicht stimmt, am nächsten kommt – mit der Spezifizierung, dass bei Augé das Irgendetwas und das Irgendwie benannt werden. Ihm geht es vor allem um „Transitorte", Orte also, die nur passager durchmessen werden und dabei dem Individuum nicht (oder nicht mehr) die Möglichkeit bieten, sich selbst in ihnen zu sehen. Das heißt, dass man diese Orte identitätslos durchmisst, ohne Verankerungen in einer historischen oder kulturellen Zugehörigkeit. In kulturpessimistischer Haltung sieht Augé in der kapitalistischen Gesellschaft die Tendenz, dass auch ehemals identitätsstiftende und -bewahrende Orte zu diesen Nicht-Orten werden. Schaut man sich die Entwicklung deutscher Innenstädte an – mit ihrer enervierenden Redundanz der immer gleichen Markennamen, der immer gleichen Vergnügungsmöglichkeiten, des immer gleichen Impetus, der Identität mit Anpassung zu verwechseln droht –, ist man gewillt, Augé zuzustimmen. Jedoch ist man ebenso gewillt, dieser Tendenz entgegenzuwirken,

---

[1] Vgl. Däumer, Matthias /Gerok-Reiter, Annette /Kreuder, Friedemann (Hg.): *Unorte. Spielarten einer verlorenen Verortung. Kulturwissenschaftliche Perspektiven,* Bielefeld 2010.

[2] Vgl. Augé, Marc: *Orte und Nicht-Orte. Vorüberlegungen zu einer Ethnologie der Einsamkeit,* übers. von Michael Bischoff, Frankfurt a. M. 1994.

nicht pessimistisch beschreibend, sondern optimistisch an einer Besserung zu arbeiten. Diesen Impetus kann man bei Augé durchaus vermissen.

Das zweite Denkmuster führt in eine andere, weniger wertende Richtung: Michel Foucault beschreibt in „Von anderen Räumen"[3] in einem ersten Schritt Orte, die von der Gesellschaft ausgegliedert wurden (beispielsweise Gefängnisse und Bordelle), um bestimmte Funktionen zu erfüllen, die im Mainstream unterdrückt werden. Ausgehend von diesen sogenannten funktionalen Heterotopien analysiert er Ausgrenzungen, die freiwillig und nach eigenen Regeln vollzogen werden. Zu diesen Regeln gehören spezifische Exklusions- und Inklusionsmechanismen; doch besonders charakteristisch erscheint eine Spiegelfunktion, die bewirkt, dass sich innerhalb der Heterotopien das Gesamte der Gesellschaft wiederfinden lässt, oft in verkleinertem Maßstab oder aber im symbolischen Verweis. Foucault stellt fest, dass diese Unorte die Tendenz besitzen, ein eigenes Zeitverständnis zu entwickeln. So werden sie zu Heterochronien, die es ermöglichen, dass der Ort in seiner historischen Dimension durchlässig wird, dass sich also seine Geschichte wortwörtlich re-präsentiert.

In diesem Punkt aber stehen Foucaults Heterotopien den Nicht-Orten Augés diametral entgegen. Man kann zu dem Schluss kommen, dass es zwar verbindende Elemente zwischen den Unorten gibt, dass ihre letztendliche Ausprägung jedoch von dem abhängig ist, was man mit ihnen macht, dass es also eine wie auch immer beschaffene Handlung ist, die entscheidet, ob aus einem speziellen Ort ein transitärer und ahistorischer Nicht-Ort oder aber eine die Gesellschaft und ihre Geschichte *en miniature* spiegelnde Heterotopie wird.

Ausgehend von diesem Kippmoment wurde es entscheidend, einen weiteren Denker einzubeziehen, der den Weg vom theoretischen Unort zu den Praktiken des Verunortens und somit zu den Entscheidungsleitungen zwischen Nicht-Ort und Heterotopie ebnen würde. Solch ein Übergang findet sich in der Differenzierung von Ort *(lieu)* und Raum *(espace)*, die Michel de Certeau in seiner Monografie *Kunst des Handelns* vornimmt.[4] Er unterscheidet Ort und Raum nach dem Kriterium einer nicht weiter spezifizierten Handlung. Der Ort meint die physikalische Präsenz einer Straße, eines Gemäuers, einer Bühne. Wenn mit die-

---

[3] Vgl. Foucault, Michel: „Von anderen Räumen", übers. von Michael Bischoff, in: *Raumtheorie. Grundlagentexte aus Philosophie und Kulturwissenschaften*, hg. von Jörg Dünne/Stephan Günzel, Frankfurt a. M. 2006, S. 317–329.

[4] Vgl. de Certeau, Michel: *Kunst des Handelns*, übers. von Ronald Voullié, Berlin 1988.

sen Orten etwas gemacht wird, das Element der dynamischen Handlung zur statischen Physis hinzutritt, entsteht der Raum. Denkt man diese Unterscheidung weiter, kommt man zu der Frage: Kann es nicht auch Räume geben, die zwar durch eine raumkonstituierende Handlung entstehen, die jedoch in ihrer Eigenart unabhängig von den physikalischen Gegebenheiten sind, sich gar von diesen emanzipieren?

Als Denkmuster für diese Kategorie des Unorts mag zunächst das Spiel eines Pantomimen dienen: Dieser vollzieht auf der Bühne, dem Ort, Handlungen, die den Betrachter glauben machen, es befinde sich beispielsweise eine gläserne Wand in seinem Bewegungsfeld, an die er grimassierend prallen kann. Die Wand ist, was die Örtlichkeit angeht, nicht existent. Nur der durch den performativen Akt konstituierte Raum kennt sie und lässt die unsichtbare Wand entgegen den physischen Gegebenheiten der Bühne zum entscheidenden Movens aller weiteren Handlungen des Pantomimen werden. Was ist diese Wand? Sie ist kein Ort und dennoch Raum – ein Unort.

Der Weg von der Theorie zur Handlung, die das Wesen des Unorts als ent-historisierter oder aber die Historie symbolisierender entscheidet, ist kurz. Natürlich kann die unsichtbare Wand jene sein, die den Pantomimen vom Zugriff auf seine eigene Identität trennt oder aber auch einfach eine vergangene Wand, die im Sinne der Foucault'schen Heterochronie symbolisch in den Raum gezaubert wird.

Diese Zauberei war es im Ungefähren, die ich erwartete, als mich Günter Jeschonnek, der damalige Geschäftsführer des Fonds Darstellende Künste, als akademischen Berater für das Unort-Projekt anfragte. Zu dem Zeitpunkt, an dem ich zum Gremium stieß, war die Ausschreibung ohne Kenntnis der Publikation *Unorte* von 2010 schon verfasst, und ich konnte mir nicht sicher sein, ob meine eigenen Gedanken wirklich zum Kommenden passen würden. Doch ich wurde nicht enttäuscht.

Im folgenden Jahr wurde die Frankfurter Kurt-Schumacher-Straße zum Rhein, Emdener Kasernenmauern zur Schiffsbordwand, im Bonner Loch tanzten Obdachlosigkeiten, eine Lagerbaracke, neu errichtet, ward Schnittpunkt der Geschichte und aus Pottstraßen wurde der Nibelungenhort gehoben. Das Staatstheater war auf der Flucht, Plattenbauten: ausgelotet, eine Lokhallendurchquerung: *descensus*, Gentrifizierungen wurden Naturgebilde und Super 8 lernte wieder Laufen. SS-Prunk wurde biografischer Abgrund und das Paradies mit dem Bollerwagen durchmessen. Ein Garten wuchs zur Alternative, Zuchtareale wurden zersetzt, entäußert das Innere einer Psychiatrie und Badehäuser neu bewässert.

Diese raumkonstituierenden Handlungen waren stets gesellschaftlich bereichernd: über ein Re-Präsentieren der Geschichte, ein aktives Neu-Verorten des Verlorenen und eine Ort-Werdung des Unfassbaren. Nachhaltig generierten die Projekte ein kulturelles Kapital, das in seiner Wirkmacht nicht nur für die Projekte selbst, sondern für die generelle Notwendigkeit spricht, Theater im öffentlichen Raum in deutschsprachigen Gebieten zu stärken.

Denn dieses Genre bildet – und dies sehe ich im harten Kontrast zu den Vorgängen auf übersubventionierten Guckkastenbühnen – eine neue (und zugleich uralte) Form des politischen Theaters, das nicht (wie Augé) kulturpessimistisch beschreibt, sondern dem Kritischen rituell entgegenwirkt; nicht wie Agitprop durch Programme und Parolen, sondern durch die Bereitstellung von Heterotopien, in denen der Zuschauer das Ganze des Politikums am Stellvertreter durchlebt. Damit offeriert Theater im öffentlichen Raum die Möglichkeit, den utopischen Wandel am eigenen Körper erfahrbar zu machen, nicht als fremdbestimmte Revolution, sondern als freiwilliger Wandel des Selbst.

Ich habe versucht, diese Wirkung in den Beschreibungen der insgesamt 18 Unort-Projekte festzuhalten. Die Texte sind – das kann und will ich nicht leugnen – subjektiv geprägt. Sie versuchen, Flüchtiges in Schrift festzuhalten und können so dem Gesamteindruck und dem erfahrenen Wandel nie gerecht werden. Doch trotzdem hoffe ich, dass sie dazu dienen, ein Bild von den Aufführungen und ihrem jeweiligen Stellenwert im Vorgang der fortschreitenden positiv gewendeten Verunortung zu verdeutlichen. Und ebenso hoffe ich, dass aus ihnen hervorgeht, was für eine große Freude es mir bereitet, zu sehen, dass das eigene theoretische Schreiben einen Weg in die lebendige und engagierte Praxis finden durfte.

Theater Willy Praml

HEINE – WACHT AUF UND ERZÄHLT SEINEM FREUND KARL MARX WIE ER IM TRAUM IN EINEM KAHN DIE KURT-SCHUMACHER-STRASSE RAUF UND RUNTER FUHR. STATIONEN EINES TRAUMAS

Ziel des Projekts

Mit Heinrich Heine im Gepäck, dem deutschen und jüdischen Dichter und Schriftsteller von europäischem Rang, dem Romantiker und Gegner der Romantik in einem, machen wir, das Theater Willy Praml, uns auf den Weg, Stadtgeschichte wandernd zu erforschen. Dazu wollen wir ein ungewöhnliches Stadtareal nutzen, mit den Mitteln des Theaters in den Gedächtnisraum der christlich-jüdischen Vergangenheit der Stadt eindringen, den Blick auf eine unter dem Asphalt der Großstadt begrabenen Geschichte lenken und einen verschwundenen Ort von historischer Dimension – wenigstens im Denken – neu erfinden. Die archäologische Aura und reale Erinnerungskulisse der Relikte der ehemaligen Frankfurter Judengasse und der einschlägigen Straßen und Plätze um das Museum Judengasse herum, bieten eine unvergleichliche Voraussetzung für die theatrale Umsetzung der Heine'schen Textfragmente. Dies alles, das Ambiente eines in dreihundert Jahren sich ständig verändernden und rasant überlagernden Stadtareals gilt es, im Sinne der Heine'schen Rekonstruktions- und Erinnerungstechniken zu nutzen und an die heutige Bevölkerung weiter zu vermitteln. An jedem dieser Orte vollzieht sich einer der Monologe/Dialoge/Chöre unserer Inszenierung, lösen die Bilder einander ab, verweisen auf die nächste Schicht von zu erinnernder Geschichte, während das heutige Leben der Großstadt vom theatralen Geschehen des Abends keine Kenntnis nimmt, aber den Blick des Beobachtenden schärft.

Heine – der Flaneur – geht Ihnen voran. Zeigt Ihnen, wo's lang geht. Führt Sie an Orte, die Sie noch nie so gesehen haben. Obwohl Sie schon oft dort waren. Macht den Blick frei auf ungewöhnliche Sze-

Fotos: © Seweryn Zelazny

Unort-Projekte

nerien und lässt Sie eigenartige Augenblicke erblicken – dort, wo Straßenbahnen dominieren. Und macht das Unsichtbare sichtbar. Bringt das Pflaster zum Sprechen und den Asphalt zum Bersten. Lässt Sie mitten im Verkehr der Großstadt träumen, vom „Vater Rhein", vom venezianischen Shylock, vom deutschen Kaiser und von der Loreley. Und zuletzt stirbt Heine als Protestant, nein, als Jude, nein als Atheist, nein, als – Seehund liebender Grönländer. Ja, als Grönländer! Unter dem freien Frankfurter Abendhimmel des ehemals katholischen, schönen Dominikanerklosterhofes – in der Hoffnung, dass er, der „Narr des Glücks", im Himmel seine geliebten Seehunde wiederfinden wird. Stationen eines Traumas – das am Ende aber doch eine Vision sein wird: die der Schönheit, die die Welt für immer verändert. Das wird der Heine schon machen!

Das war die Gebrauchsanweisung für Zuschauer.

Resonanz, Herausforderungen und Wünsche

Der bespielte Stadtteil – immerhin ein Viertel der historischen Innenstadt – bot den tausenden unbedarften Zuschauern in insgesamt 21 Vorstellungen etwas komplett Unbegreifliches: Der im Weltkrieg mit untergegangene und darauf in der Nachkriegszeit wieder aufgebaute östliche Teil der heutigen Frankfurter Innenstadt stellt sich in beispielloser metropolitaner Trostlosigkeit dar. Viele der Frankfurter Zuschauer, Alteingesessene wie Zugezogene, standen während der Heine-Aufführungen kopfschüttelnd vor der Kurt-Schumacher-Straße, einem der Zentren des Theaterparcours, und konnten nicht verstehen, dass es hier einmal etwas anderes gegeben haben könnte als Verkehr und hässliche Häuser. Ein Unort von wahrhaft nationaler Dimension.

Vor dem Hintergrund, dass es sich hier um das älteste und damals größte jüdische Ghetto Europas handelt, hat es sich die Stadt Frankfurt immerhin zur Aufgabe gemacht, den Verlauf der für das christlich-jüdische Gedächtnis dieser Stadt so wichtigen historischen Judengasse wieder ins Blickfeld seiner Bewohner wie seiner Gäste zu rücken. Aber mehr als ein paar videobestückte Schaukästen, die museale Einblicke in das Verschwundene gewähren, sind bisher auch nicht ins planerische Visier geraten. Und der Frankfurter Oberbürgermeister Feldmann forderte zu Recht in seinem Geleitwort zum Heine-Projekt 2013: Eine Stadt soll doch nicht nur verkehrsgerecht funktionieren, sondern auch Flanierräume schaffen, die es den Menschen ermöglichen, die wechselhafte Geschichte ihrer Stadt unmittelbar erleben zu können? Flanieren ist eine Art Lektüre der Straße, und mit Heine, dem Flaneur par excellence, können wir Zeitgenossen, auch wenn das Heine-Projekt 2013 abgeschlossen ist, immer mal wieder dieses Stadtareal auf der Suche nach der verlorenen Zeit aufsuchen und die Geschichte, die an diesem Ort stattgefunden hat, wenigstens im Denken festhalten. Bis vielleicht eines Tages sich eine der nachfolgenden Generationen der Aufgabe gewachsen sieht, auch visuell diese erlebbar werden zu lassen.

Die mehreren tausend Zuschauer des fünf Stunden dauernden Heine-Parcours haben durchaus ihr Interesse angezeigt, dass solche Stadtkorrektur gewünscht ist und haben ihr Engagement bekundet, sich dafür einsetzen zu wollen. In mehreren die Theater-Aufführungen ergänzenden Stadtführungen und in diversen Nachfolgeveranstaltungen zur Geschichte der Stadt, ihres Wiederaufbaus nach 1945 und zur kulturellen Bedeutung von Theater im öffentlichen Raum konnte das raum- und zeitgreifende Heine-Projekt 2013 als eine die Stadtgesellschaft auf ungewöhnliche Weise tangierende Großveranstaltung zu Ende gebracht werden.

Uraufführung: 16.8.2013, Frankfurt am Main
Beteiligte: Künstlerische Leitung und Stab 21 Personen,
10 professionelle Darsteller, 4 Musiker, 23 Sänger, 13 Helfer
Aufführungen: 21
Zuschauer: 4000
Länge der Aufführung: ca. 250 Minuten (inklusive Pause)
Eintritt: 7 bis 22 Euro

Akteure

Seit 1991 gibt es das Theater Willy Praml nun schon in Frankfurt am Main – mit inzwischen gut hundert Produktionen. Ursprünglich an wechselnden, oft auch – den jeweiligen Stoffen entsprechend – an theaterfremden Orten produzierend und seit dem Jahr 2000 schließlich an einen Ort gebunden: an die Frankfurter Naxoshalle. Hier hat der Unternehmer Julius Pfungst im Jahr 1871 den Grundstein für eine der bedeutenden Frankfurter Industrieproduktionsstätten gelegt, die Firma NAXOS-Union. Herstellerin des weltberühmten Schmirgelpapiers. 1989 wurde die Produktion in Frankfurt eingestellt.

Als wir im Jahr 2000 begannen, unsere ursprünglich nomadenhaft angelegte Theaterarbeit auf diesen Ort zu konzentrieren, da war die Industriebrache – im bevölkerungsreichen Stadtteildreieck Bornheim/Nordend/Ostend gelegen – schon zu einer Art „Bronx" verkommen. Seither haben wir Theaterleute uns bemüht, dieses bedeutende Relikt der industriellen Revolution als Ressource für neue Möglichkeiten

Unort-Projekte

künstlerischer und kultureller Produktion zu nutzen, auszubauen und weiterzuentwickeln.

Aus dem über Jahre gewachsenen Provisorium wurde und wird ein Veranstaltungsort, der neben dem Theater immer auch ein Podium für Kino, Musik und kulturelle Aktivitäten vielfältiger Inhalte und Formate war und bleiben will. Über 120 Jahre lang wurde an diesem Ort gemischt, geschliffen, gepresst, gehärtet und gedreht. Seit dem Jahr 2000 schleifen und feilen wir Theaterleute hier an Texten, Stoffen und Mythen unserer Vergangenheit, Gegenwart und Zukunft. Die Rauheit des Ortes ist unser Programm. Der Ort hat dem Theater seinen Stempel aufgedrückt und umgekehrt. Entstanden sind seither großräumige, von der Geschichte, den räumlichen Entfaltungsmöglichkeiten und dem vormaligen Geist der Arbeit geprägte Inszenierungen. Und prägende Eindrücke für die eigene Weltwahrnehmung, die Sie aus diesem Ort – der Geschichte und Gegenwart zugleich ist – beziehen können.

Regie: Willy Praml, Dramaturgie, Bühne, Darsteller: Michael Weber, Produktionsleitung: Tobias Winter, Kostüme: Paula Kern, Komposition: Sepp'l Niemeyer, Timo Willecke, Klarinette: Markus Rölz, Yu Zhao, Chorleitung: Thomas Hanelt, Dokumentarfilm: Otmar Hitzelberger, Organisten: Felix Ponizy, Paul Schäffer, Regieassistenz: Rebekka Waitz, Produktionsassistenz: Leona Aleksandrovic

Kontakt:
www.theater-willypraml.de

Matthias Däumer

UNTER DEM PFLASTER LIEGT DER STRAND, ÜBER DER STRASSE DER RHEIN

I
Jede gelungene Architektur ruht auf einem Fundament. In den altehrwürdig mahnenden Mauerresten, über denen das Frankfurter Jüdische Museum steht, nimmt die Heine-Architektur Willy Pramls (Regie) und Michael Webers (Textfassung/Räume) ihren Ausgang. Das Publikum steht verstreut zwischen diesen schulterhohen Wänden, als die zehn Hauptdarsteller ansetzen. An verschiedenen Orten rufen sie Sätze über den Verlust Jerusalems aus, kurze Sätze, an vielen Stellen, sodass das Publikum keine Möglichkeit hat, sich zu orientieren, Stimmen und Sprecher einander zuzuordnen oder den Raum als eigenen, beherrschten zu erfassen. Zerrissen zwischen den Stimmen kann es die Diaspora als räumliche Identitätslosigkeit am eigenen Leib erfahren.

Soweit die spezifisch jüdische Fundamentierung; was folgt, ist die biografische. Bevor sich die Gruppe der primären literarischen Grundlage der Inszenierung, Heinrich Heines Fragment *Der Rabbi von Bacharach*, zuwendet, kann das Publikum nun zwischen mehreren Stationen wählen, an denen einzelne Darstellende mit Schildern ausgestattet für Etappen aus Heines Lebenslauf werben. So ist das Publikum dazu gezwungen, durch Eigeninitiative Orientierung im Leben und Schaffen des Autors herzustellen. Dabei ergeben sich äußerst reizvolle Wechselwirkungen zwischen dem Raum und den Performances, etwa als die Loreley, gekleidet in ein schillerndes Paillettenkleid und beseelt mit rheinischer Frohnatur, ihre Geschichte auf den Mauern der Mikwe thronend zum Besten gibt: Ertrinken im deutschen Rhein, Ertrinken im Wasser des jüdischen Rituals – die Assoziationen schlagen Wellen.

Die selbstständige Erkundung des Raums, wie man nach dem Besuch von drei der insgesamt sechs Stationen erfährt, ist dabei nicht ohne Konsequenzen: Denn auf ein akustisches Signal hin enden die Einzeldarstellungen – und das nicht Besuchte bleibt verloren. Eine gelungene inhaltliche Aktivierung des Publikums und ein unmissverständliches Signal dafür, dass man im Folgenden als verantwortungsvoller und d. h.: raumkonstituierender wie ko-fabulierender Teil der Aufführung verstanden wird.

Unort-Projekte

Auf dem Steg über den Mauerresten bündeln die Darsteller nun das Geschehen. Eine letzte Vorbereitung auf den kommenden Text findet statt: Heines Erfahrung des Trommelns als Grundlage aller sprachlichen Vermittlung bildet den sprach-formalen Bestandteil des Fundaments. Dieser kommt zum Tragen, als anschließend im Freien, an der Seitenmauer des Museums, chorisch und mit musikalischer Pointierung der erste Teil der Geschichte von Rabbi Abraham und seiner schönen Frau Sara vorgetragen wird. Die Erzählung vom jüdischen Leben der Gemeinde und dem schrecklichen Moment, in dem die Protagonisten gewahr werden, dass ihre Vernichtung bevorsteht, wird in einer ebenso ungewöhnlichen wie hypnotischen Prosodie dargeboten. Über die Syntagmen hinweg unterlegt das Sprechen der Darsteller und die teils illustrative, teils kontrastive Live-Musik den Text mit Rhythmen, einem Trommeln, das elementarer als die Sprache selbst die Atmosphären des Texts zu transportieren vermag – und nicht nur die Atmosphären, das wäre dann doch zu neoromantisch, sondern auch schreckliche Politika wie beispielsweise die militant untertrommelte Heiligsprechung des Werner von Bacharach.

Hatte sich der Darstellungs-Raum bisher kontinuierlich erweitert, so erlangt diese Öffnung an der folgenden Station ihren Höhepunkt. Die Szene, in der Rabbi Abraham und Sara vom charonartigen, stillen Wilhelm in einem Boot über den Rhein gefahren werden, wird an der großen Kreuzung Kurt-Schumacher-/Batton-Straße dargestellt. Die Zuschauer stehen in vier Gruppen an den Eckpunkten der Kreuzung und tragen Kopfhörer, aus denen schon zu Beginn das Geräusch fließenden Wassers ertönt, sodass sich mühelos und noch bevor die Darsteller überhaupt in Aktion treten der Feierabendverkehr Frankfurts und der Strom der vorbeieilenden und leicht irritiert dreinschauenden Passanten zum Kulissenbild einer Rheinlandschaft wandeln: So unfreiwillig deutsch-romantisch war die Kurt-Schumacher-Straße wohl noch nie.

In der nun folgenden Szene zeigt sich eine ungewöhnliche Stärke der Inszenierung, denn die bedrohliche Melancholie, welche die Passage in Heines Text auszeichnet, wird hier durchsetzt mit Momenten der augenzwinkernden Ironie, die einem anderen Autor nicht unbedingt, Heine jedoch umso stärker angemessen erscheint. Neben rudernden Darstellern, die die Verkehrsinseln zu Booten werden lassen, bewegen sich andere entlang des Rechtecks der Fußgängerampeln. Da wischt eine in pseudo-sakraler Geste mit einem Palmwedel die Gehsteige. Eine Gruppe dunkel beschleierter Männer wandelt schwarzromantisch. Ein anderer, mit Surfbrett ausgestattet, unterwandert die Romantik mit

Bahamasflair. Loreley torkelt mit Sektflasche und als die Kopfhörer schwermütige Lieder säuseln, fährt ein Auto vorbei, auf dessen Anhänger ein Klavier steht. Bei letzterem bin ich mir nicht sicher, ob es eine Koinzidenz war, ebenso wenig wie der rote Streifen am Abendhimmel („dünne[r], an den Himmel genüpfte[r] Lichtf[a]den"), der dem Rhein ein kommunistisches Spiegelbild zu werfen scheint. Die Frage nach der inszenatorischen Hand scheint auch eher sekundär, wenn sich der Mehrwert eines Theaters im öffentlichen Raum zeigt: Bei einer stringenten Semantisierung des Raums werden selbst die zufälligsten Augenblicke Teil des Sinngefüges und die Bedeutungserzeugung fließt wie selbstverständlich in die Verantwortung des Betrachters.

Eine Pause tut aufgrund der Untermalung durch eine Rap-Einlage des zuvor bermudaischen Surfers der Spannung keinen Abbruch; ebenso wenig die Aufteilung des Publikums in drei Gruppen, die den mit Paddeln und organisatorischem Langmut ausgestatteten „Fremdenführern" zu drei verschiedenen Spielorten folgen. An diesen wird die Erzählung der fliehenden Protagonisten abermals durch Subtexte angereichert. Der (für meine Route) erste Teil des szenischen Triptychons besteht aus einem Disput zwischen dem gläubigen Konvertiten „Dr. Heinrich Christus Heine" und der hedonistischen Mathilde, die den Raum der Heiliggeistkirche mit einer knapp an der Blasphemie vorbeischlitternden Eloquenz bespielen: Da staffiert sich zu Orgelteppichen, die an Ligeti erinnern, der Konvertit als Gekreuzigter mit poppigem Jesus-T-Shirt aus (ein sehr schönes Bild für Heines Abkehr vom Judentum, die stattfand, während er den *Rabbi* verfasste), es fliegen Gesangsbücher und Altarreden werden mit lasziv geöffneter Bluse gehalten.

Die ambivalente Stimmung dieser Szene spaltet sich in den folgenden auf: Mit wenigen Schritten verlässt man die Kirche und gelangt in das Atrium des Stadtplanungsamts. Dort herrscht eine ausgelassene Politisierung, die die Dynamik von Heines *Wintermärchen* noch zu überrunden scheint. Um ein großes stadtplanerisches Modell überschlagen sich zwei musikalisch untermalte Darsteller in allgemein politischen und auch frankfurterischen Pointen (z. B. zu Fluglärm oder Bauplanungen am Osthafen). Als dann ein klappriger Barbarossa mit Frankfurter Dialekt aus dem Fahrstuhl steigt, ist der Höhepunkt der lächelnden Abrechnung mit nationalen wie regionalen Mythen erreicht.

Düstere Töne werden dann in der Unitarischen Kirche angestimmt. Hier führen ein Drummer und ein Darsteller Heines Auseinandersetzung mit dem Shakespeare'schen Shylock und das formale Motiv der universal-kommunikativen Rhythmen zusammen. Den Raum mit artistischen Bewegungen, bedeutungsschwerer Emotionalität und münzwerfenden Gehässigkeiten durchmessend, entlässt einen die Szene agitiert und gedankenvoll in die mittlerweile dunklen Straßen Frankfurts.

Nur um einen direkt wieder aus dieser Gefahr bürgerlicher (und damit Heine unangemessener) Kontemplation zu reißen, als ein Männerchor (die Gespenster der Kreuzungsszene) jiddische Schmähgesänge und (Selbst-)Ironien zum Besten gibt. Plötzlich fährt ein Bus mit der ungewöhnlichen Aufschrift „Bacharach" vor und die Zuschauer werden in Begleitung von den Darstellern des Rabbis Abraham und der schönen Sara Richtung Konstablerwache gefahren. Die Eindrücke, die in Heines Geschichte der großstädtische Flitterkram auf die junge Protagonistin macht, wird so auch vom Publikum wortwörtlich erfahren, ebenso wie der Riss in der urbanen Semantik hin zum jüdischen Viertel, den eine einsteigende Karikatur des jüdischen Narren vermittelt. Das wehmütige Ende von Heines Text überträgt sich trotz oder gerade wegen des ungewöhnlichen Transitraums eines Busses und man wird in die im Innenhof des ehemaligen Dominikanerklosters errichtete Matratzengruft entlassen.

Der volle Titel der Inszenierung lautet *Heine wacht auf und erzählt seinem Freund Karl Marx, wie er im Traum in einem Kahn die Kurt-Schumacher-Straße rauf und runter fuhr*. Und wenn man sich die barocke Fügung an diesem Punkt ins Gedächtnis ruft, so fällt auf, dass der marxistische Anteil bisher kaum zum Ausdruck kam – falls man davon ausgeht, dass der rote Himmelsstreifen wirklich nicht Teil der Inszenierung war. Das holt die Schlussszene nach: Kreisend um eine stoisch desinteressierte Marx-Figur (der vormalige Barbarossa-Darsteller, der zwischendrin auch schon Napoleon sein durfte: humoristisches Aufzeigen der Austauschbarkeit von Ikonen) entfalten und erweitern mehrere Heines (die gesamte Schauspielgruppe inklusive Band und Männerchor) die politische Bandbreite, sparen dabei nicht an anti-US-amerikanischer, anti-rassistischer, aber ebenso an anti-Heine'scher Kritik. Denn dieser wird den Ansprüchen eines realen Kommunismus (respektive den Ansprüchen eines gelangweilten Barbarossa/Napoleon/Marx) offensichtlich nicht gerecht. In einer zwischen aggressivem (und raumgreifend inszeniertem) Aktionismus und resignierter Selbstzerfleischung oszillierenden Haltung scheitern die Heines zwar am kommunistischen Urvater („Ich wollte, er schösse mich tot") – sie erlangen damit aber entgegen der politischen Systematik eine Glaubhaftigkeit, die diese zuletzt übertrumpft. Denn es ist nicht die zwanghafte Gebundenheit des Ideologen, sondern die lebendige Freiheit des sich selbst in Matratzengräbern vertilgenden Zweiflers, die zu den beeindruckenden Bildern dieses Epilogs führt. Diese lassen die Zuschauer auf ihrem Heimweg über den

Rhein – pardon, die Kurt-Schumacher-Straße – erkennen, dass der Strand unterm Pflaster dann doch von poetischer Natur sein muss.

II

In *Heine wacht auf* fanden alle (für mich) denkbaren Spielarten der Unort-Theorie ihre Entsprechung: Foucaults Archäologie als Erweiterung des Orts in seiner vierten Dimension; die Verbindung von Unzusammengehörigem in der Heterotopie, besonders präsent beim Spiel mit dem Frankfurt-Modell; ein Engagement gegen Augés Transitort findet sich in der Aufwertung des Innenraums eines Busses. Doch vor allem ist es die auf de Certeau gründende Theorie, dass raumkonstituierende Handlungen – der Darsteller wie des Publikums – den physikalischen Ort zu überlagern vermögen, die fast an jeder Stelle des Projekts Praxis wird. Letztlich ist hierzu auch der teils illustrative, teils kontrastive Einsatz von zeitgenössischen musikalischen Kompositionen sowie bekannten Liedern zu zählen, der die räumlichen Konnotationen souverän zu unterwandern verstand. In der Inszenierung wurden sowohl historische wie auch aktuelle Diskurse (letztere vor allem städteplanerisch) aufgegriffen. Der Wendepunkt vom Historischen zum Aktuellen war stets transparent. Zählt man hinzu, dass all das mit einer großen Partizipation des Publikums geschah, steht die Nachhaltigkeit der Wirkung außer Frage – nicht zuletzt, weil das Projekt im Kontext von „Impuls Romantik" entwickelt wurde und die titelgebende Impulskraft dieser Epoche wohl gerade in der konservativen Feuilletonlandschaft bis dato ungebrochen scheint.

Theater Titanick

LOST CAMPUS

Ziel des Projkts
Der im Winter 2012 entdeckte Unort war ein verlassenes Gelände einer ehemaligen Zimmerei in Münster, die im Zweiten Weltkrieg ein Kriegsgefangenenlager für 25 russische Gefangene betrieben hatte. Theater Titanick beschloss, am Aasee, einem Ort der Erholung, eine identische Baracke aufzubauen, die symbolisch für die 180 Zwangsarbeiter- und Kriegsgefangenenlager steht, die zwischen 1941 und 1945 in Münster und Umgebung errichtet wurden. Östlich des neuen Germania-Campus zwischen Grevener Straße und Koburger Weg wurde 1942 auf Anfrage der Zimmerei Rüer eine Baracke für 20 bis 25 russische Kriegsgefangene errichtet, die dort bis 1945 in der Firma als Arbeitskräfte eingesetzt wurden. Der Anlass des Nachbaus war der genehmigte Abriss dieses Geländes am Germania-Campus für ein Neubaugebiet, der im Sommer 2013 die letzten Spuren des ehemaligen Kriegsgefangenenlagers ausgelöscht hatte. Mit dieser Aktion wollte Theater Titanick das Publikum auf unterschiedlichen Ebenen für das Thema sensibilisieren und darüber hinaus eine öffentliche Diskussion anregen über den Erinnerungswert dieses Kriegsgefangenenlagers, das symbolisch steht für die 180 Lager und 12 000 Gefangenen in Münster und Umgebung.

Die Inszenierung wurde für den Zeitraum vom 1. bis 8. Mai 2014 konzipiert, um eine dramaturgische Entwicklung zu erzielen, die auf einer Verknüpfung der täglichen Bühnenbild-Veränderung und der Performance basierte. Die Performance der fünf Schauspieler beruhte auf Texten ehemaliger russischer Kriegsgefangener, die zwischen 1942 und 1945 in deutschen Lagern inhaftiert waren. Die bewegenden Zeugenberichte waren die Grundlage für szenische Sequenzen, die zum Teil inszenatorisch festgelegt waren, zum Teil aber auch improvisiert wurden. Dabei wurde darauf geachtet, eine gewisse Distanz zu wahren, um nicht den Fehler zu begehen, Lagerzustände schauspielerisch zu verkörpern. An jedem Abend wurde ein neuer festgelegter Bauabschnitt des Barackenbaus erreicht, der auch die thematische Grundlage der Aufführung bildete – wie z. B. Nötigung, Hunger, Flucht oder Fantasien. Atmosphä-

Fotos: © Theater Titanick

rische Verdichtungen wurden durch den gezielten Einsatz von Effekten erreicht, wie z. B. durch eine Windmaschine (Kälte), fliegende Betten (Flucht-Fantasien) oder das Anheben einer Giebelwand (Guillotine). Am letzten Tag wurde die Baracke von einem Bagger teilweise eingerissen. Das musikalische Konzept beruhte auf einer Ansammlung von alltäglichen Klangkörpern für Geräusche und Klangwelten, die die jeweilige Stimmung unterstützten oder auch kontrastierten.

Wichtige Partner waren die Mitarbeiter des Geschichtsorts Villa ten Hompel, die die Informationsveranstaltungen in dem Forum der Erinnerung organisierten. Die Filmwerkstatt Münster war verantwortlich für die Interviews, Projektionen und die filmische Dokumentation. Das Stadtarchiv Münster stellte die Original-Pläne, Fotos und Dokumente des Lagers zur Verfügung. Der Berliner Verein Kontakte-Kontakty überließ uns die Texte ehemaliger russischer Kriegsgefangener. Das Schulamt der Stadt Münster unterstützte die Schulveranstaltungen, die Einblicke in das Thema und in die Theaterarbeit boten.

Über die Errichtung einer Erinnerungsstätte wurde im Kulturausschuss diskutiert und es wurde Handlungsbedarf festgestellt. Die Projekt-Dokumentation wird dem Oberbürgermeister am 8. Mai 2015 überreicht mit der Forderung nach dem Bau einer Erinnerungsstätte. Die Villa ten Hompel hat dieses Projekt in sein pädagogisches Programm aufgenommen als ein Vorzeigebeispiel für lebendige Erinnerungskultur.

Resonanz, Herausforderungen und Wünsche
Das Projekt hat durch das erzwungene neue Konzept an Durchschlagskraft gewonnen. Durch den Wegfall des eigentlichen Geländes hat sich der Fokus auf die Baracke als Unort konzentriert und das an einem Ort, der zentraler in der Öffentlichkeit lag als das ursprüngliche Gelände. Über 2500 Personen haben an den Informationsveranstaltungen und an den abendlichen Inszenierungen teilgenommen. Das Interesse an Information über das Thema Zwangsarbeit und Kriegsgefangene in Münster war überwältigend. Eine Vielzahl der Passanten, die zufällig auf die Baustelle stießen und dort interviewt wurden, schauten sich auch die allabendlichen Inszenierungen an. Wir kamen in Kontakt mit drei bisher unbekannten Zeitzeugen, die eindrücklich von ihren Erlebnissen in dem Lager berichteten.

Viele Zuschauer blieben nach den abendlichen Aufführungen, um sich auszutauschen und mitzuteilen. Die Zuschauer sprachen insbesondere über die eindrücklich vorgetragenen Texte der russischen Gefangenen. Eindruck hinterließ auch die dichte Atmosphäre in dem täglich voranschreitenden Bau. Viele Leute wurden dadurch animiert, sich mehrere Vorstellungen anzusehen. Die täglich neu zusammengestellten Texte, die von den Darstellern in großer Distanz vorgetragen wurden, bildeten zusammen mit den performativen und bildnerischen Mitteln eine Einheit, die von Tag zu Tag an Intensität zunahm. Logische Konsequenz war das Projektende, das wir absichtlich auf den 8. Mai gelegt hatten – dem Tag der Befreiung. Der spektakulär inszenierte massive Eingriff durch den Bagger, der die Baracke zerschmetterte, verwies auf den Ausbruch aus dem Zustand des Gefangen-Seins im Jahr 1945 und bezog sich gleichfalls auf den tatsächlichen Abriss der Baracke auf dem ehemaligen Gelände des Lagers.

Die Rückmeldungen der Zuschauer und Passanten belegen, dass viele Besucher auf unterschiedlichen Ebenen für das Thema Kriegsgefangene und Zwangsarbeiter sensibilisiert wurden. Das Thema wurde in Münster und Umgebung für zehn Tage in den Fokus der Öffentlichkeit gerückt. Das Projekt hat viele Zuschauer und Passanten dazu gebracht, ihre Meinung zu äußern – verbunden mit der klaren Aufforderung an die Stadt, einen Ort der Erinnerung an die Kriegsgefangenen und Zwangsarbeiter in Münster einzurichten.

Problematisch war lediglich der Beginn der Aktion am 1. Mai, da die Aaseewiese traditionell ein Treffpunkt vieler Studenten ist, die ausgelassen feiern wollen. Unsere Themen korrespondierten nicht mit der Feierlaune, sodass auch zunehmend provokante Sprüche in Richtung der Bühne geschickt wurden. Dadurch wurde die erste öffentliche Probe zu einer Bewährung, bei der sich am Ende sogar viele Personen vor der Bühne versammelten und dem Geschehen beiwohnten. Für die Zukunft wurde mit dem Partner – dem Geschichtsort Villa ten Hompel – verabredet, weitere Projektideen in dem Bereich „lebendige Erinnerungskultur" zu entwickeln.

Uraufführung: 1.5.2014, Münster, am Ufer des Aasees
Beteiligte: Künstlerische Leitung und Stab 15 Personen,
5 professionelle Darsteller
Aufführungen: 8 (davon 3 Voraufführungen)
Zuschauer: 1200 bei den Aufführungen; 1300 bei den
Schulprojekten und Infoveranstaltungen
Länge der Aufführung: ca. 100 Minuten
Freier Eintritt

Akteure

Theater Titanick wurde 1990 als eine Kooperation von Künstlern aus Münster und Leipzig gegründet. Wenig später erweiterte sich die

Unort-Projekte

Gruppe zu einem internationalen Ensemble und etablierte sich mit seinen Open-Air-Produktionen als eine feste Größe auf Festivals im In- und Ausland. Die spektakuläre Inszenierung über den Untergang der Titanic war der erste große Erfolg. Über 270 Mal wurde diese Produktion weltweit mit großer Resonanz aufgeführt.

Nach *Titanic* folgten bis heute 14 weitere Open-Air-Produktionen, in denen in atmosphärischen Bildern von mythischen Themen, von Mensch, Natur und Technik erzählt wird. Die Inszenierung *Troja* aus dem Jahr 1996 erzählt vom Schrecken des Kriegs, in den Produktionen *Insect* und *Firebirds* wird der Traum vom Fliegen thematisiert. Mit der Stadtinszenierung *Pax* betritt Theater Titanick 1998 neues Terrain. Aus Anlass des 350. Jubiläums des Westfälischen Friedens wurde die Stadt Münster in eine Bühne verwandelt. Mit mehr als zweihundert Akteuren wurde der Weg von den Tiefen der Erde bis zu den Höhen des Paradieses thematisiert und in Szene gesetzt. Fortan wurden Stadtinszenierungen zum Markenzeichen: *Quadratwurzel* anlässlich vierhundert Jahre Mannheim, *Aufruhr* zu zweihundert Jahren Mülheim, *Helden.Köter* und *Fraun* zu 150 Jahren Kleist in Frankfurt an der Oder sowie 2015 zur Tausend-Jahr-Feier Leipzigs *Lipsias Löwen*.

Es sind jahrhundertealte Traditionen europäischer Volkstheater, die Theater Titanick aufgreift und mit modernen Ausdrucksformen verbindet. Die künstlerische Triebfeder aller Produktion ist das Erzählen von Geschichten mit allen Mitteln, die das Theater im öffentlichen Raum bietet. Theater Titanick hat in 25 Jahren über achthundert Open-Air-Aufführungen weltweit in 27 Ländern gezeigt und dafür zahlreiche Preise für die Inszenierungen erhalten.

Gesamtleitung: Uwe Köhler, Regie: Christian Fries, Darsteller: Ludmilla Euler, Clair Howells, Georg Lennarz, Matthias Stein, Rahel Valdivieso

Kontakt:
www.titanick.de

Matthias Däumer

GELÖSCHTE WUNDEN IM AASEE

I

Aus der Münsteraner Altstadt kommend schaut man nicht, wie Reiseführer es versprechen, direkt auf den wunderschönen Aasee. Seit acht Tagen verweigert Theater Titanick den Münsteranern und Touristen diesen Blick. Stattdessen sieht man eine im Bau befindliche Baracke, davor ein Schild, das in aller Harmlosigkeit verkündet, dass hier ein Lager für Kriegsgefangene entstünde. Jogger laufen an dem Holzbau vorbei, registrieren die Aufschrift im Vorüberrauschen – und drehen um, weil sie ihren Augen nicht trauen. Aufklärung erfahren sie am Info-Point der Theatergruppe: Die Baracke ist das Abbild eines in der Münsteraner Gasselstiege als Zimmerei genutzten Gebäudes, das als letztes unbemerktes Mahnmal der insgesamt 180 Zwangsarbeiter- und Kriegsgefangenenlager im Raum Münster 2013 der farbenfrohen Nutzarchitektur eines Neubaugebiets weichen musste. Titanick transportiert diesen nicht mehr existenten Ort ins Zentrum der Stadt, setzt den Bau dem Verschwinden der Erinnerung entgegen.

Die Gruppe bespielt jeden Abend die Baustelle; dabei wandeln sich die Performances je nach Bauzustand. Am 1. Mai konkurrieren noch bloße Stelen mit der Bollerwagen-Ausgelassenheit der Grillrunden am See; am 8. Mai hat die Baracke schon ein Dach und Wände, nur die vordere Seite öffnet sich zu den Zuschauerbänken hin, innen sieht man dreistöckige Pritschen. Nähert man sich pünktlich (und durch strömenden Regen) der in Licht getauchten Baracke, hat das Spiel schon begonnen. Der improvisierte Prolog und der inszenierte Hauptteil spielt mit Szenen aus den so genannten „Freitagsbriefen", übersetzten Schriftstücken, die der Berliner Verein Kontakte von zwischen 1941 und 1945 in Deutschland inhaftierten russischen Kriegsgefangenen seit 2010 sammelt und in freitäglichen Rundbriefen verbreitet.

Die Wahl solch einer Textgrundlage ist für das Schaffen der Gruppe neu und viele Kritiker schreiben, Titanick würde mit *Lost Campus* „leisere Töne" anstimmen. Mit Blick auf die recht bombastischen älteren Produktionen mag das stimmen, doch *Lost Campus* ist nicht leise – es schreit. Jedoch schreit hier weder ein Regisseur noch ein Performer nach Aufmerksamkeit, sondern es sind die Zeugenberichte selbst. Das liegt an einem ganz spezifischen Umgang mit dem Textmaterial, den Christian Fries und sein Team durch eine gesunde Mischung von inszenatorischer Gebundenheit und improvisatorischer Freiheit entwickeln konnten. Dieser Umgang ist ein sehr respektvoller, aber eben nicht in dem Sinne eines identifikatorischen Pathos, sondern ganz im Gegenteil: Gerade aufgrund der Distanz, welche die fünf Performer durch ihre Handlungen zu den gesprochenen Worten setzen, entsteht eine größere Wirkung, als wenn man versucht hätte, Lagerzustände schauspielerisch zu verkörpern. Oft schwingt bei den emotionalsten Sätzen der Briefe beinahe sarkastische Ironie in der Stimme der Performer – und auch in ihren Reflexionen. Jemand weist darauf hin, dass der „Erfolg" eines medizinischen Missbrauchs an den Kriegsgefangenen die Entwicklung des Präparats Contergan gewesen sei; ein anderer liegt später rücklings auf dem Dach, während seine Mitspielerin ihm die Worte aus dem Leib zu drücken scheint: ein körperlicher Zwang zum Wiedererleben des Traumas im Akt der Bezeugung. Die Bemerkung in einem Brief, dass die Deutschen ihren Gefangenen die Identität nahmen, führt zu der provokativ geäußerten Passage: „Mein Name ist Russ Schwein. So nennen mich die Deutschen, und die Deutschen haben die Macht. Also heiß' ich so". Die performative Konfrontation zeigt, dass Titanick sich mit aller Bestimmtheit jenseits der gefälligen Aufarbeitungsindustrie verortet.

Auch die Medialität der Zeugenaussagen und die durch sie bedingte Distanz des Gegenwärtigen zum Historischen werden im Sinne der Verfremdung reflektiert, beispielsweise als ein Performer die russischen Worte von einem Tonbandgerät abspielt oder wenn den Schwierigkeiten, die Briefe überhaupt zu verfassen, großer Raum zugesprochen wird. So wird der Bruch zwischen dem Vergangenen und dem Gegenwärtigen stets offengehalten, die Kluft, deren Wahrnehmung und Reflexion erst ein „echtes", also unverlogenes Gedenken ermöglicht. Die schockierenden Erzählungen von erfrorenen Bettnachbarn, allmählichem Verhungern, medizinischem Missbrauch, Suiziden, Züchtigungen und vergeblichem Widerstand werden aufgrund dieser Distanz nicht annektiert oder schauspielerisch ausgeschlachtet, sondern bleiben im Besitz der Zeitzeugen, deren Worte nicht verarbeitet werden, sondern denen die Performance re-präsentierender (vergegenwärtigender) Kanal ist.

Kontrastiv kommen auch nüchtern-rassistische Positionen zu Wort und gemahnen daran, dass man sich am Aaseeufer in direktem Sichtkontakt zu dem ehemaligen Gebäude der Gauleitung befindet, einem bürokratischen Zentrum des Nazi-Terrors. Es werden Sätze wie in einem „Ich-packe-meinen–Koffer"-Spiel vorgesagt, wiederholt und auswendig gelernt. Es handelt sich um Formeln, nach welchen die Lebenserwartung und Arbeitskraft der Häftlinge bei streng rationierter Nahrung bestimmt werden. Erst in der konstanten und distanzierten Wiederholung entfalten sie ihre gesamte Grausamkeit.

Dabei können die Szenen zu jedem Zeitpunkt kippen: Eng umschlungen hängt eine Performerin an ihrem Mitspieler und berichtet von den Lagergräueln; dieser antwortet – jedoch mit der Schilderung einer ähnlichen Situation aus der Sicht des nationalsozialistischen Bürokraten. Die Verschlungenheit der Körper, die erst noch Nähe hätte implizieren können, kippt ins Gegenteil: ein zerbrechliches Yin und Yang als Allegorie des grotesken Versuchs, aus extremen Positionen ein objektives Verständnis abzuleiten.

Der Hauptteil beginnt mit einer programmatischen Passage zum Leitthema der Inszenierung: Ein Brieftext endet mit der Entschuldigung, dass man sich nicht mehr an die Namen dreier Verstorbener erinnere. Dieses Vergessen wird als Thema von allen Performern aufgenommen, in Mikrofone gesprochen, verhallt und geloopt, bis das brutale Geräusch mehr Signalkraft als der Satz selbst besitzt und die Kakophonie sich gegen die Apologetik stemmt.

Überhaupt ähnelt das Spiel der Performer weniger einer tragischen Pose als dem manischen Rausch. In mehreren Passagen der Performance singt eine Performerin Lieder, meist Kinderlieder („Es war einmal ein Kuckuck"), immer und immer wieder. Sie steht auf dem Dach im strömenden Regen, surft auf einem über den Giebel gelegten Brett, wird gefesselt, bekommt einen Sack über das Gesicht gezogen, wird an der Leine geführt, gezüchtigt. Doch die Manie ist gleich dem besungenen Kuckuck nicht totzukriegen: ein trotziger Überlebenswille, der wie in den Briefen geschildert oft gleichberechtigt neben der Todessehnsucht steht, dem Irrsinn näher als dem Heldentum. Die rauschhafte Stimmung wird getragen durch die Klänge, welche Helmut Buntjer im Inneren der Baracke mit Posaune, Tonabnehmern und Effektgeräten erzeugt: das Knirschen aneinander geriebener Steine, das schrille Klirren von Metall, verhallte Signale, ein Ächzen im Barackengebälk, irgendwo zwischen Albert Mangelsdorff und Einstürzenden Neubauten.

Doch der Rausch endet, als die offengebliebenen Wände der Baracke Brett um Brett von den Performern zugenagelt werden. Der Kopf der Singenden wird in die Konstruktion eingebaut und erst befreit, als technische Arbeiter alle fünf Performer einschließen und die Tür verrammeln. Eine plötzliche Stille. Man sieht die Körper nur noch durch die zwei Fenster, doch eine Filmprojektion auf die Außenfläche zeigt Aufnahmen einer im Innern befindlichen mobilen Kamera. Der Medienein-

Unort-Projekte

satz erschafft abermals Distanz, doch gleichzeitig auch neue Potentiale der Gefühlserregung: Filmisch arbeitet die folgende Passage mit beengenden Nahaufnahmen, leidenden, irrsinnigen Gesichtern, Pietas-Posen und im Gegensatz zum Spiel im Freien mit großem Pathos. Durch die filmische Präsentation stellt diese sich als künstlich aus, ist also abermals gebrochen und deshalb zum nicht-identifikatorischen Gedenken geeignet.

In die Stille der Passage dröhnt Motorengeräusch. Erst ist dessen Quelle nicht auszumachen, doch dann reckt sich hinter der Baracke eine Baggerschaufel in den regenverhangenen Nachthimmel; ihr Schatten fällt auf die entfernt stehenden Weiden am Seeufer: Selbst nibelungsche Drachen hatten wohl nur selten so einen bedrohlichen und atmosphärisch dichten Auftritt. Der Bagger beginnt damit, von links aus die Baracke beinahe zärtlich mit seiner Schaufel zu betasten, während sich die Performer mit der Kamera in den gegenüberliegenden Teil des Gebäudes zurückziehen. Dann schlägt die Schaufel zu. Immer mehr Teile des Gebäudes werden zerfetzt, Glas bricht, die Kamera zeigt den bedrohlichen Moment, in dem das Fremde ins Innen bricht. Die Performer reagieren, indem sie zurückfallen in die Manie: Fröhlich lachend singen sie deutsche Wald- und Wiesenlieder. Man könnte an Befreiung denken, jedoch ist die Manie hier anders konnotiert. Erinnerte sie zuvor an den widerstrebenden Überlebenswillen der Kriegsgefangenen, kommt einem nun, da der Bagger die Baracke demoliert, das ursprüngliche Kriegsgefangenenlager in Erinnerung, das einem Neubaugebiet weichen musste. Und so werden die Performer von den Verdrängten zu den Verdrängenden, die sich auf den Überresten des Lagers eine Wald-und-Wiesen-Idylle errichten. Das Verdrängen wiederum gibt sich so als eine andere Art des Überlebenskampfs zu erkennen, der mit der gleichen Manie, doch einer niederen Moral vonstattengeht. Denn das Gewesene scheint nun vergessen, ein Gespenst, dem mit dem Abriss des Gemäuers seine Lizenz zum Spuken entzogen wurde.

Als die Baracke zur Hälfte demoliert ist, wird der Bagger abgeschaltet und das Licht heruntergefahren. Nach dem Applaus kehren die Performer noch einmal zurück, entzünden ein Lagerfeuer und werfen symbolisch aufgeladene Gegenstände (Brief, Tonbandgerät, Schuhe, Ring) hinein, mit denen sie die Performance teilweise in Bezug auf die Briefe, teilweise persönlich widmen und so nochmals verdeutlichen, dass die Zeugenberichte nicht uns, sondern den Opfern gehören. In Folge stellt sich eine Schweigeminute ein, ohne dass diese von einer Autoritätsperson offiziell hätte eingefordert werden müssen.

II

Betrachtet man lediglich den Aufführungsort, sind die Grundlagen dieses Projekts vergleichsweise „theatraler" als andere der Unort-Reihe. Es besteht eine klare Trennung von Zuschauer- und Bühnenraum und auch die Rituale des bürgerlichen Theaters wie das Einlaufen zum Applaus sind in Grundzügen vorhanden (wenn auch gebrochen durch den Epilog). Jedoch ist der Bühnenaufbau trotz dieser Trennung nicht statisch, sondern unterliegt einem kontinuierlichen Wandel, der wiederum direkten Einfluss auf das Spiel nimmt. Die im Programmheft abgedruckten Stadien des Aufbaus erwecken den Eindruck, als würde die Baracke sich aufbäumen, tanzen, schwanken, um sich – wie die Erinnerung – dem festigenden Zugriff der historischen Faktualität zu entziehen. Der gegenwärtige Ort scheint aufgelöst, wenn die Wand etwa durch die Filmprojektion transzendiert wird oder ein ostentativer Wechsel von Exklusions- und Inklusionsmechanismen an Foucaults Heterotopie gemahnt.

Der wandelbare Bühnenraum wird so in Kontrast zum herkömmlichen Bühnenbild zum Unort: Er unterliegt nicht der Behauptung, ein guckkastengerahmtes Werk zu präsentieren, sondern impliziert in seiner Unbeständigkeit das Prozessuale, welches den Vorgang des Erinnerns symbolisiert. Über diese Verschränkung stellt die Baracke ihren Verweischarakter aus: Der künstliche Bau ist nicht Illustration um ihrer selbst willen, sondern ebenfalls ein Symbol, ein Verweis auf das gewaltsam verdrängte Original. Im Gegensatz zum Mahnmal ist dieser Bau nicht statisch, schlägt also kein autorisiertes Gedenken in Stein, sondern verweist als prozessualer und symbolischer Unort auf einen generell anderen, freieren und selbstreflexiven Modus des Erinnerns.

Das letzte Kleinod

EXODUS

Ziel des Projekts
Armdicke Birken hatten sich durch die Pflasterung gebrochen, eingeschlagene Fensterflügel klapperten im Wind, marode Regenrinnen liefen über. Der Regisseur Jens-Erwin Siemssen hatte die alte Kaserne in Emden zufällig entdeckt. Ein alter Mann aus dem Wohnblock gegenüber konnte ihm mehr über den Ort erzählen, über exerzierende Marinesoldaten während des Kriegs und die Kanadier nach der Kapitulation. Einige Monate soll es in der Kaserne sogar einen Kibbuz gegeben haben. Eine Emder Heimatforscherin konnte das bestätigen. 1947/48 waren in diesen Gebäuden 2500 jüdische Passagiere des Flüchtlingsschiffes Exodus untergebracht. Diese hatten vorher versucht, mit dem Schiff nach Palästina auszuwandern. Doch die Fahrt wurde von britischen Zerstörern gestoppt, die Flüchtlinge wurden nach Hamburg verschifft und in ehemaligen Wehrmachtskasernen in Emden und Wilhelmshaven interniert.

Im Frühjahr 2013 ging Regisseur Siemssen in Hamburg an Bord des israelischen Containerschiffes Moskwa. Auf dem Seeweg nach Israel wollte er die Route der Exodus nachvollziehen und die Besatzung zu den nautischen Bedingungen interviewen, die damals auf dem Flüchtlingsschiff geherrscht haben könnten. Nach zwölf Tagen erreichte das Schiff die Hafenstadt Haifa. Wenige Kilometer entfernt befand sich einst ein britisches Internierungslager, heute ist in Atlit eine Gedenkstätte für jüdische Einwanderung untergebracht. Die Gedenkstätte vermittelte dem Regisseur zahlreiche Kontakte zu ehemaligen Passagieren der Exodus, die ihm von der Zeit in der Emder Kaserne erzählten. Aus den transkribierten Erinnerungen entstand das Textbuch der dokumentarischen Vorstellung *Exodus*. Im April 2014 fand in der Gedenkstätte Atlit die Uraufführung statt, die in einer Szenerie aus drei verfallenen Güterwaggons gespielt wurde.

Nach der Rückkehr nach Deutschland wurde das Stück am originalen Schauplatz in der Karl-von-Müller-Kaserne in Emden aufgeführt. Die Zuschauer verfolgten die Vorstellung von einer Tribüne aus, die auf dem Kasernenhof aufgebaut war. Das Spiel fand auf der Fassade des ehe-

Fotos oben und Mitte links: © Ingo Wagner
Fotos Mitte rechts und unten: © Jens-Erwin Siemssen

maligen Offiziersheimes statt. Fünfzig Fenster, Balkone, eine Freitreppe, ein Glockenturm und das Dach wurden bespielt. Das Gebäude wandelte sich zum Flüchtlingsschiff, zum Kreuzer, zur Kaserne und zum Kai. Techniker verlegten hunderte Meter Kabel und rissen Mauern ein, damit die Schauspieler sich im Gebäude bewegen konnten. Ein Chor sang aus den geöffneten Fenstern des Obergeschosses, unterstützt von der beeindruckenden Akustik des dahinterliegenden Speisesaals. Es ist mit dieser Aufführung gelungen, einen Unort wieder mit seiner Geschichte zu verknüpfen. Eine fast vergessene Geschichte wurde ins öffentliche Bewusstsein gerückt, bevor der Ort saniert wird und damit die Spuren der Geschichte verwischt werden.

Resonanz, Herausforderungen und Wünsche
Nach der erfolgreichen Premiere in Emden wurde die Vorstellung an zwei weiteren Orten gezeigt. Auf Einladung der Deutschen Marine wurde *Exodus* in der noch tätigen Kaserne von Wilhelmshaven-Sengwarden gespielt. Hier waren seinerzeit ebenfalls 1500 Juden untergebracht. In Bremerhaven fand die Vorstellung vor der Fassade einer seit vielen Jahren leerstehenden amerikanischen Kaserne statt. Die insgesamt 18 Vorstellungen in Deutschland und Israel wurden von circa 2500 Zuschauern besucht. Allein in Emden und Wilhelmshaven nahmen circa vierhundert Schüler an den beiden Morgenvorstellungen teil.

Die Medien begleiteten das Projekt mit großem Interesse. Mehrere Journalisten reisten mit nach Israel. Ein Fotograf der *dpa* und ein Kameramann von *Radio Bremen* dokumentierten das Projekt, *Radio Bremen* strahlte anschließend eine Fernsehdokumentation aus. In Israel entstand ein ausführlicher Beitrag des *3Sat*-Magazins „Kulturzeit", in dem auch mehrere öffentliche Personen zur Exodus als Gründungsmythos des Staates Israel Stellung bezogen. Auch die deutsche Lokalpresse unterstützte das Projekt. Mehrmals fand sich das Theater auf den Titelseiten der Zeitungen von Emden und Wilhelmshaven wieder. Durch Berichte mehrerer Zeitungen und Zeitschriften (u. a. *taz, der Freitag, Die Welt, Theater der Zeit*) erlangte das Projekt überregionale Beachtung.

Die Genehmigung für die Nutzung der Spielorte war mit großer Unsicherheit verbunden. Das Stück sollte auf dem Gelände der Gedenkstätte in Atlit entstehen. Der Container mit der Theatertechnik und Zelten für das Team war schon auf See von Deutschland nach Israel, als die Gedenkstätte die Kooperationszusage unerwartet zurückzog. Die staatliche Einrichtung befürchtete politische Unstimmigkeiten, insbesondere wenn die deutsche Theatergruppe Stellung zum Thema Palästina nehmen würde. Doch es konnte versichert werden, dass das Stück nur von den Geschichten der Exodus handelt. So zog die Gedenkstätte die Absage wieder zurück, die Proben und die Uraufführung konnten schließlich wie geplant in Atlit stattfinden.

Nach der Rückkehr aus Israel hatte sich auch die Situation auf dem Gelände der Karl-von-Müller-Kaserne innerhalb kürzester Zeit grundlegend verändert. Das Bundesamt für Immobilien hatte einen Investor gefunden, der die denkmalgeschützten Gebäude zu einem Hotel umbauen wollte. Der neue Eigentümer begann sofort, das Gelände zu roden und die Gebäude zu sichern. Nach anfänglichen Bedenken konnte der neue Besitzer schließlich überzeugt werden, öffentlich mit der Geschichte der Kaserne umzugehen und der temporären Nutzung der Gebäude als Spielort des Dokudramas zuzustimmen.

Uraufführung: April 2014, Gedenkstätte Atlit/Israel
Premiere in Deutschland: 16.5.2014, Emden,
Karl-von-Müller-Kaserne
Gastspiele: Wilhelmshaven-Sengwarden, Kaserne,
und Bremerhaven, leerstehende Kaserne
Beteiligte: Künstlerische Leitung und Stab 15 Personen,
6 professionelle Darsteller, 14 Personen Chor, 5 Laien
Aufführungen: 19
Zuschauer: 2900
Länge der Aufführung: ca. 90 Minuten
Eintritt: 14 bis 18 Euro

Akteure

Das Konzept und das Buch der Inszenierung *Exodus* schrieb Jens-Erwin Siemssen, der auch die Regie führte. Die musikalische Leitung hatte Shaul Bustan aus Israel. Lisa Kempter übernahm die dramaturgische Begleitung. Die Produktion wurde von Adi Liraz (israelische Aufführungen) und Uta Lorenz (deutsche Aufführungen) geleitet. So wie die Passagiere der Exodus damals aus zahlreichen Ländern kamen, wurde auch das Ensemble international besetzt. Es spielten mit: Johanna Emil Fülle, Sofia Scheynkler, Claudia Schwartz, Manuel Schunter, Jeroen Engelsmann, Cnaan Shahak und Gonny Gakeer. Während die Flüchtlinge von professionellen Schauspielern dargestellt wurden, übernahmen lokale Amateure die Rollen der deutschen Zeitzeugen. An jedem der drei deutschen Spielorte wirkten zwölf bis 16 Laienspieler mit. Außerdem waren die lokalen Chöre Jugendchor Efroni, die Emder Singgemeinschaft der Projektchor Bremerhaven sowie der Jugendclub der

Unort-Projekte

Landesbühne Nord beteiligt. Insgesamt arbeiteten circa dreihundert Amateure mit.

Wie auch in *Exodus* widmete sich das Theater Das Letzte Kleinod in den vorigen Aufführungen den Geschichten der Weltmeere. Die maritimen Projekte handeln von Flucht, Arbeit, Migration, Kolonialismus, Forschung, Piraterie und Kriegen – früher und heute. Die dokumentarischen Stücke werden nach den Berichten von Experten und Zeitzeugen gestaltet. Gespielt wird am Strand, im Watt, im Hafen. Meistens jedoch nicht weit vom Meer entfernt und oft an den originalen Schauplätzen. Das Theater setzt sich mit historischen Themen auseinander, schlägt aber immer eine Brücke zur Gegenwart. Das Theater arbeitet an lokalen oder regionalen Themen und stellt diese in einen internationalen Zusammenhang. Gespielt wird entlang der Nordseeküste, meist zwischen Hamburg und Rotterdam, und oft auch in Übersee.

Entwickelt werden die Projekte in einem Bahnhof auf dem Lande zwischen Hamburg und Bremerhaven. Auf dem Abstellgleis ist der ozeanblaue Zug des Theaters stationiert. In den elf eigenen Eisenbahnwaggons sind Unterkünfte, eine Kantine, Werkstätten und Büros untergebracht. Eine jeweils angemietete Lok transportiert diese mobile Produktionsstätte zu den Spielorten. Der Zug wurde kürzlich mit europäischer Förderung saniert und kann nun wieder auf dem gesamten europäischen Schienennetz eingesetzt werden.

In den letzten drei Jahren inszenierte Das Letzte Kleinod die Projekte *November und was weiter* (Kriegsflüchtlinge, Deutschland 2014), *Um uns herum nur nichts* (Arbeitsalltag auf See, Deutschland 2014), *Exodus* (Jüdisches Flüchtlingsschiff, Israel/Deutschland 2014), *Heimweh nach Hongkong* (Arbeitsmigration, Deutschland 2013), *Atalanta* (Piraterie vor Somalia, Kenia/Tansania/Deutschland 2012), *Helden zur See* (Seekrieg im Ersten Weltkrieg, Deutschland 2012) und *Die Filchner-Barriere* (Polarforschung, Deutschland 2012).

Kontakt:
www.das-letzte-kleinod.de

Matthias Däumer

DAS SCHIFF, EINE KASERNE

I

Das Publikum sitzt auf einer Tribüne gegenüber der Fassade eines seit rund 15 Jahren leerstehenden Kasernengebäudes, im Rücken der Hof, umgeben von weiteren wuchtigen Militärbauten. Das aufwendige Programmheft informiert darüber, dass man es im Folgenden mit einer Performance zu tun habe, deren Text auf von Jens-Erwin Siemssen über Jahre gesammelten Interviews mit Zeitzeugen der Exodus-Irrfahrt beruht, jener Odyssee, auf der 4500 Shoah-Überlebende im August 1947 von Marseille aus versuchten, mit dem Schiff nach Palästina zu gelangen, um sich eine neue Heimat aufzubauen. Vergebens, denn das Schiff der *Maapilim* (also der Flüchtlinge, die versuchten, vor der Staatsgründung Israels nach Palästina einzuwandern) wurde vor der Küste Palästinas von britischen Truppen gekapert. Die Briten versuchten unter UN-Mandat (und mit der Rigorosität eines ehemaligen Imperiums) die Palästina-Situation mit einer Einwanderungsquote zu entschärfen. Rigoros trieben sie die heimatlosen jüdischen Flüchtlinge über Frankreich in das Land der Täter zurück und internierten sie in der britischen Besatzungszone – teilweise in eben jener Emder Kaserne, die nun bespielt wird. Der Exodus-Stoff ist der bedeutendste Gründungsmythos Israels. Für eine Annäherung war es deshalb auch wichtig, dass die Gruppe in der Nähe des Hafens von Haifa, in Atlit proben konnte, wo es Begegnungen mit Zeitzeugen und bereits vor der Premiere in Emden zu zwei Werkstattaufführungen kam.[1]

Im Vorfeld weckt dies Erwartungen, aber erfordert auch eine gewisse politische Vorsicht: Wie wird es gelingen, einen Stoff als historisches Bindeglied zwischen israelischer Staatsgründung und Emder Regionalgeschichte zu inszenieren, der vom zionistischen Lager bis heute glorifiziert und auch schon von Hollywood als äußerst pathetischer Film[2] in das Narrativ einer „Wiederheimkehr" eingereiht wurde?

---

[1] Im Folgenden wird das Projekt noch in Wilhelmshaven und Bremerhaven an ebenfalls historischen Orten aufgeführt werden, insgesamt 15 Mal, davon zwei Schulaufführungen.

[2] Otto Premingers *Exodus* von 1960, auf Basis des nur zwei Jahre zuvor publizierten

Unort-Projekte

Wie kann es gelingen, sich gegen dieses Übergewicht von Mythisierungen zu behaupten? Die insgesamt 25 Mitwirkenden ziehen, von rechts und links im Rücken des Publikums nahend, in das Gebäude ein. Eine Gruppe bewegt sich um ein waagrecht getragenes Cello und erweckt den Eindruck eines Trauerzugs. Die Chorsänger begleiten den Einzug mit Zischlauten. Die professionellen Performer aus Israel, den Niederlanden und Deutschland rufen schon aus der Ferne über den Hof Eindrücke ihrer Ankunft in Emden, als sie jedoch dem Gebäude nahe sind, wandeln sich ihre Aussagen und projizieren über den Mechanismus der Wortkulisse auf die Fassade das Bild des Flüchtlingsschiffs Exodus.

Der Chor begibt sich in das erste Obergeschoss und ist von dort aus im Folgenden für die akustische Untermalung des Geschehens verantwortlich. Die historisch kostümierten Darsteller begeben sich in die Rollen von Exodus-Passagieren und Betreten unter Bekundungen der Hoffnung die Kaserne/das Schiff. Hier tauchen das erste Mal Fensterrahmen auf, welche die Inszenierung leitmotivisch durchziehen. Die Performer halten sie übereinander in die Eingangstür und schaffen so ein schmales Blickfeld, in das sie sich drängen: ein Ausdruck der Enge auf der Exodus. Später werden diese Rahmen noch zu Barrikaden gegen die britischen Truppen, zur Totenbahre eines Kindes, zu Platten zum Transport von frisch gebackenem Brot und zu Elementen in einem volkstümlichen Tanz. Die Fensterrahmen gehören zur Karl-von-Müller-Kaserne, wurden dort gefunden. Sie zeugen davon, wie stark Siemssen daran interessiert ist, strikt den Ort zu inszenieren: Es wird ihm – außer natürlich der Bedeutungserzeugung durch die performative Nutzung, Licht und Musik – kaum etwas hinzugefügt. Dieser selbstauferlegte Purismus sorgt für eine semantische Verlebendigung, die aus dem Ort selbst heraus und nicht aus dem Willen zur künstlichen Mythifizierung entsteht.

Dabei wird die Karl-von-Müller-Kaserne aber vor allem eins: ein Instrument. In der folgenden Passage nutzen die Performer beispielsweise die Fensterläden, um den Rhythmus einer Fabrik herzustellen; als es um die Kinder auf der Exodus geht, hört man aus der Kaserne ein Rennen im hinteren Flur; bei Sturm zischt der Chor im oberen Stockwerk, die (angebohrten) Glasscheiben einer zugeworfenen Tür zerschellen. Den Höhepunkt der akustischen Nutzung des Gebäudes stellt das Kapern der Exodus durch die Briten dar: Ungesehen zerspringen

Romans von Leon Uris entstanden, ist mit seinen dreieinhalb Stunden ein Filmepos, das enormen Einfluss auf die zionistische Selbstwahrnehmung Israels hatte.

Gefäße, Steine schlagen aufeinander, Glas klirrt, unbestimmtes Getöse – alle Register werden gezogen und so entstehen aus dem leblosen Artefakt äußerst lebendige Atmosphären.

Getragen von dieser Geräuschkulisse und Shaul Bustans Streichmusik wandelt die Darstellung durch verschiedene politische Episoden. Das ist nicht ganz unproblematisch, dafür jedoch programmatisch zwingend. Nur an einer Stelle werden von den Zeitzeugen überlieferte Sätze durch die Performance kommentiert. Als die Briten die Exodus kapern, schreit eine Performerin: „Die Engländer sind wie die Nazis!" Dabei hält sie verkrampft Oberarm und Unterarm im Neunzig-Grad-Winkel, einmal nach oben, einmal nach unten gewinkelt. Als sie von zwei anderen Performern in die Waagerechte gelegt und hinter einen anderen Körper in einer ähnlich verrenkten Position gehalten wird, erkennt man, dass die sich überschneidenden Gesten ein Hakenkreuz bilden: Der Pauschal-Vorwurf des Nazi-Seins schlägt auf die Ankläger zurück.

Diese Art der Kommentierung stellt jedoch die absolute Ausnahme dar. Generell nutzt die Inszenierung zwar ironische Brechungen, z. B. bei der Liebeshandlung eines Ehepaar, das sich auf der Exodus kennenlernt: Während sich die Liebenden annähern, der Mann seinen Oberkörper entblößt und stöhnt, die Frau vor sich hin singt, sitzt in dem Nebenfenster eine Performerin und verrichtet ihre Notdurft in die Wellen. Doch bei ideologischen Kernpassagen wird einem Pathos Raum gegeben, das – auf einen ersten Blick – der zionistischen Funktionalisierung des Exodus-Mythos in die Hände zu spielen scheint. Wie schon in Premingers Film geschieht das bei einem Hungerstreik, teilweise sogar mit ähnlichen Bildern, etwa von Müttern, die ihre Opferbereitschaft auf das Leben ihrer Säuglinge ausweiten; oder wenn eines dieser Kinder tränenreich auf See beigesetzt wird; am stärksten aber beim Singen der Exodus- und späteren Nationalhymne Israels *Hativka* beim Einschiffen in Haifa. Problematisch werden diese Aussagen, wenn sie sich auf den Radikalismus der Haganah[3] oder gar nicht mehr auf die Vergangenheit, sondern auf die Gegenwart Israels beziehen. Schließlich könnte so etwas für sich genommen zionistische Agitprop sein – wie gesagt: auf einen ersten Blick!

Sieht man die Passagen im Zusammenhang mit der Raum-Methode, erkennt man die Programmatik: Ebenso, wie Siemssen in seiner Nutzung des Orts diesen für sich selbst sprechen lässt, lässt er auch die teils

---

[3] Haganah: zionistische, paramilitärische Untergrundorganisation während des britischen Mandats in Palästina, die nach dem Krieg den Transport der *Maapilim* und anti-britische Sabotageakte organisierte.

von Nationalmythen überformten Erinnerungen der *Maapilim* unkommentiert. Stattdessen setzt er den gegenläufigen, aber genauso authentischen Satz einer Überlebenden dagegen: „Ich bin keine Heldin." In der Gesamtwirkung erkennt man, dass die Aussagen genauso wie die örtlichen Elemente Objekte einer *Objet-trouvé*-Ästhetik sind: Nicht durch ihre Brechung oder Kommentierung, sondern primär durch die Ausstellung und Montage des vorhandenen Materials kommen zionistische Überzeichnung neben primär unpolitischen Bezeugungen in ihren Widersprüchen zur Geltung. Den Kommentar muss sich der (mündige) Zuschauer selbst erarbeiten.

Diese große Politik trifft im letzten Drittel der Performance auf Regionalgeschichte, als die erneut deportierten *Maapilim* die Emder Kaserne beziehen. Auch hier setzt Siemssen auf größtmögliche Authentizität, indem er mit Laienschauspielern arbeitet, die zum Teil Plattdeutsch sprechen. Bevor die Performer die Kaserne betreten, wird diese über einen Bericht von einer Polterhochzeit zum Inbegriff des „Emder Wesens" markiert, in das das „Fremde" nun Einzug hält. Die Berührungsängste halten jedoch nicht lange: Sowohl die Aussagen der verstoßenen *Maapilim* als auch der Emder berichten bald von Begegnungen der Kulturen, z. B. als eine Bäckerin sich bereiterklärt, den Flüchtlingen ihre Räume zum Backen von Matzen bereitzustellen. Kulminationspunkt dieser angedeuteten Hoffnung eines neuen Verständnisses füreinander stellt die Darstellung von Geburten der auf der Exodus gezeugten Kinder in Deutschland dar: Im Entstehen des neuen Lebens wird die Möglichkeit einer neuen Verständigung formuliert.

Diese Hoffnung liegt freilich jenseits des Politischen: Der letzte Satz aus Emder Mund thematisiert das plötzliche Verschwinden der *Maapilim* aus der Kaserne im Jahr 1948 und geht weder auf den Unabhängigkeitskrieg Israels noch die Staatsgründung ein: „Plötzlich waren sie weg. Warum, wusste keiner." Dass darauf noch ein kurzer Exkurs zu den militaristischen Äußerungen der Zeitzeugen folgt, löst beim Publikum Irritation aus. Die Sätze: „Alle sind in der Army. Das ist normal, wir sind Israelis. Wenn wir einen Krieg verlieren, gibt es kein Israel mehr" bilden den Schluss der Performance. Diese Irritation jedoch ist unvermeidlich, wenn man sich wie Siemssen nicht der Ideologie, sondern dem Purismus der materiellen und mündlichen Zeugnisse verschreibt.

II

Eines der bekanntesten Beispiele, an denen Foucault die Heterotopie erklärt, ist das Schiff: Selbst nicht zu verorten, sondern in ständiger

Bewegung, ist es im Innern eine Zusammenraffung unterschiedlichster Elemente des Außenraums, den es so *en miniature* spiegelt. Die Exodus war (geschichtlich) eine äußerst politische Variante dieser Heterotopie, symbolisierte sie doch als Unort die Entwurzelung der Shoah-Opfer und zugleich deren Bestreben, sich vom Unort aus einen neuen Raum zu schaffen.

Die Performance überträgt diesen Charakter auf die Karl-von-Müller-Kaserne, die in vielfacher Hinsicht selbst eine unörtliche Entsprechung ist: Durch die Bespielung wird sie zum Schiff und weist imaginativ über die Physis hinaus. Dadurch jedoch, dass diese Bespielung sich eng an das hält, was der Ort gegenwärtig zu bieten hat, sie als Artefakt würdigt, bleibt sie jenseits der Imagination stets als Kaserne präsent. Diese Treue zum Ort weitet Siemssen auch auf die Menschen der Umgebung aus: Er partizipiert die Emder (als Chorsänger und Laiendarsteller) genauso wie später auch die Wilhelmshavener und Bremerhavener. So erreicht er mit einem (dem Thema entsprechend) internationalen Ensemble im Regionalen enorme Nachhaltigkeit, stellt möglichst neutral den Einbruch der Geschichte sowie der Großen Welt in das Leben vor Ort aus. Aufgrund dieser Neutralität werden dem Geschichtsort und seiner Umgebung die Geister der Vergangenheit nach seinen eigenen Regeln entlockt. Die Akzeptanz des Eigencharakters von Raum und Region ist dann auch für den Umgang mit den Zeugenaussagen programmatisch: Was gefunden wird, wird zwar Teil performativer (Über-)Zeichnung, aber dennoch in seiner Eigenart ernst genommen. Die Aussagensammlung lagert sich in ihrer Heterogenität der Heterotopie an und ist in ihrer artefaktischen Eigenwertigkeit die Fracht, welche das Schiff namens „Karl von Müller" in die Gegenwart transportiert.

Freies Theaterteam Karen Breece/Jurgen Kolb
in Koproduktion mit der Stadt Dachau

DACHAU//PROZESSE

Ziel des Projekts

Das Projekt hatte zum Ziel, mit der ehemaligen SS-Garnison des KZ Dachau, heute Standort der Bayerischen Bereitschaftspolizei, einen Unort aus der zeitgeschichtlichen Topografie Dachaus zu erobern. Mit Unterstützung der Bereitschaftspolizei und der Stadt Dachau sollte das Areal erstmals für die Öffentlichkeit geöffnet und gleichzeitig die historischen Wurzeln dieses Unortes wieder freigelegt und ins Bewusstsein der Öffentlichkeit gebracht werden: konkret die Tatsache, dass in der SS-Garnison hunderte SS-Familien und tausende SS-Männer auf der einen Seite des Zauns einen glücklichen Alltag lebten, während sie auf der anderen Seite des Zauns im KZ Dachau Häftlinge quälten, misshandelten und töteten. In den Jahren von 1945 bis 1948 fanden auf dem Gelände der ehemaligen SS-Garnison die sogenannten Dachauer Prozesse gegen Konzentrationslagerverbrecher statt. Das historische Gerichtsgebäude, in dem bis 1945 die SS-Schneiderei untergebracht war, sollte – trotz Einschränkungen durch Denkmalschutz und Polizeiarbeit – als zentraler Spielort genutzt und damit erstmalig seit 1948 wieder der Öffentlichkeit zugänglich gemacht werden.

Das Projekt hatte zum Ziel, das Publikum mit auf eine Zeitreise zu nehmen und Geschichte erlebbar zu machen. In Bussen erkunden die Besucher die ehemalige SS-Garnison, während sie über Kopfhörer in Parallelmontage den Augenzeugenbericht eines US-Befreiers und die Erinnerungen der Kommandanten-Witwe Lisa Weiß hören. Leitmotiv ist bereits hier die Zaun-an-Zaun-Thematik: auf der einen Seite Fellenz' Entsetzen über die Schrecken des KZ, auf der anderen Seite Weiß' Erzählungen von ihrem sorgenfreien Leben in der Siedlung. Im historischen Gerichtsgebäude angekommen werden die Besucher dann zunächst zu Beobachtern einer surrealen Hochzeitsfeier von Kommandant Martin Gottfried und Lisa Weiß. Die Spieler schlüpfen in die Kleidung von SS-Granden und posieren wortlos draußen vor den Fenstern des Raumes, während die Dialoge über Lautsprecher drinnen eingespielt

Fotos: © Lothar Reichel

werden. Die Hochzeitsszene geht über in den Prozess gegen Martin Gottfried Weiß, wobei die Gerichtsprotokolle des historischen Prozesses neben Zeitzeugenberichten die Textbasis der Szene bilden. Die Ambivalenz von Anklage und Verteidigung wird dabei nicht aufgelöst, keine Autorität lässt verlautbaren, wie das Publikum zu urteilen hat. Die Besucher werden Zeugen eines neuen Dachauer Prozesses, der Fragen der Menschlichkeit und Unmenschlichkeit neu verhandelt und damit einen persönlich-menschlichen Prozess in den Besuchern auslösen soll, Haltungen zur Geschichte und zur Gegenwart zu überprüfen und zu reflektieren.

Das Projekt war ganz wesentlich auf Partizipation angelegt. Als Partizipationspartner waren angestrebt: Schüler, Lehrer, Historiker, Nachfahren von Angeklagten der Dachauer Prozesse, Laien-Schauspieler und Dachauer Bürger.

Das mitten im Stadtteil Dachau-Ost gelegene Areal der Bereitschaftspolizei, das für die Bevölkerung unzugänglicher Unort ohne öffentliches Leben geworden ist, sollte erstmals kulturell geöffnet und damit ein Kick-Off zu einer nachhaltigen Wiedereinbindung des Geländes in die Stadt Dachau gesetzt werden.

Resonanz, Herausforderungen und Wünsche
Zu den acht öffentlichen Vorstellungen kamen insgesamt 1200 Besucher (schwerpunktmäßig aus Dachau und der Metropolregion München, aber auch darüber hinaus), alle Vorstellungen waren ausverkauft. Zusätzlich wurden die dritte Hauptprobe und die Generalprobe für die Partizipationspartner (Schulklassen, Mitarbeiter der Bereitschaftspolizei) geöffnet. Das Medienecho war groß und überwiegend sehr positiv. Vorberichte und Kritiken erschienen in der *Süddeutschen Zeitung* (Bayern-Kultur, Lokalteil Dachau), im *Münchner Merkur* (Feuilleton, Lokalteil Dachau), im *Donau Kurier* sowie auf der Basis eines Berichts der *dpa* in zahlreichen deutschen Zeitungen. *Bayern2* produzierte ein einstündiges Feature über das Theaterprojekt.

Die Hauptziele, a) mit dem Projekt einen der Öffentlichkeit bislang unzugänglichen Unort zugänglich zu machen, b) die historischen Wurzeln des Unorts (ehemalige SS-Garnison, Zaun an Zaun zum KZ Dachau) wieder freizulegen und c) durch einen partizipativen Ansatz und breite Wirkung in die Bevölkerung hinein „Denk-Prozesse" bei Mitwirkenden, Partizipationspartnern und beim Publikum nachhaltig anzustoßen, sind voll erreicht worden. Die inhaltliche Nachhaltigkeit ist gegeben, das zeigen das große Publikums- und Medienecho und viele Statements von Besuchern nach den Aufführungen, und noch heute in der Stadt Dachau spürbar. Die Thematik des Zaun-an-Zaun-Lebens der SS-Garnison neben dem KZ ist in das Bewusstsein der Stadt gerückt und auch der Brückenschlag ins Heute geglückt. Inwiefern die Nachhaltigkeit in der Weiteröffnung des Unorts in der Zukunft gegeben sein wird, bleibt abzuwarten; ein erster Impuls ist gesetzt. Es entstanden jedenfalls durch die Erkundung des Geländes in Bussen in der Bürgerschaft Diskussionsprozesse über den Umgang mit den zahlreichen denkmalgeschützten Gebäuden auf dem Gelände der Bereitschaftspolizei. Gleichwohl bleibt nüchtern zu konstatieren, dass die Bereitschaftspolizei zumindest vorerst noch ein Hochsicherheitsgelände bleiben wird, das sich nur temporär für die Öffentlichkeit öffnen wird.

Die größte Schwierigkeit für das Projekt bestand darin, eine kulturelle Öffnung des Polizeigeländes mit den Sicherheitsbestimmungen einer Polizeiabteilung in Einklang zu bringen. Die Belange des Denkmalschutzes am historischen Gerichtsgebäude verursachten zudem großen Aufwand für die technische Umsetzung, da wortwörtlich nicht ein Nagel in und an dem Gebäude angebracht werden durfte und die komplette Technik freitragend im Außen und Innen des Gebäudes eingerichtet werden musste.

Für die Zukunft wünschen wir uns, dass temporär weitere Kulturprojekte auf dem Gelände der Bereitschaftspolizei möglich werden. Geplant ist z. B. eine Ausstellung der KZ-Gedenkstätte. Wir wünschen uns auch, dass mit der theatralischen Aufarbeitung der Geschichte der SS-Garnison ein neues historisches Bewusstsein nachhaltig in der Bevölkerung wächst und es Inspiration für weitere Beschäftigung, jenseits ritualisierter Gedenkveranstaltungen, gibt.

Uraufführung: 23.5.2014, Dachau, Gelände der Bereitschaftspolizei (ehemals SS-Siedlung)
Beteiligte: Künstlerische Leitung und Stab 16 Personen, 2 professionelle Darsteller, 2 Sprecher, 12 Laiendarsteller
Aufführungen: 8
Zuschauer: 1200
Länge der Aufführung: 130 Minuten
Eintritt: 14 Euro

Akteure

Das freie Theaterteam um die Regisseurin Karen Breece hat neben *Dachau//Prozesse* folgende site-spezifische und partizipative Theaterprojekte erarbeitet: *Die Blutnacht auf dem Schreckenstein oder Ritter Adolars Brautfahrt und ihr grausiges Ende,* aufgeführt 2012 (Wiederauf-

Unort-Projekte

nahme 2013) in der Zellstofflagerhalle der ehemaligen Papierfabrik Dachau; *Was wir liebten* – ein Theaterexperiment mit alten Menschen in der Erlöserkirche München-Schwabing, aufgeführt 2013.

Karen Breece (Regie) wuchs in den USA und in Deutschland auf. Sie studierte Darstellende Kunst bei David Esrig an der Athanor Akademie Burghausen. Seit 2007 führt sie selbst Regie. 2011/12 arbeitete sie an den Münchner Kammerspielen mit Johan Simons an dem Stadtraumprojekt der Münchner Kammerspiele *Die Perser* in der Bayern-Kaserne Freimann (u. a. Erarbeitung eines Bürgerchors mit Flüchtlingen und Weltkriegszeitzeugen) und mit Dries Verhoeven an seiner Theaterinstallation mit blinden Menschen *Dunkelkammer*. Karen Breece schreibt und inszeniert Stücke, die sie aus Recherche und persönlichen Gesprächen heraus entwickelt. Ihr Verständnis von Theater bündelt sich insbesondere im *site-specific theatre* und in partizipativen Projekten mit speziellen Personengruppen.

Eva Veronica Born (Raum) studierte Architektur an der Universität der Künste Berlin und der Akademie der Bildenden Künste Wien. Nach ihrem Diplom 2009 arbeitete sie als Bühnenbildassistentin an der Schaubühne am Lehniner Platz Berlin und mit dem Bühnen- und Kostümbildner Reinhard von der Thannen für dessen Ausstattung der Bayreuther Festspiele 2010. Während der Spielzeit 2010/11 und 2011/12 war Eva Veronica Born Bühnenbildassistentin an den Münchner Kammerspielen. Für Johan Simons entwarf sie u. a. die Bühnenbilder für die Sarah-Kane-Trilogie *Gesäubert/Gier/4.48 Psychose* (Theatertreffen 2012), Elfriede Jelineks Uraufführung *Die Straße. Die Stadt. Der Überfall.* (Theatertreffen 2013) sowie Georg Büchners *Dantons Tod.* Seit 2012 ist sie als freie Bühnenbildnerin tätig.

Teresa Vergho (Kostüm) studierte nach einer Schneiderlehre am Residenztheater München Bühnen- und Kostümbild an der Hochschule für Bildende Künste Dresden und an der Universität der Künste Berlin. Von 2009 bis 2012 war sie als feste Ausstattungsassistentin an den Münchner Kammerspielen engagiert. Ihr Kostümbild für *Die Straße. Die Stadt. Der Überfall.* gehörte 2013 in der Kritikerumfrage der Zeitschrift *Theater heute* zu den mehrfach für das Kostümbild des Jahres nominierten. Neben den Münchner Kammerspielen entstanden Bühnen- und Kostümbilder für das Saarländische Staatstheater Saarbrücken, das Staatsschauspiel Dresden sowie für verschiedene freie Produktionen. Seit 2012 ist sie als freie Bühnen- und Kostümbildnerin tätig.

Jurgen Kolb (Lichtdesign) arbeitet seit 1995 im Bereich Bühnenbeleuchtung, seit 2003 ist er Beleuchtungsmeister. Feste Engagements führten ihn an die Volksbühne am Rosa-Luxemburg-Platz Berlin und Het Muziektheater/De Nederlandse Opera Amsterdam. Von September 2011 bis 2015 war er Beleuchtungsmeister und Lichtgestalter an den Münchner Kammerspielen. Seit 2015 arbeitet er als freier Lichtgestalter.

Tobias Schneider (Dramaturgie) studierte Theaterregie sowie Philosophie und Literaturwissenschaft. Seit 2004 ist er Leiter des Amts für Kultur und Zeitgeschichte der Stadt Dachau und kuratierte daneben von 2011 bis 2015 eine Reihe mit Popkonzerten an den Münchner Kammerspielen.

Darsteller: Walter Hess, Sebastian Mirow, Hildegard Schmahl, Patric Schott und weitere Beteiligte aus Dachau; Musik: Mathis Mayr, Anton Kaun

Kontakt:
www.karenbreece.com

Matthias Däumer

(GE-)DENKEN AUF DER ANDEREN SEITE DES SPIEGELS

I

Das Publikum wartet vor der Schranke der Bereitschaftspolizei, als zwei Busse mit den Aufschriften „Dachau" und „Prozesse" vorfahren. Beim Einsteigen erhält man einen Funkkopfhörer und fährt auf das Gelände der Bereitschaftspolizei. Dieses Areal war ursprünglich die SS-Siedlung Dachau, die direkt an das ehemalige Konzentrationslager angrenzte. In letzterem hat sich heute merklich ein ritualisierter Zustand von Gedenken eingestellt, eine sich tagtäglich wiederholende audiogeguidete Abstumpfung. Im Gegensatz dazu ist das nun befahrene Gebiet im Normalfall Tabu. Schaut man auf die historischen Gebäude vor dem Busfenster, erkennt man auch, warum: Die SS-Siedlung war eine architektonische Schönheit, inklusive Gemüse- und Tiergarten, mit dem Charakter eines militärischen Naherholungsgebiets. Dieser Charakter verbreitet im Kontrast zum Lager eine Häme (auch zu beobachten am berühmten Torspruch „Arbeit macht frei"), die an Grausamkeit den Taten der hier arbeitenden und wohnenden SS-Familien in nichts nachsteht. Die zwischen dem Alten errichteten modernen Nutzbauten der Bereitschaftspolizei vermögen das kaum zu verschleiern.

Durch das Gebiet fahrend lauscht man der Parallelmontage zweier Augenzeugenberichte: Walter J. Fellenz, Oberst des amerikanischen Rainbow-Trupps, der am 29. April 1945 die überlebenden Häftlinge Dachaus befreite, und Lisa Weiß, die Ehefrau von Martin Gottfried Weiß, der von September 1942 bis Oktober 1943 die Position des Lagerkommandanten innehatte. Beide Berichte werden nachgesprochen: Fellenz' Bericht ist eine Lesung seiner publizierten Erinnerungen, die von Walter Hess distanziert und in einem ruhigen Skriptural-Stil gesprochen werden. Lisa Weiß' Aussagen basieren auf einem Interview von 1981 und Briefen. Sie werden von Hildegard Schmahl rollen-identifikatorisch umgesetzt, mit Sprechpausen, wegbrechender Stimme und signifikanten Prosodien. Die Sprechweisen dieser beiden Berichte sind genauso unterschiedlich wie ihre Inhalte: auf der einen Seite Fellenz' Entsetzen, als er der Häftlinge ansichtig wird, auf der anderen Seite Weiß' Erzählungen von ihrer ersten Liebe, Ehe und dem recht sorgenfreien Leben in der

Siedlung. Erschreckend wird es dort, wo sich die unterschiedlichen Tonspuren auf der Ebene der Montage begegnen: Nachdem Fellenz beispielsweise davon berichtet, dass die Asche des Krematoriums zum Düngen der Gärten verwendet wurde, schwärmt Weiß von dem wohlschmeckenden Gemüse und den schönen Blumen, die ihr eine jüdische Bedienstete mitbrachte. Trotz dieser Schreckensmomente erweckt Lisa Weiß' Bericht nicht den Eindruck, man würde einer Ewiggestrigen lauschen. Sie berichtet auch von ihrer Verhaftung und der Verurteilung und Hinrichtung ihres Mannes, alles in einem Ton, der entgegen aller Entrüstung beim Zuhörer Mitleid aufkommen lässt, Mitleid mit einer Frau, die auch als beinahe Siebzigjährige nicht begreifen will, was der von ihr geliebte Mann für Taten beging – und die ebenso zurückschreckt vor der Naivität ihrer jungen Ehe. Eine der letzten Passagen, die man vor der Ankunft des Busses hört, ist ihre hilflos fragende Stimme: „Ich habe diesen Mann geliebt ... geliebt, können Sie das verstehen? Verstehen Sie das?" Nach diesem Prolog ist klar, dass das Kommende an einem ganz anderen Punkt der Vergangenheitsbewältigung ansetzen wird, als dies der routinierte Gedenktourismus tun würde.

Nachdem man einen Eindruck vom Gelände bekommen hat und Lisa Weiß' Worte einem auch abgerissene Areale wie den Eicke-Bau vor dem inneren Auge wieder zum bestialisch-geselligen Leben erweckt hat, endet die Bus- respektive Zeitfahrt. Das Publikum durchschreitet nun lange Gänge und Lager, nähert sich einem Raum, dessen Außenwand mit einer historischen Karte „Großdeutschlands" versehen ist. Durch schlachthofartige Plastiklamellen betritt man den eigentlichen Aufführungsraum. Diesen bespielen zu dürfen, stellte schon im Vorfeld der Produktion eine große Herausforderung dar, da der Denkmalschutz eigentlich jegliche Raumänderung verboten hatte. Doch die Widerstände konnten überwunden werden und nun stellt die Ausstattung ein Kunstwerk für sich dar: An den Wänden des quadratischen und mit drei Fensterreihen versehenen Raums stehen die Zuschauersitze. Eine Sitzreihe bleibt frei. Die Mitte des Raums ist mit einem circa Vier-mal-vier-Meter-Quadrat von tausenden ineinander verwobenen, mehrschichtigen Draht-Kleiderbügeln bedeckt. Über der unruhigen Fläche nach oben züngelnder und zurückdrängender Drähte hängt mittig, circa zwei Meter über der Fläche eine Aluminiumlampe, deren im Verlauf der Vorstellung zu- und abnehmende Intensität dem Drahtgeflecht faszinierende Lichtspiele entlockt. Der Raum wirkt durch diese Installation zugleich ästhetisch ansprechend wie auch in seinem Verweischarakter brutal, muss er doch einerseits an die Kleiderberge erinnern, die im „Quarantänebereich" des Konzentrationslagers gesammelt wurden (jeder Bügel ein Opfer, ihre Masse der Genozid), andererseits an die einstige Nutzung des Gebäudes: Ehemals wurden hier SS-Uniformen geschneidert (jeder Bügel ein Täter, ihre Masse der faschistische Wahn). Die ästhetische Doppelbödigkeit der Konstruktion passt bestens zur emotionalen, die auf der Hinfahrt Lisa Weiß' Worte erweckten; die Installation transportiert so die Ambivalenz materiell in den Raum.

Der nächste Teil der Inszenierung beginnt, als sieben Darsteller vor den Fenstern auftauchen, von hinten erhellt, surreal, wie Gespenster, die gefühllos in eine trügerisch-heimische Sphäre starren. Aus den in Ecken positionierten Lautsprechern erklingen Dialoge der Weiß'schen Hochzeitsgäste. Das Dialogmaterial beruht auf Augenzeugenberichten. Gesprochen von Stimmen mit unbeteiligter Distanz, leblos und albtraumhaft changieren die Dialoge zwischen Höflichkeitsfloskeln, nationalsozialistischen Ritualen und professionellen Reflexionen über Weiß' neue Verantwortung als Lagerkommandant. Die Darsteller, anfangs in Alltagskleidung, beginnen damit, sich vor den Fenstern bis auf die Unterwäsche zu entkleiden und dann umzuziehen: Lisa Weiß' Brautkleid, eine Lagerkluft, ein unsauberes Schwestern-Habitat, SS-Uniformen und wie mit dem Lineal gezogene Seitenscheitel. Die Fenster sind dabei die Spiegel, vor denen man sich dem Anlass gemäß herausputzt. Das Publikum wird so in die Situation eines gegenseitigen Voyeurismus gezwungen: Einerseits beobachtet man die selbstvergessenen Körper, die sich langsam aus- und ankleiden, andererseits hat man immer einen Darsteller im Rücken und fühlt sich selbst in der Beobachterposition beobachtet. Nach dem Umkleiden begeben sich die Darsteller in verschiedene Konstellationen, die als Tableau Vivant gehalten werden und dazu führen, dass man ihnen die verschiedenen Rollen des Hörspiels zuordnen kann: Lisa und Martin Gottfried Weiß, die sadistische Krankenschwester Pia, Reichsführer SS Heinrich Himmler und andere Nazi-Offiziere. In den gefühllos gesprochenen Dialogen versucht man immer wieder, eine Nähe zwischen dem Brautpaar zu erspüren, doch gerade bei Dialogen, die eine Privatheit ausdrücken könnten, befindet sich das Brautpaar an gegenüberliegenden Fenstern, möglichst weit voneinander entfernt. So bleibt der Eindruck des Gespenstischen und wird nie zugunsten einer Illustration des Hochzeitstreibens aufgegeben. Plötzlich verschwinden die Darsteller, das Licht wechselt allmählich, sodass der Eindruck eines natürlichen Wandels und damit von vergehender Zeit suggeriert wird. Die Tonspur erzeugt währenddessen grausame Klänge, nationalsozialistische „Volkslieder", die verfremdet, überlagert, zerfetzt werden. Die Kameradschafts-Kakophonie steigert sich bis an die Grenze des Erträglichen – und endet abrupt. Zehn Darsteller, nun in

Anzügen, setzen sich in die freigelassene Sitzreihe und der zentrale Teil der Aufführung beginnt.

In den nächsten neunzig Minuten werden anhand der originalen Dokumente Auszüge aus dem *Parent Case* der Dachauer Prozesse von November/Dezember 1945 gegen den Lagerkommandanten Martin Gottfried Weiß nachgespielt. Das Reenactment lässt sich in drei Teile gliedern: Der erste ist die Befragung durch den amerikanischen Pflichtverteidiger, der zweite durch den ebenfalls amerikanischen Ankläger und einen dritten Teil bildet das Streitgespräch zwischen den Juristen, übrigens den beiden einzigen professionellen Schauspielern der Besetzung. Das Publikum wird dabei zu den Geschworenen, wird direkt angesprochen und zur Urteilsfindung angeregt; nicht nur aufgrund der Raumkonstellation, sondern auch durch ein (im Brecht'schen Sinne) verfremdetes Spiel: So tragen die Darsteller die historischen Passagen aus Schnellheftern vor, gestikulieren der Rolle entsprechend, doch lösen sich auch mehrmals daraus. In einem rasanten Schlagabtausch ringen die beiden Amerikaner so um die Wahrheit, umkreisen den deutschen Angeklagten und einstigen Feind, beziehen das Publikum dabei aber immer als gleichwertigen Partner in die Reflexion mit ein. Der Chor, den die anderen Darsteller bilden, gehört ebenfalls zu den verfremdenden Elementen. Wie beim antiken Schauspiel changiert dessen *Unisono*-Sprechen zwischen den Funktionen eines Bekundens der öffentlichen Meinung, dem Einstreuen von Fakten und an einer Stelle auch der Wiedergabe des Innenlebens von Figuren. Als der Chor die Zahlen der unter Weiß gestorbenen Häftlinge zischt, wird er zum Verdrängten im Unbewussten des Angeklagten, der sich bei aller Wahrung einer stoischen Ruhe unter dem Vorwurf der objektiven Zahlen zu winden scheint. Im juristischen Streitgespräch behält der Verteidiger die Überhand, spielt er doch mit einer großen Verve und schafft es, durch selbstreflexive Passagen die Vergangenheit mit der Gegenwart des Publikums zu verbinden: „Manche sagen, wir Amerikaner würden hier nur *(tänzelnder Ausfallschritt und komplizenhaftes Zuzwinkern)* Theater spielen." Auch auf das Theaterspiel der Häftlinge, welches Weiß unter seiner Führung erlaubte, wird verwiesen, sodass eine Traditionslinie des Dachauer Schauspiels entsteht. Im Gegensatz zum dynamisch-theatralen, beinahe schon regieführenden Verteidiger zieht der Ankläger sich auf die Position der Kollektivschuld zurück, die, so die Verteidigung zurecht, „nach Nürnberg und nicht nach Dachau" gehöre. Dadurch, dass das Publikum Weiß vorher schon recht nah kam, aber auch aufgrund der Argumente der Verteidigung, die zeigen, dass die Zustände im Lager unter Weiß besser wurden, entsteht eine große Ambivalenz. Und man selbst fühlt sich als Erinnernder angesprochen, wenn der Verteidiger plädiert: „Wir dürfen nicht aus Rache urteilen." Die Inszenierung hält über die gesamte (Über-)Länge des juristischen Auf und Abs diese Ambivalenz und löst sie nicht auf: Ohne eine Urteilsverkündung endet das Streitgespräch der Juristen damit, dass beide heftig diskutierend den Raum verlassen. Daraufhin entkleidet sich Weiß, hängt den Anzug fein säuberlich mit einem der Kleiderbügel auf (tatsächlich wurde er nach seiner Verurteilung erhängt) und schreitet lediglich in Unterhose die Geschworenenbänke ab. Am Ausgang bleibt er stehen und bemerkt lakonisch: „Sie dürfen jetzt zu den Bussen gehen", eine Aufforderung, der das in Ambivalenzen gefangene Publikum sodann schweigend Folge leistet.

Auf der Rückfahrt lauscht man einer Lesung des Abschiedsbriefs von Weiß an seine Frau und Kinder, geschrieben kurz vor seiner Hinrichtung. Er verteidigt sein Handeln und die Ideologie der germanischen Herrenmenschen. Er fordert seine Frau auf, eine stolze Deutsche zu sein. Die Inszenierung endet so wieder beim gesprochenen Wort und beschreibt gewissermaßen einen Kreis: von der hörspielbegleiteten Hinfahrt über die Hochzeitspassage, in der man die Worte auf die Körper vor dem Fenster projiziert, bis hin zum Reenactment im Gerichtsprozess, in dem sich trotz verfremdender Effekte Körper und Rolle entsprechen. Dadurch, dass man auf der Rückfahrt wieder zur Körperlosigkeit der Stimme zurückfindet, kehrt der Zuhörer auch zu seinem eigenen Denk-Prozess zurück, muss – nun alleine und nicht mehr als Teil des Geschworenenpublikums – sich selbst dabei beobachten, wie er über diesen Menschen nicht nur in der imaginierten Vergangenheit und als Teil der Geschworenen geurteilt hätte, sondern, wie er als auf sich selbst gestellter Betrachter der Geschichte aktiv und gegenwärtig urteilt.

II

Dass *Dachau//Prozesse* den Unort als Gedenkort behandelt, ist offensichtlich; ebenso wie die Verwendung vielfältiger Mechanismen, die mit dem Gehörten und dem dadurch erweiterten Ort spielen. Interessant scheint mir aber vor allem, wie es der Regisseurin Karen Breece gelingt, unser Erinnern an und mit dem Ort selbstreflexiv auszustellen. Deutlich wird das in der Ankleidungssequenz, in der die Darsteller (auf Handlungsebene) selbstvergessen in einen Spiegel starren. Das Publikum betrachtet sie von der anderen Seite des Spiegels aus, wird dabei jedoch (auf Ebene der Aufführung) selbst von den Darstellern gesehen und ist sich dieses Beobachtet-Werdens auch bewusst. Hier wird performativ umgesetzt, was Foucault vom Spiegel als Zwischenform der Utopie und Heterotopie beschreibt:

> Und ich glaube, daß es zwischen den Utopien und diesen anderen Plätzen, den Heterotopien, eine Art Misch- oder Mittelerfahrung gibt; den Spiegel. Der Spiegel ist nämlich eine Utopie, sofern er ein Ort ohne Ort ist. Im Spiegel sehe ich mich da, wo ich nicht bin: in einem unwirklichen Raum, der sich virtuell hinter der Oberfläche auftut […]. Aber der Spiegel ist auch eine Heterotopie, insofern er wirklich existiert und insofern er mich auf den Platz zurückschickt, den ich wirklich einnehme; […] von diesem Blick aus, der sich auf mich richtet, und aus der Tiefe dieses virtuellen Raumes hinter dem Glas kehre ich zu mir zurück und beginne meine Augen wieder auf mich zu richten und mich da wieder einzufinden, wo ich bin.[1]

Genau dieser Vorgang des Sich-Entfremdens im Spiegel und des Auf-sich-zurückgeworfen-Seins ist es, den das Projekt für den Erinnerungsort und die mit ihm verbundenen historischen Personen nachzeichnet, wobei das, was Foucault als das Virtuelle bezeichnet, bei Breece die historiografische Konstruktion ist. Auf der Hinfahrt projiziert man die Worte des Hörspiels auf den Ort, macht ihn zum Träger der Geschichte. Bei der Hochzeit fallen die Worte dann auf Körper und schließlich ist man in der Illusion des Reenactments gefangen: Schritt für Schritt nähert sich das Geschichtliche (das Virtuelle) dem Gegenwärtigen (der Illusion) an. Doch auf der Rückfahrt kehrt man zurück aus der Utopie und wird auf sich selbst und das eigene (Ge-)Denken zurückgeworfen: Wie urteile ich über diesen Menschen, der im Angesicht des Todes seine Liebsten grüßt, der von diesen zurückgeliebt wird, der nun getötet wird für seine unleugbare Schuld? Wie lässt sich die gegenseitige Liebe mit seinen Gräueltaten vereinen? Wie bringe ich die Bilder des Shoah-Mörders und liebenden Ehemanns zusammen?

In *Dachau//Prozesse* lässt keine Autorität verlautbaren, wie man zu urteilen hat – oder, hinsichtlich der institutionalisierten Abläufe im Arbeitslager formuliert: kein Audioguide serviert einem ein Fast-Food-Gedenken. Stattdessen beschreibt Karen Breece nicht zuletzt über die Partizipation von Laiendarstellern, die einerseits in der Verkörperung der historischen Gestalten die „Banalität des Bösen" (Arendt) und andererseits als chorisches Element die Dachauer Polis repräsentieren, eine aus Alltag und konkretem Ort erwachsene Alternative. Diese kann auf längere Sicht nachhaltig den Umgang mit Dachau reflektieren helfen – und den Vorgang des historischen Erinnerns eines jeden Einzelnen.

---

[1] Foucault, Michel: „Von anderen Räumen", übers. von Michael Bischoff, in: *Raumtheorie. Grundlagentexte aus Philosophie und Kulturwissenschaften*, hg. von Jörg Dünne/Stephan Günzel, Frankfurt am Main 2006, S. 317–329, hier: S. 321.

werkgruppe2

BLANKENBURG

Ziel des Projekts
Das Dominikanerkloster Blankenburg gehört zu den historisch verstörendsten Orten im Oldenburger Raum und war seit dem 13. Jahrhundert Ort der Exklusion und Isolation für die Stadt. Es diente für Pestkranke, als Armen-, Waisen- und Irrenhaus, als SA-Lager mit dem sogenannten Euthanasie-Programm, als Psychiatrie und zuletzt als Aufnahmelager für DDR-Bürger und Asylbewerber. So entstand im Laufe der Jahrhunderte eine räumliche Architektur, ein Dorf der Ausgeschlossenen und Anormalen, sechs Kilometer vom Stadtzentrum entfernt. Heute ist die gesamte Anlage unbewohnt, gehört dem Hamburger Immobilienkonzern TAG und steht zum Verkauf. Nach konkreten Planungen für das Theaterprojekt vor Ort, die im Einverständnis mit der TAG im Herbst 2012 begannen, wurde uns im April 2014 die Nutzung verweigert. Die Inszenierung fand deshalb auf der Probebühne 4 des Oldenburgischen Staatstheaters statt. Unser Ziel war es, die Möglichkeiten der Umnutzung eines historisch so beladenen Ortes auszuloten, vor der Folie heutiger Konzepte von Inklusion.

Auf der Basis von Zeitzeugen-Interviews wurde eine Theaterfassung mit sechs zentralen Figuren geschrieben. Der Abend sollte auf verschiedenen Ebenen erzählt werden, um die große historische Spanne einzufangen und unterschiedliche Erzähl-Perspektiven zu positionieren (wie Patienten, Angestellte). Der Einstieg war ein Hörspiel mit geschichtlichem Abriss bis 1937; ab diesem Zeitpunkt konnten Zeitzeugen berichten und die Live-Inszenierung mit sechs Schauspielern und Kinderchor setzte ein. Ein weiteres Mittel waren Video-Sequenzen, die als Fenster-Ausblick projiziert wurden und den „echten" Ort Blankenburg zeigten, als Beglaubigung und Überlagerung von Bildern, Imaginationen und Fortführungen. Der neue Aufführungsort ermöglichte als Raumbühne das unmittelbare Spiel mit dem Publikum und Parallelhandlungen.

Die Suche nach Zeitzeugen wurde zum Stadtgespräch: Auf einen Presseaufruf meldeten sich über fünfzig Zeugen. Für Hörspiel, Videos und Live-Inszenierung kooperierten wir mit verschiedenen Gruppen

Fotos: © Andreas Etter

aus der Stadt: Darstellern des Ensembles von Blauschimmel Atelier e. V. (einem Verein für Psychiatrie-erfahrene Menschen), Laiendarstellern und dem Kinder- und Jugendchor des Staatstheaters. Parallel fand ein theaterpädagogisches Projekt mit der Integrierten Gesamtschule Kreyenbrück über räumliche und soziale Exklusion am Beispiel Blankenburg statt, aufgeführt ebenfalls im Bühnenbild auf der Probebühne.

Alle elf Vorstellungen mit jeweils achtzig Zuschauerplätzen waren ausverkauft. Bemerkenswerterweise versammelte sich nach jeder Vorstellung etwa die Hälfte des Publikums um das, im Bühnenraum zentrale, Modell des Klosters und es begann mit den Schauspielern eine Diskussion um die mögliche Umnutzung. Diese Diskussionen dauerten bis zu zwei Stunden und wurden somit zu einem zweiten interaktiven Bestandteil des Abends.

Resonanz, Herausforderungen und Wünsche

Im Herbst 2012 hatte werkgruppe2 mit dem Oldenburgischen Staatstheater die Verabredung getroffen, am Ende der Spielzeit 2013/14 ein gemeinsames Projekt über die Geschichte und das Gelände des Klosters Blankenburg zu realisieren. Zu der Zeit haben wir mehrfach das Gelände besichtigt, erste Möglichkeiten einer theatralen Umsetzung vor Ort besprochen. Eine mündliche Zusage der Eigentümergesellschaft TAG lag vor. Im Sommer 2013 fand ein Leitungswechsel in der TAG statt und danach wurde jegliche Unterstützung für das Projekt gestoppt. Nach monatelangen Verhandlungen und trotz Unterstützungsschreiben von der Kultursenatorin Barbara Kisseler und des Bundespräsidenten Joachim Gauck blieb unser Vorhaben erfolglos. Begleitet wurde diese Entwicklung von ausführlicher Berichterstattung der lokalen und überregionalen Presse. Da dieser Vorgang nur die Brisanz der Geschichte im Hinblick auf einen möglichen Verkauf und die Umnutzung spiegelte, beschlossen wir drei Wochen vor Probenbeginn, das Projekt trotz aller Widerstände, allerdings in den Räumen des Theaters, umzusetzen. Zeitgleich zu den Proben fanden öffentliche Bauausschuss-Sitzungen mit einem möglichen Käufer statt – geplant wurde ein Hotel gehobener Kategorie mit zweihundert Betten. Bis zum Ende des Vorstellungszeitraums sollte über diesen Entwurf endgültig entschieden werden. Heute, Anfang 2015, haben sich alle kommerziellen Umnutzungsideen zerschlagen; Blankenburg steht wieder zum Verkauf.

Ein aufwendiges Projekt wie *Blankenburg* konnte nur durch die Kooperation mit dem Oldenburgischen Staatstheater gelingen. Während die werkgruppe2 von Infrastruktur, städtischem Netzwerk, dem Ensemble und Chor profitieren konnten, betont das Staatstheater, dass in ihrem laufenden Betrieb gewöhnlich solch langfristige Projekte mit dieser Arbeitsintensität keinen Raum fänden. Es war dennoch eine gelungene Kooperation auf tatsächlicher Augenhöhe. Wir halten die Möglichkeit, für solche Projekte mit einem Staatstheater oder Stadttheater zusammenzuarbeiten, für einen Gewinn und wünschen uns explizite Fördermöglichkeiten für Kooperationen dieser Art.

Zuletzt bleibt die Frage: Was haben wir dadurch verloren, dass wir die Inszenierung nicht „im öffentlichen Raum", am Unort, zeigen konnten? Oder muss die Frage anders lauten: Was hatten wir für eine Alternative nach über hundert Stunden Interviews u. a. mit ehemaligen Patienten, die darauf hofften, ein wahres Bild von Blankenburg zu schaffen, und oft selbst erst in der Rückschau erkennen konnten, „dass vieles Unrecht war, was dort geschah"?

Uraufführung: 19.6.2014, Oldenburg, Staatstheater – Probebühne 4
Beteiligte: Künstlerische Leitung und Stab 30 Personen,
6 professionelle Darsteller, Kinder- und Jugendchor
des Oldenburger Staatstheaters, 20 Schüler und
10 Darsteller Ensemble Blauschimmel Atelier e. V.
Aufführungen: 11
Zuschauer: 867
Länge der Aufführung: ca. 100 Minuten
Eintritt: 10 bis 15 Euro

Akteure
Seit 2007 arbeitet werkgruppe2 als freies Theaterkollektiv in Niedersachsen und entwickelt seit 2009 dokumentarische Projekte. Aus Interviews schafft werkgruppe2 ein narrativ dichtes Textgeflecht, das auf der Bühne mit Schauspielern und Musikern in einer starken künstlerischen Interpretation umgesetzt wird. Die Musik besteht aus Neu-Kompositionen, häufig aus ungewöhnlichen Klangquellen, und ist auf der Bühne gleichberechtigtes Element, indem sie das Thema der Recherche und die Arbeit kommentiert und differenziert. Thematisch sucht werkgruppe2 die „Reportage auf der Bühne" und hat zuletzt Projekte wie *Erdbeerwaisen, Polnische Perlen, Rotlicht* oder *Soldaten* erarbeitet. Neben eigenen Produktionen hat werkgruppe2 Koproduktionen mit dem Deutschen Theater in Göttingen und dem Oldenburgischen Staatstheater erarbeitet und ist für zwei Jahre im Rahmen des Fonds Doppelpass der Kulturstiftung des Bundes Partner des Staatstheaters Braunschweig. Zuletzt hat werkgruppe2 das internationales Projekt *Erdbeerwaisen* mit dem Nationaltheater Craiova/Rumänien und dem Staatstheater Braun-

schweig realisiert, initiiert durch die European Theatre Convention und durch das Kulturprogramm der EU gefördert.

Julia Roesler studierte Kulturwissenschaften und ästhetische Praxis in Hildesheim, Gaststudien in Freiburg und Argentinien. Seit ihrem Diplom arbeitet sie als freischaffende Regisseurin und Theaterpädagogin. Sie ist Gründungsmitglied des freien Theaters werkgruppe2 und führte dort Regie bei allen Produktionen. Im Mai 2012 war sie Stipendiatin beim Internationalen Forum der Berliner Festspiele. Außerdem arbeitet sie regelmäßig als Lehrbeauftragte an der Hochschule für Bildende Künste Braunschweig.

Insa Rudolph studierte Jazz-Gesang am Conservatorium van Amsterdam. Seit ihrem Diplom arbeitet sie als freischaffende Sängerin und Komponistin. Für die Produktion ihres Solo-Albums erhielt sie 2009 ein Arbeitsstipendium des Landes Niedersachsen. Sie arbeitet als Lehrbeauftragte an den Kunsthochschulen in Osnabrück und Braunschweig. Neben Theatermusiken komponiert sie regelmäßig Filmmusik. Sie ist Gründungsmitglied der werkgruppe2 und arbeitet dort als Komponistin, Musikalische Leiterin und Bühnenmusikerin.

Silke Merzhäuser studierte Politische Wissenschaft und Literaturwissenschaft an der Universität Hannover. Zunächst assistierte sie am Schauspiel Hannover und Theater Basel, arbeitete später als Dramaturgin am Luzerner Theater und von 2007 bis 2009 am Deutschen Theater in Göttingen. Dort initiierte sie die Koproduktion *Friedland* mit der werkgruppe2. Seit 2009 arbeitet sie als Projektleiterin, Lehrbeauftragte und als Dramaturgin der werkgruppe2.

Kontakt:
www.werkgruppe2.de

Matthias Däumer

VERDRÄNGTE GRAUSAMKEITEN

I

Die Geschichte Blankenburgs, erbaut Ende des 13. Jahrhunderts als Dominikanerinnenkloster, ist eine Geschichte des Ausschlusses. Viele ungeliebte Minderheiten mussten hier „residieren": anfangs Nonnen, von denen man bei manch einer vermuten kann, dass sie als unverheiratbar von ihren Familien abgeschoben wurde. Dann, seit der Säkularisierung des Klosters im 16. Jahrhundert, ein Armen- und Waisenhaus, später eine Stätte für Pest- und Typhuskranke, vom 18. Jahrhundert bis 1935 eine „Irrenbewahranstalt" und ein „Siechhaus", dann zwei Jahre ein SA-Arbeitslager. Den dunkelsten Schatten warf das nationalsozialistische „Euthanasie"-Programm über das Gemäuer: Einige der psychiatrischen Patienten, darunter achtzig „verhaltensauffällige" Kinder, wurden 1941 ermordet. Nach dem Nazi-Regime wurde der Bau verschiedentlich genutzt: als Tuberkulose-Krankenhaus, städtisches Altenheim, geschlossene Psychiatrie und zuletzt als Aufnahmeeinrichtung erst für ausgereiste DDR-Bürger, dann für Geflüchtete aus aller Welt.

Wenn Dinge ein Gedächtnis hätten, wären die Steine Blankenburgs das Material einer schwarzen Seele, Inbegriff eines Vorwurfs, der aus der Vergangenheit noch heute einen jeden Einzelnen trifft, der es hinnimmt, dass Unliebsames in das gesellschaftliche Abseits gerückt wird. Doch Steine haben kein Gedächtnis, nur der Mensch – doch diesem ist das Erinnern steinerne Pflicht.

Die werkgruppe2 hatte es sich zur Aufgabe gemacht, dieser Menschlichkeit nachzukommen. Doch die Nutzung des Gebäudes wurde ihnen durch die beiden letzten Besitzer, der TAG Immobilien AG aus Hamburg und einem Oldenburger Immobilienunternehmer, versagt. Vermutlich, weil ein Imageschaden befürchtet wurde. Wo es um den Verkaufswert eines Gebäudes geht, ist es wohl angeraten, dessen Gedächtnis ebenso zu verdrängen, wie einst die Menschen, die in ihm wohnten. Der Ausschluss nimmt so kein Ende, auch wenn es sich bei diesem vorerst letzten Akt um keinen Ausschluss nach, sondern aus Blankenburg handelt. Dabei stimmt es besonders nachdenklich, dass auch die Nutzung des Umlands von Blankenburg untersagt wurde – dies jedoch nicht von Unternehmern, sondern dem BAMF (Bundesamt für

Migration und Flüchtlinge). Es gibt das Gerücht, dass aus Blankenburg ein Nobelhotel werden solle – und der Sarkast in mir wünscht sich, dass die Steine in diesem Fall doch endlich die Fähigkeit erhalten, ihren Erinnerungen Ausdruck zu verleihen, um der Schräglage kapitalistischer Umnutzung und der Intransparenz der deutschen Migrationspolitik entgegenzuspuken.

Die Verweigerung der theatralen Nutzung hat in der Oldenburger, aber auch überregionalen Presse hohe Wellen geschlagen, Wellen, die vom Intendanten des Oldenburger Staatstheaters Markus Müller gar bis vor Joachim Gauck getragen wurden – der jedoch (wo kapitalistische Interessen walten, wundert das kaum) nicht intervenieren wollte. Aufgrund des Schwerpunkts auf diesem Verbot stellt die Presse erst implizit, nach der Uraufführung jedoch auch unter vehementen Zurschaustellungen der Enttäuschung, die Nutzung des Probebühnenraums als eine Notlösung dar. Dem ist jedoch angesichts des für die Probebühne geänderten Inszenierungskonzepts nicht zuzustimmen, weswegen ich im Folgenden die Aufführung anhand ihres konkreten Raums beschreiben möchte, ohne dabei Blankenburg als Thema aus den Augen zu verlieren.

Man wartet in den schmucklosen Gängen des Probebühnenbaus. Aus den zuvor ausgegebenen Kopfhörern ertönt mit Ambientflächen unterlegtes Vogelgezwitscher. Plötzlich nehmen einen Kinder bei der Hand und leiten stumm in den von Thomas Rump ausgestatteten Raum. Sie führen entlang vereinzelt stehender Sockel, auf denen jeweils ein Gegenstand liegt, der von oben in steriles Licht getaucht wird: eine Wäscheklammer, ein indianischer Kopfschmuck, ein Schlüsselbund, ein Kreisel, ein Kunststoff-Fußball, eine Tasse samt Löffel. All diese Gegenstände sind fein säuberlich mit Etiketten beschriftet, auf denen die Benennung und eine Jahreszahl stehen. Eine Ausstellungssäule ist leer; lediglich die Etikettierung weist darauf hin, dass hier ein Tierknochen liegen sollte. Des Weiteren befinden sich in dem mit schwarzen Vorhängen verkleideten Raum zwei Schaukeln, ein Modell von Blankenburg und diverse Sitzgelegenheiten: zweistöckige Betten, Sessel, Hocker, Krankenbetten, eine Hollywood-Schaukel, Kirchensitzbänke, Toilettenstühle. Auch diese wurden mit Etiketten muscal erfasst. Zwischen den Exponaten stehen und liegen sechs lebensgroße Puppen.

Die Kinder lassen die Hände der Zuschauer los und diese erkunden auf eigene Faust den Raum, bis sie sich auf eine der verschiedenen Sitzgelegenheiten (teilweise auch widerwillig auf die Toilettenstühle) setzen und das Licht erlischt. Über die Kopfhörer hört man Kinderstimmen, die von der Geschichte Blankenburgs erzählen. Währenddessen werden auf einer senkrecht stehenden Leinwand Projektionen gezeigt, die nicht lediglich Blankenburg abbilden, sondern Motive zeigen, die den dokumentarischen Text und später auch die Performance motivisch erweitern: Kinder vor einer Wand, von denen plötzlich eines verschwindet, ein Mensch mit Trisomie-21 auf einer Schaukel sitzend, Wände, Türen, zittrige Hände, die vergebens versuchen, die Teile einer Holzklammer zusammenzusetzen.

Die Darsteller betreten den Raum und beleuchten mit Taschenlampen Details und die gespenstisch zwischen den Zuschauerreihen sitzenden Kinder. Die Tonspur endet mit Kindergesang und während man diesem noch lauscht, sieht man im aufdimmenden Licht, dass die Kinder nun auch wirklich singen, auf die Zuschauer zugehen und ihnen die Kopfhörer von den Ohren streichen: ein sehr stimmungsvoller Übergang vom Dokumentarischen zum Hier und Jetzt.

Die sechs Darsteller haben sich zu den ihren Rollen korrespondierenden Puppen gesetzt. Die nun gespielten Texte basieren auf umfangreichem Interviewmaterial, das die Gruppe im Vorfeld sammelte und aufwendig transkribierte: Es sprechen die Tochter eines zur nationalsozialistischen Zeit in Blankenburg Angestellten, ein ehemaliger Patient, ein Pfleger und die Tochter eines Pflegers aus der Phase der psychiatrischen Nutzung, ein Reformarzt, der tatkräftig an der Auflösung der Anstalt in den 1980er Jahren beteiligt war, und ein Geflüchteter von der Elfenbeinküste, der dem Schicksal eines Kindersoldaten entging, nur um in den 2000er Jahren in Blankenburg auf die Bewilligung seines Asylantrags warten zu müssen.

Die Rollen werden von professionellen Schauspielern des Oldenburger Ensembles auf wirklich fesselnde Art und Weise verkörpert. Anfangs spielen sie dabei noch in der Nähe ihrer Puppen, die beispielsweise bei der sich an die Zeit des Nationalsozialismus erinnernden Tochter eine Kinderpuppe ist, also ihren vergangenen Zustand symbolisiert. Doch lösen die Darsteller sich zunehmend von diesen vergangenen Körpern, sodass eine Trennung von erinnertem (Puppe) und erinnerndem Ich (Darsteller) angezeigt wird. Ebenfalls wird durch Verfremdung (etwa durch die Besetzung des männlichen Patienten Michael mit einer weiblichen Darstellerin) eine Trennung von erinnerndem Ich (männlich) und dessen Darstellung (weiblich) erzielt. Dieses Ausstellen von Klüften bewirkt, dass sich die Performance an keinem Punkt auf die Naivität eines Reenactments einlässt, sondern alle Elemente zwischen dem historischen Geschehen, dessen Bezeugung in Interviews und der gegenwärtigen Darstellung aufzeigt und dem (willigen) Rezipienten zur Reflexion bereiten.

Diese Aufspaltung ist nur ein Teil der vielzähligen inszenatorischen Kniffe, mit denen es gelingt, die vielschichtige Problematik der Bezeugung einzubinden. So hat die Montage des (an sich monologischen) Interviewmaterials eine dialogische Form, wenn z. B. der Patient Michael, der Pfleger und der Arzt in ein Streitgespräch verwickelt sind, bei dem der eine die Aussage des anderen entkräftet: Die Herstellung von Fakten wird verweigert; der Zuschauer kann sich lediglich auf seine subjektive Sympathie gegenüber dem einen oder anderen Zeugen verlassen. Die Dialoge spannen sich aber nicht nur über Figuren hinweg, die der gleichen Zeitphase der blankenburgischen Internierung angehören. Ebenso kommuniziert man über die Zeiten und separate Narrative hinweg. So kommentiert der Asylanwärter die Aussagen des Pflegepersonals oder der Tochter, welche von der nationalsozialistischen Nutzung erzählt. So entsteht eine vom Zuschauer-Darsteller-Verhältnis abhängige Bezeugung, die weniger auf eine konkrete Epoche als vielmehr auf das entzeitigte Wesen des Gemäuers abzielt. Der dokumentarische Anspruch, zu zeigen, was in Blankenburg *war,* weitet sich so zur Allegorie dessen, was Blankenburg (aber nicht nur Blankenburg) *ist:* Inbegriff einer gewaltsamen Verdrängung des Unerwünschten, Symbol einer pathologischen Sozialpsyche.

Die Notwendigkeit, emotionale Bindungen zu den Schauspielern aufzubauen, um wenn nicht zu „Fakten", so doch zumindest zu einer Meinung zu gelangen, wird durch die große Nähe der Darsteller zum Publikum ebenso erleichtert wie in ihren Grundlagen erschüttert: An einer Stelle spielen alle Darsteller „verrückt", nähern sich den Zuschauern, starren sie an, tippen obsessiv an die Körper derer, die sich doch so gern in Unantastbarkeit zurückziehen. Als es um die sanitären Zustände in Blankenburg geht, werden die auf den Toilettenstühlen sitzenden Zuschauer durch den Raum in eine Reihe geschoben, während auf der Leinwand über ihnen Bilder halbnackter „Abführ-Reihen" und demütigender Waschungen zu sehen sind.

Der historisch gewandete Kinderchor büßt über den Ablauf nichts von seinem gespenstischen Charakter ein und gemahnt stets an die Ermordung der „verhaltensauffälligen" Kinder. Sie singen hinter dem Publikum kauernd oder wandeln apathisch durch den Raum; schließlich stehen sie in einer Reihe und rufen Namen, Todesdatum und -alter der von ihnen vertretenen ermordeten Kinder. Diese Passage steht in hartem Kontrast zu der Ausgelassenheit, in welche die Schauspieler verfallen, als es um die deutsche Nachkriegs- und Wirtschaftswunderzeit geht: Aus den Kopfhörern erschallen Schlager, Partyhütchen werden verteilt – und wieder muss dem Zuschauer das Wesen Blankenburgs durch die Finger schlüpfen. Man bekommt die einzelnen Atmosphären und Aussagen nicht zusammen und findet sich so auf eines der leitmotivischen

Bilder der Inszenierung zurückgeworfen: In der Videoprojektion, auf dem Werbeflyer und in den Erzählungen geht es immer wieder um das enervierende Zusammensetzten von Holzwäscheklammern, das den Patienten als Beschäftigungstherapie verordnet wurde. Aber ebenso wenig wie es den projizierten, fotografierten, erzählten und schließlich – als Holzklammern zum Selbstversuch ausgegeben werden – auch den eigenen Händen gelingen mag, die Teile zusammenzusetzen, scheitert der Geist daran, die Elemente des Bezeugten auf die Verbindlichkeit von Fakten zu vereinen.

Der Vorgang der vergeblichen Faktensuche zwischen widersprüchlichen Aussagen und Atmosphären wird nicht nur auf den Zuschauer, sondern auch selbstreflexiv auf die vorangegangenen Interviewsituationen bezogen. An einer Stelle interviewt der Darsteller des Reformarztes die Darstellerin des Patienten Michael – beide reden jedoch nicht miteinander, sondern lediglich mit der dem anderen korrespondierenden Puppe: eine Verbildlichung kommunikativer Schräglagen, die historische Rekonstruktionen anhand von Zeitzeugenaussagen stets auszeichnet. Auch hier gibt sich die Inszenierung nicht mit der Verbildlichung zufrieden, sondern bietet dem Zuschauer den direkten Nachvollzug an: Die Darsteller nähern sich je einer der Publikumsgruppen und erzählen, als hätte man sie gerade selbst nach ihrer Meinung gefragt.

II

Die Unsicherheiten der Zeugenschaft spiegeln sich in der Nutzung der Raumelemente wider: Die eingangs besichtigten Exponate, Inbegriffe der museal gesicherten Schulfakten, werden von den Darstellern in Bewegung gebracht und auch der verschollene Tierknochen wird plötzlich hervorgezaubert – jedoch berichtet uns die Darstellerin entgegen der Beschriftung, dass es sich um einen Menschenknochen handle. Dieses In-Bewegung-Setzen der Fakten ist es, was ich als großen Zugewinn gegenüber der Nutzung des historischen Gemäuers sehe: Die werkgruppe2 konnte die Probebühne nach ihren Wünschen (über-)formen und so museale Fetische schaffen – nur um sie dann wieder zu zersetzen. So konnten sie die epistemische Unsicherheit der Bezeugung verräumlichen. Diese Konkretisierung der Abstraktion hätte das echte Gemäuer und dessen museale Besichtigung wohl nur in bedingtem Maße zugelassen.

Des Weiteren schafft es die Inszenierung, durch ihre drei Zeitebenen Blankenburg (das auch ohne Bespielung schon als Inbegriff dessen gelten kann, was Foucault als „Abweichungsheterotopie" bezeichnet) auch als Heterochronie in den Proberaum zu transportieren: Nicht nur die Ausgrenzung aus der Gesellschaft, auch die Ausgrenzung aus dem

Norm-Verlauf der Zeit findet hier in einem äußerst komplexen Unort-Konzept Ausdruck. Dass dieses auf umfangreicher Zeitzeugenforschung basiert und gerade durch das Verbot einen engagierten Diskurs um die Nutzung von unliebsamen Erinnerungsräumen auslöste, zählt zu den Stärken, die mit der inszenatorischen Finesse einhergehen. Diese soziale Nachhaltigkeit zeigt sich einerseits in der von *Blankenburg* angeregten Schüleraufführung zu Formen der Ausgrenzung, die im Bühnenbild stattfinden konnte, andererseits aber auch im Abschlussarrangement der Aufführung: Am Blankenburg-Modell stehend fragen sich die Darsteller, was aus diesem Unort werden könnte, und schlagen so den Bogen über die düstere Vergangenheit hin zum Heute, einen Bogen, dessen Spannung vom Publikum wohlwollend aufgenommen und nach dem Applaus in Diskussionen fortgeführt wird.

Die Arbeit der werkgruppe2 ist ein Beweis dafür, dass das performative Aufsuchen und Abtasten von Unorten selbst im Falle eines Scheiterns der Bespielung und einem erzwungenen Rückzug aus dem öffentlichen Raum – oder aber: gerade *aufgrund* all dessen – ein Unterfangen darstellt, das künstlerischen und sozialen Wert in sich vereinen kann.

TheatreFragile

OUT OF BOUNDS – GEHSCHICHTEN EINES STADTTEILS

Ziel des Projekts
Das Detmolder Viertel Hohenloh ist ein Kasernengebiet, das von den Nationalsozialisten erbaut und nach dem Zweiten Weltkrieg von der britischen Besatzung übernommen wurde. Mit dem Abzug von 10 000 Soldaten im Jahr 1995 und entsprechendem Leerstand wurde nach neuen Nutzern gesucht. Es siedelten sich verschiedene Institutionen an (u. a. christliche Gemeinde, Psychiatrisches Zentrum, Finanzamt). Da das Viertel weder organisch gewachsen ist noch nachhaltig geplant wurde, macht sich die willkürliche Zusammenstellung sofort bemerkbar. Die Verbindungen zwischen den einzelnen Gruppierungen sind nur ansatzweise vorhanden. Als im September 2014 überraschend die letzten britischen Soldaten abgezogen wurden, gewann die Frage nach der künftigen Nutzung hohe Aktualität. Ein brisanter Zeitunkt in der Entwicklung von *Out of Bounds*.

Wir haben Geschichten von 21 Menschen, die mit dem Viertel in Kontakt stehen, aufgezeichnet und zu einem Hörspiel, das durch die Inszenierung leitet, verarbeitet. Im Vorfeld präsentierten wir Teile unserer Arbeit. Interessierte konnten einen Einblick in den Prozess erhalten und die Inszenierung vielfältig mitgestalten. Alle Institutionen des Unorts haben einen Steckbrief verfasst, der in einer Wandcollage zu sehen ist. Während der Aufführungen fordern Maskenfiguren zu zahlreichen Handlungen auf. Das Publikum ist eingeladen, seine Wünsche zur Stadtgestaltung auf der Karte der Utopien zu hinterlassen. Über eine App können Ideen und Meinungen geteilt werden.

Durch partizipative Formen entsteht in *Out of Bounds* eine Collage aus darstellender und bildender, Audio- und Medienkunst. Das Hörspiel leitet das Publikum durch die Geschichte(n) des Unorts. Es wird über die geolokalisierte App mit Zusatzinformationen und interaktiven Funktionen abgespielt. An vier Stationen begegnet das Publikum Maskenfiguren, die, inspiriert vom Leben einer 92-jährigen Detmolderin, dem Publikum einen Blick in die Zeitgeschichte gewähren. Wandcollagen aus Fotos, Briefen, Illustrationen rahmen den Weg. „Das Klingende Haus" regt zu Überlegungen möglicher Nutzungen des Areals an. Am

Ende des Parcours finden sich alle auf einer Wiese zusammen, welche die Besucher einlädt, sich durch verschiedene Installationen mit dem Thema zu beschäftigen und das Erlebte nachhallen zu lassen.

Durch die intensive Partizipationsarbeit wurden Menschen zusammengebracht und Kontakte sind entstanden, welche die Inszenierung überdauern werden. Wandcollagen wurden entwickelt, die für jedermann zugänglich sind und für einen längeren Zeitraum erhalten bleiben. Die „Karte der Utopien" kann in die partizipative Bürgerbeteiligung im Bereich Stadtplanung einfließen und die App ermöglicht es, eine alternative Stadtführung anzubieten. Der Blick auf Hohenloh wurde sensibilisiert und die kurzzeitige Erschaffung eines utopischen Ortes hat ein hoffnungsvolles Licht auf den Unort geworfen.

Resonanz, Herausforderungen und Wünsche
Bei den Zuschauern und der Presse war die Resonanz sehr positiv. Die angestrebten Zuschauerzahlen wurden erreicht, die Aufführungen waren im Voraus ausgebucht. Die Zusammenarbeit mit lokalen Künstlerinnen erwies sich als sehr fruchtbar. TheatreFragile hatte mit Menschen aus verschiedenen sozialen, kulturellen und beruflichen Hintergründen Kontakt und erhielt so einen differenzierten Blick auf den Unort. Im Vorfeld der Aufführungen wurden Teile der künstlerischen Arbeit öffentlich präsentiert und in Zwischenschritten wurde gemeinsam experimentiert. Diese Arbeitsweise war sehr bereichernd für den künstlerischen Prozess. Unser Netzwerk wuchs, Menschen wurden an das Projekt gebunden und TheatreFragile verankerte sich weiter in Detmold. Auch die Beteiligung der Zuschauer während der Aufführungen war sehr rege. Auf Anfrage der Stadt fand mit den Abteilungen Stadtentwicklung und Kultur ein Workshop mit Elementen der Inszenierung statt, an welchem ebenfalls der Bürgermeister und der Kulturfachbereichsleiter teilnahmen. Die Stadt kündigte Interesse an der Übernahme der App an und weitere Aufführungen wurden angefragt.

Schwierigkeiten lagen für uns in andersartigen Arbeitsabläufen und Kommunikationsformen mit öffentlichen Institutionen. Erst während des künstlerischen Prozesses wurde uns die Brisanz des Abzugs der letzten Briten vor Ort bewusst. Der Spagat, einerseits als Künstler einen Raum der Utopie erschaffen zu wollen und andererseits mit der Realität von Politik und Institutionen konfrontiert zu sein, war schwer zu meistern. Zudem fielen während der Produktionsphase Gelder weg und wir

Fotos oben und Mitte: © Walter Ackers
Foto unten: © Anna-Maria Schneider

TheatreFragile

mussten viel Zeit für Neuakquise und Umverteilung aufwenden. Weitere Herausforderungen lagen im Bereich Nachhaltigkeit. Viele Wandcollagen mussten nach der Inszenierung abgenommen werden. Auch die vom Bereich Stadtplanung sehr positiv aufgenommene „Karte der Utopien" wurde letztlich nicht weiterentwickelt. Während der Produktion hatten wir Gespräche mit der Stadt zur Übernahme der App für den Stadttourismus, dass diese unabhängig von der Aufführung als alternativer Rundgang angeboten werden kann. Daher wurde sie so angelegt, dass ihre Grundstruktur für weitere Führungen verwendet werden kann. Leider ist dies nicht umgesetzt worden. Wir verschickten einen Evaluierungsfragebogen an alle Beteiligten, aber es gab bisher kaum Rückmeldungen.

Wir planen, das Konzept *GEHschichten* auf andere Orte anzuwenden, und sind dabei, weitere Städte dafür zu gewinnen. Eine Zusage haben wir bereits von der Stadt Gütersloh und somit werden die *GEHschichten* weiter wachsen.

Uraufführung: 7.6.2014, Detmold/Hohenloh, im Rahmen
des Europäischen Straßentheater Festivals Bildstörung in Detmold
Beteiligte: Künstlerische Leitung und Stab 9 Personen,
3 professionelle Darsteller, Lieselotte Heldmann
und weitere Experten aus Detmold und Hohenloh
Aufführungen: 5 und Voraufführungen für Schulen
Zuschauer: ca. 600 (begrenzte Anzahl)
Länge der Aufführung: ca. 100 Minuten
Freier Eintritt

Akteure
TheatreFragile hat eine eigene Form des Open-Air-Maskentheaters entwickelt: In seinen Produktionen verknüpft es darstellende und bildende Kunst zu einer Kombination aus Performance und begehbarer Installation. Während der Inszenierungen werden die Zuschauer von klassisch passiven Rezipienten zu aktiven Besuchern, sogar Akteuren der Inszenierung. TheatreFragile setzt mit seiner Kunst des Maskentheaters auf leise Töne, das Innehalten, sensibles Zuhören und Zusehen. Das Thema des Austausches steht hierbei im Zentrum und prägt den gesamten Arbeitsprozess: Während der Recherchephase trifft TheatreFragile sogenannte Experten und nähert sich dem Thema durch ihre Perspektive. Diese Interviews werden in die Inszenierung eingearbeitet. Während der Aufführungen wird das Publikum aktiv animiert, sich in die partizipativen Installationen einzubringen und Momente der Begegnung

zu schaffen. Die Poesie der Masken, die einfühlsame Einbeziehung des Publikums und das gesellschaftliche Engagement sind wesentliche Punkte der Aufführungen. Seit dem Gründungsjahr 2006 sind sechs Produktionen entstanden. Die Compagnie hat ihren Sitz in Berlin und seit Februar 2013 ihre Produktionsstätte in Detmold im Hangar 21. Mit der Produktion *Out of Bounds* vertieft TheatreFragile die Beziehung zu der lippischen Stadt. Das Produktionsteam besteht aus langjährigen Mitgliedern des Ensembles und Detmolder Künstlerinnen.

Luzie Ackers (künstlerische Co-Leitung) studierte Kulturwissenschaften, Spanische und Italienische Philologie und absolvierte die Ausbildung Mime/Körpertheater an der *Etage* in Berlin. Bei TheatreFragile ist Luzie Ackers als Spielerin und Regisseurin tätig. Sie entwirft und baut die Masken und übernimmt die Bereiche Bühnenbild, Requisite, Kostüm, Collage, Installation sowie Fundraising und Management.

Marianne Cornil studierte Germanistik an der Sorbonne (Magister) und absolvierte die Ausbildung Mime/Körpertheater an der *Etage* in Berlin. 2013 absolvierte sie den Master Experimentation politic & art unter der Leitung von Bruno Latour an der Hochschule Sciences Po in Paris. Bei TheatreFragile ist Marianne Cornil als Spielerin und Regisseurin tätig. Sie übernimmt die Bereiche Interview, Soundcollage, Hörspiel, Musik, App sowie Fundraising und Management.

Kontakt:
www.theatre-fragile.de

Matthias Däumer und Günter Jeschonnek

GESICHTER DER „VERBOTENEN STADT"

I (Günter Jeschonnek)
Die Berliner Compagnie TheatreFragile erhielt seit Februar 2013 die Möglichkeit, im Detmolder Hangar 21 ihre Produktionsstätte zu beziehen und dort als Residenten in enger Kooperation mit dem KulturTeam der Stadt Detmold zusammenzuarbeiten. So entstanden die auf Detmold bezogenen Produktionen *Himmel in Sicht, eine Parabel auf das hohe Alter, Home* und ab September 2013 *Out of Bounds. GEHschichten eines Stadtteils.*

Bei den beiden erstgenannten Inszenierungen, die als Markenzeichen der Compagnie immer in engem Kontakt mit und unter einfühlsamer Einbeziehung des Publikums entstanden, lernten sie die 1922 in Detmold geborene Lieselotte Heldmann kennen, die der Compagnie vom „verbotenen Stadtteil" Hohenloh persönliche Geschichten aus dem Zeitraum von 1928 bis 2014 erzählte. So rückte dieser an der Peripherie Detmolds gelegene historisch und politisch aufgeladene Unort mitsamt den zentralen Lebensstationen von Lieselotte Heldmann in den Fokus der Compagnie. Anhand weiterer umfangreicher Recherchen, Materialsammlungen und vieler Interviews wollte das Team einen biografischen Spaziergang mit performativen und multimedialen Mitteln gestalten. Vergangenes und Heutiges der ehemals „verbotenen Stadt" sollten sichtbar gemacht sowie Visionen für die Zukunft Hohenlohs einer breiten Öffentlichkeit zur Diskussion gestellt werden. Das für 2014 veranstaltete europäische Straßentheaterfestival Detmold mit dem Titel Bildstörung stellte das geeignete Forum für die Uraufführung dar.

Die wesentlichen Elemente des seit September 2013 detailliert zusammengetragenen Recherchematerials waren die Grundlagen für ein aus persönlichen Zeugnissen komponiertes Hörspiel, das während der gesamten performativen Ortserkundung von Audioguides oder über eine vorab produzierte mobile App von den Besuchern abgespielt wurde. Während der Ortserkundung von Detmold nach Hohenloh erfuhren wir, welches Gebiet wir betreten hatten und welche GEHschichten in diesem besonderen Areal zu entdecken waren. Wir hörten beispielsweise, dass dieses etwa 1,5 Kilometer von Detmold entfernte Gebiet mit einer Fläche von gut hundert Hektar zuerst als Standort für die Errichtung eines Segelflugplatzes diente, aber kurze Zeit später (ab 1934) ein militärisches Sperrgebiet mit mehreren Flugzeughangars, Mannschafts- und Offiziersunterkünften, Verwaltungsgebäuden, Werkstätten und Sozialgebäuden war. Die deutsche Armeeführung hatte dieses Gelände zur Ausbildung von angehenden Flugzeugführern umgewandelt.

In den ersten Apriltagen 1945 bauten die Amerikaner den Flugplatz zu einer Nachschubbasis aus und Ende 1945 übernahm die britische Armee nicht nur das Gelände („Hobart Barracks" genannt), sondern stationierte in Detmold eine der größten Garnisonen der westlichen Alliierten mit etwa 10 000 Soldaten und Offizieren. Wegen der ausschließlich militärischen Nutzung dieses Areals und dem Verbot, es ohne Genehmigung zu betreten, wählte die Compagnie den Titel *Out of Bounds* – oder frei übersetzt „(Bleibe) jenseits der Grenzen", eben: „Betreten verboten!" Auch deshalb wurde Hohenloh von vielen Detmoldern über mehrere Jahrzehnte als „verbotene Stadt" bezeichnet.

1995 verließen die Briten das Flugplatzgelände mit seinen blassgrünen drei Kasernen, der Wohnsiedlung und den anderen dazugehörigen Gebäuden. 2014 zog die Armeeführung vorzeitig fast alle in Detmold stationierten Armeeangehörigen ab. Damit trat insbesondere in Hohenloh ein erheblicher städtebaulicher Funktionsverlust des gesamten Areals und denkmalgeschützten Gebäudekomplexes ein. Seitdem gab es immer wieder Initiativen, der vom Bund und der Stadt Detmold verwalteten Liegenschaft eine sinnvolle zivile Nutzung zukommen zu lassen. Dabei wurde u. a. leider eine alte Allee eliminiert und es unterliefen auch andere nicht nachvollziehbare Planungsungereimtheiten, die am Ende dazu führten, dass trotz der Ansiedlung von Institutionen in Hohenloh ein Großteil der Gebäude nach wie vor dem Zahn der Zeit ausgeliefert ist und zu verfallen droht.

Die *GEHschichten* zur „verbotenen Stadt" starten mit der Ausgabe von Audioguides und Kopfhörern. Wir machen entlang der etwa neunzigminütigen Tour an mehreren exemplarischen Stationen Halt, sehen feinsinnige szenische Darstellungen von Maskenspielern der Compagnie und lernen zusätzlich über den Hörtext sowie vielfältige Installationen mit Film-, Foto-, Ton- und Textcollagen Geschichten über die letzten hundert Jahre Hohenlohs kennen. Zwischendurch haben wir die Möglichkeit, an Gebäuden und Installationen zu verweilen, auf Stühlen Platz zu nehmen und uns auszutauschen oder über die individuell heruntergeladenen App zusätzliche Abbildungen und Informationen abzurufen. Einprägsame einfache Bassakkorde begleiten und gliedern die Interviews und Berichte. Die metrische Komposition assoziiert vergangene

Zeit, wirkt beruhigend und schafft Aufmerksamkeit für die sensiblen Statements der vielen Interviewten, ohne das Gesagte zu illustrieren oder zu kommentieren.

An der ersten Station begegnen wir einem Mädchen, das wie alle im Folgenden auftretenden Figuren eine Maske trägt. Es soll die kleine sechsjährige Lieselotte Heldmann sein, die im Arm eine ihr ähnliche Puppe hält. Unter ihrer roten Wollmütze schauen zwei blonde Zöpfe hervor. Auf ihrem Rücken hängt ein alter Lederschulranzen und über ihrer Schulter eine Brottasche. Sie begrüßt uns wie auch die später auftretenden Masken-Figuren ohne Text. Sie lockt uns zu dem Einfamilienhaus mit kleinem Vorgarten und schaut mit ihrer Puppe in die Fenster ihres mutmaßlichen Elternhauses. Über den Hörtext erfahren wir, dass sich Lieselotte 1928 auf ihrem ersten Klassenausflug nach Hohenloh befand. In der Brottasche hatte sie ein Butterbrot mit Lippischer Leberwurst. Am Ende des zu Lieselotte Heldmanns Kindheitszeiten obligatorischen Ausflugs erhielten die Kinder für fünf Pfennig ein Glas Limonade und schauten voller Ehrfurcht auf Detmold und den legendären Teutoburger Wald. Von hier oben, auf Hohenloh, zu dieser Zeit Acker- und Wiesenland, sollten die Kinder ein Gefühl für die Umgebung Detmolds und die Stadt entwickeln, so die Erinnerungen der 92-jährigen Detmolderin, die über das eingespielte Interview zu hören sind. Während wir ihrem Bericht lauschen, bietet uns das Mädchen mit den blonden Zöpfen etwas von ihrer Stärkung aus der Brottasche an.

Auf dem Weg zur zweiten Station – einer Wandcollage mit Fotos, Zeichnungen und anderen Dokumenten über Lieselottes Leben – erzählt die alte Dame über die Kopfhörer von ihrer Abiturprüfung vor dem naziuniformierten Oberschulrat und dem Direktor sowie ihrer devoten Lehrerin. Die Nationalsozialisten hatten das Areal um Hohenloh immer stärker militarisiert. Sogar Göring, ab 1935 Oberbefehlshaber der deutschen Luftwaffe, soll Detmold mehrmals besucht und im Gästehaus in Hohenloh übernachtet haben. In einem zwischengeschnittenen Kommentar erzählt der ehemalige Bürgermeister Detmolds sodann von seinem Engagement, das sogenannte Göring-Haus umzubenennen, um rechtsextreme Aufmärsche in Hohenloh zu verhindern.

Lieselotte berichtet auch von ihrem Mann, der während des Zweiten Weltkriegs in der Ukraine mit großem Glück dem Tod entkommen konnte. Ihm verhalfen Ukrainer mit deutschen Wurzeln zur Flucht vor der sowjetischen Armee. Im Herbst 1945 beschlagnahmten britische Besatzer Häuser in Hohenloh, so auch das von ihren Eltern. Diese Maßnahme galt bis 1956 und deshalb mussten sie für acht Jahre in einer Notwohnung leben. Sogar aus dieser kleinen Wohnung wurden kurze Zeit später von den Briten Möbel konfisziert. Das waren gravierende Einschnitte im Leben der Familie wie auch in denen vieler anderer Detmolder.

Während unseres weiteren Spaziergangs treffen wir auf einem kleinen Platz inmitten einer Wohnsiedlung vor Hohenloh wieder auf eine Maskenspielerin, die Lieselotte Heldmann mittleren Alters darstellt. Die Darstellerin trägt ein Kostüm und kleine Pumps. Sie sitzt an einem Schreibtisch und hämmert Texte in eine Schreibmaschine. Neben ihr sind viele vergilbte Aktenordner aufgereiht, auf denen ein altes Radiogerät steht, das einen historischen Bericht über den Abzug der britischen Armee aus Hohenloh erklingen lässt: Die engagierte Frau verteilt an uns Zettel mit Sätzen, die vom Publikum vortragen werden sollen: „Gemeinschaft stärkt. Drück auch deinen Nachbarn!", „Eine realistische Vision lässt sich nur zusammen entwickeln!" oder „Kultur ist kein Zufall. Setzen Sie sich ein!" Die Dame animiert uns über ihre Körperbewegungen, ihr als Demonstrationszug in Richtung Kasernengelände zu folgen.

In sämtlichen Inszenierungen der Compagnie TheatreFragile tragen alle Figuren selbstgebaute, abstrakte Masken. Dadurch können die Spieler mehrere Figuren unterschiedlichen Alters und verschiedenen Geschlechts darstellen. Das Individuelle der Figuren entsteht erst durch das besondere körperliche Spiel, die Kostüme, Frisuren und Requisiten. Von den Figuren werden grundsätzlich keine Texte gesprochen. Die Compagnie fasziniert so einerseits mit ihrer eigenen performativen Poetik die Zuschauer und macht sie neugierig auf das Wesentliche, Unausgesprochene und Geheimnisvolle der Figuren. Sie erzeugen aber andererseits über die Maskenverwendung einen speziellen Zugang zu den Figuren, der irgendwo zwischen Identifikation und Befremden liegt. Bei *Out of Bounds* fällt diese Darstellung besonders ins Gewicht, weiß man doch alle Figuren auf die eine oder andere Art und Weise auf ihr Zentrum, nämlich Lieselotte Heldmanns Erzählungen zurückzuführen. Man ahnt, das hinter den Masken ein Mensch mit seiner individuellen Geschichte wartet.

Auf dem weiteren Weg durch das britische Wohngebiet gelangen wir zu einer großflächigen Illustration, die die einzelnen Etappen der Stationierung der britischen Armee in Hohenloh und in Detmold versinnbildlicht. Über unsere Audiogeräte hören wir von verschiedenen Detmoldern, wie sie sich an das oft spannungsreiche Verhältnis zur britischen Armee erinnern. Im Bewusstsein der meisten Detmolder galten die Briten eigentlich immer als „Besatzungsmacht", obwohl diese gemeinsam mit den anderen Alliierten Deutschland von den Nazis befreit hatten.

Die „Hobart Barracks" in Hohenloh wurden Anfang der 1970er Jahre vollständig umzäunt und somit endgültig zur „verbotenen Stadt".

Unort-Projekte

Einer der Gründe dafür waren die erhöhten Sicherheitsvorkehrungen aufgrund der Auseinandersetzungen zwischen der IRA und dem Vereinigten Königreich, die auch auf Deutschland überschwappten. In nahegelegenen militärischen Standorten gab es Bombenanschläge und Morde, die Ängste in Detmold und Hohenloh auslösten.

An der nächsten Station, dem leerstehenden Militärcasino, stellen sich die heutigen Bewohner und Institutionen von Hohenloh in einer Art „Freundschaftsbuch" vor. In den mit Holzflächen geschlossenen Fenstern sind große Abbildungen zur Bevölkerung und den neu angesiedelten Institutionen angebracht. Dazu hatte die Compagnie vorab Vertreter von Organisationen und Bewohner Hohenlohs mit einem Umfragebogen eingeladen, um mit ihnen gemeinsam dieses „Freundschaftsbuch" zu gestalten. Die Compagnie vermittelt damit, wie breit das Spektrum der hier lebenden und arbeitenden Menschen ist. In Hohenloh wohnen vor allem deutschstämmige Aussiedler, eine große heterogene Gruppe vor allem aus Kasachstan und Kirgisien, aber auch aus anderen Herkunftsländern. Wir erfahren auch einiges über die neuere Geschichte dieses Stadtteils, seiner Gebäude und deren aktuelle Nutzung. Hohenloh ist keine Geisterstadt mehr, auch wenn ein Großteil der Militärgebäude immer noch leersteht und Detmold weit entfernt wirkt.

Die Spätaussiedler pflegen ihre Kultur und ihren Glauben im selbstaufgebauten, großzügigen Gemeindezentrum der Evangelischen Freikirche Hohenloh. Vor allem diese Bevölkerungsgruppe hat aus Hohenloh einen zum Teil urbaneren Stadtteil mit neuen Wohn- und Reihenhäuser gemacht. Gemeinsam kauften sie Gebäude des ehemaligen Militärgeländes auf und sanierten sie. So sind auch ein Lebensmittelmarkt, eine christliche Hauptschule und Kindergärten entstanden. Das Gemeindepsychiatrische Zentrum des Kreises Lippe ist in Hohenloh angesiedelt und in drei ehemaligen Kommandantenhäusern ist eine Solarsiedlung errichtet worden.

Vor einem weiteren großen Kasernengebäude steht ein ehemaliger britischer Soldat auf einer Leiter. Hinter dieser maskierten Figur sehen wir nochmals Darstellungen zur militärischen Präsenz in Hohenloh. Der Soldat plakatiert Zitate zum Militär, Krieg und den geschichtsträchtigen Armeegebäuden. Wir sitzen dabei auf Stühlen, betrachten das Geschehen und hören eingespielte Kommentare zu den verlassenen und denkmalgeschützten Häusern des Kasernengeländes. Befürworter und Gegner der militärischen Präsenz in Detmold lassen einen imaginären Hördialog entstehen.

Auf dem Weg zur nächsten Station gelangen wir zu einem klingenden Haus. Dort schaut der ehemalige Soldat aus einem der offenstehenden Fenster. Wir blicken neugierig durch die verschmutzten Scheiben der Eingangstüren oder in die Fenster hinein. Klänge und Geräusche, die Assoziationen zu Werkstätten, Wohnungen und verschiedenen Tätigkeiten auf dem einstigen Armeegelände auslösen, aber auch auf neuere und hoffnungsvolle Entwicklungen verweisen, schallen uns entgegen. Dieses große Gebäude könnte ein neues Nachbarschaftshaus werden, mit vielfältiger kultureller Nutzung. Dafür konnte man seine Gedanken wieder per App oder SMS hinterlassen, die der Soldat auf die Hauswand klebt.

Abschließend spaziert unsere Gruppe zur letzten Station: dem relaxten Showdown auf der riesigen Terrasse des ehemaligen Militärcasinos. Hier begrüßen uns die Spielerinnen mit ihren Masken, Kostümen und Requisiten. Sie verschenken kleine Margeriten, die auf der Wiese wachsen, und reichen kalte Himbeerlimonade in feinen, alten Gläsern. Wir können uns an Tische und Stühle vergangener Zeiten setzen und die ländliche Idylle genießen. Auf der mit wilden Kräutern, Klee und Blumen bewachsenen Wiese stehen Liegestühle und liegen Picknickdecken. Ein Pony frisst genüsslich das hochgewachsene Gras; nebenan steht ein kleiner selbstgebauter Wohnwagen. An den Hauswänden hängen Kleidungsstücke, Taschen, Namensschilder und Kopfhörer. Hier können wir erneut Geschichten zu diesen Utensilien hören. Aufgebaut ist eine große Arbeitsfläche, auf der man das Modell Hohenlohs, Zeichnungen und Entwürfe für künftige Nutzungskonzepte betrachten kann. Im Vorfeld des Vorstellungsblocks installierte das Team der Compagnie eine Tafel der Zukunftsvisionen, die viele interessierte Bürger Detmolds und Hohenlohs aktiv mitgestalteten. Entstanden ist eine „Karte der Utopien", die mit allem anderen Recherchematerial im Stadtarchiv Detmolds zugänglich ist. Und die eigens entwickelte App bleibt dauerhaft abrufbar und weiterer Impuls für künftige Nutzungskonzepte Hohenlohs.

Wer Lust hat, diskutiert mit anderen Zuschauern die Vorschläge von Detmoldern für die Zukunft Hohenlohs und erweitert sie mit eigenen schriftlich formulierten Utopien. Auf der Wiese entsteht ein Ort der Visionen, Hoffnungen und Sehnsüchte. Hier können neue Wohnformen entstehen, die Arbeiten und Wohnen gerade für ältere Generationen und verschiedene Kulturen ermöglichen. Solidarische und biologische Landwirtschaft zur Versorgung des Stadtteils wäre denkbar. Schließlich hat Hohenloh großes Potential, so die vielfach geäußerte Meinung. Wo einst Soldaten wohnten und marschierten, lädt TheatreFragile mit einem außergewöhnlich fantasiereichen Projekt zur Gestaltung eines Ortes friedlichen Zusammenlebens ein.

Unort-Projekte

Sogar Lieselotte Heldmann sitzt leibhaftig auf einem der Stühle, schmunzelt über die drei unterschiedlich maskierten Frauenfiguren, die sie in verschiedenen Lebensstationen darstellen. Sie spricht mit Zuschauern und beantwortet deren Fragen nach ihrem Leben und ihren Erfahrungen. Der Bogen vom einst friedlichen und unbewohnten Hohenloh von 1928 zu möglichen künftigen Nutzungskonzepten – ohne Militär und mit einem friedlichen Miteinander von ganz unterschiedlichen Menschen, verschiedener Kulturen und Generationen – ist geschlagen.

Der Oberbürgermeister Detmolds hat sich ebenfalls eingefunden und genießt die Resonanz des von ihm und seinen Stadtverordneten mitfinanzierten Projekts. Er ist seit Jahren nicht nur ein großer Fan und Förderer des Festivals Bildstörung, sondern auch dieser Berliner Compagnie, die inzwischen zu Detmold gehört und hier heimisch geworden ist. Er hat natürlich ein besonderes Interesse für Hohenloh und ist neugierig auf die visionären, aber längst nicht abwegigen Vorschläge von Detmoldern, die spätestens in zehn Jahren das Kasernen-Areal zu einem kreativen und bunten Ort mit einem kulturellen Zentrum umgestalten möchten, „an dem das Leben sprühen, wo Freiräume zum Lernen, Denken und Arbeiten entstehen könnten und es soziale Gerechtigkeit gibt".

Sicherlich hätten einige zusätzliche einprägsame Spiel-Szenen mit den eingeführten Masken-Figuren das Projekt noch mehr aufgelockert und die Überfülle an textlichen und akustischen Informationen relativiert. Hierfür fehlte nach Auskunft des Inszenierungsteams jedoch die Zeit, weil es ursprünglich zugesagte Fördermittel plötzlich neu akquirieren und auch kompensieren musste. Diese Not schlug aber der Vergänglichkeit der Performancekunst ein Schnippchen und schaffte mit der mobilen App ein immer wieder abrufbares Dokument und sinnliche Archivierung des multimedialen Projektes – Nachhaltigkeit eben.

II (Matthias Däumer)

Dass Hohenloh sowohl strukturell als auch politisch einen Unort darstellt, ist angesichts der Faktenlage nicht fraglich: entlegen und mit historisch wandelbaren Abschließungsmechanismen abgeschirmt, mit der Fähigkeit, sowohl räumlich als auch zeitlich Heterogenes in sich zu vereinen und gewissermaßen ein Spiegel der deutschen Geschichte seit den 1920er Jahren zu sein. Der Ort vereint so sowohl die Eigenschaften der Heterotopie wie der Heterochronie auf sich. Diese Foucault'sche Grundierung hat *Out of Bounds* bei der Wahl des bespielten Unorts mit vielen der anderen geförderten Projekte gemein.

Was aber die Besonderheit des Projekts ausmacht, ist die Übertragung des Unorts auf das Persönliche; „persönlich" im doppelten Wortsinn: auf die Person Lieselotte Heldmanns und auf die *persona* (Maske). Denn die Einflüsse dieses Unorts konzentrieren sich in Lieselotte Heldmanns Biografie, schrieben sich in ihr Leben und ihren Körper ein. Diese Erfahrungen werden aufgrund der Recherchearbeit anders erfahrbar als beispielsweise durch die Vermittlung einer (pseudo-)objektiven und autoritativ zur Wahrheit erklärten Kollektiverinnerung. Hier ist der geschichtliche Unort dem Menschen auferlegt, wie Staub, der tief in den Kleidern sitzt. Der performative Vorgang löst diese Bindung und setzt sie als Angebot eines neuen Erfahrungsraums frei.

Der Vorgang der Ablösung dieser (ganz und gar nicht sphärischen) Geschichtsaura führt konzeptionell beinahe zwangsweise auf die von TheatreFragile kunstvoll gearbeiteten Masken zu. Diese sind, so ließe es sich fassen, die Verunortung des konkreten Gesichts, sowohl heterotopisch wie heterochronisch: Das Masken-Gesicht ist so nicht nur Lieselotte Heldmanns, sondern vereint – vergleichbar der Maskenverwendung beim antiken griechischen Theater, insbesondere des Chors – die Gesichter aller auf sich, die am gleichen Ort verweilen und Ähnliches erfahren haben: Polis Hohenloh, sozusagen.

Lieselotte Heldmanns Erinnern wird als selbstbewusst gekennzeichnet, typisch für die Situation des historischen Zeugen: Man ist erinnernder Mensch, aber zugleich auch der Mensch, der sich beim Erinnern zuschaut. Nichts anderes verdeutlicht das Bild des Kinds, das das Vergangene seiner Puppe zeigt (die Puppe als Maske der Maske) – Erinnerung und deren selbstbewusste Vermittlung zugleich. Heterochronisch wirkt dabei, dass die Maske nicht altert; sie vereint so viele Zeiten im Leben der einen und aller anderen auf sich. Die Masken stehen so in einer strukturellen Äquivalenz zum Unort, projizieren ihn auf das Gesicht der pantomimisch leitenden Darsteller, machen diese zu den Trägern der zu objektivierenden Subjektivität – oder anders: der Geschichtsschreibung.

Denn Lieselotte Heldmanns Erfahrungen sind erst mal „nur" dies: subjektive Erfahrungen, wie sie von vielen der noch lebenden Menschen dieser Generation erzählt werden. Die Maske objektiviert jedoch die Bezeugung, erklärt sie zum Paradigma. Dieses zielt einerseits auf die Generation wie andererseits auf den Ort ab. Die Lieselotte Heldmann, die sich theatral in den verschiedenen Masken zeigt, *ist* so ihre Generation und sie *ist* Hohenloh. Und der Unort ist deshalb im theatralen Konzept von TheatreFragile nicht lediglich ein Konstrukt der Kulturwissenschaft, sondern eine historisch erfahrene und re-präsentierte („wiedervergegenwärtigte") (Körper-)Eigenschaft. Mit diesem Akt der Wiedervergegenwärtigung kann das performative Ereignis sich dann auch für die Gegenwart öffnen, und – entscheidender – auf die Zukunft verweisen. Die utopische Geste, die von der erlebten, doch maskenhaft objektivierten Geschichte auf die Zukunft weist, deutet damit auch auf ein immaterielles Nachleben dieses gesamten Prozesses hin. Es ist äußerst schlüssig, dass diese Geste im Konzept von TheatreFragile auch selbst nicht mehr materiell ist, ebenfalls nicht mehr maskenhaft: Die Zukunft ertönt als „Klanghaus", als vorübergehende Raumwerdung der Utopie oder eben – in direkter Übertragung von οὐ-τόπος – des Unörtlichen. Angesichts dieser hoffnungsvollen Geste auf ein aus der persönlichen Geschichte abgeleitetes Nachleben ist es kein Wunder, dass die echte Lieselotte Heldmann am Ende dieses Treiben mit einem souveränen Schmunzeln bedenkt.

Verein für Raum und Zeit e. V.

DAS HAUS :: ACHT RÄUME ACHT SPIELER EIN ZUSCHAUER

Ziel des Projekts
Die nordhessische Kleinstadt Spangenberg liegt etwa dreißig Kilometer östlich von Kassel, achtzig Kilometer nördlich von Fulda, im ehemaligen Zonenrandgebiet. Bis 1970 war Spangenberg ein beliebter Erholungsort. Bergbauarbeiter aus dem Ruhrgebiet kamen der guten Luft wegen ins nordhessische Bergland. Bei der Bevölkerung hießen sie „die Luftschnapper". Seit den 1990er Jahren erfährt Spangenberg wie viele Städte in der Region einen dramatischen Bevölkerungsrückgang. Von ehemals zwanzig Gasthöfen hat heute nur noch einer geöffnet. Zahlreiche Fachwerkhäuser in der Altstadt stehen leer. Das Haus in der Mittelgasse 14, eines der größten Häuser, steht exemplarisch für diesen Prozess. Seit 1895 war es die zentrale Kohlenhandlung der Stadt und damit einer der wichtigsten Treffpunkte. Während nach dem Zweiten Weltkrieg mehr als ein Dutzend Menschen das Haus bewohnten, herrschte die letzte Besitzerin zuletzt zehn Jahre alleine über das große Haus mit seinen 18 Zimmern auf drei Stockwerken, drei Dachböden, Kriechkeller und den großen Hof. Die heutige Eigentümerin erwarb das Haus 2005. Durch eine behutsame Renovierung bewahren die Räume ihren jeweils eigenen Charakter, der ästhetisch in verschiedenste Epochen des letzten Jahrhunderts zurückführt.

Mit dem Projekt wurde das Haus als Projektionsfläche für Erinnerungen verschiedener Generationen geöffnet und ein Mittelpunkt der kleinstädtischen Gesellschaft wieder zum Leben erweckt. Abseits der kulturellen Zentren ermöglichte die Zusammenarbeit zwischen Bürgern und professionellen Künstlern allen Beteiligten besondere Erfahrungen mit neuen Formen der darstellenden Kunst. Der in den letzten Jahren in der Region begonnene Diskurs, wie wir leben wollen, über alternative Nutzungskonzepte und die Entwicklung der eigenen Stadt, wird in den Performances konkret und emotional unterfüttert.

Acht Räume des Hauses wurden im Eins-zu-eins-Format bespielt: Alle sechs Minuten klingelte ein Zuschauer an der Haustür. Ein Mädchen führte ihn nacheinander zu vier Räumen. In diesen Räumen erlebte jeder Zuschauer jeweils für zehn Minuten ganz alleine Szenen mit je einer Schauspielerin oder einem Schauspieler. Der Stoff der Performances war inspiriert von sich um das Haus rankenden Geschichten vergangener Jahrhunderte. Vieles scheint im Haus, in seinen Kammern und Mauern, in der kollektiven Erinnerung des Orts verborgen.

An der Performance waren fünf Spangenberger Laienspielerinnen und -spieler sowie sieben professionelle Schauspielerinnen und Schauspieler u. a. aus Köln, Bremen und Mainz beteiligt, inszeniert von zwei Regisseurinnen und dem künstlerischen Leiter des Projekts. Das Eins-zu-eins-Format sensibilisiert für offene, unmittelbare Begegnungen: Es bezieht die Zuschauer mit in die aktive Partizipation ein. Viele Spangenberger Bürgerinnen und Bürger waren während der Recherche, Proben und Vorstellungen sehr engagiert beteiligt, insbesondere in der Öffentlichkeitsarbeit und bei der technischen Realisierung. Sie haben dieses Projekt durch ihre Neugier und Mitarbeit auch zu ihrem Projekt gemacht.

Resonanz, Herausforderungen und Wünsche
Die Resonanz in Spangenberg und der Region war überwältigend. Durch Mund-zu-Mund-Propaganda ebenso wie durch Berichte der *Hessisch-Niedersächsischen Allgemeinen Zeitung* zum Fortgang des Projekts bereits ab Sommer 2013 waren die Vorstellungen drei Wochen vor der Premiere nahezu ausgebucht. Auch die überregionale Presse reiste nach Spangenberg. Positive und inspirierende Kritiken im *Spiegel*, der *FAZ*, auf *DeutschlandRadioKultur*, von *dpa* und eine Reportage in der „Hessenschau" des *Hessischen Rundfunks* zogen Zuschauer aus ganz Deutschland an. Das Fachmagazin *Theater der Zeit* berichtete in der Oktoberausgabe 2014. Das Publikum nahm den Abend außerordentlich gut auf. Nach den Performances trafen sich Zuschauerinnen und Zuschauer mit Getränken und Speisen an einer langen Tafel im Hof, um sich über das zuvor allein Erlebte auszutauschen. Viele Spangenberger kamen auch ohne Ticket regelmäßig vorbei, um teilzuhaben an diesem Ereignis. Auswärtige und Einheimische kamen ins Gespräch. Die Mischung von Lebensrealitäten über Zeiten und Räume hinweg wurde als außerordentlich bereichernd empfunden. Menschen, die das Haus in der Mittelgasse aus eigener Erinnerung gut kennen, zeigten sich tief beeindruckt vom Geschehen im Haus. Noch ein halbes Jahr später werden wir in Kassel und Spangenberg auf dieses Ereignis angesprochen. Die Erinnerung beschäftigt die Menschen, bedrängt sie, oft fällt das

Foto oben: © Christina Rast; Fotos Mitte: © Heinz Holzmann; Foto unten: © Christina Rast

Verein für Raum und Zeit e. V.

Wort „nachhaltig". Dies auch immer mit der Frage verbunden, ob das Projekt eine Fortsetzung finden wird.

Diese vielfach gewünschte Verlängerung der Vorstellungen war aus finanziellen Gründen ebenso wenig möglich wie eine Wiederaufnahme im Sommer 2015. Hier wäre zu fragen, inwieweit eine Förderung, die die Nachhaltigkeit der Projekte einfordert, nicht auch selbst darauf reagieren müsste. Zum Beispiel, indem nicht nur Neuproduktionen gefördert werden, sondern auch Mittel für Wiederaufnahmen zur Verfügung stehen. In der Vorbereitung gestaltete sich insbesondere die Drittmittelfinanzierung aufwendig. In einer Stadt wie Spangenberg bestehen kaum Erfahrungen lokaler Firmen mit Einzelprojektförderungen. Zudem ist die Haushaltslage, besonders der ländlichen Kommunen, in Hessen überaus angespannt. Spangenberg steht seit 2013 wegen hoher Schulden unter dem finanziellen Rettungsschirm des Landes, sogar die kleine Bibliothek und das Schwimmbad sind von Schließung bedroht.

Voraufführung: 1.8.2014, Spangenberg, Mittelgasse 14
Uraufführung: 2.8.2014
Beteiligte: Künstlerische Leitung und Stab 7 Personen,
7 professionelle Darsteller, 5 Laien, diverse Experten des Alltags
Aufführungen: 6
Zuschauer: 216 (immer nur ein Zuschauer, 36 insgesamt pro Aufführungstag)
Länge der Aufführung: ca. 50 Minuten pro Durchgang,
pro Tag insgesamt ca. 330 Minuten Eintritt: 7 bis 14 Euro

Akteure
Bernhard Mikeska (künstlerische Leitung, Regie) studierte Physik und promovierte in theoretischer Physik über komplexe Systeme. Nach Regieassistenzen am Deutschen Schauspielhaus in Hamburg unter der Intendanz Frank Baumbauer arbeitet er seit 2000 als freischaffender Regisseur. In Bernhard Mikeskas Installationen, in denen man sich mal durch den öffentlichen Raum, mal in fiktiven Bühnenräumen oder durch mehr oder weniger reale Wohnungen bewegt, werden Sehgewohnheiten, Haltungen und Verhältnisse zwischen Zuschauern und Schauspielern überprüft und neu justiert. Mikeskas Theater ist ein Spiel mit der Logik eines konsistenten Raum-Zeit-Kontinuums und der inneren Welt der Wahrnehmung. Er arbeitet als Regisseur und Produzent in der Freien Szene zwischen Zürich und Berlin ebenso wie am Schauspiel Frankfurt, für das Residenztheater München und am Theater Bonn. Beginnend mit *Rashomon :: Truth lies next door* (Zürich, 2006) hat Bern-

hard Mikeska das Eins-zu-eins-Format in zahlreichen Arbeiten hier in immer wieder neuen Kontexten entwickelt.

Christina Rast (Regie) studierte Germanistik, Filmwissenschaft und Russistik an der Universität Zürich und war feste Regieassistentin am Schauspielhaus Zürich und Mitbegründerin der Spielstätte bunk r! (die heutige Kammer) am Schauspielhaus Zürich. Seit 2003 arbeitete sie als freie Regisseurin u. a. am Luzerner Theater, Theater Aachen, Theater Rampe in Stuttgart, Winkelwiese Zürich, Oldenburgischen Staatstheater, Staatstheater Mainz, Schauspielhaus Zürich, Schauspiel Hannover, Schauspielhaus Graz, Schlachthaustheater Bern und am Thalia Theater Hamburg.

Yana Eva Thönnes (Regie) studiert(e) Medizin, Philosophie und Kulturreflexion sowie Regie, hospitierte und assistierte bei Gintersdorfer/Klaßen, Robert Borgmann, Nils Haarmann und Bernhard Mikeska. Eigene performative Arbeiten im öffentlichen Raum insbesondere im Stadtraum mit Rahel Spöhrer, Neele Huelcker, Amanda Bailey, Lene Keckeisen sowie in einsturzgefährdeten Bahnhöfen mit Annelie Ostertag. Filmische Arbeit mit Leonard Schattschneider und Uwe Dreysel.

Darsteller: Ulrike Beerbaum, Jele Brückner, Daniel Blum, Katharina Fink, Anica Happich, Thomas Hechelmann, Denise Hoffmann, Lena Hütte-Gabriel, Tanja Kodlin, Gerd Sauerland, Franziska Schubert, Tine Weisel; Local Scout: Alja Schindler, Kostüme: Brigitte Schima, Texte: Lothar Kittstein und Christina Rast

Kontakt:
www.raumundzeit.de

Matthias Däumer und Günter Jeschonnek

IM LABYRINTH KNARRENDER DIELEN

I (Günter Jeschonnek)
Die Anreise in das von Kassel südöstlich gelegene kleine und verschlafen wirkende Fachwerkstädtchen Spangenberg, mit seinen verwinkelten Gassen und circa 6000 Einwohnern, ist ein Ausflug in vergangene Zeiten und die Mitte des vereinigten Deutschlands. Vor dem Mauerfall lag Spangenberg im Zonenrandgebiet zwischen Hessen und Thüringen. In einem der größten und zugleich ältesten Wohnhäuser dieser museal wirkenden und typisch hessischen Kleinstadt (Fachwerkhaus an Fachwerkhaus) siedelt Bernhard Mikeska mit seinem großen Team das Projekt *Das Haus* an.

Das beeindruckende Wohn- und Arbeitsgebäude in der Mittelgasse wurde nach den brutalen Zerstörungen im Dreißigjährigen Krieg um 1700 neu aufgebaut und verfügt über 18 Zimmer, große Kellerräume, Dachboden und Nebengelass – auf drei Stockwerke verteilt. Dazu gehören ein verwunschener, blühender Garten, eine stattliche Toreinfahrt mit Remise, ein Pferdestall und weitere Nebengelasse. Vor 1945 war in dem Haus eine Kohlehandlung angesiedelt; später existierten hier der Heizölverkauf für die Innenstadtbewohner und sogar ein Verkauf von gekühltem Bier. Nach dem Zweiten Weltkrieg gewährte das große Gebäude drei Generationen ein Dach über dem Kopf – die ausgebombte Verwandtschaft aus Kassel und Umgebung war dankbar für diese sichere neue Heimstatt.

Die Freunde Alja Schindler und Jan de Triewer kauften 2005 das leerstehende und sanierungsbedürftige Fachwerkhaus und richteten einige Zimmer her, um hier zu leben und zu arbeiten. Sie waren die Ideen- und Gastgeber und Inspiration für Bernhard Mikeskas Projekt. Die Schreinerin Alja Schindler, Bernhard Mikeska, die Regisseurinnen Christina Rast und Yana Thönnes sowie der Autor Lothar Kittstein recherchierten Quellen zur Geschichte des Hauses und seinen einstigen Bewohnern und Gästen, zur Stadt Spangenberg und dem historischen Umfeld. Daraus entstanden das Konzept, die kunstvoll verknappten Monologe und fragmentarischen Szenen, mit dem zum Teil lakonischen und desillusionierenden Unterton von Autor Lothar Kittstein und Regisseurin Christina Rast, um Vergessenes, Verdrängtes, Unbewusstes und Legendäres dieses besonderen Hauses wieder lebendig werden zu lassen.

Acht Räume des Hauses, die knarrenden Flurdielen mit alten Fotos, Gemälden und vergilbten Tapeten, die Treppen zu den drei Stockwerken, der Dachboden, der Keller sowie der verträumt anmutende Garten bilden das Setting für zwei performative Parcours mit je vier Räumen und jeweils fünfzig Minuten. Beim Warten am Start des ausgewählten Parcours empfindet man schon im Garten, jenseits gestylter Rasenflächen, dass die Zeit stehengeblieben zu sein scheint. Entschleunigung für all jene, die aus Städten des Umlandes oder gar Großstädten angereist kommen und nun ihre Handys ausstellen müssen, um sich einzeln auf eine Zeitreise ins Haus und die letzten Jahrhunderte zu begeben.

Man kann sich für den Zutritt zu vier Räumen entscheiden; aber auch eine zweite Tour zu vier anderen Räumen des Hauses ist zusätzlich möglich – vorausgesetzt, dass man sich frühzeitig dafür angemeldet hat. Alle zwölf Minuten steht ein Besucher vor der Eingangstür und wird nach dem Klingeln an der Haustür von einem jungen Mädchen eingelassen. Diese erste konspirativ anmutende Begegnung ohne Worte, nur mit lasziven Blicken und wegweisendem Kopfnicken ist geheimnisvoll und gibt den Gestus des geführten Wegs durchs Haus vor. Ein gewisses Unbehagen, gepaart mit Neugier, Kühle und Spannung breitet sich aus. Man fühlt sich in den Räumen mit jeweils einer Darstellerin oder einem Darsteller eingesperrt und den zum Teil rätselhaften Monologen ausgesetzt. Die Ungewissheit über den Ausgang der jeweiligen Begegnung löst aber auch einen Reiz aus; man versucht herauszufinden, um was für einen Menschen es sich handelt, wer sie oder er sein könnte. Die Texte lassen konkrete Situationen erahnen, setzen Assoziationen frei und machen die Zuhörer zu Komplizen des vertraulich und rätselhaft Angedeuteten. Antworten des Zuschauers sind nicht erwünscht; intuitiv versucht man es dennoch mittels der eigenen Fantasie. In allen Räumen entsteht dadurch eine ganz eigenwillige Atmosphäre von Intimität und Konzentration, aber auch Unnahbarkeit. Keine der an die historische Realität angelehnten ehemaligen Bewohner des Hauses biedert sich durch Vertraulichkeit an. Sie gestatten höchstens für Momente Einblicke in das innere Seelenleben und ihre Schicksale, schaffen so Neugier auf mehr, die aber nicht befriedigt wird. Die Mädchen des Hauses, Laiendarstellerinnen aus Spangenberg, öffnen plötzlich die Tür des jeweiligen Raums und geleiten einen durchs Haus zum nächsten Spielort. Das geschieht ohne Worte; man begegnet auch keinen anderen Besuchern. Immer mehr offenbart sich ein Geisterhaus.

Im Parcours A werde ich zuerst in die Küche geführt, dem zentralen Ort für die alltägliche Kommunikation vergangener Generationen. Hier erfahre ich von der jungen Frau, wie hart die Arbeit im Haus war, in welche Tagträume und Sehnsüchte nach Amerika sie sich hineinflüchtete und dass 1918 in Spangenberg die Spanische Grippe Kinder dahinraffte. In der Wurstkammer, einem kleinen und schmucklosen Raum, wartet der Forstschüler auf seine junge Ehefrau. Zur Erzählung über seine unerfüllte und viel zu früh verstorbene Liebe – er muss unmittelbar nach der Einheirat in das Haus in den Ersten Weltkrieg ziehen. Während des Berichts hoppelt gelangweilt ein großes braunes Kaninchen wie ein Gefangener im Raum umher. In Ingrids Zimmer werden keine Texte gesprochen. Anhand der Choreografie und ihrer Körperlichkeit kann ich erahnen, wie die immer gleichen alltäglichen Verrichtungen den Tagesablauf prägten, bevor man sich mit dem Einbruch der Dunkelheit ins Bett zu begeben hatte. Ein trister Alltag mit ganz wenigen Höhepunkten.

Auf dem riesigen Dachboden erklärt die Hausherrin ihrer künftigen Schwiegertochter in einem fiktiven Zwiegespräch (ich bin das Gegenüber) beim Aufhängen der weißen Wäsche, was von ihr nach der Hochzeit des Sohnes erwartet wird und welche Aufgaben sie in Haus und Hof zu erfüllen hat: „Und wenn du dich gut anstellst, wird's dir gut gehen. Und dem Kind." Eine klare Ansage ohne jedwede Hoffnung auf gelegentlichen Müßiggang.

Im Parcours B betrete ich anfangs das sogenannte Luftschnapper- oder Fremdenzimmer und erfahre, dass Spangenberg einst ein Luftkurort war. Die hier residierende Dame hat sich in den 1950er Jahren eingemietet und berichtet über ihre gesundheitlichen Beschwerden und ihr selbstbestimmtes Eingesperrt-Sein. Sie glaubt nicht an Besserung oder gar Heilung. Sie möchte eigentlich in Spangenberg langsam sterben.

In der Haferkammer berichtet der Spangenberger Schreiner von seiner Familie und seinem Handwerk. Er blättert im Familienalbum und fragt sich, welche Zukunft er noch hat, wenn bis 2030 die Region von 44 Prozent der jetzigen Bevölkerung verlassen sein wird. In dem projizierten Film über das heutige Spangenberg entwirft der Bürgermeister die Vision von einer Museumsstadt, die auch Handwerkern wie Schreinern neue Aufträge sichern und Besucher anlocken könnte.

Im Haus gab es einen Raum, der als Eiscafé bezeichnet wurde. Hier siedelt das Inszenierungsteam einen verschrobenen und zugleich einsamen Mann um die fünfzig an, der genüsslich Eis schleckt, dabei mit einer fiktiven Frau lüstern flirtet (die ich nicht bin) und über das merkwürdig spukende Haus und den Eiskeller Geschichten erzählt. Ein Eiscafé hat es in diesem Haus natürlich nie gegeben, aber im Eiskeller wurde eingelagertes Bier gekühlt und verkauft. In seinem Text, begleitet vom süffisanten Eisschlecken aus der Metallschale (an die Zeit von *Dolce Vita* erinnernd), sowie seiner Werbung um eine imaginierte Frau, die er überreden will, mit ihm in den Eiskeller zu gehen, beschreibt er für das Haus Typisches: „Ich lebe ganz allein. In diesem Haus. Es ist sehr alt, natürlich. Ein großes Haus, schönes Haus, und du wirst vielleicht denken, dass es spukt!" Dabei grinst er immer wieder.

Im Kriechkeller beende ich meine Runde durch das Haus. Dieser Raum ist entsprechend seines Namens sehr niedrig. Unter einer Bettdecke hat sich eine Frau verkrochen. Sie trägt das Hochzeitskleid ihrer Mutter und bittet mich, mich neben sie aufs Bett zu legen und sie zu beschützen. Ich bin ihr ganz nahe, auch ohne jegliche körperliche Berührung. Sie weiht mich ein, dass sie gegen ihren Willen von ihrer Mutter verheiratet werden soll und sich davor fürchtet. In dieser Intimität bittet sie mich, ihr beizustehen und sie nicht zu verraten.

Nach dem Rundgang begebe ich mich wieder in den Garten, hole mir etwas zu essen und zu trinken und rede mit anderen Gästen und Teambeteiligten über den Besuch in Spangenberg und dem Haus – die theatrale und originelle Reise durch Raum und Zeit. Wir sitzen in der remiseartigen Toreinfahrt an einer großen Tafel und genießen die besondere Atmosphäre des jahrhundertealten Fachwerkhauses. Was bleibt von solchen Städten und Regionen übrig, die von der Landflucht betroffen sind und auszusterben drohen? Was wird aus diesen vielen Fachwerkhäusern, wenn die Nachfahren nicht das Geld haben, sie zu unterhalten oder in dem Ort keine Zukunft für sich sehen? Haben die Pläne des Bürgermeisters Chancen, diese Stadt in ein offenes Museum zu verwandeln? Auch Fragen von globaler Bedeutung werden aufgeworfen: Was passiert mit unserem Erbe, unserer einstigen Bau- und Handwerkskunst? Und wird es das Zusammenleben dreier Generationen unter einem Dach jemals wieder geben?

II (Matthias Däumer)
Foucault hat seine Unorte, die Heterotopien, immer in Zusammenhang mit zeitlichen Brüchen gesehen, mit den so genannten Heterochronien:

> Heterotopien stehen meist in Verbindung mit zeitlichen Brüchen, das heißt, sie haben Bezug zu Heterochronien [...]. Eine Heterotopie beginnt erst dann voll zu funktionieren, wenn die Menschen einen absoluten Bruch mit der traditionellen Zeit vollzogen haben.[1]

---

[1] Foucault, Michel: „Von anderen Räumen", übers. von Michael Bischoff, in: *Raumtheorie. Grundlagentexte aus Philosophie und Kulturwissenschaften*, hg. von Jörg Dünne/Stephan Günzel, Frankfurt am Main 2006, S. 317–329, hier: S. 324.

Unort-Projekte

Bernhard Mikeskas Belebung des Spangenberger Hauses führt eine pragmatische Realisierung solch einer Heterochronie vor, verliert sich dabei aber nicht in den Mechanismen eines historischen Reenactments. Denkt man an vergleichbare Ansätze einer Wiederbelebung der deutschen Provinz (beispielsweise an Edgar Reitz' filmische *Heimat*), so liegt die entscheidende Differenz in der Positionierung des Rezipienten. *Das Haus* ermöglicht es dem Zuschauer, auch die Einsamkeit und Distanziertheit des historischen Betrachters zu erfahren. Denn hier wird nicht so sehr re-präsentiert, sondern vielmehr der Akt des Konstruierens vergangener Menschen und Ereignisse selbst präsentiert. Dadurch, dass man alleine auf den Kursus geht, bei allen Entdeckungen unwillkürlich auf Distanz gehalten wird, ist man auch auf sich selbst gestellt, wenn es darum geht, die „fatale Kreuzung der Zeit mit dem Raum"[2] herzustellen. Man erfährt das Unbehagen, der Geschichte als etwas Fremdem ausgesetzt zu sein, sie zu sehen, doch nicht mehr ändern zu können. Und dadurch, dass die Erscheinungen der Vergangenheit einen in paradoxe Konstellationen aus Intimität und Distanz bringen, bildet sich ein Erfahrungsraum (und nicht nur, wie etwa bei Reitz ein cineastischer Schauraum) einer nicht nur konsumierbaren und berauschenden Geschichte, sondern auch der Raum der einsamen, sinnierenden Vergangenheitskonfrontation. Mikeskas Heterochronie beinhaltet so nicht nur unterschiedliche Zeiten, sie setzt auch die Zeit der Jetzt-Erfahrung über alles Heterogene, setzt als Meta-Heterochonie das eigene Hier und Jetzt mit der Vielzahl vergangener Hier und Jetzts in Kontrast, sodass sich die Perspektive öffnet, auch die gefährdete Zukunft der hessischen Provinz mitzubedenken. Hier wird am Unort weniger die Vergangenheit erfahrbar als vielmehr der subjektive und einsame Standpunkt, von dem aus man dieser Vergangenheit (als stets Konstruiertes, somit nie vollständig Erleb- und Verstehbares) zwangsläufig begegnet.

---

[2] Ebd., S. 317.

Irina Pauls

SECOND SPLASH

Tänzerinnen.Sänger.Sprachperformance.Publikum

Ziel des Projekts

Das Schwimmbecken ist leer. Es gibt kein Wasser an einem Ort, der durch Wasser eine öffentliche Nutzung erfahren hat. Springt man jetzt ins Wasserbecken, gibt es einen harten Aufprall. Wie bewegt man sich in einem Bad, in dem es kein Wasser mehr gibt? Ehemals belebte Bäder werden so zum Unort. Exemplarisch dafür steht das brach liegende Damenbad im Leipziger Stadtbad, das früher ein großer Anziehungspunkt war. Seit 2004 ist es wegen enorm schlechten Bauzustands stillgelegt. Es steht im Mittelpunkt der installativen Tanz-, Musik- und Sprachperformance, bei der das Publikum einen Rundgang durch den Raum erlebt und die Interaktion zwischen Raum und Körper die zentrale Rolle spielt. Das Schwimmbad hat bis zum Zeitpunkt der Schließung große Eingriffe in die Originalarchitektur erlebt. Einzig das Damenbad im Stil des Historismus überlebte fast originalgetreu. Eine Förderstiftung macht sich für die Sanierung stark. Von der Leipziger Wirtschaft und den Bürgern konnte knapp eine Million Euro und Sachmittel eingeworben werden. Trotz großer Beliebtheit bei der Leipziger Bevölkerung ist die Stimme der Bürger zu schwach. Sollte die Überführung in eine sinnvolle Nutzung für die Öffentlichkeit nicht gelingen, gibt es einen weiteren innerstädtischen toten Raum in Leipzig – einen Unort.

Im Kunstprojekt sollen Körper, Bewegung, Sprachbilder und Klang zum Maß der Architektur des Damenbads werden und die Dimensionen und Relationen des dahinsiechenden Orts beleben.

In loser Szenenfolge in unterschiedlichen Raum-Situationen reizt die Choreografin das Thema Bad und Baden in seinem kulturhistorischen Kontext aus: Als menschliches Urbedürfnis verbunden mit sozialen, rituellen und religiösen Praktiken, als Körpergefühl der Schwerelosigkeit beim Eintauchen in das Wasser, als Urangst vor Nacktheit und fremder Berührung, als Ort gelebter Geschichten seiner ehemaligen Besucher. Die Sprachperformerin leitet die Zuschauer an die verschiedenen Plätze. Die Unsichtbarkeit der Bilder in einem Bad, welches lange ein öffentlicher Raum war, fordert zum Erzählen auf. Musikalisch betten sich live gesungene mittelalterliche Minnesänge in eine abstrakt elektronische Klangwelt ein und lassen die Grenzen zwischen realem und utopischem Raum verschwimmen.

Das Projekt ist das Folgeprojekt zur 2012 überaus erfolgreichen Aufführungsserie *Tanz die Männerschwimmhalle* im Leipziger Stadtbad. Mit etwa tausend Besuchern liefen die Rundgänge am Rande der Kapazitätsgrenze. Das öffentliche Interesse war sehr groß, für viele Zuschauer war es die erste Berührung mit Kunst im öffentlichen Raum überhaupt. Der befürchtete Verlust dieses identitätsstiftenden Orts für Leipzig mobilisierte sie.

Resonanz, Herausforderungen und Wünsche
Widerstand erfährt das Kunstprojekt, als es eines aufwendigen Bauantrags bei der Stadt Leipzig bedarf, um den Spielort Damenbad für Publikum begehbar zu machen. Der Baubürgermeister wurde ersetzt, die Sonderregelung galt nicht mehr. Trotz Projektförderung durch die Stadt Leipzig lässt sich nichts bewegen. Der Unort Leipziger Damenbad „verweigert" sich. Der Ort lässt sich selbst durch künstlerische Prozesse nicht mehr einnehmen, er bleibt unzugänglich. Diesen Zustand nimmt die Choreografin zum Anlass für eine inhaltliche und räumliche Modifizierung des Projekts. Die neue Situation zwingt das Produktionsteam zum Überprüfen aller bereits gesetzten künstlerischen, organisatorischen und finanziellen Pläne. Das Kunstprojekt zieht um an einen ebenfalls prägenden Ort für die Stadtentwicklung von Leipzig: ins Schreberbad, ein Freiluftbad. In den 1990er Jahren war auch dieses Bad verfallen. Politischer Wille führte zur Wiederherstellung des Orts. Im leeren Kinderbecken, abends bei Dunkelheit Mitte September findet nun die Performance *Second Splash* als Open-Air-Spektakel statt. Wir kommunizieren den Umzug des Kunstprojekts öffentlich und unterstreichen damit die Verwundbarkeit des maroden Damenbads. Der Innenraum des verletzten Orts wird in den Außenraum des bewahrten Ortes geholt. Der konkrete Verfall wird exemplarisch und gewinnt an Allgemeingültigkeit. Am neuen Spielort wird die Architektur des Damenbades und dessen Verfall über Großfotos auf eine Leinwand projiziert und die Verbindung zur Landschaftsarchitektur hergestellt. Im Zusammenspiel mit den Projektionen des siechenden Damenbades zerfällt die Kommunikation zwischen den Darstellern zusehends, bis sich Stillstand einstellt. Nacht und aufsteigende Feuchtigkeit, die vom angrenzenden Elstermühlgraben und der Wiesenfläche am Badeplatz des Schreberbads hochsteigt, unterstreichen die morbide Stimmung. Die Darsteller setzen sich Kälte,

Fotos: © Peter Franke

Irina Pauls

Unort-Projekte

Wind und Regen aus, ringen ihren Körpern und ihren Stimmen eine spätherbstliche Kommunikation in einem ansonsten sommerlich luft- und lichtdurchfluteten Freibad ab. Die Zuschauer harren mit Decken und Schirmen aus: Kein Theater zum Zurücklehnen, die Körper sind gespannt. Die Umstände verweigern Choreografie und Inszenierung die Verfeinerung. Aus der Substanz heraus und durch das Abrufen langer Open-Air-Produktionserfahrungen gelingt die Premiere. Der Unort Leipziger Damenbad bestimmt auch am Ausweichort die künstlerischen Prozesse. Er bleibt uneinnehmbar, fern, resistent, herausfordernd. Die Auslastung war der Witterung entsprechend gut. Eine geführte Bootstour auf dem angrenzenden Elsterkanal stimmte die Zuschauer vor der Performance auf die aktuelle Situation der Wasserstadt Leipzig ein. Derzeit wird das Stadtbad Leipzig als Event-Location genutzt, „vorübergehend".

Uraufführung: 12.9.2013, Leipzig, Schreberbad
Beteiligte: Künstlerische Leitung und Stab 8 Personen,
3 professionelle Tänzer, ein Sänger, ein Darsteller
Aufführungen: 8
Zuschauer: 382
Länge der Aufführung: ca. 70 Minuten
Eintritt: 11 bis 16 Euro

Akteure

Drei ehemalige Tänzer, Katja Barufke, Theresa Jacobs und Ronald Schubert, gründeten im August 2012 den Verein 4fürTANZ zur Förderung des professionellen, zeitgenössischen Tanzes in Leipzig und Mitteldeutschland. Die Zahl vier im Namen steht für die Schwerpunkte der Arbeit des Vereins. Als lang engagierte Tänzer und Organisatoren entwickelten die Gründer gemeinsam mit der Choreografin und Regisseurin Irina Pauls die Vision einer verstärkten Förderung der zeitgenössischen Tanzszene. Der durch die Akteure gegründete Verein 4fürTANZ strebt eine Profilschärfung an, die vor allem den Netzwerkcharakter sowie die Grundlage für die Verwirklichung von neuen, innovativen Projekten gemeinsam mit Künstlern, Wissenschaftlern sowie sozial und kulturell Engagierten in den folgenden Arbeitsschwerpunkten ermöglichen soll.

Irina Pauls (Choreografin) erhielt ihre Tanzausbildung an der Palucca Hochschule für Tanz Dresden. Choreografie studierte Pauls an der Theaterhochschule „Hans Otto" in Leipzig. Sie kreierte mehr als siebzig

Uraufführungen als Leiterin der Tanztheater am Landestheater Altenburg, Schauspiel Leipzig, Staatstheater Oldenburg, Theater Heidelberg, Kooperation der Tanztheater Freiburg/Heidelberg und im Ausland, u. a. in Athen, Dublin, Manila, Valletta, Perm, Salzburg und Thailand. Seit 2009 entstehen vor allem *Site-specific*-Performances. Für ihre künstlerischen Kreationen wurde sie mit dem Choreografiepreis des Ministeriums für Kultur ausgezeichnet. Pauls hat Lehraufträge an der Universität Mozarteum Salzburg und an der Hochschule für Musik und Theater in Leipzig.

Matthias Engelke (Komponist) studierte Biologie und Chemie an der Universität Freiburg und absolvierte seine Dissertation an der Universität Heidelberg. Neben seiner umfassenden Klavierausbildung in Klassik und Jazz setzte er sich viele Jahre intensiv mit elektronischer Musik auseinander. Seit 2001 arbeitet er mit Irina Pauls zusammen in Produktionen am Stadttheater Heidelberg, Stadttheater Freiburg, Dublin (für Compagnie CoisCéim), Theater Junge Generation Dresden sowie Leipziger Tanztheater. Engelke erhielt Kompositionsaufträge für mehrere Schauspielmusiken am Schauspiel Frankfurt, Staatstheater Dresden sowie am Badischen Staatstheater Karlsruhe.

Sprachperformance: Angela Waniek, Tanz: Johanna Kasperowitsch, Berit Jentzsch, Irene Schröder, Gesang: Patrick Grahl, Komposition und Musik: Matthias Engelke, Kostüme: Ricarda Knödler, Produktion: Ronald Schubert – 4fürTanz e. V.

Kontakt:
www.4fuertanz.de

Matthias Däumer

TANZEN UND TRÄUMEN IM SCHWIMMBECKEN

I

Mit der größten konzeptionellen Abweichung von der ursprünglichen Grundidee der Tanz-Theater-Inszenierung *Second Splash* möchte ich einsetzen: Die historische Frauenhalle des Leipziger Stadtbads von 1916, deren öde Leere und zunehmende Verrottung im Zentrum des Unort-Konzepts stehen sollte, durfte von der Leipziger Choreografin und ihrem Team nicht bespielt werden. Mögliche Gründe dafür sind in anschließenden Gesprächen zu erfahren: Es geht hauptsächlich um personelle und politische Wechsel im Bauamt und um in den Weg geräumte Steine. Denn im Frühsommer lag die Genehmigung für die Bespielung noch vor. Aufhorchen lässt deshalb vor allem ein Wort, das die Ablehnung von Seiten des Bauamts begründen sollte: Ein künstlerisches Projekt wie Irina Pauls Tanz-, Musik- und Sprachperformance sei für den Erhalt und die Entwicklung der Frauenhalle nicht „zielfördernd". Dieses Argument ist merkwürdig, denn die Aberkennung eines Sinns spielender Belebung von Unorten betrifft den generellen Wert von Theater im öffentlichen Raum und zeugt davon, dass es (zumindest in den Kreisen bürokratischer Stadtverwaltung) äußerst wenig Verständnis für die soziale Nachhaltigkeit dieser Kunstform gibt.

Die Inszenierung tut vieles, um die seit 2004 stillgelegte und inzwischen marode Frauenhalle zu ersetzen; aber das gegebene Setting macht dies nicht gerade leicht. Die Spielfläche im Schreberbad ist nur ellentief und äußerst schmucklos. Immerhin verlängert sich das flache Babyblau auf eine Projektionswand, auf der man die schmerzlich vermisste Frauenhalle in ihrem Jetzt-Zustand erblickt. Bei Betrachtung der Projektion beschleicht einen anfangs die Angst, dass man es im Folgenden mit einem inszenatorischen Konjunktiv im Planschbecken zu tun haben würde. Dem ist aber zum Glück nicht so.

Die Projektionen zeigen wechselnd Detailaufnahmen aus dem Frauenbad, die nicht nur den schweifenden Blick eines Publikums simulieren, sondern ebenfalls atmosphärische Akzente setzen, die das reale Setting ein wenig vergessen lassen. Zu sehen sind Stillleben abblätternden Putzes von Decken und Wänden, verrosteter Metallteile, verwitterten Holzes, verblichener Schriftzüge und freischwebender Elektrokabel. Diese virtuelle Anreicherung des Planschbeckens ist ein durchaus komplexer Vorgang der Verunortung, den das ursprüngliche Konzept nicht kannte.

Die Inszenierung spielt mit den Wechselwirkungen von Choreografie mit elektronischer Musik, Gesang, den zuvor erwähnten Projektionen und *spoken-word*-Passagen. Die Choreografie bündelt sich mehrmals zu atmosphärischen Knotenpunkten, die dann wieder zerfasern und einem eher das assoziative Driften erlauben. Knotenpunkte ergeben sich beispielsweise in Passagen, die mit Ritualen der Waschung arbeiten. Hier wird die Wertigkeit des verlorenen Unorts Frauenhalle besonders deutlich und dynamisch entwickelt. Die erste Passage zeigt die drei Tänzerinnen sich langsam durch Waschposen bewegend und in rhythmischer Wiederkehr erstarrend, wie auf voyeuristisch geschossenen Fotos erfasst. Darauf folgend bricht die Starrheit auf und die Bewegungen werden lebendig und raumfüllend: Das Ritual erzeugt das Bad jenseits des fremden Blicks, macht aus den bloßen physikalischen Gegebenheiten, dem Ort *(lieu)*, einen Raum *(espace)*. Wie ein Rückschlag dieser Preisung des Rituals wirkt dann eine spätere Szene, in der die Tänzerinnen sich in kleinen Zwangshandlungen zu verfangen scheinen, die anhand von Gegenständen wie einer ausgerollten Plastikplane oder einer Emaille-Schüssel an die mechanischen Vorgänge in einer Wäscherei erinnern: So wird dem körperlichen Wohlgefallen der Waschung die arbeitsame Wäscherei und dem Ritual der maschinelle Zwang entgegengesetzt.

Zwischen diesen Bildern geschieht jedoch vieles andere, sodass es schwerfällt, eine Kohärenz herzustellen. Diese Zerfaserung der roten Fäden wird von den *spoken-word*-Passagen leider nicht aufgefangen: Als die Sprachperformerin Angelika Waniek das erste Mal vor die Zuschauertribüne tanzt, erzählt sie von frühen Erinnerungen an den Schwimmunterricht und alles erweckt den Anschein, sie würde als „Expertin des Alltags" nun die narrative Schnur auslegen bzw. den Kontext der choreografischen Bilder liefern. Doch der Schein trügt. Schon ab dem zweiten Auftritt drehen sich Waniaks Sprach-Bilder nicht mehr um eine Metaphorik des Badens, sondern um – worum eigentlich? Lyrisch reiht sich Bild an Bild und gibt sich den Anstrich des Traumhaften. Doch ebenso wie die intertextuelle Referenz auf Rilke mochte auch die Behauptung einer Traumlogik nicht das Gefühl vertreiben, dass die assoziative Freiheit der Texte Willkür ist und selten in Relation zum Tänzerischen steht.

Eine weitaus stärkere Bindung, zwar nicht narrativer, doch umso stärker atmosphärischer Natur, erzeugt das Zusammenspiel von Matthias Engelkes Komposition und Patrick Grahls Gesang von John Dowland-Liedern. Die Mischung aus Homophonie und Verzierungen, die den ursprünglichen kompositorischen Nährboden des dominantesten Liedes der Inszenierung (*I must complain, yet doe enjoy* von 1603) ausmacht, geht bestens in den zwischen Ambient, Industrial und Minimal oszillierenden Kompositionen auf und bildet ein erstaunlich homogenes Konglomerat – als hätte Shakespeares Zeitgenosse Dowland die Elektronik „with all her graces and divinest arts" bereits erträumt. Das Resultat erinnert an die um ein Zusammenwirken von Alt und Neu bemühten Kompositionen der elektronischen Musik aus den späten 1950er Jahren. Inszenatorisch ist der Musikeinsatz ebenso entscheidend für die Entstehung des Unorts: Engelke unterlegt die Klangflächen und Rhythmen mit Wassergeräuschen und verhallten Frauenstimmen, welche die Frauenhalle akustisch lebendig werden lassen. In Verbund mit den badenden Elementen des Tanzes wird so durch fantasierende Umgestaltung unabhängig von den physikalischen Gegebenheiten der Unort eröffnet. Ebenso weiß der Gesang sich in interessante Wechselspiele mit den Körpern der Tänzerinnen zu begeben. Zwar ist Grahls Körper auch im Planschbecken, jedoch dient er den Tänzerinnen in vielen Passagen lediglich als Material der Bewegung – nicht viel belebter als die oft umtanzte Duschsäule.

Doch der zum Gegenstand reduzierte Gesang schlägt zurück: In der dichtesten Sequenz bewegen sich die Tänzerinnen nach seiner Stimme, aber diese stockt mehrmals mit den Worten: „she hath more beauty". Der Sänger korrigiert daraufhin die Bewegungen der Frauen, als sei er unzufrieden damit, dass sie dem Dowland'schen Schönheitsideal nicht gerecht würden. Diese Kritik wird heftiger, Tänzerinnen stürzen, richten sich wieder auf, nur um von der Stimme getrieben zu werden: Gewalteinwirkung durch den nur oberflächlich preisenden Gesang, Dowlands Minneideal als Geißel des Frauenbilds.

II

Das interdisziplinäre Tanz-Theater-Projekt hatte durch den erzwungenen Umzug in das Schreberbad schon im Vorfeld lokale Aufmerksamkeit erzeugt. Hinsichtlich dieses Potentials ist es schade, dass das Team um Irina Pauls das aktuelle kulturpolitische Thema nicht stärker aufgegriffen hat, sei es dokumentarisch, sprachlich oder tänzerisch: Das Zaghaft-Verspielte der Bewegungen, die Süßlichkeit der Dowland'schen Verse, die Dominanz der Innerlichkeit, die Unverbindlichkeit der traumhaften Texte und Bildfolgen – all das unterwandert die Möglichkeit eines (stadt-)politischen Engagements für einen Unort. Ebenso hätte auch eine stärkere Partizipation des Publikums vor Ort ein Aufgreifen des kulturpolitischen Vortexts erleichtert und größere Nachhaltigkeit geschaffen. Umsetzungen des Unort-Gedankens waren vielfach zu finden, durch die Notwendigkeit der virtuellen Erweiterung des Raums vielleicht noch stärker und mit komplexerem Form-Inhalt-Bezug als im ursprünglichen Konzept. Dennoch kam inmitten der Poesie das Politikum beinahe abhanden.

bodytalk

BONNKROTT – EINE STADT TANZT

Ziel des Projekts
Bonner Loch wird der in den 1970er Jahren umgestaltete Vorplatz vom Hauptbahnhof Bonn genannt, weil Ausdrücke wie „Schandfleck", „Drogenparadies", „Alki-Abschaum-Areal" ohnehin durch die Realität getoppt werden. Bonner Loch repräsentiert in der Stadt, die sich nach dem Verlust der Hauptstadtwürde zur „UNO- City" promovierte, zum Unort auch ein Unwort, denn im offiziellen kommunalen Sprachgebrauch lautet Bonner Loch korrekt Klanggrund. Uns interessiert, warum sogenannte Randgruppen zentrale Orte einer Stadt für sich erobern, was in den gutsituierten Quartieren an der Peripherie im Grünen den Reflex auslöst, diese zentralen Orte zu „säubern". So wurde dort in Bonn extra von Polizei und Ordnungsamt die GABI (= Gemeinsame Anlaufstelle Bonn Innenstadt) eingerichtet.

Hauptdarsteller in *Bonnkrott* sind die Obdachlosen, Junkies und Alkis, die das Bonner Loch zu ihrem Wohnzimmer gemacht haben, das wir von ihnen zeitweise als Bühne ausleihen. Das Bonner Loch ist Zielscheibe von Stadtplanern und Lokalpolitikern, Experimentierfeld für Sozialwissenschaftler und Strategen für öffentliche Ordnung, die fragen: Was soll eine Gesellschaft *gegen* die Massierung von Obdachlosen, Junkies, Alkis tun? Wir fragen: Was soll eine Gesellschaft *für* Obdachlose, Junkies, Alkis tun? So bespielen wir den Ort nicht eigentlich, sondern maskieren ihn bis zur Kenntlichkeit. Nicht welches Rheingold wohl im Bonner Loch versenkt wurde, sondern welche Schätze dort wohl zu heben sind: Obdachlose, Junkies, Alkis – und GABIs, mit denen wir zusammen tanzen und singen.

Resonanz, Herausforderungen und Wünsche
In den Wochen vor den Aufführungen haben wir zeitweise, circa zweimal pro Woche, im Bonner Loch geprobt und dabei die unterschiedlichsten Formen der Resonanz auf unsere Arbeit erfahren:

Fotos oben und mittig: © paranorm; Foto unten links: © Mack Kubicki; Foto unten rechts: © Jennifer Döring

Unort-Projekte

Die Beamten der dort ansässigen Wache haben uns zu Anfang versichert, auf unserer Seite zu sein und uns bei Schwierigkeiten unkompliziert zu helfen. Tatsächlich haben sie aus einer Probe heraus einen mitwirkenden ehemaligen Opernsänger und jetzigen starken Alkoholiker, der quasi im Schutz der Produktion das im Bonner Loch geltende Alkoholkonsumverbot umgehen wollte, verhaftet. Einige Zeit später haben sie diese restriktive Maßnahme gegen zwei Zuschauer angewendet. Die Rechtsgrundlage dafür ist eine „ordnungsbehördliche Verordnung":

> Im Geltungsbereich dieser Verordnung ist es auf den öffentlich zugänglichen Flächen verboten, alkoholische Getränke jedweder Art zu konsumieren oder mit sich zu führen, wenn aufgrund konkreter Umstände die Absicht erkennbar ist, diese im Geltungsbereich der Verordnung konsumieren zu wollen.

Diese beiden Zuschauer waren häufig bei unseren Proben dabei. Beim ersten Mal hatten sie versucht, ein Requisit mitgehen zu lassen, eine Angelschnur, an der wir Plastik-Bier-Pfandflaschen von Aldi geknotet hatten. Die Polizisten riefen einen Tag vor der Premiere einen obdachlosen Darsteller und uns zu sich und teilten uns mit, sie hätten einen Haftbefehl gegen ihn, würden aber mit dem Vollzug bis nach den Aufführungen warten, weil sie bei unseren Proben gespürt hätten, dass wir gemeinsam eine ernsthafte Arbeit machen. Das Bonner Loch ist nicht nur der Aufenthaltsort von Alkis und Fixern, sondern in erster Linie ein Transitraum für Menschen, die vom Bahnhof kommen bzw. dorthin wollen. Auf der einen Seite also Beständigkeit, auf der anderen Bewegung. Wir sind ganz ehrlich: Der Ort hat sich durch unsere Arbeit dort nicht beständig verändert – wir schon. Wir sehen die Nachhaltigkeit nicht darin, dass das Bonner Loch als Spielort, schlimmer: Event-Location, entdeckt wird. Schon eher, dass diejenigen, die sich dort häufig aufhalten, weitermachen wollen, sich mittels Theaterspielen auszudrücken. Wir wurden, auch von Hilfsorganisationen, gebeten, unsere Arbeit dort fortzuführen. Aber die Zusammenarbeit mit Junkies und Alkis ist anstrengend, wir müssen unsere Kraft richtig einschätzen. Wir sind mit ihnen eine ehrliche Partnerschaft auf Zeit eingegangen. Nachhaltige Wirkung sehen wir dann, wenn sie es ohne uns schaffen. Darauf deutet einiges hin.

Uraufführung: 4.6.2014, Bonn, „Bonner Loch" – Klanggrund
Beteiligte: Künstlerische Leitung und Stab 5 Personen,
10 professionelle Darsteller, Sänger und Tänzer, 3 Live-Musiker,

3 Experten des Alltags
Aufführungen: 5
Zuschauer: 1500
Länge der Aufführung: ca. 80 Minuten
Freier Eintritt

Akteure
bodytalk produziert konsequent regionales politisches Tanztheater, zumeist mit Live-Musik. Yoshiko Waki und Rolf Baumgart haben bodytalk 2008 gegründet. Ihre Arbeiten werden von der Presse als „radikal lokal" bezeichnet. Die Produktionen entstehen häufig unter Einbeziehung des öffentlichen Raums sowie lokaler, gewachsener, auch abseitiger Kulturaktivitäten wie Lohn-Wäscherinnen jenseits des Rentenalters, Karnevalstanzgruppen, Schlangen-Philosophen u. a. Ausgangspunkt jeder Produktion ist jeweils die Frage: Was passiert, wenn Tanz und Realität zusammenstoßen?

In unserer Reihe „Stadtstreicher – urbanale Räume" geben wir wichtigen Momenten einer Stadt ein Gesicht, z. B. *Zig Leiber | Oi Divison* über Neonazis im angeblich rechtsfreien Raum in Leipzig, *Kölnstantinopel* über den diffamierend „Groß-Moschee" genannten Neubau der Zentralmoschee in Köln, *Ich bin ein Antifant, Madame* über das gemütliche linke Selbstverständnis Bremens.

Die Choreografin Yoshiko Waki studierte an der Staatlichen Hochschule für Musik und Darstellende Kunst Mannheim – Akademie des Tanzes. Sie erhielt dort das Diplom in Bühnentanz und Tanzpädagogik. Sie arbeitete u. a. mit Johann Kresnik, Susanne Linke, Rheinhild Hoffmann, Christof Schlingensief an der Berliner Volksbühne, der Komischen Oper Berlin, Theater Bremen. bodytalk wurde mit dem Leipziger Bewegungskunst-Preis für die beste freie Produktion der Spielzeit, dem Bremer Autoren- und Produzentenpreis, dem Kölner Tanztheaterpreis ausgezeichnet.

Mitwirkende: Ellen Brombach, Garlef Keßler, Jeanna Serikbayeva, Jennifer Döring, Konstantin Kutepoff, Mack Kubicki, Castellarina Negra, Mario Högemann, Nicole Kornatz, Peter Loest, Petra Heyden, Sascha Meurer, Sylvana Seddig, Till Bleckwedel, Tim Gerhards, Victoria Primus

Kontakt:
www.bodytalkonline.de

Matthias Däumer

(SEHN-)SÜCHTE IM KLANGGRUND

I

Die Ex-Hauptstadt hat ein Problem. Und ganz im Stile des finalen Jahrzehnts der kohlgewichtigen Hauptstadtgröße reagiert sie: Sie verbietet es! Mit den Handzetteln und Presseinformationen kursieren am Bonner Loch (das eigentlich niemand bei seinem offiziellen, eichendörffelnden Namen als „Klanggrund" bezeichnen würde) von der Polizei Nordrhein-Westfalen gedruckte Flyer, die darauf hinweisen, dass an dieser gegenüber des Hauptbahnhofs klaffenden Tiefebene der Alkoholkonsum strengstens verboten ist. Schon das Mit-sich-Führen sei strafbar, „wenn aufgrund konkreter Umstände die Absicht erkennbar ist, [die Alkoholika] im Geltungsbereich der Verortung konsumieren zu wollen". Immerhin druckt man der Rechtsgrundlage auch die Namen entsprechender Hilfsorganisationen zur Seite.

Den konkreten Umständen des Bonner Lochs ist aber durch Verbote nicht beizukommen. Es bedarf einer anderen Methode. Und so sind es diese Umstände, denen sich die Tanzgruppe bodytalk annimmt: Das Stein- und Betonbecken ist schon seit mehreren Jahrzehnten der Wohn- und Schlafort der Bonner Drogenszene, gestrandeter Alkoholiker und Obdachloser. Man geht heute, falls man Lust auf ein Bier hat, einfach ein paar Meter weiter zum Busbahnhof. Ansonsten hat sich durch das Verbot nicht viel daran geändert, dass die Tiefebene denen ein Zuhause ist, die keines mehr haben. bodytalk hat auf den aufsteigenden Steinpodesten eine Musikanlage errichtet, die Live-Kompositionen und Einspielungen verstärkt, sodass das Loch vorübergehend seiner offiziellen Bezeichnung alle Ehre macht. Die Musik lockt das Publikum aus der Innenstadt, sehr viel Publikum, das im Laufe der Performance zu einer Schar von rund zweihundert Zuschauern anwächst, kurzzeitig interessierte Passanten nicht eingerechnet.

Die Gruppe beginnt mit einer Darstellung alltäglicher Verrichtungen: Ein Straßenfeger reinigt, ein Herrchen mit (von einer Tänzerin dargestelltem) Hund kreuzt seinen Weg, eine Frau in Leggins beobachtet die Begegnung. Auch ein Parcoursläufer erschließt sich das Gebiet, sprintet über den Platz, steigt die umgebenden Gerüste auf und ab und liefert mit seiner Tätigkeit eine Programmatik der Raumaneignung, die sich im Folgenden fortsetzt.

Der Tanz beginnt mit einer recht klassischen Tango-Nummer, deren erotische Bewegungssymbolik von Verführung und Zurückweisung im starken Kontrast zum Ort steht. Nach diesem Eyecatcher erzählt Sascha seine Geschichte: Er ist obdachlos und drogensüchtig, hat lange Zeit im Bonner Loch gelebt. Er erklärt, wie es sich hier wohnt: „Da war mein Schlafsack, dort war mein Klo." Sascha spricht trotz des Mikrofons sehr leise, wirkt äußerst schüchtern, nuschelt. Doch seine Worte werden wie auch seine Rolle von einem Darsteller aufgenommen und die Schüchternheit wandelt sich in Selbstbehauptung. Das Publikum wird aufgefordert, Sascha doch Ratschläge zu geben, wie er sein Leben besser gestalten solle. Doch viele der gutgemeinten Ratschläge zeugen eher von bürgerlicher Ahnungslosigkeit, als dass sie wirkliche Lösungen offerieren könnten. Als man Sascha selbst fragt, was er denn wolle, antwortet dieser: „Ich will auch mal was Fröhliches sehen." Was folgt, ist eine Choreografie, bei der die Tänzer sich zu Deep Purples *Hush!* an Krücken bewegen, der Behinderung (respektive der Sucht) unglaublich dynamische und komische Bewegungen entlocken. Der Frohsinn jedoch kippt in Tragik, als das „Hush" des Refrains von einer Darstellerin im Hintergrund als „Hasch" fortgeführt wird und die Tänzer ihre Krücken dafür benutzen, an ihrem Körper eine Injektion zu simulieren. Das Programm lebt von Kippmomenten wie diesem, die häufig mit grobem Pinsel gezeichnet sind und oft karikierend die gutbürgerlichen Missverständnisse zum Drogenkonsum bemühen. („Mein Sohn, hast du etwa Haschisch *gespritzt?*")

Dieser Ästhetik des dicken Pinselstrichs entsprechend winden sich im folgenden Bild die Darstellenden wurmgleich in Schlafsäcken, als ein Mann auf Stelzen auftritt. Er stellt sich als Mitglied des Bonner Loch Fischereibetriebs vor und veranschaulicht, wie man mit einer Leine, an der Plastikbierflaschen hängen, besonders prächtige Exemplare aus dem Loch angeln könne.

Die sarkastische Ausgelassenheit dieses Bilds leitet über in die wohl eindrücklichste Passage, in der die „Alltagsexpertin" Petra mit rheinischem Frohsinn und entwaffnender Direktheit ihren Lebenslauf durch das Loch bis hin zum Methadon-Programm erzählt. Von hinten nähert sich ihr unter drohenden Klängen ein Tänzer mit grotesken Verrenkungen, die jeden Knochen seines Leibs in eine andere Richtung fliehen zu lassen scheinen. Am Ende seines choreografischen Ablaufs biegt er seinen Körper zurück und eine Tänzerin stellt sich auf seine Beine, sodass die Groteskerie bis ans Limit gesteigert wird. Petra jedoch reagiert gelassen, geht auf das doppelgeschlechtliche Ungetüm zu, umarmt es – und sagt ihrer Vergangenheit adieu.

Bis zu diesem Zeitpunkt war man in erster Linie Betrachter des Geschehens. Doch nun läuft das Ensemble in einer Reihe auf das Publikum zu. Ein Darsteller trägt schwer an einem Stapel von Kreidesteinen, den er vor dem Publikum fallen lässt. Die Splitter werden an die Zuschauer mit der Aufforderung verteilt, selbst ihre Süchte und Sehnsüchte auf den Grund des Lochs zu schreiben. Die große Beteiligung lässt erkennen, dass das Publikum die Strategien der Raumaneignung annimmt und weiterzuführen bereit ist: Dem unpersönlichen Beton wird die persönliche (Sehn-)Sucht eingeschrieben.

Dieses Verhältnis des Persönlichen zum Unort bestimmt auch die folgenden Bilder. Ein Darsteller stimmt mit Opernstimme eine hochemotionale Arie an, während alle anderen sich der Lustlosigkeit von alltäglichen Beschäftigungen hingeben. Auch das Gutmenschentum, das meint, mit seinen Ratschlägen die Zustände ändern zu können, wird weiterhin mit gebührender Ambivalenz behandelt. Ein aufgespanntes rotes Tuch, das an den Rändern in Bewegung gesetzt wird, dient einzelnen Darstellern dazu, sich unter verzückten „Ich will helfen"-Rufen in die roten Wellen zu werfen. Einerseits ist das schön, andererseits denkt man aber auch an den selbstgenügsamen Rausch des Wohltäters, der in dem intoleranten Bewusstsein hilft, dass sein Leben das richtige sei.

Das bei all diesen Aktionen gestiftete Gemeinschaftsgefühl, das es nie nötig hat, sich dem *common sense* anzubiedern, prägt auch die finale Passage. Ein Song mit dem ohrwurmigen Refrain „Drogen kontrollieren uns. / Wir müssen konsumier'n, / dann kann uns nichts passier'n" springt von den Darstellern auf das Publikum über – und handelt plötzlich nicht mehr von Heroin, Haschisch und Alkohol, sondern auch von der Sucht des Warenkonsums, dem manch einer der mit Taschen bepackten Zuschauer zuvor noch in der Einkaufsstraße frönte: Die Süchtigen sind auch wir, nicht nur die anderen.

Der Gesang bildet die Grundlage einer Verlesung des polizeilichen Flyers und dem gemeinsamen Zug zu besagtem Busbahnhof, an dem sich seit dem Verbot die wirkliche Drogenszene aufhält. Als Yoshiko Waki dort Freibier ankündigt, findet der endgültige Umsprung von der theatralen zur echten Begegnung statt: Nachdem die Flaschen verteilt sind, sehe ich eine Mittvierzigerin mit Öko-Chic, die man eher als Publikum einer städtischen Guckkastenbühne erwarten würde, mit einem recht verwahrlosten „Hausherren" des Busbahnhofs anstoßen. Beide lachen.

II

Es bedarf keiner Theorie, um das Bonner Loch als Unort oder vielmehr einen der Augé'schen Nicht-Orte *(non-lieux)* zu erkennen. Die Stärke des Projekts liegt auch nicht in feinsinnigen Aufarbeitungen des Raum-Charakters, sondern in seinem sozialen Engagement. Trotz der professionellen und diffizilen Choreografien verfehlt es das Projekt deshalb auch nie, die integrative Wirkung des Tanzes zu betonen. Die „Experten des Alltags" werden dabei (ganz konkret) zu den Säulen, um die sich der Tanz entfaltet und damit zu seiner eigentlichen Legitimation: Nur der soziale Kern rechtfertigt die ästhetische Tat. Ebenso entfaltet sich die enorme soziale Kraft im Gesang, der nur gemeinschaftlich gelingt, der Musik, die nur zum Mitreißen spielt, und dem kollektiven Beschriften des Platzes. Natürlich kann es dabei auch manchmal brenzlig werden: Ein Vorbeieilender soll in den Tanz integriert werden, doch er reagiert äußerst aggressiv auf die Avancen der Tanzenden. Eine Betrunkene sitzt schon zu Beginn auf den umspielten Steinen, denkt nicht daran, ihren Stammplatz aufzugeben, und wirkt anfangs alles andere als amüsiert – bei der Deep-Purple-Passage jedoch ist sie diejenige, die am meisten abgeht. Am Busbahnhof nähert sich ein „Hausherr" einer Tänzerin so ungestüm, dass er sie am Handgelenk verletzt; die Tänzerin schnauzt ihn an, er schnauzt zurück – doch am Ende entschuldigen sich beide.

Die Probleme sind bei diesem Projekt nicht unter den ästhetischen Teppich gekehrt; sie liegen offen und werden mit einem Gleichmaß von Vehemenz und Toleranz ausgetragen. Das erfordert mehr als nur künstlerische Fähigkeit – es erfordert Mut. So ist es dem enormen Mut von Yoshiko Waki und Rolf Baumgart, aber auch jeder Tänzerin, jedes Tänzers und vor allem dem Mut der drei „Alltagsexperten" zuzurechnen, dass diese ungewöhnliche Art der Begegnung mit ihrer enormen partizipatorischen wie auch nachhaltigen Kraft stattfinden konnte.

Ender/Kolosko in Kooperation mit dem Theater Oberhausen

DAS ZENTRUM LEBT!

Ziel des Projekts
Ladenlokal, Marktstraße 67 – hier eröffneten wir in einem „Leerstand", der ehemaligen Boutique Karin's Mode, eine temporäre Spielstätte, in der wir zwei Monate lang rund um die Uhr ansprechbar waren (bis auf „Außentermine", beispielsweise in der Christoph-Schlingensief-Schule, in der Gesamtschule Berner Au, der Lebenshilfe Mülheim und im Theater Oberhausen). In dieser Spielstätte richteten wir unter der Zielsetzung der Wiederbelebung der alten Oberhausener Innenstadt, in der heute kein „normales" Geschäftsleben mehr funktioniert – die gesamte Fußgängerzone zerfurcht ist von leeren Kaufhäusern oder Billigstshops –, einen Laden für Gedanken und Geschichten ein: „Nina's Drehbuchwerkstatt" und „Stefan's Serienset". Von hier aus wurden auch die Nachbargeschäfte, die ganze Marktstraße, die umliegenden Plätze zur Spielstätte.

Ästhetisches Mittel war neben der im Laden wachsenden Installation, in der auf Gazen auch die gedrehten Filmaufnahmen liefen, die Entstehung eines Dreh-/Textbuches: „DEFAKA – Ein deutsches Familienkaufhaus in drei Abteilungen", dem als ganz grobes Raster die deutsche Ur- und Untergangsgeschichte *Nibelungenlied* bzw. *Die Nibelungen – Ein deutsches Trauerspiel in drei Abteilungen* unterlegt war. Hier flossen assoziativ und mit Fantasie verknüpft alle Erinnerungen und Erzählungen ein, die die Oberhausener über die Marktstraße – ihren verflossenen Reichtum, ihren unter dem schmutzigen Pflaster noch immer vorhandenen Stolz, ihre Steine des Anstoßes, ihre vielen Schichten Geschichten, die der Wandel Lage für Lage aufeinandergelegt hat – in unserem Laden ab- bzw. zum Besten gaben. Das fand von Anfang an nicht nur während der im Spielplan angekündigten Termine, der „Drehbuchwerkstatt" und dem „Brainstorming-Brunch" statt: Es spazierten von früh bis spät Passanten herein, die was erzählt, mit-, eingebracht haben: Sie wurden zur äußerst bunten Spielgemeinschaft, die sich im öffentlichen Raum auch beeindruckend formbewusst und mit theatraler Kraft zu geben wusste, wenn wir bei Aktionen die entstandenen Szenen auf der Marktstraße spielten, im Chor sprechend durch die umliegenden

Fotos: © Michael Rosen

Geschäfte zogen – und dem Konsumsterben Spiel, als alternative, spannendere Möglichkeit der Begegnung, entgegensetzen.

Die Oberhausener Mitspieler tragen den Impuls bis heute weiter, dass man die auf immer niedrigerem Niveau zur Normalität gezwungenen Räume statt mit Cola- und Keksrestbeständen auch anders, nämlich mit Gedanken und Geschichten füllen kann. Es ist sogar ein großes Straßentheaterfestival in Planung.

Resonanz, Herausforderungen und Wünsche
Innerhalb kürzester Zeit war unser kleiner Laden stadtbekannt, Medienecho fand er u. a. in der *Welt am Sonntag*, in der wir in einem ausführlichen Beitrag zu den Kommunalwahlen als „Kunstguerilla" betitelt wurden. Auch wenn wir in der Markstraße so unseren Traum von einem Theater verwirklichen konnten, das immer offen hat, bei dem wir Theaterschaffenden immer ansprechbar sind – hier schien uns das Konzept eines Ladens ideal, das Potenzial der „kostbaren" Räume in den Innenstädten, die nicht mehr Verkaufsräume sein können, enorm, gab es während des Projekts schwere Schläge: dass uns von Jugendlichen alle sieben Ladenschlüssel geklaut wurden etwa, dass sich Nina bei einer Aktion – der Eröffnung des Seriensets – durch einen Sturz vom Tisch eine Rippe brach, und nicht zuletzt der Ausschluss des geistig behinderten Mitspielers Stefan Arendt durch sein Wohnheim, die Lebenshilfe Mülheim. Hierin sehen wir eine Parallele zum Umgang mit den leeren Läden, die auch um jeden Preis – im wahrsten Sinne des Wortes – weiter „normal" funktionieren sollen, sei es zum palettenweisen Verkauf von Wassereis, so sind auch Menschen mit Behinderung, oft großartige Spieler, dazu verdammt, „normale" Arbeit zu tun, worin gar nicht ihr Potenzial/ihre Begabung liegt – und sei es die am geringsten geschätzte Beschäftigung, wie Schrauben sortieren oder das Einlegen des Dichtungsringes ins Spülmaschinentabfach. Trotz unserer und der Bemühungen vom Theater Oberhausen ist es uns nicht gelungen, den fantastischen Spieler Stefan Arendt, der wunderbar und auf dem ganzen Feld der medizinischen Analogien rund um die kranke Marktstraße, die geheilt werden muss, assoziierend improvisieren konnte, Mitspieler und Passanten in Erstaunen versetzte, den Geschäftsführer vom Theater Oberhausen Herrn Hennemann, nachdem er die Aufnahmen mit ihm gesehen hatte, sogar dazu brachte, spontan zum Hörer zu greifen und beim Betreuungsverein und im Heim anzurufen, wie sowas sein könne! An widersprüchlichen Aussagen der Lebenshilfe Mülheim über die Gründe scheiterte leider auch die Berichterstattung des *WDR* über den Fall – sie wollten eindeutige Positionen, die Lebenshilfe, die sich vor die

Kamera stellt: Wir verbieten! So eine Eindeutigkeit werden sie in so einem ins Grundrecht einschneidenden Fall, in einer Gesellschaft, die Inklusion offiziell groß schreibt, natürlich nicht zu hören kriegen. Dass Stefan Arendt aus der Arbeit ausgeschlossen wurde, darüber werden wir noch lange traurig sein, denn er hatte auch eine bewundernswerte Art, auf Menschen zuzugehen – eine Art, die mehr und mehr verschwindet, und die der eigentliche, viel tiefer greifende Verlust für Orte wie die Marktstraße ist (als das Schließen einer Espritfiliale oder der Kaufhalle!).

Theater, das im Theater stattfindet, und Projekte im Stadtraum, werden ja oft völlig getrennt gesehen. Wir finden es wichtig, das zu verbinden: Sprache und Spiel, zwei wesentliche Elemente des Theaters, und den laborierenden, projekthaften Geist! So wie es auch ursprünglich war im alten Griechenland, wo die ganze Stadt in einem mehrtägigen Spektakel eingebunden war und das nach einem Zug durch die Stadt im Theater in einem großen Dramenwettbewerb gipfelte, in dem die Dramatiker aktuelle politische Themen mit den großen Mythen und Göttersagen verknüpften. So ist es auch unser Wunsch, mit dem auf der Marktstraße entstandenen Stück *DEFAKA – Ein deutsches Familienkaufhaus in drei Abteilungen* ins Theater zurückzukehren, die ganze Schar, die bei der Entstehung dabei war, wird sicherlich gern ins Theater mitkommen – auch wenn sie dort noch nie zuvor war.

Uraufführung: 6.6.2014, Oberhausen, Marktstraße 67
Beteiligte: Künstlerische Leitung und Stab 5 Personen,
2 professionelle Darsteller, diverse Musikanten und Laien
Aufführungen: 48 (im Zeitraum von 8 Wochen)
Zuschauer: ca. 5000
Länge der Aufführung: ca. 120 Minuten
Freier Eintritt

Akteure
Stefan Kolosko studierte an der Hochschule für Schauspielkunst „Ernst Busch" Berlin. Es folgten Engagements u. a. am Berliner Ensemble, der Volksbühne Berlin, dem Düsseldorfer Schauspielhaus, dem Schauspielhaus Zürich, dem Festspielhaus Bayreuth, der Oper Bonn und der Ruhrtriennale. Langjährige Zusammenarbeit mit Einar Schleef und Christoph Schlingensief. In dessen letzter Inszenierung, *Via Intoleranza II*, spielt er das Alter Ego von Christoph Schlingensief. *Via Intoleranza II* war 2011 beim Berliner Theatertreffen und beim Festival Politik im Freien Theater in Dresden zu sehen, 2012 Einladung zum Theaterfestival in Warschau.

Unort-Projekte

Nina Ender absolvierte das Grundstudium in Journalistik und Germanistik mit Schwerpunkt Theater an der Universität Hamburg, bevor sie von 2004 bis 2008 Szenisches Schreiben an der Universität der Künste Berlin studierte. Zahlreiche Auszeichnungen erhielt sie: u. a. Einladung zum Dramatikerworkshop des Berliner Theatertreffens 2005 und zum Wochenende der jungen Dramatiker an den Münchner Kammerspielen 2006 mit dem Stück *Neues Land*, 2006 Einladung zu den Werkstatttagen am Wiener Burgtheater. Sie ist Gewinnerin des fünften Stückewettbewerbs der Schaubühne Berlin mit dem Stück *Die Wissenden* (UA: Schaubühne Berlin 2009). 2012 erhielt sie ein Projektstipendium des Jugendtheaterpreises Baden-Württemberg für das Stück *Pidkid.de* (UA: Theater Ulm 2013), mit dem sie für den Dramatikerpreis des Kulturkreises der deutschen Wirtschaft 2014 nominiert wurde.

Gemeinsam realisierten sie in der Spielzeit 2011/12 auf Kampnagel die Bühnenstadt *Der Untergang II / Die Stadt der verlorenen Utopien* und in der Spielzeit 2012/13 *Hamletanstalt – Ein Luxusoratorium* sowie im Rahmen des Schwerpunkts Old School – Von Alten Lernen auf Kampnagel *Die Stadt der Kinder und Senioren*. Am Theater Ulm arbeiteten sie in der Spielzeit 2012/13 mit Schülern aus und um Ulm herum an *Tumult – Eine Stadt für Geschichten* und sind Initiatoren der Veranstaltungsreihe Gemeingut – Das Theater kommt zu Besuch am Theater Ulm, Zusammenarbeit u. a. mit der Lebenshilfe Ulm und Ulmer Auszubildenden wurde für den Bridge-Preis der Lebenshilfe Baden-Württemberg 2013 nominiert. 2013/14 inszenierten sie auf Kampnagel *Parzivalpark – Forschungsstandort auf dem Schlachtfeld der Hochleistungsgesellschaft* mit sieben Stücken von Nina Ender und machten zur Eröffnung der Intendanz von Armin Petras am Schauspiel Stuttgart eine *Schwätzlejagd*. Die ganze Spielzeit 2013/14 über arbeiteten Ender/Kolosko am Theater Oberhausen und am Ringlokschuppen Mülheim, wo sie mit den Projekten *Das Zentrum lebt!* und *Oberheimat* (gefördert vom Kultusministerium NRW) ins gesellschaftliche Abseits geratene Orte wiederbelebten. Aktuell arbeiten Ender/ Kolosko an *Faustfestung – Eine Spiel- und Bildungsreise*.

Kontakt:
www.enderkolosko.com

Matthias Däumer

MARKTSTRASSE, *WAZ WIRRET DIER?*

I

In Oberhausen liegt jenseits des Randes die Neue Mitte, das CentrO, eine riesige Shopping-Mall auf dem Gelände der ehemaligen Gutehoffnungshütte, in der Nähe des Gasometers (für Kulturbegeisterte) und angereichert mit einem Schuss Entspannung in Form einer grob skizzierten Flaniermeile und Möglichkeiten der sportlichen Betätigung. Alles schön und gut – doch gelebt wird woanders. In der Neuen Mitte geht es um wichtigere Dinge, denn der Bürger ist in diesem Gebiet endlich zu hundert Prozent das, was er in vielen neoliberalen Köpfen schon immer sein sollte: ein sich selbst optimierender Konsument! Zum heutigen WM-Spiel Deutschland gegen Ghana sind gebrannte Mandeln der Renner, in Plastiktüten fein säuberlich schwarz-rot-gold geschichtet: Konsum der zuckrigen Nation auf überbauter Hoffnung und in der Leere eines kapitalisierten O.

Schon seit den frühen 1990er Jahren saugt dieses „Herz" das Leben aus der Alten Mitte, der Oberhausener Marktstraße. Dass das Einkaufscenter dafür subventioniert wird, gehört zu den Dingen, für die sich die Oberhausener SPD erst kürzlich entschuldigt hat: Wenn das Herz einen Schrittmacher braucht und das Blut weniger verteilt denn vampirsch saugt, scheint dies bedauernswert, doch „alternativlos". Wer fragt schon nach dem Alten, wo das Neue so zuckrig schmeichelt – nachdem man den Eintritt bezahlt hat?

Ender und Kolosko tun dies. Sie stellen ihre eigene Form der Parzival-Frage: „Marktstraße, *waz wirret dier?*"[1] Zwischen Billigkaufhallen (man hat sich von den Ein-Euro-Shops mittlerweile auf die fünfzig Cent runtergehandelt) und den Tante-Emma-Läden unserer Gegenwart (O2- und Vodafone-Shops) haben die Autorin und der Performer in Karin's[2]

---

[1] Vgl. Wolfram von Eschenbach, *Parzival*, mhd. Text nach der 6. Aufl. von Karl Lachmann, 795,29. Die Parzival-Frage kehrt in mehreren Projekten von Ender/Kolosko wieder; im Zentrum der Programmatik steht sie in *Parzivalpark* (2013). In Oberhausen ist sie Teil der Ausstattung des Sets, an dessen zettelbehängten Wänden mehrere *Parzival*-Reflexionen zu finden sind.

[2] Es sage keiner, der noch nicht die Geschäfte von Oberhausen's Innenstadt gesehen hat, dass die Genitiv-Endung im Deutschen *nicht* mit Apostroph abzutrennen sei.

leerstehender Boutique ein Filmset errichtet, einen klaustrophilen Kindertraum aus Gaze und Plastikplanen, unterteilt in mehrere Parzellen, an deren transparente Umwehungen Filmaufnahmen der letzten Tage projiziert werden. In den Gaze-Kammern liegen eine Unzahl von Gegenständen: ein Globus, Mehlpäckchen, ein Schachbrett, eine Sonne aus Goldfolie, ein Miniatur-Roulettetisch (Symbol des ehemaligen Wohlstands), ein Silbertablett mit Kohlebriketts (Symbol des Bergbaus), Bastelmaterialien für Puppen (Symbol der [Kinder-]Zeugung) und eine Plastiksirene (Symbol – einer Plastiksirene). Die Wände sind bedeckt mit Postern, Skizzen, Zitaten, Bildern, ein Sammelsurium im Grenzbereich zwischen Sinnbild und Irrsinn. Am Ende des Raums steht das Bett, in dem Ender und Kolosko nächtigen, seit ihnen (so das Narrativ, für das die Kategorien real und fiktiv irrelevant scheinen) der Schlüssel zur Boutique gestohlen wurde: Ihre Bindung an den Ort wurde zwangsweise absolut – und damit auch ihre 24/7-Druckmassage für Oberhausens „Altes Herz" („Die Marktstraße / Braucht eine Herzdruckmassage / Geknickt von Tedi-Kodi-Kik-Tick"), die sich schon längst nicht mehr nach den offiziellen Ankündigungen der Performance-Termine richtet.

In Karin's Boutique entstehen Drehbuch und Film zur „Heimatserie" *DEFAKA. Ein deutsches Familienkaufhaus in drei Abteilungen.* Es handelt von vier verstrittenen Geschwistern, die ein Kaufhaus erben. Das ökonomische Geschick des Hauses liegt in den Händen eines „Kontrollierers, Kalkulierers [und] Umstrukturierers" namens Hagen von Hehling, den das Auftauchen eines überstarken Ex-Kumpels, des „dollen Siggis", gehörig gegen den (Kalkulations-)Strich geht. Doch Siggi ist Bluter und sein heroischer Glanz nur Katzengold, kann ihm doch der kleinste Schnitt schon ein Stich ins Lindenblattmal sein. Die intertextuellen Anspielungen sind klar: Wie schon beim Projekt *Parzivalpark* legen Ender und Kolosko ihren Aktionen einen mittelalterlichen Plot zugrunde, den des *Nibelungenlieds* (und der Hebbel'schen Bearbeitung *Nibelungen. Ein deutsches Trauerspiel* [ebenfalls] *in drei Abteilungen*). Die Sage vom Nibelungenhort wird in Oberhausen zu einer Erzählung von einem Reichtum, der nicht in den klaren Tiefen des Rheins, sondern im Morast kapitalistischer Fehlplanungen versenkt wurde. Die Verse sind angereichert mit Anspielungen auf die Marktstraße und Beschreibungen, die von Passanten und Beteiligten des allsonntäglichen Brainstorming-Brunchs und der Drehbuchwerkstatt an Montagen und Dienstagen beigetragen wurden. Der Text bildet so ein Amalgam aus Sage, Drama und Dokument, ist Produkt einer Autorin *und* eines Kollektivs, das erinnernd, erzählend und spielend beiträgt. Enders Text ist dabei jedoch kein nibelungisierendes Protokoll. Vielmehr bindet sie als Autorin das Narrativ-Treibgut in eine musikalische und stark rhythmisierte Sprache, die Oberhausen enthält, doch gleichzeitig darüber hinausweist. Dieses latent Allegorische wird in den folgenden Umsetzungen vor allem in Form eines chorischen Sprechens wieder freigesetzt und mündet in sowohl gemeinschaftliche als auch sprach-musikalische und symbolisch überhöhende Effekte.

Am heutigen Tag wird mit zwei Darstellern des Oberhausener Stadttheaters gedreht. Wir befinden uns im zweiten Teil der Heimatserie.[3] Kolosko führt die Kamera, ruft spontane Regieanweisungen, motiviert, heizt ein. Ender nimmt eine der Puppen, läuft mit verstellter Stimme nach einer Mutter rufend durch den Raum. Ein Darsteller übernimmt die Hagen-Rolle, singt die Passagen mit Falsettstimme und dodekaphonischer Melodieführung. Der andere spielt den burgundischen Bruder Reinold, einen Apotheker, der die deprimierend gehaltene Marktstraße mit den nötigen Psychopharmaka einzudecken gedenkt. Die Zuschauer (sofern man diese überhaupt als solche bezeichnen darf) umringen die Darsteller, verlieren sukzessive jegliche Befangenheit, nehmen Koloskos Anweisungen folgend Satzfetzen auf, erzeugen ein chorisches Raunen.

Doch die Dreharbeiten und der Plot des Films dienen maximal als Aufhänger. Nicht die Erzählung vom unwiederbringlich verschwundenen Hort, sondern dessen aktive Bergung stehen im Fokus des Projekts. Das Set ist lediglich der Ausgangspunkt, von dem aus die Performer mit einem Gefolge organisierter und zufälliger Bekanntschaften durch die Billigladenlandschaft der Marktstraße marodieren. Elementar ist dafür die Beteiligung des Musikers Lukas Rauchstein, der seit Anfang Juni stundenweise einzelne Aktionen begleitet und heute Dramenverse und eigenständige Songs mit Vehemenz und Ohrwurmpotenzial in die anfänglich noch spärliche Schar der Passanten wirft. Rauchsteins Stimme und Gestus wandelt sich je nach Art des Ender-Songs vom musikalischen Mutmacher („Mit Oberhausen ist's noch nicht vorbei"), über den archaischen Spielmann („Die Marktstraße – Hort der Geschichten") bis hin zum selbstironischen „Rattenfänger von Oberhausen". Dabei dient sein wandelhafter Gestus aber vor allem dazu, dass alle mitsingen. Kolosko streift währenddessen durch die Straße, dringt in die Läden ein, zieht Menschen hinter sich her, die unter seiner Führung jede konventionelle Schwelle wie selbstverständlich übertanzen.

---

[3] Der erste Teil, eine Parodie auf Produzentenbesuche, ist auf Koloskos *youtube*-Kanal zu sehen. Ender/Kolosko: *DEFAKA – Ein Deutsches Familien-Kaufhaus in drei Abteilungen*, Folge 1: „Die Produzenten kommen", online: http://www.youtube.com/watch?v=qfAi0rIt8X8&list=UUJ3KZqpEtoCZGYs_ajJtY8g&index=7 (zuletzt abgerufen am 13.9.2017).

Im Netto-Supermarkt fragt Kolosko eine alte Dame, ob man sowas denn dürfe, und sie bejaht freudig.[4] Die Gruppe hebt von ihr ermutigt zu singen an: „Für dich ist das hier alles aufgebaut" und Kolosko spricht über die Melodie Worte aus Enders *Die letzten Könige*: „Ich glaube nach wie vor an die Abenteuerkraft von Überraschungseiern. An Spiel, Spannung und Spaß [...]. Ich glaube an das Reinheitsgebot, die kontrollierte Abfüllung, an Vitamintabletten und die Allmacht von Konservierungsstoffen." Die alte Dame scheint gerührt, stockt in ihren Bahnen – und lacht. Offensichtlich hat sie verstanden. Plötzlich stößt eine Mittvierzigerin hinzu, beginnt zu tanzen, lässt die Einkäufe Einkäufe sein und folgt dem Zug – über den gesamten weiteren Tag hinweg: Ein Lachen und eine neue Darstellerin wurden gewonnen.

Natürlich bleibt nicht alles so harmonisch: Eine Verkäuferin wird recht ausfällig und erteilt in verzweifelt autoritärer Pose Ladenverbot. Doch Koloskos Freundlichkeit und die herzlichen Grüße aller Beteiligten lassen wohl sogar sie erkennen, dass ihre Aggression nur Zeichen der Irritation ist, welche die Automatismen des Alltags um etwas Echtes bereichert.

Alle Widerstände, auch solche, die schwerer wiegen als eine verprellte Verkäuferin, werden in das Narrativ integriert: Es geht um Verletzungen, echte wie metaphorische. Um Enders gebrochene Rippe, die sie sich als adamitische Spende für Oberhausen schon am Tag der Premiere durch den Sturz von einem Tisch zuzog; sie wurde mit dem Rettungswagen ins Krankenhaus gefahren (so erklärt sich auch die Bedeutung der besagten Plastiksirene). Um den Diebstahl von Schlüsseln und Wertgegenständen, auch den ungewöhnlichen Umgang mit den gestellten Dieben – statt dem Erheben einer Anzeige wurde gemeinsam mit dem Dieb „da big fat marketstreet rap" geschrieben. Es geht um die Verweigerung des eigentlich geplanten Sets, einem leerstehenden Kaufhaus, das man lieber für 25 000 Euro mit Sichtblockaden verkleidet hat, als es bespielen zu lassen. Und nicht zuletzt um den erzwungenen Verzicht auf einen Mitspieler, der die Aktion zuvor entscheidend prägte: Dem geistig behinderten Stefan Arendt wurde von seiner „betreuenden" Institution die Beteiligung am Projekt untersagt, entgegen der ausgewiesenen Expertise, die Ender und Kolosko in der theatralen Integration von Menschen mit Behinderung haben, und vor allem entgegen der offensichtlichen Freude,[5] die es Stefan Arendt machte, sich selbst mit

---

[4] Später wird sich herausstellen, dass die Dame eine Freundin von Christoph Schlingensiefs Mutter ist.

[5] Ender/Kolosko: *liebe leute das ist ein spiel*, online unter: http://www.youtube.com/watch?v=o4GxwwkkzpU&list=UUJ3KZqpEtoCZGYs_ajJtY8g (zuletzt abgerufen am 13.9.2017).

ungezügelter Energie in die Aktion einbringen zu können. Kolosko macht aus seiner Frustration keinen Hehl und fragt zu Recht, warum unsere Gesellschaft spezielle Lebensformen nur sediert zulässt. Diese Frage wird wiederum Teil der mediävalen Sinnstiftung: Wie einem Fischerkönig, dem man die Gralsprozession untersage, werde Arendt verweigert, seine Verwundung öffentlich auszustellen – und damit ein autoritäres Verbot generiert, das der integrativen „Erlösungsfrage" den Weg verstellt.

Gesang und Ausgelassenheit sind nur die Oberfläche – in der Tiefe tanzen die Verletzungen mit. Die Aktionen werden dementsprechend auch passagenweise durch besinnliche Töne geprägt. Die finalen Verse aus dem *DEFAKA*-Prolog „Wenn nicht die Zeit bemessen wär / Und der Prunk nicht längst vergessen wär" werden zum Mantra, das spätestens ab der fünfzigsten Wiederholung die Atmosphäre der Billig-Meile in sich verdichtet. Die Prozession erzeugt eine Wirkung, die trotz ihres Kontrasts zum fröhlichen Patriotismus vor den *public-viewing*-Wänden auf dem Marktplatz nicht ungehört verhallt: Betrunkene Fußballfans wünschen Auskunft, bieten schwarz-rot-goldene Mandeln an und skandieren schließlich sogar Drehbuchverse als Fußballfangesänge. „Hagen, das ist der große Kontrollierer, Kalkulierer, Umstrukturierer, der Spekulant. Stoppt die Hagens dieser Welt!" Und auch wenn bezweifelt werden darf, dass das Fußball-Publikum viel Wert auf diese Nibelungen-Anspielung legt, ist jedem klar, dass dem Kerl die Blutgrätsche gebührt.

II

Die Tradition, in der diese Aktionen stehen, ist offensichtlich. Oberhausen ist Christoph Schlingensiefs Geburtsstadt und am Marktplatz (just gegenüber dem leerstehenden Kaufhaus, in dem ursprünglich das Set errichtet werden sollte) speist die nach ihm benannte Straße das Alte Herz. Kolosko, der mit Schlingensief zusammenarbeitete und ihn 2011 nach dessen Tod in *Remdoogo – Via Intolleranza II* darstellte,[6] reflektiert diesen Bezug: „In dieser Kirche war Schlingensief Messdiener, über dieser Apotheke wohnte er." Der schon im Nationaltrikot auf den Feierabend wartende Apotheker (unwissend muss er dem Eingeweihten zum burgundischen Apotheker Reinold werden) gibt der Prozession Auskunft über seine Begegnungen mit dem Schutzheiligen dieser Aktionen. Kolosko gelingt mittels dieses Einbezugs des „Geistes" eine Fortschreibung der Schlingensief-Tradition. Nein, nicht Fort-Schreibung, und

---

[6] Eine gesamte Aufführungsaufzeichnung mit Kolosko steht online unter: https://www.youtube.com/watch?v=IyvEev54RAg (zuletzt abgerufen am 13.9.2017).

Fort-Setzung schon gar nicht: ein Fort-Leben, das quer zu der allgemeinen (neo-)bürgerlichen und akademischen Assimilierung steht. Kolosko macht klar: Schlingensiefs Erbe kann man nicht erdenken oder analytisch erfassen – man muss es (er-)leben.

In diesem Sinn ist es auch das Oberhausener Leben, das die Performance um den wichtigsten ihrer Bestandteile erweitert. Wenn die Prozession ermüdet zum Set zurückkehrt, stellt sich eine Stimmung ein, die jeden Kunstwert übersteigt. Über einem köchelnden Fisch, der zu Beginn der Performance in christologischer Manier eingesegnet wurde, treffen sich alle Beteiligten, erzählen sich von Oberhausen, was sie sahen, was mal zu sehen war und – das ist das Wichtigste – was zukünftig zu sehen sein könnte. Eine Offenheit des Gesprächs gedeiht (die letztlich wieder in den Dramentext mündet), in der Kolosko, Ender und Rauchstein – ohne Theater, ohne Drama, ohne Musik – das entstehen lassen, worum es der Aktion geht: um den Unort im Sinn einer Utopie (οὐ-τόπος), in der das Zentrum wieder die Mitte sein kann.

Constanze Fischbeck, Daniel Kötter und Jochen Becker

STATE-THEATRE/TRANSLOKAL #1

Ziel des Projekts

Das Theater-, Film- und Kunstprojekt *state-theatre/translokal #1* ist szenische Forschung im öffentlichen Raum. Die unmittelbare Umgebung der Forum Freies Theater (FFT) Kammerspiele Düsseldorf wird dabei zu sechs internationalen Fallstudien ins Verhältnis gesetzt: Lagos, Teheran, Berlin, Detroit, Beirut und Mönchengladbach. Sechs vorab gedrehte experimentelle Dokumentarfilme von Kötter/Fischbeck bilden dabei die Folie für performative Walks: Sechs Performer aus den jeweiligen Ländern führen das Publikum durch die Düsseldorfer Friedrichstadt und deklarieren sie aus ihrer lokalen Perspektive zum Performanceraum: Hinterhofgaragen verwandeln sich in eine nigerianische Shantytown, ein Teheraner Hausdach wird auf das Dach eines Geschäftshauses verpflanzt, im Parkhaus wird die Ruine des Detroiter Michigan-Theaters wiederbelebt und über allem wacht die Architektur der ehemaligen WestLB als Wiedergänger der Berliner Staatsoper. Die Screenings und Performances werden durch diskursive Veranstaltungen und Installationen im Theater ergänzt.

Südlich der Kö, zwischen Rheinpromenade, Oberbilk und Bahnhofsviertel, liegt das ehemalige Klein St. Pauli, die Düsseldorfer Friedrichstadt, früher Vergnügungs- und Bahnhofsviertel: ein kleinbürgerliches, subkulturelles, baulich der Nachkriegszeit verhaftetes Quartier im Immobilienzyklus der Ab- und Umwertungen befindlich, aber noch weitgehend verschont von Gentrifizierung. Hier befinden sich die FFT Kammerspiele in der Kelleretage eines Bürohauses, das auf dem Grundstück des im Krieg zerstörten, in den 1950er Jahren wiederaufgebauten und in den 1970er Jahren abgerissenen alten Düsseldorfer Schauspielhauses errichtet wurde.

Der besondere Ansatz des Projekts *state-theatre/translokal #1* besteht darin, die Diskussion über die Wandlung des öffentlichen Raums als Theater radikal zu translokalisieren. Das heißt: Sechs internationale Fallbeispiele mit sehr unterschiedlichen politischen, sozialen und wirtschaftlichen Bedingungen werden auf die lokale Situation in Düsseldorf angewendet. In Deutschland ist die Diskussion um Theater im öffentlichen Raum in Oppositionen wie Stadttheater versus freie Szene und öffentlicher versus privater Raum gefangen. Durch diese Kontextualisierung generiert *state-theatre* neue und grundlegende Fragestellungen zur Rolle des Performativen im Stadtraum. Die Kollaborationen von internationalen Gästen mit lokalen Protagonisten, von Performern, Anwohnern und Theoretikern ermöglicht den FFT Kammerspielen eine Neubestimmung seiner eigenen Position und Funktion innerhalb des Düsseldorfer Stadtraums.

Resonanz, Herausforderungen und Wünsche

> Was haben Beirut, Berlin, Detroit, Lagos, Mönchengladbach, Teheran und die Düsseldorfer Friedrichstadt gemeinsam? In den FFT Kammerspielen lassen sich [...] erstaunliche Verbindungen knüpfen. Mit der Produktion „state-theatre/translokal #1" verwandelt sich der Theatersaal in einen Kinosaal. Zu sehen gibt es die sechs Dokumentarfilme der Künstler Constanze Fischbeck und Daniel Kötter über leerstehende, umfunktionierte und abgerissene Theaterbauten: So tönt aus der Berliner Staatsoper „Unter den Linden" Baulärm anstelle von Arien. Und im Michigan Theatre in Detroit erklingen Motorengeräusche.
> Gemeinsam mit Jochen Becker laden Fischbeck und Kötter außerdem zu Ausflügen rund um die FFT Kammerspiele ein: Es verwandelt das Projekt Stadtraum in Theaterraum. Mit den Augen des nigerianischen Choreographen Segun Adefila, der Performerin Sahar Rahimi, des ehemaligen Leiters der Berliner Opernstiftung Michael Schindhelm, des libanesischen Architekten Rani al Rajji und des Performancekünstlers Norbert Krause blicken die Zuschauer auf Düsseldorf Friedrichstadt, einstmals „Klein St. Pauli". Zu entdecken ist etwa der Konferenzraum der früheren WestLB. Das Ergebnis: Passanten werden zu einem Ensemble, Friedrichstadt steht im Rampenlicht.
> Verena Meis, *Rheinische Post*, 9.5.2014

Das Publikum hat sich mit Enthusiasmus trotz schlechten Wetters auf die immer ausgebuchten Touren eingelassen. Das Gesamtangebot aus Stadtteiltouren, Filmen, Ausstellung, Interventionen und Diskursprogramm erzeugte vielschichtige Querverweise. Jeder konnte sich selbst durch das Programm navigieren und nach dem Erwerb einer Eintrittskarte beliebig oft wiederkommen. Nur die Stadtteiltouren mussten

Fotos: © Sarah Hüttenberend

Constanze Fischbeck, Daniel Kötter und Jochen Becker

bezahlt und gebucht werden. Der kleine durch Grünkübel verbaute Vorplatz des Theaters wurde durch eine „Landschaft zum Abhängen" (Gestaltung: Studenten des social design FHKrefeld mit Prof. Nicolas Beucker) zum temporären Treffpunkt des Viertels und Ausgangspunkt der Touren. Das Publikum aus Studenten, Anwohnern (in einer Foyer-Fotoserie zum Ensemble des FFT erklärt) und Theaterinteressierten nahm das Angebot gern an, allerdings konnte es sich gegen Dauerregen nicht durchsetzen.

Uraufführung: 7.5.2014, Düsseldorf, Friedrichstadt und Umgebung
Beteiligte: Künstlerische Leitung und Stab 7 Personen,
6 professionelle Darsteller
Aufführungen: 18 Einzeltouren zu jeweils 2 Blöcken an jeweils 5 Tagen
Zuschauer: ca. 50 pro Tourblock, insgesamt ca. 900 Zuschauer
Länge der Aufführung: 2 Tourblöcke mit jeweils 3 aufeinanderfolgenden Touren zu jeweils drei Startzeiten mit ca. 120 Minuten,
parallel Ausstellung mit Screenings und Diskurs
Eintritt: 10 Euro

Akteure

Constanze Fischbeck und Daniel Kötter arbeiten seit 2007 an verschiedenen interdisziplinären Projekten zusammen. Ihre umfassendste Zusammenarbeit ist das Film-, Kunst- und Forschungsprojekt *state-theatre*. Jochen Becker hat das Projekt über mehrere Jahre kritisch begleitet.

Constanze Fischbeck ist Bühnenbildnerin und Filmemacherin. Seit 1995 entwirft sie Raum- und Kostümentwürfe sowie Videoarbeiten für Theaterproduktionen insbesondere in Zusammenarbeit mit dem Regisseur Sascha Bunge. Die Affinität zu dokumentarischen Theatertechniken führte zu mehreren Arbeiten mit Gudrun Herrbold und Hans-Werner Kroesinger. Seit 2001 kommen Aufträge vom Theater für unabhängige Videoarbeiten, Installationen und Rechercheprojekte hinzu. Ausgangspunkt von Fischbecks Arbeiten ist der Raum, die Gegenwart und der gesellschaftliche Kontext spezifischer Orte. Neben ihrem Interesse an Rechercheprojekten, an künstlerischer Grundlagenforschung und Begriffserweiterung des Theaters sowie an urbanistischen Fragestellungen widmet sich Constanze Fischbeck seit 2007 der Vermittlung und Lehre.

Daniel Kötter ist ein Videokünstler und Filmemacher mit starkem Interesse an performativen und diskursiven Kontexten. In seinen Filmen,

Installationen und Performances untersucht er die urbanen Bedingungen des Kunstsystems. Es geht ihm um das Verständnis der Rolle von Bildern, Institutionen und der künstlerischen Praxis. Seine Arbeit besteht in einer Untersuchung der Formen der Wahrnehmung sowie der Grenzen der Erzähl- und Seh-Gewohnheiten in Ausstellungsräumen, Kino und Theater. Seine Arbeiten changieren zwischen verschiedenen medialen und institutionellen Kontexten und verbinden Techniken des strukturalistischen Experimentalfilms mit dokumentarischen, performativen und diskursiven Ansätzen. Seit 2009 arbeitet er zudem mit dem Komponisten Hannes Seidl zusammen.

Jochen Becker arbeitet als Autor, Dozent sowie Kurator und ist Mitbegründer von metroZones Center for Urban Affairs. Bisherige NGBK-Projekte: *Baustop Randstadt* (1999), *Learning from** (2003, danach Kunsthalle Exnergasse Wien). Er war künstlerischer Leiter des Projekts *Global Prayers. Redemption and Liberation in the Cities* (NGBK/Camera Austria, Graz/Haus der Kulturen der Welt, Berlin) sowie von *Non-Aligned Modernity* (Museum of Contemporary Art, Museum of Yugoslav History). 2014 begann er am postgraduate Art and Architecture program am Königlichen Institut der Künste in Stockholm zu lehren.

Performer: Norbert Krause, Segun Adefila, Rani al Rajji, Sahar Rahimi; Assistenz: Sandra Grutza, Robin Metzer

In Zusammenarbeit mit dem Fachbereich Social Design der Hochschule Niederrhein, dem Theaterwissenschaftlichen Institut der Ruhr-Universität Bochum und der Bühnenbildklasse der Kunstakademie Düsseldorf.

Kontakt:
http://www.state-theatre.de/related-projects/state-theatre-translokal-1/

Matthias Däumer und Günter Jeschonnek

PARTYSERVICE MYTHOS

I.1 (Matthias Däumer)
Treffpunkt ist das Forum Freies Theater (FFT) im Düsseldorfer Stadtteil Friedrichstadt, ein Viertel geprägt vom Grau und der ästhetischen Haltlosigkeit pragmatischer 1960er-Jahre-Architektur. Am FFT steht ein Stand, an dem man sich für die performativen Walks zu jeweils anderen Städten anmelden kann: Lagos, Teheran, Berlin, Detroit, Beirut, Mönchengladbach. Zwischen den Führungen kann man entweder im FFT die von Daniel Kötter und Constanze Fischbeck gedrehten Dokumentarfilme zu den jeweiligen Städten sehen oder die begleitenden Installationen besuchen. Neben vielen anderen Aktionen wird dort von Bochumer Studenten nach Unterschriften für eine Petition gejagt, die verhindern soll, dass das im Innenraum mit Wasserkisten errichtete Theater abgerissen wird. Es gelingt ihnen nicht. Vor dem Raum steht ein Tisch, an dem Studenten und Publikum aus einem selbstverlegten Band (in täuschend echtem Reclam-Layout) mit dem Titel „Friedrichstadt. Das Mythenviertel" (vor-)lesen. Dieser Band beginnt mit den Anfangsversen von Ovids *Metamorphosen* („Von den Gestalten zu künden, die einst sich verwandelt in neue / Körper, so treibt mich der Geist") – darauffolgend ein Foto eines griechischen Restaurants: „Mythos (Mittagstisch und Partyservice)".

Im Stil der Genesis wird im Folgenden von der Herkunft des Graus erzählt, dem Entstehen der Friedrichstadt dominierenden grauen Architektur und der Erfindung des Döners durch einen mysteriösen „Orientalen", der seine Bude auf dem Dach des FFT errichtete. All das wird einem dreifachen Mythen-Sinn gerecht: dem (Gut-)Gläubigen wären Erzählungen wie diese „enttängstigende" Erklärungen der Realität (Blumenberg), dem Aufgeklärten sind sie gute Geschichten, doch dreiste Lügen, und dem postmodernen Menschen künden sie vor allem eines: Lust am Spiel (respektive am „mythischen Partyservice").

Einer ähnlich programmatischen Trias folgt dann auch der Beirut-Walk, der vom libanesischen Architekten Rani al Rajji geleitet wird. Man wird zu einem unterirdischen Pissoir geführt (das momentan für Gemäldeausstellungen dient). In den beengten Räumlichkeiten dieser Schleuse haucht al Rajji dem Publikum auf Englisch Warnungen zu, man solle, wenn man nun an die Oberfläche (also nach Beirut) komme, niemanden allzu lange anschauen. Es sei ein konservatives Viertel, dem die Stadtkämpfe der 1990er Jahre noch immer nachhängen würden. Seine Führung durch Friedrichstadt/Beirut ist geprägt von intellektueller Paranoia. Es geht um geheime Botschaften hinter Graffitis, einen Buchladen, der in Wirklichkeit ein Bordell sei, und um ein ehemaliges Theater als Versammlungsort des Widerstands. All dies begleitet von vielen geschichtlichen (Pseudo-)Fakten, die der Performer stets mit der touristischen *captatio-benevolentiæ*-Floskel „As you all know" einleitet. Natürlich weiß man von all dem nichts und bei der Rückkehr zum FFT tritt al Rajji dann auch aus seiner Rolle und gibt zu, dass fünfzig Prozent seiner Aussagen Fiktion gewesen seien – welche werde er nicht verraten.

Das Publikum projiziert so geleitet vom Performer über das Friedrichstädter Grau Bilder von Beirut, keinem Beirut, das man in der Realität finden würde, sondern einem mythischen Beirut, halb Wahrheit, halb Lüge und Spiel im Ganzen. Zum FFT zurückgekehrt kann man dort einen Beirut-Dokumentarfilm sehen, doch auch dieser wird einem nicht zum Realitätsersatz, da die Sinne geschärft dafür sind, in Inszenierung, Montage und beschreibenden Voice-Overs Verfälschungen des Orts zu entdecken: Paranoia ist eben auch ästhetisch hochinfektiös.

Der nächste Walk stellt atmosphärisch das Gegenteil der Beirut-Tour dar: Der Intellektualismus weicht lebensfrohem Leichtsinn, als der Choreograf Segun Adefila die Geschichte des nigerianischen Nationaltheaters erzählt. Es sei nun geschlossen und brauche neue Konzepte. In einem freikirchlichen Gemeindehaus predigt er von den Möglichkeiten, die den Zuschauern jeweils als Flyer ausgehändigt werden: eine Kirche, ein Kasino, ein Business-Center oder gar Sportstadion – all dies die potenziellen Zukünfte des verschwundenen Orts. Adefila erzählt, wie er mit seiner Gruppe aus dem Haus musste, auf der Straße zu performen begann und nur noch einen Ort fand, der ihm Proben ermöglichte: Muttis Wohnung. Eine Künstlerwerkstatt wird zu diesem Rückzugsort und er beginnt, auf kleinstem Raum zu tanzen. Die Choreografie wird wiederholt unterbrochen von imaginierten Untermietern, die seine Bühne überqueren müssen, um die Toiletten zu erreichen. Dann geht es wieder auf die Straße und Adefila erklärt, dass man sich in einem Viertel befinde, in dem jeder Passant ein Schauspieler sei. Man grüßt die Passanten entsprechend, bewertet ihr Talent und erfindet Biografien. Schließlich setzt sich das Publikum entlang einer Mauer und schaut auf die hochfrequentierte Friedrichstraße. Mit einem Megafon ruft Adefila den Passanten Regieanweisungen zu: „I want you to move faster … Yes, that's good … Now I want you to look at me. Smile. Walk on." Die Passanten fühlen sich offensichtlich unwohl in ihren zugewiesenen Rollen,

Unort-Projekte

doch irgendwann ändert sich die Perspektive, sodass sich der Zuschauer gar nicht mehr sicher sein kann, ob es sich bei dem einen oder anderen Passanten nicht doch um einen Darsteller handelt: gesellschaftliche *persona*, Goffmans *face* – und die Unmöglichkeit jeglicher Authentizität. Schließlich platziert sich Adefila auf die Verkehrsinsel und tanzt. Seine Regieanweisungen nähern sich der Hybris. „I want the leaves to rustle in the wind ... I want the sky to meet the ground halfway ... And then slowly I want the lights to be reduced. Blackout." Als wir zum FFT zurückkehren, merke ich, dass ich gar keine Lust habe, Lagos in seiner filmischen Darstellung zu begegnen. Die Bilder, die ich mir von Adefila geleitet ausdenken durfte, wären mit Sicherheit die bunteren.

Eine letzte Tour führt nach Detroit. Passend zur Motor City findet diese im Auto statt. Der Performer Michael Schröder fährt sechs Zuschauer durch die Friedrichstadt, während aus dem Radio des Kleinbusses Stimmen von Detroit erzählen, von dem zunehmenden Verfall der City, von der Arbeitslosigkeit und natürlich auch über das verfallene Michigan Theatre (das als imposante Kulisse zu Jim Jarmuschs Film *Only Lovers Left Alive* diente). Man fährt, teils choreografiert zu der Rockmusik aus dem Radio, in ein Parkhaus, auf dessen unterster Ebene ein Film an die Wand geworfen wird. In dieser Autokinoatmosphäre sieht der Zuschauer Aufnahmen der gerade zurückgelegten Fahrt; doch in die Bilder der Friedrichstadt sind Passagen aus Detroit montiert, sodass die imaginative Überblendung der beiden Orte ein filmisches Abbild erhält. Der Film endet, wir fahren höher. Als im Radio Sammy Davis Jr.s *Hello Detroit* ertönt, hält der Fahrer, zückt ein Mikrofon und beginnt eine Playback-Performance. Schließlich endet die Fahrt in einem zweiten Parkhaus, jenem, auf dem das FFT aufgebaut ist. Von unten sieht man in schwarzer Schrift die Lage von Bühne und Zuschauerraum gekennzeichnet und wird sich der Absurdität dieser Raumkonstellation bewusst. Zwar beklagten alle Performer in ihren Erzählungen das ein oder andere geschlossene Theater – die Unörtlichkeit, in welche sie dadurch aber verdammt wurden, scheint angesichts des zwanghaften Schemas an der Parkhausdecke jedoch eher ein Segen.

I.2 (Günter Jeschonnek)

Auf der anderen Tour durch die Düsseldorfer Friedrichstadt (früher Klein St. Pauli genannt) führen uns drei Walks in das fiktive Mönchengladbach, nach Teheran und Berlin. Auch in diesen Städten stehen Theaterbauten im Kontext ihrer jeweiligen Geschichte und ihres Funktionswandels (Leerstand, Abriss) im Zentrum. Hier wird das Quartier zur Bühne für die zuvor in Mönchengladbach, Teheran und Berlin entstan-

Constanze Fischbeck, Daniel Kötter und Jochen Becker

denen filmischen Stadtrecherchen. Wir erkunden das Düsseldorfer Areal um das FFT, stellen uns aber angeregt durch die jeweiligen Performer/Guides vor, auch durch die anderen Städte zu gehen. Erstmals führen Daniel Kötter und Constanze Fischbeck ihre zwischen 2010 und 2014 gedrehten sechs Experimentalfilme der Reihe *state-theatre* mit den performativen Walks in Düsseldorf zu einem neuen komplexen Projekt zusammen und entwerfen ein breitgefächertes Bild realer Globalisierung beziehungsweise spiegeln das Umfeld des FFT im Kontext weltweiter industrieller und kultureller Transformationsprozesse. Auch wenn diese Städte viele tausend Kilometer auseinanderliegen und unterschiedliche Kulturen repräsentieren, entdecken wir beim Ansehen der Filme viel mehr Gemeinsam- und Ähnlichkeiten, als wir vielleicht erwartet hätten. Bei dem Spaziergang durch das fiktive Mönchengladbach setzen wir uns rosarote Brillen auf und spielen mit Papierschiffchen und Wunderkerzen. Wir erfahren von unserem Guide, dass in dem ehemaligen Zentrum der Textilindustrie das Stadttheater einem neuen Einkaufs- und Erlebniszentrum weichen musste. Ironischerweise wurden die Dreharbeiten über den Abriss des Theaters von den Betreibern des Einkaufszentrums gesponsert. Die Performance zum Teheraner Opernhaus durch die in Deutschland lebende iranische Künstlerin Sahar Rahimi auf dem Dach des FFT musste wegen starken Winds abgesagt werden. Im Film zu diesem Opernhaus sehen wir, dass Marionetten die Opernsänger darstellen und der Gesang eingespielt wird. Bei der Führung nach Berlin gelangen wir zum Bankhochhaus mit der leerstehenden Vorstandsetage der 2012 abgewickelten und in drei Bereiche aufgespalteten WestLB. In der Höhe der Macht, der obersten Etage des Hochhauses, sitzen wir an dem edlen runden Konferenztisch des ehemaligen Vorstands der größten und am stärksten international ausgerichteten Landesbank Deutschlands. Im Zuge der Bankenkrise verschob die WestLB mit Hilfe der staatlichen Bankenaufsicht als erste deutsche Institution risikoreiche Wertpapiere mit einem Volumen von 77 Milliarden Euro in eine sogenannte *Bad Bank*.

Mit Blick über die Stadt spüren wir die merkwürdige Atmosphäre verblichener Macht. Auf einem installierten Bildschirm sehen wir den vorproduzierten Vortrag des ehemaligen Intendanten und heutigen Kulturmanagers Michael Schindhelm (Theater Basel, Berliner Opernstiftung, Kulturberater Dubais) über die Rolle und Entwicklungen der Künste, des Theaters und des Geldes in Deutschland und den Ölstaaten. Schindhelm referiert abgeklärt über den geschützten und größtenteils hochfinanzierten Opern- und Theaterbetrieb Deutschlands und Berlins. Dabei sehen wir Filmsequenzen über die Sanierungsarbeiten an der Berliner Staatsoper, die vierhundert Millionen Euro beanspruchen werden.

Schindhelm fragt, warum die Politik für diese Institutionen derart beträchtliche Steuergelder ausgibt, obwohl beispielsweise das Land Berlin immense Schulden in Milliardenhöhe hat. Er fragt sich das als ehemaliger Generaldirektor der Berliner Opernstiftung; auch, ob eine Metropole wie Berlin drei riesige und teure Opernhäuser braucht. Er stellt fest, dass die Transformationsprozesse der Banken mit ihren nachfolgenden Abwicklungen und dem rasanten Personalabbau an den hochsubventionierten Kulturinstitutionen vorbeigehen. Warum ist das so? Schindhelm berichtet von seinen Erfahrungen in den Ölstaaten, die mit enorm viel Geld im Zeitraffertempo den Aufbau von Kulturinstitutionen nachholen und dafür von Star-Architekten grandiose Bauten errichten lassen, als Ausdruck von Macht und Reichtum. Deshalb haben diese künstlich entstandenen Immobilienareale keinen kulturellen Eigenwert. Beim Zuhören sind die Eindrücke der vorangegangenen Touren durch das leicht heruntergekommene Viertel um das FFT sowie die Filmbilder der deformierten Innenstädte und Theatergebäude in Lagos, Detroit und Mönchengladbach präsent. Die globalisierte Welt ist mehr denn je gespalten zwischen Arm und Reich, zwischen geschützten und vollfinanzierten Kulturinstitutionen einerseits und improvisierten bzw. nicht mehr vorhandenen Spielorten zersiedelter Metropolen andererseits. Dazwischen stehen die Kammerspiele des FFT, ausgestattet mit bescheidenen öffentlichen Mitteln, die keine Opulenz im Spielbetrieb zulassen, aber immerhin eigenwillige Projekte wie diese Stadtintervention.

II (Matthias Däumer)

Die performativen Walks gehen sternförmig vom FFT-Gebäude aus und wieder zu ihm zurück. Da es in allen Performances um ein leerstehendes Theater geht, findet die Ortlosigkeit im FFT wieder ein Zentrum, einen Schnittpunkt des globalisierenden Schweifens. In diesem Mechanismus zeigt sich ein Vorteil der grauen Architektur, welche die Düsseldorfer Friedrichstadt ausmacht: Aufgrund ihres transitären Charakters (Augés *non-lieux*) bietet sie sich im besonderen Maße dazu an, Leinwand der imaginären Projektionen zu sein. Das FFT wird so zur Heterotopie, zum durch Inklusions- und Exklusionsmechanismen definierten Ort, an dem sich die verlassenen und geschleiften Theater der ganzen Welt überschneiden. Theoretisch scheint mir dabei vor allem das Konzept der Mythisierung besonders interessant, das einem vor das (innere) Auge führt, wie unbedeutend der physikalische Ort sein kann und wie stark er erst zum gelebten Raum wird durch das, was man sich über ihn zu erzählen weiß – sei dies nun Wahrheit, Lüge oder der „Partyservice Mythos".

The Working Partys

RETTUNGSSCHIRME

Also es gibt Rassismus in jeder Gesellschaft, in der Türkei auch gibt es einen starken Rassismus gegen Andere, gegen Kurden, gegen die Migranten, in den letzten Jahren haben wir auch viele Migranten, die queren, Transitland Türkei; oder gegen anderen Glauben, gegen andere Geschlechtsorientierung in der Türkei. Aber eine Art wie NSU hatten wir nicht in diesen Ländern, sondern in Deutschland. Das ist eine Sache, die mich beschäftigt.
(IJ, im Projekt Interview)

Ziel des Projekts
Rettungsschirme war ein Projekt von The Working Party (TWP) in Rostock mit abschließenden Stationen im Stadtteil Dierkow/Toitenwinkel. Dort ermordete im Februar 2004 die Nazi-Terrorgruppe „NSU" Mehmet Turgut. *Rettungsschirme* suchte eine poetisch-künstlerische Form, um die im Ort angelegten universell menschlichen Themen von Bedrohung, Flucht, Schutz und Rettung sowie die menschliche Suche nach Glück und Happy End herauszuarbeiten. Es sollte modellhaft gezeigt werden, wie eine künstlerische Arbeit im öffentlichen Raum zu einem weiter schmerzhaften und komplexen Prozess gesellschaftlicher Auseinandersetzung beitragen kann. Die gesellschaftspolitische Resonanz des Projekts zum Thema Rassismus war als Effekt beabsichtigt.

Zentrale ästhetische Mittel waren: Originalstimmen von Betroffenen als Hörinstallation – in großen Schirmen; Performances von Schauspielern und Laienteilnehmern aus dem Viertel; vielschichtige Raumerfahrungen, bei denen sich Motive aus Interviews assoziativ oder poetisch mit dem Stadtraum verschränkten und ein inspirierendes Nebeneinander von Theater und Leben entstand.

Der Ort wurde als Unort gesehen, da es nach Bekanntwerden des rechtsterroristischen Mords an Mehmet Turgut für mehrere Jahre kontroverse Auseinandersetzungen in der Stadtgesellschaft (und darüber hinaus) gab über den Umgang mit dem Ort. Diese schreiben sich ein in eine Geschichte des schwierigen Umgangs mit (Erinnerung an) Rassismus, Nazis und gruppenbezogener Menschenfeindlichkeit in Rostock und Mecklenburg-Vorpommern (z. B. dem Umgang mit dem Pogrom von Rostock-Lichtenhagen). Parallel zum Projekt wurde in Rostock immerhin eine öffentliche Form der Erinnerung an den Mord gefunden: Am zehnten Todestag Turguts im Februar 2014 wurde ein partizipativ entwickelter Gedenkort eingeweiht (siehe Foto). Rettungsschirme strukturierte sich als ein Weg durch das Viertel auf das Denkmal hin.

Resonanz, Herausforderungen und Wünsche
Rettungsschirme hat erfolgreich eine poetisch-künstlerische Form gefunden, die im Ort angelegten universellen menschlichen Themen wie Bedrohung, Flucht vor ihr, Schutz und Rettung auf eine paradigmatische Weise künstlerisch herauszuarbeiten und erfahrbar zu machen. Wichtiges Anliegen war dabei, die Betroffenen-Perspektive ins Zentrum zu stellen und zugänglich zu machen – und zwar mitten in einem Kontext, der oft von Verdrängung, Verharmlosung oder gar rassistischer Bedrohung durch Nazis geprägt ist. Manch Verantwortlicher vor Ort denkt z. B. immer noch, dass eine Erinnerungsarbeit rund um den „NSU"-Tatort einer „Selbststigmatisierung" als Stadtviertel gleichkäme – diesbezüglich engagierte Personen können also schnell als „Nestbeschmutzer" ausgegrenzt werden. Auch die partizipatorische Dimension des Projekts konnte durch Interviews, gemeinsame inhaltliche und organisatorische Planung und Durchführung mit Partnerorganisationen im Stadtteil klar umgesetzt werden. Leider konnte das volle Potential möglicher kreativer Beiträge und Mitwirkung nicht erreicht werden, auch die Zuschauerzahlen ließen zu wünschen übrig.

Vier Gründe dafür können grob umrissen werden:
- In Anbetracht der Schwierigkeiten hätte es trotz großen Engagements noch stärkerer Präsenz des Projektteams in Rostock bedurft (längere Residenz im Stadtteil).
- Das Angebot partizipatorischer Mitarbeit an einem künstlerischen Projekt wurde von vielen als wohl zu neu und tendenziell verunsichernd empfunden.
- Im Viertel, in der Stadtgesellschaft und in den regionalen Medien wird der Themenkomplex Nazis und „NSU" meist nur widerwillig bearbeitet. Das Projekt stieß zwar nach guter politischer Einführung (u. a. durch die Stadtverwaltung) nur selten auf offen formulierte Ablehnung. Doch wurde es oft mit misstrauischer Zurückhaltung beäugt und es gab klare Anzeichen einer Einschüchterungssituation wegen im Stadtteil wohnender Nazis.

Foto oben und unten rechts: © Fridolin Welti, Foto unten links: Mahnmal zur Erinnerung an Mehmet Turgut in Rostock. Einweihung am 24.2.2014, zehn Jahre nach seiner Ermordung durch den NSU. Foto © Oliver Kreuzfeld

The Working Partys

Unort-Projekte

– Auch in den für die Themen Nazis, Flüchtlingspolitik und Antirassismus sensibilisierten Kreisen wurde das Projekt nur begrenzt unterstützt. Es erschien dort wohl als „zu künstlerisch", nicht „politisch" genug. Außerdem war es in den Augen mancher dadurch diskreditiert, dass auch öffentliche Fördergelder von Stadt und Bund das Projekt ermöglichten. Durch die weitere Arbeit des künstlerischen Leiters, Benno Plassmann, für demokratische Kultur und gegen Nazis in Mecklenburg-Vorpommern werden sich Neuverwendungen der bearbeiteten Interviews und des Bildmaterials ergeben, u. a. auch in der neuen Dauerausstellung des Stadtmuseums Rostock.

Uraufführung: 25.4.2014, Rostock, Dierkow/Toitenwinkel
Aufführungen: 5 (öffentliche Generalprobe in Dierkow/Toitenwinkel und 2 Aufführungen im Zentrum von Rostock)
Beteiligte: Künstlerische Leitung und Stab 6 Personen; 3 Darsteller
Zuschauer: 80
Länge der Aufführung: 110 Minuten
Freier Eintritt

Akteure
Künstlerische Projektleitung/Regie: Benno Plassmann, Produktion: Bartel Meyer, Nathalie Sensevy, Technik: Arne Papenhagen, Bau der Schirme: Daniel Richter und Gabriele Sandring, Darsteller: Barbara Pradzynska, Eray Egilmez, Spyridon Paterakis, Interview-Partner: Sabine B., Imam-Jonas D., Brüder E., Katayoun H., Enoch M., Lidia P., Aboubacar S., Teilnehmende aus Dierkow/Toitenwinkel: Ulrike Haprich und die Trek-Won-Do Gruppe, Jörg Bitter und die Plattdeutsch-Gruppe

Kontakt:
plassmann@neue-soziale-plastik.org

Matthias Däumer

RETTUNG IN EINER HANDVOLL ERDE

I

Die Performance gründet auf Interviews, die Benno Plassmann und Nathalie Sensevy mit sieben Personen mit Migrationshintergrund aufgenommen haben. Das Audiomaterial wurde geschnitten und thematisch geordnet und wird entlang eines Pfades an fünf Stationen unter aufgespannten und zum Teil im Inneren beklebten Schirmen abgespielt. Auf diesem Weg wandelt das Publikum durch die Rostocker Stadtteile Dierkow und Toitenwinkel auf das neu errichtete Mahnmal für den am 25. Februar 2004 durch den „NSU" ermordeten Mehmet Turgut zu. Die Zuschauer stoßen dabei auf mehrere Performances, die zum Teil das Hörerlebnis untermalen, zum Teil unabhängig von den „Rettungsschirmen" die Höfe der Toitenwinkeler Platte durchmessen.

Die Montage des Tonmaterials formt aus den Interviews eine Blaupause der Flucht, die sich ebenfalls in fünf Abschnitte einteilen lässt. Dabei arbeitet sie auf die Darstellung eines paradigmatischen Ablaufs hin, der weder zwischen den Herkunftsländern noch zwischen den Zeiten der Flucht unterscheidet: Die Stimmen berichten von ihrer Herkunft aus Mauretanien, Ghana, Türkei, Afghanistan, Iran, aber auch aus Russland und Böhmen. Sie reflektieren Momente der Flucht, die wenige Jahre oder bis zu einem halben Jahrhundert zurückliegen. Die Aufhebung von Raum und Zeit lässt die Flucht zu einer universellen Erfahrung werden, die der Zuhörer anhand der Abschnitte/Schirme miterlebt: Kindheit/alte Heimat, Flucht, Ankunft, Wege zum Glück/neue Heimat und Bedrohung.

In einem Entracte zwischen erstem und zweitem Schirm erfährt der Besucher aus entlang eines Baumwegs versteckten Mikrofonen von den Gründen der Flucht: Im Zusammenwirken mit dem Ort wird Entwurzelung hier zur naheliegenden Metapher.

Die formale Strenge der Montage spiegelt sich nur teilweise in den das Hörerlebnis begleitenden performativen Handlungen wider. An manchen Stellen sind sie illustrierend, so z. B. als ein Performer in eine Blechwanne steigt und panisch Wasser aus ihr schöpft, während die Stimme im Schirm vom Sinken eines Flüchtlingsboots berichtet. An einer anderen Stelle berichtet ein Geflüchteter davon, dass er in der neuen Heimat mitgebrachte Erde verteilt habe: „I took a handful of earth, in Rostock, in the city, in the centre, in the shopping mall, here all around, I left it on the streets, put it under trees, this should be my *Heimat* now." Ein Performer wusch zuvor schon sein weißgepudertes Gesicht in Erde. Andere Handlungen sind assoziativ mit dem Gesprochenen verbunden und reichen von lyrischen Passagen bis zum Plakativen: Ein Auftritt mit einer Goldfolie, der an den Siegeslauf eines Langstreckenläufers erinnert, endet damit, dass der Performer sich mit dieser zudeckt und so zu einer der vielen den Weg säumenden abgedeckten Leichen wird; rastlos werden Requisiten in Form kleiner Holzhäuser durch die Luft gewirbelt; eine apathische Gestalt sitzt in einer Unterführung. Besonders plakativ wird es, wenn die Performance in pantomimisches Spiel übergeht.

Vor Beginn der Performance wurden an die Zuschauer zu unterschreibende Duldungsbescheide ausgegeben, in deren Bildfeld das von zivilgesellschaftlichen Initiativen stilisierte Portrait Mehmet Turguts prangte – die angedeutet rabiate Kontrolle dieser Bescheide durch die Performer überrascht an späterer Stelle dann natürlich nicht allzu sehr. Ein Geflüchteter, dem ein Seil mit einem Henkersknoten um den Hals hängt, nähert sich einem mit der europäischen Flagge gedeckten Tisch, auf dem ein Obstkorb steht. Zwei sich an diesem Tisch räkelnde schwarz-rot-gold maskierte Performer nehmen ihn erst auf, verleihen ihm ebenfalls die nationale *persona* und nutzen seinen Henkersstrick zum Seilhüpfen. Als der „neue Deutsche" jedoch im Hüpfspiel einen Fehler macht, wird ihm die Maske wieder abgenommen und er kann nur noch ein wenig Obst entwenden, bevor er weiterfliehen muss: Sequenzen wie diese stehen ziemlich losgelöst zwischen den weitaus subtileren Bildern. Sie sind in ihrer Kritik zu direkt und in ihrer Wirkung zu harmlos.

Äußerst gelungen sind wiederum die Wechselwirkungen zwischen den Orten und dem Geschehen, sei es bei den künstlerisch gestalteten Schirmen, deren Beklebungen mit dem Gehörten ambivalent korrelieren (beim ersten Abschnitt zur alten Heimat findet man beispielsweise Familienfotos, eine Puppe, aber neben den nostalgischen Fundstücken auch Bilder von Menschengruppen mit Gasmasken), sei es das Zusammenwirken mit der Architektur und vor allem den Menschen Toitenwinkels, die unwissend zu Mitwirkenden, teils gar zu Protagonisten der Performance werden. Die Gruppe wird von Kindern verfolgt, die an diesem sonnigen Tag großen Anteil an dem Spiel nehmen. Sie stellen den Performern und Zuschauern Fragen, die davon zeugen, dass es sich ohne gutbürgerliche Guckkastenprägung besser mit dem Format Theater im öffentlichen Raum umgehen lässt. Auch das Toitenwinkeler Vereinsleben kann sich im Rahmen der Performance gut präsentieren. Vom letzten Schirm aus, der u. a. von rassistischen Angriffen berichtet, schaut man auf Übungen einer Taekwondo-Kindermannschaft. An anderer Stelle präsentiert die Plattdeutsch-Gruppe Mundartgedichte und die Inszenierung weiß es gut einzurichten, dass sich dies in die Fluchterzählung einfügt. Zuvor hatte ein Performer mit schwerem Akzent aus dem „Töpfchenbuch" vorgelesen und so den unter Umständen demütigen Akt des Spracherwerbs verdeutlicht; wenn man nun auch noch plattdeutsche Gedichte hört, weiß man erst richtig einzuschätzen, *wie* schwer es sein kann, Deutsch zu erlernen.

Der Übergang vom vierten Schirm/Abschnitt zum fünften stellt einen Wendepunkt dar: Die Wege zum Glück in der neuen Heimat zeichnen den Erfolg einer Integration auf, sei es in der Möglichkeit, in Deutschland die eigene Identität ohne Angst vor politischer Verfolgung auszuleben, oder im gesellschaftlichen Versprechen, künstlerisch frei arbeiten zu dürfen. Die Schilderungen von rassistischen Vorurteilen oder gar Übergriffen im Schlussteil brechen dieses Happy End. Hier geht es auch das erste Mal um die rassistischen Ausschreitungen in Lichtenhagen, um den „NSU" und den Schock, den die Ermordung von Mehmet Turgut, aber viel stärker noch die Enthüllungen der behördlichen Verschleierung mit sich brachten: „[H]ere at the crime scene I took a candle and said ‚Sorry', so I said, ‚Sorry Mehmet, that we thought in this way, that we believed the authorities, that we thought for years you were a little dealer.'"

Das Publikum wendet sich ab vom letzten Schirm. Man sieht zwei Betonbänke, auf denen zwei Männer mittleren Alters mit auffällig kurzen Haaren biertrinkend und lautstark über die neueste Niederlage von Hansa Rostock diskutieren: ein deutsch-nationales Idyll. Erst als die Zuschauer näher kommen und die Männer aggressiv werden, weil sie nicht fotografiert werden wollen, muss die Publikumsbegleiterin leicht beschämt erklären, dass die Herren nicht Teil der Performance seien. Es wird klar, dass hier abermals Toitenwinkel selbst zum Protagonisten wurde. Die gerade noch von braunen Ärschen polierten Bänke, leicht zueinander versetzt und mit jeweils einer in die Lehnen eingelassenen Gedenktafel auf Deutsch und Türkisch, bilden das Mahnmal für Mehmet Turgut – und die beiden Herren ein lebendes Indiz dafür, wie ein institutionalisiertes und verortetes Gedenken sich im Alltag abnutzen kann. So bekam die Aufführung unabhängig von der Inszenierung eine sarkastische Pointe, die für die Vorteile einer Unörtlichkeit des Gedenkens, für den Mehrwert eines Theaters im öffentlichen Raum und letztendlich vor allem für sich selbst spricht.

II

Schon im umgangssprachlichen Wortgebrauch ist eine renovierte Plattenbausiedlung wie Toitenwinkel mit ihren sozialen Spannungen als Unort bekannt. Doch Plassmanns Performance kennt weitaus reizvollere Umsetzungen des Gedankens. Die Montage des Interviewmaterials bildet durch das Zusammenlegen von verschiedenen Ländern wie Zeiten der Flucht eine Heterotopie/Heterochronie, einen akustischen Ort, an dem räumlich wie zeitlich Getrenntes zum Paradigma zusammengeführt wird. Die Rettungsschirm-Unorte heben den Zuschauer und -hörer auf eine entrückte Position, von der aus die gesprochenen Worte und das Toitenwinkeler Leben Synergieeffekte erzeugen können. Der Anlass und das Ziel des Walks, das Mahnmal selbst, stellt dann wohl auch den größten Unort dar: Die Bänke sind so ausgerichtet, dass zum jährlichen Zeitpunkt des Mords die aufgehende Sonne zwischen den Betonblöcken hindurchscheint. An sich ist das Mahnmal somit erst mal ein institutionalisierter Ort. Doch so wie die Sonnenstrahlen (als himmlische Bespielung) diesen über sich hinauswachsen lassen, ist es das aktive Gedenken, das die Bänke mehr sein lässt als ein Treffpunkt für *German gemuetlichkeit*. Den Unterschied macht das eben *aktive*, verunörtlichende Gedenken, welches Plassmann mit seiner Inszenierung in Bewegung setzt. In Rostock gehen die Aktionen um die Verunortung weiter: Noch immer kämpfen Initiativen (und eifrige Sprayer) um die Benennung eines Mehmet-Turgut-Wegs. Plassmanns Performance konnte für diesen vorab (und damit im Idealfall: nachhaltig) einen unörtlichen Verlauf abstecken – ein vorsichtiger Versuch der Aufarbeitung eines Themas, das eigentlich mehr denn nur der zaghaften Annäherung bedurft hätte.

Theater Anu

EXPEDITION THÄLMANNPARK

Ziel des Projekts
Das 1985 entstandene Wohngebiet Ernst-Thälmann-Park befindet sich im Berliner Prenzlauer Berg. Mehr als zweitausend Menschen wohnen dort. In der einstigen Mustersiedlung der DDR fühlen sich heute viele Anwohner in ihren Anliegen vom Bezirk vernachlässigt. Grünanlagen werden nicht mehr gepflegt, öffentliche Einrichtungen verkommen. Spielplätze werden geschlossen. Der Boden ist durch ein ehemaliges Gaswerk kontaminiert. Hinzu kommen Ängste bei den Anwohnern, Investoren könnten die Wohnungen mittelfristig unbezahlbar machen.

Zusammen mit Anwohnern führte die fiktive Firma Future Artefacts ein mehrwöchiges Experiment durch: Aus der Beschäftigung mit biologischen Prinzipien der heimischen Tier- und Pflanzenwelt wurden kreative und eigenwillige Problemlösungen zu Fragestellungen des Thälmannparks abgeleitet. Das hierfür entwickelte PAN-Verfahren (Poetisches ANalogieverfahren) bewegte Anwohner und Performer dazu, künstlerisch tätig zu werden. So sind sogenannte poetische Protokolle entstanden, die im Rahmen einer öffentlichen Lecture Performance im errichteten Basiscamp (einem geodätischen Dom) aufgeführt wurden und die die Grundlage der Abschlussinszenierung *Ein Garten Analogia* bildeten. Diese begehbare Theaterinstallation hat mittels Schauspiel, Tanz, Live-Musik, Soundinstallationen die Ergebnisse und Prozesse der Expedition vermittelt und die Grünfläche des Thälmann-Parks in einen völlig anderen atmosphärischen Ort verwandelt. Zeitgleich entstand eine von den Anwohnern entwickelte und durchgeführte PAN-Führung durch den Thälmann-Park.

Die *Expedition Thälmannpark* wirkte über einen Zeitraum von beinahe acht Wochen auf unterschiedlichen Ebenen in den Thälmann-Park ein. Die bezahlte Anstellung von fünf Bürgermitarbeitern aus dem Wohngebiet hat dabei zu einer hohen Verbindlichkeit und Verbundenheit geführt. Neben anspruchsvollen Angeboten wie den PAN-Workshops oder Frageforen gab es immer wieder auch niedrigschwellige wie Kaffee und Kuchen, gemeinsame Abendessen, Hausbesuche oder Aktionsnachmittage. In der Arbeit bei und mit Future Artefacts wurden Anwohner zu Autoren, Sprechern und Performern.

Das PAN-Verfahren erhöhte die Wertigkeit des Parks im Bewusstsein der Anwohner. Es wurden neue Denkweisen erprobt, die den Blick weg von den politischen Entscheidungsprozessen hin zu Eigeninitiativen und kreativen Lösungsansätzen gewendet haben. Daraus sind nicht nur die künstlerischen Aufführungen entstanden, sondern auch konkrete Aktionen vor Ort wie die Anregung eines Tauschrings, den gemeinsamen Bau eines temporären Spielplatzes oder kleinere Reparaturen an Treppen und Sitzflächen. Das Projekt hat der seit 2012 bestehenden Anwohnerinitiative neue Impulse für ihre Kommunikationsstrategien gegeben.

Resonanz, Herausforderungen und Wünsche
Neben den fünf festen Mitarbeitern hat sich eine Gemeinschaft von circa zwanzig Personen entwickelt, die kontinuierlich an den verschiedenen Aktionen, Workshops und Treffen teilnahmen. Zur Auftaktveranstaltung kamen circa zweihundert Anwohner, zur Lecture Performance vierzig. Die von den Bürgermitarbeitern angebotenen PAN-Führungen wurden von über vierhundert Anwohnern besucht. Die sechs Abschlussaufführungen sahen etwa 1400 Menschen. Der *rbb* wie auch *die tageszeitung* berichteten über das Projekt.

Expedition Thälmannpark hat den beteiligten Anwohnern neue Perspektiven auf das eigene Wohnumfeld eröffnet. Durch die Beschäftigung mit den oft erstaunlichen biologischen Lösungsmustern von Pflanzen und Tieren wurde der Fokus von der verwahrlosten Grünanlage hin zu einem Biotop voller „erzähl- und bedenkenswerter Naturwunder" verschoben. Dieses Potenzial trotz offensichtlicher Mängel zu erkennen wurde durch die große Abschlussinszenierung unterstützt. Theater Anu hat vielfach das Feedback erhalten, dass die Anwohner ihren Park noch nie „so schön" gesehen hätten.

Obwohl das PAN-Verfahren eine sehr komplexe Kreativitätsmethode ist, konnte es vielen Menschen auf ganz unterschiedliche Weise nähergebracht werden. Die *Expedition Thälmannpark* entwickelte bei den kontinuierlich teilnehmenden Bürgern ein neues Bewusstsein für ihren Wohnort. Sie haben gerne die Möglichkeiten genutzt, sich künstlerisch auszudrücken (PAN-Führungen, Teilnahme an der Lecture Performance und Abschlussinszenierung: ihre Texte, ihre Stimmen etc.) und konnten sich intensiv für einen längeren Zeitraum mit alternativen Lösungsansätzen für ihr Wohngebiet beschäftigen. Mit diesem gewon-

Fotos: © Theater Anu, Markus Moiser, Manja Wolff

nenen Handwerkszeug haben sie auch zukünftig die Möglichkeit, produktiv in ihrem Umfeld mitzudenken und zu agieren.

Das zu Beginn des Projekts oft gehörte „die Politik tut nichts!" und „der Bezirk müsste doch ..." hat viele Anwohner frustriert und gelähmt. Während des Prozesses konnte gemeinsam herausgearbeitet werden, dass viele Fragestellungen, die die Anwohner beschäftigen, von den Bürgern selbst gelöst werden können. Diese Sichtweise hat neue Handlungsräume für die Zukunft geschaffen.

Trotz großer Bemühung konnte das Projekt nicht alle sozialen Gruppierungen des Thälmann-Parks erreichen. Auch mittels intensiver Werbemaßnahmen blieb die Teilnehmerzahl bei manchen Veranstaltungen hinter den Erwartungen zurück. Bei Projekten, die sich so stark auf Bürgerbeteiligung ausrichten, gibt es drei wichtige Faktoren: genügend Zeit, ein hohes Maß an Flexibilität in der Durchführung und Vertrauen in das Projekt, seine Macher und die Bürger. Die ersten beiden Faktoren wären bei einer Neuauflage bestimmt zu überprüfen. Der Vertrauenskredit unseres Partners vor Ort (Fachbereich Kunst und Kultur des Bezirksamts Pankow) war dagegen wünschenswert hoch.

Uraufführung: 17.7.2014; Berlin, Ernst-Thälmann-Park
Beteiligte: Künstlerische Leitung und Stab 12 Personen,
8 professionelle Darsteller
Aufführungen: 6
Zuschauer: 1400
Länge der Uraufführung: ca. 90 Minuten
Freier Eintritt

Akteure

Die Compagnie Theater Anu erforscht seit über zehn Jahren poetische Theaterformen im öffentlichen Raum. Die Verbindung von Installation und Schauspiel macht die Inszenierungen zu vielfältigen und vielschichtigen Erfahrungsräumen. Die Grenze zwischen Zuschauer und Bühne ist aufgelöst. Wer sich auf die sinnlichen und leisen Inszenierungen einlässt, kann in ihre einzigartigen Atmosphären eintauchen und Figuren von ungeahnter Lebendigkeit begegnen. Gegründet in Heppenheim hat die Compagnie ihren Hauptsitz seit 2007 in Berlin. In Zusammenarbeit mit etwa 25 Künstlerinnen und Künstlern bespielt sie unter der Leitung von Bille Behr und Stefan Behr Parkanlagen, Plätze und besondere Orte – wie beispielsweise Kirchen, Tunnel oder Industriehallen – in Deutschland und Europa. Jedes Jahr erleben viele tausend Besucher die poetischen Inszenierungen von Theater Anu.

Regie und Choreografie: Bille Behr ist Schauspielerin, Regisseurin und Choreografin. In den meisten ihrer Inszenierungen spielt oder tanzt sie auch selbst. Ihre Figuren leben mehr, als dass sie gespielt werden. Ihr Interesse liegt in einem sehr publikumsnahen Spiel: ein Theater der Begegnungen. Sie studierte Literatur- und Medienwissenschaften in Mannheim und Berlin. Seit 2008 teilt sie sich mit Stefan Behr die künstlerische Leitung von Theater Anu.

PAN-Verfahren: Stefan Behr studierte Sozialpädagogik in Darmstadt und Theaterpädagogik in Bayern. Er lernte Regie bei Mario Del Gado/Peru. Theater Anu begründete er 1998 und ist dort bis heute als Autor und in der künstlerischen Leitung tätig. Seit 1993 konzipiert und kuratiert er das internationale Straßentheaterfestival Gassensensationen in Heppenheim.

Mitwirkende der Expedition: Bärbel Aschenberg, Krzystof Gmiter, Raisa Kröger, Johanna Malchow, Markus Moiser, Maike Möller M., Carla Weingarten; Komposition und Cello: Nikolaus Herdieckerhoff, Bühnenbild: Pascale Arndtz, Mitarbeit Anwohner Thälmannpark: Fritz Bechtel, Janusz Berthold, Christine Kahlau, André Kütbach, Delphin Lefort

Kontakt:
www.theater-anu.de

Matthias Däumer

THÄLMANN *AT THE GATES OF DAWN*

I

Wildwest im Thälmannpark heißt der Dokumentarfilm von Kathrin Rothe,[1] die von Januar 2013 an über ein Jahr hinweg den Widerstand der alteingesessenen Thälmann-Park-Bewohner gegen die Inanspruchnahme des Gebiets durch Investoren begleitete. Die Faust des Thälmann-Standbilds schien in diesem Film angesichts der Erzählungen aus der Platte weniger gegen die politischen Feinde in der Weimarer Republik als gegen die kapitalistische Pervertierung des letzten freien Wohnraums in Berlin-Prenzlauer Berg gerichtet zu sein. Geht man mit dieser Vorprägung zum von Theater Anu bespielten Park, wird man auf den ersten Blick enttäuscht sein. Der Parcours-Aufbau erinnert weniger an Wildwest denn an eine Insel der Romantik, verzauberte Natur, kurzum: an einen Märchenwald. Doch wie so oft führt dieser erste Eindruck in eine weitaus produktivere Irre, als sie jede revolverzückende Direktheit bewirken könnte.

Der Aufbau besteht aus mehreren Stationen, die über den Verlauf der Aufführung kontinuierlich bespielt und vom Publikum nach eigenem Ermessen neugierig lustwandelnd aufgesucht werden. Zwischen den Stationen sind die Wege mit unzähligen erleuchteten Einmachgläsern flankiert, in denen fein säuberlich geordnet Fundstücke aus dem Park zu betrachten sind: Papierfetzen, zerrissene Feuerwerkskörper, skurrile Pflanzen, eine Pusteblume, Kiefernzapfen, Kronkorken, Kippen, Kastanien, Feuerzeuge und eine Sektflasche. Auch an den Bäumen hängen die Gläser, oft neben Schildern in Form von Laubblättern, auf denen Nomenklaturen stehen, die durch Untertitel lyrisch aufgebrochen oder poetisch reflektiert werden: „Ameise. Was macht eine Ameise, wenn sie nicht mehr weiter weiß?", „Weide. Jedes Ende kann ein neuer Anfang sein" oder am See: „Glaswels. Die Kunst unsichtbar zu werden". Das Verhältnis von Nomenklatur und Erweiterung gibt, genauso wie die gesammelten und ausgestellten Fundstücke, im Kleinen schon einen Vorgeschmack auf das Inszenierungskonzept: Man betritt, wie ein Schild es

---

[1] https://rutube.ru/video/0e3da4fc0cf0505d04b9b9b4884836c8/ (zuletzt abgerufen am 13.9.2017).

am Eingang wissen lässt, den „Garten Analogia", ein Areal, in dem die alltäglichen natürlichen Artefakte so ausgestellt werden, dass sie mehr sind als sie selbst. Oder: dass sie durchaus sie selbst sind, aber in ihren wesentlichen, nur im Vorgang der Ostentation erkenntlichen Zügen Antworten auf Fragen geben, die man ihnen sonst nicht entlockt hätte. Der Glaswels also, so kann man vermuten, ist Vorbild für den eher unsichtbaren, doch in seiner Unsichtbarkeit glücklichen Plattenbewohner.

Mittels der poetischen Befragung der Artefakte im Sinne der synektischen Methode („Mache dir das Fremde vertraut und verfremde das Vertraute")[2] hat Theater Anu im Vorfeld mit Beteiligten auf Basis einer Problemanalyse diese direkten oder persönlichen Analogien entwickelt und so schon vor dem „Force-Fit"[3] der Performance zu zeigen versucht, dass „[d]ie Welt nicht aus Problemen, sondern Lösungen"[4] besteht. Die Vegetation auf dem kontaminierten Boden des ehemaligen Gaswerks, der verdreckte Teich und der verwahrloste Park der Ex-DDR-Vorzeige-Architektur: All das soll über „PAN" (Bille und Stefan Behrs eigenes Verfahren, das sowohl die „Poetische Analogie" meint, als auch die religiöse Naturverehrung des Pantheismus impliziert) Antworten geben auf die aktuellen Fragen der Bewohner? Also doch ein Märchenwald inklusive einem „Pfeifer an den Toren der Morgendämmerung"?[5]

Von der Greifswalder Straße kommend begegnet man am See des Parks zuerst neben dem Schild „Lieder, die der Park uns singt" dem Musiker Nikolaus Herdieckerhoff. Er liefert die Ouvertüre, spielt mit einem Cello und einer Loopmaschine teils eigene, teils Bearbeitungen historischer, stets vielschichtiger Kompositionen, die auch an allen folgenden Spielorten zu hören sein werden. Man geht den Weg weiter und kommt auf die zentrale Wiese. Hier steht ein Baldachinzelt. In den circa dreißig Säulen findet man Tafeln, die spezifische Probleme und Fragen nach Kategorien ordnet. Währenddessen lauscht man O-Ton-Aufnahmen von den beteiligten Plattenbewohnern, die sich mit Namen und Spotlights ihrer Biografien vorstellen. Die gesammelten Aussagen sind recht positiv, die Montage schneidet harmonisch Stimmen ineinander, unterlegt von einem gestrichenen und gezupften Cello. Vom behaupte-

---

[2] Vgl. Gordon, William: *Synectics. The development of creative capacity*, New York 1961.

[3] Vgl. ebd.

[4] Vgl. Homepage der Gruppe: http://theater-anu.de (zuletzt abgerufen am 13.9.2017).

[5] „Piper at the Gates of Dawn": Kapitel aus Kenneth Grahames *The Wind in the Willows* (1908), in dem die Waldbewohner dem besagten Pfeifer begegnen, der sich als Pan zu erkennen gibt. Und natürlich: das Pink-Floyd-Debütalbum (1967) mit dem Pan-gleichen Syd Barrett.

ten Wildwest-Flair des Parks ist auch hier nichts zu hören, auch nur wenig von der politischen Brisanz der fortschreitenden Gentrifizierung.

Stattdessen bilden sich poetische Leitmotive aus, welche die anderen Spielorte fortführen. So erzählt eine Frau von einem Steingarten, den sie auf dem Dach eines der Hochhäuser entdeckte, und von ihrer Suche nach demjenigen, der diesen Ort angelegt hat. In der Nachbarschaft des Baldachinzelts steht ein mit Folie überzogenes und Laubblättern bemaltes Kuppelgerüst, das einen Sandkasten überdacht. Hier haust der „Meister aus Moraland". Während eine Frauenstimme über Lautsprecher von diesem mythischen Gärtner, seiner Materialphilosophie und -kunst erzählt, malt ein Performer mit tänzerischen Bewegungen Spiralen in den Sand und platziert Steine in deren Zentren. Er verleihe, so die Lautsprecherstimme, den Steinen Namen, generiere eine Ich-Identität in der nur vermeintlich leblosen Natur. Der gesuchte Steingärtner des Hochhauses ist an dieser Station weniger gefunden als vielmehr zum Mythos verdichtet.

Ebenso werden so unscheinbare Bewohner des Parks wie der Spitzwegerich mythifiziert. Dafür hat man eine sechsseitige Hütte errichtet, die außen mit zehn Handspiegeln pro Wand behängt ist. Nur durch das Wegklappen der sechzig Spiegel kann man das einzige Guckloch in die Hütte finden. Eine Performerin, die eingegrenzte, mit Spitzwegerich bewachsene Gebiete bewacht, fordert auf, auf eine der nebenstehenden Leitern zu steigen, sodass man von oben in die Hütte schaut. Diese ist von innen komplett verspiegelt und ihre hexagonale Form bewirkt die Spiegelung *ad infinitum*. An den Wänden sieht man Fotos von Bewohnern der Platte und im Zentrum der Hütte einen Erdhaufen mit dem glorifizierten Spitzwegerich, mit dem die Bilder der Bewohner in Korrelation zu treten scheinen.

Diese Spiegelkorrelation findet mehrfach Verwendung. Das begrenzende Dickicht des Parks gewährt an einer Stelle durch einen spärlichen Laubengang Einlass in eine Grotte. Hier stehen viele der Einmachgläser und ein runder Tisch, auf dem fünf verzierte Holzschreine stehen. Eine Performerin, die sich mit hektischer Fistelstimme als Eichhörnchen zu erkennen gibt, erläutert, dass dies das gesammelte Wissen ihrer Art sei, und lädt die Zuschauer ein, sich an die Schreine zu setzen. Der Zuschauer öffnet die Klapptüren und sieht im ersten Moment nur sich selbst. Doch durch eine Rückbeleuchtung wird die Spiegelfläche transparent und man erkennt Pflanzeninstallationen, die durch die Wechselwirkung mit der anfänglichen Selbstbespiegelung nicht nur etwas über das Wissen der Eichhörnchen, sondern (ähnlich wie bei der Spitzwegerich-Hütte) auch über das Wissen eines jeden Betrachters über sich selbst zu sagen scheinen. Das Eichhörnchen entlässt das Publikum nach ein paar Minuten der (Selbst-/Natur-)Betrachtung mit der Bitte, ihm bei der Rückkehr doch Nüsschen mitzubringen.

Korrelierend zu dieser Eichhörnchen-Wunderkammer findet der Zuschauer hinter dem Blättervorhang der zentral stehenden Weide ein weiteres Archiv. Hier hängen mehrere Kladden von den Ästen herab, in denen man zu bestimmten Tieren oder Pflanzen des Parks sowohl (Wikipedia-)Informationen als auch poetische Texte findet, die abermals die faktuale Seite der Naturlandschaft mit poetischen Analoga zusammenführen. Das Laubwerk ist durchzogen von blauen Bändern. Auf dem Stamm der Weide sitzt der Archivar, der in diese „Kontaktlaube" einlädt. Wie ein Faun (oder eine weitere Pan-Gestalt) hangelt er durch das Geäst und erzählt von seiner Begeisterung für die Lebewesen des Parks. Er monologisiert, akrobatisiert und geht (jedoch lediglich gespielt) auf die Anwesenden ein, sodass die Märchenhaftigkeit der Naturanalogien so stark ins Gewicht fällt, dass das Jenseits der Plattensiedlung eskapistisch ausgeschlossen zu sein scheint. Eine weitere Aktion verfällt dem Problem, dass manche Mensch-/Natur-Bildlichkeiten zu abgegriffen sind: Dass alte Menschen wie Bäume sind, die man nicht mehr verpflanzen dürfe, ist eine Analogie, zu deren Herstellung es wohl nicht der Synektik oder des PAN-Verfahrens bedürfte. Dennoch sieht man an einer weiteren Station eine Performerin im Gestus einer älteren Dame bei dem vergeblichen Versuch, sich selbst zu verpflanzen.

Die größte Stärke entfaltet das Projekt an zwei sich von unterschiedlichen Enden des Parcours her spiegelnden Tanz-Stationen. An diesen wird sowohl durch die choreografische Ästhetik jeglicher märchenhafte Eskapismus vermieden als auch der Kontakt und (wortlose) Dialog mit dem Publikum verstärkt, also über den Körper gesucht.

An der einen Station befindet sich ein Kreis aus Erde, in den Gruppen von Pilzen gepflanzt sind. Ein einzelner Pilz wird samt seinem Wurzelgeflecht in einem Glas ausgestellt. Die andere Station ist mit Müll überhäuft, Verpackungen, Plastiksäcken, Papierresten. Zu unterschiedlichen Kompositionen von Herdieckerhoff bewegt sich jeweils eine Tänzerin an ihrem Ort in abgehackten, dann wieder fließenden, tierisch anmutenden Bewegungen. Beide setzen sich dabei sowohl mit dem Thema ihrer Station (das symbiotisch-mutualistische Verhältnis von Pilz und Pflanze; die Vermüllung des Parks) auseinander, wie sie das Publikum mit der tänzerischen Formsprache konfrontieren: Mit insektenhaften Verrenkungen nähert sich am Pilzbeet die Tänzerin dem Publikum und an der Müllhalde suchen Augen aus einem dreckverschmierten Gesicht heraus ständig den unmittelbaren Kontakt mit dem Beobachter, scheinen das voyeuristische Verhältnis zu verkehren. Ein Vorwurf entfaltet sich in Bewegungen, die zwischen Erotik, Klagepathos, Anderweltigkeit und kompromissloser Verausgabung oszillieren, ebenso wie zwischen körperlicher Präsenz und unwirklicher Atmosphäre. Bei aller Poesie wird dabei das drastische Bild nicht gescheut: Die Tänzerin steckt sich Papierfetzen um Papierfetzen in den Mund, scheint zu ersticken, würgt, erbricht die Masse. Das Oszillieren zwischen Verführung und Abstoßung bildet das Analogon zur Verführung des Konsums und dem Ekel vor seinen Abfällen. Am Ende überreicht die Tänzerin mit einer sakralen Geste unbeschmutzte Erde und legt so symbolisch die Verantwortung wieder in die Hände des Zuschauers. Angesichts solcher choreografischer Sequenzen scheint mir die Kommunikation über das poetische Analogon tänzerisch/gestisch besser zu funktionieren, als dies bei einem sprachbasierten Schauspiel überhaupt möglich wäre: PAN ist dann eben doch ein pfeifender Tänzer.

II

Um den unörtlichen Anteil des Projekts zu beurteilen, ist es beim „Garten Analogia" nötig, die konzeptuelle Ebene gesondert von der praktischen zu betrachten. Denn das PAN-Verfahren stellt eine nach eigenen Gesetzmäßigkeiten wirksame Alternative zu jeglicher Form der Wildwest-Attitüde dar. Das am Ort befindliche Material in seinem Wesen als Problemlösungsangebot zu verstehen und partizipatorisch die Bewohner dazu zu animieren, dieses Angebot freizulegen, ist eine Haltung, die mit einem großen Optimismus und in diesem Sinne nachhaltig die Lebenswelt neu erschließt und so verändert.

Nachteil dieser Methode ist jedoch, dass das dabei entstehende inszenatorische Produkt sich weit vom konkreten Ort entfernt. Stefan und Bille Behrs Arbeit sagt sehr viel und sehr Wichtiges zu den Angeboten eines Parks aus – aber nicht zu denen des Thälmann-Parks. Im Falle eines einerseits historisch sehr vielseitigen und andererseits gegenwärtig stark umkämpften Orts mag dies etwas enttäuschen. Auf der anderen Seite ist es jedoch schlüssig, bei einem weiten, sowohl animistisch wie pantheistisch geprägten Fokus auch das Große und Ganze stärker verbildlicht zu finden als die historischen und politischen Eigenarten des Orts, die, selbst wenn sie in Form eines Monumentalstandbilds Größe behaupten, vor dem großen PANtheistischen Panorama recht unbedeutend wirken müssen. Der „Garten Analogia" ist also durchaus ein Märchenwald – jedoch auch in dem Sinne, dass Märchen von höheren als den politischen Wahrheiten zu berichten wissen.

Anna Peschke/Uwe Lehr

GRÄSERTHEATER
Ein Theater-Garten-Projekt

Ziel des Projekts

Das Gräsertheater hängt direkt mit seinem Ort zusammen: dem ehemaligen Exerzierplatz der Kaiser-Wilhelm-Kaserne in Mannheim. Dieser von Kastanienbäumen und imposanten Sandsteingebäuden eingerahmte, 15 000 Quadratmeter große Platz hat selbst als verwilderte und öde Grünfläche eine beeindruckende Atmosphäre. Die Kaserne, ursprünglich um 1900 für die Soldaten des Kaisers gebaut, diente 1945 bis 2007 den Amerikanern als Militärbasis – genannt: „Turley Barracks". Als wir den Ort 2012 beim Schwindelfrei Festival kennenlernten, war er bereits seit fünf Jahren verlassen und verschlossen. Die Stadt war in der Planungsphase und seine Zukunft noch unklar. Die Ausschreibung Theater im öffentlichen Raum bot uns die Möglichkeit, diese Zukunft durch ein breit angelegtes Projekt aktiv mitzugestalten. Zuerst haben wir im Frühling 2014 zusammen mit Mannheimer Bürgern einen Gemeinschaftsgarten angelegt, der sich im Juni in den Schauplatz für eine genreübergreifende, partizipative Inszenierung verwandelte. Parallel dazu wurden Workshops zu Theater, Neuer Musik, *Urban Gardening* und Nachhaltigkeit angeboten. Inzwischen ist der Garten an die Gemeinschaft übergeben, die ihn weiter pflegt und nutzt.

Szenisches Konzert Neuer Musik: In der nun dritten Zusammenarbeit der Komponistin Sarah Nemtov mit der Regisseurin Anna Peschke gibt es Kompositionen für Flöte, Harfe und Klarinette, aber auch für knackende Schilfrohre, Schneckenhäuser-Chimes und Blumensamen-Trommeln.

Performance und Materialtheater: Neben dem Animieren von Pflanzen, z. B. „atmende" Disteln, wurden auch gartentypische Aktivitäten, wie Gießen oder Säen, in die Performance eingebaut oder verfremdet. Dabei waren die sieben Mannheimer Spieler und die Musiker in der szenischen Präsenz mit den Pflanzen gleichwertig.

Land Art: Bei der Gestaltung des *Gräsertheater*-Gartens wurde bereits Existierendes, wie „Vegetations-Inseln" von Pionierpflanzen, ein

Baseballgitter und gefällte Bäume einbezogen und zusätzlich siebzig Hochbeete neu angelegt.

Bei der Produktion selbst haben wir ökologische und soziale Nachhaltigkeit angestrebt: Recycling von Material und Dingen; auf Recyclingpapier mit mineralölfreien Farben gedruckte Flyer; Reisen und Transporte mit öffentlichen Verkehrsmitteln sowie einem Fahrrad mit Lastenanhänger. Für eine soziale Nachhaltigkeit haben wir einerseits Jugendliche aus einer berufsvorbereitenden Maßnahme miteinbezogen und konnten andererseits, durch das gemeinschaftliche Gärtnern, ein soziales Netzwerk sowie den Garten als Ort der Begegnung schaffen. Zudem hat sich das Projekt inhaltlich mit dem vielschichtigen Verhältnis zwischen Mensch und Natur auseinandergesetzt. *Gräsertheater* wurde 2015 mit dem Tanz- und Theaterpreis der Stadt Stuttgart und des Landes Baden-Württemberg prämiert.

Resonanz, Herausforderungen und Wünsche

Die Vorstellungen waren gut besucht und die Resonanz sehr positiv. Beim Einlass wurden die Besucher ermutigt, sich während der Aufführung frei im Garten zu bewegen und sich eigene Wege zu suchen. Das eröffnete die Möglichkeit, eigene Schwerpunkte zu wählen und z. B., falls einem Neue Musik fremd war, sich auf die Performer oder die Pflanzen zu fokussieren. Die Zuschauer waren nicht ausgeliefert, sondern aktiv und gleichzeitig wurden sie selbst zu einem Teil des szenischen Geschehens.

Es war einfach, Menschen zu finden, die regelmäßig mit uns gegärtnert haben. Aber das Interesse für die kostenlosen Workshops und Vorträge war trotz der Ankündigungen in den Zeitungen mäßig. Anfangs war es auch schwierig, Interessenten für den Theater-Teil des Projekts zu finden. Über das gemeinschaftliche Gärtnern ließ sich nur ein Mitspieler für die Inszenierung finden. Letztlich haben wir die partizipierenden Mannheimer über den E-Mail-Verteiler der Bürgerbühne des Mannheimer Nationaltheaters gefunden. Scheinbar haben die Gruppen der Natur-Interessierten und der Theater-Interessierten nur eine kleine Schnittmenge. Beim nächsten Mal würden wir von Beginn an den Theateraspekt mehr betonen und früher über mehrere Kanäle suchen. Da sich der Schall im Garten, anders als in einem Innenraum, schnell verliert und mit Straßengeräuschen konkurriert, waren viele Kompositionen für Verstärkung ausgelegt. Dies bedeutete aber einen enormen technischen Aufwand: Verstärker und Mikrofone einrichten, Kabel legen, alles vor eventuellem Regen schützten und jeden Tag wieder auf- und

Fotos: © Hanke Wilsmann

Anna Peschke/Uwe Lehr

abbauen. Es wäre sinnvoller gewesen, Instrumente zu wählen, die unverstärkt über große Entfernung hörbar und unempfindlich gegenüber erhöhter Luftfeuchtigkeit oder ein paar Regentropfen sind. Wie wir feststellen mussten, stellt bereits eine durch vorangegangenen Regen erhöhte Luftfeuchtigkeit ein großes Problem für Instrumente aus Holz dar.

Die Stadt Mannheim hat uns großzügig einen Teil des Exerzierplatzes zur Nutzung überlassen. Jedoch hat in der Vorbereitungsphase von *Gräsertheater* der zuständige Ansprechpartner der Stadt gewechselt und ein Großteil der Kaserne wurde verkauft. So zählten nicht mehr nur die städtischen Interessen, sondern auch die des neuen „Ankerinvestors". Das hatte zur Folge, dass unser Projekt plötzlich nicht mehr gewollt, sondern nur noch geduldet wurde. Uns wurde gesagt, falls unser Projekt Probleme bereite, dann könne es jederzeit passieren, dass es abgesagt wird. Das war eine große psychische Belastung. Zum Glück haben wir von vielen anderen Seiten Unterstützung und Anerkennung erhalten.

Uraufführung: 25.6.2014, Mannheim, Turley-Areal
Beteiligte: Künstlerische Leitung und Stab 3 Personen,
5 professionelle Musiker, 7 professionelle Darsteller
Aufführungen: 5
Zuschauer: 200
Länge der Aufführung: ca. 75 Min.
Eintritt: 4 bis 6 Euro

Akteure

Anna Peschke schloss 2009 ihr Studium der Angewandten Theaterwissenschaft in Gießen mit einem praktischen Diplom ab. Seitdem arbeitet sie als Regisseurin bei freien Theaterprojekten in Europa und Asien, die die konventionellen Genregrenzen überschreiten und neue Formen im Spannungsfeld zwischen Theater, Installation, szenischem Konzert Neuer Musik und bildender Kunst schaffen.

Sarah Nemtsov studierte Komposition in Hannover und Berlin bei Nigel Osborne, Johannes Schöllhorn und Walter Zimmermann (Meisterschülerexamen mit Auszeichnung). Sie erhielt zahlreiche Preise, darunter 2012 den Deutschen Musikautorenpreis der GEMA und 2013 den Busoni-Kompositionspreis der Akademie der Künste Berlin. Sarah Nemtsovs Musik ist häufig von der Auseinandersetzung mit Literatur geprägt. Immer wieder versucht sie, die Schwelle zwischen Konzert und Musiktheater auszuloten. Urbanität, Gleichzeitigkeit und chaotische

Formen von Kammermusik beschäftigen sie in ihren neuesten Kompositionen, in denen auch Elektronik eine Rolle spielt.

Uwe Lehr studierte Geoökologie in Karlsruhe und Schauspiel in Ulm. Er war Regieassistent am Theater Ulm und am Theater Junge Generation Dresden. Regiearbeiten als freier Regisseur in Dresden und Berlin. Von 2003 bis 2008 war er als Modedesigner in Paris tätig. Seit 2008 übernimmt er Produktionsleitung, Konzeptentwicklung und Dramaturgie für theaterkosmos53, Stephan Thiel, Rike Schubert und Anna Peschke.

Ensemble Adapter ist ein deutsch-isländisches Ensemble für Neue Musik mit Sitz in Berlin. Den Kern der Gruppe bildet ein Quartett aus Flöte, Klarinette, Harfe und Schlagzeug. Neben zahlreichen Uraufführungen widmet sich Adapter einem individuellen und internationalen Repertoire zeitgenössischer Musik.

Kontakt:
www.graesertheater.de

Matthias Däumer

MUSIKALISCHE POESIE IM GARTEN

I

Das Turley Areal war bis in die 2000er Jahre eine amerikanische Militärbaracke und u. a. ein Standort der University of Maryland. Auf einem mehr als 13 Hektar großen Gebiet in der Mannheimer Neckarstadt-Ost werden die noch aus dem Deutschen Kaiserreich stammenden, für Kasernen ungemein pittoresken Sandsteingebäude von mehreren Initiativen als Wohnraum erschlossen. Diese Initiativen agieren teilweise genossenschaftlich und gezielt gegen die zu befürchtende gentrifizierende „Aufwertung" des Gebiets. Für diese Vorhaben gibt es bereits eine große öffentliche Aufmerksamkeit, nachzuvollziehen anhand der Online-Ausgaben der *Turley News*.[1]

Anna Peschke inszenierte im Dezember 2012, damals bereits in Zusammenarbeit mit dem Produktionsleiter Uwe Lehr und der Komponistin Sarah Nemtsov, im ehemaligen Offiziers- und darauffolgend Glücksspiel-Kasino eine Performance mit Neuer Musik über den Teufelsgeiger Niccolò Paganini, dessen Biografie ein ständiges Ineinander von Musikbesessenheit und Glücksspielsucht erzählt, eine Verflechtung, die auch Peschkes inszenatorische Motivik prägt.

Während der Probearbeiten zu *Das Kasino* entstand der Gedanke, die vor dem Gebäude befindlichen ehemaligen Sportanlagen der Kaserne zu bespielen. Dafür begann man im Frühjahr damit, auf dem ehemaligen Exerzierplatz (zur Kaiserzeit) und Baseballfeld (unter US-amerikanischer Nutzung) einen vielgestaltigen Gemeinschaftsgarten anzulegen. Die Begrenzungszäune wurden mit Hopfen berankt und die Bepflanzung mit verschiedenen Gräsern und Bäumen auf unterschiedliche Bodenbeläge verteilt. Zurzeit gibt es in der Bepflanzung kreisförmige Auslassungen von circa einem Meter Durchmesser, welche die Bodenstruktur (beispielsweise den Sand des Baseballfelds) erkennen lassen. Die Pflanzen spiegeln in der Struktur ihres Wuchs den Grund an die Oberfläche. Die unterschiedlichen Bewachsungsstrukturen führen in Kombination mit den eingegrabenen toten Bäumen mit humanoiden

---

[1] http://www.konversion-mannheim.de/flaechen/turley-areal (zuletzt abgerufen am 13.9.2017).

Formen zu einer Betonung des Natur-Künstlichen dieses erschlossenen Raums: eine Heterotopie als Oase. Umrandet ist das Gebiet mit aus Holzpaletten gebauten Hochbeeten, mit Erde und vor Ort vorgefundenem, vertrocknetem Strauchschnitt gefüllt: eine ortsspezifische wie auch ökologische Entscheidung für ein Gärtnern ohne fremde Materialien und vor allem ohne Torf.

Der Garten wurde zusammen mit Mannheimer Bürgern angelegt, begleitet von einem (auch weiterhin laufenden) Vortragsprogramm, das sich sowohl ökologischen wie theatralen Themen widmet. Man merkt an der Stimmung vor Ort, dass hier nicht nur Gräser, sondern auch ein Gemeinschaftsgefühl gepflanzt wurde, welches für das im Umbruch befindliche Areal von Bedeutung sein wird. Heute soll unter schauspielerischer Beteiligung der Bürger der Garten erstmals zu einem Gräsertheater werden, der wohl nachhaltigsten und ökologisch wertvollsten Form, die eine Bühne annehmen kann.

Die Besucher werden durch einen über einem Kiesbett aufgespannten hölzernen Torbogen auf den Parcours eingelassen. Drei Performer agieren dabei als Torwächter, stoppen ab und an den Publikumszug mit überkreuzten Gießkannen und wässern die Kiesel. Auf der ersten Station steht eine Installation von zwei ineinander verflochtenen Wurzelwerken. Auf den aus ihnen hervorgehenden Baumstümpfen liegen zwei Darstellerinnen, geborgen in arborealer Umarmung. Als das Publikum sich versammelt hat, beginnen sie damit, das Wurzelwerk zu wässern, werfen sich Kiesel in die Kannen und leeren sie wieder. Dann setzt die Musik ein. Gleich das erste Stück *(IRA)* wartet mit dem wohl ungewöhnlichsten Instrument auf, einer Paetzoldbassflöte, einem aufrechtstehend circa anderthalb Meter hohen, rechteckigen Holzblasinstrument mit großen Klappen, das von der Komponistin Sarah Nemtsov mit Alufolie präpariert wurde. Das Instrument wirkt sehr naturbelassen und fügt sich aufgrund der Kombination von Holz und Aluminium in das Natur-Künstliche der Gartenumgebung ein. Klanglich kommt es zu einer Harmonisierung von Raum und Musik, denn die Präparierung führt zu vielen (konzipierten) Unsauberkeiten, die, einhergehend mit Stoßatmung und Beklopfen des Instruments, eine große Spannbreite von hölzernem, metallischen und menschlichen Klangformen durchläuft.

Die Neue Musik zieht nun von Ort zu Ort mit Transitkompositionen auf naturbelassenen Instrumenten (getrocknete Palmwedel, zerschlagene Steine, Äste-Schlagwerk, in einer mit Wasser gefüllten Schubkarre eine halbierte Kalebasse als Waterdrum, eine Rahmentrommel, in die Samen geschüttet wurden) bis zu einem Zelt, in dem ein Trio mit verstimmter Harfe, Bassflöte, Bassklarinette und der sinisteren Elektronik eines *Kaoss Pads* spielt *(Zimmer I und II)*. Es folgen Percussion-Passagen auf diversen Gartengegenständen (Zinkeimer, Schaufel, Gießkanne und eine Weinbergschnecken-Rassel) und alles mündet im Zentrum des Parcours, in dem ein Musiker die Klänge seiner Bassklarinette loopt, verzerrt und in diverse Schichtungen stapelt *(Implicated Amplification)*. Gerade bei der letztgenannten Komposition wird eine spezifische Stärke deutlich: Nemtsov komponierte im gleichen Maße *für* die reale Physis des Raums als auch *gegen* eine romantisierende Wahrnehmung desselben. Die durch stoßhaftes Spielen erzeugten Rhythmen hallen von den Wänden des Kasinos zurück und erzeugen je nach Standort des Hörers wandelnde Überlagerungen. Die Rückkopplungs- und Störgeräusche wie die intellektualistische Kälte der Komposition machen es unmöglich, die Neue (Garten-)Musik mit den wohligen Gemeinplätzen esoterischer oder romantischer Laubenmelodik zu assoziieren. Dafür sind die Klänge einerseits (dem Gehör) zu sperrig und andererseits (der Welt) zu integrativ: Auch die in das Areal hineinklingenden Geräusche der Neckarstadt-Ost (Straßenlärm, Sirenen) werden im übergreifenden Konzept des Disharmonischen assimiliert. Diese Kraft wirkt jedoch nicht ausschließlich assimilierend, sondern ebenfalls betonend, wie man am Kontrast zu der folgenden finalen Station merkt: Hier kommt eine Theater-Windmaschine zum Einsatz, Performer schaukeln ein Netz, auf dem Gras gepflanzt ist, und zwei Flötistinnen (Piccoloblock- und Piccoloquerflöte) spielen eine Komposition von schriller Sanftheit *(Interferences 4)*. Durch diese Kunststimmung werden die natürlichen Geräusche des Areals (der echte Wind und die echten Vogelstimmen) in den Vordergrund getragen.

Im Gegensatz zur vielschichtigen Klang-Welt-Wechselwirkung fallen die begleitenden und nur selten choreografisch stimmigen performativen Handlungen ab. Generell werden skulpturähnliche Arrangements aus Pflanzen und Akteuren gebildet. Die Langsamkeit der Handlungen betont das Ziel der Entschleunigung, die im Zusammenspiel mit der Musik einen meditativen Charakter bekommt. Die motivische Gestaltung der Performances bleibt jedoch recht gering: Da werden in Prozessionen Blumentöpfe getragen, Darsteller deuten mit übergroßen roten Pappfingern auf einzelne Grashalme, sie behängen sich mit Efeu und lassen sich mit Wedeln überdecken. Dem Bedeutungsraum einer Mensch-/Natur-Symbolik sind generell starke Grenzen gesetzt und man sieht kaum Handlungen, die über diese Motivik hinausweisen. Das ist richtig so, da im Gräsertheater die Pflanzen zu sprechen anfangen sollen. Daher muss dieser Konnex im Vordergrund stehen. Deshalb stellt sich auch unabhängig von Peschkes Inszenierung die Frage, ob die Utopie eines Naturtheaters überhaupt aufgehen kann. Theatralität ist ein Kulturkonstrukt und als solches unterliegt es der (manchmal bedauernswerten, aber dennoch wesensbestimmenden) Differenz von Natur und Kultur. Um diese gewinnbringend zu performen bzw. zu überformen bedarf es mehr als einer ritualisierten und performativ ausgestellten Gartenarbeit.

Auch mag der Nummernrevue-Charakter nicht zu diesem Vorhaben passen: Die einzelnen musikalischen Stationen werden wie beim Stationentheater abgearbeitet und vom Publikum einzeln beklatscht. Die Zuschauer haben zwar viel Freiraum für Beobachtungen und Assoziationen inmitten der Bepflanzungen, werden jedoch auf einen reinen Beobachterstatus gesetzt. Das dadurch entstehende „artige" Avantgarde-im-Park-Ambiente steht sowohl quer zu jedweder Natürlichkeit als auch zum kantigen Charakter der Musik.

II

Die Stärke des Projekts ist seine partizipative wie nachhaltige soziale Wirkkraft. Das gemeinsame Gärtnern mit interessierten Bürgern und schon ansässigen Wohngruppen und die dadurch aktivierten regionalen Diskurse sind ein unumstößlicher Wert. Die Probleme bestehen hinsichtlich der ästhetischen Verwirklichung in einer vom Norm-Sozialen sich abhebenden Aufführungspraxis: Das Projekt hat es versäumt, die Geschichte dieses sehr interessanten Orts einzubinden. Kaiser- und nationalsozialistische Zeit, amerikanische Nutzung, Militarismus und gegenwärtige zivile Spekulationen – von all dem ist in der Inszenierung nichts zu finden. Dies wird jedoch dadurch kompensiert, dass ein angenehm erdiges Unort-Konzept auftaucht: Der Boden selbst verleiht sich in der Bepflanzung Ausdruck, erweitert die von Wohnprojekten umkämpfte Fläche um ihre Tiefendimension, deren natürlicher Wert in naher Zukunft – auch dies bleibt in der Inszenierung unerwähnt – vom pragmatischen Wert einer Tiefgarage ersetzt werden soll.

In der Musik wird der Natur-/Kultur-Konflikt mittels raumspezifisch komponierter Disharmonien harmonisiert – eine reizvolle Paradoxie und äußerst abstrakte Art der Verunortung. Auf der sichtbaren Ebene der Performance jedoch will diese Zusammenführung nur unter Verwendung einer neoromantischen Mensch-/Natur-Motivik gelingen, die im Gegensatz zur Musik kaum Kanten zeigt. Das Errichten eines Gräsertheaters als experimentelle Vermittlung von Natur und Kultur ist ein großes Vorhaben – nach meiner Auffassung hätte das Experiment aber eben auch ein wenig experimenteller ausfallen müssen.

Futur3

ZUM GOLDENEN LEBEN

Ein Theaterprojekt zum Ausstieg, Einstieg, Umstieg

Ziel des Projekts
Im Sommer 2014 führte Futur3 das Projekt *Zum Goldenen Leben* auf einer besetzten Stadtbrache in Köln durch. Die Performer verfolgten den alten Traum auszusteigen. Dafür begaben sie sich auf ihren persönlichen Weg zu einem goldenen Leben und sprachen mit Konsumverweigerern, Zen-Buddhisten, Urban-Gardenern, Postwachstumsökonomen und vielen weiteren Quer- und Andersdenkern. In der ausführlichen Recherchephase wurden Filme, Texte und Interviews geführt. Futur3 wollte herausfinden, welche vielfältigen und kreativen Formen von Ausstieg aus dem kapitalistischen System es gibt, und diese in der Stadt Köln ein Stück weit transparent machen. Ziel des Projekts war es, mithilfe des Recherchematerials den Anwohnern und Kölner Initiativen Themen wie Nachhaltigkeit, Umwelt, Natur, Zeit, Konsum, Arbeit und Gemeinschaft sowohl in einer Performance als auch in sieben Rahmenveranstaltungen, den „Lagerfeuergesprächen", zu verhandeln. Zentrum des Projekts war das ParaDies, eine seit neun Jahren vom Künstler KeTaN und Gleichgesinnten besetzte Stadtbrache in der Innenstadt Kölns. In dieser Oase leben circa 15 Personen, die sich für einen freien und alternativen Stadtraum einsetzen, indem sie das Gelände mit künstlerischen Objekten und Gärten gestalten und Veranstaltungen durchführen. Gegenüber thront die Kölner Agentur für Arbeit in ihrem riesigen Hochhaus. Die Stadt Köln plant auf dem Areal der Aussteiger derzeit den Bau des neuen Stadtarchivs und die Erweiterung des Grüngürtels. Aus diesem Grund ist das Gelände von der Räumung bedroht (im Mai 2015 müssen alle Bewohner den Ort verlassen haben). Die künstlerische Auseinandersetzung von Futur3 auf und mit dem Gelände hatte demnach auch zum Ziel, einen öffentlichen Diskurs über Stadtplanung und die Nutzung von Freiflächen in Großstädten anzustoßen. Zu Lagerfeuergesprächen lud Futur3 Experten ein, z. B. die Journalistin Greta Taubert. In ihrem Buch *Apokalypse jetzt! Wie ich mich auf eine neue Gesellschaft vorbereite* erzählt sie von ihrem einjährigen Selbstversuch, aus dem

Fotos: © Meyer Originals, Futur3

Konsum auszusteigen. Um auf eine Zeit nach einem erneuten Crash der Finanzmärkte vorbereitet zu sein, trifft sie Aussteiger, Anders-Macher, Freaks, Visionäre und Utopisten und wird zur Selbermacherin, Tauschhändlerin und Schenkerin. Ziel der Lagerfeuergespräche war es, den Rechercheprozess und die Arbeitsweise für das Publikum transparent zu gestalten, interessante Themen über die Performance hinaus zu diskutieren und eine Öffentlichkeit für das Gelände und für das Projekt im Vorfeld zu gewinnen. In der Performance wurden die Themen mittels ganz persönlicher Wege der Schauspieler zu einem goldenen Leben aufgegriffen. Was sind meine Sehnsüchte? Wie möchte ich eigentlich leben und was brauche ich dafür? Sie bestand aus vier Stationen über das Gelände verteilt, die jeweils von Performern und Bewohnern des Platzes bespielt wurden. Das Publikum wurde in kleine Gruppen aufgeteilt und in einem theatralen Spaziergang über das Gelände geleitet.

Resonanz, Herausforderungen und Wünsche

Zum Goldenen Leben war durch die Verlegung der Recherchen, Proben, Lagerfeuergespräche und Aufführungen in den öffentlichen Raum das herausforderndste und aufwendigste, aber auch eines der bisher spannendsten und intensivsten Projekte für das Ensemble Futur3. Das Team nahm am Alltag des ParaDies teil und musste somit einen neuen Arbeitsrhythmus in den vorhandenen Strukturen finden. Diese Verortung führte zu einer tiefen Auseinandersetzung mit dem Stückthema und zu nachhaltigen Kontakten zu den Bewohnern des Platzes. Diese wirkten bei den Vorbereitungen, den Recherchen und als Darsteller und Helfer mit. Futur3 bot für die Anwohner des Viertels, in dem das ParaDies-Gelände liegt, eine Zukunftswerkstatt an, um über die aktuellen Planungen der Stadt für das Gelände zu diskutieren. Sie wurden zu den Veranstaltungen eingeladen und hatten die Möglichkeit, den Probenprozess zu verfolgen. Dieses Angebot wurde jedoch nur wenig genutzt. Ein intensiver Kontaktaufbau im Vorfeld konnte Futur3 in diesem Projekt nicht zusätzlich leisten. Dennoch sind durch die Präsenz vor Ort neue Anwohner und Bürger in Köln auf den Platz aufmerksam geworden und nutzen ihn nun über das Projekt hinaus. Die ständige Präsenz der Arbeit von Futur3 über mehrere Monate generierte neue Zielgruppen, die den klassischen Bühnenraum nicht besucht hätten. Dafür war jedoch ohne etablierten Spielort im Rücken ein deutlich höherer Marketingaufwand nötig. Einen kleinen Ausschnitt von Initiativen in Köln, die sich für Umwelt, Soziales, weniger Konsum und Nachhaltigkeit einsetzen, konnte Futur3 im Rahmen der Lagerfeuergespräche zeigen und somit das Angebot in Köln für Interessierte bündeln. Die Herstellung der

Infrastruktur für das Projekt stellte Futur3 vor eine große organisatorische Herausforderung (z. B. die Stromversorgung, Toiletten, Einhaltung von Sicherheitsbestimmungen, Räume, Abstimmungen mit den Nachbarn etc.). Die Aufführungen waren von dauerhaften Gewittern, Starkregen und Sturm begleitet, sodass selbst die Regenvariante der Performance nicht stattfinden konnte. Dadurch mussten Termine verlegt oder sogar abgesagt werden. Durch die künstlerische Auseinandersetzung mit dem als Unort deklarierten Platz und die mehrmonatige Präsenz von Futur3 wurden Diskurse und verstärkte Berichterstattungen in den Medien angestoßen, die sich mit der stadtplanerischen Entwicklung des Stadtteils auseinandersetzen und die Notwendigkeit solcher Freiflächen in deutschen Großstädten thematisierten. Dennoch war der Aufenthalt von Futur3 zu kurz, um mit nachhaltiger Wirkung die Entscheidung der Stadt über die Räumung positiv beeinflussen zu können. Die Entwicklung einer Theaterperformance im öffentlichen Raum bietet die Möglichkeit, neue Theaterformen und eine neue Ästhetik zu finden. Ein urbaner Ort konfrontiert Theatermacher mit gesetzten Gegebenheiten wie der Ästhetik, Funktion und Atmosphäre der Architektur oder die Interessen und Intentionen der Nutzer. Die Realisierung eines Theaterprojekts im Alltag eines „laufenden Betriebs" generiert neue künstlerische Impulse für die zukünftige Arbeit.

Uraufführung: 6.4.2014, Köln, ParaDies
Beteiligte: Künstlerische Leitung und Stab 20 Personen,
4 professionelle Darsteller
Aufführungen: 6 und vielfältige Diskurse in der Zukunftswerkstatt
Zuschauer: 420
Länge der Aufführung: ca. 100 Min.
Eintritt: 10 bis 14 Euro

Akteure
Futur3 wurde 2003 von André Erlen, Stefan H. Kraft und Klaus Maria Zehe gegründet. Seitdem realisierte das Ensemble jährlich ein großes Projekt sowie eine Vielzahl von kleineren Formaten, die oft als Auftragswerke für einen speziellen Raum oder Anlass entstanden sind. Futur3 sucht bewusst die internationale Zusammenarbeit. Partner in der Ukraine, Polen, den USA, Italien, Israel, Singapur, Schweiz und Belgien haben die Arbeiten der letzten Jahre bereichert. Die Produktionen des Ensembles wurden mehrfach ausgezeichnet (u. a. Jurypreis Heidelberger Theatertage 2009, Publikumspreis Festival Albuquerque 2008, Kölner Theaterpreis 2010, Kurt-Hackenberg-Preis für politisches Theater

2010). Mit *Der Duft, die Stadt und das Geld* (Köln 2006) begann Futur3, den eigenen Arbeitsstil weiterzuentwickeln: In einer faktisch-fiktionalen Erzählweise werden die Konzentrate der Recherchephasen mit den Ergebnissen vermischt, die die Schauspieler in Improvisationen entwickelt haben: Für *Petersberg I* (2010) waren z. B. etwa dreißig Interviews, die die künstlerischen Leiter in Israel und den Palästinensischen Autonomiegebieten geführt hatten, die Grundlage für die Entwicklung der Figuren, die die Zuschauer durch eine Nahost-Friedensverhandlung begleiteten. Verstärkt wird diese Erzählweise durch die Arbeit im öffentlichen Raum, der für Zuschauer und Schauspieler mit zusätzlichen Informationen und Assoziationen aufgeladen ist. Zuschauer und Schauspieler treten in eine persönlich und inhaltlich direkte Auseinandersetzung mit den Themen, die seit einigen Jahren stark um große politische Brennpunkte kreisen. Neben *Petersberg I* zeigte Futur3 im Jahr 2010 *Eine Nacht in Afghanistan,* eine Auseinandersetzung mit dem Sinn und Zweck des Afghanistaneinsatzes der Bundeswehr. Eher gesellschaftspolitische Fragen waren die Auslöser für das besonders erfolgreiche Projekt _vater.mutter.hund/ (2007), das sich mit der Entwicklung der Familie in unserer Gesellschaft befasste, oder auch die Produktion *Ortschaft:Abgeschaltet* im April 2012, ein Theaterabend nach der Studie „Die Arbeitslosen von Marienthal". Futur3 geht hier der Frage nach, welche Auswirkungen Massenarbeitslosigkeit auf unsere Gesellschaft hat. Mittels intimer Einblicke in persönliche Geschichten forschte Futur3 in der Produktion *Von Genen und anderen Zufällen* 2013 nach den eigenen Zukunftsvorstellungen in ihrer Jugend und was davon heute noch übrig geblieben ist.

Kontakt:
www.futur-drei.de

Matthias Däumer

MIT DEM BOLLERWAGEN IN DIE UTOPIE

I

Am Gittertor zum Gelände hängt ein Schild: „Bitte Tor geschlossen halten". Gewöhnlich, denkt man, sich zunächst auf genauso bekanntem wie unliebsamen Schrebergarten-Terrain vermutend. Doch der Satz geht weiter: „wegen dem Schwein. (Ja, es gibt hier ein Schwein!!)" Schon erkennt man, dass das zu Erwartende wohl doch nicht ganz so unliebsam werden könnte. An der Schranke begrüßt Rolf Ketan Tepel, der Hausherr, das Publikum und lädt ein ins *ParaDies*. Ketan sieht in seinem weißen Sommeranzug, mit dem lachfaltigen Gesicht und dem Vollbart ein wenig aus wie eine paradoxerweise ebenso geerdete wie esoterische, eben eine echte Variante des Dude.[1] Seine Künstlerresidenz *ParaDies* steht diesem erdig-esoterischen Charakter in nichts nach: ein ehemaliges Brachland, das Ketan vor achteinhalb Jahren zu bebauen anfing. Heute ist es ein Sammelsurium aus verschiedensten Bepflanzungsflächen, verwinkelten Wegen durchs Grün. Dazwischen Holzhäuser, eines ganz im Stil eines Saloons, ein wenig weiter ein abgebrannter Planwagen mit einem offenen Klavier darauf, was das Westernflair abrundet. Eine Grünfläche mit kleinem Amphitheater unter einer alten Eiche erweckt den Anschein, als müsste man hier von Arkadien, dem Unort der antiken Idyllendichtung, erzählen.

Das ganze Areal ist voller Kunstwerke, optischer Fall- und Steigstricke: eine Hütte voller Porträtfotos mit Berufs- oder vielmehr Berufungsbezeichnungen, tibetanische Gebetsfahnen, Spiegel in den Bäumen, verrenkte Schaufensterpuppen auf Dächern, eine Installation aus CD-Rohlingen, Hunde und natürlich auch das wahrlich sehr neugierige Hausschwein. Die Impressionen sind zahllos und man könnte Runde um Runde durch das Areal gehen und würde immer wieder Neues entdecken. Die beiden Richtungsschilder in entgegengesetzte Richtungen, beide mit der Aufschrift „Raus", fordern zu diesem Wandeln auf und zeigen an: Egal in welche Richtung man sich wendet, man wird sich immer im kunterbunten „Daneben" *(Para)* des grau-grauen Kölner All-„Tags" *(Dies)* befinden.

---

[1] Vgl. *The Big Lebowski* (Regie Ethan und Joel Cohen; USA/UK 1998).

Unort-Projekte

Dieser Gegenort wurde von Erlen und Kraft für eine Performance zum „Ausstieg, Einstieg und Umstieg" gewählt. Alles beginnt unter der Eiche. Das Publikum wird von Stefan H. Kraft zu einer Meditation eingeladen. Man schließt, begleitet von der orientalisch anmutenden Musik einer vierköpfigen Gruppe, die Augen. Doch wer sich auf die pure Entspannung und die Erwartung Arkadiens einlässt, wird nun ziemlich überrumpelt von den Worten, die plötzlich aus Kraft hervorbrechen und die alles andere als duftstäbchengeschwängerte Wohligkeit beschreiben: Er berichtet von der ziellosen Freude, mit dem Auto die New Yorker Straßen rauf und runter zu cruisen, der Trunkenheit durch Konsum und Verschwendung. Und von dem Kater nach diesem Rausch, der stetig nagenden Unruhe und den Selbstanklagen des modernen Menschen. Die Begleitmusik hüllt die Erzählung in kontrastive Klänge, teils sphärisch, teils schrill, vor allem als der Hausherr zu einem markerschütternden Schreisolo ansetzt. Der Kontrast lässt Kraft auch irgendwann die Musiker anschreien, er fordert Ruhe für ein Fazit, das die Möglichkeit des ersehnten Ausstiegs grundlegend in Frage stellt. Dann kehrt er, als wäre nichts geschehen, wieder in die Sanftheit der Meditation zurück.

Hier schon zeigt sich, dass Futur3 mitnichten das faszinierende Paradies der Aussteiger dazu nutzt, um affirmativ die Sehnsüchte des Publikums zu bedienen. Ganz im Gegenteil: Die Performer nutzten die Vorbereitungszeit, um eigene Positionen jenseits der neoromantischen Sehnsucht zu entwickeln, welche den möglichen Ausstieg auch von seinen negativen Seiten zeigt. Bei Kraft ist das vor allem die Unmöglichkeit, bei allem Aussteigen aus gesellschaftlichen Zwängen auch aus der eigenen konsumverwöhnten Haut herauszukommen.

Das Publikum wird nach der zwiespältigen Meditation in drei Gruppen geteilt, in denen man von Station zu Station durch das Areal geleitet wird. Meine Gruppe findet sich zuerst bei einem Zugwagen ein, der wie ein Prozessionsschrein eingerichtet ist. Nur, dass statt eines Heiligenbildnisses ein Bildschirm mit Lautsprechern auf dem Wagen steht. Aus den Lautsprechern tönt die Stimme des aus Italien stammenden Performers Pietro Micci. Er leitet die Gruppe durch das Areal, um sie irgendwann zu treffen, wobei er die Begegnung immer weiter aufschiebt. Ihm gefalle gerade die Einsamkeit und er wisse nicht, ob er einer Begegnung mit dem Publikum schon gewachsen sei. Stattdessen erzählt er über die Lautsprecher von seinem Ausstieg aus seinem Leben in Italien, dem Umzug nach Köln mit Frau und Sohn. Auf dem Bildschirm erscheinen Filmpassagen, gefilmt aus seinem Blickwinkel, in denen er den Sohn zu den deutschen Eindrücken befragt. Ganz im Gegensatz zum Vater scheint ihm Köln zu gefallen. Micci hingegen gibt sich längeren Passagen hin, in denen er das Grau der Rheinmetropole verächtlich italienischen Impressionen gegenüberstellt.

Gegen Ende des Walks ist der Performer noch immer nicht aufgetaucht, auch der Bildschirm hat uns sein Bild noch nicht vor Augen geführt. Die *point-of-view*-Kamera zeigt seine Beine, hochgelegt, in einer Wohnung, Chipstüte und Bierflasche öffnend vor dem Flachbildfernseher. Dann jedoch kommt der Performer selbst ins Bild, erzählt der Kamera respektive seinem eigenen Ich, er solle doch ganz zufrieden sein. Das Leben im Konsum sei doch ganz hübsch und die ewigen Beschwerden nur Nörgelei. Über den Lautsprecher beschimpft die Stimme, der das Publikum bisher gefolgt ist, ihr Video-Ich, speit Gift und Galle gegen dessen selbstgenügsame Konsumzufriedenheit. Schließlich stürmt der leibhaftige Micci „Shut up" brüllend von hinten in die Gruppe des Publikums, schaltet das Video aus, dreht sich um und scheint nun erst zu bemerken, dass er die theatrale Begegnung doch gewagt hat. Die bis zu diesem Zeitpunkt gehaltene mediale Entfremdung bewirkt, dass man sich als Zuschauer wirklich über die Begegnung freut, als treffe man unversehens einen lang vermissten Freund. Micci sagt auch nicht viel, stellt nur lakonisch fest, dass man sich wohl von jedem Ort aus wieder zu einem anderen wünschen würde, steckt sich genüsslich eine Zigarette an, nimmt den Wagen und zieht winkend von dannen. Auf dem Bildschirm, den er hinter sich herzieht, sieht man seinen Sohn auf einem Kinderfahrrad auf Bürgersteigen fahren: Er wirkt im Gegensatz zu seinem Vater voll in seinem Kölner Element.

An der nächsten Station begrüßt André Erlen das Publikum. Er trägt einen schlechtsitzenden 1980er-Jahre-Tweed-Anzug und eine sogar noch schlechter sitzende Blondhaarperücke. Vor einer Rückwand aus leeren IKEA-Expedit-Regalen (vor allem dem Vinyl-Liebhaber Inbegriff der absoluten Ordnung) erzählt er in völlig gelöstem und freundschaftlich selbstanalytischem Ton von der alltäglichen Herrschaft der Dinge über ihre Eigentümer und vom Ringen um Struktur im überfüllten Alltag. Der teils karteikartengestützte Monolog öffnet sich immer mehr zu einem direkten Gespräch mit dem Publikum, in dem Erlen jegliche Theatralität mitsamt der Blondhaarperücke abstreift. Dabei kommentiert er ironisch, was die Erwartung an einen Darsteller in schlechtsitzendem Anzug und Perücke von dem unterscheidet, was das Spiel von Futur3 ausmacht: Es geht nicht um Mittelbarkeit, nicht um die Rolle. All dies ist nur ein Rahmen, den man zwar über theatrale Marker generiert, der aber gänzlich untheatral und unmittelbar zum menschlichen Dialog führen soll – und führt. Am Ende dieser Sequenz hat man nicht den Eindruck, einer Performance zugeschaut zu haben, sondern unverfälscht mit Erlen geredet zu haben.

Spielten die letzten beiden Stationen mit An- und Abwesenheit und Mittel- und Unmittelbarkeit des Spiels, so wird an der nächsten diese Reibungsfläche vorübergehend aufgegeben, um sich ganz der medialisierten Erfahrung zu widmen: Das Publikum wird auf goldbezogenen Matratzen gebettet, die über eine Grünfläche verstreut liegen. Am Kopfende befinden sich Kopfhörer. In den belaubten Himmel schauend lauscht man einer Frauenstimme, die mit den genauen Zeitangaben einer Archivarin das Treiben der Vögel vor ihrem Fenster beschreibt. Als man sich von den Worten wohlig einlullen lässt, wird die Aufnahme wie von den Funkwellen eines Handys gestört und es entwickelt sich eine Welle von technischen Störgeräuschen: der Ruf der Außenwelt, der die Ruhe der Naturbeobachtung bricht.

Als man von den Betten aufsteht, wird man zu einem Grashügel geführt. Eine Leiter führt in ein circa eineinhalb Meter tiefes Erdloch, in dem das Publikum dicht aneinander gedrängt sitzt. Als die Luke geschlossen wird, ist die einzige Lichtquelle ein Aquarium, in dem ein einzelner Fisch vor sich hindümpelt. Auf der Rückwand beginnt die Videoprojektion einer Frau im Badeanzug, die sich, aus der Aufsicht gefilmt, an einem Sprungbrett über eine Wasserfläche hangelt. In dem Moment, als sich die Frau im Video ins Becken (respektive ins Aquarium) fallen lässt, springt Irene Eichberger in ebendem Badeanzug aus ihrem Versteck auf. Sie hangelt und räkelt sich durch den engen Raum, bewegt sich parallel zu den Haltungen ihres Video-Ichs im virtuellen Schwimmbecken. Dabei spricht sie einen Text, der in seinem lyrischen Charakter im starken Gegensatz zu der von Erlen evozierten Echtheit steht. Es geht um den Albatros-Flug als Metapher des Ausbruchs, um die Beschwerlichkeit seines Beginnens, aber auch um dessen berühmt-berüchtigtes Finale in einer Bruchlandung. Durch dieses Bild und den Kontrast zu den anderen Sprechweisen wurde klar, dass alle Performer ihren spezifischen Zugang zum „goldenen Leben" suchten, jedoch gleichermaßen zu einer Ambivalenz gelangten, die zwischen Sehnsucht, Desillusionierung und Angst oszilliert.

Die letzte Station kann als Finale dieser Bewegung in der absoluten Echtheit gesehen werden. Rolf Ketan Tepel lädt zur Diskussion über sein Aussteiger-Projekt und seine Kapitalismuskritik ein – und über das nahende Ende all dessen: Am 15. August soll das *ParaDies* geräumt werden. Die Diskussion wird rege angenommen und zeugt davon, dass die Performance, aber auch die zuvor schon abgehaltenen Lagerfeuer-Gespräche einen regen Diskurs haben entstehen lassen. Dass aufgrund von Versäumnissen diese Aufmerksamkeit höchstwahrscheinlich erst viel zu spät erweckt wurde, um wirklich noch etwas gegen die Räumung unternehmen zu können, lässt für mich leider die Verlustangst um diesen wundervollen Ort als finalen Akkord im Raum stehen. Der Zug zum gemeinsamen Essen am Lagerfeuer wirkt nur mäßig tröstend, doch leitet, so wäre zu hoffen, ein gemeinsames Ringen darum ein, die Vertreibung aus dem Paradies doch noch ein wenig aufzuschieben.

II

Geht man von der gängigen pejorativen Bedeutung von Unort aus, so ist das *ParaDies* gerade keiner. Jedoch schafft die Künstlerresidenz es, als Gegenort das Außen, also den Kölner Stadtraum, in seinen transitären Zügen als Augé'schen Nicht-Ort auszuweisen. Die Performance von Futur3 nützt diese Kontrastfunktion, um auszustellen, was der Ausstieg, die Verunortung der gesellschaftlichen *persona* bedeutet – und schafft es, dabei jeglichem Hippie-Kitsch aus dem Weg zu gehen. Gerade die Ehrlichkeit und Direktheit der Auseinandersetzung, die das eigene Scheitern und die Unfähigkeit zum „goldenen Leben" mitbedenkt, macht die Stärke des Projekts aus. Diese Stärke war nur über die persönlichen Vorarbeiten und den partizipativen Austausch bei den Lagerfeuergesprächen zu garantieren. So trifft die Aktion ins Herz dessen, was die Gesellschaft am Raum, aber auch jeder „ernsthafte Mensch in Deutschland" an sich selbst verfehlt. Damit entsteht eine personalisierte Nachhaltigkeit, die auf den einzelnen Rezipienten abzielt. Die allgemeine, (stadt-)politische Nachhaltigkeit, die auf einen Erhalt des *ParaDieses* abzielt, steht im Gegensatz zu dieser auf unsicheren Beinen: Tepels Oase galt es schon in der Vergangenheit zu verteidigen. Was wäre auch ein Paradies, das man sich nicht erkämpfen müsste? Doch was weder ein Ansturm von Junkies noch eine Brandstiftung (von der übrigens der abgebrannte Planwagen zeugt) vermochten, bewirkt nun die Kölner Stadtplanung. Es wirkt beinahe sarkastisch, dass das *ParaDies*, dessen Duldung jahrelang dem gegenüberstehenden monströsen Kölner Amtsgericht abgerungen wurde, nun ausgerechnet dem neuen Stadtarchiv weichen soll: Tote Relikte eines vergangenen Lebens besetzen den Raum eines gegenwärtigen Anders-Lebens. Futur3 gelang es, diesem Zwang des objektivierenden Archivs durch Ausstellung ihrer individuellen Ausstiegserfahrungen ein letzter Widerstand vor der Vertreibung zu sein.

Aktionstheater PAN.OPTIKUM

ZEIT HEILT ALLE STUNDEN

Ziel des Projekts

Die alten Zollhallen auf dem Gelände des Güterbahnhofs Nord in Freiburg: Das ganze Areal des Gütebahnhofs Nord befindet sich im Besitz der Immobiliengruppe Aurelis, die wiederum zu 93 Prozent in der Hand des US-amerikanischen Investmentfonds Redwood Grove international des Großinvestors George Soros. Bei der Gestaltung des Stadtteils geht es daher um größtmögliche Gewinnmaximierung. Im Zentrum des Theaterprojekts sollte deshalb die Frage stehen, wie ein urbanes Miteinander aussehen kann. Wie wollen wir zusammen leben, welche Gesellschaftsgruppen werden bei einer Planung am Reißbrett mit dem Ziel des vermeintlich besten Investments in unseren Städten ausgegrenzt?

Ausgehend von Bertolt Brechts Stück *Aufstieg und Fall der Stadt Mahagonny* entwickelte die Regisseurin Sigrun Fritsch ein Collagen-Konzept, das die ganzen drei zur Verfügung stehenden Zollhallen bespielte und das Publikum im wahrsten Sinne des Wortes mit auf die Reise nahm. In 21 Szenen wurde die vielschichtige Problematik am Beispiel jugendlicher Flüchtlinge in und unter einer „Monster"-Stadt veranschaulicht. Sechs Raps, getextet von Robin Haefs, der Berliner Gruppe RAPucation wurden zum jeweiligen Fluchtpunkt in den einzelnen Szenenkomplexen. *Mahagonny*, Bertolt Brechts verheißungsvoller Zufluchtsort für Unzufriedene aller Kontinente, wurde in der vielschichtigen Collage zum Zerrbild menschlicher Urängste vor dem Fremden und der daraus hervorgehenden Auswüchse in der Asylpolitik. Während es aber in Brechts Operntext Unzufriedene sind, die aus ihren Metropolen vor Überdruss fliehen und in ihrem selbstgewählten Paradies Mahagonny schließlich die selbstgeschaffene Hölle schon zu ihren Lebzeiten erfahren, waren es hier aus physischer und psychischer Not Vertriebene, Jugendliche, die Asyl in einer zivilisierten, wohlgenährten Gesellschaft suchten. Bei ihrer Ankunft erlebten sie im vorliegenden Stück eine scheinbar von Menschlichkeit entleerte Welt, eine Welt, die sich aus tiefverwurzeltem Verfolgungswahn in ihre Hölle verpuppt hat und damit gleichermaßen zur Hölle für die Schutzsuchenden wurde.

Fotos: © Jennifer Rohrbacher

Seit Juli arbeitete das Ensemble mit circa 35 Jugendlichen mit und ohne Migrationshintergrund, mit vier Choreografen, einem Rapper, drei Schauspielerinnen und der Regisseurin an dem Stück. Nach den Aufführungen im Oktober in den Zollhallen wurde das Stück eingeladen, das Baden-Württembergische Festival der Privattheater auf dem Rathausplatz prominent zu eröffnen.

Seit diesem Projekt hat PAN.OPTIKUM zwei weitere langfristige Projekte initiiert: Über ein ganzes Jahr treffen sich die Jugendlichen aus dem Stück *Zeit heilt alle Stunden* und weitere wöchentlich mit Geflüchteten im Produktionszentrum des Aktionstheaters und erarbeiten weitere Stücke.

Resonanz, Herausforderungen und Wünsche
Die Resonanz bei Publikum, Presse, Jugendlichen, Teilnehmern und Kulturverwaltung war ausgesprochen positiv. Die Produktion war einige Zeit Stadtgespräch in Freiburg. Außerdem fällt auf, dass auch noch Monate später Personenkreise davon gehört haben, die Kulturveranstaltungen einer kleinen deutschen Stadt wie Freiburg eher fernstehen. Für die nachfolgenden Projekte des Aktionstheaters genügte ein kleiner Hinweis in den *Social-media*-Kanälen des Internets und über 25 Jugendliche und junge Erwachsene meldeten sich, um mit uns ein nächstes Projekt zu erarbeiten. Dabei ist besonders schön zu sehen, wie junge Menschen, die bei *Zeit heilt alle Stunden* zum ersten Mal mit dem Ensemble gearbeitet haben, nun die Neuen an die Hand nehmen.

Eines der selbst gesteckten Ziele bei dieser Inszenierung war es, auch Diskussionen mit den lokalen Politikern über die städtische Planung genau dieses Stadtteils anzustoßen. Dies ist kurzfristig nicht geglückt, was natürlich auch an den Eigentumsverhältnissen liegt, denn das ganze Areal ist im Besitz von Aurelis. Wie viel die Projektarbeit aber mittel- und langfristig bewirkt, dadurch dass die Themen der Frage des Zusammenlebens und gesellschaftlicher Entwürfe unter Einbeziehung sozialer Randgruppen in den Fokus gestellt wurden, lässt sich noch nicht sagen, aber die Resonanz stimmt uns zuversichtlich.

Durch die Erfahrungen der Arbeit während dieser Produktion mit jungen Menschen, die als Flüchtlinge nach Freiburg kamen, und die internationale Ausrichtung des Aktionstheaters hat sich in den Monaten nach dem Unorte-Projekt der Wunsch entwickelt, in den eigenen Produktionsräumen ganz gezielt auch multinationale, multivokale Stücke zu entwickeln, die diese Verschiedenheit aufgreifen, zum Thema machen und als ästhetische Bereicherung verstehen.

Uraufführung: 2.10.2014, Freiburg, Zollhallen des Güterbahnhofs Nord
Beteiligte: Künstlerische Leitung und Stab 20 Personen, 3 professionelle Darsteller, 32 jugendliche Gruppendarsteller
Aufführungen: 5
Zuschauer: 1100
Länge der Aufführung: ca. 120 Min.
Eintritt: 6 bis 12 Euro, freier Eintritt für Geflüchtete

Akteure
PAN.OPTIKUM versteht sich als Künstlerkollektiv, das sich seit Jahren interaktiven Formen von Sprech-/Musiktheater verschrieben hat und bewusst den Spagat zwischen dem Genre Aktionstheater und Sujets aus Literatur, klassischem Theater und Oper sowie Kunst sucht. Das Ensemble besteht aus über vierzig Schauspielern, Sängern, Akrobaten sowie Licht-, Ton- und Pyrotechnikern unter der künstlerischen Leitung von Sigrun Fritsch und Matthias Rettner. Die Inszenierungen mit artistischen und visuellen Effekten werden zu einem besonderen Erlebnis für die Zuschauer, die bei allen Produktionen so stark wie möglich ins Geschehen integriert werden und die Akteure unmittelbar auf ihrem Weg durch das Spielgeschehen erleben können. PAN.OPTIKUM gastiert mit eigenen Produktionen seit Jahren weltweit bei großen internationalen Festivals. Zu den erfolgreichsten Produktionen zählen *Il Corso, Orpheus, BallGefühl, TRANSITion, human(f)actor.* PAN.OPTIKUM erarbeitet aber auch Produktionen in Kooperation mit anderen Kulturinstitutionen für den traditionellen Theaterraum, wie z. B. *Medea.Stimmen* für das Theater Freiburg oder die Oper *The Civil Wars* von Philipp Glass sowohl für das Theater Freiburg als auch für die Deutsche Oper am Rhein. Außergewöhnlich sind auch die Operninszenierungen als Open-Air-Veranstaltungen: 2008 inszenierte PAN.OPTIKUM die *Carmina Burana* als Musiktheater für das Theater Basel im antiken Ambiente von Augst. Mit der Philharmonie Tallinn wurde 2010 die Oper *Orpheus und Eurydike* von Christoph Willibald Gluck für ein mittelalterliches Kloster in Szene gesetzt. 2012 wurde gemeinsam mit dem SWR Sinfonieorchester Baden-Baden und Freiburg unter der Leitung von François Xavier Roth ein großes Jugendtheaterprojekt inszeniert, das in ganz Deutschland von sich reden machte: *Romeo feat. Julia,* und das in einer zwanzigteiligen Fernsehserie dokumentiert wurde.

PAN.OPTIKUM erhielt mehrere Auszeichnungen: u. a. 2002 für *Il Corso* Internationales Straßentheaterfestival in Holzminden, 2005 Kulturpreis des Landes Baden-Württemberg, beim Bundeswettbewerb für

Unort-Projekte

kulturelle Bildung Mixed Up 2008 und mehrere erste Preise beim Wettbewerb Kinder zum Olymp.

Kontakt:
www.theater-panoptikum.de

Matthias Däumer

„IHR SEID DIE ERSTEN, DIE WIR FRESSEN WERDEN!"[1]

I

Das Gebiet des Güterbahnhofs Nord in Freiburg ist ein Areal der harten Kontraste: auf der einen Seite moderne Wohnbauten, steril, teils noch ungenutzt, doch im Leerstand Zeichen einer Zukunft; auf der anderen Seite die alten Bahnhallen, architektonische Dinosaurier, kurz vor dem Meteoreinschlag. An dieser Schnittstelle, diesem Ort des Umbruchs, fragt PAN.OPTIKUM nach der Art, wie wir leben wollen, nach dem Umfang dieses Wirs und der Bedeutung dieses Lebens. Das Areal fordert diese Frage geradezu heraus, ist es doch noch ungeklärt, wie mit den historischen Bahngebäuden verfahren werden soll. Ebenso ist es zwingend, welche Personengruppe PAN.OPTIKUM fragt: Es sind nicht Politiker, nicht das Publikum, sondern die jugendlichen Darsteller, die beim Erstellen der Fragen und der Suche nach Antworten partizipierten. Dafür wurde eine der langen Bahnhallen in drei Schauplätze unterteilt, durch die das Publikum sich bewegt. Die Inszenierung entfaltet so (textuell geleitet von Brechts *Mahagonny*, Richard Schuberths *Frontex*-Drama und Passagen aus Pablo Nerudas *Aufenthalt auf Erden*) ein Sammelsurium von Bildern über Integration, Exklusion und Aggression.

An der ersten Station (das Programmheft nennt sie „Großstadt in der Gegenwart: Mahagonny") sitzt das Publikum auf einer Tribüne und verstreut stehenden Sitzgelegenheiten. Man sieht auf einer Projektionsleinwand Informationen über die Mauereidechse *Podarcis muralis*, die der Inszenierung als Maskottchen dient. Und das gleich in mehrfacher Hinsicht: So prangt sie auf jeder Seite des Programmhefts – und das zu Recht, war das Vorkommen dieser geschützten Echsenart doch der Grund dafür, dass der Abreißwut am Güterbahnhof Einhalt geboten wurde und durch die Errichtung eines Schutzgebietes das Gebäude des PAN.OPTIKUMS erhalten bleiben konnte.

Sieben Einwanderer betreten den Spielraum, dicht gefolgt von einer unausstehlich professionellen Reporterin für *Arte brisant* (eine Figur

---

[1] Aus dem Rap *Eure Güte ist Schuld!* von Robin Haefs nach *Frontex – Keiner kommt hier lebend rein: Eine mediterrane Groteske* von Richard Schuberth (Klagenfurt 2014).

aus Schuberths Drama) und ihrem Kameramann. Sie heißt die jugendlichen Geflüchteten in Reih und Glied stehen, interviewt sie und schmeißt sich dabei von einer TV-Pose in die nächste. Die Jugendlichen wiederum bekommen keine Chance, wirklich Antworten auf ihre Fragen zu geben, sondern müssen von vorgefertigten Karten vorlesen, meist Zitate aus der Freiburger Presselandschaft, die von der Überforderung der Politik durch die steigenden Flüchtlingszahlen und auch vom Rassismus zeugen. Die Geflüchteten wirken hilflos, werden von der Reporterin zur Staffage ihrer Selbstinszenierung missbraucht – bis plötzlich zu Hip-Hop-Rhythmen rund zwanzig jugendliche Tänzer die sich abrupt wandelnde Szenerie (die Projektionsfläche im Hintergrund zeigt nun mit Graffitis überzogene Container) überfallen. Dazu erfolgt der erste Einsatz der Raps, die von Robin Haefs (Gründer der Berliner *Rapucation*-Gruppe und Autor eines Buchs zur Vermittlung von Unterrichtsinhalten durch Rapmusik),[2] in Zusammenarbeit mit den jugendlichen Darstellern (zumeist Schülern einer achten Klasse des Montessori-Zentrums) verfasst wurden. Der erste Rap, *Glitzerstaub*, ist ein sarkastisches Lob auf die Urbanität Mahagonnys, die die Geflüchteten anzieht, doch dann: „verdunstet in giftigem Rauch. / Es war leider nix außer Glitzerstaub". Die Tänzer bedrohen die Reporterin und ihren Kameramann, rauben ihre Kleidung. Doch bevor die Szene eskaliert, tritt am oberen Ende einer seitlich an der Wand verlaufenden Holztreppe als *reptile ex machina* die Echse auf: Die Darstellerin mit ihrem grünen Plastikschwanz steigert den ohnehin schon surrealen Charakter, doch sorgt (und hierin gleicht sie ihrem realen Vorbild der *Podarcis muralis*) für eine vorübergehende Harmonie, schlichtet als Teilhabende an beiden Welten, gewissermaßen als urbane Naturmacht. Der Kameramann, der in diesen Passagen immer mehr zur Identifikationsgestalt des Publikums wird, schließt sich daraufhin den Jugendlichen an. Die Reporterin wird hingegen mit einer parodistischen Choreografie konfrontiert, in der Tänzerinnen mit blonden Perücken ihr marionettenhaftes Gebaren imitieren, mit bedrohlichen Gesten und maschinenartigen Bewegungen die mediale Schönfärbung der Realität in ihrer Bedrohlichkeit ausstellen.

Danach wird das Publikum von den Performern animiert, sich zur zweiten Station zu begeben. Dort sitzt man auf dreireihigen, verschiebbaren Tribünen. Empfangen wird man durch eine Hip-Hop-Sequenz, die allmählich dem szenischen Spiel weicht. Die Geflüchteten und mit ihnen die mittlerweile identitäts- wie rechtlose Reporterin müssen sich

---

[2] Vgl. Robin Haefs: *Rapucation. Vermittlung von Unterrichtsinhalten durch Rapmusik*, Hamburg 2008.

vor autoritären Bürokraten ausweisen. Nach einem anfänglichen Aufbegehren wird der Vorgang immer verzweifelter und beschneidet immer mehr die Würde der Neuankömmlinge. Sätze wie „Aber ich bin doch einmalig" verleihen der Verzweiflung der Inspizierten Ausdruck. Plötzlich werden die Tribünen in Bewegung gesetzt und das Publikum muss sich in der eigenen Passivität und Dekadenz ertappt fühlen, die einen diesen Vorgang der alltäglichen Diskriminierung von Geflüchteten lediglich betrachten lässt. Von den Darstellern durch eine disconeblige Autoscooter-Atmosphäre geschoben endet der Weg vor dem Zugang zur dritten Station, die im Gegensatz zu den ersten beiden bisher noch nicht einsehbar war.

Der Raum, den man nun von der Tribüne aus durch einen schmalen, mit Plastikbahnen behängten Einlass betritt, wirkt bedrohlich. Die klaustrophobische Atmosphäre wird dadurch gesteigert, dass man eng beieinander auf Papphockern sitzt, umgeben von Gazevorhängen, auf denen psychedelische Motive wabern (oszillierende Iriden, Puppenköpfe, Insekten, missgebildete Figuren). Die Gaze lässt einen anfangs die Gegenseite nur erahnen, was die Verunsicherung enorm steigert. Als die Projektionen verblassen, erkennt man hinter der Gaze drei Bühnen, auf denen Gruppen von Tänzern in grotesken und bedrohlichen Outfits die Atmosphäre einer dämonischen Unterwelt erzeugen: hochgestellte künstliche Menschen- und Tierköpfe, schamanenhaft, und die schon bekannten Blondinen, die mit olimpiahafter Kühle einen Tanz aufführen, der sich um die von ihnen getragenen Tablets dreht. Noch könnte man sich aufgrund der Trennung von Zuschauer- und Spielraum als Betrachter des infernalischen Geschehens in Sicherheit wiegen, doch dann brechen die Darsteller die vierte Wand und reißen den Betrachter mit in die Hölle: Sie rappen, rufen Parolen und zitieren hochaggressive Passagen aus Schuberths Lampedusa-Drama. Das Verhältnis von arrogantem Passinhaber und bittstellendem Einwanderer wird dabei in sein Gegenteil verkehrt. Die gerappten Texte belächeln den selbstgefälligen deutschen „Gutmenschen"[3] und setzen höhnisch hinzu: „Ihr seid die ersten, die wir fressen werden!" Die Blondinen werfen währenddessen der Reporterin die mediale Ausschlachtung der Flüchtlingsleiden vor, diese widerspricht mit aufklärerischer Selbstgefälligkeit und die schrecklichen Olimpias machen sich auf den Weg zu ihrem Opfer. Doch dann ändert sich plötzlich, vergleichbar der Dramaturgie an der ersten Station, die musikalische Stimmung, die Gazevorhänge werden hochge-

---

[3] Erst ein Jahr später, 2015, zum Unwort gekürt.

zogen, der Raum geweitet. Abermals erscheint das *reptile ex machina* und wendet die Eskalation ab.

Die nun folgenden Szenen symbolisieren den allmählichen Wiederaufstieg bis hin zur Oberfläche der ersten Station: noch eine Autoscooterfahrt, begleitet von dem beinahe reumütig-aggressiven Rap *(Träne)* und an der ersten Station eine große Choreografie, u. a. zum Rap *Hier oben*. In diesem Finale werden sowohl textlich, sprachrhythmisch, tänzerisch und vor allem atmosphärisch noch einmal alle Register gezogen. Man bemerkt fast gar nicht, dass irgendwo während des Aufstiegs die Reporterin von der Masse der Jugendlichen geradezu assimiliert wurde, das Bild für das Mediale klammheimlich der Direktheit der Gruppenperformance Platz machte.

II

Die Begrifflichkeit der Unort-Theorie kann für *Zeit heilt alle Stunden* zweifach der Beschreibung dienen. Einerseits ist das Areal des Güterbahnhofs eine Heterotopie (Foucault), auf der die Wandlungen des urbanen Raums, die Gegensätze von Altem und Neuen, aber auch Natur und Bebauung zusammengezogen werden. Gerade die letzte Opposition wird über das Motiv und die Figur der Echse herausgestellt. Lediglich bezüglich der Geflüchtetenthematik wären noch andere, passendere Orte denkbar gewesen, warten die Wohngebäude des Güterbahnhofs doch eher auf Studierende und *middle* bis *upperclass*-Gentrifizierer. Doch die Nachhaltigkeit der Inszenierung zielt auch nicht auf die konkrete Stadtplanung ab, sondern eher auf die Fragen und Antworten der beteiligten Jugendlichen, die mit dem Stück die planerische Unsicherheit zur Möglichkeit der Utopie umdeuten. Eine eher strukturelle Umsetzung eines Unort-Gedankens findet sich andererseits in der Raumnutzung der Inszenierung. Die Grundstruktur von *descensus (ad infernos)*, der Umkehr und dem Wiederaufstieg, semantisiert die Bahnhalle auf eine Art, die eng mit einer motivischen wie theatralen Tradition zusammenhängt. Diese wiederum trägt stark zur Aussage des Stücks bei: Steigt einer in die Unterwelt, so tut er dies (wenn er nicht gerade Jesus heißt) seit dem Hochmittelalter zumeist aus Gründen der Läuterung. Und auch *Zeit heilt alle Stunden* zeichnet einen Läuterungsweg nach, der von der Erfahrung der Gewalt durch Medien über eine Umkehr dieser Gewalt in der Unterwelt bis hin zu einem Abstreifen des Medialen und der finalen Erfahrung von Unmittelbarkeit reicht, einer Unmittelbarkeit, in der man auch schließlich sich selbst entdeckt: „Denn neben jedem Stern steht eine Zahl. / Verbinde sie und du siehst deinen Namen. / Wenn du's nicht sofort erkennst, mach die Augen zu. / Augen zu, alles wird gut", heißt es im abschließenden *Hier oben*. So endet die Unterweltfahrt vor allem auch in der Katharsis, dem theatralen Effekt der läuternden Selbsterkenntnis, hier: dem Bewusstsein für die Position in den dargestellten gesellschaftlichen Ungerechtigkeiten.

Um abschließend noch einen letzten historischen Bezug dieser Raumnutzung zu nennen: Die Art, wie in der Horizontalen der Halle die Vertikalität von Ober-, irdischer und Unterwelt entsteht, ist eine äußerst traditionelle Verunortung, erinnert sie doch stark an die Raumsemantik der mittelalterlichen Simultanbühnen. Diese wird sogar so genau imitiert, dass der enge Zugang zur dritten Spielstation dem Theaterhistoriker nur wie der obligatorische Höllenschlund dieser Bühnenform vorkommen kann. Dass diese gelehrte Tradition jedoch niemals in ihrer Musealität dominiert, sondern vielmehr die Energie der jugendlichen Darsteller das Publikum über die volle Länge des Stücks mitreißt, ist wohl das größte Verdienst dieser Inszenierung – gute Traditionalität ist dann doch wohl eher die, die sich darauf versteht, paradoxerweise alles andere als traditionell zu wirken.

Philipp Hauß

WUNDERBLOCK – DEUTSCHLAND, DEINE SPEICHER – 50 JAHRE SUPER 8

Ziel des Projekts

Fünfzig Jahre nachdem Kodak auf der Photokina-Messe das neue Super-8-Format vorstellte, rollte im Sommer 2014 vier Wochen lang ein Analog-/Digital-Film-Container durch Deutschland. Vom 19. Juli bis 16. August 2014 gastierte das Kunstprojekt *Wunderblock – Deutschland, deine Speicher – 50 Jahre Super 8* in den Städten Greifswald, Lüneburg, Kelheim und Lengerich. Im Mittelpunkt des Projekts stand Amateur-Super-8-Material, das, digitalisiert und zu neuen Fiktionen zusammengesetzt, im Rahmen eines „theatralisch-filmischen und musikalischen Familienabends mit Freunden" aufgeführt wurde. Zwischen zwei Containern – davon einer eine Art Mini-Kino für das gemeinsame Sichten – wurde auf einer Leinwand der neu zusammengesetzte Film gezeigt, Schauspieler schlüpften in die Rollen von Verwandten, Freunden und (verlorenen) Söhnen und Töchtern. Ziel war es, in diesem Seherlebnis eine neue Gemeinschaft zu erzeugen. Alle Bewohner waren eingeladen, ihre Dachböden (Speicher), Keller und Schränke nach Super-8-Filmen zu durchforsten und in das Kunstprojekt einzuspeisen, die gemeinsam gesichtet und von den Veranstaltern kostenfrei digitalisiert wurden.

Unort 1: im Zwischenraum von Gedächtnis und Gegenwart – die Gegenwart des Speichers, hier sowohl medientheoretisch als auch real als Dachboden. Das, was dort lagert, wird aktiviert und verflüssigt. Das *read only memory* (ROM) des Dachbodens wird zum *random access memory* (RAM) des Gemeinschaftserlebnisses.

Unort 2: Umwandlung der letzten Medienmüllkippe, die durch die Beschäftigung zum Hort von kulturell wertvollem Material wird. Durch Filmschnitt wird das reine Abbilden überwunden, Fiktionales zieht ins Filmbild ein und Geschichte wird neu geschrieben.

Unort 3: Wunderblock. Fußgängerzone als Kommunikationsraum kaum von Bedeutung, wird zum Ort des Austauschs über Bildmedien und Geschichten. Wunderblock wird zur fiktiven Biografie. Schauspieler als „Verwandte/Freunde" erzeugen um ihn neue Heimat.

Fotos: © Wunderblock e.V.

Das Material wurde während der Woche gesammelt und geschnitten. Gemeinsam mit den Schauspielern wurde aus einem heterogenen Textmaterial von Heiner Müller über Claude Levi-Strauss bis zu Michel Houellebecq eine Narration über das jeweilige Material gelegt. Durch Live-Kommentar, Live-Synchronisation und die theatrale Rahmung wurden vier Geschichten erzählt: eine eskalierende Familienfeier in postapokalyptischer Düsternis (Greifswald), eine Reise in das Herz der Finsternis zum bayerischen Potlatch (Kelheim), die Möglichkeit einer Insel der Spießigkeit (Lüneburg) und Szenen einer Ehetherapie (Lengerich). Wiederkehrendes Element war eine Dialogsequenz aus *Warum läuft Herr R. Amok?* von Rainer Werner Fassbinder, der sowohl historisch (1970) als auch ästhetisch eine große Nähe zu den gesammelten Super-8-Filmen aufweist.

Resonanz, Herausforderungen und Wünsche

Die Resonanz auf den Aufruf, Super-8-Filme in das Projekt einzuspeisen, war in allen vier Städten enorm. Schon bei der ersten Station in Greifswald waren die Einreichungen schnell so zahlreich, dass die Kapazitäten kaum ausreichten. In Lengerich und Kelheim wurden so viele Filme vorbeigebracht, dass in der Projektzeit unmöglich alles gesichtet werden konnte. Hier wurde zum einen gemeinsam mit den Einreichenden eine Auswahl getroffen, zum anderen dafür gesorgt, dass mindestens eine Filmrolle pro Einreichendem digitalisiert mit nach Hause genommen werden konnte. Insgesamt haben in den vier Wochen des Projekts 109 Einzelpersonen oder Familien Filme abgegeben, wobei diese Zahl durch die verfügbaren technischen und zeitlichen Kapazitäten und nicht durch Ausbleiben der Beteiligung begrenzt wurde. Digitalisiert wurden insgesamt 2552,5 Minuten und auf DVDs ausgegeben. Die Zuschauerresonanz bei den theatralischen Aufführungen war sehr unterschiedlich. In Lengerich und Kelheim, trotz unsicherer Wetterlage und einer von der Feuerwehr ausgesprochenen Sturmwarnung, erfüllten die Zahlen die Erwartungen; in Greifswald und Lüneburg blieb die Resonanz unter unseren Wünschen. Die Entscheidung, *Wunderblock* in Städten jenseits der Kulturhochburgen stattfinden zu lassen, barg natürlich das Risiko, wenig wahrgenommen zu werden. Dazu kam, dass die Mischung aus Partizipation, Digitalisierung und Live-Aktion weder als klassische Theateraufführung noch als Konzert, Festlichkeit oder Stadtfest rezipiert werden konnte, sondern sich beabsichtigter Weise der Einordnung entzog. Die acht Abendveranstaltungen haben insgesamt zwischen 580 und 590 Besucher gesehen, zudem haben 252 Leute *Wunderblock – Deutschland deine Speicher – 50 Jahre Super* 8 im Internet verfolgt. Die Resonanz in Printmedien, Radio und lokalen Fernsehstationen war sehr gut, insgesamt erschienen circa zwanzig Zeitungsberichte, fünf Fernsehberichte von Lokalsendern und drei Radiointerviews. Neben Anfragen von Künstlern und Dokumentarfilmern, mit Wunderblock e. V. und dem entstandenen Materialarchiv zusammenzuarbeiten, gibt es Vorbereitungen, als Wunderblock e. V. das Material für einen Film über den Super-8-Amateurfilm zu verwenden. Eine andere Nachhaltigkeit des Projekts ist schwerer messbar, nämlich: welche Spuren das Projekt in den Städten hinterlassen hat, die Gemeinschaften, die am Container durch das gemeinsame Betrachten von eigentlich privatesten Momenten entstanden sind. Jeder Filmer hat von diesem Projekt etwas behalten und es schien, als ob der Wunsch, diese Bilder, die wegen fehlender oder defekter Projektoren seit Jahren nicht sichtbar waren, mit anderen zu teilen, groß war. Das Stadtarchiv Lüneburg hat signalisiert, das Format in ähnlicher Form fortzusetzen.

Uraufführung: 25.7.2014, Greifswald, weitere Premieren in Kelheim am 1.8.2014, in Lüneburg am 8.8.2014 und Lengerich am 15.8.2014
Beteiligte: Künstlerische Leitung und Stab 8 Personen, 8 professionelle Darsteller, ein professioneller Sänger
Aufführungen: 8
Zuschauer: ca. 590 und ca. 250 im Internetforum
Länge der Aufführungen: zwischen ca. 120 und 150 Min.
Freier Eintritt

Akteure

Die Gruppe, die *Wunderblock* realisiert hat, ist keine feste Gruppe, sondern setzt sich aus in verschiedenen Institutionsformen arbeitenden Menschen zusammen, die in unregelmäßigen Abständen gemeinsam Projekte realisieren.

Initiator des Projekts war Philipp Hauß. Er ist seit 2002 Ensemblemitglied des Wiener Burgtheaters und hat u. a. mit Andrea Breth, Luc Bondy, Peter Zadek, Alvis Hermanis und Nicolas Stemann zusammengearbeitet, gastierte am Residenztheater, Maxim Gorki Theater Berlin, an der Staatsoper Berlin und bei den Salzburger Festspielen. Er hat als Regisseur bereits vielfältige Erfahrungen mit theatralen Großprojekten gesammelt: 2009 mit der Performance und Installation *Afrika2Fishis* in der Seidlvilla in München, 2011 folgte gemeinsam mit Henning Nass *Moby Dick Revisited* #1 am Burgtheater und *Moby Dick Revisited* #2 an der Volksbühne am Rosa-Luxemburg-Platz Berlin. Darüber hinaus hat

Hauß *Überleben eines Handlungsreisenden* (2011 Wien/München), *Das Opfer* (2012 Wien), *Mamma Medea* (2013 St. Pölten) und *Radetzkymarsch* und *Die Rebellion* (St. Pölten 2014) inszeniert.

Dramaturg war der Münchner Theater-, Film- und Medienwissenschaftler Thilo Fischer. Neben seinem Diplomstudium arbeitete er mehrere Jahre mit Philipp Hauß bei dessen Inszenierungen zusammen. Seit November 2013 ist er Dramaturgieassistent an der Volksbühne am Rosa-Luxemburg-Platz Berlin.

Das Container-Leinwand-Ensemble entwarf der Berliner Maler und bildende Künstler Martin Schepers. Er erhielt seine künstlerische Ausbildung an den Kunstakademien in Münster und Düsseldorf und hat u. a. in Berlin, Köln, Düsseldorf, Wien, Antwerpen, Los Angeles und New York ausgestellt. Für *Das Opfer* (2012 Wien), *Mamma Medea* (2013 St. Pölten), *Radetzkymarsch* und *Die Rebellion* (St. Pölten 2014) entwickelte er die Bühnenbilder.

Die Kostüme fertigte die Kostümbildnerin Svenja Gassen. Nach ihrem Modestudium an der Hochschule für Technik und Wirtschaft Berlin arbeitete sie als Kostümbildnerin für Schauspiel, Oper, Tanz und Film. Wichtige Stationen als Kostümbildnerin waren u. a. das Schauspielhaus Zürich, die Ruhrtriennale und das Stary Teatr Krakow und das TR Warszawa.

Kamera, Digitalisierung, Schnitt und Technik: David von der Stein und Maximilian Sänger

Der Sänger Franz von Reden war in allen vier Städten beteiligt; zum Schauspielensemble gehörten je nach Stadt: Tabea Bettin, Susanne Bredehöft, Maximilian Brauer, Alexander Khuon, Dietrich Kuhlbrodt, Daniel Lommatzsch, Falk Rockstroh und Sebastian Weber.

Kontakt:
www.super8wunderblock.de

Matthias Däumer und Günter Jeschonnek

SUPER 8 UND SCHMONZETTEN

I.1 (Matthias Däumer)
Auf dem Gelände einer einstigen Drahtzieherei, dem heutigen Kulturzentrum von Lengerich, stehen zwei Frachtcontainer, zwischen ihnen gespannt eine überdachte Leinwand. Dort werden für *Wunderblock* seit einer Woche Super-8-Filme gesammelt und das fünfzigste Jubiläum dieses Mediums gefeiert, indem die Filme aus den analogen (Dachboden-) Speichern Lengerichs in den digitalen Speicher überführt werden. Wie schon in den zuvor angefahrenen Städten, Greifswald, Kelheim und Lüneburg, ist auch hier der Zuspruch sehr groß: Die Sichtung, geschweige denn die Digitalisierung des umfangreich zugetragenen Materials war nach Aussagen der Gruppe in der kurzen Zeit kaum zu meistern. Für die Filmmontage wurde deshalb auf ein recht puristisches Konzept zurückgegriffen, das Philipp Hauß dem Publikum anfangs schrittweise erläutert: Es ist klar, dass mit der Digitalisierung der Kultwert des Mediums verlorengeht, das Rattern des Projektors, das Wechseln der Rollen, aber auch die Erzählerstimme, das gemeinsame Erinnern, das beim Betrachten der Filme stattfindet. Die Gruppe hat deshalb das Material häufig zusammen mit den Besitzern gesichtet und auf die Spezifik geachtet, wie man sich mit Super 8 gemeinsam erinnert. Aus diesen Erfahrungen heraus wolle nun auch die Vorführung der Digitalisate nicht der Abruf eines *Read Only Memory* (ROM) sein, sondern im Sinne des *Random Access* (RAM) zu einem dynamischen und gemeinsamen Erinnerungsvorgang führen. Hauß verweist dabei auf die Textauszüge freudianischer Schriften, die an einer Containerwand aufgehängt sind und den Erinnerungsprozess als heilenden Vorgang referieren.

In Lengerich, der letzten Station der Tour, werden die Aufnahmen der bisher bereisten Städte zusammengeführt und auf drei verschiedene Arten präsentiert. Die Greifswald- und die Kelheim-Montagen werden begleitet von Lesungen des Regisseurs, zu Teilen des Lengerich-Materials singt der Songwriter Franz von Reden eigene Lieder; einen weiteren Teil mit Lengerich-Filmen unterlegt DJ Ron Sommer mit Schlagern, die Lüneburg-Montage wird schließlich von Aufnahmen klassischer Musik begleitet.

Die Vorführung beginnt in Greifswald. Das Material ist, im Vergleich zum Kommenden, steifer und grauer. Die Montage legt einen

Unort-Projekte

Fokus auf eine DDR-typische Ikonografie: So wird ein Schwenk über eine lange Menschenschlange mehrfach geloopt und in Kontrast gesetzt zu aufgesetzt wirkenden Gummiboot-Ausgelassenheiten. Stärker als die Montage selbst verfremdet Hauß' Text die Bilder: Er liest von der Flucht aus einer strahlenverseuchten Landschaft (das Gummiboot wird zu Wasser gelassen), der Notwendigkeit, das Geliebte zurückzulassen (Kinder mit ihren Haustieren), und der Verwilderung der Gebiets (die besagten Haustiere beim Spielen im Garten). Die Ambivalenz entsteht dadurch, dass der Text nicht nur einen Kontrast bildet, sondern atmosphärisch ein (überzeichnetes) Jenseits der Bilder einfängt, Einstellungen suggeriert, die nicht nur lachende Urlaubsgesichter zeigen und die nicht zum Fassungsvermögen des Super-8-Formats gehören. Der abwesende Raum zwischen den Bildern wird in Form eines ironisch-kontrastiven Narrativs wieder freigesetzt.

Ähnlich funktioniert die Präsentation des Kelheim-Materials. Hier wird deutlich, dass die Gruppe sich nun, an ihrer Heimstation Lengerich, rückblickend selbst reflektiert. Die bayrisch-selbstgefällige Idylle wird untermalt mit Perspektiven des anthropologischen Außenblicks. Man sieht Umzüge, Flusslandschaften, Frohsinn, ein goldenes Zeitalter der Freistaatlichkeit. Der Text hingegen arbeitet mit George Batailles Verausgabungsthesen und malt das Bild des ungezügelten Potlatchs, des von Batailles paradigmatisch gesetzten indianischen Schenkungsfests, über Hochzeitsaufnahmen. Die Steigerung des Potlatchs bis zum zerstörerischen Exzess legt sich über an sich harmlose Feuerwehrübungen. Die gelesenen Worte geben ebenfalls Passagen aus Joseph Conrads *Heart of Darkness* wieder. Die Bilderflut eines zum Kongo gewandelten Bayerns endet so mit den Worten: „Der Horror! Der Horror!"

Die Lengerich-Passage wirkt (wahrscheinlich auch aufgrund der kürzeren Bearbeitungszeit) vergleichsweise ungeordnet. Zwar setzt man auch hier Ironisierung ein, beispielsweise wenn DJ Ron Sommer sein Schlagerprogramm mit Elvis' *In the Ghetto* beginnt, generell wird das Lengericher Publikum jedoch eher in seinem nostalgischen Bedürfnis abgeholt. Als Außenstehender hat man ein wenig den Eindruck, man habe sich von einem Gastgeber (mit grässlichem Musikgeschmack) mit der Frage überrumpeln lassen, ob man nicht die Bilder aus den letzten Ferien anschauen wolle. Zumal das gezeigte Material größtenteils wirklich aus Urlaubsaufnahmen besteht, die vielleicht der erinnernden Gruppe etwas sagen können, auf mich jedoch äußerst austauschbar wirken – zumal sie nichts (oder zumindest kaum etwas) zu Lengerich zu sagen haben.

Die Schmonzettenparty wird durch einen Platzregen abrupt beendet. Dennoch bleibt ein großer Teil des Publikums, was auch daran liegt, dass Franz von Reden nun trotz Wetterwidrigkeiten zum Mikrofon greift. Er schafft es, über seine Songwriter- und Performerqualitäten die unter der Plane gedrängten Zuschauer an sich und an das Filmmaterial zu binden. Dabei kommt es der Performance sehr zugute, dass von Reden in den Schnittprozess involviert war. Es gelingt ihm, mit den Bildern entweder performativ zu verschmelzen oder sie kontrastiv zu kommentieren: So fliegt er einerseits in der überzeichneten Ästhetik eines 1980er-Jahre-Musikvideos mit einem Düsenflugzeug durch den Himmel; andererseits erzeugen sein abgerissener Anzug, die löchrigen Lederslipper und sein abwesender Blick konstant einen ambivalenten Kontrast zum gezeigten Material.

Es gehört zu den Grundsätzen des *Wunderblock*-Teams, qualitativ hochwertige und vorab inszenierte Filme nicht mit in die digitale Endmontage zu nehmen. Sinn dieser Verweigerung ist es, im Unfertigen und Unfreiwilligen den Charakter des Filmenden, die Subjektivität des großen Unsichtbaren hinter der Kamera einzufangen. Dieses Vorhaben fällt vor allem beim mit schwerer Klassik unterlegten Lüneburg-Teil ins Gewicht. Am auffälligsten ist dabei das Material eines Filmenden, der recht selbstenttarnend mit einem schon unangenehm wirkenden Voyeurismus vorzugsweise Gesäße und Brüste filmt. Diese Passagen werden mit Aufnahmen von einer Beerdigung kreuzgeschnitten. Das Filmmaterial erzeugt hier nicht nur aus der medialen Differenz (Film vs. Musik/Film vs. Erzählung/Film vs. Song) heraus Ironie und Distanz, sondern die Montage selbst entpuppt sich als ironisches Verfahren. Auch die Musik wirkt. Anhand einer schaukelnden Dame, deren Bewegungen bestens auf den Rhythmus von Rachmaninows dritter Symphonie passen, mag man sich fragen: Ist nun Rachmaninow banal oder die schaukelnde Dame mehr als nur eine schaukelnde Dame? Generell zieht sich (wie schon die Schlager-Passage) auch diese enorm in die Länge und das Publikum verlagert seine Aufmerksamkeit zunehmend stärker auf die Diskussionen jenseits der Leinwand – oder dem Bedürfnis, doch noch trockenen Fußes nach Hause zu kommen.

I.2 (Günter Jeschonnek)
Etwa fünfzig gutgelaunte Zuschauer haben sich in Lengerich, dem Geburtsort der beiden Regisseure, in einer großen Garage mit vorgebautem Zelt eingefunden, um sich wie zuvor in den anderen Städten (Greifswald, Lüneburg und Kelheim) Zusammenschnitte ihrer alten Super-8-Filme nun über das Leben in Lengerich, seine Bewohner, Familienurlaube, Sportveranstaltungen, Partys, Feuerwehrumzüge und Stadtfeste anzusehen. Im Zentrum der Präsentation stehen sehr persön-

liche Filmsequenzen des örtlichen Schützenvereins, die von einem eingespielten Mix deutscher „Heile-Welt-Schlager" der 1960er, -70er und -80er Jahre lautstark untermalt werden: „Meine Art, Liebe zu zeigen, / das ist ganz einfach schweigen", „Liebe, Brot, Wasser und du ... mir geht es gut" oder „Wer das verbietet, weiß nichts von der Liebe". Einige Zuschauer hoffen, ihre eingereichten Super-8-Filme wiederzuerkennen. Es herrscht eine launige Bierzeltatmosphäre. Einige kommentieren ihre Filmsequenzen, lachen über die nostalgischen Amateurbilder, über ihr damaliges Aussehen und stoßen mit Bier an. Das alles mutet wie eine Parodie an. Nach diesem eher zufälligen Entree betritt Regisseur Philipp Hauß mit einem Mikrofon die kleine Garagen-Bühne und gibt eine Art Einführung zum Projekt *Wunderblock:* Diese privaten Filme sind eben „glückliche Filme", die gesellige Ereignisse zeigen von Tagen „des Glücklichseins mit dir". Sie wurden von Einwohnern Lengerichs auf Dachböden, Garagen oder in Kellern ausgegraben, vom Inszenierungsteam vorausgewählt, digitalisiert und für die öffentlichen Aufführungen neu geschnitten. Diese Filme und Erinnerungen sollen angesichts des fünfzigsten Jubiläums der Super-8-Technik wieder das Licht der Welt erblicken und nun in der Gemeinschaft aus heutiger Sicht an diese romantisch-verklärte Zeit erinnern, das aus den Köpfen Verschwundene zu neuem Leben erwecken. Das klingt alles ganz schön und macht neugierig auf die Filmsequenzen. Privates wird öffentlich gemacht und soll im Rückblick Gemeinsamkeiten des damaligen Fröhlich- und Glücklichseins in den Fokus rücken: „Ach, wie schön war es damals ..."

Nach etwa 25 Minuten nostalgischer Bilder- und Schlagerrevue treten zwei Schauspieler auf, posieren vor einer aufgebauten Leinwand, begrüßen das Publikum und lesen philosophische Abhandlungen über das Verschwinden von Bildern vor. Sie fragen mit parodistischem Unterton, was das Konstrukt der „objektiven Realität" bedeuten könnte. Die Resonanz beim Publikum ist sehr verhalten. Versteht es die ästhetischen Überlegungen?

Zwei weitere Performer, ein Pärchen, treten ebenfalls auf die Bühne, kommentieren filmische Urlaubs-, Hochzeits- und Partysequenzen und spielen in improvisierten Szenen, zum Teil mit Bierflaschen in der Hand, diese nach. Dafür erfinden sie Dialoge der damaligen Protagonisten, erzählen, wie diese sich kennenlernten, fragen sich, ob sie sich noch lieben und den Körper des Partners mögen wie einst. Diese Spielszenen werden immer wieder durch die beiden performenden Theoretiker unterbrochen, die mit ihren trockenen Texten im Vorlesegestus das Publikum eher langweilen. Sie fragen die Zuschauer nach dem Sinn des kollektiven Gedächtnisses. Dabei sind im Hintergrund auf der Leinwand Filmsequenzen u. a. eines Planschbeckens mit Badenden und eines Traktors bei Feldarbeiten zu sehen.

Die fortlaufenden Spielszenen des ehemals verliebten Paars steigern sich nach dem Auftritt eines Nebenbuhlers bis hin zum Exzess. Die beiden Männer zerren an der Frau und wollen sie für sich haben. Dieses doch eher wirre Szenengeflecht zielt am Ende darauf ab, dass schreiend die Botschaft verkündet wird, dass jeder Tag gefilmt werden müsse: „Jeder Tag, den Sie nicht filmen, ist ein verlorener Tag!" Das Publikum wird schließlich aufgefordert, rhythmisch in die Hände zu klatschen und dabei „Wir filmen, wir filmen, wir filmen bis zum Schluss!" zu skandieren. Ironie und Veralberung erreichen so ihren Höhepunkt. Die Zuschauer machen das größtenteils mit und prosten sich bei dem abschließenden Schlager *Jenseits von Eden* zu: „Wenn unser Glaube nicht mehr siegen kann / Dann sind wir jenseits von Eden / Wenn jede Hoffnung nur ein Horizont ist / Den man niemals erreicht / Dann haben wir umsonst gelebt ..." (Nino de Angelo, 1983).

Irritiert schleiche ich mich unbemerkt davon, hülle mich in Schweigen und eile ganz schnell zum Bahnhof von Lengerich. Angekommen in der Realität, frage ich mich, welch sonderbarer Ausgrabung ich beiwohnte – nach dem ersten Besuch in Lüneburg nun mit ähnlichem Zweifel am Gesehenen.

II (Matthias Däumer)

Dadurch, dass die Montage nicht motivisch, sondern eher auf den Rhythmus und die (subjektive) Machart der Filme ausgelegt ist, verpasst der fertiggestellte Film die Möglichkeit, etwas über den Ort, also das Hier und Jetzt der Filmvorführung, auszusagen. Denn natürlich wurde mit Super 8 gerne in Urlauben gefilmt – doch die Urlaub-Motivik zersetzt die Ortsgebundenheit der Präsentation. Das Unort-Konzept ist hier wie auch in vielen anderen Punkten von *Wunderblock* aus dem Fokus geraten. Die interessante Verschränkung vom Unort Speicher als einerseits analogem Dachboden und andererseits digitalem Film mag Antrieb hinter den Begegnungen beim gemeinsamen Sichten gewesen sein – im inszenatorischen Konzept, in der Montage und in der Filmvorführung ist davon leider nichts mehr zu merken. Die Verkehrung der Ironie – also die darstellerische oder auch musikalische Distanz, die parallel zur geschichtlichen liegt – in eine schunkelnde Bierseligkeit (also die Ironisierung der Ironie durch das Publikum) scheint mir das Symptom dafür zu sein, dass der nicht zu unterschätzende Intellektualismus des Projektkonzepts leider nicht beim Abnehmer ankam.

Angie Hiesl und Roland Kaiser

ID-CLASH

Interkulturelles Installations- und Performance-Projekt zum Thema Transidentität

Ziel des Projekts

Thema des Projekts ist Transidentität mit Blick sowohl auf individuelle wie gesellschaftliche Dimensionen. *ID-clash* stellt die Ausschließlichkeit der geschlechtlichen Zweiteilung in männlich und weiblich in Frage und wirft einen Blick auf andere Dimensionen der Geschlechteridentifikation. Transidente Menschen widerlegen die Gültigkeit eines rein binären Systems und damit verbundene Rollenerwartungen. Dies stößt gesellschaftlich oftmals auf Widerstand. Der Diskurs um Gleichstellung ist von Tabuisierungen und Vorurteilen belastet. Es schwingt die Frage nach der „Gesellschaftsfähigkeit" von Transidentität mit. Die Akteurinnen des Projekts kommen aus Europa, Südamerika und Bangladesch (sogenannte Hijra, das Dritte Geschlecht). Es sind Menschen, die das Thema durch ihr Sein verkörpern: Transidente, Menschen, die sich der Geschlechterrolle, die ihnen durch Geburt zugekommen ist, entziehen, da sie sich durch sie nicht beschrieben fühlen. Biografien und persönliche gesellschaftliche Hintergründe der Performerinnen bildeten die Grundlage für die künstlerische Umsetzung von *ID-clash*. Die Gegenüberstellung und Zusammenführung kulturell unterschiedlicher Umgangsweisen mit dem Thema „ver-rückt" beim Betrachter Wahrnehmungsmuster und weitet den Blick für eigene Denk-Schablonen.

Der Begriff Unort wurde für die künstlerische Konzeption auf zwei Ebenen interpretiert:

– Auf einer persönlich individuellen Ebene: Die Erfahrung des eigenen Körpers als Unort, als „falsch" und das damit verbundene Gefühl der gesellschaftlichen Ver-un-ortung sind persönliche Dimension von Transidentität. Oft wird der Schritt zur eigenen „Neu-ver-ortung" mittels geschlechtsangleichender Körpermodifikation vollzogen.
– Auf einer räumlichen Ebene: Der urbane Unort, an dem das Projekt realisiert wurde, war eine zentrale Reibungsfläche in der künstlerischen Umsetzung des Themas.

Fotos: © Roland Kaiser

Ich denke, bei jedem ändert sich was im Leben.
Bei mir ist das alles nur viel viel krasser.

Unter der thematischen Klammer Unorte mag die Wahl der Stadtgärtnerei zunächst befremdlich klingen, sie kommuniziert mit dem Thema des Projekts jedoch genau. Die Stadtgärtnerei ist einerseits ein Ort des Wachsens und Gedeihens, andererseits auch ein Ort der tausendfachen Zucht und Reproduktion von Pflanzen, der bei der Abweichung von Normen nur in Maßen tolerant ist. Die Produktionsanlagen beinhalten Besamungsmaschinen, Umtopfungsanlagen und Gewächshäuser, die in unterschiedlichen Stadien optimierte Entwicklung garantieren. Für die installatorische Umsetzung von *ID-clash* wurde auf diese materielle Erscheinung der Gärtnerei zugegriffen und so die Erwartung an Normen und Regeln ironisch überhöht.

Die Stadtgärtnerei in Köln bringt zusätzlich den besonderen Umstand mit sich, vom Hochhaus des TÜV Rheinland (Technischer Überwachungsverein) und von einem Friedhof eingerahmt zu werden. Zuschauer betraten die Aufführungsfläche entweder über die TÜV- oder über die Friedhofseite, wodurch das Projekt bereits ein atmosphärisches Fundament gefunden hatte. Die Uraufführung fand am 10. Oktober 2013 in der Stadtgärtnerei Am Grauen Stein in Köln statt.

Resonanz, Herausforderungen und Wünsche

ID-clash ist in einem breiten Netzwerk internationaler Partnerschaften entstanden, von dem das Projekt nachhaltig profitiert. Aufführungen des Projekts innerhalb dieses Netzwerkes sind 2015 und 2016 für vier Städte in drei Ländern in Planung. Für organisatorische Aufgaben war das Goethe-Institut in Dhaka/Bangladesch ein unentbehrlicher Partner. Es hat für Angie Hiesl und Roland Kaiser einen vorbereitenden Workshop in Dhaka organisiert und so die Recherchen vor Ort und die Besetzung des Projekts mit zwei Hijra ermöglicht. Da Hijra in Bangladesch in vielerlei Hinsicht gesellschaftlich ausgegrenzt werden und da nur eine der beiden überhaupt im Besitz eines Passes war, war die Beschaffung von Visa ein mühsamer bürokratischer Weg. Dem Goethe-Institut ist es zu verdanken, dass die beiden Hijra mit Beginn der Proben tatsächlich in Deutschland anwesend sein konnten. Die Recherche des Performance-Orts war ein langwieriger Prozess. Mit Blick auf das sensible Thema und auf die Entscheidung, dass biografische Aspekte der Akteurinnen eine wichtige Grundlage für die künstlerische Umsetzung sein sollten, wurde ein Ort gesucht, der öffentliche und private Räume miteinander verband. Unter diesem Aspekt betrachten wir den Fund der Stadtgärtnerei als wahren Glücksfall.

Dass Angie Hiesl und Roland Kaiser ihre neue Produktion „ID-clash" in der zwischen TÜV und Friedhof gelegenen Kölner Stadtgärtnerei in Poll zeigen, ist kongenial: Bildhafter als in den Gewächshäusern im städtischen Irgendwo könnte das Spiel nicht sein. [...] Hier geht es um Säen, Hegen und Ernten; um das, was in manch einem angelegt ist und wachsen will.
(Brigitte Schmitz-Kunkel: „Zarte Pflanzen im Irgendwo", *Kölnische Rundschau*, 12.10.2013)

Offenbar ist es mit *ID-clash* gelungen, die sehr persönliche Dimension des Themas Transidentität zu kommunizieren. Stärker als bei anderen Projekten der Angie Hiesl Produktion suchte das Publikum das Gespräch und hier insbesondere auch den persönlichen Austausch mit den transidenten Akteurinnen. Die interkulturelle Dimension des Projekts, die Begegnung kulturell bedingt unterschiedlicher Biografien, hat dies verstärkt. *ID-clash* wurde 2013 für den Kurt-Hackenberg-Preis für politisches Theater und den Kölner Tanztheaterpreis 2013 nominiert.

Uraufführung: 10.10.2013, Köln-Poll, Stadtgärtnerei
Beteiligte: Künstlerische Leitung und Stab 16 Personen,
5 Darstellerinnen
Aufführungen: 15 (davon 5 in Köln, 5 in Düsseldorf und
3 in Bangladesch, Dakha)
Zuschauer: ca. 1300
Länge der Aufführung: ca. 110 Min.
Freier Eintritt

Akteure
Angie Hiesl, aufgewachsen in Venezuela, Perú und Deutschland, lebt seit 1975 in Köln. Seit den 1980er Jahren ist sie als Regisseurin, Choreografin, Performance- und Installationskünstlerin tätig. In Deutschland war sie Pionierin für ausschließlich ortsspezifische Tanz- und Theaterprojekte.

Roland Kaiser, aufgewachsen im Schwarzwald, lebt seit 1987 in Köln. Er hat eine Ausbildung in experimentellen Theaterformen und Tanz, ist Regisseur, Choreograf, Performance- und bildender Künstler.

Unter dem Label Angie Hiesl Produktion realisieren Angie Hiesl und Roland Kaiser seit 1997 gemeinsam interdisziplinäre Projekte im öffentlichen und privaten Raum. Ihre bildnerischen und performativen Interventionen verwandeln kunstfremde, urbane Orte temporär in Kunsträume. Hiesls und Kaisers originäre ästhetische Ausdrucksformen sind sinnliche Provokationen und eine Einladung an Publikum und Passanten, einen neuen Blick auf vertraut Geglaubtes zu werfen. Ihre Projekte wurden vielfach ausgezeichnet und erfahren weltweit große Anerkennung.

Performerinnen: Anonnya (Bangladesch), Katha (Bangladesch), Melissa Marie Garcia Noriega (Kuba – Deutschland), Michelle Niwicho (Deutschland), Greta Pimenta (Brasilien – Deutschland);

Technische Leitung: Lutz Dunsing, Kostüme: Rupert Franzen, Management: Burkhart Siedhoff, Projektassistenz: Simone Kieltyka, Mitarbeit Organisation: Pascale Rudolph

Kontakt:
www.angiehiesl.de

Matthias Däumer

ZERSETZUNG DER ZUCHTZONEN

I

Abseits des Kölner Zentrums gelegen ruht eine Gärtnerei. Angrenzend an die Parkanlage des Deutzer Friedhofs (inklusive monotoner Gräberreihen), unweit der gemütlichen Schrebergärten mit ihrem Gepränge von Gartenzwergen (inklusive steil aufgerichteter Zipfelmützen) und im Schatten des Hochhauses der TÜV Rheinland AG. Drei Gebäude der Gärtnerei bilden den Parcours für die Ereignisse der Uraufführung von *ID-clash,* wenige Wochen vor der formal-juridischen Anerkennung des Dritten Geschlechts in Deutschland. Man sieht ein großes, gemauertes Gewächshaus, ein kleines Glashaus und ein Treibhaus mit fester Schiebetür und seitlichen Planen. Die Spielorte stehen rechtwinklig zueinander mit dem kleinen Glashaus im Schnittpunkt. Wer würde in diesem stillen Zuchtgebiet erwarten, eine kunterbunte Göttin der Transsexualität auf einem Hahn reiten zu sehen?

Die Performance beginnt im vorderen Teil des Gewächshauses. Rund hundert Zuschauer beobachten die fünf Performerinnen beim Beschildern von Blumentöpfen auf Regalwagen. Auf jedem Label steht eine Bezeichnung für nicht-binäre Geschlechtsidentitäten, Leitbegriffe der Gender-Studies, Rufnamen der *queer*-Kultur und LGBT-Gemeinschaft, Symbole und Schriftzüge in Bengali. Zusätzlich zum Schild wird jeder der kleinen Blumentöpfe mit einem bunten Bonbon bepflanzt: „Nimm dir ein Bonbon", locken diese, „Nimm dir eine Festschreibung", setzen sie scheinbar unschuldig befehlend hinzu.

Nachdem die Blumentöpfe bepflanzt sind, gehen die fünf Performerinnen zu ihren jeweiligen Spielorten, zwischen denen das Publikum sich frei bewegen kann. Im Gewächshaus bleiben Anonnya und Katha. Sie sind Hijra, Vertreterinnen und Aktivistinnen des Dritten Geschlechts in Bangladesch. Sie beginnen damit, die Hijra-Kultur von ihrer bunten Seite zu präsentieren, reiten für den anfangs noch touristischen Blick des Publikums – bildlich gesprochen – den Hahn der Bahuchara Mata, der Hijra-Schutzpatronin. Flankiert von zwei Leinwänden, auf denen Filmsequenzen ihres städtischen wie dörflichen Alltags neben Momenten gemeinschaftlicher Religiosität ablaufen, errichten sie aus silbernen, vasenartigen Gefäßen, bunten Geschenkpackungen und mit

Blumenerde ausgelegten bengalischen Schriftzügen einen rituellen Raum, kunterbunt und wohl begrenzt. Dort kleiden sie sich in traditionelle Gewänder, sprechen und singen in Mikrofone und präsentieren so ihre traditionelle Aufgabe, vor allem zu Geburten die Familien zu segnen.

Die Vorgänge haben schon während ihres Ablaufs etwas Zweischneidiges. Einerseits ergibt sich die Ambivalenz aus einem Wissen um die Bedeutung der vorgeführten Rituale. Ursprünglich wurden Hijras zu Geburten eingeladen für den Fall, dass ein Kind mit biologisch uneindeutigem Geschlecht zur Welt kam. Früher wurde dieses Kind von ihnen mitgenommen, abgeschoben zwar, doch so der Unterdrückung oder gar dem Tod in einer rigid normativen Gesellschaft entzogen. Andererseits resultiert die Ambivalenz aus einem Wissen um die gegenwärtige Situation der Hijra, ihre Armut und den Zwang zur Prostitution, die dunkle Seite des sonst so bunten Dritten Geschlechts, das in der modernen säkularisierten bengalischen Kultur kein anderes Einkommen mehr finden kann. Die Performerinnen wirken in ihren Handlungen dementsprechend ironisch distanziert und irgendwann passiert, was passieren muss, wenn man nicht zu idealisieren gedenkt: Der bengalische Bilderbogen bricht und Bahuchara Matas Hahn gerät ins Straucheln. Die Performerinnen bewegen sich klatschend auf das Publikum zu. „Hey, we're Hijra. We're poor. Give us some money." Sie verlassen den rituellen Raum, entziehen sich dem exotistischen Ausgestellt-Sein.

Die folgenden Handlungen sprechen eine ganz andere Sprache: In einem monoton grün bepflanzten Teil des Gewächshauses stellt Katha Hämmer umgekehrt auf und überzieht die Stiele mit Kondomen. Die bunten bengalischen Kondomverpackungen pflanzt sie zwischen die Monokultur. Katha stimmt bei der Hammerverhütung einen selbstkomponierten Song über Verhütung an, in den Anonnya schließlich einstimmt: eine Verbildlichung von Katha und Anonnyas Realität als Beraterinnen von Sexarbeiterinnen und Aktivistinnen der bengalischen LGBT-Bewegung. Zum Abschluss ihrer Darbietung begeben sich die beiden Tänzerinnen in ein Zelt vor dem Gewächshaus, in dem sie bis zum Ende der Veranstaltung auf Gaskochern Essen zubereiten: Ein Arbeitstag zwischen Festivitäten, Almosen und Aufklärung findet seinen ärmlichen Feierabend.

An der zweiten Station, im kleinen Glashaus, steht ein rotes Sofa, das von Anfang an das Freudianische ankündigt. Die aus Kuba stammende Melissa Marie Garcia Noriega erzählt dort ihre Lebensgeschichte – teils in direktem Kontakt zum Publikum, teils gedankenversunken: eine unbeschwerte Jugend, in der es niemanden störte, dass der Junge sich mädchenhaft benahm; dann eine Vergewaltigung, das Bewusstsein, dass das Mädchen in ihr missbraucht wurde; mangelnde familiäre Akzeptanz des femininen Auftretens in der Pubertät. Schließlich der Ausbruch: ein Kunststudium, Psychotherapie, Geburt eines Sohns, Möglichkeiten der neuen Selbstbestimmung und schließlich die Geschlechtsumwandlung. Melissa gelingt es bei all diesen Erzählungen, die beim Publikum entweder Betroffenheit oder, schlimmer noch, das Gefühl psychotherapeutischer Autorität hätten aufkommen lassen können, stets die Dominanz zu behalten. Der roten Couch wird es verwehrt, Ort der Selbstentblößung zu sein – vielmehr wird sie Melissas souveräner Spielraum. Die Sympathie, die sie damit erregt, macht den Zuschauer zum Freund statt zum Freud und erzeugt Verständnis, wo jahrhundertelang die Abschiebung ins Pathologische herrschte.

Melissas Erzählung pendelt zwischen ihren Erfahrungen in Kuba und in Deutschland, sodass das Glashaus als interkulturelles Gelenkstück dient, welches funktional die bengalischen Vorgänge im Gewächshaus mit denen im gegenüberliegenden Treibhaus verbindet.

Anfangs ist die Schiebetür des Treibhauses offen und man sieht, dass im vorderen Teil Erdbahnen aufgeschüttet sind, über denen an Bügeln Jacketts hängen. Perspektivisch verlängert sich das Spargelfeld in eine Monokultur von Stiefmütterchen. Die Mathematikerin und Physikerin Michelle Niwicho beginnt damit, die Schiebetüren mit Eckdaten ihres Lebenslaufs zu beschriften: ein Curriculum Vitae, das nach außen gesellschaftliches Einpassungsvermögen unterstreicht. Dann geht Michelle ins Innere und schließt die Tür. Es braucht eine Weile, bis das Publikum entdeckt, dass es nicht mit den mageren Fakten einer Berufstauglichkeit ausgeschlossen wurde, sondern dieser Innenraum durch die seitlich aufgerollten Planen beobachtet werden kann. Die Vorgänge im Innern aber verdeutlichen, dass die CV-Fakten lediglich die aufgezwungene Passform darstellen, der das ungezwungene Innenleben entgegensteht.

Michelle baut ihren Arbeitsplatz auf: Schreibtisch, Laptop, Mouse. Hier schreibt sie (wie auch im wirklichen Leben) einen Blog, der sowohl auf dem Bildschirm, wie auf einer an der Innenseite der Schiebetür aufgezogenen Leinwand mitzulesen ist. Der Text handelt von dem Entschluss, als Frau zu leben, von den Problemen, die dadurch entstehen, dass man zum Zeitpunkt des Entschlusses dreifacher Vater ist, von bürokratischen Schwierigkeiten, in Deutschland in seiner sexuellen Selbstbestimmung anerkannt zu werden; aber auch von der Akzeptanz in der eigenen Familie, dem Managen der Karriere, steigender Selbstbehauptung und wunderbar grotesken Momenten des Alltags. Dadurch, dass man Michelles Schreibvorgang mitverfolgt, das Wandern des Cursors, ihre Selbstverbesserungen, wenn die Passform der Sprache ihre Gefühlswelt nicht zu fassen vermag, stellt sich (wie bei Melissa) eine freundschaftliche Nähe zur Lebenserzählung her.

Zwischen dem Schreiben steht Michelle auf und trennt mit einer Schere die Befestigung der Jacketts durch. Für jede Entfernung eines „männlichen" Kleidungsstücks zieht sie an einem Schnursystem und „weibliche" Kleider wachsen aus den Spargelbahnen. Wie sich im Gewächshaus die hinduistische Mythologie zum Bild drängt, begegnet man hier der antik-griechischen. Nach einer Sage streute der in Not befindliche Kadmos Drachenzähne in soeben gezogene Ackerfurchen und aus diesen wuchs eine Schar bewaffneter Männer: die Sparten, Stammväter der Thebaner. Im Treibhaus wächst aus den Ackerfurchen die neue Weiblichkeit. In Verschränkung von Mythos und Performance rüsten die antiken Kämpfer nun zum modernen Kampf der selbstbestimmten Geschlechtlichkeit.

Im hinteren, gelb blühenden Stiefmütterchenfeld, das zusätzlich mit Stöckelschuhen besät wurde, legt die brasilianische Performerin Greta Pimenta ihre Kleidung ab und hängt sie, ähnlich wie zuvor die Jacketts im vorderen Teil, an Bügel. Sie beginnt zu duschen und präsentiert ihren weiblichen Körper mit männlichem Genital. Dabei bleibt sie über den gesamten Verlauf stumm, selbstversunken, beschirmt vom warmen Wasserstrahl. Dadurch, dass die Performerin lange nackt bleibt und in dieser Zeitspanne nie den Anschein erweckt, sich beobachtet zu fühlen oder geniert zu sein, wird ihr zweigeschlechtlicher Körper in der Wahrnehmung zur Normalität: Er gehört dazu – selbstverständlich zur Wirkung der Performance, doch viel stärker noch zur Utopie einer freien Gesellschaft.

Insgesamt wirken die beiden Bereiche des Treibhauses wie die Vereinigung zweier Seins-Zustände. Im Spargelfeld Michelles intellektueller Zugang, der den Selbstzweifel nicht scheut, und stiefmütterchenumringt Gretas Körper in unhinterfragbarer Selbstsicherheit: zwei Seiten eines Innenlebens, das sich dem seitlich hineinlukenden Publikum mit einer Freigiebigkeit präsentiert, die jenseits von Exhibitionismus und Voyeurismus liegt.

II

Im Antrag zur Förderung dieses Projekts war die Anlehnung an den Unort recht metaphorisch: der Körper ein Ort, die geschlechtliche Unsicherheit als Verunortung. Doch die Inszenierung schafft es, alle metaphorischen Unsicherheiten am Ort überzeugend zu konkretisieren. Denn angesichts der vielfältigen Bilder der Nicht-Normativität erschließt sich die Umgebung des Geschehens in seiner vollen Bedeutung: das Andere der bengalischen Hijra im Gewächshaus, im Glashaus die verbindende Interkulturalität und die westliche Gesellschaft im Treibhaus. Der Spielort wird so Repräsentant eines größeren Kursus, zu einer Heterotopie, die Gegensätzliches und Entferntes im Kleinen zusammenführt. Der so präsentierten Diversität steht die drohende Gewalt gegen nicht-normative Geschlechtlichkeit gegenüber. Die Missstände präsentieren sich dem Publikum aber nicht schrill, sondern leise, feinfühlend. Der Diskurs wird solcherart in vielen Verschiebungen erlebbar und dieses Erleben macht klar, dass der Diskurs selbst noch nicht genügt, um der Vielseitigkeit des Geschlechtlichen sozial gerecht zu werden. Vielmehr erkennt man, dass eine Verortung selbst schon falsch sein muss, wo sich die Fluidität der geschlechtlichen Konstrukte gar nicht mehr umfassen lässt.

Die Missstände schlummern auch in den Semantisierungen der Umgebung. Das Gewächshaus als Inbegriff unseres Zuchtwillens, der künstlichen und autoritären Zwangshandlung – ein Unort (bzw. *nonlieux*) im pejorativen, entindividualisierenden und verfremdenden Sinn. Man empfindet den Schatten der TÜV Rheinland AG als Last, denn diese ist die Geburtsstätte der DIN-Normen von Brustimplantaten, eine Verwaltungsbehörde des normierten Geschlechtsmerkmals. Nimmt man noch die Gräberreihen des angrenzenden Deutzer Friedhofs, gar die in der Nähe aufgerichteten Zipfelmützen hinzu, steht fest: Wir sind umgeben von Zuchtzonen der toten Norm. Sie sind gleichzeitig Symptome wie Symbole einer Gesellschaft, die mit ihrem Anpassungszwang eine feindliche Monotonie um die non-konformen Körper legt. Dass diese Körper nach der Performance in den Augen des Publikums jedoch natürlicher wirken als die zwanghafte „Spargel-vs.-Stiefmütterchen"-Ordnung, ist die rituell heraufbeschworene Katharsis, welche die Zuchtzonen zersetzt zugunsten eines utopischen Lebensraums interkultureller und transgeschlechtlicher Freiheit.

III

ID-clash sollte sich über den Lauf der vier Jahre, die zwischen der Uraufführung und der Drucklegung dieses Bandes verstrichen, als eines der produktivsten der Unort-Projekte erweisen. Auch, weil das Projekt selbst im Sinne des Unörtlich-Transitären lange Strecken zurücklegte und entlang des Wegs viele Entwicklungen durchmachte. Es gab noch weitere Aufführungen in Deutschland, sodann zog das Projekt nach Bangladesch, wo es im November 2015 mit Unterstützung des Goethe-Instituts dreimal in der hohen und zur Außenwelt hin geöffneten Plaza der „Shilpakala Academy of the Arts" in Dhaka aufgeführt werden konnte. In dem straßenlärmdurchfluteten Ausstellungsraum mussten ein paar Elemente in ihrer körperlichen Wirkung abgeschwächt werden. Beispielsweise konnte Greta Pimentas Dusch-Sequenz nur als filmische Installation (jedoch weiterhin im echten Blumen) umgesetzt werden. Auch mussten die Aufführungen unter dem Schutz eines Sicherheitsdienstes stattfinden. Dennoch war die Möglichkeit, eine Performance wie *ID-clash* überhaupt stattfinden zu lassen, ein Indiz für den Höhepunkt der liberalen Ausrichtung der bengalischen Gesellschaft und für den beachtlichen Fortschritt, den die LGBT-Gemeinschaft dort verzeichnen konnte, was sich u. a. auch 2014 und 2015 am Begehen von zwei Pride Parades zeigte.

Doch dieser freiheitliche Höhepunkt ist 2016 radikal überschritten worden: Schon seit Herbst 2015 begeht eine islamistische Miliz in Bangladesch gezielt Morde; so werden etwa systematisch säkulare Blogger ermordet – mit Macheten, auf offener Straße und in den eigenen Wohnungen. Die Regierung weigert sich weitestgehend, in den Taten mehr als Einzelfälle zu sehen, obwohl sich die Morde an liberalen Professoren, buddhistischen Mönchen und Religionskritikern wie ein roter Faden durch die Jahre 2015/16 ziehen. Im April 2016 richtete sich diese Mordwelle erstmals gezielt gegen die LGBT-Gemeinschaft, als in Dhaka der Aktivist Xulhaz Mannan zusammen mit einem Freund von fünf unbekannten Männern in seinem Apartment brutal ermordet wurde. Mannan war einer der Organisatoren der besagten Pride Parades. Der Höhepunkt des Terrors stellte im Juli eine Geiselnahme durch Islamisten in Dhaka dar, bei der knapp dreißig Menschen starben. In sozialen Medien bekannte der „IS" sich zu der Tat. Der Druck, der nun aufgrund der internationalen Aufmerksamkeit auf die bengalische Regierung entstand, zeigt bis heute keine Wirkung.

Dieses Umschwenken hinterließ auch im Konzept von *ID-clash* seine Spuren, die sich an den aktuellen, aber weiterhin nicht letzten Aufführungsreihe im September 2016 anlässlich der internationalen tanzmesse nrw und in Koproduktion mit dem tanzhaus nrw in Düsseldorf ablesen ließen. Dabei fällt es weniger ins Gewicht, dass zwei Performerinnen ausgetauscht wurden: Statt Greta Pimenta duscht nun Bianca Guess und die Blog-Sequenz wird in Düsseldorf von Leonora Friese übernommen, die einen vergleichbaren Lebenslauf wie Michelle Niwicho besitzt und ihre Kommentare mit ebenso viel Verve, Witz und Gefühl an die Wand wirft. Auch dass der Raum, nun eine alte Postsortierhalle anstatt der ursprünglichen Gärtnerei mit ihren Gewächshäusern, ein ganz anderes Ambiente erzeugt und die Einsehbarkeit aller nun linear gereihten Stationen sowohl die Publikumsdynamik als auch die ursprüngliche Raumsemantik verschiebt, scheint mir eher sekundär.

Entscheidend verändert hat sich vielmehr der Stellenwert der bengalischen Hijra-Aktivistinnen Anonnya und Katha. Ihre rituellen Handlungen werden nun beständig gebrochen durch bengalisch gesprochene Texte, die von Waseka Wahid live übersetzt werden. Sie handeln von den Vorfällen in Dhaka, auch aus ganz subjektiver Perspektive und persönlichen Motivationen: Denn auch die Hijra-Performerinnen und Waseka Wahid wurden aufgrund ihrer Tätigkeit als LGBT-Aktivistinnen bedroht und fürchten die aktuelle Entwicklung in ihrem Land. So ist es nur schlüssig, dass in Düsseldorf die Performance nicht wie in Köln mit dem friedlich-bescheidenen Kochen endet, sondern die letzten sowohl politisch-kämpferischen als auch umsichtigen Worte der Hijras schwer in der Luft hängen, nachdem sie den Raum verlassen haben.

ID-clash ist von den politischen Entwicklungen in Bangladesch gezeichnet und ist dadurch auf eine beeindruckende und höchst politische Art und Weise gereift. So wurde aus einer Aktion an einem Unort eine unörtliche Aktion, die normative und nationale Grenzen (und damit vor allem die Grenzen des Spiels) längst überschritten hat. Die Unort-Förderung unter Günter Jeschonneks Initiative legte hier einen Grundstein, der ins Rollen kam und dessen lawinenartige Auswirkungen noch nicht zu an ihr Ende gekommen sind.

Günter Jeschonnek

THEATERRAUM DER ZUKUNFT

18 Projekte im Rückblick

Im Mai 2016, ein gutes Jahr nach dem Symposium in Berlin, befragte ich die künstlerischen Leiter der geförderten 18 Projekte zu ihrer Bilanz. Mich interessierte im Kontext der Ausschreibung, ob und welche Art der Nachhaltigkeit ihre jeweiligen Projekte erzielten, ob die temporären Transformationen und Zwischennutzungen ihrer ausgewählten Unorte Diskussionen auslösten, über neue Nutzungskonzepte nachzudenken oder sie sogar zu planen. Ich fragte, ob sie sich wieder an einem derartigen Sonderprojekt beteiligen würden, das sich zum Ziel setzt, mittels der vielfältigen Ästhetiken der darstellenden Künste im öffentlichen Raum zu intervenieren und Transformationsprozesse an Orten herbeizuführen, die sich außerhalb der klassischen Kunst- und Kulturstandorte befinden. Ich fragte, ob sie sich vorstellen können, erneut temporäre Möglichkeitsorte zu gestalten – im besten Sinne als Laboratorien künstlerischer und sozialer Fantasie. Und mich interessierte, ob sie es für notwendig erachten, dass der öffentliche Raum noch viel intensiver und nachhaltiger zum Gegenstand künstlerischer und kulturpolitischer Debatten werden sollte und was sie seitens der Kulturpolitik daran hindert, sich wirksamer in diesen Diskurs mit ihren künstlerischen Mitteln einzubringen.

Ursprünglich beabsichtigte ich, die Antworten vollständig im vorliegenden Buch zu veröffentlichen, aber der verabredete Seitenumfang ließ das unmittelbar vor Drucklegung leider nicht mehr zu. Der Bundesverband Theater im Öffentlichen Raum bot an, auch diese Passagen ungekürzt auf seiner Website zu platzieren.[1]

Wie in meinem Vorwort angedeutet, war in der Ausschreibung der Wunsch nach Nachhaltigkeit immer so gemeint, dass durch die Projekte neue Kooperationen mit Akteuren der Zivilgesellschaft, neue Möglichkeiten von Förderungen und perspektivisch Umnutzungen der einstigen Unorte und damit neue Projekte entstehen. Diese Fragen wurden von der Mehrheit mit einem Nein oder mit zurückhaltenden Hoffnungen auf Einlösung mancher dieser Wünsche beantwortet. Aber für einige

---

[1] Siehe www.theater-im-oeffentlichen-raum.de.

Gruppen konnten dennoch bisherige Partnerschaften gestärkt werden und für andere entstanden neue Kooperationen sowie Arbeitszusammenhänge und damit verbundene Projekte. Es fanden weitere Gastspiele statt, eine Gruppe konnte ihren transformierten Unort zur Weiternutzung übergeben und erhielt für ihr Projekt einen Theaterpreis. Insgesamt führten alle Projekte zu direkten Begegnungen und kulturpolitischen Diskussionen zu den jeweils verhandelten Themen, Interventionen und Unorten, weckten Neugier und Beteiligung bei den Bürgern, erreichten neue Zuschauergruppen *(Audience Development)* und eine ungewöhnliche Wahrnehmung in den Medien. Die Gruppen sensibilisierten mit ihren Projekten für diese Kunstform und den öffentlichen Raum als fragiles und schützenswertes Gut des Gemeinwesens.

Beteiligen würden sich alle Gruppen an einer erneuten Ausschreibung, formulierten aber klare Wünsche, die einen Spagat in der Förderpolitik erfordern. Einerseits wünscht man sich nach einer Ausschreibung und der Bewerbung mittels eines Projektantrags sehr schnelle Entscheidungsprozesse (das war bei diesem Sonderprojekt tatsächlich der Fall: Ausschreibung Ende 2012 und Förderentscheidungen Ende April 2013), weil sich die Rahmenbedingungen öffentlicher Räume und Orte sehr schnell verändern können (Eigentumsverhältnisse, Nutzungen). Andererseits wünschen sich andere Projektbeteiligte zwischen einer Ausschreibung und der Einreichung von Bewerbungsunterlagen einen längeren Zeitraum, weil man für die Entwicklung eines schlüssigen Konzeptes und die Suche nach geeigneten Partnern mehr Zeit benötigt. Diese Gruppe fordert aber ebenfalls, dass nach Einreichung von Projektunterlagen zügig entschieden werden müsse – unter Umständen vorerst auch mit einem *Letter of Intent,* der die Türen für weitere Komplementärförderer öffnen kann.

Unisono erklärten alle Befragten, das ein Sonderprojekt mit deutlich höheren Fördersummen (höher als die hier zur Verfügung gestellten 30 000 Euro durch den Fonds) überhaupt erst der Impuls sei, etwas Besonderes auszuprobieren und schneller inhaltliche wie finanzielle Partner zu finden. Insofern formulierten alle den Wunsch nach Fortsetzung derartiger Sonderprojekte mit dem praktizierten Komplementärfördersystem, dem sich auch die Verantwortlichen in den Kommunen und/oder Bundesländern in schriftlicher Form anschlossen.

Alle Gruppen bestätigten, dass Städte bzw. vernachlässigte Orte in den Städten (unabhängig von der jeweiligen Größenordnung) und auch der ländliche Raum dringend künstlerische Belebungen und Interventionen brauchen, die identitätsstiftende Wirkung und ein Gegengewicht zu den überwiegend kommerziellen und eventorientierten Nutzungen des öffentlichen Raumes entfalten. Für sie ist der öffentliche Raum – vor allem der außerhalb der definierten Kunstorte wie Theaterhäuser und Museen – der zentrale Ort der Zivilgesellschaft an dem Geschichten, Gegenwart und Zukunft sichtbar und erlebbar gemacht sowie verhandelt werden. Der öffentliche Raum ist der Theaterraum der Zukunft! Er ist umkämpft wie kein anderer. Hier werden die großen Auseinandersetzungen dramatisiert. Das Plädoyer aller Gruppen ist eindeutig: Darstellende Künste im öffentlichen Raum stellen die demokratischste aller Kunstformen dar. Sie können öffentlichen Raum herstellen, wo es zuvor keinen gab. Sie können Urbanität an Unorten und Orten herstellen, wo sie nicht mehr existiert oder immer mehr verdrängt wird. Und sie können Denkmuster hinterfragen, Fokussierungen ändern, Brechungen und Umdeutungen anstoßen und Gewissheiten erschüttern – mit Sinnlichkeit, Energie, Humor und Vieldeutigkeit. Deshalb: „Mit den darstellenden Künsten im öffentlichen Raum trifft man eine Stadt und damit ihre Bewohner, mitten ins Herz." Im Gegensatz zu diesem leidenschaftlichen Plädoyer fehlt dieser Kunstsparte und ihren Akteuren nach wie vor die nötige kulturpolitische und gesellschaftliche Unterstützung und Anerkennung sowie eine kontinuierliche wie ausreichende finanzielle Förderung. Das ist der Tenor aller Antworten. Der Grad der Selbstausbeutung und die Abhängigkeit von der Großzügigkeit der Zuschauer nehmen zu. Oft fehlen Kenntnis und Verständnis für die Besonderheiten dieser Kunstsparte in den Kulturverwaltungen. Und oft genug trauen Kulturämter ihren Bewohnern zu wenig Kunstverständnis zu und setzen Eventkultur und Stadtfeste leichtfertig mit den darstellenden Künsten im öffentlichen Raum gleich. Stark kritisiert wird ebenfalls das fehlende fördernde Zusammenspiel zwischen den Kommunen, Ländern und auch dem Bund. Bewährte Förderfonds sollten auch für diese Sparte Anwendung finden. Zudem sind neue komplementäre und nachhaltige Fördermodelle sowie finanzielle Grundausstattungen für die Stärkung und Weiterentwicklung dieser Kunstsparte erforderlich. Es gibt Vorschläge für längere Residenzen in Stadtteilen oder an exemplarischen Orten wie auch für die Einrichtung von mehrjährigen *Intendanzen des öffentlichen Raums,* integriert in Strukturen von Stadt- und Landestheatern.

Auch in diesem Punkt sind sich alle einig: Im ungeschützten öffentlichen Raum immer wieder aufs Neue Infrastrukturen aufzubauen, ist ungleich fragiler und kostenaufwendiger, als in geschützten und durch die öffentliche Hand geförderten Kunsträumen. Die Phasen der Recherchen sind länger und Genehmigungsprozeduren aufwendiger. Stabilität und Kontinuität sind in dieser Kunstsparte aber eine notwendige Grundlage für Ensemblearbeit und Planungssicherheit.

Umstritten ist die Frage von Kriterien bei der Ausschreibung von Sonderprojekten oder Förderprogrammen. Einige wenige Gruppen empfanden die Vorgaben dieser Ausschreibung wie Partizipation, Nachhaltigkeit und Gewinnung von neuen Kooperationspartnern als künstlerisch einschränkend, der Freiheit von Kunst widersprechend. Sie würden sich lieber aus eigener Intention heraus für Auseinandersetzungen mit dem öffentlichen Raumes entscheiden. Für sie dürfen Künstler nicht die Feuerwehr für gesellschaftliche Konflikte oder verfehlte Sozialpolitik sein, also instrumentalisiert werden. Andere Gruppen hingegen fordern bei kuratierten Ausschreibungen die Förderung und Stärkung von Diversität und Empowerment.

Der in der Ausschreibung gewählte Begriff der *Eroberung* des öffentlichen Raumes durch Projekte der darstellenden Künste ist ebenfalls kontrovers bewertet worden. Ein Teil der Gruppen sieht die Eroberung und Auseinandersetzung mit Hindernissen im öffentlichen Raum als immanent für diese Kunstsparte an. Oft genug müssen sich die Künstler gegen vielfache Widerstände durchsetzen und deshalb den öffentlichen Raum für ihr künstlerisches Spiel erobern und behaupten. Dafür gab es bei den geförderten Projekten einige deutliche Beispiele. Andere weisen diesen Begriff als militärisch zurück, lehnen Eroberungen aus einer Position radikaler Subjektivität ab und sprechen lieber von demokratischen *Auseinandersetzungen* im und mit dem öffentlichen Raum. Für sie gehört zur performativen Intervention deshalb auch die unmittelbare öffentliche Debatte am Ort der Auseinandersetzung.

Internationales Symposium

Darstellende Künste im öffentlichen Raum

Fonds Darstellende Künste
in Kooperation mit dem
Bundesverband Theater im Öffentlichen Raum

1.–3. März 2015, Berlin (WOESNEREI – Pfefferberg Theater)

Konzeption und Projektleitung
Günter Jeschonnek – Geschäftsführer Fonds Darstellende Künste

Konzeptionelle und organisatorische Mitarbeit
Clair Howells – Erste Vorsitzende Bundesverband Theater im Öffentlichen Raum
Nicole Ruppert – kulturbüro Nicole und Jürgen Ruppert GbR, Wachtberg b. Bonn

Organisatorische Mitarbeit
Dr. Amina Tall – Büroleiterin Fonds Darstellende Künste

Grafische Präsentations- und Programmgestaltung
Anke Hohmeister – Kommunikationsdesignerin, Berlin

Mediale Präsentations- und Programmgestaltung
Marc Poritz – VFX Artist- und Supervisor MARCDESIGN, Berlin

Veranstaltungsmanagement
Ingo Woesner – Geschäftsführer, Regisseur und Schauspieler WOESNEREI – Pfefferberg Theater
Ralph Woesner – Geschäftsführer, Regisseur und Schauspieler WOESNEREI – Pfefferberg Theater
Caroline Gerbeckx – Projektmanagerin WOESNEREI – Pfefferberg Theater

Ilka Schmalbauch[1]

BEGRÜSSUNG

Guten Abend, meine Damen und Herren, sehr geehrte Beteiligte und sehr geehrte Gäste dieses Symposiums Darstellende Künste im öffentlichen Raum.

Im Namen des Fonds Darstellende Künste und seiner 15 Mitgliedsverbände möchte ich Sie hier herzlich in Berlin im Pfefferberg Theater willkommen heißen. Wir freuen uns, dass dieses Thema offensichtlich doch sehr brisant ist und das Symposium eine so große Resonanz auslöst. Bereits Anfang Dezember waren alle Plätze ausgebucht. Aber die beiden Theaterleiter waren so freundlich, noch weitere Möglichkeiten für einige Teilnehmer zu schaffen. Vielen Dank dafür.

Wir möchten uns ebenfalls ganz herzlich bedanken, insbesondere beim Haushaltsausschuss des Deutschen Bundestages, namentlich bei Herrn Kruse, der gleich noch zu Ihnen sprechen wird und natürlich auch bei der Kulturstiftung des Bundes, die hier heute durch Frau Bongaerts und Frau Maase vertreten wird. Die Bereitstellung dieser Sondermittel in Höhe von 600 000 Euro für das Projekt Unorte soll auch dieses Symposium umfassen und natürlich auch noch die Produktion eines Buches zu diesem Thema, mit dem wir hoffen, dass wir eine Grundlage schaffen für weiteres wissenschaftliches Arbeiten zu diesem Themenkreis. Danken möchte ich natürlich auch unserem Kooperationspartner, dem Bundesverband Theater im Öffentlichen Raum, für die konstruktive Zusammenarbeit in der Vorbereitung dieses Symposiums, und natürlich den schon erwähnten Zwillingsbrüdern Woesner, die ihr jetzt privat geführtes freies Theater für dieses Symposium zur Verfügung stellen und mit ihrem ganzen Team auch hinter diesem Symposium stehen und damit eine unverzichtbare Hilfe dafür leisten. Natürlich auch noch unser Dank allen Beteiligten der Präsentationen, Impulse und der Podien. Vor allem gilt unser Dank aber natürlich auch den Künstlerinnen und Künstlern, die ihre Projekte in so hervorragender Art und Weise durchgeführt haben. Ich denke, wir werden morgen sehr viel über diese einzelnen Projekte erfahren, und freue mich persönlich schon sehr darauf. Für den

---

1   Vorsitzende des Fonds Darstellende Künste.

Fonds handelt es sich um das fünfte Sonderprojekt seit 2005. Das steht auch im Einklang mit unseren Förderzielen, die ich hier kurz zitiere:

> Der Fonds hat sich zum Ziel gesetzt, alle Arbeitsfelder und Sparten der darstellenden Künste, des professionellen Freien Theaters und Freien Tanzes zu fördern und damit einen substantiellen Beitrag zur Weiterentwicklung einer vielgestaltigen Theater- und Tanzlandschaft in Deutschland zu leisten. Er fördert bundesweit herausragende und qualitativ anspruchsvolle Einzelprojekte und Projektkonzeptionen, die sich vor allem mit gesellschaftlich relevanten Themen auseinandersetzen und aufgrund ihrer spezifischen Ästhetik, exemplarischen Versuchsanordnung und besonderen Interaktion mit dem Publikum modellhaft für das Freie Theater und den Freien Tanz sind.

In diesem Sinne wünsche ich uns allen interessante und abwechslungsreiche Tage. Wir haben ja ein sehr dichtes Programm, und Herr Jeschonnek wird sehr darauf achten, dass Sie die Zeitpläne einhalten. Ich danke Ihnen erst einmal für Ihre Aufmerksamkeit und freue mich auf die Gespräche mit Ihnen in diesen zwei Tagen.

Clair Howells[1]

BEGRÜSSUNG

Guten Abend, liebe Gäste.
Als Performerin des Theaters Titanick bin ich zugleich die erste Vorsitzende vom Bundesverband Theater im Öffentlichen Raum. Für mich als Australierin ist es eine Ehre, einen deutschen Verband führen zu dürfen und hier zu sprechen. Seit 2006 arbeitet der Bundesverband Theater im Öffentlichen Raum für die Anerkennung unseres Genres als Kunstform. Inzwischen zählen wir neunzig Mitglieder – Künstler, Künstlergruppen, Organisatoren und Festivalleiter. Nach neun Jahren ist es ein Highlight für uns, eine Chance, dass dieses Sonderprojekt stattfand. Es ist eine Chance für uns, die Ziele und die Breite unserer Arbeit zu zeigen. Wir bedanken uns beim Fonds Darstellende Künste, besonders bei Herrn Jeschonnek, dass er dieses Projekt ins Leben gerufen und dass er sehr eng mit unserem Verband bis heute zusammengearbeitet hat. Ich grüße auch die französischen Verbandskollegen, die zu uns gekommen sind. Wir haben heute Morgen den IFAPS gegründet. Das ist die *international federation for arts and public spaces*, zusammen mit der Schweiz, Deutschland, Frankreich und Burkina Faso. Deutschland hat die Präsidentschaft bekommen. *Bienvenue aux collègues francais. Nous sommes heureux que vous soyez là à l'occasion de la réunion fondatrice de l'IFAPS.*

Theater im öffentlichen Raum war lange das Stiefkind der Freien Szene und wird immer noch als Volksbelustigung stigmatisiert. Ich bin überzeugt, dass durch die Präsentation der 18 Projekte und die Podiumsdiskussionen über die Vielfalt künstlerischer Ausdruckweisen, die Rolle der Politik, die Auswirkungen auf die Stadtentwicklung und auch den ländlichen Raum sowie die Perspektiven dieser besonderen Kunstsparte gezeigt wird, dass Theater im öffentlichen Raum eine ganz eigene Kraft besitzt. Lieber Herr Jeschonnek, Sie haben herausragende Menschen aus der Kulturpolitik, Wissenschaftler und Fachleute, die geförderten Ensembles und viele andere Künstler sowie Organisatoren zu Präsentationen und zum Diskurs nach Berlin eingeladen. Auch das war eine Riesenarbeit. Danke dafür. Diese große Resonanz zeigt, dass es richtig war, dieses internationale Symposium zu planen. Ich wünsche

---

[1] Vorsitzende des Bundesverbands Theater im Öffentlichen Raum.

uns nun allen spannende Diskussionen und neue Inspirationen. Und, wer Mitglied sein möchte im Bundesverband Theater im Öffentlichen Raum oder an Informationen über unseren Verband interessiert ist, sollte sich bei unserem Vorstand melden. Wir sind hier. Vielen Dank und ein spannendes Symposium.

Rüdiger Kruse[1]

GRUSSWORT

Guten Abend.

Theater im öffentlichen Raum, das ist dann wohl so etwas wie Fortsetzung der Bundestagsdebatten mit anderen Mitteln. Insofern war es dann schon mal relativ naheliegend, dass mit so einem staubtrockenen Titel Herr Jeschonnek bei uns eine Chance hatte, dass das Sonderprojekt dann auch gefördert wurde. Das kam sehr überraschend, übrigens, für all die anderen Fonds und hatte heftige Debatten ausgelöst, aber Glück ist ja nur mit den Tüchtigen oder mit den Mutigen. Theater im öffentlichen Raum und Freie Szene: gehen wir mal auf den Begriff Freie Szene ein. Die ist am schwierigsten zu fördern, weil es eigentlich ein Widersinn ist. Es ist relativ einfach, ein etabliertes Stadttheater zu fördern, den Etat zu geben, den vielleicht mal anzuheben, oder wenn man nicht nett ist, ihn auch mal zu kürzen. Das ist das Schicksal dieser Einrichtungen, aber Freie Szene? Ist man noch frei, wenn die Politik einen fördert? Und daher bin ich sehr dankbar für die Institution der Fonds und für die Kulturstiftung des Bundes, weil das so ein Puffer ist, weil da zwischen uns und Ihnen etwas liegt, das es dann ermöglicht, dass das Ganze frei bleibt. Aber warum soll Politik etwas fördern, was den Kontrollzwängen, die Politik immer gerne ausübt, nicht entspricht? Weil, wenn wir eine offene Gesellschaft sein wollen, die einen Grundkonsens hat über die wesentlichen Dinge, dann müssen wir grundsätzlich ständig über die wesentlichen Dinge im Streit liegen. Wir müssen sie uns nämlich immer wieder neu erarbeiten, und das ist eine Aufgabe, die können Sie nicht aus dem Plenarsaal des Bundestages alleine lösen, sondern das muss vor Ort geschehen und das muss im öffentlichen Raum geschehen. Öffentlicher Raum – das ist für uns so selbstverständlich, ist es aber eigentlich gar nicht mehr. Wenn Sie Theater im öffentlichen Raum machen wollen, muss es öffentlichen Raum geben.

Es gibt Tendenzen in vielen Kommunen und zwar nicht aus ideologischen Gründen, sondern aus Geldmangel, dass man immer weitere Teile des öffentlichen Raums anderen gibt, damit die sich darum kümmern. Wenn Sie also eine Fläche haben, wo verschiedenste Geschäfte sind, dann können Sie einen *Business Improvement District* gründen und

---

[1] Mitglied des Bundestags, Berichterstatter für Kultur und Medien der CDU/CSU-Fraktion im Haushaltsausschuss des Deutschen Bundestags.

Sie sagen: Ist doch toll, wenn die Geschäftsleute die Verantwortung übernehmen, dass das auch alles ordentlich und sauber ist. Stimmt auch und es muss auch die Kommune nicht bezahlen. Aber wenn Sie damit dann automatisch auch die Hoheitsrechte über diesen Raum abtreten, dann haben Sie plötzlich jemand anderes, der entscheidet, was dort gemacht werden kann und nicht und wer sich dort aufhalten kann und wer nicht. Das mag Sie jetzt überraschen, dass das ein Christdemokrat sagt, aber wenn Sie über Christdemokratie nachdenken, dann darf es Sie eigentlich nicht überraschen. Wichtig ist, dass der öffentliche Raum für jeden verfügbar ist. Wichtig ist, dass Kunst und Kultur für jeden verfügbar sind. Letzteres stellt für mich, wenn man sich die deutsche Kulturszene ansieht, immer noch ein Problem dar. Im Wesentlichen wird die Beteiligung oder die Teilnahme an Kultur „vererbt". Die Leute sind einschlägig „vorbestraft". Es gehen eigentlich überwiegend die hin, deren Eltern auch hingegangen sind. Das heißt, was wir erreichen müssen, dass wir andere Gruppen ansprechen, die normalerweise die Schwelle in ein Theater, und selbst wenn es ein kleines, feines wie dieses ist, nicht finden. Da ist Theater im öffentlichen Raum natürlich genau der richtige Ansatzpunkt, weil Sie da Leute finden, um sozusagen in der Sprache der Sozialpädagogik zu landen: Sie holen die Menschen dort ab, wo sie stehen und gehen.

Wir haben mit 600 000 Euro für einen Kulturbereich eine relativ hohe Summe gegeben. Es ist ja immer alles relativ, aber im Kulturbereich ist das viel Geld, und wir haben keinen Fehler gemacht. Das ist sehr erfreulich. Wenn Sie bei Kulturprojekten was falsch machen würden mit 600 000, dann wären wir schon in den Gazetten. In anderen Bereichen müssen Sie da mindestens zwei Nullen dranhängen. Wir haben keinen Fehler gemacht, weil: Sie haben 18 Projekte gefördert und Sie haben 25 000 Menschen erreicht, und zwar nicht bloß als Zuschauer, sondern teilweise eben auch als Teilnehmer. Das ist eine großartige Form gewesen. Sie werden jetzt weiter diskutieren, wie sich das entwickeln soll. Das haben wir daraufhin noch mal getan. Natürlich ist es immer so, wenn dann einer vorprescht, dann finden die anderen auch: Da muss ja noch mehr gehen. Wir haben uns noch einmal grundsätzlich Gedanken gemacht über die Fonds, und der Bundestag hat in seiner letzten Haushaltsberatung im Haushaltsausschuss beschlossen, dass wir diese Fonds rauslösen wollen aus der Kulturstiftung des Bundes und dafür auch einen Anreiz gegeben. Wir haben noch mal 1,5 Millionen Euro für die Fonds bereitgestellt, und natürlich wollen wir auch, dass die Kulturstiftung ihre Arbeit, die sie bisher machen konnte, weitermacht und sie verstärkt wird. Rauslösen deshalb, damit Sie individueller arbeiten können, damit wir Sie auch direkter fördern können für das eine oder andere Projekt. Ich bin nämlich nicht der Meinung, dass, wenn ein Fonds gerade einen guten Lauf hat, dann automatisch anteilig alle anderen auch gefördert werden müssen. Das ist eine Vorstellung von Unterstützung, die ich nicht teile, sondern es muss schon so sein, dass wir dort investieren, wo Engagement ist. Bei Ihnen ist dieses Engagement. Dafür bedanke ich mich und hoffe, Sie machen so weiter.

Walter Grasskamp[1]

IMPULSREFERAT: DIE ÖFFNUNG DES ÖFFENTLICHEN RAUMS

Die Einladung zu dieser Veranstaltung, für die ich mich sehr herzlich bedanke, verdankt sich ihrerseits nicht etwa der Vermutung, dass ich mich im Theater besonders gut auskennen würde, vielmehr der mit verschiedenen Schriften belegbaren Tatsache, dass ich mich in den letzten vierzig Jahren immer mal wieder mit dem Thema des öffentlichen Raumes befasst habe. So bin ich zum Spezialisten für die *FAQs* geworden, die *Frequently Asked Questions,* und habe dafür immer auch ein paar Antworten in der Schublade, mit denen ich Sie heute ursprünglich hatte belästigen wollen. Denn als gelernter Begriffsarbeiter nehme ich es gerne genau mit solchen sehr unscharfen Etiketten. Und so wären Sie in einen Vortrag geraten, der mir selber viel Spaß, Ihnen aber vielleicht eher Langeweile bereitet hätte, was kein guter Start für diese Veranstaltung gewesen wäre. Daher habe ich mich dazu entschlossen, meinen Kurzvortrag nicht über den öffentlichen Raum, sondern über den öffentlichen Spielraum zu halten und dabei drei Erfahrungen zu skizzieren, die meine Generation – und nur für die kann ich sprechen – mit dem öffentlichen Raum gemacht hat. Erfahrungen, die euphorisch begannen, aber dann irgendwie enttäuschend verliefen. Das ist dann vielleicht lehrreich für die Jüngeren unter Ihnen und tröstlich für die Älteren.

Die erste Erfahrung liegt schon lange zurück und ihre Erwähnung löst vielleicht bei manchen von Ihnen, meine sehr geehrten Damen und Herren, einen Gähnreflex aus, den Sie aber bitte unterdrücken wollen, denn es geht um die politische Eroberung des öffentlichen Raumes durch die Protestbewegungen der 68er im Westen und der 89er im Osten Nachkriegsdeutschlands. Mit ihnen ist jeweils gegen eine Bürgerpflicht verstoßen worden, die bis dahin in beiden Halbstaaten gleichermaßen als erste gegolten hatte und Ruhe hieß. Zuvor hatten im Nachkriegswesten Demonstrationen Ostermärsche geheißen und waren als vom Osten gesteuerte kommunistische Tarnveranstaltungen beargwöhnt worden, weil sie für den Frieden und gegen die Atombombe waren, oder sie fan-

---

[1] Prof. Dr. Walter Grasskamp, Ordinarius für Kunstgeschichte an der Akademie der Bildenden Künste München.

den als eindrucksvolle und lange Zeit auch sehr nötige Gewerkschaftsumzüge am 1. Mai statt. Diese Umzüge und Aufmärsche hielten sich durchweg an die sehr eng ausgelegten und auch sehr streng bewachten Spielregeln des Demonstrationsrechtes, die dann aber von den 68ern lustvoll gesprengt wurden: Sich nicht mehr vorschreiben zu lassen, wie, wann, wo, wofür oder wogegen man demonstrieren wollte – das erweiterte den Spielraum der Öffentlichkeit in einem damals skandalösen Maße. Die manchmal sehr großzügige Auslegung des Demonstrationsrechtes durch die 68er war auch ein bewusster Verstoß gegen dasselbe und damit selber eine symbolische Demonstration. Das hatte auch seinen Preis, nicht zuletzt den Tod von Benno Ohnesorg, am 2. Juni 1967 straflos erschossen von dem Polizisten Karl-Heinz Kurras. Die politische Eroberung des öffentlichen Raumes durch die sogenannte Studentenrevolte veränderte die alte Bundesrepublik, denn das Demonstrationsrecht wurde von nun als permanentes und performatives Bürgerbegehren mit wechselnden Themen genutzt. Zu den historisch vielleicht eindrucksvollsten Events zählen etwa der Protest gegen den NATO-Doppelbeschluss am 22. Oktober 1983 im Bonner Hofgarten – echtes Volkstheater – oder der erste deutsche Christopher Street Day von 1979. Aber jede noch so kleine Spontiversammlung gegen die technokratische Machtergreifung der Atomindustrie stand in dieser kurzen Tradition eines bedeutsamen Traditionsbruches.

Die Enttäuschung konnte nicht ausbleiben, denn alles, was man daran ursprünglich für genuin links, emanzipatorisch und basisdemokratisch gehalten hatte – eben Bürgerinitiativen, bunte Infostände in Fußgängerzonen, Straßenfeste, Popkonzerte mit politischen Texten, freche Aufkleber, provokante Transparente und vor allem eben Demonstrationen –, das alles war, wie sich bald zeigen sollte, auch für rechte und rechtsradikale Anliegen adaptierbar, denen man diese Mittel der räumlichen Öffentlichkeitsherstellung gar nicht gönnen wollte, aber wohl oder übel musste. Denn der öffentliche Raum kennt keine politische Exklusivität, sonst wäre er nicht öffentlich. Er ist nicht von sich aus schon emanzipatorisch oder gar politisch idyllisch, sondern er ist auch der Austragungsort für den Streit um die politische Deutungshoheit in der Gesellschaft. Er ist auch – und nicht zuletzt – eine Kampfzone.

Anders als manche euphorische Definition des öffentlichen Raumes, und in der Kunsttheorie trifft man des Öfteren auf solche euphorischen Definitionen, die ihn in der Tradition der bürgerlichen Emanzipation sehen, kann diese Kampfzone auch durch individuelle, kollektive und politische Brutalität geprägt werden und bestimmt sein. Man kann eben auch den kulturellen Wert von Spontaneität überschätzen. Da der öffentliche Raum prinzipiell auch den politisch Andersdenkenden offensteht, muss man sich also schon was einfallen lassen, um gewaltverherrlichenden Neonazi-Aufmärschen anders als durch eigene Gewalt zu begegnen, sondern etwa durch kreatives Lächerlichmachen mit politischem Abwerbeeffekt, wie es 2014 der Wunsiedler Spendenlauf paradigmatisch vorgeführt hat.

Zur *performativen Aneignung* des öffentlichen Raumes als massenhaft genutzter Demonstrationszone kam damals sofort auch die semiotische Eroberung hinzu durch das Anbringen ebenso dauerhafter wie ungenehmigter Zeichen – womit ich bei der zweiten Generationserfahrung angekommen bin. Als im Pariser Mai 1968 die ersten Parolen mit Spraydosen an die Wände gebracht wurden, schwärmte der große Essayist Karl Markus Michel im legendären *Kursbuch 15,* dass auch dabei ein doppelter symbolischer Traditionsbruch stattfand, nämlich nicht nur mit der politischen Aufmüpfigkeit der Parolen, sondern auch in der respektlosen Form ihrer Anbringung. In einer Stadt wie Paris, die damals mit dem Verbot *Défense d'afficher,* Plakatieren verboten, übersät war, hat sich diese ungeregelte Spielart des Plakatierens durch die Spraydose dann ebenso schnell etabliert wie überall auf der Welt. Das heimliche und meist nächtliche Anbringen von tagsüber nicht mehr entfernbaren Graffiti und auch Wandbildern hat auch mich damals sehr enthusiasmiert, und so habe ich 1982 in der Zeitschrift *Kunstforum* eine erste Dokumentation der westdeutschen Graffiti- und vor allem der Wandmaler-Szene unternommen, ergänzt um den seinerzeit als Pionier geltenden Sprayer von Zürich, Harald Naegeli, sowie die beiden Aachener Mauermaler und Beispiele aus anderen Ländern. Damals schienen mir diese ungenehmigten Zeichen als probates Mittel gegen die zunehmende Umdeutung des Stadtraums zur Kulisse der Konsumgesellschaft und die Umdeutung des Bürgers zum Kunden, dem die Fußgängerzone als Trimmpfad des Schuldenmachens angeboten worden war. Im Kontrast zum Mainstream der allgegenwärtigen und extrem aufdringlichen Konsumwerbung, die wir 68er damals als Konsumterror, nicht so ganz falsch, bezeichnet haben, nahmen sich die Graffiti und Wandbilder wie eine *Gegendemonstration der Zeichen* aus, mit einer Sättigungsbeilage der Schadenfreude, sind dann aber selber zum Mainstream geworden – dem einer völligen optischen Verwahrlosung des öffentlichen Raumes. Damit treffe ich jetzt hier vielleicht nicht gerade die Mehrheitsmeinung, aber sowas wird einem mit wachsendem Alter eher gleichgültig. Jedenfalls sehe ich inzwischen das dämlichste Werbeplakat fast lieber als das originellste Ego-Logo, weil ersteres nämlich von selbst wieder verschwindet. Überhaupt habe ich mit dem öffentlichen Raum als Konsumzone weniger Probleme, seitdem mir relativ spät eine strukturelle Unehrlichkeit aufgefallen ist, die bei diesem Thema immer herrscht. Konsumenten: Das sind immer nur die anderen. Das Gegenteil zu dieser urbanen Konsumöffentlichkeit ist ohnehin nicht das Sprayen von Graffiti oder das Verfremden von Werbeplakaten, wie es schon seit rund fünfzig Jahren betrieben wird, sondern das Gegenteil zur Konsumöffentlichkeit ist jene Produktionsöffentlichkeit, die Alexander Kluge und Oskar Negt in ihrem zu häufig vergessenen Buch *Öffentlichkeit und Erfahrung* gefordert haben. Untertitel „Zur Organisationsanalyse von bürgerlicher und proletarischer Öffentlichkeit". Ein enorm wichtiges Buch. Diese Produktionsöffentlichkeit ist aber nicht einmal halb so sexy wie die Konsumöffentlichkeit, denn niemand will wissen, wie das Hähnchen hergestellt worden ist, das gerade in der Currysauce vor einem schwimmt – und das gilt auch für den Curry. Wenn meine Generation ein politisches Verdienst hat, dann vielleicht das, eine *Produktions*öffentlichkeit hergestellt zu haben, die inzwischen auch eine über die Produktions*entsorgung* ist, also eine ökologische. Vor allem aber – und damit kehre ich zur semiotischen Eroberung des öffentlichen Raumes zurück –, vor allem aber irritierte mich auf Dauer an dieser angeblich subversiven Zeichenkultur der Graffiti, wie sie durch ihre chemischen Mittel auf Dauer gestellt wird. Gerade die pfiffigste Situationskomik der Graffiti, die unbestritten ist, wie sie damals etwa der begabte und bis heute anonyme Sprayer von Berlin-Moabit praktizierte und für die heute Banksy Legende ist, gerade die pfiffigste Situationskomik wird auf Dauer schal für die täglichen Passanten wie ein ständig aufs Neue erzählter Witz. Und ich als Benutzer öffentlicher Verkehrsmittel, wie sie entlang der Schienenwege durch die „innere Rückseite" der Städte führen, komme mir angesichts der angemaßten Dauerhaftigkeit solcher sogenannten Interventionen manchmal so vor, als würde ich zum Dauerbesuch einer juryfreien Ausstellung genötigt.

Das ist eine eher ästhetische Enttäuschung, und damit bin ich bei meinem dritten Thema: Von der wachsenden semiotischen Vermüllung der Stadt durch die Graffiti habe ich mich dann durch eine intensivere Beschäftigung mit den Spielarten der bildenden Kunst im öffentlichen Raum erholt. Auslöser dafür waren die Skulptur.Projekte in Münster, die seit 1977 vier Mal als weltweit beachtetes Experimentierfeld veranstaltet worden sind, jeweils im Abstand von zehn Jahren, und 2017 zum fünften Mal stattfinden werden. Da Bernadette Spinnen erkrankt ist, die in Münster das Stadtmarketing verantwortet, hole ich das hier nach: 2017 finden die Skulptur.Projekte in Münster zum fünften Mal statt. Merken Sie sich den Termin schon mal vor.

Walter Grasskamp

Die Aufstellung von Kunstwerken im öffentlichen Raum – und das konnte ich dabei lernen – ist sehr viel schwieriger als die semiotische Eroberung durch unerlaubte Zeichen, weil sie anstrengenden und manchmal auch zermürbenden Ritualen der Genehmigung zu folgen hat, der öffentliche Raum wird scharf beobachtet und auch verteidigt, und wenn sie diese absolviert hat, durchaus noch auf breiten Widerstand der Bürger treffen kann. Damit stellt sie aber auch ein sehr gutes Übungsfeld für die praktizierte Demokratie dar. Und das fand ich damals besonders interessant. Das war 1987. Da war die Ausstellung in Münster der Schauplatz einer sogenannten ortsspezifischen Kunst, der *site-specificity,* und dieser Verknüpfung von politischem und ästhetischem Potential habe ich auf Dauer mehr abgewinnen können als einer vor sich hin sprayenden Farbblasenkultur. Aber auch hier bin ich schließlich an die Grenzen des Enthusiasmus gestoßen, als sich das Ganze nämlich zu einer urbanen Ausstattungskunst entwickelte und eine Art Festivalisierung des Themas einsetzte: Mancher Künstler klapperte nun erfolgreich die internationalen Biennalen mit angeblich ortsspezifischen Entwürfen ab. Meine wachsenden Vorbehalte gegen diese Entwicklung haben die beiden Kuratoren der Skulptur.Projekte 1997 dann sehr souverän in ihrem Katalog abgedruckt. Schließlich begann mich aber auch an der Kunst im öffentlichen Raum dasselbe zu stören wie an den Graffiti, nämlich ihr Anspruch auf Dauerhaftigkeit. Beides hat eine Musealisierung des Lebensraums zur Folge, eine urbane Festschreibung von Moden und Gattungen über Generationen hinweg. Deswegen ist mir das Thema der Generationen hier auch wichtig. Für diesen Prozess war die Entfernung von Richard Serras *Tilted Arc* von der Federal Plaza in New York die erste interessante Fallstudie, weil ein Künstler gezwungen wurde durch ein öffentliches Verfahren, seine Plastik wieder einzupacken.

Manche Künstler haben auf diese Musealisierung des öffentlichen Raumes durch Kunst und Graffiti mit Interventionen reagiert, die ephemer geblieben sind, also vorübergehend, beiläufig, unspektakulär, zufällig, kleinteilig, leicht zu übersehen, womit man freilich im Kunstbetrieb auf Dauer keine Karriere machen kann. In Münster hat man seit 1997 schon auf dieses Problem reagiert, indem man weniger Werke ankaufte, als es bei früheren Kampagnen üblich war, und damit den Kampagnencharakter dieser Ausstellung wieder freilegte. Insgesamt, hat man den Eindruck, orientiert sich die Kunst im öffentlichen Raum im Moment eher an Kampagnen als an Dauerinstallationen. Und damit bin ich mit meiner Generationsskizze am Ende, nach der Sie vielleicht verstehen, warum ich die Einladung von Günter Jeschonnek gerne angenommen habe, obwohl ich vom Theater vergleichsweise wenig verstehe. Denn ich verspreche mir von Ihnen, meine Damen und Herren, liebe Kolleginnen und Kollegen, morgen viele Beispiele dafür, wie man den öffentlichen Raum als Spielraum nutzen kann, ohne ihn dauerhaft zu vermüllen oder elegant zu musealisieren. Und dann bin ich auch gerne einfach mal nur Zuschauer.

Harald Welzer[1]

IMPULSREFERAT: ÜBER WIRKLICHKEITSBEHAUPTUNGEN UND HANDLUNGSSPIELRÄUME

Guten Abend.

Ich bedanke mich auch für die Einladung, und ich teile mit Walter Grasskamp eine Eigenschaft: Ich habe auch keine Ahnung vom Theater. Eine andere teile ich nicht, nämlich Angehöriger der 68er-Generation zu sein. Vielleicht könnte ich sogar die Behauptung aufstellen, ich habe den großen Vorteil, Angehöriger gar keiner Generation zu sein. Das kann man empirisch sehr gut dann begründen, wenn es keine Generation gibt, die irgendwie signifikant hervorgetreten ist mit einer bestimmten Form von Behauptung über eine eigene Deutungsmacht in Bezug auf die Gegenwart. Es ist ja so, dass Generationen immer erst im Nachhinein entstehen. Also, ein 68er wusste ja noch nicht, dass er 68er ist, als 68 gewesen ist, und die hegemoniale Deutung vergangener Wirklichkeiten durch Generationen entsteht immer, wenn diese Generationen selber in elitäre Funktionen kommen in der Gesellschaft, sodass sie dann sagen können, was sie eigentlich für die Gestalt dieser Gesellschaft hervorgebracht haben. Das richtet sich jetzt natürlich überhaupt nicht gegen Sie, Herr Grasskamp. Aber es richtet sich gegen viele Ihrer Generationsangehörigen, die im Nachgang gewissermaßen aus der Deutung, dass die Mensaschlange sehr lang gewesen ist und sie deshalb auch schon Teil einer Demonstration gewesen sind, sich einer Generation zugerechnet haben oder rechnen konnten, die für sich in Anspruch nehmen konnte, tatsächlich Politik verändert zu haben und eine Tiefenprägung hervorgebracht zu haben, die der Politik im öffentlichen Raum einen völlig anderen Stellenwert gegeben hat. Letzteres war, glaube ich, die Leistung der 68er-Generation, wenn es sie denn jemals überhaupt gegeben hat, diese Generation.

Und damit bin ich bei dem Punkt, der vielleicht etwas mit Politisierung, mit Politik im öffentlichen Raum zu tun hat und vielleicht auch mit einer Repolitisierung des öffentlichen Raums zu tun haben könnte.

---

[1] Prof. Dr. Harald Welzer, Universität Flensburg, Direktor der Stiftung FUTURZWEI, Berlin.

Es gibt unterschiedliche Akteure in Gesellschaften – einige, die können ihre Wirklichkeitsbehauptungen mit mehr Dominanz, mit mehr Bedeutsamkeit, mit mehr Wirksamkeit versehen, und es gibt andere Akteure, deren Wirklichkeitsbehauptungen sind vielleicht eher schwach oder ungehört oder nicht so interessant. Aber mir scheint, und der Kollege aus der Politik, Herr Kruse, hat den Hinweis ja gleich mit seinem ersten Statement gegeben, dass man natürlich auch Wirklichkeitsbehauptungen über die Realität einer so seienden Gesellschaft mit Fug und Recht kritisieren kann. Also dass beispielsweise Talkshows so etwas sind wie Theater im öffentlichen Raum, dass möglicherweise so etwas wie parlamentarische Debatten Theater im öffentlichen Raum sind oder Theater in einem semiöffentlichen Raum. Wenn man das Buch *Das Hohe Haus* von Roger Willemsen gelesen hat, wird man sehr stark den performativen Charakter der Parlamentsdebatten erkennen können. Ich finde es interessant unter der Fragestellung: Was bedeutet „Wiedereroberung des Politischen"?, Was bedeutet „Wiedereroberung des Demokratischen" am Anfang des 21. Jahrhunderts in so einer Gesellschaft wie der unseren? Vielleicht darüber zu gehen, diese Wirklichkeitsbehauptungen dadurch zu kritisieren, dass man einfach andere Wirklichkeitsbehauptungen aufstellt. Eine der dominantesten Wirklichkeitsbehauptungen der letzten Jahre war ja beispielsweise, dass bestimmte Lösungsstrategien im politischen Feld alternativlos sind. Das ist eine starke Wirklichkeitsbehauptung, insbesondere in einer Demokratie, weil eine Demokratie ja überhaupt nur darin besteht, dass sie Alternativen abwägt. Also, der Begriff „Alternativlosigkeit" ist radikal antidemokratisch, kann in einer ernsthaft verstandenen Demokratie überhaupt nicht existieren, aber er reklamiert natürlich eine Wirklichkeitsdeutung für sich und macht sie hegemonial. Ich finde als jemand, der sich sehr stark damit beschäftigt, wie man moderne Gesellschaften transformieren kann, sodass sie einen anderen Umgang mit Ressourcen pflegen können, dass sie vielleicht auch einen anderen Umgang mit dem, was öffentlich da ist, pflegen können, eine praktische Kritik von Wirklichkeitsbehauptungen ziemlich gut: die besteht darin, einfach andere dagegensetzen.

Sie erinnern sich alle noch an diesen grandiosen isländischen Vulkan, dessen Name man sich nicht merken kann, dieser Eyjafjallajökull, der vor einigen Jahren den kompletten europäischen Flugverkehr lahmgelegt hat. Sensationell. Dieser Vulkan müsste eigentlich den Nobelpreis bekommen haben, liegt ja als explodierender Vulkan auch im selben Assoziationsfeld. Aber das Interessante dabei war, dass es keinen Menschen in der europäischen Wirtschaft und in der europäischen Politik gegeben hätte, der es für möglich gehalten hätte, dass der komplette europäische Flugverkehr für mehrere Tage lahmgelegt wird, ohne dass die Welt untergeht oder Menschen massenweise sterben oder Krieg ausbricht oder das absolute Chaos entsteht. Und das Einzige, was dadurch passiert ist, dass dieser Vulkan sich erlaubt hat, einige Aschepartikel in die Luft zu schicken, war: dass man aus Sicherheitsgründen die Flugzeuge am Boden lassen musste. Das war der einzige Unterschied dieser Wirklichkeit zu der vorher und hinterher bestehenden Wirklichkeit. Ansonsten ist überhaupt nichts passiert. Es ist niemand gestorben. Es ist niemand arbeitslos geworden. Es ist niemand in Ohnmacht gefallen. Das Einzige, was passiert ist – ich wohnte damals noch in Essen, in der Einflugschneise des Düsseldorfer Flughafens –, ist, dass die Nachbarschaft irritiert morgens auf den Balkonen stand, weil sie keinen Fluglärm gehört hat: „Ja, wo sind denn die Flugzeuge?" Und man sah keine Kondensstreifen am zufällig blauen Himmel zu der Zeit; ansonsten war, glaube ich, das maximale Unglück, dass Menschen ihr bei Amazon bestelltes Paket zwei Tage später als erwartet bekommen haben. Das war's mit dieser Wirklichkeitsbehauptung. Ich finde dieses Beispiel ungeheuer instruktiv, weil man an solchen Beispielen einfach sehen kann, dass vieles, von dem dominanterweise behauptet wird, es sei die unhintergehbare Funktionsschicht unseres Typs von Gesellschaft, dass das überhaupt nicht der Fall ist. Passiert gar nichts, wenn eine solche Funktion ausfällt. Man kann sich vor diesem Hintergrund z. B. vorstellen, dass man auf den ganzen Scheiß verzichten kann. Weshalb Berlin ja, das gehört zu der performativen Ebene dieser Stadt, prätendiert, es würde ein Flughafen gebaut, während in Wirklichkeit hier Avantgarde produziert wird und man nie die Absicht hat, dass da tatsächlich mal gestartet und gelandet wird. Berlin wird die erste Metropole der Welt ohne Flughafen sein, die *Transition Town* schlechthin. Dieser kleine Kalauer ist mir jetzt spontan eingefallen. Er war nicht geplant, aber das wäre ja genau das Modell, eine Wirklichkeitsbehauptung einfach durch eine andere zu ersetzen. Man braucht diese Flughäfen überhaupt nicht. Wo er schon mal funktionslos da herumsteht, könnte man ihn wahlweise als Flüchtlingsunterkunft oder als Mobilitätsmuseum nutzen.

Nehmen Sie was anderes. Wir haben gegenwärtig in der Finanzpolitik und auch in der Praxis der Finanzökonomie eine Situation, von der *alle* Ökonomen, *alle* Lehrstuhlinhaber der Wirtschaftswissenschaften behauptet hätten, dass es sie gar nicht geben könnte. Völlig unmöglich. Alle Studierenden dieser Wissenschaften haben in den letzten dreißig Jahren gelernt, dass Kapitalismus nur mit Zinsen funktioniert. Jetzt lernen wir: Der funktioniert, kein Mensch weiß, wie, auch ohne Zinsen. Das ist total interessant. Sie haben sich jahrzehntelang anhören müssen, und das gehört in das Universum der Alternativlosigkeit, dass moderne Gesellschaften nur mit Wachstum funktionieren. Wachstum! „Ohne Wachstum ist alles nichts", hat die Kanzlerin gesagt, finde ich total super den Satz. Es gibt dieses Wachstum nicht in den reichen Gesellschaften. Mittlerweile muss man das BIP anfüllen, indem man Einkommen aus illegalen Drogengeschäften, Einkommen aus illegaler Prostitution, Einkommen aus Menschenhandel und so weiter und so weiter, einrechnet in das Bruttoinlandsprodukt, um zu dokumentieren, dass Wachstum noch stattfindet. Um zu legitimieren, dass die Theorie richtig ist, dass moderne Volkswirtschaften nur mit Wachstum funktionieren können. Jahrzehntelang ist man in diesem Land und – in allen anderen westeuropäischen Ländern – durch die Welt gelaufen und hat mitgeteilt, man bräuchte Wirtschaftswachstum, um Arbeitslosigkeit zu bekämpfen, während in denselben Jahrzehnten trotz kontinuierlich propagierter Wachstumsraten Massenarbeitslosigkeit geherrscht hat, in diesem Land bis zu zehn oder elf Prozent, bei kontinuierlich dokumentierten Wachstumsraten. Das heißt, man kann diesen Wirklichkeitsbehauptungen andere entgegensetzen und wirklich sagen: „Ja, das stimmt doch gar nicht." In Heidelberg hat sich im Zusammenhang der Finanzkrise und Wirtschaftskrise als Erstes eine studentische Initiative gegründet, 2009, die hieß „Post-autistische Ökonomie". Die hat sich deswegen gegründet, weil die intelligenten Studierenden es nicht ertragen konnten, sich im Angesicht der zusammenbrechenden Weltwirtschaft und der vollkommenen Hilflosigkeit aller zuständigen Akteure dieselben Vorlesungen anhören zu müssen, die an dieser Universität seit dreißig Jahren gehalten wurden. Das knüpft auch an das an, was Walter Grasskamp gesagt hat, weil natürlich mit der Etablierung solcher studentischen Gruppen etwas geschieht, was man als Repolitisierung des öffentlichen Raums Universität bezeichnen kann; es ist ja keineswegs die einzige Initiative geblieben. Es gibt mittlerweile jede Menge studentische Initiativen, und es gibt auch wieder selbstorganisierte Ringvorlesungen. Es gibt sehr große Konferenzen, die studentisch organisiert sind, wie im vergangenen September die Degrowth-Konferenz in Leipzig mit 3000 Teilnehmerinnen und Teilnehmern, um die 23 bis 28 Jahre alt, die sich freiwillig vierhundert verschiedene Vorträge angehört und das selber organisiert haben. Das sind Entwicklungen, die haben etwas damit zu tun, dass Raum, öffentlicher Raum wieder als eigener Raum verstanden und repolitisiert wird, indem man sagt, wir machen eine andere Wirklichkeitsbehauptung.

Ich glaube, dass es heute in einer Gesellschaft, in der die Funktionseliten nicht müde werden, zu behaupten, dass alles unglaublich komplex und wahnsinnig „vermachtet" ist und dass man eigentlich gar nichts machen kann, weil das alles miteinander so sehr zusammenhängt und die ganze Weltwirtschaft und das Finanzsystem und das Welthandelssystem und die Banken. Man kann diese dominanten Behauptungen schlicht und ergreifend perforieren, indem man vielen Stellen, nämlich dort, wo man gerade ist, sagt: „Das stimmt aber gar nicht." Das wäre dann ein Unterschied zu den utopischen Vorstellungen der 68er-Generation, die ja gewissermaßen einen Entwurf vor dem inneren Auge hatte, wie Gesellschaft verändert werden könnte, und schlimmer noch, wohin sie verändert werden müsste. Dafür ist eben Theater im öffentlichen Raum, Performation im öffentlichen Raum geradezu prädestiniert, nämlich nicht einen Masterplan zu entwerfen für eine andere Form von Gesellschaft, sondern aus dieser perforierenden Strategie heraus etwas zu machen, was sehr emanzipativ ist: nämlich Heterotopien erzeugen. Das utopische Moment liegt im Heterotopischen, in der Herstellung von Verschiedenheit, in der Herstellung von funktionierender Verschiedenheit. Das ist, glaube ich, ein sehr starker Punkt, weil unser politisches Denken sehr stark davon geprägt ist, dass, wenn man das Bestehende kritisiert, man irgendeine Form von alternativem Entwurf haben müsste. Mir scheint es eher so zu sein, und das ist ein Privileg unseres Typs von Gesellschaft, von freier Gesellschaft, dass tatsächlich die Möglichkeit besteht, eigene Handlungsspielräume dazu zu benutzen, eine andere Wirklichkeitsbehauptung zu machen und die neben viele andere Wirklichkeitsbehauptungen zu stellen und dann zu sagen: „Okay, das war unser Vorschlag, wie auch immer der ästhetisch ausfällt. Jetzt fangt mal bitte was damit an." Und die Vorschläge, die mir vorschweben, sind durchaus welche, die auch einen praxisverändernden Charakter haben. Als jemand, der in den letzten Jahren sehr stark im Bereich Nachhaltigkeit zugange ist, ist das größte Defizit der real existierenden Nachhaltigkeitsszene, dass sie vollkommen unästhetisch operiert, dass sie gar keinen Begriff vom Ästhetischen hat und dass sie der irrigen Annahme folgt, dass man Gesellschaft verändern könnte, wenn man gute Argumente hat. Das wird nicht reichen. Zwei zentrale Aspekte gehören neben den guten Argumenten dazu. Das eine ist ein ästhetischer Zugang und das andere ist eine Bereitschaft zum Konflikt. Und deshalb würde ich auch sagen, dass solche Wirklichkeitsbehauptungen anderer Art auch immer gut daran tun, unverständlich zu sein, nicht auf Anhieb verstehbar zu sein, nicht auf Anhieb zustimmungsfähig zu sein. Immer wenn man zu viel Zustimmung bekommt, war etwas falsch, war irgendwas nicht ganz in Ordnung. Es gibt ja dieses wunderbare Zitat von Gerhard Richter, der mal gesagt hat: „Unverständlichkeit zu schaffen, schließt gänzlich aus, irgendeinen Quatsch zu machen, denn irgendein Quatsch ist immer verständlich."

Vielen Dank!

Günter Jeschonnek[1]

BEGRÜSSUNG

Vielen Dank beiden Impulsreferenten, Walter Grasskamp und Harald Welzer. Ihre Lust zur Provokation ist anregend. Ich begrüße Sie auch ganz herzlich hier in Berlin, im Pfefferberg-Theater, diesem neuen Kleinod von zwei „verrückten" und umtriebigen Theatermachern. Doch dazu später mehr von den Woesner-Brothers selbst. Nach ersten pragmatischen und auf die Praxis bezogenen theoretischen Aussagen meiner Vorredner nähern wir uns den morgigen Präsentationen von 18 geförderten Projekten, für die ich einen 15-minütigen Präsentationsalgorithmus vorgeschlagen habe, um Ihnen alle Projekte vorstellen zu können.

Ich weiß, das ist ein dickes Paket, aber ein besseres Modell ist mir in Abstimmung mit dem Bundesverband Theater in Öffentlichen Raum nicht eingefallen. Allen ist klar, dass es sich hier nur um eine Art Appetizer handeln kann. Die Gruppen haben ihre Projekte selbstverständlich umfangreich dokumentiert und auf ihren jeweiligen Websites eingestellt.

Unser Fachberater, Dr. Matthias Däumer, konnte sich 16 der geförderten Projekte vor Ort ansehen und ich 17. Das für mich 18. Projekt, das *urban-gardening*-Projekt *Gräsertheater*, sah ich mir in Mannheim in der Phase der Versuchsanordnung an; aber dafür war wiederum Matthias Däumer bei einer der Aufführungen dabei. *Summa summarum:* Wir beide konnten insgesamt alle Projekte vor Ort sehen, mit den Künstlern sprechen sowie Zuschauerreaktionen einfangen. In vielen Nachgesprächen tauschten wir uns aus und sind davon im Nachhinein überzeugt, dass die Gremien der Fonds wirklich sehr interessante und vielfältige Projekte ausgewählt und gefördert haben. Allein diese 18 Projekte verdeutlichen, wie breit das Spektrum der darstellenden Künste im öffentlichen Raum sein kann, bezogen auch auf das Zusammenspiel mit den dafür ausgewählten 18 Unorten durch die Künstlergruppen. Wenn ich dann noch an die 150 leider nicht geförderten Projekte denke, die sich für das Sonderprojekt ebenfalls mit konkreten Expertisen bewarben, wird noch viel klarer, dass es sich hier nicht um „Volksbelustigung" handelt, wie es Clair Howells zuvor kritisch ansprach, sondern um eine

---

[1] Geschäftsführer des Fonds Darstellende Künste.

enorm große ästhetische Vielfalt innerhalb der darstellenden Künste und der sinnlichen Interventionen im öffentlichen Raum.

Auch deshalb einigten wir uns darauf, beim Symposium nicht nur über diese Projekte bzw. *Theater* im öffentlichen Raum zu sprechen, sondern von der Gesamtheit der darstellenden Künste im öffentlichen Raum. Bereits in der Ausschreibung dachten wir an das breite interdisziplinäre Spektrum der darstellenden Künste und luden genreübergreifend darstellende Künstler und freie Gruppen zur Beteiligung an dem Sonderprojekt ein. In der Ausschreibung wurden die formalen Eckpunkte dieses ästhetisch breit aufgestellten Sonderprojekts beschrieben. Sie dienten der Orientierung für die Antragsteller und der notwendigen Vergleichbarkeit für die spätere Bewertung durch das Kuratorium. Gelegentlich hörte ich während der Projektantragsphase und auch jetzt im Vorfeld des Symposiums, ob man nicht damit den Gruppen vorgeschrieben habe, wie sie ihre jeweiligen Projekte künstlerisch gestalten sollten, und sie damit eigentlich einschränkte. Dem kann ich nicht zustimmen. Wettbewerbe brauchen meiner Meinung nach offen formulierte Kriterien, damit die Bewerber wissen, wozu sie eingeladen sind und sich dann frei entscheiden, wie sie diese künstlerisch ausstatten oder ob sie sich am Wettbewerb beteiligen wollen.

Im Ergebnis wären wir gar nicht mit dieser enormen interdisziplinären Konzeptvielfalt hinsichtlich Inhalt und Form konfrontiert worden, sondern hätten ja nur stereotype Anträge erhalten. Sie werden sich anhand der morgigen Präsentationen davon überzeugen und sich selbst ein Bild machen können. Ich erinnere noch einmal an die formalen Eckpunkte: „Die zu fördernden Projekte aller Genres der darstellenden Künste sollen Unorte zu theatralen Wirkungs- und zeitweiligen neuen Lebensräumen transformieren und zu nachhaltigem Bewusstsein für die ursprüngliche Bedeutung dieser Unorte sowie zu Diskursen über kreative neue Nutzungskonzepte anregen. Im Fokus steht dabei die experimentelle Eroberung und Bespielung von Unorten in Kommunen und dem ländlichen Raum – im Kontext aktiver Partizipation von Bürgerinnen und Bürgern aller Generationen sowie zivilgesellschaftlicher Initiativen." Also ein künstlerisches Sonderprojekt mit kulturpolitischer Wirkung und von gesellschaftlicher Relevanz, um die Kunstsparte darstellende Künste im öffentlichen Raum differenzierter wahrzunehmen und das Freie Theater in seiner Gesamtheit bundesweit zu stärken. Das war die konkrete Zielstellung, die letztlich dazu führte, dass der Haushaltsausschuss des Deutschen Bundestags und der Stiftungsrat der Kulturstiftung des Bundes die volle Antragssumme in Höhe von 600 000 Euro bewilligten.

Günter Jeschonnek

Gestatten Sie mir zu Beginn des Symposiums auch kurz an die Genese des Fonds Darstellende Künste im Kontext dieses Sonderprojekts zu erinnern. Nicht viele von Ihnen werden vielleicht wissen, dass der Fonds in diesem Jahr dreißig Jahre alt wird. 1985 wurde er in Essen gegründet, um politikfern professionelle freie Theater- und Tanzschaffende in Deutschland zu fördern. Im Juni 1988 entschied ein Gremium aus Vertretern der Mitgliedsverbände zum ersten Mal über Projektanträge von Gruppen und einzelnen Künstlern. Damals mit insgesamt bescheidenen 200 000 DM. Heute stehen dem Fonds inzwischen eine Million Euro Bundesmittel zur Verfügung, auch wenn sie längst nicht ausreichen. Und zu den ersten Geförderten gehörte 1988 eine Künstlerin, die morgen ihr aktuelles Projekt *ID-clash* präsentiert. Angie Hiesl aus Köln zählt zur Avantgarde der freien Theaterschaffenden, die seit Anfang der 1980er Jahre mit ihren interdisziplinären Projekten aus Theater, Performance, Tanz, Installation und Aktionskunst im öffentlichen Raum Kunstwerke entstehen lässt. Damit will ich andeuten, dass sich der Fonds seit Anbeginn seiner Fördertätigkeit mit dieser Kunstsparte beschäftigte, immer wieder Einzelprojekte förderte und nun mit diesem Sonderprojekt und dem internationalen Symposium ein kulturpolitisches Ausrufezeichen für diese Kunstsparte setzen will. So wie mit den anderen Symposien in der Vergangenheit: 2006 zu den Förderstrukturen und Perspektiven des freien Theaters in Deutschland, 2007 zu Fragen des europäischen Kooperierens und Produzierens und schließlich 2009 zur wirtschaftlichen, sozialen und arbeitsrechtlichen Lage der Theater- und Tanzschaffenden in Deutschland im Kontext internationaler Entwicklungen. Für alle Symposien wurden zusätzliche Kooperationspartner gewonnen und es entstanden zwei Standardbücher 2007 und 2010 in meiner Herausgeberschaft, deren Ergebnisse nach wie vor aktuell sind und deutlich machen, was immer noch im Argen liegt und wie steinig der Weg ist, um die Arbeits- und Lebensbedingungen der Freien zu verbessern. Auch das ist ein Anliegen dieses Symposiums. Und seit 2013, ich mache jetzt mal einen zeitlichen Sprung, gehört der Bundesverband Theater im Öffentlichen Raum zu den 15 Mitgliedsverbänden des Fonds und hat das Spektrum unserer Mitgliedsverbände noch einmal erweitert. Der Fonds deckt eigentlich alle Sparten der darstellenden Künste durch seine Mitgliedsverbände und vor allem durch seine inzwischen über 2600 geförderten Projekte ab.

Sie haben vorhin vom Bundestagsabgeordneten Rüdiger Kruse gehört, dass wir seit 2004 von der Bundeskulturstiftung eine Million Euro erhalten für die Förderung Ihrer Projekte. Aber dass dieses Förderbudget nie ausreicht, das wissen alle. Wir weisen nach wie vor eine

Förderquote von nur 15 Prozent aus. Das heißt, von hundert eingereichten Projekten können wir leider immer nur maximal 15 fördern, und deshalb kämpfen wir eigentlich auch schon seit 2005 darum, perspektivisch eine Erhöhung unseres Budgets zu erhalten. Wir haben dargestellt, dass wir künftig mindestens zwei Millionen Euro bräuchten, um mehr Projekte – auch mit höheren Summen – fördern zu können. Herr Kruse deutete eben an, dass es dafür Perspektiven geben kann, wenn man immer wieder wegweisende Impulse setzt und entsprechende Ergebnisse vorweist. Das hat unser Fonds in den letzten Jahren eindrucksvoll bewiesen. Deshalb bin ich insbesondere ihm sehr dankbar, dass er nach meinen regelmäßigen Interventionen bei Bundespolitikern und der Kulturstiftung des Bundes 2012 vorschlug, ein besonderes Sonderprojekt zu kreieren, das offene Ohren bei den Haushältern und Kulturpolitikern findet. Er machte mir damals klar, dass die Förderfonds aufgrund der Konstellation mit der Bundeskulturstiftung, die nach einem festgelegten Schlüssel nur einen bestimmten Anteil ihres Gesamtbudgets an die Fonds abgibt, gar keine Chance haben, überhaupt jemals zwei Millionen Euro zu erhalten. Denn diese Konstellation besagt, dass die Kulturstiftung des Bundes immer das Siebenfache der angedachten Erhöhungen für die fünf kleineren Förderfonds erhalten müsste. Wenn beispielsweise jeder Fonds eine Million Euro mehr bekommen wollte, hätte die Kulturstiftung einen zusätzlichen Anspruch von 35 Millionen Euro Etaterhöhung. Sie merken selbst: Das können wir schnell vergessen. Ich habe dann überlegt, für welche Sparte sollte man ein Sonderprojekt entwickeln? Welche Sparte braucht für ihre Weiterentwicklung dringend Förderung mit Bundesmitteln? Ich stimmte mich vor allem mit unserem damaligen Vorsitzenden Jürgen Flügge ab, der inzwischen als Ehrenmitglied des Fonds an diesem Symposium teilnimmt – herzlich willkommen an dieser Stelle! Er war von meinen Argumenten überzeugt, dass es die Sparte darstellende Künste im öffentlichen Raum besonders schwer hat, Fördermittel beim Fonds zu akquirieren. Sie wissen, dass wir nur als Komplementärförderer agieren dürfen. Und wenn gerade die Gruppen des Theaters im öffentlichen Raum viel zu wenig oder zum Teil gar keine Fördermittel von Kommunen und/oder Ländern erhalten, fehlt ihnen die Voraussetzung, beim Fonds einen Antrag zu stellen – also auch Bundesmittel zu erhalten.

Deshalb sollte bei diesem Sonderprojekt der Anteil der Bundesmittel deutlich höher sein und als Initialförderung fungieren, um Partner auf kommunaler oder Landesebene zu motivieren. Mit 30 000 Euro je Projektantrag lösten wir diese Absicht auch ein. Und dann ging alles sehr schnell. Ich sprach den Vorstand des Bundesverbands Theater im

Öffentlichen Raum an, ob seine Vertreter und weitere künstlerische Protagonisten Interesse haben, gemeinsam mit mir ein Konzept für ein Sonderprojekt zu entwickeln. Ich unterbreitete Vorschläge. Auch die Gremien des Fonds wie die Mitgliederversammlung und das Kuratorium unterstützen diese Idee. Im August 2012 lag der Antrag Rüdiger Kruse vor. Schon zum Jahresende 2012 gab es die positiven Entscheidungen des Haushaltsausschusses des Deutschen Bundestags und des Stiftungsrats der Kulturstiftung des Bundes. Noch im Dezember 2012 informierte ich bundesweit über die Ausschreibung und bereits im April 2013 entschied das Kuratorium des Fonds unter Einbeziehung des Fachberaters Matthias Däumer, des Vorstands und meiner Wenigkeit über die 165 Projektanträge. Es ist kein Geheimnis, dass ein derartig dichtes Vorgehen nur möglich ist, wenn alle Beteiligten an einem Strang ziehen und zu der erheblichen Mehrarbeit zugunsten der Künstlerinnen und Künstler bereit sind. Das kann ich insbesondere für Frau Tall und mich sagen. Denn ich kündigte in dem Projektantrag an den Deutschen Bundestag an, dass die beantragte Fördersumme in Höhe von 600 000 Euro komplett zu den Künstlern fließen und der Fonds dafür keine zusätzlichen Mitarbeiter einstellen oder Mehrausgaben tätigen wird – so wie es auch bei erwähnten anderen Sonderprojekten, Symposien und Büchern des Fonds gehandhabt wurde, die ich initiiert und zu verantworten hatte. In anderen Institutionen wird das in der Regel ganz anders gehandhabt: erst mehr Geld, dann mehr Mitarbeiter und natürlich höhere Overheadkosten – leider zuungunsten der zu fördernden Künstler.

Im Kontext der Ausschreibung wurden Rahmenbedingungen festgelegt, die zu Diskussionen führten. Kann man sich als Künstler darin einfügen, ist es nicht eine Einschränkung der eigenen Kreativität und der eigenen Themenstellungen? Wäre es nicht besser, man sagt einfach: Wir fördern jetzt mal 18 Projekte und ihr macht mal, was euch so einfällt? Damit hätten wir aber keine Chancen bei den zuständigen Bundestagsabgeordneten gehabt, die natürlich vor ihren jeweiligen Entscheidungen fragen, was mit diesen Steuermitteln passieren soll, was man erreichen will. Und deshalb war es auch eine naheliegende Entscheidung, ein bundesweites und großes Sonderprojekt einzureichen, das einen bedeutsamen kulturpolitischen und ästhetischen Stellenwert hat und Interesse bei den Kommunen und Ländern findet. So entstand das Sonderprojekt Unorte – Theater im öffentlichen Raum mit dem Auftrag, Unorte zu entdecken und mit den Mitteln der darstellenden Künste wieder ins Bewusstsein der Öffentlichkeit zu rücken, verbunden mit Elementen der Partizipation und der Nachhaltigkeit. Also aktive Teilhabe und Einbindung der Zivilgesellschaft als kulturpolitischen Vorgang, auch um

Internationales Symposium

neue Partner für die jeweiligen Projekte wie zusätzliche Förderer zu gewinnen. Und mit Nachhaltigkeit war beabsichtigt, dass diese Projekte keine „Eintagsfliegen" bleiben, dass sich Partnerschaften weiterentwickeln und diese Unorte lebendig bleiben, vielleicht sogar in eine kulturelle Nutzung überführt werden können. Das waren Überlegungen für die Projektbegründung und die Ausschreibung, die – wie Sie sehen – Erfolg hatten. Und unter diesen Aspekten verglichen die genannten Gremien des Fonds die Projektanträge, bewerteten und wählten sie letztlich aus. Ich habe das mit Absicht noch einmal wiederholt, weil es vor und nach den Kuratoriumsentscheidungen Einwände gab, die Freiheit der Kunst sei mit einer derartigen Ausschreibung in Frage gestellt. Keineswegs. Wir haben nicht die Unorte ausgewählt, auch nicht die partizipativen Partner oder die Themen, mit denen im öffentlichen Raum Geschichten erzählt oder auf andere Weise performative Interventionen stattfinden sollten. Das überließen wir mit der Antragstellung selbstverständlich den Künstlerinnen und Künstlern und ihren jeweiligen Gruppen.

Es gab auch Nachfragen, weshalb wir nur 18 Projekte auswählten. Bei unserer Vorgabe, maximal 30 000 Euro für jedes Projekt zur Verfügung zu stellen, wurde die Anzahl schon einmal begrenzt. Und das Kuratorium war am Ende des Diskussionsprozesses unter inhaltlichen, ästhetischen und finanziellen Aspekten nur von diesen 18 Projekten mehrheitlich überzeugt. Ich schlug den Gremien vor, mit den Restgeldern ein Symposium durchzuführen, von dem auch die Nichtgeförderten partizipieren und ein Buch einzuplanen, das dieses Symposium und die Einzelprojekte dokumentiert und Diskurse zu den darstellenden Künsten im öffentlichen Raum aufgreift. Und mit diesem Buch soll die gesamte Freie Szene von den Entwicklungen der darstellenden Künste im öffentlichen Raum in Deutschland und ausgewählten europäischen Ländern erfahren.

Zurück zur Realisierungsphase der Projekte: Bereits im Herbst 2013 gab es die ersten drei Präsentationen – in Frankfurt am Main, in Leipzig und in Köln. 2014 zeigten die anderen 15 Gruppen ihre Projekte. Die Bilanz kann sich sehen lassen. Ich wiederhole sie an dieser Stelle gern noch einmal: Diese Projekte mit insgesamt 470 künstlerisch Beteiligten und Laien wurden in 23 Städten Deutschlands gezeigt und auch in Israel. 25 000 Zuschauer sahen insgesamt 195 Aufführungen. Von 18 interdisziplinären Projekten kann man acht der Erinnerungskultur zuordnen in Verbindung mit Stadt- bzw. Ortserkundung. Das Spektrum der Erinnerungskultur reicht von der Geschichte der jüdischen Gemeinde in Frankfurt am Main und der Auseinandersetzung Heinrich

Heines mit dieser Vergangenheit, über die dunklen Jahre des Nationalsozialismus bis hin zur Mordserie des „NSU" am Beispiel der Ermordung eines türkischen Mitbürgers in Rostock. Wir förderten sechs Projekte zum Themenfeld Brennpunkt Stadt, die sich mit Erosionsprozessen des Gemeinwesens, des sozialen Zusammenhalts und Teilhabe auseinandersetzten. Drei Projekte untersuchten das Verhältnis von Mensch und Natur und wie öffentliche Räume kultiviert und zu Oasen umgewandelt werden können. Und das Projekt von Angie Hiesl stellte eine Besonderheit dar, weil es den menschlichen Körper von Transsexuellen als Unort definierte und diese These in einer Gärtnerei mit ihren Gewächshäusern untersuchte und präsentierte.

An diesen Themen, die sich die Künstler, wie erwähnt, selbst auswählten, also nirgends durch die Ausschreibung vorgegeben waren, wird deutlich, dass die Rahmensetzungen (Unort, Partizipation, Nachhaltigkeit) keine kreativen Einschränkungen darstellten, sondern den notwendigen kreativen Freiraum ermöglichten und eher einer Fokussierung und einer Unverwechselbarkeit dienten. Insgesamt kann man bilanzieren, dass es sich bei allen 18 Projekten um ästhetische und politische Interventionen von gesellschaftlicher Relevanz im öffentlichen Raum handelte. Die Projekte stießen auf großes Zuschauer- und mediales Interesse und lösten konstruktive Diskussionen über Kunst im öffentlichen Raum aus. Ein anderer Erfolg ist die Tatsache, dass zu den 600 000 Euro Bundesmitteln von den Künstlern zusätzlich 750 000 Euro durch Partnerschaften mit Kommunen, Ländern und anderen Förderinstitutionen akquiriert wurden. Wir wissen, wie aufwendig das ist. So standen insgesamt 1,35 Millionen Euro zur Verfügung. Der Fonds war entsprechend seinem Auftrag nur Komplementärförderer im Zusammenspiel mit Kommunen und Ländern. Nach dem Abschluss der Vorstellungen erhielten wir von 15 Kommunen Briefe, in denen sehr positiv über die Resonanz berichtet und dass die Schwelle des Zugangs zu künstlerischen Produktionen im öffentlichen Raum oder zu den Unorten auf neue Art und Weise überschritten wurde. Die Akteure begaben sich gemeinsam mit dem Publikum auf Entdeckungsreisen zu neuen und teilweise unbekannten Orten, was auf großes Interesse stieß. In diesen Briefen, die ich auch den Bundestagsabgeordneten zur Verfügung stellte, wurde die Hoffnung geäußert, derartige Sonderprojekte mit Unterstützung des Bundes fortzusetzen.

Frauke Surmann, seit kurzem Kuratoriumsmitglied des Fonds, hat gerade ihre Dissertation in einem Buch veröffentlicht: *Ästhetische In(ter)vention im öffentlichen Raum*. Eine kurze Zusammenfassung ihrer Thesen erhielten Sie vorab mit weiteren einführenden Texten anderer Podiumsgäste, die Sie hier ebenfalls morgen und übermorgen in den Diskussionen erleben werden. Professor Grasskamp und Professor Welzer sprachen mit ihren Impulsen eben ähnliche Fragestellungen an, die Frauke Surmann in ihrer Dissertation und in Performances untersuchte. Diese Impulse werden morgen und übermorgen in den Podiumsrunden eine Rolle spielen: Die politische Eroberung und Repolitisierung des öffentlichen Raums zur Kenntnis zu nehmen und somit die Wiederherstellung des Politischen. Denken wir dabei nur an die neuen Formen der Protestkultur, die zunehmend mit performativen Elementen agiert. Walter Grasskamp empfahl, den öffentlichen Raum als Spielraum zu nutzen, ohne ihn dauerhaft zu vermüllen, zu festivalisieren oder elegant zu musealisieren. Künstlerische Störungen im öffentlichen Raum schaffen neue Wahrnehmungen der Realität, lösen Brüche und Irritationen aus, lassen die Wirklichkeit in einem anderen Licht erscheinen, stellen über die Körper der Akteure neue Räume her und lösen zugleich grundsätzliche Fragen zum öffentlichen Raum aus: Wie wollen wir leben und welche Rolle spielen dabei die Künste? Die Verhältnisse des Individuums zur Gesellschaft werden untersucht und immer wieder neu verhandelt. Der öffentliche Raum stellt sich somit als der am meisten umkämpfte symbolische Schauplatz dar – im Spannungsfeld von Politik/Ökonomie/Lobbyinteressen/Kunst und Kultur. Alles Gesichtspunkte, die bei den geförderten 18 Projekten eine wichtige Rolle spielten.

Ein Anliegen des Symposiums ist es, ganz unterschiedliche Sichtweisen auf den öffentlichen Raum und die in ihm agierenden darstellenden Künstlern aufeinandertreffen zu lassen und zu neuen Diskursen anzuregen. Auch deshalb dieses sehr vollgepackte Programm an diesen drei Tagen. Es soll sich für Sie lohnen, dass Sie sich auf den Weg nach Berlin gemacht haben, um sich anregen zu lassen, sich auszutauschen und selber Impulse für die künftige Debatte um die ästhetische und kulturpolitische Vielfalt der darstellenden Künste im öffentlichen Raum zu geben. Die hochkarätige und breitaufgestellte internationale Besetzung der vier Podien sowie die Einladung an ganz unterschiedliche Impulsgeber mit insgesamt vierzig Personen aus Wissenschaft, Theaterpraxis und der Kulturpolitik, die dreißig Künstler mit den 18 Projektpräsentationen und die Erfahrungen von Ihnen im Auditorium, mit 170 angemeldeten Gästen, bündeln eine enorme Fachkompetenz zum Thema, die bisher einmalig ist. Insgesamt sind wir 250 Beteiligte.

Ein wichtiges Anliegen ist es auch, dass sich hier in Berlin Künstler aus den Lagern des sogenannten handfesteren Straßentheaters, des Theaters im öffentlichen Raum, der scheinbar intellektuelleren performativen Interventionen und der bildenden Künste begegnen. Sie wissen zu wenig voneinander trotz gelegentlicher Kooperationen und betrachten die jeweils anderen auch mit Klischees. Insgesamt sind in diesen Sparten längst neue Formate und Ästhetiken entstanden, deren Vielfalt es darzustellen und in einen Austausch zu bringen gilt. Auch deshalb lege ich Wert darauf, dass wir von der Gesamtheit der darstellenden Künste im öffentlichen Raum sprechen und auch so das Symposium nennen. Ich bin fest davon überzeugt, dass wir alle mit einem anderen, mit einem neuen Blick, auf die Sparte der darstellenden Künste im öffentlichen Raum und ihren neuen Möglichkeiten nach Hause fahren werden.

Bevor ich an Ingo Woesner, einen der beiden Leiter des Pfefferberg Theaters übergebe, möchte ich mich nicht nur bei ihm, seinem Bruder Ralph und dem deutlich aufgestockten Technik- und Betreuungsteam des Hauses herzlich bedanken, sondern auch bei allen beteiligten Referenten, den Professoren, Wissenschaftlern, Kulturpolitikern und Vertretern von Förderinstitutionen. Alle sagten für eine bescheidene Aufwandsentschädigung zu. Und sie versprachen, auch aus ganz eigenem Interesse, solange wie möglich beim Symposium zu bleiben. Das empfinde ich als große Wertschätzung gegenüber allen hier anwesenden freien Künstlern und dem Programm des Symposiums. Und jetzt bitte ich Ingo Woesner auf die Bühne. Herzlichen Dank für Ihre Aufmerksamkeit.

Ingo Woesner[1]

BEGRÜSSUNG

Auch noch mal von unserer Seite: Herzlich willkommen im Pfefferberg Theater, in Berlin-Prenzlauer Berg. Der Pfefferberg war lange Zeit ein Unort und in gewisser Weise ist er es immer noch. Der Pfefferberg ist ja nicht klassischerweise ein Kulturstandort –, was man auch immer darunter verstehen mag. Der Pfefferberg war und ist einer der ältesten Braustandorte in Berlin. 1841/42 hat ein Herr Pfeffer an diesem Ort – dieses Gelände war damals noch außerhalb der Stadtgrenzen Berlins – seine Brauerei Pfeffer gegründet. Hier gab es weit und breit kein einziges Gebäude, es war also auch damals ein Unort im Sinne eines noch nicht erschlossenen Raumes. Und Herr Pfeffer nahm eine Spitzhacke und einen Spaten, so stelle ich mir das immer vor, und hat gesagt: „Hier fange ich jetzt an, Bier zu brauen." Und auch wenn Bier und Theater vielleicht nicht so direkt zusammenhängende Themen zu sein scheinen, jedenfalls nicht vordergründig – auf dem Pfefferberg gibt es einen Zusammenhang dieser Themen, der sogar einen geschichtlichen Hintergrund hat.

In der zweiten Hälfte des 19. Jahrhunderts nämlich haben die Besitzer der Pfefferberg Brauerei zeitgleich den Berliner Prater besessen. Für die von euch, die nicht aus Berlin sind, zum Verständnis der Hinweis: Der Berliner Prater ist der älteste Biergarten Berlins, eröffnet 1837, der existiert nach wie vor als Biergarten und ist von hier nur ungefähr zehn Minuten Fußweg entfernt. Und dieser Berliner Prater und der Pfefferberg hatten also im 19. Jahrhundert zeitweise ein und denselben Besitzer. Was hat das jetzt mit Theater zu tun? Ganz einfach: Ab ungefähr 1868 gab es im Prater eine Theaterbühne mit einem richtigen Spielbetrieb, der vom Schwank bis zur Operette ein buntes Programm bot. Hin und wieder sollen auch anspruchsvollere Stücke gezeigt worden sein. Und da die Prater-Besitzer mit dem Theater im Prater damals auch den Pfefferberg besaßen, gab es den Zusammenhang zwischen Pfefferberg und Theater auch schon vor 150 Jahren. Pfefferberg, Bier, Biergarten und Theater gehören also zusammen.

Der Grund und Boden des Areals ist heute Eigentum einer gemeinnützigen Stiftung, der Stiftung Pfefferberg, die 1999 gegründet wurde

---

[1] Geschäftsführer, Regisseur und Schauspieler WOESNEREI – Pfefferberg Theater.

mit dem Ziel, das Areal dieser alten Brauerei mit seinen mehr oder weniger zerfallenen über zwanzig Gebäuden zu einem soziokulturellen Zentrum umzugestalten. Die Gebäude auf dem Gelände sind über Erbbaurechtsverträge an neue Eigentümer verkauft worden. Eben auch die alte Schankhalle, in der wir uns hier befinden und die wir hier wiederaufgebaut haben. Sie war und ist Teil dieses architektonischen Gesamtensembles Pfefferberg.

Und hier mache ich einen kleinen Schwenk zu uns, also meinem Zwillingsbruder und mir, bevor ich weiter auf das Haus eingehe. Mein Bruder und ich haben Schauspiel an der Berliner Hochschule für Schauspielkunst „Ernst Busch" studiert, waren dann an verschiedenen Stadttheatern engagiert und sind seit Mitte der 1990er Jahre freiberuflich. 2001 gründeten wir eine eigene Theaterproduktion, machten sehr viele Gastspiele und sagten dann irgendwann, jetzt haben wir viel experimentiert und wollen einen eigenen festen Standort etablieren. Das war 2007.

Und von Harald Welzer ist zuvor der interessante Gedanke geäußert worden, dass es eine Wirklichkeitsbehauptung gibt in jeglicher Hinsicht. Jeder behauptet einen Teil seiner eigenen Wirklichkeit, u. a. wird in Deutschland sehr oft behauptet: „Das geht nicht." Diesen Satz kann man überall hören, egal in welchen Zusammenhängen, sicher auch bei uns in der Kunst. Und wir sagten uns damals: Wieso soll das nicht gehen? Man kann doch in so einem Haus ein wunderschönes Theater gründen. Wir hatten nicht die nötigen Millionen, überlegten aber, wie es dennoch möglich sein könnte, unsere Vision zu verwirklichen. Wir mussten einen Partner finden, der sich für so eine verrückte Idee begeistern lässt, der ein „bisschen" mehr Geld hat als wir als freie Künstler. Den haben wir dann auch gefunden, im Februar 2008. Wir besorgten die Grundrisse, stellten Kalkulationen auf. Man lernt auch irgendwann rechnen, kalkulieren und einen mehrjährigen Businessplan aufzustellen. Und mit diesem Konzept-Papier sind wir losgestiefelt und haben am Anfang zwei potentielle Investoren, so will ich das mal nennen, kennengelernt. Die fanden das durchaus interessant, an einem solchen historischen Ort, der ja eine kulturelle Vergangenheit hat. Als sie dann aber hörten, dass dieses ganze Areal denkmalgeschützt ist, zeigten sich die Probleme. Es hieß schnell: Das geht nicht. Die Flagge der Skepsis wurde gehisst. Wir haben aber weiter unsere Wirklichkeitsbehauptung dagegengestellt und gesagt, das geht schon, wir glauben daran. Und nach weiteren Monaten hatten wir tatsächlich einen Bauherrn gefunden, der heute auch Eigentümer des Gebäudes ist. Und damit sind wir bei dem Thema, dass Günter Jeschonnek in den Vorgesprächen mehrmals genannt hat: Teilhabe und Zivilgesellschaft.

Dieses Gebäude gehört heute dem Verbund für Integrative Angebote. Das ist ein großer sozialwirtschaftlicher Träger, strukturiert als gGmbH mit mehreren Tochtergesellschaften, der mindestens vierzig Prozent der dort Festbeschäftigten mit Schwerstbehinderung eingestellt hat. Das heißt, unter diesem Dach versammeln sich Konflikte, weil die Strukturen schon extrem unterschiedlich sind: ein freies Theater und ein doch stark hierarchisch organisiertes Unternehmenskonglomerat. Die damaligen Geschäftsführer dieses Verbundes sagten, wenn wir hier so ein Haus bauen, also einen Integrationsbetrieb auf dem Pfefferberg verankern, dann wäre es toll, wenn hier auch Kultur stattfindet. Das liegt jetzt sieben Jahre zurück. Insbesondere mir ist dann diese Sonderaufgabe zugekommen, das ganze Haus, nicht bloß das Theater, zu konzipieren – von der Raumaufteilung bis zur Innengestaltung – und die Gesamtprojektleitung zu übernehmen. Die Ziegelsteine und auch die Stahlkonstruktion, die ihr hier im Innenbereich des Theaters seht, sind Elemente des historischen Vorgängerbaus. Die haben wir aufbewahrt, haben sie da, wo es ging, in den neuen Baukörper integriert. Auch insofern ist das hier eine Wirklichkeitsbehauptung. Mir war nämlich von Anfang an ganz wichtig, dass in diesem Gebäude, wenn es schon abgerissen und neu gebaut werden muss, die Biografie des Orts anwesend ist, damit wir hier nicht eine Bonbonschachtel kreieren. Wir wollten kein geschichtsloses nagelneues Gebäude mit Edelstahl, Glas und Beton bauen.

Am 19. September 2013 eröffneten wir das Theater, auch wenn noch nicht alle Details abgeschlossen waren. Das nur, damit ihr wisst, was das hier für ein besonderer Unort war, wie man das auch immer definiert, den Begriff Unort. Das ist hier ein freies Haus, d. h. ohne öffentliche Förderung. Es ist ein Experiment, das wir jetzt wagen. Schafft man so etwas? Wir wissen es nicht. Wir haben einfach angefangen. Und man könnte ja scheitern. Scheitern gehört zum Geschäft, aus der Theaterperspektive sowieso. Wir scheitern spätestens dann, wenn der Vorhang fällt, und nicht ein einziger Zuschauer hat den ganzen Abend gelacht. Kann ja passieren, denn wir machen hauptsächlich Komödiantisches. Auch das ist ein Element dessen, was diesen Bau auszeichnet. Dieser Bau ist eher durch unsere Widerspenstigkeit entstanden, unser anarchistisches Denken, insofern ich das als Begriff der Herrschaftslosigkeit verstehe. Wir verstehen das Komödiantische durchaus nicht als Protest gegen irgendetwas.

Mein Bruder möchte euch mit seinem kleinen Gedicht begrüßen. Es ist ihm eingefallen, als wir hier mit Günter Jeschonnek schon im letzten Jahr im August über das Symposium sprachen. Er wollte unbedingt in ein freies Haus. Vielen Dank für eure Aufmerksamkeit.

Ralph Woesner[1]

BEGRÜSSUNG

So, liebe Kollegen, Freunde, Anwesende.
Ich bin beauftragt, hier den Schlussimpuls zu setzen. Nach den spannenden Einführungen sind mein Bruder und ich zu der Auffassung gelangt, dass dieser Schlussimpuls ein kurzer sein sollte. Das Thema handelt ein ganz klein bisschen von dem, was hier heute auch besprochen wurde. Hier ein kleines Gedicht, das ich dazu geschrieben habe: *Basismangel.*

Ein junger Pilz im Wald fand im Boden keinen Halt.
Denn da, wo seine Vorfahren einst entschlossen
aus saftig grünem Moos geschossen
der junge Pilz, ach, vor nur fand, trocknes Laub und trockenen Sand
so ging der Pilz, noch jung und klein, kaum gesprossen, wieder ein.
Womit bestätigt wird famos, ohne Moos nix los.

In diesem Sinne. Und Danke.

---

[1] Geschäftsführer, Regisseur und Schauspieler WOESNEREI – Pfefferberg Theater.

ERSTES PODIUM

Welche Rahmenbedingungen muss die Politik schaffen, um wirksames und gesellschaftlich relevantes Theater aller Sparten der darstellenden Künste im öffentlichen Raum zu ermöglichen?

Günter Jeschonnek: Nach dieser kompakten und vielfältigen Präsentation der 18 Projekte beginnen wir mit dem ersten Impulsreferat von Stefan Behr, den ich sehr herzlich begrüße. Für den zweiten Vortrag hatte Bernadette Spinnen zugesagt. Sie musste leider wegen einer starken Erkältung absagen.

IMPULS
Was wir brauchen – kompetente Partnerschaften und Risikokapital
Stefan Behr[1]**:** Neben der künstlerischen Leitung des Theaters ANU in Berlin leite ich auch das Internationale Straßentheaterfestival Gassensensationen in Heppenheim. Wir haben 30 000 Besucher in einer Stadt mit 27 000 Einwohnern, innerhalb von vier Tagen. Bei uns finden alle Aufführungen bei freiem Eintritt statt. Wir laden neben theatralen, zirzensischen und performativen Programmen immer wieder Künstler ein, die bei uns inszenieren, vor allem in thematischen Reihen, die wir uns ausdenken, wie z. B. Dramatiker, moderne Dramatiker im öffentlichen Raum, Stadtexpeditionen oder Theater auf Bäumen.

Bevor ich beginne, mich mit der Fragestellung zu beschäftigen, erlaube ich mir kurz, auf die Besonderheit dieser Kunstform einzugehen. Wenn ich es auf einen einzigen Punkt bringen müsste, dann würde ich es so beschreiben: Theater im öffentlichen Raum findet nicht auf der schwarzen Guckkastenbühne statt, in die man mit etwas Geschick jede Welt hineinzimmern kann, sondern in gelebten Räumen. Theater hat immer mit Menschen zu tun, die dort leben. Es befragt diese Orte oder antwortet auf sie. Dieses Theater lässt sich auf die Orte ein oder setzt ihnen etwas entgegen. Es spielt mit den Geschichten des Ortes oder fügt eine eigene Geschichte bewusst hinzu. Oft verwandelt es die Orte und hinterlässt mit kleinen Geschichten oder großen spektakulären Bildern Spuren im kollektiven Gedächtnis der Menschen, die dort wohnen. Diese Theaterform hat sich nicht aus der Guckkastenbühne heraus ent-

---

[1] Künstlerischer Leiter und Geschäftsführer Theater Anu, Berlin. www.theater-anu.de

wickelt, sondern sie hat eigentlich noch nie etwas mit ihr zu tun gehabt. Es ist eine eigene Kunstrichtung, die ganz eigene Bedingungen braucht.

Ich möchte mich mit vier Bereichen beschäftigen: einmal die personelle Situation in den Kulturämtern, die Finanzierungssituation, die Frage der Nachwuchsförderung und mit weiteren Tendenzen dieser Kunstsparte, die ich sehe.

Ich möchte Sie am Anfang auf eine kleine Gedankenreise schicken. Stellen Sie sich einfach mal vor, Sie wären Personalchef in einem kleinen Krankenhaus, das in Finanznöten steckt. Eine Krankenschwester kündigt, und Sie müssen die Stelle neu besetzen. Nun soll dies nach Maßgabe der Geschäftsführung möglichst intern geschehen. Nach einiger Recherche kommt Ihnen in den Sinn, dass es ja in dem Krankenhaus zwei Hausmeister gibt, beides gute Männer. Frage: Würden Sie einen der Hausmeister intern auf die Stelle der Krankenschwester versetzen? Ich glaube nicht, aber in Kulturämtern, besonders in kleinen und mittleren, geschieht seit vielen Jahren etwas ganz Ähnliches – und es verstärkt sich mehr und mehr. Viele Städte besetzen ihre Posten nur noch intern und versetzen Menschen von der Stadtkasse oder dem Sozialamt in die Kulturämter. Sie machen sie sogar zum Teil zu Kulturamtsleitern. Verstehen Sie mich nicht falsch. Ich bin kein Gegner von Quereinsteigern und weiß, wie diese in der Vergangenheit mit großem Engagement Kulturarbeit in den Kommunen entwickelt haben, aber angesichts der gegenwärtigen Problemlagen, vor denen die kommunale Kulturarbeit steht, halte ich die gerade beschriebene Praxis der internen Stellenvergabe für höchst problematisch. Die Versetzten versuchen oft ihr Bestes, sind aber meist hoffnungslos überfordert mit der prekären Situation.

Ich finde das auch sehr absurd. Die Städte reagieren auf die ökonomischen Zwänge im Kulturbereich mit De-Professionalisierung, anstatt sich personelle Kompetenz ins Boot zu holen, die versucht, anstehende Prozesse zu gestalten, anstatt nur noch hilflos den Mangel zu verwalten. Wenn wir über die Fortschreibung oder Entwicklung des Theaters im öffentlichen Raum sprechen, sind die Ansprechpartner in den Kommunen für uns aber ganz entscheidend. Das Theater im öffentlichen Raum ist eine Kunstsparte, die wirklich den Dialog braucht, die ein gemeinsames Mitdenken, ein gemeinsames Konzipieren mit Menschen vor Ort nötig hat. Was aber, wenn unser Gegenüber in den Städten uns bei allem Bemühen gar nicht mehr verstehen kann? Ich habe als Festivalleiter seit zwei Jahren einen Kulturamtsleiter, der aus der Wirtschaftsförderung kommt. Mit ihm muss und kann ich nicht mehr über Konzepte oder Visionen reden. Das Theater im öffentlichen Raum braucht aber kompetente und interessierte Ansprechpartner in den Kommunen. Sie sind unsere wichtigsten Partner und Verbündeten, oft.

Insgesamt finde ich spannend, dass diesem Problem bisher so wenig Beachtung geschenkt wurde. Weder die Kulturpolitische Gesellschaft noch der Deutsche Kulturrat haben bisher zu diesem Thema Stellung bezogen. Hinzu kommen die Problematiken, dass wir Umfirmierungen in Kulturämtern haben, z. B. in Stadtmarketings, oder dass Ämter plötzlich merkwürdig lange Titel führen so wie Kindergärten, Sport, Jugend, Tourismus und Kultur. Dies geht dann oftmals einher noch mit dem Wegfall von Stellen, sodass die restlichen Mitarbeiter allein mit den Verwaltungsaufgaben überbeschäftigt sind. Wenn die Kommunen diese Problemlagen nicht in den Griff bekommen, brauchen wir aus meiner Sicht nicht weiter von wünschenswerten Rahmungen für ein Theater im öffentlichen Raum in Deutschland träumen.

Zum Thema Finanzen: Ich werde mich nicht damit aufhalten, Ihnen jetzt zu erzählen, wie schlecht die Lage der Kommunen ist, das wissen Sie alle, und ich werde auch nicht jammern. Nur eins: Aus meiner Sicht ist das Schlimmste an dieser Misere, dass zwar alle versuchen, den Status quo zu halten. Der eigentliche Verlierer in diesem Spiel ist aber das, was noch nicht ist. Ich spreche mal als Festivalleiter. Wenn es die Gassensensationen noch nicht geben würde und ich würde zum Kulturamt gehen und sagen, ich hätte da eine tolle Idee und das könnte was werden, dann wäre die Chance genau null Komma null Prozent, dass ich heute noch einmal anfangen könnte. Und ich glaube, dass es fast allen Festivalleitern, die im ähnlichen Bereich arbeiten, auch so geht. Der Verlierer ist das, was noch nicht ist.

Wir brauchen Risikokapital für neue Projekte, um ausloten zu können, was Kultur in Zukunft leisten kann, auch die Kunstsparte Theater im öffentlichen Raum für die Stadtgesellschaft. Die Herausforderungen angesichts von kommunalen Rettungsschirmen und Schuldenbremsen von Land und Bund, 2016 bis 2020, die natürlich auch auf die kommunalen freiwilligen Leistungen durchbrechen werden, sind enorm. Aber ganz ehrlich: Dafür ist es doch erstaunlich ruhig. Wo sind die Think Tanks, die landauf, landab fieberhaft nach neuen Lösungen für die Fortschreibung und Weiterentwicklung kommunaler Kulturarbeit suchen? Ich verstehe das nicht. Es steht unglaublich viel auf dem Spiel. So viel Geleistetes, so viel, das für die Zukunft einer Kulturgesellschaft dringend gebraucht wird. Warum wird da nicht mehr getan? Warum wird nicht in die Entwicklung von Instrumenten und Konzepten Millionen gesteckt, die selbst in hochverschuldeten Kommunen ja immer mal wieder wie von Geisterhand plötzlich auftauchen? Stattdessen baut man sich dann immer noch schöne Häuser. Auch wenn die Kulturpolitik sich selber nichts vorstellen kann, was jenseits bisheriger Alternativkonzepte wie Sponsoring oder Crowdfunding vielleicht noch möglich ist, warum sucht man dann nicht nach Menschen, deren Profession es ist, intensiv neue und innovative Lösungen zu entwickeln? Ich denke nicht, dass das eine Aufgabe der Kommunen ist, sondern dass hier vor allem der Bund und die Länder gefragt sind, und ich glaube auch, dass es weit über das hinausgehen muss, was die Bundeskulturstiftung zu leisten vermag.

Konkret zum Theater im öffentlichen Raum: Wie wichtig und hilfreich Bundesprogramme für ein Genre sein können, dafür ist das Unorte-Sonderprojekt ein hervorragendes Beispiel. So konnten die Künstler sogar mehr Geld generieren, als der Fonds selbst dafür bereitgestellt hat. Aber diese Bundesmittel waren erst einmal die Eintrittskarten für weitere Komplementärförderungen. Natürlich braucht es von diesen Programmen mehr. Ich hoffe, dass der Bund und die Länder erkennen, welches Potential sich in diesem Genre andeutet, denn für die Städte allein wird es kaum möglich sein, ausreichend Kapital für die Entwicklung dieser Kunstform aufzubringen. Aber dessen ungeachtet: Auch die Kommunen können einiges tun. Ich plädiere für langfristige Partnerschaften. Stellen wir uns vor, jede Kommune würde sich beispielsweise einer Künstlergruppe annehmen, um mit ihr über Jahre zusammenzuarbeiten, so wie das auf ganz wundervolle Art zwischen der Stadt Detmold und TheatreFragile oder in Münster mit dem Theater Titanick entstanden ist. Davon brauchen wir mehr. Aber auch ohne Geld können Städte Künstlern wirkungsvoll helfen, z. B. mit der Überlassung von Probenräumen, Produktionsstätten oder Lagern. Gleichzeitig braucht es aber auch Formate, die es jungen Menschen ermöglichen, Erfahrungen im Bereich Theater im öffentlichen Raum zu machen. Hier haben auch die Festivals eine wichtige Verantwortung. Und der Einstieg muss selbstverständlich angemessen bezahlt werden. Auch Förderprogramme müssen das Problem des Einstiegs von jungen Künstlern berücksichtigen. In der Ausbildung junger Künstler muss das Arbeiten im öffentlichen Raum zu einem festen Bestandteil werden. Die Gesetze, die in diesem Bereich herrschen, sind oftmals ganz andere als die für Bühnenschauspieler, Bühnenregisseure oder Bühnenbildner. Theater im öffentlichen Raum braucht, *last but not least,* auch Produktionsstätten. Es braucht zwar keine Bühnen, aber eben Orte, an denen es proben und produzieren kann. Übernachtungsmöglichkeiten, Ausstattungen und finanzielle Budgets werden entscheidend sein, wie gut diese Orte von den Künstlern angenommen werden. Auch hier brauchen Neulinge spezielle Angebote. Ich könnte mir z. B. Patenschaften vorstellen zwischen erfahrenen Künstlern und jungen Menschen, die einsteigen.

Und damit komme ich schon zum Punkt „weitere Tendenzen": Wie schon gestern kurz angesprochen wurde, nimmt die Ökonomisierung des öffentlichen Raumes zu, was einem Verschwinden desselben gleichkommt. Bewirtschaftungskonzepte für Plätze und Fußgängerzonen führen zu immer mehr Einschränkungen. Plätze oder Grünflächen werden vermietet und kosten mittlerweile auch schon für Theateraufführungen Geld. Diese Tendenzen sind bedenklich, kommen sie doch für Veranstalter und Künstler immer noch erschwerend hinzu. Bekannt ist auch die veränderte Genehmigungslage nach den schrecklichen Ereignissen in Duisburg. Es ist klar, kein Veranstalter oder Künstler will sein Publikum gefährden. Die Bürokratie schlägt hier aber oft übers Ziel hinaus und macht mancherorts eben keine Unterschiede, ob es sich um eine wilde Technoparty oder eine Theaterveranstaltung handelt. Hier ist Umsicht und ein partnerschaftliches Suchen nach Lösungen, die sicher und bezahlbar sind, notwendig.

Lassen Sie mich noch etwas zur Zweckgebundenheit von Förderprogrammen im Bereich des Theaters oder der Kunst anmerken. Grundsätzlich sind die Programme, die nach gesellschaftlicher Relevanz oder Nutzen fragen, nicht verkehrt. Kunst kann für die Gesellschaft Aufgaben erfüllen. Dagegen ist nichts zu sagen. Künstler wollen ja oft auch aus sich heraus Gesellschaft verändern, in politische Prozesse intervenieren – und trotzdem habe ich ein mulmiges Gefühl dabei. Was für eine Tendenz könnte sich da entwickeln, wenn wir erst die Künstler in die Schulen, dann in die sozialen Brennpunkte und vielleicht irgendwann in deutsche Firmen schicken, die dringend kreativen Input brauchen? Ich habe ein mulmiges Gefühl, wenn ich mir vorstelle, dass Kunst in den Köpfen der Politiker immer mehr als eine Art Dienstleistung gegen gesellschaftliche Fehlentwicklungen gesehen wird. Das ist eine Gratwanderung, auf die wir uns alle begeben, bei der die Kunst, die Freiheit der Kunst einfach nicht herunterfallen darf. Gerade Theater im öffentlichen Raum lebt von einem unglaublichen Formenreichtum und einer großen Experimentierfreude. Ich würde mir sehr wünschen, dass wir es schaffen, unsere theaterwissenschaftlichen Brillen von Hildesheim oder Gießen oder anderswo, unsere Genre-Monokel und unsere zeitgenössischen *eyeglasses* abzusetzen und dass unter Politikern und Kollegen eine große Wertschätzung für diese Vielfalt wächst und sichtbar wird. Wenn wir aber das Gefühl haben, wieder zu viel über Wirksamkeit und Bedeutung zu sprechen, die wir Künstler mit unserer Kunst auslösen können, dann empfehle ich eine ganz einfache Übung. Holen Sie tief Luft und sprechen Sie einfach ein paar Mal hintereinander folgendes Mantra aus der systemischen Kommunikationstheorie nach: „Über die Bedeutung der Botschaft entscheidet stets der Empfänger, niemals der Sender. Über die Bedeutung der Botschaft entscheidet stets der Empfänger, niemals der Sender." Das lehrt uns zum einen Demut und zum anderen, dass, wenn wir etwas über die gesellschaftliche Bedeutung von Theater im öffentlichen Raum erfahren wollen, wir den Blick von der Bühne abwenden müssen. Wir müssen uns umdrehen und ins Publikum blicken. Dort sehen wir dann jedes Jahr in Deutschland über eine Million Besucher, alt neben jung, der Arzt neben der Reinigungskraft. Wir sehen Menschen, die selten oder nie in einen Theaterbau gehen würden und im besten Falle lachen und weinen sie miteinander und unterhalten sich danach über das Erlebte. Schon dafür lohnt es sich, Theater im öffentlichen Raum in seiner ganzen Vielfalt anzuerkennen und für Rahmungen zu sorgen, damit diese Kunstform seine ganze Kraft entfalten kann. Vielen Dank!

THESEN

Bernadette Spinnen[2]: Meine wichtigsten Erkenntnisse als ehemalige Kulturamtsleiterin und langjährige Leiterin des Stadtmarketings von Münster gebe ich gern in dieser Form weiter:

Kulturverwalter sollten sich auf die Stärken und Potentiale in der eigenen Stadt besinnen. Die örtlichen Propheten sind nicht immer die schlechtesten! Und nur wer nachhaltig Strukturen aufbaut, kann künstlerische Qualität ernten.

Kulturverwalter brauchen Demut und eine offene Haltung zu Kunst und Kultur: Wir sind in einer dienenden Funktion. Sie sollten die Künstler mindestens interessant finden, sie bestenfalls bewundern und ihnen vertrauen. Vereinbaren Sie mit ihnen Ziele und geben Sie ihnen Perspektiven. Schließlich sonnen Sie sich in ihrem Glanz!

Kulturförderung darf nicht immer nur Subvention sein; sie muss bei großen Unternehmungen eher wie die Wirtschaftsförderung funktionieren und finanzielle Spielräume zum Größer-Denken eröffnen.

Begreifen Sie Kulturförderung immer auch als Existenzgründung im Sinne der Wirtschaftsförderung, allerdings ohne die Erwartung, Kunst finanziere sich irgendwann komplett öffentlich.

Machen Sie eine gute Personalpolitik! Sie ist der Schlüssel einer guten Kulturförderung. Kulturverwaltungen hängen in ihrer Qualität mehr als andere von einer guten Personalpolitik ab. Berufen Sie Men-

---

[2] Der Vortrag konnte wegen der Erkrankung von Bernadette Spinnen nicht gehalten werden. Es handelt sich um ihr nachgereichtes Thesenpapier.

schen, die für die Kunst und die Künstler arbeiten wollen – nicht solche, die mittels der Kunst als erstes ihre eigene Profilierung im Sinn haben. Und berufen Sie Menschen, die ihren klaren Kopf nicht der mächtigen Verwaltung opfern wollen. Das heißt nicht unkritisch zu sein, sondern einen guten Blick für Qualität zu haben und die Eigenlogik der Kunst und der Künstler zu verstehen. Kunst braucht Publikum und Glanz. Die Kulturverwalter sind dazu da, die Kunst ins rechte Licht zu rücken und sie in der Stadtgesellschaft wichtig zu machen, damit ihr Freiheit und Geld gewährt werden.

Performative Kunst braucht die Stadt als Bühne. Die Stadt braucht die Kunst im öffentlichen Raum aber ihrerseits auch.

Der Dialog mit den Künstlern lohnt sich und Durchsetzungsvermögen den Behörden gegenüber, wenn es um die Bespielung von Plätzen geht. Als Kommunikator der Stadtqualitäten, als Infragesteller geübter Nutzungen auf öffentlichen Plätzen, als Trüffelsucher für interessante, offene urbane Räume. Der Austausch von performativer Kunst im Außenraum mit der Stadtkommunikation im Sinne des Stadtmarketings könnte zu innovativen Lösungen führen. Performative Kunst (im Außenraum) ist mehr als eine beliebige Bühnenshow.

Es sollte durchaus an einem geeigneten Standort neben Kunstakademien und Schauspielschulen auch Ausbildungen und Studiengänge für performative Kunst geben. Dadurch könnte auch diese Kunstform ein größeres Gewicht erhalten.

Um zarte Algengewächse mit künstlerischem Potential muss man sich lange kümmern; dann wirken sie auch für das Stadtimage.

Günter Jeschonnek: Vielen Dank, lieber Stefan Behr. Sie haben mit Ihrem Vortrag den Podiumsteilnehmern und dem Moderator konstruktive Überlegungen vorgelegt, die mit Sicherheit eine kontroverse Diskussion erwarten lassen. Diese erste Podiumsrunde moderiert Gerhard Baral. Er ist Geschäftsführer des Kulturhauses Osterfeld und des internationalen Pforzheimer Musik- und Theaterfestivals. Er kennt die bundesweite und internationale Landschaft der Theatergruppen im öffentlichen Raum sehr gut. Seine Gäste begrüße ich ebenfalls ganz herzlich auf dem Podium: Daniela Koß, die Verantwortliche für die Bereiche Theater und Soziokultur der Stiftung Niedersachsen, Hannover; Anne Maase, Programmleiterin vom Doppelpass – Fonds für Kooperationen im Theater der Kulturstiftung des Bundes mit Sitz in Halle/Saale; Ulf Großmann, Präsident der Kulturstiftung des Freistaates Sachsen mit Sitz in Dresden; Rainer Heller, den Bürgermeister von Detmold, und

Oliver Scheytt, den Präsidenten der Kulturpolitischen Gesellschaft. Die Runde ist eröffnet. Herr Baral, Sie haben das Wort.

Gerhard Baral: Vielen Dank. Liebe Gäste, als ich den Titel dieser Runde gelesen haben, dachte ich: Mensch, wir sind endlich wieder in den 1970er Jahren des letzten Jahrhunderts angekommen. Diskussionen, die wir ja schon mal hatten um die neue Kulturpolitik der 1970er Jahre, mit Hilmar Hoffmann und Hermann Glaser als Kommunalpolitiker, die damals auch angetreten sind mit dem großen Satz „Kultur für alle". Und damals ging mir sofort durch den Kopf: Jetzt haben wir es geschafft, eine neue Hundertprozentforderung – Theater für alle. Schauen wir also in unserer heutigen Diskussion, was wir in den 18 Präsentationen über Rahmenbedingungen erfahren haben. Auch die Impulse von Stefan Behr haben uns Spuren gelegt, denen wir auf dem Podium und dann in der Öffnung ins Auditorium nachgehen werden. Meine erste Frage, die ich eigentlich jedem stellen möchte, geht erst einmal an Oliver Scheytt, Präsident der Kulturpolitischen Gesellschaft. Was assoziieren Sie zu dem Schlagwort „Theater für alle" oder zu dem Thema des heutigen Abends?

Oliver Scheytt: Der Begriff Öffentlichkeit, kulturelle Öffentlichkeit, durchzieht ja die Kulturpolitik seit den 1980er Jahren, und deshalb ist es, glaube ich, richtig, noch einmal über den Begriff von Öffentlichkeit und Privatheit *heute* zu sprechen, denn es hat sich ja einiges verändert. Der private Raum ist längst öffentlich geworden. Facebook lässt grüßen. Jeder äußert sich öffentlich oder halböffentlich, und der öffentliche Raum ist längst privat geworden. Überall die Überwachungskameras, überall die McDonald's-Schilder und die sonstige Besetzung des öffentlichen Raumes durch irgendwelche Werbeveranstaltungen und ähnliches mehr. Als es in den 1970er Jahren hieß, Theater auf die Straße, da war die Straße noch frei. Jetzt ist sie belegt. Und als es hieß, wir müssen doch die Privatheit schützen, da waren wir noch Volkszählungsprotestanten, und heute ist das alles perdu.

Diese Begriffe Öffentlichkeit und Privatheit verschwinden völlig in unserer Gesellschaft. Und umso wichtiger finde ich es, dass man den Begriff Öffentlichkeit sehr genau in den Blick nimmt und vielleicht beschreibt, um was es da geht. Eine Anlehnung bei der Raumsoziologie, Martina Löw, oder Stadtsoziologie, es gibt den gebauten Raum, den organisierten Raum, den gelebten Raum und den kommunizierten Raum, und damit sind wir schon wieder bei demselben Problem, dass sobald etwas kommuniziert ist, es privat und öffentlich zugleich ist. Aber wenn wir den gebauten Raum nehmen, um den geht es ja hier, so

Internationales Symposium

kann dieser auch für das Theater unterschiedliche Funktionen haben. Zum einen als Kulisse. Man geht einfach raus an einen Ort, der wunderbar ist, der andere Menschen dadurch anspricht, dass es umsonst und draußen ist. Zweite Möglichkeit, man kommt textualisiert, wie man heute so schön sagt, oder nimmt den Raum als immanenten konstitutiven Bereich einer Theaterinszenierung. Man braucht diesen Raum, um überhaupt das auszudrücken, was man ausdrücken will. Oder drittens, es geht um eine Intervention in den öffentlichen Raum durch Theater, also eine andere Wahrnehmung soll erzeugt werden, eine Veränderung soll erzeugt werden, vielleicht sogar eine dauerhafte Veränderung durch ein performatives Element. Wir hatten das im Programm der Kulturhauptstadt Europas mal mit der A40 gemacht. Die Autobahn auf sechzig Kilometer gesperrt, und da waren drei Millionen Menschen und seither werden jedenfalls viele diese Geschichten erzählen und nehmen diesen Raum, diese Autobahn, auch völlig anders wahr.

Das heißt also, wir sollten, wenn wir darüber sprechen, diese vielen Funktionen erst mal in den Blick nehmen und dabei bin ich ja jetzt als Kulturpolitiker gefragt. Es ist sehr, sehr auffällig, dass natürlich Politiker, und das hat Herr Behr wunderbar ausgedrückt, das oft instrumentalisieren und sagen: Da haben wir eine Brachfläche, bitte macht jetzt mal was. Dann sollen wir anschließend was ansiedeln. Und/oder: Ihr seid dafür da, gesellschaftliche Relevanz und vor allen Dingen Wirkung zu erzielen, Integration und so weiter, und da bin ich als Kulturpolitiker natürlich sehr vorsichtig und sage: Man soll einen Freiraum des Theaters schützen und nicht alles immer vorgeben, aber natürlich können wir nicht ausschließen, dass Sie damit Geld bekommen, weil Sie so etwas behaupten und tun. Und das ist natürlich auch dann verführerisch und manchmal auch gut, dass es so etwas gibt. Zusammengefasst: Selbstverständlich ist Theater im öffentlichen Raum heute ubiquitär. Es braucht kulturpolitische Unterstützung mehr denn je und wir müssen mehr denn je den öffentlichen Raum als einen Raum, wo sich Menschen begegnen, kommunizieren und sich selbst vergewissern, nutzen und das nicht den Privaten überlassen.

Baral: Zum öffentlichen Raum kommen wir nachher noch einmal. Frau Koß, von der Landeskulturstiftung Niedersachsen, Sie verantworten in den Bereichen Theater und Soziokultur die Förderung von Projekten innerhalb der Stiftung. Wenn Sie den Titel des heutigen Abends hören, was für Stichworte fallen Ihnen dazu ein?

Daniela Koß: Ja, ich habe tatsächlich das erste Mal ein wenig gestutzt, als ich die Begriffe „wirksames und gesellschaftlich relevantes Theater" gelesen habe, und an die Freiheit der Kunst gedacht. Wenn wir aber Theater als einen Ort begreifen, an dem gesellschaftliche Themen verhandelt und Debatten geführt werden, dann strahlt Theater natürlich in sein Umfeld aus und entfaltet eine Wirksamkeit. Das gilt ganz besonders für die Projekte, die wir heute gesehen haben. Ich habe bei den Präsentationen allerdings auch bemerkt, dass ich viele Projekte anders zuordnen würde. Nicht nur in den Theaterbereich, sondern auch in die Soziokultur. Die Stiftung Niedersachsen hat aktuell mit einem ähnlichen Förderprogramm wie diesem Modellprojekte in der Soziokultur gefördert. Ungefähr die Hälfte der hiesigen Projekte würde in Niedersachsen dem Bereich der Soziokultur zugeordnet werden. Es hat sich für mich allerdings bestätigt, dass in dem Unorte-Förderprogramm außer Wirksamkeit und Relevanz die wichtigen Elemente Partizipation und Teilhabe in den Vordergrund gestellt wurden. Das heißt, die Schnittstellen zu anderen Bereichen sind durchlässiger geworden, nicht nur zur Soziokultur, sondern auch zur populären Kultur, zu anderen Künsten und der kulturellen Bildung.

Baral: Jetzt sind wir schon beim Bund angelangt. Bevor ich Sie zum Projekt Doppelpass befrage, Frau Maase: Wenn Sie die Schlagworte wie Wirksamkeit, gesellschaftlich relevantes Theater hören, wie bewerten Sie sie aus Ihrer Erfahrung von den Anträgen zum Doppelpass?

Anne Maase: Sie hatten ja gefragt, was hatten wir so für Assoziationen, als wir das gelesen haben: „wirksames und gesellschaftlich relevantes Theater"? Ich hatte auch ein leichtes Unbehagen und bin Stefan Behr ganz dankbar, dass er mich da bestärkt hat. Grundsätzlich glaube ich, dass gesellschaftliche Relevanz nicht das einzige Kriterium sein kann, nach dem wir die Qualität von Kunst ganz allgemein und auch die Förderwürdigkeit von Kunst beurteilen. Kunst hat immer eine Berechtigung aus sich selbst heraus und wenn wir in so „Um-zu-Begründungen" kommen, dann kann das taktisch sehr klug sein, was Her Scheytt auch gerade angesprochen hat, aber da nimmt man sich viel, weil man in so eine Mittel-zum-Zweck-Debatte kommt. Man läuft zumindest Gefahr, in solche Argumentation zu kommen wie: Kunst ist dann wertvoll und sie ist dann gut, wenn sie Aspekte der kulturellen Bildung einbezieht, wenn sie die sogenannten bildungsfernen Schichten adressiert, wenn sie an aktuelle Problemlagen andockt. Das alles kann sie. Das alles soll sie auch tun. Das glaube ich ganz sicher. Wir sollten uns nie auf diesen Aspekt beschränken bei der Förderwürdigkeit und auch bei der Qualitätsdebatte. Das ist mir einfach einleitend noch mal wichtig.

Internationales Symposium

Und es ist auch wichtig für das, was wir in der Stiftung tun. Wir unterstützen viele Projekte, die erst mal für sich keine politische Relevanz beanspruchen oder sich so verstehen, sondern die komplett formal oder ästhetisch oder wie auch immer motiviert sind. Das finde ich richtig. Und nichtsdestotrotz haben wir politische Ziele und gesellschaftliche Ziele mit dem, was wir machen. Wenn man sich die Themen anschaut, die wir erst mal als Schwerpunktthemen hatten, seit es die Stiftung gibt, wie Migration, wie Arbeit in Zukunft, wie Überlebenskunst, wo es um nachhaltigen Lebenswandel geht, und dann sind das ja immanent gesellschaftliche Themen, die wir als Stiftung behaupten. Wir glauben als Kulturstiftung, dass Kunstschaffende einen ganz wesentlichen Beitrag dazu leisten können und müssen, mit ihren eigenen Mitteln, mit ihren eigenen Perspektiven und auch mit einer anderen Art von Problemlösungskompetenz. Das von der inhaltlichen Seite.

Wir machen auch die Strukturprogramme. Dazu gehört der Doppelpass. Darüber reden wir später ausführlich. Wir haben aber auch den Fonds Neue Länder, wo wir wirklich gezielt kleine bürgerschaftlich getragene Initiativen unterstützen, die genau zum Ziel haben, in der Region, meistens sind es strukturschwache Regionen oder auch kulturschwache Regionen, diese Kultur zu stärken und die Bürger einzubeziehen und zu aktivieren. Und warum ich diesen Bogen mache? Um noch mal klarzumachen: Was gesellschaftlich relevant ist, das lässt sich nicht pauschal sagen, sondern es hängt von der Fragestellung ab und es hängt von der Bedürfnislage vor Ort ab.

Und nichtsdestotrotz bin ich komplett davon überzeugt, dass immer, wenn es um so etwas wie eine gesellschaftliche Selbstvergewisserung oder auch um die Wandlungsprozesse geht, die wir jetzt haben, da nenne ich Stichworte wie: Transformation des öffentlichen Raums, sowohl in den ländlichen Regionen als auch in den Städten, oder demografischer Wandel – dann kann die Funktion von Künstlern in diesen Prozessen und in diesen Debatten gar nicht hoch genug eingeschätzt werden.

Baral: Ich glaube, die Antragsteller wären Ihnen dankbar, wenn der erste Teil Ihrer Ausführungen für den zweiten Teil dann auch noch gilt, d. h., wenn im Prinzip die Offenheit bei der Antragstellung dann auch erhalten bleibt. Kommen wir zu einem Mann, der viele Welten kennengelernt hat. Heute ist er Präsident der Kulturstiftung des Freistaates Sachsen, Ulf Großmann. Er kennt das Thema aber auch von ganz unten, nämlich aus der kommunalpolitischen Perspektive als Bürgermeister für Kultur der Stadt Görlitz, der er vor einigen Jahren war, und auch als ehemaliger Vorsitzender des Kulturausschusses des Deutschen Städtetages. Worauf liegt Ihr Fokus bei diesem Thema Wirksamkeit und gesellschaftlich relevantes Theater?

Ulf Großmann: Zunächst möchte ich mich ganz herzlich für die Einladung und die wunderbaren Projektpräsentationen bedanken. Ich konnte unheimlich viel lernen und nehme viel für meine Arbeit mit. Eigentlich müssten Sie noch weiterreden und wir Kulturpolitiker, Kulturmanager und Förderer müssten Ihnen weiter zuhören, um zu erfahren, wo überhaupt der Schuh drückt. Wo gibt es Probleme? Wo liegen die Erwartungen einerseits und die Fördermöglichkeiten, die politischen Gestaltungsräume andererseits auseinander und wo gibt es gemeinsame Schnittmengen? Wir reden immer so ein bisschen über die Köpfe hinweg. Vielleicht gelingt es uns heute Abend, es besser zu machen. Das würde mich sehr freuen.

Nun zu der Fragestellung nach einem wirksamen und gesellschaftlich relevanten Theater: Das ist eine ziemlich gefährliche, weil komplexe Fragestellung. Was ist die Zielrichtung, wen will ich als Beantworter dieser Frage haben? Wenn ich diese Frage in den kommunalpolitischen Raum hineinstelle, da wird mir der Kollege aus Detmold recht geben, dann kann sie sehr schnell sehr formalistisch und unter dem Zweckdienlichkeitsaspekt beantwortet werden: Was wirksam sein muss und was gesellschaftlich relevant ist, was nützlich ist, was politisch repräsentativ ist, wo Kunst und Kultur „funktionieren" müssen. Wir haben selbst als Kulturpolitiker in den 1990er Jahren argumentativ dazu beigetragen, dass wir heute in der Situation sind, zu versuchen, den Kopf aus der selbstgelegten Schlinge der Argumentation zu ziehen. Damals haben wir häufig den Kniefall geübt und versuchten, der Wirtschaft und der Politik zu sagen: Ja, wir machen doch auch was Nützliches, wenn wir Kultur unterstützen. Kultur ist doch ein Wirtschafts- und auch ein Standortfaktor. Heute ist Kultur auch noch dazu ein Wohlfühlfaktor. Kultur ist also immer irgendwie ein Faktor und immer irgendetwas, das nützlich ist. Insofern braucht man sich dann nicht zu wundern, wenn man die Frage nach der Nützlichkeit stellt und sie dann nach Nützlichkeitskriterien beantwortet wird – und zwar ganz eindeutig beantwortet wird: Das ist nützlich, was messbar ist, was abrechenbar ist und ja, was in irgendeiner Weise im politischen Raum dienen kann.

Eine andere Frage ist: Wie weit schränken die Nützlichkeitsaspekte die Freiheit der Kunst ein? Herr Behr hat es gesagt: Die Freiheit der Kunst ist grundgesetzlich gesichert und ein unglaublich hohes Gut. So auch die Meinungsfreiheit. Das heißt ja nicht, dass nun jeder alles machen kann. Natürlich muss man sich an die Verfassung halten und sie darf eben nicht ausgehebelt werden. Wenn wir uns die Vorgänge in Russland mit Pussy Riot ansehen oder jetzt in Paris, wo versucht wird, Meinungsfreiheit mit Gewalt, mit repressiver Gewalt oder mit körperlicher Gewalt einzuschränken, dann wissen wir, welches unheimlich hohe Gut immer wieder zu verteidigen ist. Natürlich sind wir als Förderer immer gehalten, auch nach dem Warum zu fragen. Warum soll das Projekt gefördert werden? Welche Ziele haben sich die Künstler gestellt? Und der Antragsteller muss selbstverständlich auch damit rechnen, dass sein selbstgestellter Anspruch auch von den Förderern hinterfragt wird. Am Ende des Projekts müssen die Künstler auch in der Lage sein, die gestellten Ansprüche einzuschätzen und einzulösen versuchen, sich selbst und anderen die Antwort geben, ob denn die Ziele erreicht wurden oder warum nicht.

Ich denke, dass Theater wirksam und relevant ist, wenn es unter die Haut geht und wenn das, was gemacht wird, unverzichtbar ist. Ich habe immer Schwierigkeiten mit dem Begriff „nachhaltig", der ja auch heute offensichtlich bei den Präsentationen abgefragt worden ist: Wie nachhaltig sind die Projekte gewesen? Da haben wir uns so einen Feigenblattbegriff gewählt, der eigentlich mit Kunst und Kultur gar nichts zu tun hat. Wie wir wissen, kommt er aus der Forstwirtschaft. Hans Carl von Carlowitz hatte den Begriff Anfang des 18. Jahrhunderts erfunden, als es darum ging, wie es um die nachhaltige Bewirtschaftung von Waldflächen mit längere Zeit anhaltender Wirkung bestellt war. Das ist ja auch in unserer Diskussion nicht so ganz falsch. Die Frage muss ja erlaubt sein: Wie zukunftsfähig ist das eine oder andere auf längere Sicht ist? Nur ich denke dann eher, dass wir mit sehr stark emotionalen Bereichen zu tun haben und dann eben die Fragen: Wie klingt was nach, wie geht was unter die Haut, was hat derjenige vielleicht mit seinem Projekt bewegen oder was hat er vielleicht auch an Impulsen im Bereich der kulturellen Bildung setzen können?, wichtiger sind, als immer wieder die stereotype Frage zu stellen: Und, wie stehts mit der Nachhaltigkeit?

Baral: Das freut uns natürlich sehr. Ich glaube, wenn wir den Nachweis der Nachhaltigkeit abschaffen, wäre den Antragstellern geholfen. Damit hätten wir hier auf dem Podium schon ein erstes Ergebnis. Und jetzt kommen wir zu dem Mann, der an der Basis seit elf Jahren Straßentheater in Detmold fördert und als Bürgermeister der Stadt und Schirmherr des alle zwei Jahre stattfindenden Festivals dafür die politische Verantwortung trägt. Wie bringen Sie Wirksamkeit und gesellschaftlich relevantes Theater miteinander zusammen? Welchen Anspruch haben Sie mit dem Detmolder Festival?

Rainer Heller: Erst einmal schönen Dank für die wunderbaren Vorkommentierungen dazu. Ich könnte mich bei einigen gut anschließen. Aber, was ist „wirksames und gesellschaftlich relevantes Theater"? Jetzt zeichne ich mal ein bisschen schwarz und weiß. Das ist so wie mit der Nachhaltigkeit. Solche Begriffe kann ich auch nicht essen. Bei dem Thema „wirksam" müsste ich ja erst mal wissen, von wo wohin? Welche Messgrößen? Und „gesellschaftlich relevant": Wer ist Gesellschaft? Also, wenn ich das jetzt zusammenfassen würde, dann würde ich allen Theatergruppen empfehlen, einfach als Vorgruppe vor dem Spiel BVB gegen Bayern München anzutreten, weil das wirksam ist. Das ist gesellschaftlich hochrelevant. Nur mit solchen Begründungsbegriffen zu argumentieren kann es ja irgendwie nicht sein. Ich betrachte es lieber andersrum und sage es so: Straßentheater oder Theater im öffentlichen Raum, auch der Begriff öffentlicher Raum, da kommen wir ja auch noch mal dazu – ja, wofür machen wir das? Wofür machen das Menschen? Der erste Punkt ist, dass es eine Ausdrucksform ist, die ich faszinierend finde. Das lehrt. Das emotionalisiert und das schafft Einblicke, einfach Blickwechsel. Da bin ich jetzt noch nicht im Hier und Jetzt des Symposiums oder in der Zukunft, auf welche gesellschaftlichen Felder wirkt es eigentlich, sondern da ist erst mal der künstlerische Wert an sich. Das darf doch einfach auch mal von Wert sein. Man darf auch mal einfach berührt sein, ohne gleich Nachhaltigkeits e. V.s zu gründen.

Das Thema gesellschaftliche Relevanz gehört natürlich auch dazu. Wer ist denn Gesellschaft. Übrigens da kamen ja auch schon die Worte „und die Politik". Wer ist das eigentlich? Wer von Ihnen ist denn nicht Politiker?, frage ich mal. Wenn Sie sich einmischen und der Definition von Politik folgen, sind Sie Politiker. Das ist eine Frage des Blickwinkels. Also, die Frage ist dann: Durch welche Gesellschaft, für welche Gesellschaft tue ich das eigentlich? Man kann das so sezieren. Ich bin der Meinung, wenn künstlerische Gruppen, Einzelpersonen oder auch mal Menschen sagen, ich möchte gerne zu dem und dem Thema was machen, weil das für mich jetzt ganz persönlich relevant ist. Dann brauche ich jetzt nicht meinen Stadtrat zu fragen, ob das für alle relevant sein muss. Wenn ich das mache, komme ich zu nichts.

Beispiel: Natürlich ist es hochgradig spannend, ein Projekt miterleben zu dürfen, mittendrin in einer mittelgroßen Krise für eine Stadt wie Detmold, wo es um so einen Britenabzug geht. Das ist natürlich riesenrelevant. Und dass ich von Straßentheater etwas habe, jetzt bin ich mal der Politiker, nämlich einen Blickwechsel und eine Mitnahme von Bevölkerung in eines der wichtigsten Themen rein. Dann ist das doch okay. Dann muss ich mich auch nicht verstecken.

Den Teufel würde ich allerdings tun, und da stimme ich meinen Vorrednerinnen und Vorrednern auch zu, den Teufel würde ich tun als Stadtrat oder als Bürgermeister zu sagen, Straßentheater nur, wenn Sie sich um den Britenabzug kümmern. Das verändert doch gar nichts. Wenn Sie aber als Kunstschaffende auf solche Themen springen, dann finde ich das hochgradig faszinierend und dann mache ich auch nicht eine Unterscheidung von wichtig und nicht wichtig, heute habe ich dieses Thema, morgen habe ich ein anderes, übermorgen, hoffentlich habe ich ein anderes Thema, was ich durch Sie überhaupt erst kennenlernen kann, was ich heute noch gar nicht kenne. Insofern sind Sie für mich auch ein bisschen Zukunftsforscher. So würde ich es auffassen.

Baral: Oliver Scheytt juckt es in den Fingern.

Scheytt: Ja, ich würde, das passt sehr gut hier hin, gerne eine Unterscheidung reflektieren, die alle eigentlich auch gemacht haben. Sie erinnern sich an die Schlussworte von Herrn Behr, der vom Sender und Empfänger sprach, was hat da Bedeutung? Und immer, wenn hier von Relevanz die Rede war und von Wirkung, sind alle immer auf die individuelle Wirkung und Relevanz eingegangen. Und das ist sehr spannend. Wenn wir von der kulturellen Wertschöpfungskette sprechen, heutzutage, ist am Anfang der Wertschöpfungskette der schöpferische Akt, die Idee, die Choreografie, das Musikstück, das Theaterstück und am Ende ist es der Konsument, der Betrachter, der Besucher und so weiter, also an beiden Enden der Wertschöpfungskette steht immer ein Individuum. Und wenn wir Relevanz und Wirkung beschreiben wollen, dann ist Relevanz die Bedeutung, die etwas für den Einzelnen hat und die Wirkung ist die Veränderung eines Zustandes. Das hat ja gerade der Bürgermeister auch richtig ausgeführt. Und die Wirkung kann ich vielleicht noch messen, die Relevanz wird noch vager. Und für mich ist entscheidend, dass wir mit sehr, sehr individuellen Relevanzen, sehr individuellen Wirkungen zu tun haben und der Künstler, die Künstlerin, der Theaterschaffende am Anfang gar nicht weiß, ob es die Wirkung haben oder ob es die Relevanz haben wird, die er aber vermutet bei vielen einzelnen Individuen, und erst, wenn die *alle* angesprochen sind und daraus eine weitere Diskussion entsteht, dann entsteht gesellschaftliche Relevanz und Wirkung. Ich glaube, wir müssen diese Subjektivität sehr genau reflektieren und dann auch die gesellschaftlichen Auswirkungen und Relevanzen beschreiben.

Baral: Herzlichen Dank. Also sollten wir Wirkung und Relevanz doch nicht so abwehrend hinterfragen. Wir kommen jetzt zum öffentlichen Raum. Wir mussten ja heute mehrmals hören, dass der vorgesehene öffentliche Raum auf einmal verschwunden war für diejenigen, die ihn nutzen wollten. Gleichzeitig spielt er in der Diskussion um die Urbanität von Städten eine immer größere Bedeutung. In den Metropolen kann man feststellen, dass die ehemals öffentlichen Flächen immer mehr privatisiert werden. Die Zugangskontrollen zu sogenannten öffentlichen Räumen werden immer mehr reglementiert. Denken wir in Berlin nur mal an den für die Touristen hochgepriesenen Potsdamer Platz. Man stellt fest: Das ist ja eine private Einkaufsmall und gar kein öffentlicher Platz, obwohl er einen öffentlichen Charakter hat. Denken wir an Diskussionen in anderen großen Städten. Vielleicht die wahnsinnigste Diskussion, wenn man gerade Paris verfolgt. Dort wurde tatsächlich ein Antrag eingebracht, große Plätze zu privatisieren. Red Bull will für zehn Jahre Plätze übernehmen. Die Stadt Paris verspricht sich dafür in zehn Jahren drei Milliarden Steuereinnahmen.

Deshalb die Frage an den Verantwortlichen von Ruhr 2010: Welche Bedeutung haben gerade die öffentlichen Räume bei den europäischen Kulturhauptstädten? Wie sehen Sie die Entwicklung und wie sehen Sie vor allem die öffentliche Zugänglichkeit von diesen Räumen?

Scheytt: Alle Kulturhauptstädte machen zur Eröffnung etwas im öffentlichen Raum, und das liegt ja auch an der versprochenen und erwarteten Wirkung. Man möchte möglichst viele Menschen erreichen, die kostenlos erleben können, was eine Kulturhauptstadt für sie bedeuten kann oder werden kann. Das Problem ist, dass es meistens im Januar ist, und das Schlimmste war mal, dass man ein horizontales Feuerwerk gemacht hat über einem Fluss und nicht bedachte, dass die Tide so tief war, dass es keiner sehen konnte. Also, es gibt natürlich auch Pleiten bei diesen Kulturhauptstadteröffnungen und bei den Veranstaltungen im öffentlichen Raum. In Kulturhauptstädten ist das ein konstitutives Element, weil man eben Kultur für alle machen, Bürgerbewegung und Partizipation haben will. In Paphos, das ich auch beraten habe, 2017 die europäische Kulturhauptstadt auf Zypern, macht man das auch zum Thema. Dort heißt nämlich das Motto der Kulturhauptstadt „Open air factory". Der Vorteil ist, dass es in Paphos eben auch nur 18 Tage im Jahr regnet, und sie haben kein geschlossenes großes Theater. Sie haben dann gesagt: Aus diesem Nachteil machen wir einen Vorteil und machen alles draußen. Und jeder in Europa kann zuliefern, und wir haben ganz viele Zulieferbetriebe in der Kultur. Und wir sind immer schon eine Insel, wo viele kamen, um uns zu besetzen, normalerweise militärisch, und jetzt mit Kultur. Da lade ich auch Sie ein, sich damit mal auseinanderzusetzen. Eine tolle Theatermacherin ist jetzt aus Limassol künstlerische Direktorin von Paphos 2017 geworden. Es ist zum konstitutiven Element der Kulturhauptstadt geworden, im öffentlichen Raum zu arbeiten. Ich bin sehr gespannt, was daraus wird.

Baral: Und sehen Sie aber die Reglementierung nicht auch, die tatsächlich gerade in den Metropolen passiert?

Scheytt: In der Tat, was Sie ansprachen mit Paris: Überall passiert das. Aber ich denke, dass die Kulturpolitikerinnen und Kulturpolitiker noch wachsam genug sind und nicht überall ist es so kommerziell wie in den ganz großen Metropolen. Wenn Sie jetzt Pilsen oder Mons nehmen, da ist ja leider etwas ganz Schlimmes passiert mit diesem Kunstwerk im öffentlichen Raum. So haben diese Städte alle den Willen, Kunst und Kultur draußen zu zeigen, und insofern lohnt es sich auf jeden Fall, mit diesen Städten Kontakt zu halten und auszuwerten, was sie tun, denn sie sind alle mit diesem Thema befasst. Noch einmal zu Paphos: Dort war alles von den Hoteliers und dem Tourismus bestimmt. Man hat sich den öffentlichen Raum aber auch wieder zurückerkämpft, z. B. die Küste. Ein ganz großes Thema, dass man den Strand wieder öffentlich gemacht und weggenommen hat von den Hotels. Dafür hat die Stadtplanung sehr, sehr viel gearbeitet – und das war ein harter Kampf. Dort findet jetzt auch Theater vor der Kulisse, vor dem Meer statt, auf dem Wege zur Kulturhauptstadt hin. Insofern ein großes Thema für Kulturhauptstädte.

Baral: Frau Maase, öffentliche Räume – welche Bedeutung hat das bei den Antragstellungen, die bei Ihnen eingehen?

Maase: Ich sage vielleicht noch mal ganz kurz, was wir mit dem Fonds Doppelpass bezwecken und wie die Förderung aussieht. Wir fördern im Fonds Doppelpass zweijährige Kooperationen zwischen zwei Partnern. Das sind auf der einen Seite Theaterhäuser, sowohl Stadttheater als auch freie Häuser, und freie Gruppen auf der anderen Seite. Und das Ziel ist, dass die Förderung, das sind bis zu 150 000 Euro für die zwei Jahre, einen Freiraum ermöglichen soll, um neue Formen von Zusammenarbeit auszuprobieren, d. h., es ist keine Projektförderung, es ist eine Prozessförderung. Es geht genau darum, etwas auszuprobieren, wo uns klar ist, da kommen zwei zusammen, die ganz unterschiedlich arbeiten, die auch unterschiedliche Herangehensweisen haben an das, was sie tun. Und die sollen etwas ausprobieren, was im Tagesgeschäft so normalerweise nicht geht, nämlich ohne Produktionsdruck gemeinsam mal schauen, auf was man eigentlich kommt, wenn man die Möglichkeit hat, Dinge ohne Produktionsdruck auszuprobieren.

Aus dem Grund gibt es bei beim Doppelpass keine inhaltlichen Vorgaben, d. h., was diese Partner in den zwei Jahren machen sollen, mit welchen Formaten und welchen Inhalten. Das haben wir komplett offengelassen. Und dann ist etwas passiert, das ich ganz bemerkenswert finde: Von den 31 Projekten, die im Fonds Doppelpass laufen, finden 16, also gut die Hälfte, im öffentlichen Raum statt, entweder komplett oder zu großen Teilen. Das hat sicherlich damit zu tun, dass es in der Freien Szene natürlich diese Kompetenzen gibt, den öffentlichen Raum zu bespielen, mit partizipatorischen Ansätzen zu arbeiten, andere Narrative zu finden, Textentwicklung, dokumentarische Ansätze, anzudocken an lokale Begebenheiten. Die festen Häuser hätten sich ja auch andere Gruppen suchen können, aber die Tendenz bei den Institutionen zeigt: Wir verbinden uns mit einer Gruppe, die etwas kann, was wir so nicht können, was uns aber interessiert, nämlich das, was da draußen ist.

Baral: Eine kurze Nachfrage: Kann man das Spiel auch umdrehen? Nicht die Häuser suchen sich die Gruppen, sondern die Gruppen suchen sich die Häuser?

Maase: Es passiert beides. Ich kriege ja in der Beratungsphase doch eine Menge davon mit. Es gibt Gruppen, die können sich Häuser aussuchen. Es gibt noch mehr Häuser, die sich Gruppen aussuchen können.

Baral: Danke. So, jetzt möchte ich nicht den Präsidenten der Kulturstiftung von Sachsen ansprechen, sondern den ehemaligen Kulturbürgermeister. Herr Großmann, wie sehen Sie den Zugang zum öffentlichen Raum aus der Perspektive von Görlitz, den Kampf um den öffentlichen Raum? Findet der genauso statt, wie an Paris vielleicht extrem geschildert?

Großmann: Zunächst einmal müsste man die Frage nochmal klären: Was verstehen wir eigentlich unter öffentlichem Raum, wenn wir jetzt ständig den Begriff bemühen? Ist es der öffentliche Straßenraum? Sind es die Straßen und Plätze? Sind es die Parkanlagen? Oder sind es auch möglicherweise private Flächen, Industriebrachen, die privat sind, die aber auch öffentlich genutzt werden, für öffentliche Nutzungen zur Verfügung gestellt werden? Das sind ja ganz unterschiedliche Kategorien. Wenn wir jetzt über öffentlichen Raum reden, dann meinen wir ja in der Regel den Stadtraum, den öffentlichen Stadtraum, und da ist der Wettbewerb in Paris nicht anders als in kleineren Städten. Das sehe ich zumindest, z. B. auch in meiner Stadt, in Görlitz. Natürlich auf einem anderen quantitativen Niveau. Da kämpft man jetzt nicht mit Red Bull. Aber man kämpft mit den Anrainern. Es hat sich in Görlitz über Jahre hin ein Theaterspektakel entwickelt im öffentlichen Raum mit unserem professionellen Theater, so eine Art Sommertheater-Aktion auf den Marktplätzen. Wir haben mehrere Märkte und einen geteilten Untermarkt bestehend aus zwei Teilen, also eine wunderschöne Kulisse für Historienspektakel. Die wurden für circa 14 Tage für Proben und Aufführungen gesperrt. Nach einigen Jahren sagten die Anrainer und die Gastronomen: Moment, das geht so überhaupt gar nicht. Während der Theatervorstellungen können die Gäste nicht zu uns kommen. Wir sind eingeschränkt mit den Freisitzen vor unseren Gaststätten. Wir haben erhebliche Einnahmeausfälle.

In der Marktsatzung der Stadt ist der Tatbestand bereits pro Sommertheater so geregelt, dass in dem Zeitraum die Nutzung dieser Freisitze eingeschränkt ist. Am Ende kam es zu Klagen. Und als ein Kläger obsiegte, hatten die anderen auch Mut bekommen. Sodass diese Form des Theaters im öffentlichen Raum, also eines inszenierten Theaters, vor der wunderschönen Stadtkulisse der Stadt Görlitz plötzlich nicht mehr durchführbar war. Trotz der Identifikation mit der Stadt, den Themen der Stadtgeschichte und dem Heer von Komparsen aus der Bevölkerung – es wirkten immer so zweihundert bis 250 Leute mit neben dem Orchester, dem Ballett, dem Chor, den Solisten des Theaters, Schauspielern und so weiter. Dann sind die Theaterleute in die Räume der großen historischen Brauerei gegangen. Ein Riesengelände. Es funktionierte nicht. Wir versuchten es zwei oder drei Mal, aber die Nachfrage war verhältnismäßig gering. Das Theater entschied dann, das Projekt abzubrechen, weil das Publikum in den historischen Stadtraum will und in der speziellen Atmosphäre der Altstadt das Theatererlebnis genießen möchte.

Das, was ich heute von Ihnen in den Präsentationen gehört habe, hat mich zu dieser These bestärkt: Wir müssten für eine Wiedergewinnung, eine Zurückgewinnung des öffentlichen Raumes für öffentliche Nutzungen kämpfen, um zu erreichen, dass wie einstmals in der Polis die Agora eben der Versammlungsplatz, der Marktplatz, der Ort für Volksfeste, für Kult- und Kulturveranstaltungen gewesen war, der ganz maßgeblich zur Ausbildung von Identität diente, auch heute und künftig öffentlich, also allen zugänglich bleibt. Ich habe gelesen, dass Homer gesagt oder geschrieben hat, dass das Fehlen der Agora in Städten als Anzeichen für Recht- und Gesetzlosigkeit galt.

Die Einschränkung der Nutzungen öffentlicher Räume muss wieder zurückgenommen werden, wenigstens an den Stellen, die vernünftigerweise auch für kulturelle Zwecke zur Verfügung gestellt oder gehalten werden können. Und vergessen wir nicht: Die öffentlichen Räume werden auch mit unseren Steuern finanziert, wenn wir nur an die Straßenreinigung, die Begrünung, den allgemeinen Straßenerhalt etc. denken. Natürlich: Die Konkurrenz ist riesengroß, wir leben in einer Gesellschaft des Spektakels, des Erlebnisses. Und nur das findet statt, was auch öffentlich ist, was alle sehen und erleben können, am besten im Stadtraum. Da gibt es eine Konkurrenz zwischen Schaustellern und Märkten oder Red Bull oder bis hin zu demokratischen Äußerungen und Demonstrationen. Also, der öffentliche Raum ist vielfach angefragt, und ich denke, die Kultur müsste sich sehr stark machen, um diesen Raum für sich zu verteidigen. Wir hatten ein sehr markantes Beispiel zum Thema öffentlicher Raum und Einschränkungen. Einer unserer Oberbürgermeister hatte seine Amtseinführung auf den Beginn des Altstadtfestes gelegt, und das Altstadtfestgelände wurde natürlich abgesperrt. Man musste dafür Eintritt bezahlen. Das hatte ein ganz pfiffiger Bürger der Stadt ausgenutzt und reichte kurzerhand eine Klage ein. Er erwirkte eine einstweilige Verfügung, dass kein Eintritt erhoben werden durfte, weil ihm die freie Teilnahme an dem demokratischen Akt der Amtseinführung des Oberbürgermeisters versagt gewesen wäre und ihm nicht zuzumuten sei, den Eintritt zu zahlen.

Von diesem Zeitpunkt an haben wir auch im Deutschen Städtetag für viel Unruhe gesorgt. Weil wir immer wieder nach Lösungen gesucht haben und auch bekanntermaßen manches über andere Städte wussten, die durchaus Eintrittsgelder für Wein-, Literatur- oder Musikfeste auf öffentlichen Plätzen erheben. Wir sind nicht konsensual einig und erfolgreich geworden. In Görlitz hat es die Konsequenz gehabt, dass all diese Festivitäten eben nicht mehr mit Eintritten belegt werden dürfen. Das bedeutet aber, dass diese Feste, Events und Präsentationen unter erheblichen Finanzierungsproblemen leiden. Wir haben es insofern gelöst, dass es z. B. beim legendären Görlitzer Altstadtfest einen freiwilligen Wegezoll gibt, d. h., am Eingang steht nicht mehr ein Schlagbaum und ein Kassenhäuschen, sondern da stehen nette Menschen, die verkaufen so einen kleinen Button, und diese Buttons haben mittlerweile Sammlerwert und werden deutschlandweit gehandelt.

Baral: Wenn man Theater im öffentlichen Raum ansieht, sind die Niederungen oftmals sehr viel geringer. Das einstündige Programm leidet darunter, wenn es mit Dunkelheit beginnt. Um 22 Uhr werden die Gehwege hochgeklappt und die Schallschutzverordnung wird angewandt. Es ist eine große Herausforderung, dass diese Offenheit gegenüber dem Theater im öffentlichen Raum gelingt. Denn umgekehrt kann man ja festhalten, dass beim traditionellen Volksfest, das an 14 Tagen stattfindet, die Toleranz oftmals wesentlich höher ist. Die Solidarität für die Theatergruppen wäre ein ganz wesentliches Ziel, wofür wir gemeinsam mit der Politik streiten müssen.

Ja, kommen wir zurück nach Detmold, die Traumstadt für alle freien Theatergruppen im öffentlichen Raum. Wie gehen Sie, Herr Heller, mit der Ressourcenverwaltung des öffentlichen Raums um? Ist das ein reines Managementproblem oder gibt es die Metropolenprobleme auch bei Ihnen?

Heller: Wenn wir schon Mittelpunkt der Erde sind, lade ich Sie alle recht herzlich ein, nach Detmold zu kommen. Wir haben ungefähr 75 000 Einwohner, eine historische Altstadt und mit dem Teutoburger Wald ein ordentliches Umland. Ich will es einfach mal zurückführen, jawohl, wir haben ein paar Restriktionen, die eben schon angesprochen wurden, aber beileibe sicherlich nicht die Probleme, die vielleicht Großstädte oder Metropolen haben. Bei uns könnte übrigens Red Bull ruhig kommen und den Marktplatz kaufen wollen. Wir nehmen zwar von jedem gern Geld, aber unsere Plätze werden nicht preisgegeben. Unserer Stadtgesellschaft müsste ich erst einmal erklären, dass ihr Heiligstes, ein Marktplatz in Detmold, jetzt irgendwem anders gehören sollte, und wenn es nur temporär wäre, d. h. Eintritt nehmen auf dem Markplatz: keine Chance. Das gilt auch für andere Orte. Jawohl, Restriktionen haben wir auch, da können wir Kommunen auch alle tun und denken, was wir wollen. Um 22 Uhr fängt mit ein paar Ausnahmen Lärmschutz an. Jawohl, wir haben auch ein paar Auseinandersetzungen dazu, wenn das Straßentheaterfestival stattfindet oder irgendeine andere Festivität und wir wollen partout die Hauptverkehrskreuzung sperren, und das auch nur für ein paar Stunden, dann gibt es Theater. Im wahrsten Sinne des Wortes, gehört vielleicht zur Performance schon dazu. Da haben wir Auseinandersetzungen, Duisburg und die Sicherheitsanforderungen lassen grüßen. Bei uns hat es auch für Anpassung gesorgt, am Anfang vollkommen überdreht, vollkommen überzogen. Mittlerweile haben wir es einigermaßen im Griff. Es gibt auch Streit mit der Gastronomie und dem Einzelhandel, darüber an welchem Tag Straßentheaterfestival stattfinden darf, weil: dann sollte doch verkaufsoffen sein. Wir sagen aber Pfingsten, wenn unser Straßentheaterfestival stattfindet, geht verkaufsoffen nicht. Das sind eher unsere Auseinandersetzungen.

Aber vielleicht noch ein Gedanke, „öffentlicher Raum" eben schon mal diskutiert, was öffentlicher Raum ist. Da gibt es auch ein paar juristische Definitionen dazu, aber spannend wird es ja, wenn man sagt, ich erobere den öffentlichen Raum zurück, aber keiner denkt an Rathäuser. Das wäre doch mal eine Aufgabe, oder?

Baral: Das war der nächste Projektantrag, der in Detmold eingeht: die Umwidmung des Detmolder Rathauses. Aber Spaß beiseite, ich denke, dass wir diesen Themenblock jetzt abschließen. Die freie Zugänglichkeit dieses öffentlichen Raumes wird in den nächsten Jahren von zentraler Bedeutung sein, nicht nur in den Metropolen, sondern auch in kleineren Städten. Deshalb muss eine neue Allianz zwischen Stadtplanung, Stadtentwicklung und Kultur entstehen. Oftmals wird ja davon gesprochen, es gebe keine Qualitätsanforderungen in diesem Bereich. Es wird unterstellt, dass es eher um Unterhaltungskultur gehe. Frau Koß, lösen die bei Ihnen eingegangenen Projektanträge den Anspruch ein, wirksames und gesellschaftlich relevantes Theater zu machen? Welche Erfahrungen haben Sie mit Qualitätsanforderungen, die Sie als Stiftung gegenüber eingereichten Anträgen formulieren?

Koß: Um Ihre Frage zu beantworten, muss ich kurz die Situation in Niedersachsen skizzieren: Wir haben das besondere Glück, dass wir mit der Universität Hildesheim eine sehr produktive Ausbildungsstätte haben. Jedes Jahr entstehen neue Künstlerkollektive, die sich mit unterschiedlichen Themen auseinandersetzen, die ganz viel experimentieren, im öffentlichen Raum arbeiten, sich Orte erobern und theatrale Formen ausprobieren. Das heißt, wir haben eine große und sich ständig weiterentwickelnde Theaterszene. Wir haben in Niedersachsen das internationale Festival Theaterformen, bei dem auch zunehmend Projekte im öffentlichen Raum präsentiert werden, und wir haben ein von der Stiftung Niedersachsen ausgerichtetes landesweites Festival, welches sich Best OFF nennt. Dieses wird als Wettbewerb ausgeschrieben, eine Jury sichtet die Inszenierungen und wählt spannende Formate, besondere Ästhetiken, aber auch besondere Inhalte aus, die beim Festival präsentiert werden. Das heißt, in Niedersachsen gibt es eine hohe Aufmerksamkeit für besondere Formate und einen hohen Anspruch von Seiten der fördernden und ausbildenden Institutionen. Darüber hinaus gibt es Juroren, die wirklich hinschauen und die weiten Wege in einem Flächenland wie Niedersachsen nicht scheuen. Das Hinschauen, Beurteilen und Beraten dieser Experten ist Teil der Qualitätssicherung der Stiftung Niedersachsen. Wir kennen unsere Antragsteller und einige ihrer Inszenierungen in der Regel persönlich und verfügen über ein Netzwerk von sachverständigen Gutachtern. Durch diese hohe Aufmerksamkeit auf besondere Themen und Formate im Theaterbereich und gezielte Förderprogramme in der Soziokultur kann ich an dieser Stelle tatsächlich bejahen, dass wir gute Anträge und auch wirksames und relevantes Theater in Niedersachsen haben. Das Vorhandensein einer solch breiten und vielfältigen Szene trifft aber sicherlich nicht auf alle Bundesländer zu.

Baral: Verraten Sie uns noch eines: Was liegt Ihnen an Antragsvolumen vor und was bewilligen Sie? Was schütten Sie tatsächlich aus?

Koß: Ich habe in den ersten drei Monaten des Jahres ungefähr hundert Anträge bearbeitet, und wir bewilligen insgesamt für freies Theater an Projektmitteln um die 550 000 Euro pro Jahr.

Baral: Kommen wir noch einmal zum Doppelpass, Frau Maase. Wie sehen Sie die Qualitätsanforderungen an Antragsteller und deren Projekte?

Maase: Ich glaube, ich muss mich leider beherrschen, weil ich auch so gerne von unseren einzelnen Projekten etwas erzählen würde, aber wir haben heute schon so viel gehört, dass ich damit erst gar nicht anfange. Und trotzdem gibt es auf die Frage nach der Qualität bei 31 Projekten 31 Antworten, je nachdem, wer die Fragen stellt. Die Kulturstiftung will Prozesse anschieben, fördern und weiterentwickeln, ohne dabei in eine Verstetigung zu gehen, gehen zu dürfen. Da sind wir doch wieder bei der Frage der Nachhaltigkeit, aber mehr, was die Prozesse angeht und nicht nur auf die Ergebnisse bezogen. Wir wollen mit den Doppelpass-Projekten Fragen aufwerfen wie: Was ist das eigentlich für ein Theater, das wir in der Stadt brauchen? Welche Narrative sind das? Welche Formen sind das? Wo dockt man da eigentlich an? Und mit welchen Mitteln macht man das? Wenn wir da ein bisschen zu beitragen können, wie das aussehen kann, dann ist es ein Erfolg. Und das wäre für mich auch ein Qualitätsmerkmal.

Baral: Wir haben über Rahmenbedingungen, Qualität der Projekte und Aufführungsbedingungen des Theaters im öffentlichen Raum gesprochen. Man kann sagen, dass es sich um eine junge Sparte handelt. Die ersten Projekte gab es in den 1970er und 1980er Jahren in Deutschland. Und in den 1990er Jahren gab es einen deutlichen, wahrnehmbaren Schub. Nun will ich Oliver Scheytt nach der europäischen Dimension fragen: Welche Rolle spielte diese junge Sparte bei der europäischen Kulturhauptstadt Ruhr 2010? Inwiefern unterstützt die EU diese Sparte?

Scheytt: Wir hatten jetzt keinen speziellen Fördertopf oder eine Programmlinie für Theater im öffentlichen Raum entwickelt, aber hatten doch im Ruhrgebiet schon großartige Erfahrungen durch die internationale Bauausstellung Emscher Park, die solche Räume zur Verfügung gestellt hat. Einfache, alte Zechenareale, Gasometer, was auch immer. Und auch das jeweilige Umfeld wurde für kulturelle Nutzungen zur Verfügung gestellt. Musik im Industrieraum hat dann die Jahrhunderthalle bespielt, längst bevor es die Ruhrtriennale gab. Insofern gab es bei uns ganz klar den Ansatz, auch Räume mit Außenarealen zu bespielen. Und in der Kulturhauptstadt hat das dann automatisch stattgefunden und war natürlich konstitutiv. So hatten wir das große Projekt *Odyssee*, an dem sechs Stadttheater beteiligt waren sich zu einem Verbund zusammenschlossen. In jedem Stadttheater gab es eine Aufführung eines Teils der *Odyssee*, aber mit zeitgenössischen Autoren, und man ist zwei Tage lang von einem Theater zum anderen gefahren und hat auf der Fahrt auch noch ganz viel erlebt, auch theatralische Elemente. Das war eines der schwierigsten und aufwendigsten Projekte. Plötzlich waren wir auch Reiseveranstalter. Wir mussten uns eine Reiseversicherung anschaffen und fast unsere ganze Gesellschaft zertifizieren lassen, ob wir in der Lage sind, eine Pauschalreise anzubieten mit sechs Theatern und einer Reise über Boot, Schiff und teilweise Bus, und das war für uns noch mal ein Knackpunkt. Da wurde ich plötzlich ins Reiserecht eingeführt. Man erlebt bei solchen Dingen neue Rahmenbedingungen und muss sich mit rechtlichen Fragen auseinandersetzen. Herr Behr hat das schon gesagt: Dafür bedarf es natürlich auch in den Kulturämtern, Kulturverwaltungen und Stadtverwaltungen einer besonderen Kompetenz. Das sind dann ganz neue Strukturen. Und ich gebe Ihnen völlig recht: Wenn da nicht einer sagt, ja, das muss jetzt so sein, sondern lamentiert, das haben wir noch nie so gemacht, da kann ja jeder kommen, dann ist sowas oft überhaupt gar nicht möglich. Und deshalb brauchen wir da ein gutes Wechselspiel zwischen allen beteiligten Akteuren, um solche komplexen Projekte im öffentlichen Raum überhaupt möglich zu machen. Für die Programmatik einer Kulturhauptstadt, ich sagte es schon, hat diese *Odyssee* eine große Rolle gespielt. Und jetzt haben wir ja das große Format der Urbanen Künste als eine Dachmarke begründet mit 3,1 Millionen Euro pro Jahr. Das ist das Nachhaltigkeitsprojekt der Kulturhauptstadt Ruhr 2010 und bei der Kultur Ruhr angesiedelt. Damit gehen wir ja ganz bewusst in den öffentlichen Raum mit theatralischen Aktionen und anderen Formaten. Das *Detroit-Projekt* ist dafür ein gutes Beispiel aus dem letzten Jahr, wo das Schauspielhaus Bochum mit freien Trägern und im öffentlichen Raum die Frage danach gestellt hat, was aus dem alten Opel-Standort Bochum wird. Und insofern, für uns im Ruhrgebiet ist das ein konstitutives Element, aber nicht eine spezifische Förderschiene, um es mal so zu sagen. Frau Aßmann ist die Leiterin der Urbanen Künste und wird dazu morgen bestimmt noch einiges sagen.

Baral: Danke. Gehen wir noch einmal nach Detmold zurück. Eine besondere Rahmenbedingung haben Sie mit dem Residenzstandort geschaffen. Von der Zusammenarbeit mit dem TheatreFragile aus Berlin haben wir heute etwas erfahren. Sie haben entschieden, eben nicht nur Aufführungsort bei einem Festival zu sein, sondern auch Produktionsort für diese Gruppe. Was hat Sie bewogen, genau diesen Schritt zu gehen als Kommune, und sehen Sie das als Modell auch für andere?

Heller: Da möchte ich einmal die spezifische Situation in Detmold und die Übertragbarkeit herausstellen. Die spezifische Situation in Detmold ist, wir haben einen riesengroßen Hangar, davon gab es mehrere, und der ist irgendwann mal Mitte/Ende der 1990er Jahre mit viel Geld der Landesregierung zu einem Ausstellungsraum, einer Art Kite Museum, also Kunstdrachenmuseum gefördert worden, mit sieben Millionen „Euronen". Es war die größte zeitgenössische Kunstausstellung damals, von Warhol bis Rauschenberg hingen 140 Kunstdrachen. Die Scharen der Leute, die sich auf den Weg gemacht haben, waren nicht so erkennbar. Gleichwohl hatte dieses Museum, das es dann war, eigentlich einen typischen Museumserfolg. Eins zu acht nenne ich das immer: ein Teil Einnahmen, acht Teile kostet es, und das Ganze auch noch gesponsert. Die Zeit ging ins Land, wir schreiben 2003/04 und der Kurator nimmt seine Drachen mit nach Palermo. Die Halle steht leer. Sieben Millionen Euro Rückforderungsbescheid droht. Also musste jetzt ein Schild an die Halle: „Hier findet Kultur statt." Alternativen vom Colani-Museum über Osmanisches Museum bis Russlanddeutschen Museum waren vorhanden. Aber wenn wir die Halle vier, fünf Tage die Woche aufmachen für ein Museum, sind 750 000 Euro pro Jahr weg. Als alter Controller, der ich auch bin, dachte ich, das geht nicht in Detmold. Also hat unser professionelles Kulturteam gesagt: Wir machen daraus eine Kulturfabrik. Das war eigentlich der Urgedanke. Zeitgleich hatten wir damals schon eine Straßentheaterfestivalentwicklung, und auch da gingen wir 2004 den nächsten Schritt. Wir stellten uns die Frage, was wir mit dieser Halle machen? Wir sagten, wir gehen mit dem Thema Straßentheater jetzt nicht mal so ein bisschen in den öffentlichen Raum, sondern wirklich in einen echten Festivalcharakter rein, mit hoher Emotionalität, Professionalität und eben auch Tiefgang. Dann haben wir diese Halle angeboten und lockten Künstlerinnen und Künstlern damit an, dass sie in dieser Halle umsonst produzieren können. Das ist natürlich eine wunderbare Produktionshalle, eine Vorbereitungshalle, eine Übungshalle, da können Inszenierungen mit einem wunderbaren Gelände drum herum stattfinden. So hat sich das Ganze eigentlich entwickelt, sodass wir sagten, wir wollen das Thema Straßentheater oder öffentlicher Raum professionalisieren. Lippe hat zwar kein Geld, aber wir haben eine Halle, und da muss auch noch Kultur dranstehen, damit Düsseldorf nicht sieben Millionen zurückverlangen kann.

Baral: Kurze Frage: Übertragen Sie das auf andere Gruppen?

Heller: Nein. Wir würden das gerne übertragen. Wir würden das auch multiplizieren können. Da geht es dann um die Rahmenbedingungen. Wie kann ich eigentlich eine Finanzierung schaffen? Wie kann ich dafür die Umgebung schaffen? Ich kann im Moment die Produktionen und Rahmenbedingungen günstig anbieten. Die Frage wird nach Wohnraum kommen und natürlich auch nach Geldquellen. Da sind wir eine kleine arme Stadt, wie alle anderen auch. So ein bisschen können wir das und müssen es zusammenbringen.

Baral: Kriegen wir das heute gelöst? Das heißt, Sie können jetzt die Halle, den Wohnraum und etwas Geld versprechen, oder wie ist das?

Heller: Ja, ich sage jetzt mal: Wir können die Halle versprechen. Wir können eine superklasse Bevölkerung versprechen. Die Bevölkerung hat Lust auf euch. Das ist auch ein wichtiger Faktor. Und wenn ich jetzt mal auf das Thema Straßentheater oder Festival komme, reden wir auch über Geld. So ein kleines Festival kostet bei uns, wenn man alles zusammennimmt, rund 400 000 Euro. Also, ein bisschen Geld ist da. Was ich jetzt noch anbieten könnte: Direkt in der Nähe des Hangars sind demnächst Britenwohnungen frei. Ja, Leute, ich sehe das mal ganz praktisch. Wir wollen keine Ferienwohnung vermieten, aber wir streiten uns mit dem Bund, damit wir die Wohnungen bekommen. Und da können wir drüber reden. Das sind 320 Wohneinheiten. Wer hat Lust, temporär dort zu wohnen und im Hangar zu produzieren?

Baral: Das war der erste konkrete Schritt. Die Kollegen aus Aurillac sind ja da. Die haben Erfahrungen mit einer Produktionshalle. Clair Howells ist jetzt Präsidentin des europäischen Bündnisses und kann gemeinsam mit Ihnen die Theaterleute aus Aurillac und Detmold zusammenzubringen. Das wäre die erste europäische Produktionsklammer von Theatern im öffentlichen Raum. Das ist sehr ernst gemeint und könnte eine interessante Kooperation ergeben. Das ist wirklich ein spannender Ansatz: Aus zufällig freiwerdenden Wohnungen entsteht ein neuer europäischer Produktionsstandort. Dafür sollte es Applaus geben, oder?

Heller: Aber wir denken wirklich darüber nach, und die Frage war ja: Kann man es übertragen? Jawohl, man kann so etwas übertragen. Ja, nicht jeder hat so eine Halle leerstehen und Wohnungen, aber ich glaube, wenn man eine Bevölkerung hat, die wirklich Straßentheater oder überhaupt Kultur liebt, dann bekommen Sie solche Dinge auch umgesetzt. Wenn Sie dahinten erst das Jammertal durchschreiten und „Erklärbär" spielen müssen, was Sie da eigentlich vorhaben, dann ist das schlecht. Wenn ich aber in Detmold sage: Wir haben den Hangar da oben, wunderbar, und Straßentheater – dann bekomme ich den Rest auch hin. Insofern ziehe ich mein Angebot überhaupt nicht zurück.

Baral: Ich sehe das als Modellprojekt: Detmold ist überall. Ist doch eine Grundlage, die man schaffen kann. Könnte Görlitz gleichziehen? Würde man das wollen? Dreihundert Wohnungen sind geboten.

Großmann: Wir haben leider so viel Wohnungsleerstand, da können wir Detmold wahrscheinlich überbieten. Nein, ganz im Ernst, ich glaube, Sie haben den ganz entscheidenden Satz zum Schluss gesagt. Und das ist es, was mich nicht nur beim Theater im öffentlichen Raum interessiert, sondern grundsätzlich: Wenn es darum geht, etwas in einer Kommune zu implantieren, Leute zu begeistern, ein Wir-Gefühl zu erreichen, dann braucht man Entschlossenheit der Politik, so etwas auch wirklich zu wollen und zwar mit allen Konsequenzen. Das ist das ganz Entscheidende, und das fällt gerade der Kommunalpolitik unheimlich schwer, weil sie eben immer wieder auf ihren vier- oder fünfjährigen Wahlperiodenturnus angewiesen ist. Dieses Wollen war übrigens mit unserer Kulturhauptstadtbewerbung genauso. Wir sind ja gegeneinander angetreten, der kleine David Görlitz gegen den Goliath Ruhrgebiet, um als Kulturhauptstadt

Europas gewählt zu werden. Wir haben am Ende zwar verloren, aber diese Bewerbung hat in Görlitz viel ausgelöst. Und wir haben ähnliche Erfahrungen mit unserem Straßentheaterfestival gemacht, das in diesem Jahr zum 21. Mal stattfindet. Frau Hoffmann wird ja morgen darüber berichten. Wir haben zwar keinen Hangar zur Verfügung, aber wir haben eben eine wunderschöne Stadt, eine tolle Kulisse, und vor allen Dingen eine Stadtbevölkerung, die am Ende für diese Dinge steht und einen Förderverein gründete. Als es kompliziert wurde, sagten die Bürger und der Förderverein: „*Wir* wollen, dass es mit dem Straßentheaterfestival weitergeht, und *wir* wollen das unterstützen." Das ist das Entscheidende.

Baral: Das ist ein guter Übergang zum nächsten Punkt. Und da steht bei mir das Wort Finanzen drüber. Ich habe mit großer Bewunderung die Präsentationen der Projekte verfolgt. Nur bei einer wurde über Geld gesprochen, ansonsten nur über Inhalte. Aber dennoch sollten wir nicht vergessen, auch über die Finanzmittel zu sprechen. Ich bin beeindruckt, was mit den Bundesmitteln von 30 000 Euro pro Projekt umgesetzt worden ist, selbst wenn wir die Mittel hinzurechnen, die die Gruppen selber akquirierten. Welche Rahmenbedingungen muss hier Politik schaffen, damit sich diese Sparte weiterentwickeln und auch Nachwuchs ausgebildet werden kann? Eine Kommune wie Detmold – Herr Heller hat es gerade kurz skizziert – stellt immerhin 400 000 Euro für das Festival zur Verfügung. Wenn Sie das nochmal darstellen könnten; denn das ist ja auch modellhaft, wenn eine Kommune diese Summe bereitstellt. Hinzu kommen noch sämtliche Personalkapazitäten der Stadt, um das Festival zu organisieren und zu leiten.

Heller: Rechnung leichtgemacht: Wir stellen uns wieder Detmold vor, ist übrigens ein Tausendstel von Deutschland – könnt ihr jetzt mal hochrechnen. So ein Festival, was wir alle zwei Jahre durchführen, kostet 400 000 Euro. Nach unserem Vorgespräch habe ich nochmal genauer gerechnet, 330 000 Euro, die direkt gezahlt werden. Ich schlüssele das gleich nochmal ein bisschen auf. Und dann nochmal ungefähr 50 000 bis 70 000 Euro meiner Stadtverwaltung, wenn ich alle Stunden zusammennehme von Bau bis Schilderabstellen und und und. Da stecken wir richtig Ressourcen hinein. Das sind übrigens nicht irgendwelche EDA-Stunden, sondern meine Kolleginnen und Kollegen aus diesem Bereich machen das gerne, weil sie nämlich auch straßentheaterinfiziert sind. Dazu gehört dann auch, dass wir ungefähr pro Jahr für runde zweitausend Stunden Leute freistellen, die sich um nichts anderes kümmern als um Straßentheater, nicht nur alle zwei Jahre. Dann, wenn so ein Festival läuft, ist der Bereich Marketing und Tourismus sehr gefordert. Dann kommen wir nochmal auf die 330 000 Euro zu sprechen. Davon geht natürlich erst einmal ein Teil für Gagen weg. Das ist auch richtig so. Das sind, glaube ich, so rund 150 000 Euro. Ich brauche natürlich ein paar Aushilfen, die zahlen wir dann auch. Da sind GEMA-Gebühren bis zum Reisebus fällig. Dazu kommt natürlich das Thema Wachschutz bis hin zu Aufbau und Technik. Man kann sagen, nur die Hälfte von den Euro, die bar rausgehen, kommen bei den Künstlern an. Kommen wir auf die Finanzierungsseite zurück. Und da verdeutlicht sich nochmal, was es heißt, in einer Bürgerschaft verankert zu sein, und nur dann kann ich solche Angebersprüche wie eben auch sagen. Wir haben 2014, dafür sind wir sehr, sehr dankbar, rund 75 000 Euro vom Land NRW bekommen über drei verschiedene Töpfe. Wir haben die Kleinigkeit von 130 000 Euro aus dem Staatssäckel, sprich: Steuergelder, als Stadt finanziert. Das ist ein Beschluss meines Stadtrates, und dieser Beschluss gilt dann nicht nur für ein Jahr, sondern wir planen sowas dann auch immer für die nächsten Jahre, damit wir Planungssicherheit haben, d. h., also auch für 2016. Dann sind wir also schon mal bei 200 000 Euro, und das macht es eigentlich deutlich: Spenden und Sponsoring würden wir nie hinbekommen, wenn die Bevölkerung in Detmold das doof findet. Das ist einer unser Hauptsponsoring-Bereiche, den wir als Stadt überhaupt beeinflussen können. Wir streiten uns da übrigens mit anderen wie z. B. Hochschulen oder auch unserem Landestheater, an dem wir übrigens beteiligt sind.

Baral: Sie brauchen wahrscheinlich etwas mehr Mittel?

Heller: Ja, da braucht es ein bisschen mehr. Ich sage jetzt mal zum Ärgern für alle: Alleine mit dem, was wir ins Theater investieren pro Jahr, könnten wir acht Jahre Straßentheater fördern. Und das ist nur ein kleiner Teil von dem, was das große Theater an sich kostet, es ist ein Landestheater.

Baral: Danke für die positiven Nachrichten zu Detmold. Ich möchte noch einmal Herrn Großmann zu seinen Erfahrungen in Görlitz und gleichzeitig mit dem Blick auf die Kunststiftung des Freistaates Sachsen fragen: Wie würden Sie die finanziellen Möglichkeiten der Stiftung und von anderen Kommunen in der Größenordnung von Detmold oder Görlitz einschätzen? Wäre eine verstetigte Förderung denkbar, wie wir es eben von Bürgermeister Heller gehört haben?

Großmann: Ich wiederhole mich, wenn ich sage, es muss der politische Wille vorhanden sein, das zu tun. Auch langfristig! Vor allen Dingen muss auch das klare Bekenntnis gegenüber Drittmittelgebern artikuliert werden, dass man genau das möchte und nicht heute mal dies und vielleicht morgen was anderes, sondern dass man klar so ein Format beibehalten und entwickeln will. Das sage ich jetzt nur für die Kulturstiftung, weil wir schon darauf schauen, was die jeweilige Kommune zum Projektantrag sagt, wenn ein ordentlicher Antrag mit einer fünfstelligen Antragssumme bei uns eingereicht wird. Steht die Kommune wirklich dahinter? Ist die Kommune auch bereit, ihren Anteil zu leisten, oder delegieren sie ihre Verpflichtung an die Drittmittelgeber, in dem Fall an die Kulturstiftung des Freistaates Sachsen? Und nicht selten ist ein Manko, das Fehlen klarer und nachvollziehbarer Konzepte. Oft auch der Tatsache geschuldet, dass noch keine wirkliche Planungssicherheit für die Antragsteller besteht. Wir fördern als Kulturstiftung seit Jahren nicht nur freie Theater, sondern auch alle Inhalte und Formate im Bereich der allgemeinen Kulturförderung. Es ist unser Auftrag, das für den Freistaat Sachsen zu tun. Wir fördern aber auch speziell Straßentheater und Theaterprojekte im öffentlichen Raum. Im vergangenen Jahr sind es zehn Projekte gewesen. Wir sind in dem Bereich oft um das Dreifache bis Vierfache überzeichnet. Es liegen dann so 25 bis vierzig Projektanträge vor, von denen zehn, je nachdem, wie die finanzielle Ausstattung vorhanden und die Qualität der Anträge beschaffen ist, für die Förderung vorgeschlagen werden können.

Ich kann immer nur sagen: Mut nicht nur zur Lücke, sondern Mut zum Antrag. Häufig höre ich von Trägern: „Wir haben da ein schönes Projekt, aber, ach, naja, es hat ja sowieso keinen Sinn. Wir haben das gar nicht erst beantragt." Ich habe heute erst wieder so etwas gehört, übrigens auch aus meiner eigenen Stadt Görlitz: „Ach, nee, wir haben für dieses Jahr gar keine Mittel bei der Kulturstiftung für das Straßentheaterfestival Via Thea beantragt, weil wir ja letztes Jahr Geld bekommen haben." Daraus spricht möglicherweise die sprichwörtliche schlesische Bescheidenheit. Da kann ich nur sagen: Leute, mutiger sein und qualifizierte Projekte beantragen. Nur dann haben wir auch die Argumente, zu unserem Zuwendungsgeber, dem Freistaat Sachsen, zu gehen und über die Verbesserung der Finanzausstattung zu verhandeln. Das ist immerhin im letzten Doppelhaushalt gelungen. Ich habe eine zehnprozentige Erhöhung des Budgets des Freistaates Sachsen für die Projektförderung der Kulturstiftung erwirken können, und die Summe ist für dieses Jahr fortgeschrieben worden. Das sind keine exorbitanten Beträge, aber, immerhin, 250 000 Euro pro Jahr ist richtig viel Geld für Kulturprojekte. Damit kann ordentlich was gefördert werden. Das geht aber nur, wenn wir im Hintergrund auch Ihren Bedarf kennen, die Bedarfe derjenigen, die wir gerne fördern möchten.

Baral: Blicken wir noch einmal nach Niedersachsen. Liebe Frau Koß, was kann Ihre Stiftung bezüglich von Verstetigung in der Förderung tun? Welche Unterstützung können Kommunen wie Detmold erhalten, die selbst einen großen Beitrag leisten und auf zusätzliche Unterstützung angewiesen sind?

Koß: Grundsätzlich sind Stiftungen nicht für die Grundsicherung der Kulturinstitutionen zuständig, sondern fördern in der Regel ausschließlich zusätzliche Projekte oder besondere Veranstaltungen über einen begrenzten Zeitraum. Die Sicherung der Kontinuität ist Aufgabe der Kommunen und der Länder. Da dieses Prinzip der Aufgabenteilung aber nicht mehr funktioniert und seit langem über Projektmittel der gesamte Theaterapparat finanziert wird, ist Verlässlichkeit und Kontinuität ein wesentliches Element in der Förderpolitik. Ganz konkret gibt es bereits mehrere Förderinstrumente, die Sicherheit für mehrere Jahre gewährleisten: Erstens: eine Grundsicherung von der Komune für mehrere Jahre gezahlt. Zweitens: eine Konzeptions- oder Innovationsförderung wird vom Land für drei Jahre gewährt. Drittens: Gastspielförderung oder eine Wiederaufnahmeförderung. Beides gibt es in Niedersachsen aktuell nicht, was dazu führt, dass auch hervorragende Stücke immer wieder relativ schnell abgespielt werden, obwohl die Relevanz gegeben ist.

Außerdem möchte ich dafür plädieren, dass auch Freiräume und Phasen der Konzeptentwicklung für Künstler gefördert werden, also Zeiträume, in denen ohne Erfolgsdruck Dinge ausprobiert werden und sich Ideen entfalten können. Diese Art von Förderprogrammen könnten z. B. gut von Stiftungen entwickelt werden, da sie flexibler arbeiten als die staatlichen Förderinstitutionen. Was können Stiftungen noch leisten? Sie können durch Beratung und Vernetzung Impulse der Kulturschaffenden aufnehmen und vorantreiben oder selbst inhaltliche Impulse setzen. Ein aktuelles Beispiel in Hannover ist der große Bedarf der Künstler an leeren und günstigen Räumen. Mit Hilfe der Stiftung Niedersachsen konnte eine Agentur für Zwischenraumnutzung gegründet werden, die leerstehende Räume zu günstigen Konditionen an Kulturschaffende vermittelt. Projekte kulturpolitisch voranzutreiben, zu initiieren oder nur zu unterstützen, setzt selbstverständlich kompetentes Personal in den kulturfördernden Institutionen voraus. Stiftungen können also nicht nur durch Geld, sondern auch durch Beratung, Vernetzung und Kooperationsmodelle den Antragstellern helfen. Stiftungen können auch inhaltlich, programmatisch arbeiten wie z. B. der Fonds Darstellende Künste beim Sonderprojekt Unorte.

Inhaltliche Setzungen stellen ein wertvolles und sinnvolles Förderinstrument dar, um diesen Bereich zu stärken, hervorzuheben und ins Bewusstsein zu bringen. In den großen Städten wie Braunschweig und Hannover ist Kunst im öffentlichen Raum inzwischen eine Selbstverständlichkeit. Aber in kleineren Städten sind Formate wie ein Audiowalk oder ein Stationendrama noch nicht vorgekommen. Von Stiftungsseite ist es daher sinnvoll, auch kleinere Städte zu stärken und mit in den Blick zu nehmen.

Baral: Vielen Dank. Wir müssten eigentlich auch den Bereich der Aus- und Weiterbildung diskutieren. Da hätte Niedersachsen bestimmt Anregungen für andere Bundesländer, wenn ich an die Universität in Hildesheim denke.

Koß: Lassen Sie mich noch kurz etwas zu dem Stipendienprogramm Flausen in Oldenburg sagen. Hier handelt es sich um ein vierwöchiges Residenzprogramm, bundesweit ausgeschrieben. Auch der Fonds Darstellende Künste förderte hier. Das Besondere an dieser Residenz ist, dass dort ein kreativer Freiraum und eine Arbeitsphase ohne Produktionsdruck ermöglicht werden. Es muss am Ende nichts Vorzeigbares herauskommen, sondern die Gruppen erhalten die Möglichkeit, an einer selbstgesetzten Fragestellung zu forschen. Nach den vier Wochen, die durch Mentoren unterstützt werden, haben sich die Gruppen in der Regel einen Fundus erarbeitet, der öffentlich gezeigt werden kann und aus dem dann Inszenierungen entstehen können. Also ein finanziertes Forschungslabor zur freien kreativen Verfügung und ohne inhaltliche Vorgaben und Aufführungsdruck.

Baral: Danke für die Ergänzung. Das ist ein wichtiger Punkt. Solche Modelle müsste es auch auf Bundesebene und in anderen Bundesländern geben. Oliver Scheytt frage ich zum Schluss: Was nimmt man als Präsident der Kulturpolitischen Gesellschaft mit? Ist jetzt ein neuer Appell von der Kulturpolitischen Gesellschaft an die Kulturpolitiker zu richten? Und müsste man als Verband eine Stärkung der darstellenden Künste im öffentlichen Raum fordern? Wir sprechen ja über die Rahmenbedingungen, die die Politik zu schaffen hat, um bessere Arbeitsbedingungen zu erreichen.

Scheytt: Das ist aber nicht so einfach. Ich bin ja jetzt professioneller Personalberater, und das ist eins meiner Motive, dafür zu sorgen, dass gute Leute in Leitungspositionen kommen. Was nehme ich hieraus mit?

Ich glaube, es ist sehr, sehr wichtig, dass wir politische Argumentationsketten mit Wirkungsdimensionen einüben und es wichtig wäre zu beschreiben, was Theater im öffentlichen Raum bewirkt. Ich habe vorhin gesagt, dass das Entscheidende, was Theater bewirken kann oder Kunst überhaupt, die Orientierung des Einzelnen in der Welt und die Verortung des Einzelnen ist, die Selbstvergewisserung, also die Wirkung, die Theater auf den einzelnen Menschen hat, der dort hinkommt. Eine ganz besondere Wirkung von Theater im öffentlichen Raum ist eben, dass viele Menschen angesprochen werden, die nicht ohne Weiteres dahin kommen, dass Schwellenängste abgebaut werden, dass man besondere, was hier gesagt wurde, unter die Haut gehende Erlebnisse schaffen kann. Und mit dieser Wirkungsdimension müsste man sehr stark argumentieren. Dann bekommt man politische Relevanz. Politische Relevanz bedeutet, dass Politiker sich mit dieser Wirkung identifizieren. Nicht jeder ist ja so ein toller Bürgermeister, wie der, den wir heute hier haben, und dann sagen: Ja, das ist uns wichtig. Das ist relevant für mich. Das ist etwas, wozu ich eine Beziehung habe, und deshalb fördere ich es. So einfach ist es letztlich im politischen Geschäft. Man muss politische Relevanz bekommen, indem man Wirkungen behauptet und beschreibt und vielleicht sogar beweisen kann. Und deshalb ist es auch so wichtig, was hier die Umfrage hervorgebracht hat, dass die Menschen, die befragt worden sind, alle sagen: „Ja, wir kommen wieder. Wir wollen es. Wir finden es toll." Das sind doch Argumentationen, die auch politische Relevanz und damit am Ende hoffentlich auch Wirkung haben.

Baral: Herzlichen Dank! Daniela Koß möchte noch ergänzen?

Koß: Sie sagten vorhin 30 000 Euro ist ganz schön wenig Geld, dafür müssen die Antragsteller sehr viel tun. Da aber zunehmend in den Kommunen weniger Geld für Kultur zur Verfügung steht, reden wir zum Teil sogar nur über 2000 bis 3000 Euro pro Projektantrag. Diese Mittelknappheit in den kommunalen Töpfen erhöht wiederum die Relevanz von EU- und bundesweiten Förderprogrammen, die finanziell wesentlich besser ausgestattet sind. Hier benötigen wir jedoch eine Antragstellung, die auch kleinere Ensembles bewältigen können. Insofern möchte ich betonen, dass die Ausstattung bei diesem Sonderprojekt des Fonds beispielgebend war.

Baral: Da haben Sie Recht. Aber die Problematik besteht immer wieder darin, dass Förderinstitutionen auf Bundes- und Landesebene nach den

Co-Finanzierungen fragen. Und wenn kein Geld von den Kommunen zur Verfügung gestellt wird, scheitern diese Projekte in der Regel, weil sie keine Förderung erhalten. Deshalb war die Initiative vom Fonds so wichtig, 75 Prozent der Gesamtfinanzierung zur Verfügung zu stellen und nur 25 Prozent durch Kommunen oder Bundesländern zu verlangen. Wir sind uns darüber einig, dass wir innerhalb unseres föderalen Systems die Kommunen als wichtige Bündnispartner gewinnen müssen. Nicht nur unter finanziellen Aspekten. Das wird niemandem erspart bleiben. Und wir werden auch die Länder in die Pflicht nehmen müssen, dass sie die Kommunen unterstützen und gemeinsam mit ihnen fördern. Wir hörten ja heute von Günter Jeschonnek, dass die Kommunen Briefe an ihn schrieben, dieses Sonderprojekt zu wiederholen. Deshalb bin ich fest davon überzeugt, dass diese öffentliche Diskussion auf Bundesebene und auch dieses Sonderprojekt, an dem sich Kommunen und Länder beteiligt haben, ein ganz wesentlicher Schritt sein wird, um eine sichtbare Verstetigung der Förderung des Theaters im öffentlichen Raum zu erreichen.

Zusammenfassung der offenen Diskussion[3] (Günter Jeschonnek)
Wie zu erwarten, kristallisieren sich in der anschließenden Diskussion mit dem Auditorium Fragen zu den unzureichenden Förderungen für die Sparte darstellende Künste im öffentlichen Raum sowie der Freien Szene insgesamt und die damit einhergehenden prekären Arbeits- und Lebenssituationen der Akteure heraus. In Zeiten von anerkannten Mindestlöhnen müssten diese wenigstens auch für die Freie Szene erreicht werden – aber besser: die von vielen Verbänden geforderten Honoraruntergrenzen. Man will existenzsichernd arbeiten. Außerdem wurde gefragt, was man tun müsse, um ein so erfolgreiches Sonderprojekt erneut aufzulegen.

Und schließlich plädieren die Akteure im Auditorium wie auch auf dem Podium dafür, gemeinsam mit Vertretern der Kommunen, Ländern und des Bundes der künstlerischen Arbeit im öffentlichen Raum neue Impulse zu eröffnen und den öffentlichen Raum als einen sehr wichtigen Ort für ästhetische und politische Auseinandersetzungen zu behaupten. Dazu gehören nach Auffassung aller Anwesenden mehrjährige Konzeptionsförderungen, Förderungen von notwendigen Projektrecherchen und Grundausstattungen für Ensemblestrukturen.

---

[3] Die vollständige Diskussion kann auf der Website des Bundesverbandes Theater im öffentlichen Raum nachgelesen werden. (www.theater-im-oeffentlichen-raum.de)

Darüber hinaus wird vorgeschlagen, die Vergabe von Fördermitteln nicht an das Haushaltsjahr zu binden, die Antrags- und Förderentscheidungstermine von Kommunen, Ländern und dem Bund besser zu koordinieren, die Jurys auch mit freien Künstlern zu besetzen und Förderentscheidungen mit Kriterien zu begründen oder wenigstens Hinweise zu geben, was man bei neuen Projektanträgen verbessern müsste.

Alle Podiumsteilnehmer stimmen zu, verweisen aber auf funktionierende Fördermodelle nicht nur in Niedersachsen, Sachsen, den Fonds und die Kulturstiftung des Bundes. Sie erklären, dass die prekäre Lage der meisten Akteure damit nicht behoben sei und fügen hinzu, dass Erhöhungen und Verstetigungen mehrjähriger Fördermodelle zu Einschränkungen von Einzelförderungen führen, weil die Gesamtetats nur unwesentlich wachsen. Das föderale System Deutschlands habe die Zuständigkeiten von Kommunen, Ländern und dem Bund geregelt und das gelte eben auch für die Kunst- und Kulturförderung, auch wenn hier längst Modelle und Programme erprobt und immer wieder modifiziert wurden, die streng genommen verfassungswidrig sind. Das gelte insbesondere für die Einrichtungen des Bundes wie die Kulturstiftung und den Förderfonds.

Einig sind sich die Podiumsgäste hinsichtlich des Procederes nach Förderentscheidungen: Diese könnten allein durch den erheblichen Zeit- und Personalaufwand sowie wegen differenzierter und zum Teil kontroverser Diskussionen in den Gremien nicht schriftlich begründet werden. Zurückhaltend und zum Teil skeptisch wird die Forderung nach den Jurybesetzungen bewertet. Die Podiumsteilnehmer sind der Auffassung, dass ihre Jurys fachkompetent und praxisorientiert besetzt sind.

Aus Basel berichtete Tobias Brenk, wie man nach einer längeren Phase der Unterfinanzierung erreicht hat, dass sich die politisch Verantwortlichen für die Arbeit des Theaterhauses interessierten und in Folge die Zuwendungen deutlich erhöhten. Das erreichte man über ein *Parallelparlament*. Jeder Stadtabgeordnete in Basel war Pate eines Künstlers der Freien Szene, empfing sie oder ihn bei Kaffee oder Wein und erfuhr in persönlichen Gesprächen, wie Künstler in Basel leben und arbeiten. Nach einem Jahr erhielt die Freie Szene eine deutliche Erhöhung der Fördermittel, die sich seitdem verstetigte.

Wiederholt wird aus dem Auditorium gefragt, warum sich angesichts der politisch richtigen Bestandsaufnahme zur Bedeutung des öffentlichen Raumes und der Arbeit der Theater- und Tanzschaffenden in ihm sich dennoch so wenig verändert und die Künstler immer wieder erklären müssen, was sie für die Gesellschaft leisten. Fehlt da der politische Wille oder woran liegt es? Was können die Künstler noch tun, um gemeinsam Veränderungen zum Besseren zu erreichen?

Oliver Scheytt verweist auf die in 2013 gegründete Vereinsinitiative von *art but fair*, um eine gerechte Bezahlung von Künstlern durchzusetzen. Die Kulturpolitische Gesellschaft führte dazu eine Tagung in London durch. Er ruft dazu auf, dieser Initiative beizutreten und sich dafür zu engagieren.

Ulf Großmann antwortet abschließend für das Podium, den ich auszugsweise zitiere: „Ich habe seit meinem Einstieg 1990 in die Kommunalpolitik gelernt, dass Kulturpolitik eine Politik des Kämpfens ist. Und Sie haben hier vorne fachkompetente Menschen, die für Ihr und für unser gemeinsames Interesse kämpfen. So habe ich alle verstanden. Sie hatten so schön diesen Dialog zwischen Kultur und Politik in Basel beschrieben, der ja auch nicht vom Himmel gefallen ist. Wenn es gelingt, diese Leute zu infizieren und mitzunehmen, dann hat man ganz viel erreicht. Das hat der Bürgermeister aus Detmold vorhin auch so beschrieben. Also: Wir sind auf Ihrer Seite!"

ZWEITES PODIUM
Reflexion zur Vielfalt und zum ästhetischen Spektrum
der darstellenden Künste im öffentlichen Raum

IMPULS – Frei und unabhängig sein gibt es nicht umsonst
Susanne von Essen[1]: Durch das internationale und interdisziplinäre Fusion Festival des Kulturkosmos e. V. in Mecklenburg-Vorpommern wuchs die Entwicklung des interdisziplinären Theaterfestivals at.tension, das sich fast allen Genres der darstellenden Künste widmet und bewusst die Grenzen von Theater ausloten möchte. Ich bin eine der verantwortlichen Festivalkuratoren und möchte Ihnen über dieses ungewöhnliche Gesamtprojekt in der Müritz-Region berichten:

Seit Mitte der 1990er Jahre gibt es den Verein Kulturkosmos Müritz und seither bildet er den offiziellen Rahmen für uns, eine sich stetig wandelnde und entwickelnde Gruppe mit festem Kern, die sich in den vergangenen Jahren auf dem ehemaligen russischen Militärflugplatz in Lärz formiert hat. Eine freie Gemeinschaft von Mitstreitern unterschiedlichster Couleur, deren Lebensrealitäten, Berufe und Wohnorte ganz verschieden sind, die aber alle ihre freie Zeit für dieses gemeinsame Projekt zur Verfügung stellen. Viele davon sind Kunst- und Kulturschaffende.

Weil das Projekt in den vergangenen Jahren so unglaublich gewachsen ist und sich auch die Lebensrealitäten vieler verändert haben, wäre ein Betrieb auf rein ehrenamtlicher Basis heute nicht mehr denkbar. Darum beschäftigt der Verein inzwischen über 25 feste Mitarbeiter, die zu einem großen Teil aus der Region kommen und all die Aufgaben übernehmen, die durch die Vereinsmitglieder und ehrenamtliche Unterstützer nicht mehr erbracht werden können.

Schwerpunkt und Motor unserer gemeinsamen Arbeit ist die Organisation und die Durchführung des inzwischen international renommierten Fusion-Festivals, das in jedem Jahr stattfindet und uns unter finanziellen Gesichtspunkten ermöglicht, das interdisziplinäre at.tension-Festival auf dem riesigen Gelände durchzuführen. Das Fusion-Festival bezeichnen wir als das größte Ferienlager der Republik. Vier Tage Ferienkommunismus ist das Motto der Fusion. Der Name ist Programm, und so erstreckt es sich von Musik unterschiedlichster Spielar-

---

[1] Kuratorin, Festivalleiterin, Bremen.

ten über Theater, Performance und Kino bis hin zu Installation, Interaktion und Kommunikation. Die Konversion, des inzwischen 53 Hektar großen Vereinsgeländes mit seinen grasbewachsenen ehemaligen Flugzeughangars, von einer Militärbrache hin zu einem einmaligen Kulturgelände mit unzähligen Gestaltungs- und Nutzungsmöglichkeiten, ist sicher unser größtes Projekt. Dieses weitläufige Gelände bietet für das Theaterfestival eine einzigartige Kulisse und außergewöhnliche Spielstätten: Flugzeughangars, eine alte Landebahn, verschiedene Zirkuszelte sowie diverse Park- und Freiflächen. Dazu große Campingflächen und einen Badesee.

Der Verein Kulturkosmos hat seine Arbeit und seine Projekte in all den Jahren fast ausschließlich durch die Einnahmen des Fusion-Festivals finanziert. Generell wird der Verein nicht durch öffentliche Gelder oder Förderungen jedweder Art unterstützt. Das macht uns unabhängig und ist etwas, worauf wir auch etwas stolz sind. Lediglich für Veranstaltungen im Bereich Theater/Performance, besonders zu den Anfängen der Fusion Ende der 1990er und mit dem Start des at.tension-Festivals 2006/07, wurde der Kulturkosmos in meist bescheidenem Maße durch Bund, Land, Kreis und Gemeinden gefördert.

at.tension #6 ist die sechste Ausgabe des internationalen Theater-, Performance- und Kunstfestivals, das der Kulturkosmos Müritz e. V. im September 2006 zum ersten Mal auf dem Vereinsgelände veranstaltete. Zum ersten Septemberwochenende lädt der Verein im Zweijahresrhythmus internationale Theatergruppen und Gäste zur theatralen und künstlerischen Grenzüberschreitung ein. Vom 3. bis 6. September 2015 werden sich 45 Künstlergruppen mit neunzig Vorstellungen in Lärz präsentieren.

Vorrangiges Ziel des Projekts ist die Belebung des kulturellen Lebens in der Müritz-Region. Dahinter steht die Überlegung, dass ein Mehrwert an Lebensqualität nachhaltig Auswirkungen auf die Region hat. In Bezug auf die Programmgestaltung soll ein Angebot geschaffen werden, das unabhängig von Alter, Herkunft und Vorbildung für jeden zugänglich ist. Eine Besonderheit von at.tension liegt in dem Anspruch, verschiedene Theaterformen in einen kreativen Dialog zu setzen. Künstler unterschiedlicher Genres sind eingeladen, um die vier Tage packend und mitreißend zu gestalten.

Das Festival at.tension greift aktuelle Strömungen in der internationalen, zeitgenössischen Kunst auf. Die künstlerische Palette umfasst Objekttheater, Tanztheater, Performance, Open-Air-Spektakel, Installationen und ein ausgesuchtes musikalisches Beiprogramm und bietet Programm für Kinder, Jugendliche und Erwachsene. Dabei wird das

Internationales Symposium

Programm von mehreren Kuratoren zusammengestellt. Das Festival ist nur realisierbar, weil die gesamte Crew und alle beteiligten Helfer, zum Teil über Wochen, ihre Zeit unentgeltlich dem Projekt gespendet haben und auf das sehr kraftvolle Netzwerk der Fusionaktivisten zurückgreifen können.

Wir haben bereits 2008 beschlossen, dieses Prinzip der unentgeltlichen Arbeit zur Grundlage der Mitarbeit und zum Anspruch an alle beteiligten Helfer und Mitarbeiter zu machen. Dieser Anspruch an die zukünftigen at.tension-Festivals umfasst nicht nur ein internationales, spannendes und vielfältiges Festival an einem ungewöhnlichen Ort, mit einem außergewöhnlichen Publikum. Es geht auch um den gruppendynamischen Prozess, der sich entwickelt, wenn alle Beteiligten auf gleicher Ebene an einem Strang ziehen. Gerade darin entsteht die Bewegung, die Großartiges vollbringen kann. Ein kollektiver Prozess, wie er in etablierten, hierarchisch strukturierten und fördergeldabhängigen Kulturprojekten niemals entstehen wird.

Zweifellos sind wir im Vergleich mit den meisten Kulturprojekten in einer privilegierten Situation. Denn wir gehören zu den Ausnahmeprojekten in dieser Republik, die nicht abhängig von Fördertöpfen sind und deshalb völlig unabhängig ihr Programm gestalten und alle Entscheidungen treffen. Diese Position wollen wir uns auch erhalten und nach Möglichkeit weiter ausbauen. Darum haben wir beschlossen, das at.tension-Festival in Zukunft weitestgehend selbst zu finanzieren und auf Fremdmittel zu verzichten. Um als Beispiel die at.tension 2015 zu nehmen: Das Gesamtbudget ist auf 395 000 Euro festgelegt. Davon trägt der Kulturkosmos 90 000 Euro Eigenmittel zum Festival bei. Der Rest der Kosten wird aus Eintrittsgeldern und natürlich wieder durch die ehrenamtliche Mitarbeit der vielen Mitwirkenden bestritten. Wir rechnen mit insgesamt 8000 erwachsenen Besuchern und über 800 Kindern; Künstler und ehrenamtliche Helfer (circa 2000 Menschen) sind mit eingerechnet. Danke für eure Aufmerksamkeit.

IMPULS – Wer performt wen: Politiken von Öffentlichkeit
Jörg Lukas Matthaei[2]**:** Seit 15 Jahren arbeite ich als Regisseur unter dem Label matthaei & konsorten mit einer Vielzahl unterschiedlichster Menschen. Ein paar Mitarbeiterinnen, Mitarbeiter vergangener Projekte sind heute auch hier, was mich sehr freut. Ungefähr seit zehn Jahren beschäftigen sich unsere Arbeiten mit urbanen Landschaften. Damals gab es in

---

[2] Regisseur, matthaei & konsorten, Berlin. www.matthaei-und-konsorten.de

Düsseldorf am FFT, wo Herr Jeschonnek und ich uns kennengelernt haben, eines der ersten Formate in dieser Richtung.

Für meinen Impuls heute Vormittag möchte ich auf zwei Aspekte eingehen: Wer ist überhaupt die Öffentlichkeit bei unseren Projekten im sogenannten öffentlichen Raum? Und wenn es nun ein Genre der darstellenden Künste im öffentlichen Raum gibt: Mit welchen Kriterien können wir ein Instrumentarium entwickeln, um derartige Projekte spezifisch zu betrachten, anstatt alle über einen Kamm zu scheren, nur weil sie nicht im Theatergebäude stattfinden?

Anfangen möchte ich mit der Frage des Publikums: Aus dem erweiterten Publikumsbegriff, von dem unsere Arbeiten inzwischen ausgehen, würde ich sagen, dass dasjenige Publikum, welches Tickets kauft, für uns nur noch eine qualifizierte Minderheit ist. Unsere Arbeiten beschäftigen sich immer wieder damit, wie wir das Theatrale derart erweitern können, dass wir Leute involvieren, die sich vielleicht noch gar nicht bewusst sind, dass sie gerade an einer Performance teilnehmen und dass diese schon überall stattfindet, wo sie sich jetzt befinden.

Bei den größeren Projekten fangen wir mindestens ein Jahr vorher an, vielzählige Menschen in unterschiedlichen Konstellationen zu involvieren. Die Besucher, die dann nachher mit Tickets hinzukommen und das Ganze als Theater wahrnehmen, sind daher nur ein Teilbereich der Öffentlichkeiten, die das Projekt über seine ganze Dauer erzeugt. Für mich gibt es verschiedene Sphären von Publika, die sich teils durchdringen und überlagern, teils getrennt voneinander ausdehnen. Und je nachdem, von welcher Seite aus man es beschreibt, ist entweder das performative Setting die Linse, durch welche die anderen Sphären sichtbar werden. Oder aber man nähert sich der Situation durch eine offene Erfahrung der weiteren Publika und Akteure hindurch, sodass die performative Szene nur eine stärker geformte und fokussierte Version der sie umgebenden Layer von Realitäten ist. Die Fotos von unseren Arbeiten funktionieren daher eigentlich auch wie Suchbilder: Wer ist Publikum, wer sind Akteure?[3]

Crashtest Nordstadt ist ein Projekt, das wir mit und fürs Schauspiel Dortmund gemacht haben. Die Dortmunder Nordstadt ist ein Stadtviertel, das in den Augen der Mehrheitsgesellschaft und ihren Medien einen klassischen sozialen Brennpunkt darstellt, einen Problemkiez de-industrialisierter, westdeutscher Großstädte, mit Migranten aus allen Ländern, offenem Drogenhandel und Straßenprostitution. Wenn man aber

---

[3] Der Impuls bezieht sich teils auf Bilder, die hier zu finden sind: www.matthaei-und-konsorten.de

näher hinschaut, sieht man, dass der Kiez eine viel größere Vielfalt bietet, als das Klischee es will: Viele Familien unterschiedlichster Kulturen mit ihren Strukturen, Studierende, Alternative etc. und vor allem auch eine Vielzahl an Ökonomien, die in den üblichen Negativstatistiken nicht auftauchen. Die Besucherinnen, Besucher wurden zu Aktien erklärt, welche Checkerinnen und Checkern des Viertels gehörten und für diese auf diversen Märkten zu performen hatten. Je nach ihrer Performanz ist ihr Wert dann gestiegen oder gesunken.

So ist die lachende Besucherin, die am Tisch der Stammgäste in der Eckkneipe steht, vor kurzem noch das Opfer gewesen, sie musste nämlich im Markt etwas klauen. Der Markt selbst ist aber eine Hehlerbude, die als ein Nebenzweig des Geschäfts rumänische und bulgarische Wanderarbeiter ausnutzt, die hoffen, dort als Tagelöhner vermittelt zu werden. Als die Besucherin also etwas gestohlen hat und weggerannt ist, sind ihr dann drei Arbeiter hinterher und haben sie auf dem Marktplatz niedergerungen, wo wiederum die deutschen Trinker johlten – was zu Verwirrung auf allen Seiten führte.

Auch auf einem anderen Markt hat sich die Differenz zwischen Akteur und Aktie aufgelöst: Eine Frau, die auf einem Teppich sitzt, hinter sich ein Amateurgemälde der Kaaba in Mekka, erzählt gerade eine erfundene Skandalstory, was ihr Haarsträubendes widerfahren sei in der Nachbarschaft. Während der junge Mann, auf den das Klischee ihrer Story zutrifft, sie dabei mit seinem Handy filmt. Um möglichst krasses Material für Fernsehsender zu sammeln, wie er behauptet hat. Und so gab es immer wieder Situationen, in denen verschwamm, wer welche Rolle in ihnen spielt, wer welche Interessen hat. Auch mir selbst ist es teilweise bis zum Schluss nicht ganz klargeworden, mit wem ich es zu tun hatte. Genau dann interessiert es mich aber, wie ich die Besucher dazu einladen kann, sich in solche ambivalenten Settings hineinzubegeben und Erfahrungen zu machen, die keine vorgeformte Eindeutigkeit nacherzählen.

Für *Im Apparat der Kriege,* eine Produktion in Berlin, die u. a. vom Fonds Darstellende Künste gefördert wurde, haben wir uns in Anbetracht der schleichenden neuen Selbstverständlichkeit, dass sich Deutschland wieder an allen möglichen internationalen Kriegen beteiligt, sich eigentlich permanent im Kriegszustand befindet und wir hier davon aber kaum etwas spüren, mit Erzählungen von neuen Kriegsheimkehrern beschäftigt. Dazu gehörten nicht nur Soldaten, auch NGOs, Ärzte und Journalisten. Diese Erzählungen untersetzten wir mit Erklärungen namhafter Bundespolitiker sowie Therapeuten und Pfarrern, die diese exportierten deutschen Kriege begleiten. Am Ende hatten wir mehr als vierzig Stunden extrem interessanten Audiomaterials, das die Kriegseinsätze und deren Begleiterscheinungen auf sehr persönliche Weise in teils noch grausameren wie banaleren Bildern erscheinen lässt, als wir es aus den gängigen Medien kennen. Wir wollten dieses Material zurück in die äußerlich zumeist friedliche Heimat bringen. Also konnte man drei Tage mit uns Tag und Nacht quer durch Berlin ziehen, wobei Audio eine große Rolle spielte und es sehr viele eingebettete Akteure in diversen Räumen des Alltags gab oder an üblicherweise unzugänglichen Orten der Stadt. Dabei wollten wir das Material gerade auch über die Dauer der kollektiven Reise anders in die Köpfe und Körper bringen, sowohl in unsere eigenen wie in die der Besucher.

So gab es u. a. im afrikanischen Club am Samstagabend den Bericht eines Soldaten aufs Handy, der in Somalia seine Traumatisierung erlitten hatte. Den Zugang bekam man aber nur durch einen Chirurgen von *Ärzte ohne Grenzen,* der undercover dort an der Bar wartete. Im späteren Contest wurden die mehr oder weniger glücklichen Gewinner gekürt, die mit uns eine Nacht im Hostel verbringen durften. Dazu trafen sie auf unsere beiden Mitarbeiter, BWLer aus Kabul, die sich als spanische Touristen ausgaben und mit ihnen auf der Straße trainierten, wie man sich als Tourist in Friedrichshain ins Billighostel schleicht. Am nächsten Morgen begegnete man dann in einer Veteranensiedlung aus Nazizeiten, unmittelbar am Mauerstreifen gelegen, einem ehemaligen Einzelkämpfer, der ein kurzes Training als Minenexperte gab, bevor man dann in seine eigene Überlebensgeschichte im Linienbus eintauchte. Um danach dann Hase und Igel mit einem afghanischen Sprachmittler zu spielen, der für die deutsche Staatsbürgerschaft paukte, weil er in seinem Rennrollstuhl für Deutschland bei den Paralympics antreten möchte.

Zuletzt erwähne ich das Projekt *Paradis Artificiels,* das wir in Wien für die Festwochen eingerichtet haben. Thema waren verschiedenste langjährige Drogenbiografien, wozu wir die Ausführung der Inszenierung am bislang weitesten in die Hände der Besucher gelegt haben. Wir sind jeden Tag an anderen Orten der Stadt aufgetaucht mit einem Einsatzmobil, von wo aus die Besucherinnen ausgesetzt wurden und ab dann allein unterwegs waren. Sie konnten eine eigene Art von Psychogeografie entwickeln mit Handy und verschiedenen Systemen im Hintergrund. Wir haben also nicht Orte und Routen vorbereitet, sondern die Besucher selbst haben sich aufgrund der Skripte, die wir ihnen geschickt haben, entschieden, wo sie sich auf das Material einlassen wollten. Ich wusste also nicht mal mehr, wo sie in der Stadt unterwegs waren, welche Szenarien sie sich aussuchten. Währenddessen habe ich mit Gästen im Wohnmobil Radio gemacht.

Internationales Symposium

Das vielleicht zum Background meiner aktuellen Arbeiten und wovon ich ausgehe, wenn ich über Publikum und Theater spreche. Zum zweiten Aspekt meines heutigen Impulses: Während ich gestern im Zuschauerraum saß, hatte ich ein eigenartiges Gefühl im Bauch, dessen Grund mir erst auf dem Heimweg richtig klargeworden ist: Es gab für mich den ganzen Tag über einen eklatanten Mangel des Politischen. Womit ich nicht Fragen von Kulturpolitik meine, wer fördert wen und mit welchen Instrumentarien. Dieser zeigte sich für mich in allen Beschreibungen der durchgeführten Projekte. Mir ist klar, dass das auch an der Matrix liegt, nach der ihr eure Projekte vorstellen solltet. Was ich aber meine, ist ein überraschender Mangel von Aspekten des Politischen im Sinne der Politik der Projekte selbst. Es gibt offensichtlich eine Politik der Repräsentation, des Blicks, der Sichtbarmachung – wenn man so möchte, Distribution von kulturellem Kapital. Und ich glaube, dass es sehr wichtig ist und relevant, sich jetzt damit zu beschäftigen. Denn wenn diese Welle von Arbeiten mit diversen Öffentlichkeiten so anhält, auf der wir uns vielleicht seit zehn Jahren bewegen – was ich aus persönlichen Gründen natürlich hoffe –, so ist es spätestens jetzt enorm wichtig, Kriterien und ein Vokabular herauszuarbeiten, wie man denn die Politik der Projekte selbst denken und beschreiben möchte. Denn wenn wir das nicht tun, landen wir, meiner Ansicht nach, in einer freundlichen Beliebigkeitssoße. Wenn dann nämlich nur noch quer über alle konkreten Praktiken hinweg formelhaft die Begründung wiederholt wird, es ginge um Partizipation im öffentlichen Raum. Jeder Terminus dieser Behauptung ist aber doch erstmal in seiner Ideologie zu befragen – und von dort aus die konkrete Politik der Projekte selbst, im Sinne von *politics* und *policies*.

Das also ist mein Impuls hier und heute Morgen: die Aufforderung, diese Fragen von Politik und Kritik der konkreten Projekte herauszuarbeiten und weiter zu verfolgen, um nicht in dieser Beliebigkeit zu landen, die sich mit zu wenig zufriedengibt. Um aber spezifisch zu werden und vor allem auch um eine eigene Qualität zu entwickeln – sowohl der Praxis wie der Kritik und Diskussion von Projekten – wären das die Faktoren, die mich extrem interessieren. Danke schön.

Günter Jeschonnek: Auch Dank an Lukas Matthaei, wie auch an Susanne von Essen, für diese Impulsbeiträge. Ich hätte gleich Lust, Lukas Matthaei zu widersprechen, weil ich seine Einschätzung zu den geförderten 18 Projekten überhaupt nicht teile. Diese Projekte haben sehr wohl politischen Gehalt. Vielleicht habe ich ihn auch missverstanden und vielleicht lag es an meinen Vorgaben für die Präsentationen, dass so das Politische der Projekte zu wenig sichtbar wurde. Wenn nun Amelie Deuflhard diesen Aspekt in der folgenden Podiumsrunde aufgreifen könnte, wäre das wichtig. Ich begrüße kurz unsere Gäste: Tobias Brenk, Dramaturg an der Kaserne Basel, Fiedel van der Hijden, künstlerischer Leiter des Festivals Cultura Nova, Werner Schrempf aus Graz, künstlerischer Leiter vom Festival La Strada, Christiane Hoffmann, Projektleiterin des Festivals ViaThea Görlitz, und Holger Bergmann, langjähriger künstlerischer Leiter vom Ringlokschuppen in Mülheim, jetzt als freier Kurator, Regisseur und Theaterproduzent im Ruhrgebiet tätig. Zugleich ist er stellvertretender Kuratoriumsvorsitzender des Fonds Darstellende Künste. Und noch die Moderatorin der zweiten Runde: Amelie Deuflhard. Sie gehört zu den wichtigen und zugleich erfolgreichen Produzentinnen und Theaterleiterinnen in Deutschland und ist eine streitbare Anwältin der Freien Szene. Sie begann in den Berliner Sophiensaelen und ist seit 2007 Intendantin von Kampnagel. Sie kuratierte im Verlaufe ihrer künstlerischen Arbeit auch einige große Projekte im öffentlichen Raum wie die Bespielung des damals vor dem Abriss stehenden Palastes der Republik in Berlin.

Amelie Deuflhard: Vielen Dank. Günter, es ist erstaunlich, du hast es geschafft, dass selbst am dritten Symposiumstag noch fast alle Teilnehmer da sind. Das spricht für dein Programm. Danke auch für die beiden Impulse. Wir können sie sehr gut aufnehmen. Ich nenne zunächst einmal ganz grob die zwei Themen der Impulse: Das eine nehmen wir heute eventuell nicht auf, nämlich die Frage der Finanzierung – obwohl ich es sehr interessant finde, dass man so ein riesiges Gelände an der Müritz, in den neuen Bundesländern, quasi ohne öffentliche Förderung bespielen kann und das so unglaublich erfolgreich –, aber da wir ja heute über Ästhetik reden, lassen wir das mit dem Geld vielleicht überwiegend beiseite. Der Impuls von Lukas wirft die Frage nach dem Politischen auf, insbesondere im öffentlichen Raum. Das ist eine Frage, die ich von mir aus sowieso auch aufgenommen hätte, aber ich freue mich über seine prägnanten Formulierungen. Wir sind heute eine Runde von sehr unterschiedlichen Akteuren, auch verschiedener künstlerischer Herkünfte. Uns stellt sich die Frage: Was sind eigentlich Unorte, die wir bespielen wollen? Und sind das tatsächlich nur Leerräume oder gibt es nicht auch ganz andere Arten von Unorten wie Einkaufspassagen, Kaufhäuser und so weiter? Diesen Fragen werden wir uns im Laufe des Gesprächs stellen. Meine Diskussionsgruppe besteht aus zwei Parteien. Die eine kommt, würde ich behaupten, eher vom Straßentheater im klassischen Sinn. Die andere macht auch Theater auf der Straße, aber auf eine andere

Art und Weise. Und meinen Recherchen zufolge macht Werner Schrempf beides. Ich würde sagen, weil wir schon beim Politischen waren, fangen wir mit dir an: Fiedel, du hast schon sehr früh ein Straßentheaterfestival gegründet – vielleicht kannst du gleich davon erzählen – und bist später in eine andere Richtung gegangen. Das Straßentheater ist wahrscheinlich eine der ältesten Formen der darstellenden Kunst: Schon die Gaukler im Mittelalter zogen von Marktplatz zu Marktplatz. Dann, im vorletzten Jahrhundert mit der Arbeiterbewegung und im letzten Jahrhundert mit der 68er-Bewegung hatte das Straßentheater immer einen sehr starken politischen und auch Protestcharakter. Wie siehst du das heute? Und erzähle doch bitte auch ein bisschen von deinen Projekten.

Fiedel van der Hijden: Ich denke, ich habe Anfang der 1980er Jahre mit dieser Kunstform begonnen. Ich war damals Besucher von Festivals. Da gab es in Holland das Festival of Fools in Amsterdam. Das war so wie eine Insel des Theaters. Ich war da drei Tage und das war für mich der Tür- und Herzöffner fürs Theater und für Festivals. Und da habe ich gedacht, das will ich auch organisieren. Da habe ich jeden gefragt, der da gespielt und auch organisiert hat, ob er mir helfen kann. Alle sagten: Ja, kein Problem. Da gab es noch kein Internet, also man musste telefonieren oder den Zug nehmen und hingehen. Ich denke, das Festival of Fools und auch das Theater insgesamt waren politisch und auch nicht politisch. Da gab es in Holland die großen Demonstrationen gegen die Kernwaffen und so. Als ich angefangen habe mit dem Straßentheaterfestival in Heerlen im Süden von Holland, einer Stadt sehr nahe zu Aachen, schrieb ich dem Manager, dem Direktor vom Stadttheater, dass ich dort gerne im Sommer ein Festival machen würde. Am Ende der Saison, im Mai, schloss das Theater und erst Anfang Oktober wurde es wieder geöffnet. Der Theaterdirektor hat gesagt: „Das ist prima, versuchen wir es." In dieser Zeit machte ich Jugendarbeit in der Nähe von Heerlen und habe Leute gesammelt, die mit mir fast ohne Geld Theater machen wollten. Der Beigeordnete für Kultur von Heerlen hat den Direktor vom Stadttheater angerufen und hat gesagt: Mit welchen Leuten willst du das Festival machen? Er hatte befürchtet, dass wir eine große Demonstration gegen die Kernwaffen oder so organisieren. Damals war ich auch aktiv in der Anti-Atom-Bewegung und hatte die großen Demonstrationen in Den Haag und Amsterdam, übrigens auch im deutschen Kleve, mit organisiert. Ich war also schon politisch unterwegs.

Deuflhard: Fiedel, sage bitte noch etwas zur Ästhetik, die euch damals wichtig war.

van der Hijden: Wir haben ein Straßentheater gemacht mit wenigen Mitteln. Jeder konnte mitmachen, eine Schule, eine Firma oder ein Shopping-Center, ohne Probleme. Sieben Jahre haben wir das gemacht. Und in dieser Zeit hatten wir 150 Straßentheatervorstellungen in Heerlen und im Umfeld gezeigt, ohne einen richtigen festen Ort. Aber wir wurden immer größer, spielten viel mehr und waren damit beschäftigt, uns eine Struktur zu geben. Wir wollten professioneller werden, auch Geld verdienen und anerkannt werden. In dieser Periode hatten wir das Glück, auch mit größeren Gruppen zu arbeiten, die Theater an festen Orten machten. Und nach sieben Jahren Straßentheater entschieden wir, damit aufzuhören und ein Theater vor Ort zu gründen. Das war 1991, der Anfang von Cultura Nova. Und das machen wir heute immer noch. Wir entscheiden, was gut ist für die Stadt und die Region. Wir fragen interessante Gruppen, ob sie nach Heerlen kommen und hier spielen wollen. Und wir sagen: „Die Stadt und die Region sind die Bühne. Ihr könnt selbst bestimmen, wo und was." Das geht ganz gut. Es gibt fast nie Blockaden. Es ist fast immer möglich, diese Orte zu bespielen. Wir sagen den Künstlern, dass sie sich mit dem Ort auseinandersetzen müssen. Das ist unsere Bedingung. Zum Beispiel haben wir eine Historie des Bergbaus. Vor vierzig Jahren wurde diese Monokultur beendet. Das führte wie im Ruhrgebiet zu einer Krise. Und dazu fragten wir eine Gruppe, ob sie sich mit dieser Geschichte auseinandersetzen will, auch im Kontext zu aktuellen Entwicklungen in der Stadt und der Region. Also Transformationen. Und solche Projekte sind in der Regel am interessantesten.

Deuflhard: Ja, vielen Dank. Christiane, wann hast du das Straßentheaterfestival in Görlitz gegründet?

Christiane Hoffmann: Das Straßentheaterfestival in Görlitz gibt es seit 1995.

Deuflhard: Okay. Es ist ein sehr großes Festival. Görlitz ist eine Grenzstadt. Ist das von Bedeutung für euch? Was war euer Ansatz dieses Festival zu machen? Wie kommt es an in der Stadt, und gibt es da auch politische Aspekte?

Hoffmann: Görlitz ist eine ostdeutsche Stadt an der deutsch-polnischen Grenze, die südöstlichste Stadt von Deutschland. Und als wir 1995 zum ersten Mal ein Straßentheaterfestival gemacht haben, richtiger drei Straßentheatertage, da war das den Görlitzern überhaupt nicht bekannt. Wir haben es in der Stadt gemacht für die Görlitzer. Und da ist der Funke übergesprungen. Vom ersten Tag an war das Eis gebrochen. Die Görlitzer lieben inzwischen ihr Festival. Aus drei Tagen an einem Ort sind drei Tage im ganzen Stadtgebiet geworden. Die Botschaft kam an und hat sich weiterentwickelt. Man muss wissen, dass die Görlitzer zum Teil weggingen, weil es hier keine Arbeit gab. Die Arbeitslosenquote ist hoch. Und das Festival ist zu dem Ereignis geworden, das die Görlitzer feiern und auf das sie stolz sind. Es ist ihre Stadt, mit Kunst im öffentlichen Raum. Auch deshalb kommen viele ehemalige Görlitzer zum Festival in ihre Stadt zurück. Das ist einfach wundervoll. Das ist so ein gemeinsames Erlebnis in dieser Stadt. Wir sind eine geteilte Stadt. Früher war es eine Stadt. Jetzt ist der eine Teil Görlitz und der polnische Teil ist Zgorzelec, geteilt durch eine Grenze. Heute nur noch geteilt durch die Neiße, aber die Grenzen sind offen. Vor zehn Jahren ist eine neue Brücke gebaut worden, die im Zweiten Weltkrieg kaputtgeschossen wurde. Diese Brücke ist einfach fantastisch für das Festival. Sie verbindet diese beiden Teile der Stadt. Trotzdem haben die Görlitzer und die Zgorzelecer aber ihre Probleme miteinander. Die Görlitzer können kaum Polnisch. Unsere polnischen Nachbarn können aber Deutsch. Straßentheater ist barrierefrei, genreübergreifend und ohne Worte. So können die Polen und die Deutschen dieses Kulturereignis gemeinsam feiern in der Europastadt, die wir ja sind. Wir schaffen damit ein gemeinsames Erlebnis und bauen Brücken zwischen beiden Völkern. Wir spielen nicht bloß in Görlitz, wir spielen auch in Zgorzelec. Wir arbeiten ganz eng zusammen. Wenn es eines der größten Festivals in Jelenia Góra nicht gäbe, siebzig Kilometer von Görlitz entfernt, gäbe es auch das Görlitzer Straßentheater sicherlich nicht. 1995 trafen sich der damalige Kulturamtsleiter von Görlitz und eine polnische Theaterpädagogin. Sie sprachen über das Straßentheaterfestival Jelenia Góra und waren der Meinung, dass das auch etwas für Görlitz sein könnte. Sie probierten es aus und daraus ist unser Festival entstanden. Dank der Umfrage vom Bundesverband Theater im Öffentlichen Raum haben wir jetzt belastbare Zahlen zur Resonanz des Festivals, die wir der Politik geben können. Alle haben gesehen, dass mehr als nur ein Clown auf der Straße agiert. Die zunehmende Professionalisierung des Festivals und der eingeladenen Künstlergruppen sind wichtige Faktoren. Von Street Art bis zu riesengroßen Platzproduktionen ist in Görlitz inzwischen alles zu sehen. Manchmal leisten wir uns auch eine ortsspezifische Produktion an bekannten Gebäuden von Görlitz. Die Palette ist sehr vielseitig. Wir setzen uns jährlich oft Schwerpunkte. Es macht also einfach Riesenspaß, Kunst im öffentlichen Raum in so einer traumhaften Stadt zu genießen.

Deuflhard: Also Kunst im öffentlichen Raum zur Selbstvergewisserung der Stadt und zum Kreieren eines großen Gemeinschaftsgefühls?

Hoffmann: Ja, richtig. Das ist einfach kein übliches Stadtfest. Das ist ein Kunstfestival. Und die Görlitzer haben seit zwanzig Jahren die besten Künstler aus aller Welt in Görlitz erleben dürfen und sind inzwischen ein Fachpublikum geworden. Sie haben einen hohen künstlerischen Anspruch entwickelt und lieben ihre Künstler. Wenn die Künstlergruppen Hilfe brauchen, sind die Görlitzer erfinderisch und helfen, wo sie können. Da hat sich ein riesengroßes Netzwerk entwickelt. Und bei dem kleinen Budget, mit dem wir auskommen müssen, sind dieses Netzwerk und die Hilfsbereitschaft der Görlitzer von unschätzbarem Wert. Es ist einfach ein Traum, dass es das Festival seit zwanzig Jahren gibt und diese Anerkennung genießt.

Deuflhard: Schön. Das klingt wunderbar. Du steckst uns mit deiner Begeisterung an. Tobias, in der Kaserne Basel habt ihr ja erst einmal einen Ort zu bespielen, aber trotzdem geht ihr immer wieder raus, macht auch Theater im öffentlichen Raum, auch Theater, das mit der Stadt in den Dialog geht, aber das trotzdem eine andere Struktur hat. Beschreibe doch bitte deinen Ansatz, aber vielleicht auch das eine oder andere Projekt, das du besonders spannend fandest in letzter Zeit.

Tobias Brenk: Ja, du hattest vorhin gesagt, wir würden auf diesem Podium zwei Parteien mit unterschiedlichen programmatischen Schwerpunkten vertreten. Vielleicht liegt dieser Eindruck auch an den unterschiedlichen Strukturen unserer Institutionen, da hier einerseits die drei Festivals aus Görlitz, Graz und Heerlen vertreten sind und andererseits Holger Bergmann und ich produzierende Häuser vertreten, die anders mit Künstlern und der Stadt kooperieren, da wir kontinuierlich an einer laufenden Saison arbeiten. Die Kaserne Basel besteht aus einer Reithalle und zwei Rossställen und ist Teil eines größeren Gebäudekomplexes. Die Kaserne Basel ist schon städtebaulich speziell, da sie auch mit dem Kasernenhof verbunden ist und sich der ganze Kasernengebäudekomplex, mitten in der Stadt und direkt am Rhein liegend zum Quartier Kleinbasel hin öffnet. Das Kleinbasel ist historisch gesehen das sogenannte mindere Basel, das Basel der Arbeiterbevölkerung, mit einer hohen Bevölkerungsdichte von Bürgern mit Migrationshintergrund. Das Besondere an diesem Kulturort ist die starke Verwurzelung in der Region und dem Quartier. Der Kasernenkomplex wurde in den 1980er Jahren kreativ besetzt und speziell zur Kaserne Basel, also zu dieser ehemaligen Kulturwerkstatt haben viele Basler eine persönliche Geschichte, da sie eine Alternative zu den etablierten Institutionen darstellte. So existiert eigentlich seit 35 Jahren eine sehr starke

Bindung zur Basler Bevölkerung – mit allen *ups and downs,* die so ein Kulturbetrieb mitmacht. Daher war es uns auch sehr wichtig, gerade als Kaserne Basel spezielle Projekte mit der Stadt zu initiieren. Uns geht es dabei um eine Auseinandersetzung mit der Stadtgesellschaft, um herauszufinden, was unsere Rolle als Bürger oder Künstler in der Stadt Basel sein könnte. Es gibt also auch einen politischen Aspekt an diesem Schritt, die Öffentlichkeit zu bespielen. Die Frage, die dabei mitschwingt, ist: Wie können wir mit Theater politisch sein oder die politischen Aspekte des Theaters in der heutigen Gesellschaft auch im Stadtraum hervorheben? Ich würde also behaupten, dass es einer Auseinandersetzung mit der Öffentlichkeit bedarf, die dann für manche Passanten vielleicht an die Grenzen des Erträglichen kommt. So ermöglichen wir einen direkten Dialog unter den Passanten. Ich meine das aber nicht als bedingungslose Vorgabe für dieses Genre, sondern ich sehe als Veranstalter in dieser Auseinandersetzung einen Hauptaspekt, dem man sich inhaltlich schwer entziehen kann.

Ein besonderes Projekt ist die Intervention *Ceci n'est pas…*, die wir zusammen mit unserem EU-Netzwerk Second Cities – Performing Cities produziert haben. Second Cities ist ein EU-Netzwerk, bei dem Holger Bergmann mit dem Ringlokschuppen auch mitgewirkt hat, aber auch das Theater Le Maillon in Strasbourg sowie Dresden Hellerau, das TAP in Poitiers, das Spring Festival in Utrecht und das Teatr Laznia Nowa in Nowa Huta bei Krakau. Wir haben gemeinsam diese Installation *Ceci n'est pas…* des niederländischen Bühnenbildners und Künstlers Dries Verhoeven produziert. Sie bestand aus einer Glasbox, die zehn Tage in verschiedenen Städten aufgestellt wurde und jeden Tag ein anderes Tableau Vivant zeigte, jeweils mit Performern, die für mehrere Stunden in der Öffentlichkeit ausgestellt wurden. Die Bilder bezogen sich auf bestimmte Themen der Stadt oder Stadtgesellschaft: Migration, Religionsfreiheit, Waffenexporte, Schönheit, Alter und Geschlecht. Themen, die uns beschäftigen, die aber selten in der Öffentlichkeit im direkten Gespräch diskutiert werden. Dries Verhoeven wollte diese Diskussionen in den Stadtraum bringen und den Stadtraum wieder als Diskurs- und als Verhandlungsort für unsere gesellschaftlichen Fragestellungen etablieren. Und das hat großartig funktioniert – in dem Sinne, dass nicht nur jeden Tag über ein spezifisches Thema vor Ort diskutiert wurde und ein Blog täglich die Meinungen und Rückmeldungen dokumentierte, sondern auch die Zeitungen darüber nachgedacht haben: Was ist eigentlich die Rolle von Kunst im öffentlichen Raum, und warum brauchen wir Kunst in der Gesellschaft? Das war wirklich ein großartiges Projekt!

Deuflhard: Ein Projekt, das auch durch diese vielen Passanten wahnsinnig viele Menschen erreicht hat, die sich damit konfrontiert und provoziert sahen.

Brenk: Ja, es hat provoziert, aber das Projekt hat auch zu einem Diskurs an Ort und Stelle angeregt. Die Installation hat je nach Thema unterschiedliche Passanten ins Gespräch verwickelt. Der Claraplatz, auf dem die Installation im Juni 2014 zu sehen war, ist bekannt für seine Diversität. Er ist nicht nur Einkaufszone, sondern auch belebt mit Obdachlosen, Geschäftsleuten, Schülern, Messebesuchern der Art Basel, internationalen Gästen und Touristen und mit vielen Migranten bzw. Expats, die in diesem Quartier leben. Aber es gab auch ein Stammpublikum, das über die zehn Tage die Installation mit ihren Gesprächen drum herum verfolgt hat. Diese verschiedenen Perspektiven spiegelten sich auch in den Gesprächen, die man auf dem Weblog cecinestpasbasel.tumblr.com nachlesen kann.

Deuflhard: Holger, du hast ja lange den Ringlokschuppen geleitet. Interessant, es fällt mir jetzt auf, dass offensichtlich die Theaterhäuser, die auch Kunst im öffentlichen Raum machen, häufig die sind, die keine geschlossenen Orte sind, sondern an die Höfe oder Gärten angeschlossen sind, so wie bei euch. Ihr seid ja direkt am Garten. Du arbeitest in einer deutlich geschrumpften Stadt. Wenn man in Mülheim durch die Innenstadt geht, sieht man viele leere Läden oder welche, die demnächst aufgeben. Mülheim ist eine Stadt, in der es wahrscheinlich nicht ganz einfach ist, ein Publikum für künstlerische, geschweige denn Avantgarde-Positionen zu finden. Nichtsdestotrotz habt ihr solche Positionen immer vertreten in den letzten Jahren. Und trotzdem geht ihr immer wieder raus in die Stadt? Oder gerade deswegen? Und mit welchen Projekten?

Holger Bergmann: Ja, das hat etwas mit der Frage des Öffentlichen zu tun. Ich werde natürlich die Inhalte, die ich dort entwickelt habe, auch weiterhin in unseren Diskursen und in der Arbeit mit Künstlerinnen und Künstlern vertreten, weil die Frage des Öffentlichen von zwei Bereichen berührt wird. Das eine hat Lukas Matthaei vorhin sehr gut deutlich gemacht: Das ist das Politische. Und da ist jeder Akt, den wir nicht auf der Illusionsbühne sozusagen verbringen, sondern im realen Raum, auch eine politische Handlung. Und auch wenn es kein Auftrag an die Künstler ist, politisch zu arbeiten, gehört die Reflexion dazu, dass der öffentliche Raum ein politischer Raum ist. Zweitens ist das Aushandeln von Meinungen in der Öffentlichkeit der wesentliche Bestandteil einer Demokratie. Wir erleben derzeit die Verschiebung einer repräsentativen Demokratie zu einer Postdemokratie.

Bei der Duisburger Oberbürgermeisterwahl nach der Loveparade-Tragödie – wir hatten das Thema gestern kurz gestreift – beteiligten sich an diesem politischen Vorgang zwanzig Prozent der Duisburger. Das heißt, wir haben wirklich einen Zustand, bei dem sich die repräsentative Demokratie fragen muss, was sie repräsentiert. Genau wie das Theater sich, Göttern sei Dank, seit langer Zeit fragt, was und wen es noch repräsentiert. Und auf der anderen Seite ist auch der Unort Theater ein öffentlicher Ort – und dafür bin ich auch immer dankbar. Und wenn wir die Fragen der Demokratie und des Öffentlichen auf dem Theater verhandeln wollen, dann kommen wir oft an die Grenzen der Architektur, die für die Sender-Empfänger-Kommunikation gebaut ist und die Kunst auf das Podest stellt. Für mich geht es hierbei immer um die Durchlässigkeit, die durchaus einer Fragestellung in einem Brecht'schen Sinne ist: Wie schaffen wir es, eine Forschungsanstalt zu werden für alle, eine Forschungsanstalt, die imaginäre, immaterielle und auch intellektuelle Produktionen herstellen kann für alle und nicht für einen *Closed Shop*, nicht für eine „neue soziale Blase".

Das Theater und die Kunst haben Erfahrungswerte in solchen Projekten seit langer Zeit. Die 68er haben ja auch einiges richtig gemacht, von der Fluxus-Bewegung oder den Situationisten sind spannende Impulse ausgegangen. Auch das müssen wir geschichtlich reflektieren bei den Arbeiten im öffentlichen Raum. Das ist eine lange politische Geschichte dieser Arbeiten. Und, du hast es vorhin angesprochen, die Agitprop-Bewegungen, Brechts Vorstellung vom Lehrstück, genau diese Form aufzulösen. Jochen Gerz, ein sicherlich sehr typischer 68er-Künstler, hat diesen Satz geprägt in seiner Zeit: Wir müssen sozusagen das Fußballspiel erfinden, wo 20 000 mitspielen und elf zugucken. Das ist Demokratie. Und ich glaube, dass diese Frage immer noch da ist. Wie schaffen wir es, ein Abbild zu generieren unseres Verständnisses von demokratischer, politischer Kunst und Kultur, die nicht mehr darauf reflektiert, den Genius als einzelnen Künstler in den Mittelpunkt zu stellen? Und das reicht immerhin auch bis zur Antike zurück, weil es nicht der Protagonist ist, der das Drama vorhersieht. In der Tragödie war der Chor immer schlauer als der Protagonist. Deshalb möchte ich darauf zurückzukommen: Wie kann man eigentlich chorisches, gemeinsames Handeln, kollektives Handeln ermöglichen? Dries Verhoeven ist dies mit seiner performativen Installation *Ceci n'est pas…* gelungen. Die Arbeit ermöglicht kollektives Reflektieren von Kunst und Kultur im öffentlichen Raum: Was ist Kunst an dieser Stelle? Was hat Sie mit unserer Gesellschaft zu tun? Genau dieses Beispiel zeigt auch schon den Widerspruch dessen, was ich gesagt habe, was der Kunst immanent ist: Hier ist es nicht das Kollektiv, sondern der einzelne Künstler. Das aktivistische-politische Intervenieren bildet einen anderen Pol. Du hast da ein sehr gutes Beispiel gegeben, Amelie, mit dem Flüchtlingscamp bei euch in Hamburg. Auch das zeigt natürlich, wie Wirkungen entfaltet werden können durch unser Engagement. Wie wir mit klaren politischen Haltungen Meinungsbildung und Diskurs entfachen können. Die Segregation schreitet immer weiter voran in den Städten. Wir haben mittlerweile auseinanderbrechende Gesellschaften. Selbst hier sieht man das. Sobald Themen in den Markt kommen, bricht es auseinander. Der Markt ist so vielfältig. Es gibt keine Konzentration mehr. Wir haben die Breite von Nachfrage und Angebot, und das leisten wir als Künstler, Kuratoren, Produzenten auch. Wir sind Teil dessen und müssen das mit reflektieren in der Arbeit. Ich finde das einen ganz wichtigen Vorgang. Wir sind nicht außerhalb auf der Bühne. Auch wenn wir gelegentlich denken, dass wir irgendetwas anderes sind. Dieser *Closed Shop* ist nicht da. Wir sind mitten in der Welt mit unserem Handeln. Wir sind mitten in den soziologischen, in den politischen und ökonomischen Strukturen, und darin agieren wir auch. Die gesellschaftliche Gemengelage liegt nicht im Zuschauerraum, sondern um uns herum und wir sind Teil dessen.

Deuflhard: Ich habe noch eine kleine Nachfrage. Das war ja ein sehr wertvolles Plädoyer für eine politische Kunst für alle. Es erinnert mich ein wenig an die große Bewegung aus den 1970er Jahren – ich finde es gut, das wieder aufzunehmen. Der Starregisseur Johan Simons, Intendant der Münchner Kammerspiele, demnächst Intendant der Ruhrtriennale, die er im Sommer eröffnet, hat früher eine lange, lange Zeit in Holland die Truppe Hollandia geleitet. Sie ist auch im öffentlichen Raum aufgetreten, genau mit dieser Idee: Wir müssen zu den Leuten fahren, denn nur so können wir sie kriegen. Und zwanzig Jahre später, inzwischen war er Intendant der Kammerspiele, hat er immer gesagt, das intellektuellste Publikum ist das, welches zu den Avantgarde-Produktionen kommt, und eigentlich haben wir das nie geschafft. Was sagst du dazu?

Bergmann: Ich glaube, dieses Nichtschaffen war übrigens auch schon am ersten Abend hier Thema. Das Nichtschaffen ist auch immer Bestandteil des Versuchs, und diesem Risiko müssen wir uns als Kuratoren, als Theaterleiter letztendlich genauso aussetzen, wie es die

Künstler tun. Das heißt, wir machen doch keine Arbeit mit der Garantie des Erfolges. Das soll das Kapital machen, mit Erfolgsgarantie arbeiten. Das gelingt den Banken ja auch selten direkt, sondern wieder über die Sozialisierung von Verlusten. Das ist doch das, was wir sehen. Wir müssen doch auch damit arbeiten, dass wir Fragen stellen, die genau in dem Markt nicht vorkommen. Und natürlich versucht Johan Simons und einige der Alt-68er, noch einmal ihre Arbeit, die in einem anderen geschichtlichen Kontext große Wirkungen hatte, nun als Kunst auf die Repräsentationsbühne zu bringen. Das funktioniert leider selten. Und da muss man schon sehen, dass diese im Ansatz richtige Suche sich aber heute völlig anders darstellt. Es gibt eben nicht mehr das einfache politische Bild, weil es kein Schwarz-Weiß, keine Utopie mehr gibt. Weil die Dystopie immer Teil der Utopie ist und gleichzeitig Positionen immer mehr auseinanderfallen. Und wenn man gerade eine soziale oder ökonomische Nische benannt hat, ist diese schon wieder in Frage gestellt und Teil des Marktes geworden und nicht Teil der Alternative dazu. Wir sehen es in allen sozialen Netzwerken, in jeder Guerilla-Gardening-Aktion, die sofort Teil des Stadtmarketings wird und darin aufgeht – das ist ja gut –, aber auf der anderen Seite natürlich die ständige Bewegung braucht.

Und ich glaube, dass diese kontinuierliche Bewegung der Gegenwart eine ist, die wir brauchen. Und wenn ich sehe, wie viele sich bemühen, historische Schichten der Gegenwart darzustellen, auch ein bisschen als Appell an die verschiedenen Arbeiten, ist doch unsere Gegenwart heute viel, viel spannender als das, was wir oft an historischen Schichten finden. Man kann historische Schichten suchen an Orten, an Unorten, die es gibt, die sind inspirierend, die sind sozusagen gute Quellen – aber was ist da heute? Und wenn ich höre, dass man in einer Polizeikaserne noch mal über die SS-Zeit spricht, dann denke ich: Das gehört auch dazu, dass da auch Wasserwerfer sind und dass es auch einen Kampf gibt von sozialer Gerechtigkeit und sozialer Ungerechtigkeit in den Städten und dass diese Dinger auch dort eingesetzt werden. Ich weiß nicht, ob die Künstler da sind? Ich glaube schon, dass wir über diese Phänomene sprechen sollten. Wer, wenn nicht wir als Künstler, soll es in dieser Gesellschaft noch machen, diese Themen aufzugreifen? In der letzten Zeit kommen immer mehr Künstler, die soziale Projekte machen. Oder ich hatte in der letzten Arbeit *Momentanindustrie* eine Produktion, die nicht sichtbar werden wollte, weil sie mit Migranten, mit Mülheimern ohne deutschen Pass, gearbeitet hat. Und sie sagten, wenn wir das sichtbar machen, ist das schon wieder so ein Button: Migranten tanzen nicht nur Hip-Hop, sondern jetzt machen sie noch Performance. Wir wollen weder in eurem

Programm vorkommen noch sonst wie, aber wir wollen das machen. Das ist unheimlich schwer in so einer Stadt wie Mülheim. Man kann sich gut vorstellen, wenn man sagt, wir geben da mal eben ein paar tausend Euro aus, aber was da eigentlich stattfindet, stellen wir nicht dar. Gleichzeitig hielt ich das für unheimlich wichtig, genau das zu tun, weil wir nicht wieder die gleiche Deutungshoheit herstellen dürfen, wie es die Medien immer stärker praktizieren: sichtbar machen, was sozusagen eigentlich fast unsichtbar ist – ein Problemhaus in Duisburg. Es kennen alle, aber niemand hat es gesehen. Und es erhält eine Bedeutung, eine Aufmerksamkeit, und es wird daraus tatsächlich ein Problem, eine Angst, eine fragwürdige Bürgerwehrbewegung. Vielleicht ist gut, wenn einiges unsichtbar bleibt und nicht so sichtbar ist.

Deuflhard: Vielen Dank, Holger. Wir kommen nachher noch einmal darauf zurück, auch auf deine politische Einflussnahme in Mülheim.

Werner, du bist für mich der Mittler zwischen den Positionen hier am Tisch. Du hast selber auch ein Straßentheaterfestival gegründet, hast aber gleichzeitig, wenn ich das recht sehe, so eine Art Kulturunternehmen, eine Organisation ins Leben gerufen. Diese arbeitet für unterschiedliche Anbieter, Städte, aber auch teilweise für Privatpersonen. Du hast aber auch, und da hat deine Arbeit mich auch persönlich gestreift, 2010 die Geschäftsführung der Regionale innegehabt. Das war ein Festival in der Steiermark, das eigentlich zur Aufgabe hatte, eine ländliche Region in der Steiermark zu bespielen und nachhaltig zu beleben, ein sehr interessantes Konzept. Erzähl doch bitte erst einmal ein bisschen, was du da so treibst mit deiner Organisation.

Werner Schrempf: Das Festival La Strada haben wir 1998 gegründet. Das sind jetzt 17 Jahre, in Graz, der zweitgrößten Stadt Österreichs, mit 270 000 Einwohnern. Es ist eine traditionelle Kulturstadt mit einem dichten Kulturbetrieb. Wir haben ein Opernhaus, ein Schauspielhaus. Wir haben den steirischen herbst und verschiedenste andere Kultureinrichtungen. Ein Festival 1998 zu gründen, war aus meiner Sicht notwendig, weil genau diese Bereiche unterrepräsentiert waren. Zwei Namen sind hier gefallen, die für mich sehr prägend waren in der Vergangenheit: Jochen Gerz, der im steirischen herbst ein großartiges Projekt realisierte, das hieß *Bezugspunkte 88,* fünfzig Jahre nach dem Anschluss der Grazer an Hitler. Damals stellten Künstler Installationen zu diesem Thema in die Stadt, denn die Grazer schlossen sich Hitler ja mit Begeisterung an. Daran sollte erinnert werden. Das hat mich sehr geprägt. Ich habe da mitarbeiten dürfen. Und zehn Jahre danach haben wir dann La

Strada gegründet, auch aus dem Grund, weil es in diesem Bereich aus meiner Sicht einen gewissen Mangel gab. Und im Sommer schlossen die Häuser in Graz auch. Es gab die Festivals, die aus sehr vernünftigen Gründen von Künstlern gegründet wurden, wie den steirischen herbst, ein Avantgardefestival zu dieser Zeit. 1988 war so etwas wie eine Blüte für dieses Format. Man wollte Avantgarde in Graz sehen, man war hungrig darauf. Performances im öffentlichen Raum. Sie sollten aufrütteln, sich reiben an der Realität. Nach zehn Jahren gab es aber nicht mehr so diesen Spirit, man verabschiedete sich in einen Elfenbeinturm. Und die Kuratoren in Europa und Übersee schickten nur noch die Produktionen hin und her. Man war nicht mehr in der Stadt verwurzelt.

Wir haben dort dann diesen Moment erwischt mit unserem Festival, als die Stadt einen Aufbruch gesucht hat, und zwar für den Sommer. Und wenn man sich Graz im Sommer vorstellt, obwohl es eine lebendige Kulturstadt ist – da war nichts los. Die Studenten weg, Gasthäuser geschlossen. Da war nichts. Dann haben wir mit unserem neuen Festival begonnen. Am Anfang haben wir die großen Produktionen gezeigt, *Transe Express, Compagnie Jo Bithume,* und haben dann auch schnell die Stadt bespielt, um sie gemeinsam mit den Zuschauern neu zu entdecken. Wir haben dabei selber sehr viel gelernt, immer auch vom Publikum. Das hat natürlich im Zentrum der Stadt begonnen, und jetzt nach 17 Jahren sind wir überall. Wir sind in den Randzonen der Stadt. Wir sind thematisch, aber auch im Politischen präsent. Wir und die Künstler denken darüber nach, wer lebt in der Stadt, wer wird künftig in Graz leben. Graz ist eine wachsende Stadt. Alle finden das toll. Aber wie und warum wächst sie? Die Menschen kommen vom Land in die Stadt, die kommen von weither in die Stadt. Wer lebt da? Wie leben die Leute zusammen? Und das ist im Moment das, was uns alle interessiert.

Die Regionale, das war ein wunderschönes, tolles Konzept eines Kulturpolitikers, der das ins Leben gerufen hat. Das gibt es jetzt nicht mehr. Ihn gibt es auch nicht mehr in der Politik, und man hat Gelder gekürzt und Budgets eingeschränkt. Das war das Opfer. Man hat zwar einen Teil davon übriggelassen und es zum steirischen herbst dazugegeben, der bis dahin ja auch viele Jahre keine Förderentwicklung hatte. Für mich ist aus diesem Festival übriggeblieben, dass wir auch mit kleineren Städten rund um Graz zusammengearbeitet haben. Und wir schickten auch Gastproduktionen aus Europa in diesen eher ländlichen Raum. Inzwischen hat sich das aber stark verändert. Wir haben uns eigentlich gesagt, wir möchten diese Barriere, die es da gibt zwischen Stadt und Land, abbauen, ohne dass wir das groß ankündigen. Wir wollten Grenzen auflösen, den Städtern zeigen, was die da auf dem Land für Interessen haben und dass es eine große Bedeutung hat, auch zeitgenössische Kulturarbeit in der Region zu machen.

Und der zweite Name war Dries Verhoeven, der ist einer der Künstler, mit denen wir auch in unserem internationalen Netzwerk zusammenarbeiten, das wir 2002 gründeten. 2003 erhielten wir zum ersten Mal EU-Förderungen. Das Netzwerk wird inzwischen durchgehend von der Europäischen Union gefördert und heißt IN SITU, mit zwei parallelen Programmen. Und im letzten Herbst wurde eine Plattform genehmigt, eine von fünf. Das Programm nennt sich Emerging Art in Emerging Spaces. Wir möchten neue Künste auch in den sich entwickelnden Räumen der Städte oder auch des ländlichen Raumes unterstützen. Die Herausforderung und der Auftrag sind dabei, Publikum einzubinden und die Themen der Region mit den Künsten sichtbar zu machen. Das andere Programm heißt META. Es ist ein fünfjähriges Programm, mit dem wir uns auch um die Metamorphosen und die Transformationen der Städte und des ländlichen Raumes kümmern.

Und noch abschließend: Zu Beginn des Festivals haben wir Künstler eingeladen und auch schnell begonnen, Koproduktionen zu unterstützen. Jetzt ist es so, dass wir in der Regel ein Drittel unseres Programms international koproduzieren und auch regional. Das ist für unsere Netzwerke wichtig, dass wir produzieren, aber auch einladen. Und ich möchte auch, dass das, was bei uns produziert wurde, auch woanders gezeigt wird. Oft sind es inzwischen ortsspezifische Projekte, die an und für einen konkreten Ort entwickelt werden. Sie sollen aber auch Brücken zu anderen Orten bauen und in einer veränderten Form wieder mit Einbindung der jeweiligen Bevölkerung neu adaptiert werden.

In unserem kommenden Programm haben wir 27 verschiedene Produktionen. Acht davon mit Künstlern aus Graz. Das ist aus unserer Sicht ein großer Erfolg. Vorher gab es keine Künstler der Freien Szene, die Projekte für den öffentlichen Raum entwickelten. Das Fördersystem ermöglichte das gar nicht. Darauf haben wir dann Einfluss genommen, um auch die regionale Szene zu stärken und eine Verbindung zwischen den Künstlern zu schaffen.

Deuflhard: Vielen Dank, nur noch eine kleine Nachfrage: Ihr macht klassisches Straßentheater und Interventionen, wie z. B. Dries Verhoeven sie im öffentlichen Raum macht, lasst ihr die parallel entstehen bei eurem Festival?

Schrempf: Wir versuchen, einen zusammenhängenden Rahmen zu bilden, also ein vielfältiges ästhetisches Bild zusammenzustellen. Das genau ist für das Publikum interessant. Das ist ähnlich wie in Görlitz. Auch das Grazer Publikum empfindet das Festival als *sein* Festival und es kreiert die Entwicklungen mit. Das war für uns immer wichtig. Aber es ist durchaus klassisches Straßentheater, aber wir sehen da nicht so den Unterschied und das Publikum auch nicht. Die wissen, dass sie Überraschungen sehen werden, und sie gehen auch überall hin mit. Das betrifft die Orte und die künstlerischen Dimensionen. Und für mich ist der schönste Moment, wenn ich zitternd und aufgeregt hinter 1500 Leuten stehe oder mittendrin sitze. Wenn z. B. bei einer zeitgenössischen Tanzproduktion die Leute sitzen bleiben, weil sie merken, dass es auch um sie geht, dann drehe ich mich um und sage: Okay, nächstes Jahr mache ich es noch einmal.

Deuflhard: Das eröffnet ja neue Räume. Ich komme noch einmal zur Ästhetik. Christiane, klassisches Straßentheater stellt man sich erst einmal vor mit Stelzen laufen, Feuer speien usw. Was passiert aktuell, wohin bewegen sich die Gruppen? Was macht der Nachwuchs? Das ist für mich selbst ein fremdes Terrain, deshalb würde es mich sehr interessieren.

Hoffmann: Also, Amelie, klassisches Straßentheater gibt es nicht. Es gibt ganz, ganz viele verschiedene Genres innerhalb des Straßentheaters und die erfinden sich immer wieder neu, sind zeitgenössisch. Egal, ob es Cirque Nouveau ist, wo zwei Leute eine Geschichte erzählen, wo man einfach völlig fasziniert auf einem Platz in Görlitz sitzt mit wunderbarer Fassade im Hintergrund, oder etwas anderes. Und dieser Platz wird durch diese Inszenierung völlig neu entdeckt. Das ist ein hoher Anspruch, den wir an die Künstler weitergeben. Die Künstler kommen in die Stadt und nicht bloß mit ihrer Inszenierung. Die schauen sich die Stadt an, schauen sich den Auftrittsort an und spielen dann mit diesem öffentlichen Raum und beleben ihn völlig neu. Das ist ja das Besondere dieser Kunstform, den Ort und die dort lebenden Menschen anzunehmen. Da rennt auch einmal ein Kind in die Inszenierung rein und wird einfach einbezogen. Das ist das Barrierefreie, für jede Altersgruppe zu spielen, unabhängig von Vorbildung oder einer bestimmten Affinität zu Kunst und Kultur. Und ich bin immer wieder überrascht nach zwanzig Jahren Straßentheater, dass immer wieder neue Ideen und Formate entstehen, von der kleinsten Inszenierung bis zu einer fantastischen Großproduktion. Ich arbeite ja am Theater in Görlitz und bin da immer hin- und hergerissen zwischen der Kunst im öffentlichen Raum und den Produktionen auf der Bühne, in unserem Theater. Die Straßentheaterkünstler kommen in die Stadt und schauen sich um. Sie bauen ihre Kulissen auf und spielen bei Wind und Wetter. Wenn sie wieder alles abbauen, dann haben sie auch noch den Nerv, mit dem Publikum Gespräche zu führen. Das alles ist so originell, so spontan und eben immer wieder neu. Da gibt es keine Routine, keine feste Dramaturgie. Die Inszenierungen sind immer wieder veränderbar, und an ihnen wird ständig gearbeitet.

Deuflhard: Du beschreibst, dass es den Zuschauern meistens gefällt, dass alle miteinander in einen Dialog treten usw. Ladet ihr auch Produktionen ein, die eher anecken? Bei denen die Leute sagen: Was ist denn das? Denn so etwas gibt es ja auch im Straßentheater.

Hoffmann: Straßentheater hat natürlich Ecken und Kanten und soll es ja auch haben. Da kommt eine Inszenierung. Die Leute sehen das und können es für sich nicht wirklich deuten und fragen: Was kann ich jetzt damit anfangen? Aber das löst irgendwas in dir aus: Nachdenklichkeit, Traurigkeit, einfach ein glückliches Lächeln mit anderen Leuten, die das auch gesehen und vielleicht etwas ganz anderes entdeckt haben. Man muss nicht immer alles definieren. Wenn ich in eine Gemäldegalerie oder in die Modern Art gehe, betrachte ich etwas – und das macht irgendwas mit mir. Und der Clown macht manchmal genauso viel wie eine Großproduktion da auf dem Platz und will zum Nachdenken anregen. TheatreFragile hat ein wunderschönes Stück entwickelt, wo es um Migration, wo es um Fremde in einer Stadt geht. Damit kommen sie nach Görlitz. Da ist das deutsch-polnische Problem präsent, und viele entdecken sich in dieser Inszenierung. Oder Grotest Maru beschäftigt sich mit *Timebank*, bespielt ein wunderschönes altes Haus in Görlitz, das leersteht, und erweckt es zu neuem Leben. Die Zuschauer haben dann hinterher zum Teil dagestanden, kamen zu mir und haben gesagt: „Erklär mir das." Sage ich: „Nö, genieß es einfach, was du da jetzt gesehen hast und mach dir deinen eigenen Vers drauf." Ich denke, das ist das Wichtige, dass diese Barriere, zum Theater zu gehen, nicht da ist und die Menschen mit Stücken konfrontiert werden, die sie vielleicht zum Teil überfordern. Aber es gibt keine Überforderung, nach meiner Auffassung. Das hat etwas mit ihnen gemacht, beschäftigt sie, und sie kommen nächstes Jahr wieder. Dann bringen sie vielleicht Freunde mit, die sich das auch anschauen.

van der Hijden: Ich denke, da gibt es schon Unterschiede. In unserem Programm machen wir auch Theater in der Stadt und auf Plätzen, sodass es sehr zugänglich ist, auch für Kinder und Familien. Es gibt auch Programme, die mehr von den Zuschauern abverlangen. Die kommen an oder auch nicht. Das ist Risiko und spannend. Natürlich ist man auch

"Programmeur" und hat gerne viel Publikum, bei denen das Festival ankommt. Wir machen als Festival auch immer mehr Koproduktionen. Wir reden mit den Künstlern über die Orte, wo sie spielen sollen. Unser Publikum ist es gewöhnt, an spezielle Orte zu reisen. Das motiviert sie, zu unserem Festival zu kommen. Das ist ein interessanter Mix für das Publikum. Und dieses ganze Marketing-Bla-Bla – was will man damit sagen? Mich interessiert nicht so sehr, ob das nun politisch ist oder nicht. Das ganze Leben ist politisch. Auch wo ich ein Auto parke, kann politisch sein. Aber man sollte auch einfach Kunst machen und damit die Leute anregen, über die Welt nachzudenken. Ich bin kein Freund von politischen Ankündigungen. Man verhält sich zu der Umgebung, und wenn man sagt: Ja, das ist politisch, dann ist für mich das ganze Leben politisch. Es geht auch um Kunst. Und Kunst ist nicht immer einfach, und das soll auch so bleiben. Dafür sind wir da.

Deuflhard: Würdest du bitte noch etwas zur Ästhetik deiner Produktionen sagen? Ich finde nicht, dass es nur um Marketing geht. Wir haben damit angefangen, dass jeder Teilnehmer beschreibt, was er so macht. Man kann nicht sagen, dass wir hier über Marketing reden. Jetzt gerade hast du gesagt, dass auch Leute kommen müssen – das stimmt auch –, aber was machen die Künstler, mit denen du arbeitest?

van der Hijden: Das Wichtigste für mich ist, dass die Künstler die Zuschauer auf irgendeine Weise berühren. Egal ob auf künstlerischer oder politischer Ebene. Und wenn die Vorstellungen vorbei sind und die Zuschauer einen neuen Blick auf den Ort oder das Thema haben oder diese Kunst anders betrachten, dann bin ich zufrieden. Das können viele verschiedene künstlerische Formen erreichen. Das kann Poesie sein oder auch ein schönes Stück Musik. Das kann auch das passende Stück am richtigen Ort sein. Oder auch eine heftige Konfrontation. Wir versuchen immer diesen Mix zu machen, so die Leute auf verschiedenen Ebenen angeregt werden und vielleicht auch ihre Perspektive ändern.

Deuflhard: Ich würde dann gerne, wenn das hier vehement eingefordert wird, zu einer anderen Form, zu einer anderen Ästhetik von Theater im öffentlichen Raum kommen, nämlich einer, die eher nichts mit einer Aufführung für ein Publikum zu tun hat. Hier direkt vor mir sitzt einer der wichtigen Protagonisten, Benjamin Förster-Baldenius von raumlaborberlin. Das ist ein Kollektiv, das soziale Skulpturen baut, die über die Interaktion in den Räumen, in denen sie sich befinden, funktionieren. Im Vorgespräch hat mir Tobias Brenk von Projekten erzählt, die zwar anders sind als die von raumlaborberlin, aber durchaus auch so eine Struktur haben. *ReiseBüro* hieß das. Bitte erzähle uns dazu etwas.

Brenk: Gerne. Du meinst das Künstlertrio boijeot.renauld.turon mit ihrem Projekt *ReiseBüro*. Die drei Franzosen sind halb Architekten, Künstler und Theatermacher, die sehr wirksame Raumintervention machen und damit äußerst politisch agieren. Im Festival von Aurillac haben sie z. B. eine ganze Gasse mit einer Sperrholzwand zugebaut und die Besucher konnten während des Straßentheaterfestivals nicht mehr durch diese zentrale Gasse gehen, was natürlich das ganze Festival irritiert hat. Oder sie haben innerhalb einer Nacht alle Vorstellungen des Festivals abgesagt, in dem sie auf alle Plakate den Aufkleber „annulé" angebracht haben. Die ganze Stadt hing voll von Theaterplakaten abgesagter Vorstellungen. Ihre Arbeiten sind eher Aktionen als Performances. Während des Theaterfestivals Basel sind sie mit fünfzig Betten, hundert Tischen und vierhundert Stühlen durch die ganze Stadt gezogen. Da standen also Federbetten mit schneeweißen Bettbezügen mitten in der Stadt. Man konnte sich reinlegen, einen Mittagsschlaf machen, die Zuschauer konnten einen ganzen Tag und die Nacht mit den Künstlern verbringen und mussten dafür helfen, mit den Betten und Tischen durch die Stadt umzuziehen. Das hat dazu geführt, dass die Bürgersteige und Plätze zu echten Begegnungsorten wurden. Auf dem Barfüsserplatz, ein zentraler Basler Platz, wo sich nachts viele Jugendliche aufhalten und der ein wichtiger Umsteigort für Tramfahrer ist, hat sich ein Großteil der Passanten auf diesen Betten für kurze oder längere Zeit eingefunden. Auch unser Festivalzentrum war ein Bettenlager: Obdachlose haben es genutzt und dort übernachtet, Pärchen haben eine Nacht gebucht, um neben dem Münster mit Blick über die ganze Stadt einzuschlafen. Ein großes Basler Café und das Kunstmuseum Basel haben die Künstler eingeladen, bei ihnen mit den Gästen die Nacht zu verbringen. Plötzlich stellt eine Passantin eine Champagnerflasche auf den Tisch und sagt: „Ich will mit euch feiern, dass ich meinen Krebs besiegt habe." Jeder hatte das Bedürfnis, die Aktion für Begegnungen zu nutzen, um mit anderen ins Gespräch zu kommen – das war wirklich eine großartige Erfahrung. Im Theater gehört das Gespräch im Anschluss vielleicht zu den wichtigsten Momenten eines Theatererlebnisses: Das macht einem klar, dass man mit seinen Fragen und Gedanken nicht alleine ist, dass sich Haltungen durch andere Perspektiven hinterfragen lassen. Ich bekomme neue Sichtweisen auf die Welt, weil ich mit anderen Zuschauern im Gespräch bin. Die Aktion hat für solche Diskussionen genau die Rahmenbedingungen geschaffen, die ein Festival benötigt. Die Besucher sind ewig geblieben, haben in Betten gelegen, über die Vorstellungen geredet, bis manche gar darin eingeschlafen sind. Etwas Schöneres kann man sich für ein Sommerfestival mit fabelhaftem Wetter kaum vorstellen. Eine Besonderheit war auch die Zusammenarbeit mit der Stadtverwaltung, die glücklicherweise sehr vieles erlaubt hat und eine Bewilligung für den gesamten zehntägigen Umzug ausgestellt hat; die Allmendverwaltung in Basel, zuständig für den öffentlichen Raum, hat da herausragend mit uns kooperiert und ohne das Verständnis der städtischen Mitarbeiter wäre so eine Aktion nicht möglich gewesen.

van der Hijden: Ich habe eine Frage: Geht es um die Politik? Ich finde das sehr interessant, ich mag das auch, solche Aktionen – aber was bleibt? Sind die Betten geblieben? Haben die Obdachlosen die Betten bekommen?

Brenk: Die Obdachlosen hätten die Betten klauen können, das wäre für die Künstler kein Problem gewesen.

Deuflhard: Aber das ist es ja, gerade wenn man in der Stadt arbeitet, eine Ausdehnung des Festivalzentrums auf die gesamte Stadt und auch des Diskussionsraums über das Festival hinaus – und gleichzeitig auch eine starke Markierung in der Stadt. Ich glaube schon, dass man so etwas in Erinnerung behält, wenn man in der Stadt lebt. Mir kommt das recht nachhaltig vor, denn: Bei Stücken bleibt ja auch nichts außer dem, was wir im Kopf gespeichert haben.

van der Hijden: Das stimmt sicher, aber ist so etwas politisch? Man nimmt im Kopf und hoffentlich auch im Herzen solche Momente mit. Das ist prima für das Publikum. Aber was macht die Politik damit? Das ist meine Frage.

Deuflhard: Ja, Tobias. Was macht die Politik damit? Sollte sie damit überhaupt etwas machen?

Brenk: Ja, die Politik macht etwas. Bei uns war es z. B. so, dass die Allmendverwaltung auf uns zukam und uns gefragt hat, wie man überhaupt mit Künstlern zukünftig zusammenarbeiten soll, wie man im städtischen Raum noch Freiräume für die Kunst in der Stadtentwicklung mit einbeziehen kann und die Rahmenbedingungen so setzen kann, dass künstlerische Interventionen weiterhin möglich sind. Das Problem ist, dass in den letzten zehn Jahren in vielen Städten die Veranstaltungsdichte im öffentlichen Raum enorm angestiegen ist. Kunstmessen und Museen zeigen Skulpturen irgendwo in besonderen Quartieren, es gibt Traditionsveranstaltungen wie in Basel die „Fasnacht", die drei Tage die ganze Stadt blockiert, es gibt Veranstalter, die ihr eigenes Tattoo organisieren, eine Oldtimerparade durch die Stadt führen, ein Open-Air-Festival veranstalten, Künstler mit Performances, Informationsstände usw. – aber die Verwaltung, die bleibt dieselbe. Es sind dieselben Beschäftigten, die sich überlegen müssen, wie sie überhaupt diese ganzen Veranstaltungen koordinieren und Rahmenbedingungen schaffen können, damit öffentlicher Raum bespielt werden kann. In Basel existiert da ein Dialog mit der Verwaltung, und wir haben die Erfahrung gemacht, dass nach längerer Zusammenarbeit dann auch ein gewisses Vertrauen Fuß fasst. Es gibt aber noch eine weitere Aktion, von der ich erzählen möchte: Wir planen ein Projekt mit dem englischen Autor und Regisseur Tim Etchells. Sein Projekt *And for the Rest* ist eine Plakataktion, für die nicht wahlberechtigte Basler befragt werden, wie sie die Stadt und ihr Leben verändern würden, wenn sie könnten. Und da in der Schweiz Ende diesen Jahres Nationalratswahlen sind, werden wir z. B. die städtischen Wahlplakatständer nutzen, um diese Wünsche und Aufforderungen in der Stadt aufzuhängen. Das ist nur möglich, weil die Verwaltung gesagt hat: Ihr macht so tolle Projekte. Klar, da machen wir mit! Die Behörden sind offener geworden und auch sehr an einem Diskurs über Kunst im öffentlichen Raum interessiert.

Deuflhard: Das ist interessant. Ich gebe jetzt gleich das Wort an das Publikum. Noch eine Frage an Holger, weil du ja auch sehr explizit politische Statements in Bezug auf die Kunst, die du produzierst, gemacht hast. Vielleicht beginne ich mit einer kleinen Erfahrung von mir aus Hamburg. Als ich diesen Aktionsraum für illegale Flüchtlinge vor drei Monaten auf Kampnagel aufgemacht habe, dachte ich im Vorfeld: Vielleicht werde ich rausgeschmissen. Doch es ist anders gekommen. Das *Hamburger Abendblatt* fand es ganz toll, hat mich getitelt, und damit ist man in Hamburg ganz auf der sicheren Seite. Wie mögen dich die Mülheimer mit diesen doch sehr explizit politischen Statements und künstlerischen Aktionen?

Bergmann: Die Frage ist, ob es ums Gemocht-Werden geht oder darum gerade nicht. Zuvor noch eine Klarstellung zur Diskussion: Ich habe nicht gesagt: Alles ist politisch und jede Kunst muss politisch sein. Aber wenn wir im Öffentlichen sind, spielt die Politik dort immer eine wesentliche Rolle. Und natürlich auch die Frage nach Repräsentanz und damit auch nach der Verfasstheit unseres demokratischen Systems. Und das mit zu reflektieren, entweder als Kurator oder als Künstler, wie man das anlegt, das würde ich uns einfach sehr nahelegen. Dabei darf ein Künstler Politik völlig ignorieren, muss es auch an vielen Stellen, um überhaupt politisch sein zu können. Es geht mir hier nicht um eine Einschränkung, eine Politisierung von Kunst. In schrecklicher Art und Weise haben wir sowas ja in totalitären Systemen erlebt. Wir erleben es jetzt in Ungarn. Sonst würden die Theater in Ungarn nicht so massiv behindert und umgebaut werden zu anderen ästhetischen Lehranstalten. Ich glaube, dass wir um eine eigene Haltung nicht herumkommen. Es geht halt nicht ums Autoparken als politischen Akt, wie der Kollege Fiedel van der Hijden ironisch anmerkte, sondern wir sind öffentlich und wir gehen mit öffentlichen Geldern um, verteilen Ressourcen und prägen so natürlich das Entstehen von Meinungen und Kultur mit. Und es geht nicht um eine einfache Definition des Politischen, sondern schon um eine im Produktions- und Schaffensprozess angelegte Haltung wie z. B. in der Frage: Wer spricht für wen? Zum Gemocht-Werden oder Nicht-gemocht-Werden: Natürlich ist es in einer Stadt wie Mülheim schwierig, wenn man sie zur „Schlimm-City" erklärt, was sie ohnehin ist. Und natürlich ist es nicht einfach, wenn man Sozialdaten über die Innenstadt veröffentlicht, die die Stadt jahrelang zurückgehalten hat: z. B., dass achtzig Prozent der Menschen, die dort leben, Transferleistungsempfänger sind. Auch wenn man sagt, dass hochpreisige Bebauungen mit Eigentumswohnungen in die Innenstadt geholt werden, die aber jetzt teils leerstehen oder nicht bezogen werden, weil es eine starke soziale Demarkationslinie in der Stadt gibt. Und wenn man fordert, diese sozialen Unterbringungseinrichtungen doch eher in den hochpreisigen Gebieten der Stadt, in den Waldgebieten, in den Villenvierteln, anzusiedeln, um einer sozialen Separation auch anders entgegenzuwirken, dann wird man genauso schief angesehen. Vielleicht sind die eigentlichen Problemfälle ja gar nicht die häufig beschriebenen Problemfälle, sondern vielleicht eine in der Stadt lebende Klientel mit überdurchschnittlich hohem Einkommen, die in der Stadt nichts mehr ausgibt, die im gesellschaftlichen Leben nicht mehr vorkommt, die ihr Leben in Düsseldorf oder anderswo organisiert.

Das sind Themen, die wir machen müssen. Gewiss gefällt es dem Stadtmarketing nicht, wenn man darauf verweist, dass die Stadt immer mit idyllischen Bildern, mit einer weißen Hetero-Kleinfamilie, europäischem Mittelstand und biodeutsch dargestellt wird, obwohl die Realität ganz anders aussieht. Mindestens sechzig Prozent der Menschen, die in

Mülheim noch einkaufen, haben keinen deutschen Pass oder besitzen zwei Pässe. Sie sind aber auch Mülheimer und Mülheimerinnen, die sich doch auch repräsentiert sehen wollen durch das Stadtmarketing. Das sind Aushandlungsprozesse mit künstlerischen und kulturellen Mitteln, die die reale Politik berühren. Und je nach politischen Lagern sehen hierin die einen ein gutes Potential, und andere fühlen sich vielleicht von mehr Diversität bedroht.

Zusammenfassung der offenen Diskussion[4] (Günter Jeschonnek)
Die Wortbeiträge aus dem Auditorium konzentrieren sich auf die Thematik des Politischen und des Poetischen der darstellenden Künste im öffentlichen Raum. Müssen künstlerische Arbeiten immer politisch sein, sich mit einer politischen oder gesellschaftlich relevanten Frage auseinandersetzen? Oder haben Arbeiten im öffentlichen Raum nicht auch mit Verzauberung und Emotionen zu tun? Welche Rolle spielen die Körper im Raum, was bedeuten Sinnlichkeit und das Unter-die-Haut-Gehen bei den Zuschauern? Diese Elemente gehören für viele genauso zur Theaterkunst im öffentlichen Raum wie intellektuelle Diskurse und Interventionen.

In dieser Diskussion sprechen sich Beteiligte des Podiums und aus dem Auditorium dafür aus, keine Schwarz-Weiß-Diskussion zu führen. Beide Seiten haben ihre Berechtigung und können idealerweise eine Symbiose eingehen, um ein heterogenes Publikum zu erreichen und mit ihm in einen Dialog zu treten. Das zeigten die 18 präsentierten Projekte mit ihren vielfältigen ästhetischen und politischen Inszenierungsansätzen überzeugend.

Unbehagen wird vorgetragen, dass die immer wieder betonte Fokussierung auf Stadtentwicklungs- und Transformationsprozesse des öffentlichen Raumes von der ursprünglichen Tradition des Theatermachens wegführe – nämlich emotionale und spannende Geschichten über Menschen und Konflikte zu erzählen. Sei man deshalb gleich unpolitisch?

Ein anderer Einwand ist, dass geplante Produktionen im öffentlichen Raum mit Eintrittskarten den früheren Charakter des Spontanen, des Entdeckens und des freien Zugangs für alle unterlaufen. Damit erreiche man nicht die Zuschauer, die gerade wegen des freien Eintritts zu den Aufführungen kommen.

---

[4] Die vollständige Diskussion kann auf der Website des Bundesverbandes Theater im öffentlichen Raum nachgelesen werden. (www.theater-im-oeffentlichen-raum.de)

Tobias Brenk antwortet für das Podium und verweist auf das inzwischen sehr breite ästhetische Spektrum der darstellenden Künste im öffentlichen Raum: *Site-specific*-Produktionen, das Expertentheater und die Interventionen von Rimini Protokoll, Bürgerbühnen, Zirkus, Kunst am Bau, Performances, zeitgenössischer Tanz, Schauspiel. Und auch der Theaterraum ist ein öffentlicher Raum, weil die Macher entscheiden können, wie weit sie ihn in den städtischen Raum hinein öffnen. Er nennt Amelie Deuflhards Experiment auf Kampnagel, die Hamburger Flüchtlinge einzuladen, im Bühnenbild der *EcoFavela Lampedusa Nord 2015* zu leben. Er appelliert, die Freiheit der Kunst stärker im öffentlichen Raum zu nutzen.

Auch Werner Schrempf fügt hinzu, dass sich die Grenzen zwischen Innen und Außen immer mehr auflösen, beide Bereiche durch die jeweiligen Akteure immer mehr aufeinander zugehen und sich vermischen. Das gilt ebenso für die Stadttheater und die Freie Szene und Festivals wie das in Graz. Das Wichtigste dafür ist für ihn, Räume – innen oder außen – für Künstler zu schaffen, um kreative Arbeit für das Publikum leisten zu können.

Holger Bergmann macht auf die zunehmende Heterogenität des Publikums aufmerksam, die eine viel größere Herausforderung für die Künstler darstellt. Er fragt nach den Ästhetiken, die den vielfältigen Biografien der Zuschauer mit ihren unterschiedlichen Wurzeln, Erfahrungen, Brüchen und Gewohnheiten gerecht werden. Es werde immer Zuschauer geben, die Gänsehaut bekommen, und andere laufen davon, weil sie das Aufgeführte schrecklich finden. Für ihn stellt die umstrittene Arbeit des Kollektivs Zentrum für Politische Schönheit einen besonderen politischen Akzent dar. Es sei legitim, ästhetische Mittel der medialen Wirklichkeit für künstlerische Arbeiten zu nutzen, und abschließend fragt er, wie Kunst, Leben und Politik zusammenkommen.

Amelie Deuflhard resümiert, dass in dieser Runde viel über Formate gesprochen wurde, bei denen Kunst, Leben und Politik zusammenkommen. Das sei auch ihre Antwort auf die Frage, was Flüchtlingsunterbringung im Schlingensief'schen oder Beuys'schen Sinne wäre. Abschließend stellt sie fest, dass es nicht stimme, dass man für *Site-specific*-Performances Tickets kaufen müsse und für Straßentheater nicht. Eine Installation wie z. B. von Dries Verhoeven zeigt, dass das tatsächlich nicht der Fall ist. Es gibt auch Straßentheaterproduktionen bei denen Eintritt genommen werden.

DRITTES PODIUM
Wechselbeziehungen von künstlerischen Interventionen im öffentlichen Raum und Veränderungsprozessen der Zivilgesellschaft, der Stadtentwicklung und des ländlichen Raums

IMPULS – Die Selbsterfindung einer Stadt
Oliver Behnecke[1]: Mit folgendem Impuls möchte ich versuchen, einen neuen Stellenwert von Kulturarbeit im Rahmen von Stadtentwicklung bewusst zu machen. Gerade meine Erfahrungen mit vielen Stadtrauminszenierungen und mit der vor ein paar Monaten abgeschlossene künstlerischen Prozessbegleitung und Kulturplanung auf dem Weg zur hessischen Landesgartenschau Gießen 2014 zeigen Chancen und Perspektiven künstlerischer Produktion als Impuls und Methode zur Entwicklung einer städtischen Identität, die entscheidende Voraussetzung ist, um Profile und Ideen zur Gestaltung städtischer Gegenwart und Zukunft zu entwickeln.

Städte wachsen und schrumpfen wieder – sie sind ein dynamisches und organisches System aus Menschen und Bauten. Auf diese Entwicklung kann nicht mehr nur mit dem herkömmlichen auf Langfristigkeit, Wachstum und Verdichtung angelegten Planungsbegriff vieler Stadtplaner und politischer Entscheider reagiert werden, sondern er muss um dynamische Instrumente und Methoden für eine innovative Stadtentwicklung ergänzt werden, denn Stadt entwickelt sich immer unberechenbarer. Eine Stadt steht ständig vor der Herausforderung, sich immer wieder zu definieren – sich quasi immer wieder neu zu erfinden. Künstlerische Projekte können dazu einen entscheidenden Beitrag leisten, indem sie die Selbsterfindung und die Identitätsstiftung einer Stadt moderieren, entwickeln und anstoßen. Denn künstlerische Projekte, vor allem aus den darstellenden Künsten, sind per se dynamisch und flexibel, vergänglich und kurzfristig – sie können so sehr gut auf die eben beschriebenen dynamischen und oft unberechenbaren Entwicklungsprozesse einer Stadt reagieren. Zeitgemäße, innovative und kreative Stadtentwicklung geht folglich nur im Zusammenspiel von Stadtplanern, Stadtpolitikern, Unternehmern, Hochschulen in der Stadt, Stadt-Wissenschaftlern und

---

[1] Kurator und Produzent, Bremen. Siehe auch gärtnerpflichten (Oliver Behnecke, Ingke Günther, Ester Steinbrecher, Jörg Wagner) (Hg.): *Draußen. Sechs Projekte im öffentlichen Raum,* Gießen 2014. www.gaertnerpflichten.org

vor allem mit der Stadtbevölkerung und eben mit kreativ interdisziplinär arbeitenden Profis der Kunst, Kultur und Wissenschaft.

Kunst und Kultur spielen bundesweit seit ein paar Jahren im Diskurs der Stadtentwicklung und des Stadtmarketings eine immer zentralere Rolle: Der Kreativitäts- und Entwicklungsfreiraum von Kunst bietet einen besonders geeigneten Rahmen, in dem Visionen für städtisches Leben entwickelt werden können. Kulturprojekte bieten insbesondere ein kommunikatives und kreatives Handlungsfeld, in dem Visionen durch konkrete Maßnahmen und Projekte angestoßen und umgesetzt und damit auch getestet werden können. Diese Perspektiven können Bewohnern und Akteuren aus Wissenschaft, Wirtschaft, Politik und Institutionen Identifikationspotenziale mit ihrer Stadt bieten, indem Zusammenarbeit in konkreten Projekten kurzfristig getestet und damit langfristig Synergien ausgebildet werden – künstlerische Projekte als Trainingslager und Labor für Stadtentwicklung. Kulturprojekte bekommen so eine entscheidende Bedeutung im Rahmen der Stadtentwicklungspolitik: „Kultur ist ein zentraler Ansatzpunkt für eine Profilüberprüfung und -veränderung, Kulturpolitik ist [...] Stadtpolitik, Kulturentwicklung ein Teil der Stadtentwicklung."[2]

Künstlerische Produktionen bieten die Chance für einen Kommunikationsraum, in dem auch scheinbar Unmögliches gedacht, getestet und gestaltet werden kann. Solche Freiräume braucht jede Entwicklung einer Stadt mit all ihren unterschiedlichen Akteuren aus Bürgerschaft, Politik, Bildung, Wissenschaft, Kultur und Wirtschaft. Die schöpferische Reibung von Ideal und Wirklichkeit künstlerischer und kreativer Arbeitsformen kann Entwicklungsprozesse in unerschlossene Dimensionen treiben. Künstlerische und kreative Besessenheit ist Hauptmotor kultureller Erneuerung und sollte Einlass finden in oft pragmatische Stadtentwicklungsarbeit.

Künstlerische Projekte können folglich als Methode und Impuls für Stadtentwicklung dienen. Während herkömmliche Planungs- und Entwicklungsprozesse sehr oft mittel- und langfristig sind, bieten künstlerische Projekte und Arbeitsformen die große Chance, mit motivierender Kurzfristigkeit die oft langwierige Stadtentwicklungsarbeit zu ergänzen und so städtische Gegenwart zu gestalten. Denn für diese langwierigen Entwicklungsprozesse sind kurzfristige, sichtbare und erlebbare Ergebnisse und Ereignisse entscheidend zur Motivation, Vermittlung und Überprüfung mittel- und langfristiger Ziele und Visionen für eine Stadt.

---

[2] Vermeulen, Peter/Haefs, Sabine: *Stadtentwicklung durch Kultur. Kulturentwicklungsplanung Warendorf*, Stuttgart 1997.

Regelmäßige Kulturprojekte in kurzen Zeitabständen dienen als Motivation, um langfristige Ziele nicht aus den Augen und dem Sinn zu verlieren. Solche Projekte funktionieren als Runder Tisch, an dem die unterschiedlichsten Akteure einer Stadt aus den Bereichen Wirtschaft, Wissenschaft, Bildung, Politik, Kultur und Bürgerschaft zusammenkommen. An diesem Tisch geht es darum, das jeweilige Projekt mit direktem Handeln gemeinsam voranzubringen und kurzfristig umzusetzen. Dabei steht vor allem das gemeinsame Erlebnis des künstlerischen Projekts im Mittelpunkt.

Solch ein kooperatives, identitätsstiftendes und profilbildendes, aber auch kontroverses und aufreibendes Projekt für Gießen war die künstlerische Prozessbegleitung und Kulturplanung auf dem Weg zur hessischen Landesgartenschau Gießen 2014 – eine „Live-Machbarkeitsstudie" für ein fünfjähriges Stadtentwicklungsprojekt.

Da war alles dabei: Es gab eine Bürgerinitiative gegen die Landesgartenschau. Es gab die Befürworter. Es war ein großes Für und Wider. Es gab politische Entscheidungspunkte, wo es hieß: Machen wir es? Machen wir es nicht? Reicht das Geld? Reicht es nicht? Es war eben ein großes Politikum, und es gab in dieser aufgeladenen Stimmung durchaus immer nur ein Dafür oder ein Dagegen und nichts dazwischen, nichts Diffuses. Und eben in diesem Spannungsfeld wurde die Künstlergruppe gärtnerpflichten im Jahr 2010 gegründet und von der Stadt Gießen mit der Konzeption und Umsetzung einer Prozessbegleitung und Kulturplanung auf dem Weg zur hessischen Landesgartenschau Gießen 2014 beauftragt. Die vier Mitglieder der gärtnerpflichten (Oliver Behnecke, Ingke Günther, Esther Steinbrecher, Jörg Wagner) stammen aus den Bereichen der bildenden und darstellenden Kunst und verstehen ihre kontextübergreifenden Konzepte als wichtige urbane Praxis und Motor für eine innovative Stadtentwicklung.

Unter dem Motto „Des Gärtners erste Pflicht: GIESSEN!" wurde Kultur Anlass und Vehikel für Kommunikation, Partizipation und Wissensvermittlung; Kunst und künstlerisches Handeln fungierten als Schnittstelle zwischen Wissenschaft, Stadtgesellschaft und Alltag. Veranstaltungsformate in Form von Aktionen, Führungen und Bespielungen wurden entworfen und Planungsprozesse mit künstlerischen Mitteln sichtbar gemacht. Die Stadtgesellschaft wurde durch die Entwicklung einer breiten Beteiligungsstruktur zu einem frühen Zeitpunkt identitätsstiftend eingebunden. Somit waren die Bürger Gießens zentrale Zielgruppe des Projekts.

Im Gesamtbild aller Aktionen interessierte gärtnerpflichten die Frage, wie sich der urbane Raum unter immer wieder neuen gesellschaftsrelevanten Themen und Spielideen inszenieren und in einen temporären künstlerischen Ausnahmezustand versetzen lässt. Indem kontextspezifische Kunstkonzepte auf diese Weise tradierte Schutzräume der Künste wie Theater und Museen verlassen, griffen gärtnerpflichten direkt und markant in den gesellschaftlichen, politischen und kulturellen Prozess und Dialog ein. Eingesetzt wurden hierzu Projekte und Formate, die Gießen als lebenswerte und grüne Stadt positionieren und weiterentwickeln sollten. Die Gartenschau wurde in diesem Zusammenhang als Anlass und stadtentwicklerische Folie verstanden, auf der Formate mit breiter Kooperationsbasis (Stadtgesellschaft, Hochschulen, Vereine, der kommunalen Wohnungsbaugesellschaft u. a.) entwickelt werden konnten. Die gärtnerpflichten fungierten hier sowohl als Ideengeber und Umsetzer mit im Prozess entwickelten Jahresspielplänen als auch als Vernetzer verschiedener Akteure. Mit den innerhalb der Gesamtkonzeption initiierten Projekten wie der Stadtimkerei, dem nordSTADTgarten, dem Suppenfest oder dem Gießkannenmuseum wurden ganz reale Veränderungen innerhalb des Stadtraums sowie der Stadtgesellschaft herbeigeführt.

Zum Abschluss dieses „Fünf-Jahres-Spielplans" kuratierten die gärtnerpflichten einen Wettbewerb für Kunst im öffentlichen Raum, aus dem sechs Kunstprojekte umgesetzt wurden. Davon blieb eines der Kunstwerke, die Wieseck-Brücke *Bridge over Troubled Water* von Folke Köbberling und Martin Kaltwasser, als nachhaltiges und für den Fußgänger- und Fahrradverkehr nutzbares Projekt erhalten – ein Kunstwerk wurde zum „dauerhaften Provisorium".

Der alltägliche Normalzustand einer Stadt braucht regelmäßig inszenierte Ausnahmezustände. Dafür können Anlässe wie Jubiläen, große Bauvorhaben und Stadtentwicklungsprojekte, wie es Landesgartenschauen auch sind, oder eben auch ganz aktuelle gesellschaftspolitische Themen einer Stadt genutzt werden. Die Erfahrungen mit solchen projektorientierten Kooperationen innerhalb einer Stadt haben gezeigt, dass nach diesen kulturellen Großprojekten die Energien absinken und die projektorientierten Kooperationsstrukturen immer wieder in sich zusammensacken. Das ist auch klar, denn solch ein Energielevel ist nicht kontinuierlich zu halten. Einerseits ist es wichtig, diese Kooperationsarbeit zur Entwicklung einer Stadt zu verstetigen, indem diese Kooperationen auch ein Stück Alltag werden. Andererseits muss diese Kooperation immer wieder mit nicht alltäglichen gemeinsam gestalt- und erlebbaren kulturellen Projekten verstärkt, veröffentlicht, präsentiert und überprüft werden. Künstlerische Produktion und Intervention wird so zum Impuls und zur Methode für Stadtentwicklung. Doch einer der ganz entscheidenden Aspekte neben all den strategischen, strukturellen und konzeptionellen Überlegungen ist die Tatsache, dass durch solche stadtweiten Kulturprojekte unterschiedlichste Menschen zusammenkommen, um sich als Zuschauer, Akteure, Geld- oder Ideengeber zu beteiligen. Es geht nicht nur um die Aktion selbst, sondern auch um die „Show vor der Show", weil nur dann, wenn diese auch genauso intensiv gestaltet wird wie der Punkt selbst, an dem das Festival stattfindet oder das Kunstprojekt lebendig wird, bleibt Erinnerung und Nachhaltigkeit und das Gefühl einer „Stadtaneignung" und Selbstwirksamkeit in der Stadtgesellschaft: Ich habe daran mitgewirkt – das haben wir gemeinsam geschafft.

Es geht also darum, auf die kreativen Köpfe aus unterschiedlichsten Bereichen in einer diversen Stadt aufmerksam zu werden und diese zusammenzubringen und konkrete Projekte zur Entwicklung einer Stadt machen zu lassen – mit einem künstlerischen, lustvollen und trotzigem „und es geht doch!" im Spannungsfeld von Möglichkeit und Unmöglichkeit.

IMPULS
Effekte darstellender Künste im öffentlichen ländlichen Raum

Katja Drews[3]: Es geht im Rahmen eines Forschungsvorhabens um das Phänomenfeld Kulturtourismus als einem Terrain der kulturellen und künstlerischen, gesellschaftlichen sowie ökonomischen Praxis, bei der das Geschehen künstlerischer Intervention in den öffentlichen Raum erst einmal in Berührung geraten muss zu den räumlichen Bewegungen ihrer Rezipienten. Genauer: Beides, die künstlerische Handlung der Performance und die Bewegung der Annäherung ihrer Zuschauerschaft, müssen sich zunächst in der physischen Begegnung im Aufführungsmoment zusammenfinden. Dies geschieht – eingepasst in einen jeweiligen organisatorischen Rahmen des Kunstgeschehens – entweder einmalig und exzeptionell oder aber steht in Handlungskontexten darstellender Kunstereignisse, die über langjährige ortsgebundene Traditionen verfügen wie etwa bei vielen Festivals der darstellenden Kunst im öffentlichen Raum. Bei diesen entwickelt das künstlerische Geschehen als eine redundante performative lokale Praxis die Qualität eines Beitrags zur sozialen Raumproduktion des Handlungsorts.

Kulturtourismus ist dank eines breiten Kulturbegriffs ein zunehmend ins Blickfeld der kulturellen Bildung und Vermittlung geratendes Handlungsfeld. Kulturtourismus ist prädestiniert für Kultur-Erstnut-

---

[3] Doktorantin an der Universität Hildesheim.

zung und Audience Development und gewährt über das Wirtschaftlichkeitsdispositiv des Tourismus hinaus Rückschlüsse auf die Erschließungsmerkmale von Kulturnutzung durch Menschen, die bisher geringe Erfahrung in der Nutzung kultureller Angebote haben. Kulturnutzung im Alltag und auf Reisen unterscheidet sich deutlich voneinander.

Die erwähnte Studie beschäftigt sich mit den Differenzen und spezifischen Eigenschaften touristischer und bzw. versus einheimischer Kulturnutzung im ländlichen Raum. Qualitative Erhebungen finden dabei in verschiedenen kulturellen Sparten statt. Neben dem historischen Erbe dienen zwei eigenständige Bereiche kulturtouristisch relevanter Angebotsbereiche im ländlichen Raum als Erhebungsfelder, die sich unmittelbar im Verfahrensmedium der darstellenden Künste lokalisieren: Zum einen sind das langjährig an ihren Orten ansässige Straßentheaterfestivals (in Kleinstädten). Hierfür wurde die umfängliche und dankenswerter Weise zugänglich gemachte Festivalbefragung des Bundesverbands Theater im Öffentlichen Raum von 2012/13 an sieben deutschen Festivals als auswertbare Datenbasis genutzt (N=1910). Auf deren korrelativer Grundlage aufbauend entwickelt die Studie eine qualitative Gästebefragung, deren Pre-Test auf dem Europäischen Straßentheater Festival Bildstörung 2014 in Detmold durchgeführt werden konnte. Die abschließende umfängliche Befragung steht in diesem Jahr in Kooperation mit der Fakultät Soziale Arbeit der Hochschule für Angewandte Wissenschaft und Kunst Hildesheim/Holzminden/Göttingen beim 13. Internationalen Straßentheater Festival in Holzminden bevor. Hierbei werden die qualitativen Fragen besonders den Aspekten der Ortsprägung durch das Festival für Bewohner und der Ortswahrnehmung für Touristen verfolgen.

Es verifizierten sich durch die Studie bisher nur vermutete Kulturnutzungsprofile: Bewohner leisten eine große Rolle im touristischen Empfehlungsmanagement des Festivalgeschehens. Junge Bewohnerschaft mit mittlerem Bildungsabschluss lässt sich im Vergleich zu bundesdeutschen Kulturnutzungsdaten überdurchschnittlich stark vom Genre der Kunst im öffentlichen Raum ansprechen. Neubürger machen einen großen Anteil der Gäste aus. Der Kulturtourismustyp des „aufgeschlossenen Entdeckers" (vgl. die jüngst vorgelegte Typologie der Kulturtouristen von Yvonne Pröbstle[4]) stellt sich besonders gern als kurzentschlossener Gast im Festivalkontext ein – so eine kleine Auswahl an quantitativen Ergebnissen des Pre-Tests. Qualitativ ist festzustellen, dass die von weiter her Anreisenden das ästhetische Terrain des Festival-

---

[4] Pröbstle, Yvonne: *Kulturtouristen – eine Typologie*, Wiesbaden 2014.

Schauplatzes deutlich stärker als in ein soziales Gesamtgeschehen eingebettet wahrnehmen. Sie beobachten und wertschätzen wesentlich deutlicher als die Bewohner allgemein-kulturelle Phänomene sozialer Diversität als Attribute des Schauplatzes.

Jene (die Bewohner) richten ihr Augenmerk stärker direkt auf das Kunstgeschehen. In diesen ersten qualitativen Ergebnissen zeichnet sich ab, dass die touristischen Gäste von weiter her neben dem „Bühnengeschehen" auch die Bühne bewusst und als zugehörig zum Erlebnis des Kunstgeschehens realisieren. Als zweites mit darstellender Kunst verbundenes Forschungsfeld betrachtet die Studie die soziokulturelle Theaterproduktion im ländlichen Raum. Hierbei geht es insbesondere um langjährig angesiedelte Beispiele, die aufgrund ihrer nennenswerten Ausstrahlung über die Region hinaus kulturtouristische Bedeutung aufweisen. Hierzu fanden Gästebefragungen sowie eine Akteursbefragung beim Heersumer Landschaftstheater im Landkreis Hildesheim statt, das seit über zwanzig Jahren unter professioneller Regie künstlerische soziokulturelle Produktionen kreiert mit hunderten Akteuren und mehreren tausend Gästen. In den qualitativen Aussagen der Landschaftstheater-Gäste fallen besonders die Wahrnehmungen des Ortes (des Dorfes neben der umgebenden Landschaft) und der Akteure als engagierte Produzenten eines exponiert attraktiv wahrgenommenen Heimatortes zu Buche.

Die Ergebnisse der Studie belegen, dass zwei wesentliche Attribute von darstellender Kunst im öffentlichen Raum die spezifischen Vorgänge eines berührenden Zusammenkommens der touristischen und einheimischen Kulturnutzung betreffen. Zum Ersten ist dies die Modalität von Performanz. Sie bezeichnet nicht allein den ästhetischen Produktionsmodus künstlerischer Geschehnisse im (ruralen wie urbanen) öffentlichen Raum: Sie betrifft und bezeichnet zugleich die Teilhabe der Zuschauerschaft. Diese setzt sich im Verständnis des hier untersuchten kulturtouristischen Kontextes zusammen aus einerseits Bewohnern und deren „unmittelbarer" Produktion eines sozialen Umfelds des künstlerischen Schauplatzes und andererseits aus von anderen Heimatorten zugereisten touristischen Besuchern, deren Erleben des Kunstgeschehnisses als Konstitutiv für den entsprechenden Raum sich ebenso performativ ereignet. Besondere Aufmerksamkeit erhält im Kontext der Forschungsfrage zum Zweiten die Kategorie der gleichermaßen ästhetischen wie gesellschaftlichen Partizipation. Partizipation kann in diesem Kontext nahezu als Umschreibung von Rezeption beim gerade geschilderten Vorgang der touristischen Teilhabe am regionalen Kunst-Sta(d/t)thaben aufgefasst werden.

Soziale Raumproduktion als gesellschaftliche Praktik im Sinne des Soziologen Henri Lefebvres[5] bildet im Kontext kulturtouristischer Rezeptionsvorgänge im ländlichen Raum genau dies ab: Die Begegnung von künstlerischen Heimatproduzenten und -betrachtern. Der besondere Gewinn für beide liegt in dem Umstand, dass eine kreative Differenzerfahrung für die Touristen als Partizipationserlebnis auch nach der Rückreise bestehen bleibt. Die Bewohnerschaft indessen schafft in der Kategorie von Performanz ihrer produktiven wie rezeptiven Kunst- und Kulturpraxis die Basis oder besser: den Motor zur (kulturtouristischen) Attraktion. These ist, dass es sich hierbei um das Schaffen von „Dritten Räumen" der Begegnung, um Begegnungsterrains heterotoper Wirklichkeiten im Sinne Foucaults oder Homi Bhabhas handelt.[6]

Weitet man die Betrachtungsperspektive vom ländlichen Raum als Gegenkontinuum zum hochverdichteten urbanen Raum, öffnet sich damit auch der Blick auf eine Begegnungsebene von differenten kulturellen Herkünften und Lebenswirklichkeiten im z. B. globalen Kontext, auf die das Handlungsfeld Kulturtourismus im ländlichen Raum in besonderer Weise antwortet: In den performativen Geschehnissen von Besuchtwerden und Besuchen partizipieren Bewohner wie Gäste kulturtouristischer Destinationen des ländlichen Raums besonders, wenn touristische Konzepte von kultureller Beteiligung und mit lokaler kultureller Verankerung inwertgesetzt werden. Es entstehen im Idealfall „Dritte Räume" der Begegnung, die Besucher wie Besuchte gleichgeordnet im immateriellen Wertesystem von Kultur/Selbstbildung/Weltgestaltung profitieren lassen.

Dies – und somit kommen wir zur Kategorie der Transformation – wird auch in den Städten von Bedeutung sein – z. B. wenn es um gleichwertige Anwesenheiten von immer diverser werdenden Kulturen geht. Als ein Beispiel künstlerischer *best practice* sei die (bereits vorgestellte) Unorte-Inszenierung *Out of Bounds* vom TheatreFragile genannt. Und ebenso bedeuten unter professioneller künstlerischer Leitung entstehende soziokulturelle Theaterprojekte wie das Heersumer Landschaftstheater dergestalt transformative ästhetische (Sozial-)Raumproduktionen im „Third space" der Begegnung.

---

[5] Lefebvre, Henri: „Die Produktion des Raumes". In: Jörg Dünne, Stephan Günzel, Hermann Doetsch und Roger Lüdeke (Hg.): *Raumtheorie. Grundlagentexte aus Philosophie und Kulturwissenschaften*, Frankfurt am Main 2006, S. 330–342.

[6] Vgl. Foucault, Michel: *Die Heterotopien. Les hétérotopies,* Frankfurt am Main 2013 und Bhabha, Homi: „Culture's In-Between". In: Stuart Hall und Paul Du Gay (Hg.): *Questions of cultural identity,* London 1996, S. 53–60

Zu wünschen bleibt folgerichtig, dass sich künstlerische Akteure und kulturpolitische Weichensteller der darstellenden Kunst im öffentlichen Raum nachhaltig der Aufgabe annehmen, mit den Mitteln der Ästhetik die Herausforderungen des ländlichen Raums als ein Areal zu gestalten, das in wenigen Jahrzehnten für mehr als zwei Drittel der globalen (und auch deutschen) Bevölkerung nur mehr als virtuelles „Natur"-Residuum des Zivilisationsraumschiffs bekannt sein wird. Zu wünschen ist, dass die künstlerische Praxis viele Handlungsräume diverser Perspektiven kreiert, dass sie – mit den Bewohner- und Besucherschaften des Ländlichen – Räume gegenwärtiger und zukünftiger Begegnung erschafft.

Günter Jeschonnek: Vielen Dank, Herr Behnecke und Frau Drews, für Ihre beiden Impulse zum Spannungsfeld von Theorie und Praxis und den Wirkungen im städtischen wie ländlichen Raum. Jetzt bitte ich die performenden Architekten, Wissenschaftler und Projektentwickler auf die Bühne. Sie haben während der Pause beobachten können, dass der Moderator Benjamin Foerster-Baldenius für seine Runde ein ganz anderes Format ausprobieren will. Er und sein international agierendes Label raumlabor sind dafür bekannt, im öffentlichen Raum mit architektonischen Konstruktionen zu intervenieren und damit neue Räume, neue Raumkonstellationen und neue Kommunikationsstrukturen zu schaffen. Er bereitet noch das Spielfeld vor und drapiert die Bühne mit seinen Requisiten. Zur Überbrückung stelle ich kurz die Podiumsgäste vor: Der umtriebige und ebenso sehr erfahrene Projektentwickler Jens Imorde mit Büros in Münster und Berlin gehört zu den Podiumsgästen wie auch Dr. Frauke Surmann, wissenschaftliche Mitarbeiterin an der FU Berlin, die gelegentlich mit Performances interveniert und Autorin des Buches *Ästhetische In(ter)ventionen im öffentlichen Raum* ist. Prof. Dr. Friedrich von Borries gibt uns ebenfalls die Ehre. Von Hause aus ist er Architekt und entwickelt mit seinem Berliner Büro internationale Projekte – vor allem zur Stadtentwicklung und auch im Bereich der bildenden Kunst. Er lehrt Designtheorie in Hamburg. Und Jörg Wagner kommt aus Gießen und wurde uns schon durch den Vortrag von Oliver Behnecke indirekt vorgestellt. Er ist in vielen Netzwerken Akteur. Matthias Däumer, der für diese Runde vorgesehen war, fehlt leider, weil ihn seine Erkältung ans Bett fesselt. Schade.

Benjamin Foerster-Baldenius: Gestern fragte ich mich, warum ich mich darauf eingelassen habe, ein Podium zu moderieren, wo ich eigentlich nichts mehr hasse als diese Diskussionsform. Da sitzen Leute vor andern

Leuten und werden so befragt. Diese „Günther-Jauch-Atmosphäre" stört mich, und ich dachte: Warum eigentlich nicht ein „Wim-Thoelke-Format"? Wenn ich es mir aussuchen kann, wer ich sein möchte unter diesen Moderatoren, dann möchte ich Wim Thoelke sein – mit seinem „Großen Preis". Deshalb hier dieser Aufbau mit den Requisiten, die ich alle heute Morgen eingekauft habe. Folgendermaßen will ich vorgehen: Es gibt diese Fragen, die sich hinter meiner Ratematrix verbergen. Die vier Einzelthemen ergeben sich aus dem Hauptthema dieses Panels: „Wechselbeziehungen von künstlerischen Interventionen im öffentlichen Raum und Veränderungsprozessen der Zivilgesellschaft, der Stadtentwicklung und des ländlichen Raums".

Damit das klar ist für alle: Wir handeln unsere Themen in Form eines Spiels ab. Und ich bin der Spielleiter. Jetzt muss ich mal ganz kurz die Punkte-Matrix auf den Papptellern verteilen, damit man das noch weiß: künstlerische Intervention hundert, 75, fünfzig, 25 Punkte; öffentlicher Raum hundert, 75, fünfzig und 25 Punkte; Zivilgesellschaft sowie städtischer und ländlicher Raum – die beiden anderen der vier Kategorien. Dahinter verbergen sich die Fragen an unsere Spezialisten und welche Punkte sie dafür bekommen. Es gibt aber auch noch die spezielle Jokerfrage aus dem Publikum. Auf jeweils einen dieser Pappteller habe ich Jokerfragen geschrieben. Wir wählen aus dem Publikum jemanden aus, der dann diese Frage stellt. Und wer hier auf dem Podium die Frage beantworten möchte, macht ein Geräusch mit dieser Glocke. Ich bin, wie schon angedeutet und zu bemerken, der Schiedsrichter. Die beiden Impulsgeber Katja Drews und Oliver Behncke sind Fachschiedsrichter. Alles verstanden? So, und jetzt wird es ernst. Das ist jetzt hier kein Unterhaltungsprogramm, sondern harte inhaltliche Auseinandersetzung.

Künstlerische Intervention mit 25 Punkten geht an Friedrich von Borries. Es geht um die Problemzonengymnastik. Friedrich weiß, warum. Er hat ein Programm bei *Arte Creative* gemacht, das „ProblemZonenGymnastik" heißt. Das bedeutet, fit für die Verteilungskämpfe des 21. Jahrhunderts zu sein. Auch für die im öffentlichen Raum. Bitte erkläre uns das und lade uns dann vielleicht auch noch zu einer Übung ein.

Friedrich von Borries: Es ist gemein, dass es da nur 25 Punkte gibt. Das möchte ich gleich mal vorwegschicken. Öffentlicher Raum ist ja so unheimlich positiv aufgeladen. Das ist ja dieser Raum, wo wir uns begegnen und miteinander verhandeln und Demokratie machen und Partizipation und all diese schönen Dinge. Und ich finde es wichtig, dass man vielleicht den öffentlichen Raum auch nochmal von einer anderen

Seite her anguckt und ihn auch versteht als den Raum, in dem Verteilungskämpfe stattfinden. Dafür gibt es verschiedene Beispiele, ob das z. B. Hamburg vor ein paar Jahren war, wo die bürgerliche Mitte dafür demonstriert hat, dass es keine Schulreform gibt, damit ihre Kinder weiterhin zu besseren Schulen gehen können. Ob das Dresden ist mit „Pegida", wo ja auch der öffentliche Raum genutzt wird, um Verteilungskämpfe auszutragen. Oder ob es das viel zitierte Bild der Stadt als Bühne ist, auf der wir uns individuell präsentieren, sei es jetzt auf dem erotischen Markt oder auf dem Markt der Selbstfindung und Konstruktion von Selbstidentitäten. Insofern ist der öffentliche Raum eben auch ein Raum, in dem permanent Verteilungskämpfe stattfinden. Und da wir ja alle dem Wachstumsparadigma folgen, was wir auch gerade in dieser schönen Kulturtourismuspräsentation von Katja Drews erfahren haben, fand ich es sinnvoll, dass wir ein Fitnessprogramm entwickeln für diese Verteilungskämpfe der Gegenwart und der Zukunft und zugleich an die eigenen Problemzonen gehen. Problemzonengymnastik kennt ja eigentlich jeder. Jetzt rutsche ich natürlich in die Rolle des darstellenden Architekten, und das bin ich gar nicht, und muss jetzt mit Benjamin konkurrieren, wenn ich mir jetzt ad hoc, spontan für Sie, eine erste problemzonengymnastische Übung ausdenken soll. Ich würde einfach mal vorschlagen, Sie machen sich zuerst mit Ihrer jeweiligen Nachbarin oder ihrem Nachbarn bekannt und tauschen mit der oder dem sympathischeren der beiden Nachbarn Ihren Platz. Okay. Bitte fangen Sie an. Wir wollen ja etwas Bewegung und Kommunikation im Raum erzeugen. *(ausgelassene Heiterkeit)*

Und wenn wir jetzt in diesem Prozess der Selbstfindung sind und das wirklich neoliberal aufziehen wollen, dann würde ich jetzt all diejenigen bitten aufzustehen, die nicht den Platz gewechselt haben. Das muss Ihnen nicht peinlich sein. Sie bekommen nachher von mir ein individuelles Betreuungsgespräch.

Foerster-Baldenius: Gut, ich nehme an, die Punkte können wir vergeben? *(Beifall)* Was sollen wir als nächstes aufdecken?

von Borries: Ach, ich darf mir auch das Thema auswählen? Ich fand das mit dem ländlichen Raum super. Oder fangen wir mal gleich mit fünfzig Punkten an: Stadtentwicklung. Frage: Muss die Kunstintervention, Theater usw. der Stadtentwicklung helfen?

Frauke Surmann: Ich sage nein! *(Irritationen auf der Bühne und im Auditorium)*

Foerster-Baldenius: Oh, ein klares Nein! Das überrascht mich. Dann führen wir jetzt was Neues ein, was Wim Thoelke nicht hatte, nämlich die Gegendarstellung. Und dazu hätte ich gerne schon was gesagt, aber ich weiß, hier sitzen Fachleute auf dem Podium, die auch andere Ansichten haben.

Jens Imorde: Ich komme aus Münster, wie schon angekündigt. Da geht das nur mit Fahrradklingeln. Ich sage auch nein. Aber ich führe das vielleicht noch in zwei Sätzen aus, weil eine künstlerische Intervention nicht für die Stadtentwicklung eine programmatische Intervention sein kann. Das ist nicht sinnvoll, also deswegen das Nein. Natürlich, und das haben wir eben ja durch die Landesgartenschau Gießen und auch andere Projekte in den letzten beiden Tagen gehört, ist es unter Umständen extrem hilfreich, Projekte zu machen, die dann auch diese Stadtentwicklungsprozesse begleiten. Beispiel: gestern, Thälmann-Park, das Projekt hier aus Berlin. Großartig. Das war im Prinzip ein Projekt der Quartiersentwicklung. Damit ist es eine Hilfe für die Stadtentwicklung. Aber der Diskurs, der hinter der Intervention stattfindet, ist ein ganz anderer als der, der bei Theaterproduktionen oder anderen künstlerischen Produktionen stattfindet. Ich glaube, mein Nachbar Jörg Wagner aus Gießen kann das wahrscheinlich bestätigen. Die Diskussion mit den Landschaftsgärtnern bei der Landesgartenschau in Gießen ist durchaus eine andere als mit dem Kulturamt in Gießen. Und da zu einem produktiven Prozess zu kommen, ist, glaube ich, für beide Seiten nicht immer einfach und noch zu üben.

Foerster-Baldenius: Dafür haben wir die Fachpreisrichter.

Oliver Behnecke: Das eine war ein klares Nein, das andere war ein Nein mit einem Aber. Und ich finde Punkteteilung wäre gerecht. *(Rufe aus dem Auditorium: „Nein".)*

Foerster-Baldenius: Also, ja, Zuschauerabstimmung: Die Punkte gehen an Frauke Surmann. Bitte Applaus. *(starker Applaus)* Die Punkte gehen an Jens Imorde. Bitte Applaus. *(stärkerer Applaus)* Ich glaube, das ist ein klares Votum? Gut. Dafür darf Jens Imorde jetzt aussuchen, welche Frage als nächstes beantwortet wird. Kannst du das lesen? Das muss ich euch nicht aufbürden. Künstlerische Intervention hundert Punkte. Frage: Was, wenn subversive künstlerische Interventionsstrategien von der Nicht-Zivilgesellschaft adaptiert werden? Dafür müssten wir jetzt eigentlich klären, was die Zivilgesellschaft ist. Das kommt aber noch. Nehmen wir z. B. mal die Pioniere auf dem Tempelhofer Feld. Das entscheidet der Berliner Senat, ob die Pioniere das Tempelhofer Feld nutzen dürfen. Oder die Idee mit dem *Pirate Gardening*, was dann auf einmal so von allen toll gefunden und in Stadtentwicklungsprogramme aufgenommen wird.

Behnecke: Was war jetzt noch mal dabei die Frage?

Foerster-Baldenius: „Was, wenn die subversiven Strategien eigentlich adaptiert werden?"

von Borries: Ich glaube, ich bin heute der Problem-Hansel. Das gehört ja auch zu den großen schwarzen Flecken der Kunst: So ein Begriff wie Pionier ist ein nicht-zivilgesellschaftlicher, das ist ein militärischer Begriff. Genauso die Avantgarde, zu der wir uns oder viele der Kulturschaffenden gerne zählen, ist auch ein dezidiert militärischer Begriff. Auch die Floskel, „man solle doch bitte mal eine Position einnehmen", gehört dazu, denn Position ist ein militärischer Begriff. Und Intervention, ob friedenserhaltend oder nicht, ist jetzt auch nicht zwingend ein Begriff, der aus der Kunst kommt. Er kommt ursprünglich aus der Welt der Diplomatie und ist bezogen auf die Nicht-Intervention oder das Interventionsverbot, dass ein Staat nicht den anderen angreifen darf. Also kommt er aus dem Kriegsrecht. Das heißt, wir haben es hier mit dezidiert nicht-zivilgesellschaftlichen Begrifflichkeiten zu tun. Man muss deshalb schon fragen, warum in der künstlerischen Praxis, im deutschsprachigen Raum zumindest, in Amerika war das ein bisschen früher, der Begriff der Intervention auftaucht. Intervention als Euphemismus für Krieg oder sogar friedenserhaltende Intervention ab den 1990er Jahren. Man muss die Frage andersrum formulieren: Was passiert eigentlich, wenn sich Künstler in ihrem Selbstverständnis militärischer Praktiken bedienen, in diesem Falle also der Intervention?

Foerster-Baldenius: Ja, eine interessante Frage, die der Professor stellt.

Auditorium: Ich hätte gerne noch eine Gegendarstellung. Ja, von euch.

Foerster-Baldenius: Ja, aber nur, wenn es jemanden gibt, der auch wirklich was dagegen sagen will. Eine Gegendarstellung?

Jörg Wagner: Die Intervention kommt ja aus einer Entwicklung, die so gegen die Polarisierung ist, also es gibt nicht mehr Schwarz-Weiß. Es gibt nicht mehr Ost – West. Dann gibt es die Intervention plötzlich im Krieg, und ähnlich ist es auch in der Gesellschaft hier. Ich glaube auch, dass dieser Begriff heute benutzt wird, weil man eben nicht mehr für oder gegen etwas ist. Also anders als bei der 68er-Generation, wie wir es vorgestern gehört haben. Deswegen benutzen wir Intervention wahrscheinlich relativ unreflektiert. Das gebe ich zu.

Surmann: Unreflektiert finde ich das jetzt nicht. Und ich würde ergänzen: nicht mehr für und gegen, sondern in und mit. Es haben sich einfach die Schauplätze des Kampfes verlagert. Es gibt den einen klaren Feind nicht mehr, gegen den wir operieren können. Die ganze Welt ist irgendwie feindlich, und wir sind Teil davon. Das heißt, wir müssen innerhalb dieser Welt versuchen, zu agieren und Aktionsfelder zu finden für uns. Insofern kann ich mit dem Begriff gut leben.

Wagner: Ich meinte auch nicht, dass die Intervention unreflektiert ist, sondern dass die Verwendung des Begriffes eher unreflektiert ist.

Surmann: Absolut, aber deswegen sitzen wir ja hier, um diese Arbeit gemeinsam zu leisten und zu hinterfragen, ob wir diesen Begriff für künstlerische Arbeiten verwenden können oder uns die Gäste im Auditorium des Militärischen verdächtigen.

Imorde: Ich glaube, die Frage hat ja auch versucht, das Instrumentalisierungsdilemma zu umkreisen. Deshalb vielleicht auch dieses vehemente Nein, von dem ihr beide gesprochen habt, was natürlich völlig der Realität entgegensteht. Viele dieser künstlerischen Interventionen, wenn sie in solchen Kontexten stattfinden, sind instrumentalisiert. Eigentlich wollen wir mit Ihnen ja einen öffentlichen Diskurs in Gang setzen, auch wenn sie Teil von so einer Akzeptanzstrategie sind. Man könnte das dann auch als Empowerment von oben oder Top-down-Partizipation bezeichnen. Jeder halbwegs intelligente Stadtplaner in einer Behörde sagt natürlich als erstes: Wir wollen ein größeres Entwicklungsvorhaben realisieren und brauchen aber erstmal ein paar Künstler, die mit so etwas wie Partizipation oder auch einer Party dafür ein paar Grundlagen schaffen. Und vielleicht entsteht dann noch eine gute Idee, auf die wir nicht gekommen wären. Das kann man wunderbar an der IBA Hamburg sehen, die ein sehr großes Budget für ihre IBA-Maßnahmen hatte, z. B. den Kunstsommer. Und natürlich entstehen da spannende Projekte. Aber wenn man dann einen Schritt zurücktritt und sich den Instrumentalisierungszusammenhang ansieht, dann kann man solche Projekte auch wieder ganz anders bewerten. Und insofern muss man, glaube ich, bei sehr vielen Interventionen auch gucken: Wer ist der Auftraggeber? Welche Intentionen hat er? In welchen Kontexten sollen die Interventionen stattfinden?

Auditorium: Wir hatten auch so ein Projekt und wurden von einem Immobilienunternehmen gefragt, ob wir eine Intervention machen wollen. Wir merkten dann ganz schnell, dass deren Auffassungen deutlich von dem abwichen, was wir uns vorstellten. Wir sollten da schnell etwas aus dem Hut zaubern. Wir wollten das Projekt aber vor Ort entwickeln und die Menschen vor Ort einbeziehen. Das gefiel denen nicht. Und wir merkten dann, dass wir nicht zusammen passen. Also: Ein Auftrag kann so und so ausgefüllt werden, aber ohne den künstlerischen Freiraum gehen Interventionen für mich nicht.

Behnecke: Wir sprengen das jetzt. Du kannst deine Punkte nicht mehr vergeben.

Foerster-Baldenius: Okay. Wir brechen das mal an dieser Stelle ab und geben die Stimme wieder ins Auditorium.

Behnecke: Ich übergebe vorher an Jörg Wagner, er ist ja Experte.

Wagner: Ich glaube, er macht es sich ein bisschen einfach, wenn er sagt, die Intervention oder die Künstler sind beauftragt von dem Stadtplanungsamt oder der Stadt. Ich komme aus der bildenden Kunst und bin genauso beauftragt, den White Cube anzufüllen und den thematischen Wettbewerbsausschreibungen zu folgen, die gelegentlich schwachsinnig sind. Ich bin am Ende dazu gezwungen, Auskunft über die Anzahl der Besucher und mögliche Nachhaltigkeitskriterien zu geben. Aber für mich ist es eigentlich viel spannender zu fragen: Wie gehe ich mit dieser Beauftragung um? Halte ich mich streng an die Intentionen des Auftraggebers oder behaupte ich meinen künstlerischen Freiraum? Beispielhaft aus Gießen: Die Stadt erhielt den Zuschlag für die Gartenschau. Eine sehr problematische Angelegenheit. Die Stadt wusste, jetzt kommt der Tanker von dieser Durchführungsgesellschaft. Das Land sagte: Ihr macht das jetzt so. Die Stadt entschied sich aber, jemanden außerhalb ihrer Hierarchie mit einem relativ großen Budget zu engagieren. Die Stadt wollte uns als Korrektiv haben, mit allen Problemen, die damit zusammenhängen. Letztlich hat es für beide Seiten ganz gut geklappt. Aber ganz kurz noch zur letzten Diskussion: Man muss politisch sein. Ja, das ist richtig, aber wir sind mit unseren Projekten nicht die Problemlöser, beispielsweise für Fragen der Stadtentwicklung oder die „Flüchtlingsfrage". Das wäre ja echt simpel, wenn es so leicht wäre. Künstler können immer nur ihre Sicht zeigen, Situationen herstellen. Der Rest der Gesellschaft und die Politik müssen dann damit umgehen, aber nicht die Künstler instrumentalisieren.

Imorde: Diese differenzierte Betrachtung stimmt auf jeden Fall. Ich möchte versuchen, diese Fragestellung aus dem Blickwinkel der Stadtentwicklung zu verdeutlichen. Gestern hörten wir von einigen Projekten, die nicht mehr so durchgeführt werden konnten, wie sie geplant waren, weil die Stadt Fakten geschaffen hatte. Diese Beispiele gab es in Münster, in Leipzig, in Oberhausen und auch in Oldenburg. Und natürlich hat Stadtentwicklung einen anderen Auftrag innerhalb eines Stadtgebildes. Die haben klare Vorgaben für Entwicklungsprozesse. Und es kommt aber vor, dass sich Raumsituationen ändern und von den Stadtentwicklern falsch eingeschätzt werden. Emotional aufgeladene Plätze werden mit einer gänzlich anderen Einschätzung in die Planungsprozesse integriert. Und wenn dann Konflikte entstehen, staunt man plötzlich. Das riesige Tempelhofer Feld ist so ein Beispiel: Die Senatsverwaltung hatte eine klare Idee, den Rand zu bebauen und wehrte sich auch wegen anderer Planungsvorläufe lange dagegen, überhaupt das Feld freizugeben. Das musste dann aber doch freigegeben werden. Die Bevölkerung, die Zivilgesellschaft, hat es sich mit dem Volksentscheid im Mai 2014 angeeignet und damit alle Planungen gekippt. Wir haben in den letzten Jahren relativ viel mit der Senatsverwaltung zu tun gehabt, weil wir das Stadtentwicklungskonzept begleitet haben, und es konnte sich da keiner vorstellen, dass das Bürgerbegehren so ausgehen würde, wie es ausgegangen ist, weil: Es war ein emotional aufgeladener Platz, und da lässt sich die Zivilgesellschaft das nicht mehr nehmen und schon gar nicht in Berlin.

Es gibt ja noch so ein Riesenareal in Berlin: das Flughafengelände Tegel. Das interessiert in Berlin keine Sau, was mit Tegel passiert. Tempelhof, einen Quadratzentimeter von Tempelhof wegnehmen, heißt: Die Stadt explodiert. Was in Tegel passiert, interessiert nicht – noch nicht. Und das ist eigentlich dann immer der große Unterschied zu diesen Räumen. Wir haben von Professor Grasskamp am Sonntagabend das Beispiel der Skulpturenprojekte in Münster gehört. Genau das gleiche. In Münster gibt es diese Kugeln von Claes Oldenburg, die am Aasee stehen, 1977 aufgebaut. Es gab Demonstrationen gegen die Aufstellung dieser Kugeln. Es gab Demonstrationen, Versuche, diese Kugeln in einer Nacht-und-Nebel-Aktion in den Aasee zu rollen, aber das Fundament war zu stabil.

Es hat nicht funktioniert. Mittlerweile sind diese Kugeln zum Mobiliar geworden. Claes Oldenburg hatte bei der letzten Skulpturenausstellung 2007 die Idee, die Kugeln wieder abzuräumen, als künstlerische Intervention sozusagen. Das ist kein Kunstwerk mehr. Es ist Mobiliar. Ich räume die weg. Sie glauben nicht, was es für einen Aufschrei in Münster gegeben hat, diese Kugeln jetzt abzuräumen, weil: Sie gehören inzwischen zum Stadtbild. Sie gehören zur Wahrnehmungsgeschichte dieser Stadt. Wir haben in der Planung den Versuch von rationalen Ebenen, und es gibt einfach Räume, die anders besetzt sind, die anders funktionieren. Und ich glaube, das, was Sie eben gesagt haben, findet in jeder Stadt in einer ähnlichen Form statt. Wenn Sie hingehen und intervenieren an einem aus der Planungssicht oder aus der Immobilienwirtschaftssicht falschen Ort, dann wird das problematisch. Ich bringe noch ein Beispiel, weil das diese Perversität so ein bisschen deutlich macht: In Dortmund gab es eine alte Brauerei, die Thier-Brauerei, die besetzt wurde von einer durchaus kreativen Szene. Man hat es dann in einen Duldungszustand überführt, und dann ist das Gelände aber doch irgendwann an die Unternehmensgruppe ECE verkauft worden, und jeder, der die kennt, weiß, was dann daraus wird, nämlich ein Shoppingcenter. Ich wurde dann nach Dortmund eingeladen. Auf der einen Seite wollte man diese kreative Szene nicht, aber auf der anderen Seite hatte man sie ein Stück weit liebgewonnen. Diese Kreativen hatten der Stadt einen kulturellen Impuls gegeben, der vorher nicht da war. Gleichzeitig musste aber das Gelände verkauft werden. Was tun, war die Frage. Dann kam von der Stadtverwaltung die Idee, die Kreativen umzusetzen, in ein leerstehendes Areal eines Stahlwerkes. Diese Umbettung an die Peripherie funktionierte aber nicht. Das war den Planern nicht zu vermitteln, weshalb das nicht geht. Also wir reden über unterschiedliche Systemzusammenhänge, und an solchen Beispielen wird das dann immer wieder sehr deutlich.

Foerster-Baldenius: Das mit den Punkten überlassen wir jetzt mal den Fachjuroren. Für mich als Spielleiter ist entscheidend: Wer darf denn jetzt die nächste Frage aufdecken? Gestern wurden zwei Begriffe von unserem geliebten Detmolder Oberbürgermeister in den Raum geworfen: Er sagte, dass er bei scheinbar unlösbaren Problemen einen kleinen Trick anwendet. Entweder MZL oder PAL. Das hat mir irgendwie imponiert. Ich übersetze: MZL war seine Abkürzung für „Mut zur Lücke" und PAL die für „Problem anderer Leute". Ich fasse zusammen: Wenn also alle Probleme des öffentlichen Raumes durch MZL und PAL zu lösen sind, welche Rolle spielt dabei dann noch das Theater? Das ist eine 75-Punkte-Frage.

Wagner: Das Theater muss sich ja nicht um alle Probleme kümmern. Das ist genau die Frage, die am Anfang ja schon mal mit Nein beantwortet wurde. Man ist nicht Helfer oder gar Problemlöser städtischer Versäumnisse oder Konflikte. Ausgangspunkt für das künstlerische Arbeiten soll ja nicht sein, dass ich Kunst machen will – das wäre schon mal ganz schlecht –, sondern, dass ich einfach so leben will, und das mache ich eben. Mir ist egal, ob diese Kultur dann als Kulturnutzung oder Problemlösung angesehen wird. Und Kulturnutzung im ländlichen Raum kann nicht darauf hinauslaufen, Menschen in den ländlichen Raum mit Kultur zu locken. Das wäre kein Ausgangspunkt für künstlerische Arbeit. Das wäre höchstens eine Funktionalisierung von Kunst, wenn es sich überhaupt in solchen Fällen um Kunst handelt.

Foerster-Baldenius: Deinen Beitrag verstehe ich als Erklärung des Logos Bundesverband Theater im Öffentlichen Raum, weil ich mich immer gefragt habe, was das eigentlich für eine komische Blume ist. Das Ding hier. Genau, das ist nämlich die Lücke, die produziert wird, dadurch dass man Theater im öffentlichen Raum macht. Also die 75 Punkte, würde ich jetzt mal entscheiden, gehen ganz klar an dich.

Imorde: Vielleicht stellt das Logo einen Zustand von Schrumpfung dar?. Wir haben ja immer im Bild, wenn man schrumpft, dann zieht sich etwas zusammen. Wenn eine Stadt aber schrumpft oder hier die Theater schrumpfen, entstehen die Lücken. Und das ist in der Stadt auch so. Wenn eine Stadt schrumpft, gibt es auf jeden Fall extrem viele Flächen, wo man dann etwas Sinnvolles machen kann. Im besten Falle Theater im öffentlichen Raum – warum nicht?

von Borries: Aber ich möchte gerne einen Satz zu dieser Problemfrage sagen dürfen. Ich glaube, es kommt auch ein bisschen auf die Qualität der Probleme an, die man hat. Ich habe letztens in Bremen einen Vortrag gehalten über urbane Intervention, und danach kam die Frau vom Stadtmarketing auf mich zu und fragte, welche Interventionen man denn machen könne, um die Fußgängerzone mehr zu beleben. Da habe ich ihr geantwortet: Dafür sind Interventionen künstlerischer Art meiner Meinung nach nicht geeignet, und es ist nicht die Aufgabe von künstlerischen Interventionen. Sie können höchstens das Problem mit künstlerischen Mitteln aufgreifen, sichtbar machen und Fragen in den Raum stellen. Das wäre schon sehr viel. Aber mehr nicht. Und vor zwei Jahren war ich mit meinen Studierenden in Israel in besetzten Gebieten und habe das Theater of Peace in Dschenin besucht. Die Israelis erzählten uns: Unsere Theaterarbeit ist Teil unseres politischen Kampfes. Hundert Prozent Instrumentalisierung, überhaupt nichts im Sinne von künstlerischer Freiheit, sondern eine Eins-zu-eins-Auseinandersetzung mit dem Problem, das so präsent ist und alles andere dominiert. Dann wird die künstlerische Arbeit natürlich immer Teil des Problems oder kann zumindest in den Dienst dieser Problembearbeitung gestellt werden. Deshalb müssen wir uns immer, wenn wir so etwas diskutieren, auch fragen, mit welchen Problemen wir denn als Künstler oder Kulturschaffende konfrontiert werden. Und wie positionieren wir uns dazu und welche Interessen bringen wir ein? Und natürlich ist die Haltung legitim, zu sagen, ich mache künstlerische Arbeit auch jenseits von Problemen. Das spiegelt auch eine gewisse Privilegiertheit wider.

Katja Drews: Ich dachte, Theater kann doch die Probleme in gewisser Hinsicht auch machen. Sie verschärfen. Bevor man überhaupt an verschiedene Problemlösungen denkt, muss man ja die Wahrnehmung dafür aktiv generieren, was eigentlich der Lösung, also Transformation bedarf. Es wird dann immer ganz verschiedene Wege geben, gefundene Lösungsbedarfe mit künstlerischen Mitteln zu untersuchen.

Surmann: Genau, ich wollte diese Frage auch gerade umdrehen und einfach mal fragen: Was kann Theater denn überhaupt machen? Wir lassen uns ja schon durch diese Diskussion immer in so eine bestimmte Ecke drängen. Und darüber haben wir relativ wenig gesprochen die letzten Tage. Also häufig taucht der Begriff Begegnungsraum auf. Theater schafft einen Raum, wo Körper sich begegnen, die sich so vielleicht vorher noch nicht begegnet sind. Theater kann irritieren und Probleme schaffen, Theater kann aber auch Spaß machen. Wir können Theaterfeste zusammen feiern und so temporäre Gemeinschaften herstellen. Das finde ich ganz wichtig, dass wir das nicht aus dem Blick verlieren, was Theater eigentlich für eine Kraft hat. Und worüber wir auch sehr wenig gehört haben, ist die Magie des Theaters. Theater kann verzaubern, und das hat mit Problemstellungen nichts zu tun, hat aber eine unglaubliche gesellschaftsverändernde Kraft, die wir nicht unterschätzen sollten. Indem du Menschen irritierst, weckst du sie natürlich auf, und du kannst ihnen Lust darauf machen, ihre Umwelt zu hinterfragen oder auch zu gestalten.

Foerster-Baldenius: Geht das? Verstehen das alle? Ich habe das Gefühl, es ist wieder mal an der Zeit, einen Publikumsjoker zu ziehen. Und weil wir noch nicht so besonders viel geredet haben über die Zivilgesellschaft, lassen wir jetzt die Zivilgesellschaft sprechen und nehmen Zivilgesellschaft 75. Wer möchte eine Frage stellen zur Zivilgesellschaft, zu den Veränderungsprozessen?

Auditorium: Ja, das schließt vielleicht unmittelbar an die eben schon geführte Diskussion an: die Behauptung des Theaters, einen Begegnungsraum zu kreieren und somit gesellschaftliche Kraft zu entwickeln. Die Behauptung gibt es schon seit hunderten von Jahren, dass Theater das kann. Und gleichzeitig, das zeigt auch das Symposium an einigen Stellen, dass es schon seit Jahrhunderten so ein Klagen gibt, dass die Gesellschaft eigentlich gar kein Theater haben will oder es immer mehr reduziert. Stadtentwicklung ist dafür ein sehr gutes Beispiel, dass die Frage jetzt wieder aktuell ist: Wem gehört eigentlich die Stadt? Das heißt aber, dass diese behauptete Kraft von Theater, Begegnungsraum und Gestaltungsraum zu schaffen, vielleicht nicht mehr stark genug ist, um dieser Entwicklung etwas entgegenzusetzen. Meine Frage: Wenn wir Begegnungsräume schaffen, sind es dann einfach nur Räume um der Begegnung willen, oder was ist der Mehrwert, dass wir diese Begegnungsräume mit unseren künstlerischen Mitteln schaffen?

Imorde: Vielleicht eine mehrstufige Antwort: Ich habe den Eindruck, dass wir Theater oder die Künste insgesamt mit Symbolen oder Erwartungen überladen, wie es gar nicht nötig ist. Das hat zum Teil damit zu tun, dass wir Kreativen meinen, Kultur muss auch immer eine Bedeutung haben und ganz besonders daherkommen, die ganz großartige Geschichte sein. Ansonsten – und das ist dann wieder typisch deutsch – ist es ja nur Unterhaltung. Diese Unterscheidungen im Kulturbereich in diese Populärkultur und die ernsthafte Hochkultur gibt es im angelsächsischen Raum nun gar nicht. Das finde ich richtig und gut so. Aber wir versuchen immer nur, das ganz Besondere, das Einmalige, das bisher noch nie Dagewesene zu entdecken und darzustellen. Wenn ich mir die Diskussion von gestern Abend anhöre oder noch mal vergegenwärtige, dann könnte ich auch für jede Stiftung oder für jede Instanz, die im Kulturbereich fördertechnisch unterwegs ist, ein Namedropping machen von bestimmten Begriffen, von bestimmten Inhalten, die auftauchen müssen, die das Projekt als innovativ ausweisen. Es muss was Neues sein. Und es muss irgendwie eine Nachhaltigkeit entwickelt werden. Aber wie soll man eine Nachhaltigkeit bestimmen, wenn man noch gar nicht weiß, ob dieses Projekt überhaupt stattfindet? Und jetzt erhalten diese 18 Projekte jeweils 30 000 Euro vom Fonds Darstellende Künste, und man sagt: Toll. Ist das nicht eine Alibiveranstaltung, wenn plötzlich diejenigen, die ganz selten Förderungen erhalten, plötzlich mit jeweils 30 000 Euro ihre Projekte realisieren können? Und ansonsten werden für mehrere Millionen ein großartiges Orchester durch die Welt geschickt oder auch andere Prestigeprojekte gefördert. Welche Rolle spielt dabei die Zivilgesellschaft in der Bewertung von bedeutungsvollen Projekten? Wenn wir das aber infrage stellen, laufen wir Gefahr, nicht noch einmal 600 000 Euro für ein Sonderprojekt dieser Art zu erhalten. Also müssen wir uns da anpassen? Das ist für mich unglaublich. Und deshalb stellt sich für mich immer mehr die Frage, warum nicht aus den Töpfen der Stadtentwicklung und der Kultur diese wichtigen Interventionen im öffentlichen Raum gefördert werden können. Mit den dafür notwendigen Budgets. Und im ländlichen Raum ist es ja noch viel schwieriger, entsprechende Summen aufzutreiben. Das heißt, wenn wir über Veränderungen reden, dann lasst uns doch darüber reden, dass wir das Geld, über das man am liebsten hinter vorgehaltener Hand tuschelt, auch aus der Stadtentwicklung akquirieren. Denn diese Interventionen im öffentlichen Raum haben nach meiner Auffassung zuerst mit Stadtentwicklung zu tun. Wie können wir es schaffen, dass genau solche diskursiven Prozesse stärker an die Planer herangetragen werden? Das hat immer auch mit Personen zu tun, logischerweise. Bei einigen wird es nicht gelingen, aber bei anderen kann es gelingen. Wir haben gestern zu dem Projekt aus Leipzig gehört, dass die Sondernutzung plötzlich nicht mehr möglich war, weil der Baubürgermeister abberufen wurde und getroffene Ansprachen mit ihm nicht mehr galten. Der Neue fand das Projekt nicht gut oder hatte etwas daran auszusetzen und zog die ursprüngliche Genehmigung zurück. Auch daran sieht man, dass Theaterleute bei diesen Prozessen nicht stark genug sind oder zu wenig unterstützt werden.

Surmann: Begegnung um der Begegnung willen. Einerseits ja, und dann muss man sich die Frage stellen: Wie hängen Politik und Kunst zusammen? Zum einen denke ich, dass das Theater oder die Künste tatsächlich die letzten Rückzugsorte sind, an und in denen Begegnungen um ihrer selbst willen möglich sind, wo das nicht in irgendeiner Form instrumentalisiert oder zu Geld gemacht wird. Dort können sich ganz unterschiedliche Menschen frei begegnen, ohne vorherige Festschreibungen – also im wahrsten Sinne des Wortes einen Freiraum schaffen. Das Zweite ist: Was hat das jetzt alles mit der Politik zu tun? Da würde ich mit dem Begriff des Politischen argumentieren, jenseits von *der* Politik. Das Politische wäre sozusagen die Voraussetzung dafür, dass so etwas wie Politik überhaupt entstehen kann. Das Politische ist eben die Kraft, Dinge zu erfinden, die Kraft, Dinge zu gestalten, und diese Kraft muss immer wieder neu mobilisiert werden. Wir haben vorhin von sozialer Raumproduktion gehört. Die funktioniert auch nur temporär, und dann verfestigt sich das wieder in abstrakte Räume. Das heißt, wir werden immer konkrete Politiken haben, in denen wir arbeiten, und die Kunst kann diese Politiken dynamisieren, sie kann sie in Bewegung bringen. Sie kann einen Moment des Politischen für einen ganz kurzen Augenblick aufblitzen lassen, indem sie uns Fragen stellt, indem sie Wahrnehmungsordnungen für einen Moment aufhebt und kaputtschlägt und uns zwingt, uns zu entscheiden, in welcher Ordnung wir uns da gerade miteinander befinden und wer mir da gerade gegenübersteht.

Foerster-Baldenius: Jetzt wird es noch einmal politisch und spannend zugleich. Wer kriegt jetzt die Punkte? Okay, Frau Surmann. Und nun der Teller mit dem Stichwort „Öffentlicher Raum" und hundert Punkte. Ich hoffe, dass ich da jetzt eine kluge Frage hingeschrieben habe, denn diese Frage muss Frauke Surmann beantworten. Sie hat inzwischen 125 Punkte. Friedrich von Borries hat erst 25 Punkte, Herr Imorde hundert und Herr Wagner 75 Punkte. Wie viele Punkte setzen Sie? Die Frage dazu lautet: Unorte, Utopie. Wenn das gestern Theater im öffentlichen Raum ist, wo bleibt dann die Utopie und die Behauptung einer anderen Realität?

Surmann: Okay. Ich soll die Frage beantworten. Nicht so einfach. Ich setze auf die volle Punktzahl! Ich glaube, wir sind uns alle einig, dass die Utopie nicht mehr außerhalb ist. Die Utopie ist nur da, wo wir sie selber machen. Das heißt, es gibt den schönen Begriff des utopischen Performativs, wenn wir uns Interventionen anschauen, dann ist die Utopie nicht vorher oder nachher, sondern nur in dem Moment, wo wir gemeinsam so eine Intervention durchführen. Das wäre meine Antwort. Der Raum ist nicht irgendwo anders oder in der Vergangenheit oder in der Zukunft, sondern der ist im Hier und Jetzt des gemeinsamen Tuns.

Foerster-Baldenius: Ja, das ist ein wunderbares Schlusswort, von der Jüngsten auf dem Podium. Beifall! Die Punkte gehen voll an Frauke Surmann. Sie ist die eindeutige Gewinnerin mit 350 Punkten. Gratulation! Und vielen Dank an alle im Saal!

VIERTES PODIUM
Neue Handlungsfelder, Strategien und Perspektiven der darstellenden Künste im öffentlichen Raum

Günter Jeschonnek: Nach Ihrer Mittagspause kündige ich Ihnen mit den beiden Impulsvorträgen gleich zweimal unorthodoxe Theorie an, aber nicht losgelöst von der Praxis. Heinz Schütz aus München, der seit Mitte der 1980er Jahre über die verschiedenen Künste im öffentlichen Raum publiziert. Ihm folgt Georg Winter, der für seine temporären Laboratorien, Ambulanzen sowie raumbezogene Experimentalkunst und Forschungen bekannt ist.

IMPULS
Auftritte im öffentlichen, medialen und digitalen Raum
Heinz Schütz[1]: Angesichts der Komplexität des Themas wird es nicht ganz einfach sein, das vorgegebene Timing einzuhalten. In Ermangelung prophetischer Fähigkeiten werde ich, was den Ausblick anbelangt, eine Art Extrapolationsmethode anwenden. Ich gehe von dem aus, was jetzt existiert – darin verbirgt sich eine kleine Bilanz –, und verlängere dann gegenwärtige Tendenzen zugespitzt in die Zukunft. Beginnen möchte ich mit Überlegungen zum Begriff öffentlicher Raum. Seit den 1980er Jahren wird emphatisch von Kunst im öffentlichen Raum gesprochen, wobei die positive Emphase des Begriffs in jüngerer Zeit zunehmend auf die Betonung des Urbanen übergegangen ist. Die Rede vom öffentlichen Raum legt eine spezifische Vorstellung von Öffentlichkeit nahe. Diese Vorstellung trägt zum einen reduktionistische Züge, da sie übergeordnete Dimensionen des Öffentlichen ausblendet. Zum anderen ist sie aufgrund ihres Körperrekurses für den Bereich des Performativen in Kunst und Theater von besonderer Bedeutung. Auf welchen Voraussetzungen basiert der Begriff öffentlicher Raum, und wie werden hier Raum und Öffentlichkeit verknüpft? Der Begriff impliziert einen Gegensatz: auf der einen Seite der abgeschlossene, private Innenraum, auf der anderen ein offener Außenraum, ein Leerraum aus Straßen, Parks und Plätzen. Sobald sich dieser Raum mit Körpern füllt, wenn er von Passanten durchquert wird und sich Personen in ihm aufhalten, wird Öffentlichkeit hergestellt. Das Öffentliche des öffentlichen Raumes basiert auf der

---
[1] Dr. Heinz Schütz, Kunsttheoretiker und Publizist, München

realen Anwesenheit einzelner Personen und der potentiellen Anwesenheit von jeder und jedem. Entscheidend für eine – unter demokratischen Vorzeichen – ideal erachtete Öffentlichkeit ist die nicht-exkludierende Zugänglichkeit, die Zugänglichkeit für alle. Man könnte sagen, dass bereits die bloße Anwesenheit im öffentlichen Raum ein latentes Politikum darstellt. Deutlich wird dies etwa, wenn die gezielte Ansammlung von Personen selbst in Demokratien mit garantierter Versammlungsfreiheit der Genehmigung bedarf. Deutlich wird hier aber auch, dass der öffentliche Raum von Regularien bestimmt wird, die von einer, im Namen der Öffentlichkeit agierenden, aber jenseits des öffentlichen Raums verorteten, politisch-administrativen Instanz verordnet werden.

Ein weiteres markantes Merkmal des öffentlichen Raums und seiner körpergebundenen Öffentlichkeit ist die allgemeine Sichtbarkeit. Wer sich im öffentlichen Raum aufhält, sieht die anderen, wird aber auch von ihnen gesehen. Metaphorisch gesprochen: Wer das Haus verlässt und auf die Straße geht, betritt die Stadtbühne, auf der jeder/jede gleichzeitig Akteur und Zuschauer ist. Die Auftritte und die Interpretation der einzelnen Rollen werden, ob wir wollen oder nicht, durch soziale, Bedeutung generierende Codes bestimmt. Die erwähnte reine, sozusagen bedeutungsfreie Anwesenheit ist, so betrachtet, eine Illusion. Wer sich im öffentlichen Raum aufhält, ist nicht nur bedeutungslos anwesend, sondern immer auch ein sozialer Zeichenträger. Meine Schritte, meine Gesten und meine Mimik senden Signale, ebenso meine Kleidung. Es ist ein Unterschied, ob ich mit einer Marken- oder Billigjeans, mit einer Baseball-Kappe oder einem Hut auftrete, ob ich als Frau oder Mann, als hell- oder dunkelhäutig wahrgenommen werde. Den erwähnten Regularien vergleichbar kommen hier über die Sozialsemantik öffentliche Dimensionen ins Spiel, die jenseits des öffentlichen Raums angesiedelt sind und doch die Auftritte dort bestimmen, respektive ihnen Bedeutung verleihen. So gesehen greift ein Modell, das dazu tendiert, den öffentlichen Raum überhaupt mit Öffentlichkeit gleichzusetzen, zu kurz.

Ohne dem an dieser Stelle weiter nachzugehen, möchte ich ein dreistufiges Öffentlichkeitsmodell in die Debatte bringen, um dann vor dieser Folie Bilanz und Ausblick zu skizzieren. Auf Stufe eins siedle ich den öffentlichen Raum an, auf Stufe zwei den medialen Raum und auf Stufe drei den digitalen Raum. Entscheidende Merkmale des öffentlichen Raums sind, wie bereits festgestellt, Zugänglichkeit, körperliche Anwesenheit und wechselseitige Sichtbarkeit, zumal die beiden letztgenannten Charakteristika im Bereich performativer Kunst und insbesondere im Theater eine entscheidende Rolle spielen. Die Kommunikation im Theater basiert auf der realen Anwesenheit von Zuschauern und

Schauspielern. Die Zugänglichkeit wird hier gewöhnlich durch Eintritte und kulturelle Schwellen eingeschränkt.

Mit dem Übergang vom öffentlichen zum medialen Raum verlassen wir die körperbasierte Kommunikation. Die Medien – in ihrer klassischen Ausprägung Zeitung und Fernsehen – erreichen eine Öffentlichkeit, die sich nicht über die Anwesenheit an einem Ort definiert. Nimmt man den öffentlichen Raum zum Maßstab, dann entsteht die mediale Öffentlichkeit sowohl durch Entgrenzung als auch durch Selektion. Der öffentliche Raum ist als konkreter Ort trotz prinzipieller Zugänglichkeit beschränkt und die Gesamtheit der sich dort abspielenden Ereignisse ist unüberschaubar, heterogen, zufällig. Der mediale Raum basiert im Gegensatz dazu auf Selektion. Die Medien wählen ganz gezielt Ereignisse aus. Sie ordnen diese in einen Horizont des öffentlich Bedeutsamen ein und konstruieren durch diese Auswahl Öffentlichkeit. Eine Demonstration im öffentlichen Raum etwa bedarf, um politisch wirksam zu werden, der medialen Aufmerksamkeit, denn erst sie verhilft ihr in letzter Konsequenz zur öffentlichen Bedeutung. Ohne mediale Resonanz findet sie, überspitzt formuliert, so gut wie nicht statt.

Der mediale Raum wiederum wird durch den digitalen Raum erweitert. Wer über die entsprechenden Geräte verfügt, ist permanent mit ihm verbunden. Im Gegensatz zur medialen Selektion ermöglicht die digitale Kommunikation mit ihren sozialen Plattformen die öffentlich-digitale Präsenz für alle. Die permanente Konnektivität, sei es zu privaten oder zu öffentlichen Zwecken – die Grenze beginnt hier vollständig zu zerfließen –, marginalisiert die reale Anwesenheit derjenigen, die im digitalen Raum agieren. Wer etwa durch den öffentlichen Raum geht, während er den Blick gebannt auf das Smartphone-Display richtet oder sich mit der Stimme im Kopfhörer unterhält, verliert an personaler Präsenz. Die anwesend-abwesende Person wird im öffentlichen Raum sozusagen zum Fantasma, das sich im digitalen Nirwana aufhält. Der digitale Raum erzeugt eine neue Form globaler Öffentlichkeit, in der entlegenste Orte und Personen simultan verknüpft werden können.

Was bedeutet dies nun für Kunst und Theater und deren Umgang mit dem öffentlichen Raum? Bereits im Avantgardismus zu Beginn des letzten Jahrhunderts zeigten sich Ansätze, Kunst im und für den öffentlichen Raum zu realisieren. Doch erst in den 1980er Jahren wird Kunst im öffentlichen Raum zum allgegenwärtigen Topos, der dann zunehmend institutionalisierte Züge annimmt. Noch in den 1960er und 1970er Jahren besteht eine enge Beziehung zwischen Institutionskritik und dem Gang in den öffentlichen Raum. Eng verbunden mit der im Zeichen der großen Negation praktizierten Gesellschaftskritik, werden die Macht der Institutionen, das an der Vergangenheit orientierte Kanonische, das Exklusive der Kunst, ihr Affirmatives, ihr Fetisch- und Warencharakter in Frage gestellt. Die Hinwendung zum öffentlichen Raum kann als Gegenentwurf zur institutionellen Exklusion betrachtet werden und ist nicht zuletzt eine Reaktion auf die Autonomiebehauptung des White Cube. Als Antwort auf die Abstinenz des White Cube entsteht ortsspezifische Kunst. Anstatt austauschbare Tafelbilder an möglichst neutrale Wände zu hängen oder eben auch Stücke auf irgendeiner Bühne zu spielen, wird dabei der Ort, an dem Kunst stattfindet, zum Ausgangspunkt und Thema. Das Insistieren auf Ortsspezifik wirkt bis heute in verschiedenen ästhetisch-politischen Ausprägungen im öffentlichen Raum weiter.

Im Zuge dessen, dass das Performative in der bildenden Kunst seit Ende der 1950er Jahre zunehmend an Bedeutung gewann, findet eine bis heute andauernde Annäherung zwischen bildender Kunst und darstellender statt. Auf die ersten, von Allan Kaprow initiierten Happenings folgen Aktionen und Events und mit der Performance Art etabliert sich eine neue Kunstgattung. Bereits Kaprow veranstaltet seine Happenings auch im öffentlichen Raum, wobei schon *Calling* im Jahr 1965 mit der Einbeziehung von Verkehr und Telefon über die Präsenz im öffentlichen Raum hinausweist. Wie performative Kunst in den 1960er und 1970er Jahren weltweit im öffentlichen Raum auftritt, zeigte erstmals umfassend eine Ausstellung, die ich vor einigen Jahren unter dem Titel *Performing the City* kuratierte.

Ein Begriff, der gerne dazu verwendet wird, öffentliche Kunstaktivitäten zu benennen und der auch im Laufe des Symposiums schon ins Spiel gebracht wurde, ist der Begriff Intervention. Betrachtet man den Bedeutungs- respektive Funktionswandel des Begriffs, wird deutlich wie der Kritizismus, der einmal mit dem interventionistischen Gang in den öffentlichen Raum verbunden war, seiner Radikalität entledigt, wenn nicht sogar ins affirmative Gegenteil verkehrt wurde. Interventionen als Einspruch oder gar als Besetzung von Territorium sind Herausforderungen für und Angriffe auf Bestehendes. Wenn sie heute auf Bestellung erfolgen, deutet sich darin ihre Institutionalisierung an und Hand in Hand damit ihre Vereinnahmung durch Städtereklame, Tourismus- und Freizeitindustrie und durch – was uns vorher demonstriert wurde – Wachstumsideologien.

Ein kritischer Topos, der den Gang in den öffentlichen Raum bis heute begleitet, ist der Anspruch, den öffentlichen Raum gegen Privatisierung zu verteidigen und sein öffentliches Potential zu realisieren. Wirft man einen Blick auf die Ränder des öffentlichen Raums, auf die Architekturen, die den öffentlichen „Leerraum" begrenzen, so zeigen sich auf den Fassaden im Zentrum der Städte überall in monopolistischer Gleichförmigkeit dieselben Firmenaufschriften, und die Gebäude repräsentieren vorrangig Shoppingkonzerne und Banken. Der öffentliche Raum ist hier gleichsam von privatwirtschaftlichen Interessen umzingelt. In den Würgegriff genommen wird das Öffentliche schließlich in der politisch-ökonomischen Katastrophenbewältigung der letzten Jahre. So führte etwa die Bankenkrise zur Zwangsverpflichtung der Öffentlichkeit, die immensen Verluste einer bankrotten Privatwirtschaft zu bezahlen.

Seit den 1980er Jahren hat sich im öffentlichen Raum eine ganze Reihe unterschiedlicher Kunstpraxen herauskristallisiert, die, historisch betrachtet, vielfach in den 1960er und 1970er Jahren wurzeln. Die Reihe reicht von der ortsspezifischen Skulptur über den architektonischen Eingriff bis zum partizipatorischen Denkmal. Sie reicht von Performances, Aufführungen und Vorführungen, Choreografien und inszenierten Alltagssituationen über Graffiti, Klebereien und Strickereien, über Beleuchtungen, Beschriftungen, Beschallungen und Projektionen bis hin zur Sozialintervention, zur Befragung, Demonstration und Aufforderung zur Beteiligung. Ein besonderes Augenmerk gilt in den letzten Jahren, wie bereits erwähnt, dem Urbanen. Kunst greift ins soziale und architektonische Gefüge der Stadt ein. Sie kann zur Stadtteilarbeit werden, die mit den Bewohnern kommuniziert und ganz konkret soziale Felder gestaltet. Mit City-Touren und Stadtspaziergängen wird die Aufmerksamkeit nicht nur auf die Stadt als soziale Bühne gelenkt, flashmobartige Veranstaltungen verwandeln alle, die dazu bereit sind, in Akteure, die die Stadt über das eigene Handeln mit dem Blick auf die Stadtbewohner und selbst unter dem Blick der Passanten erfahren.

Kunst im öffentlichen Raum macht sich die Möglichkeiten des Flashmobs zu eigen. Auch wenn Flashmobs in ihrer jetzigen Form eine schon wieder abklingende Mode sein mögen, lässt sich an ihnen die besondere Durchdringung von öffentlichem und digitalem Raum illustrieren und einen vorsichtigen Ausblick für die darstellende, öffentliche Kunst der Zukunft ableiten. Der körperlich betretbare öffentliche Raum ist hier nur *eine* Plattform der Darstellung neben der entkörperlichten Plattform des digitalen Raums. Im Flashmob durchdringen sich beide Räume.

Zu Flashmobs wird gewöhnlich im Internet aufgerufen, sich an einem bestimmten Ort, zu einer bestimmten Zeit zu versammeln, wobei diese Versammlung mitunter durchaus auch in Innenräumen stattfinden kann. Alle, die wollen und alle, die sich angesprochen fühlen, sind aufgefordert an dem festgelegten Ort zu erscheinen, um dann dort, unerwartet für die Umgebung, kollektive Aktionen nach den meist über das Smartphone erteilten Handlungsanweisungen auszuführen. Während bei traditionellen Performances die Vor- und Nachgeschichte einer Aufführung eher sekundär ist, wird der Aufruf und die nachträgliche, im Internet gepostete Fotodokumentation zum Teil des Ganzen. Die Veranstaltung ist ein reales, körperbasiertes, kollektives Ereignis, aber auch eine Veranstaltung des digitalen Raums. Beide, öffentlicher und digitaler Raum, durchdringen sich hier. Die körperliche Präsenz ist dabei letztlich nur ein Faktor neben den anderen, den digital-kommunikativen Faktoren. Einer Zeit, die unter dem Motto agiert: ich kommuniziere also bin ich, zählt die Omnipräsenz im digitalen Raum mehr als die singuläre körperliche Anwesenheit. Daraus nun sei ein Ausblick abgeleitet: Die Körper „verschwinden" zunehmend im digitalen Raum, was wiederum die Marginalisierung des traditionellen, öffentlichen Raums bedingt. Nimmt man ein Phänomen wie den Flashmob zum Maßstab, bahnen sich in Zukunft neue, vom digitalen Raum dirigierte Kollektive an, denen die körperliche Anwesenheit ein allenfalls marginaler Faktor ist.

IMPULS – Arbeiten an der Anastrophe

Georg Winter[2]: Ja, ich komme aus einer dreißigjährigen Stadtambulanz, *Self Organizing Performance,* und habe mich lange in den Stadträumen aufgerieben. Ich habe zwanzig Jahre ein Ensemble geleitet, die Brigade Partisan Heslach – Performance-Arbeit als Arbeit. Künstlerprekariat mit dem Rücken zur Wand. Das ist eine internationale Baubrigade, die sich dadurch das Überleben sicherte, dass Renovierungsarbeiten, also Aufführungen durchgeführt wurden. Die Selbstorganisation führt neben zahlreichen Unwägbarkeiten dazu, dass ich noch nie einen Antrag auf Förderung gestellt habe, was mich in dieser Runde am Rand positioniert. Der Einstieg vom Rande.

Chassidische Freunde aus Williamsburg haben mir eine SMS an den Pfefferberg geschickt, die ich ins Deutsche übersetzt habe. Das hat mich getroffen. Während wir hier sitzen, beten sie: „Oh, Herr des Universums, bitte halte die Künstlerplage von uns fern, damit wir nicht in bösen Gewässern ertrinken und damit sie nicht in unsere Nachbarschaft kommen, um sie zu zerstören." Das meinen die ernst.

Deswegen: Sehr geehrte Damen und Herren, liebe Kombattantinnen, liebe Kombattanten, den öffentlichen Raum bezeichne ich hier unabhängig bekannter Dialektik (innen/außen, privat/öffentlich) als Zustandsraum. Der Zustandsraum charakterisiert sich durch Flüchtigkeit und lässt sich mit Worten nicht erfassen. Hier ist der Impulsvortrag auch schon zu Ende, wenn nicht die Fassungslosigkeit, Gegenstand

---

[2] Prof. Dr. Georg Winter, HBKsaar, Campus Völklingen.

unserer Sitzendverfasstheit im Raum, einige haltlose Aspekte des Zustandsraums anschaulich machen ließe. Zygmunt Baumann sieht uns in einem Zustand, in dem soziale Formen, Strukturen die individuellen Entscheidungsspielräume begrenzen, Institutionen, die darüber wachen, dass Routineabläufe wiederholt werden, allgemein akzeptierte Verhaltensmuster ihre Gestalt nur für kurze Zeit behalten und niemand etwas anderes erwartet, weil sie so schnell zerfallen, dass sie schon geschmolzen sind, während sie noch geformt werden. Soziale Formen, bereits bestehende wie sich abzeichnende – und darunter fallen die Handlungskonstrukte des öffentlichen Raumes, die Darstellung, die Aufführung der Existenz –, haben kaum je lange genug Bestand, als dass sie sich verfestigen könnten. Als Bezugsrahmen für menschliches Handeln und für langfristige Lebensstrategien sind sie aufgrund ihrer beschränkten Lebenserwartung untauglich. Wir denken, dass die anderen auf der Flucht sind, und rechnen uns stabil. Sieht man ja, wie wir hier sitzen. Deshalb lohnt es sich, mit einem Blick auf die Zukunftsplanung unserer Vorhaben mit einer vagen Ahnung oder antizipatorisch aller Vorahnungen an diesem Zustandsraum zu arbeiten. So stellen sich die Fragen nach der gesellschaftlichen Relevanz, die immer wieder angeschnitten wurden, oder gar nach forstwirtschaftlicher Nachhaltigkeit des künstlerischen Intervenierens in einem Flüchtigkeitsraum anders als vom Sofa oder aus dem Polstersitz. Ein Beispiel aus dem Forst, wie sich die zwiespältigen Ursprünge unseres oft leichtsinnig verwendeten Interventionsbegriffes verflüssigen.

> Ich sollte Förster werden. [...] Deshalb nahm er, der Vater, mich zur Nacht, wenn weder Mond noch Sterne schienen, wenn die Stürme brausten auf Fronfasten und Weihnacht in den Wald. Wenn er dann ein Feuer oder einen Schein sah oder ein Geräusch hörte, so mußte ich mit ihm drauflos, über Stauden und Stöcke, über Gräben und Sümpfe und über alle Kreuzwege mußte ich mit ihm dem Geräusch nach, und es waren Zigeuner, Diebe und Bettler. So, dann rief er ihnen mit seiner schrecklichen Stimme zu: „Vom Platze, ihr Schelmen!" Und wenn's ihrer zehn und zwanzig waren. Sie strichen sich immer fort, und sie ließen oft noch Häfen und Pfannen und Braten zurück, daß es eine Lust war.

So Johann Heinrich Pestalozzi, der Volksaufklärer, Pädagoge und Schriftsteller, in seinem Bildungsroman, 1819. Über dieses Beispiel einer historischen Intervention im öffentlichen Raum schreibt Klaus-Michael Bogdal in seinem Buch *Europa erfindet die Zigeuner:* Bei diesem Übergriff werden die Menschen, die als Eigentums- und Obdachlose im Wald Unterschlupf gesucht haben, nicht nur vertrieben, sondern auch noch verspottet. Vor dem geringen Besitz und vor der Wohnung der Heimatlosen zeigen sie keinerlei Respekt. Diese rohe Handlung der dörflichen Autoritäten scheint jedoch der Tugenderziehung nicht entgegenzustehen.

Im Zusammenhang der Fragestellung zur temporären Intervention im öffentlichen Raum scheint mir das historische Beispiel die unterschätzte Sprengkraft und Widersprüchlichkeit des Intervenierens vor Augen zu führen. Der Förster interveniert gegen vermeintliche Eindringlinge, die in sein Ordnungssystem, den Wald, intervenieren. Eine einseitige Wirklichkeitskonstruktion, die Elias Canetti nochmal beschreibt, in *Masse und Macht,* „der marschierende Wald" als Synonym für die deutsche Ordnung. Besitz zu behaupten, Territorien anzueignen, ohne zu zweifeln, sind Grundsozialisation unserer Wertegemeinschaft. Die Missachtung der Besitz- und Ortlosigkeit ist aktueller denn je, weil die meisten aus Theater, Kunst und Architektur motivierten Interventionen im öffentlichen Raum aus dem Rückhalt dieser sesshaften Sozialisation zu verstehen sind, ist die volle Aufmerksamkeit der Aktiven gefordert. Pestalozzis Roman errichtet nicht nur eine Schule der Austreibung der Wildheit, sondern schult auch in der Vertreibung der Wilden. Paradox an dem Beispiel Pestalozzis ist es, das Lagerfeuer, eine temporäre Beheimatung und das Lagern als ursprünglichste Form der Sicherheits- und Ruhesehnsüchte unsteter Existenz, angreifen zu lassen, wo doch darin die Gemeinsamkeiten lägen. Ein exekutives Verhalten dem integrativen vorzuziehen, macht den damit verbundenen Zivilisationsbegriff unheimlich. Meine Intentionen im Sinne des Vorsatzes, des Vorhabens ist es, eine temporäre Intervention als Aktions- und Handlungsraum im öffentlichen Raum insofern vorzubereiten, als dass den Aktiven deutlich wird, in welcher Konstellation und Verfasstheit sie operieren. Es ist ein Unterschied, ob sich ein System aus sich selbst heraus verändert, als *Self Organizing Performance,* oder ob wir von einem konstruierten Außen ausgehen, in das wir eingreifen und auf das wir eingehen oder in das wir einmarschieren.

Ob das Andere, das Fremde, das Unbekannte Teil unserer Wirklichkeitskonstruktion ist und bei genauer Betrachtung lediglich als Projektionsfläche für die eigenen Befindlichkeiten genutzt wird, gilt es mit den Mitteln der paradoxen Intervention zu prüfen. Beispiele dafür sind aus Projekten von *forschungsgruppe_f* oder Arbeitsgemeinschaft Anastrophale Stadt zu finden. So wurde der Infopavillon eines *Urban-Farming-*Projekts der AG Ast in Mannheim, 2011 bis 2030, kurz nach der Eröffnung durch einen Brandanschlag beschädigt. Allein das Eingreifen von

Künstlern und Stadtforschern im Viertel, ihre Anwesenheit, das über die aktuellen Probleme gestülpte Projekt, ist Gegenstand der Attacke. Obwohl lange recherchiert wurde und ein enger Kontakt zu den Bewohnern bestand, wurde die künstlerische Intervention vielleicht zu Recht als Angriff auf die Wehrlosen und ihre Schwellensituation verstanden, wurde das zukünftige Kreativwirtschaftsquartier durch die Kulturpioniere vorweggenommen, das Viertel temporär besiedelt und in geistiger Verwandtschaft mit Politik und Stadtplanung unbewusst, vielleicht auch unfreiwillig, ins Viertel transportiert. Arbeiten die Kulturschaffenden unbeabsichtigt für den Kultur- und Territorialbegriff der Besitzenden, von denen sie abhängen und die die Mittel zur Verfügung stellen? Drei Jahre später ist genau das eingetreten, was der Brandanschlag zu verhindern suchte. Der Brandanschlag war vielleicht aus den eigenen Reihen, nur über Generationen versetzt. Ein berechtigter Angriff auf das Selbstverständnis des Kulturbetriebs? Ein Kreativwirtschaftszentrum baut sich aus, die Popakademie stabilisiert sich. Die Roma-Familien sind gänzlich aus dem Viertel verschwunden bzw. vertrieben worden. Um den Einfluss von Kunst, Stadtforschung, Theater auf die Entwicklung unserer Gesellschaft nicht so pessimistisch erscheinen zu lassen und sie nicht in den Dienst der bestehenden Herrschaftsverhältnisse unterzuordnen, versuchen wir bestmögliche Methoden und Werkzeuge zu erforschen und anzuwenden, um aus den Fehlern zu lernen.

Begriffe wie öffentlicher Raum, Partizipation und gesellschaftliche Verhältnisse sollten stets aufs Neue definiert und damit auch die Handlungsformen immer wieder neu entschieden werden. Nützlich scheint mir in diesem Zusammenhang der Begriff der paradoxen Intention von Viktor Frankl, Neurologe und Psychiater: Problematische Verhaltensweisen sollten zunächst nicht bekämpft, sondern akzeptiert und sogar gefördert werden. Die Angst vor der Angst, die Erwartungsangst, sollte durch eine absichtliche Ausübung und nicht durch die Unterlassung einer neurotischen Verhaltensweise durchbrochen und überwunden werden. Eine Umkehrung, wie wir es in der Anastrophe, der heftigen Wendung zum vermeintlich Besseren, erfahren und als Änderung der Richtungsdynamik katastrophaler Zustände erproben, kann angestrebt werden. Als Beispiel für Frankls Methode wird gerne der Esel beschrieben, der nicht aus dem Stall will. Der Bauer schiebt den Esel erfolglos an. Paradoxe Intention ist es, den Esel dann von vorne wieder in den Stall zurückzuschieben, worauf er freiwillig ins Freie drängt. Techniken der paradoxen Betrachtungen, Methoden für den *Cultural Turn* nehmen auch Lucius Burckhardt, und Arno Gruen vorweg. In seinem Buch *Der Wahnsinn der Normalität* schreibt Arno Gruen:

Der Wahnsinn, der sich selbst überspielt und sich mit geistiger Gesundheit maskiert. Er hat es nicht schwer, sich zu verbergen in einer Welt, in der Täuschung und List realitätsgerecht sind. Während jene als verrückt gelten, die den Verlust der menschlichen Werte nicht mehr ertragen, wird denen „Normalität" bescheinigt, die sich von ihren menschlichen Wurzeln getrennt haben.

Den Vorschlag, Normatives und Legitimes auf seine Werteverschiebung zu untersuchen und davon auszugehen, dass die Normalität der Städte wahnsinnig sein könnte, wird durch die Methode Burckhardts ergänzt. Mit den promenadologischen Methoden in die Stadt zu gehen, heißt nicht spazieren gehen! Promenadologie, Spaziergangswissenschaften sind kein Spaziergang! Die Änderung der Bewegungsdynamik lässt die Welt je nach Ausgangspunkt von nomadischen oder sesshaften Betrachtungsweisen erscheinen. Die Weiterentwicklung der paradoxen Invention zur paradoxen Intervention in der modernen systemischen Psychologie lässt sich mit den Fragestellungen temporärer Interventionen noch besser verknüpfen. So zielt die paradoxe Intervention darauf ab, festgefahrene Positionen oder Sichtweisen zu erschüttern, um durch Differenz andere als die gewohnten Verhaltensmuster ins Spiel zu bringen, um eine Problemlösung zu ermöglichen. Die Gefahr durch das Verlassen eingespielter Methoden, Kontrollverluste zu erleiden, ist groß, jedoch für künstlerische Interventionen notwendig. Wer sich wirklich auf den öffentlichen Raum oder auf das, was wir dafür halten, einlässt, muss bereit sein, mit der eigenen Raum- und Zeitvorstellung zu scheitern, die eigenen Vorstellungen zu verlassen, um für sich und andere Situationen zu ermöglichen, für die noch keine Begriffe gefunden sind. Eine innere Intervention könnte den Ausgang erleichtern. Jetzt sagt zum Schluss noch Walter Benjamin und nicht Lefèbvre, der lautstark eingefordert wurde: „Der Begriff des Fortschritts ist in der Idee der Katastrophe zu fundieren. Daß es ‚so weiter' geht, ist die Katastrophe."

Aus unserem anastrophalen Symposium, also einem Symposium, das die katastrophalen Zustände zum Besseren wenden will, zumindest als Utopie, und ohne Utopie ist das Jetzt noch schlimmer als ohne, nehme ich vom Pfefferberg in Berlin zuversichtlich mit, dass es im Benjamin'schen Sinne so nicht weitergeht, und einige der Anwesenden bereit sind, etwas dafür zu tun. Danke.

Günter Jeschonnek: Herzlichen Dank für die beiden herausfordernden Impulse. Zwei komplexe und provokative Vorlagen zu den Begriffen des öffentlichen Raumes und des Öffentlichen, zu neuen Handlungsfeldern,

Viertes Podium

Strategien und Perspektiven, aber auch zu Infragestellungen des Vorhandenen der darstellenden Künste im öffentlichen Raum. Wir machen jetzt den fliegenden Wechsel von der praxisorientierten Theorie zur Praxis, zum Podium. Ich begrüße Katja Aßmann, Kuratorin und künstlerische Leiterin Urbane Künste Ruhr mit Sitz in Bochum: Sie ist u. a. auch Jurymitglied bei der Kulturstiftung des Bundes. Bernard Fleury ist Theaterleiter aus Straßburg und lange unterwegs in der Vernetzung europäischen Theaters. Er spricht heute Deutsch mit uns. Dann Sigrun Fritsch, Regisseurin und künstlerische Leiterin des Aktionstheaters PAN.OPTIKUM aus Freiburg. Wir haben sie wie auch Angie Hiesl gestern erlebt, als sie ihre jeweiligen Unorte-Projekte vorstellten. Angie Hiesl, Performancekünstlerin, ist aus Köln zu uns gekommen. Und unser zweiter französischer Gast ist Jean-Marie Songy, künstlerischer Leiter vom Festival Aurillac. Sein Französisch wird live übersetzt. Vorhin konnten wir ein paar Bilder von diesem Festival sehen, um einen kleinen Eindruck zu erhalten. Uwe Köhler, der künstlerische Leiter vom Theater Titanick in Münster und Leipzig, der ebenfalls gestern das Projekt dieses langjährig international agierenden Ensembles präsentierte, moderiert die Podiumsrunde. Ich habe Uwe Köhler gebeten aufgrund unseres Zeitlimits gleich mit den Fragen in medias res zu gehen: Welche Perspektiven der darstellenden Künste im öffentlichen Raum sind denkbar? Welche neuen Handlungsfelder sind möglich?

Uwe Köhler: Danke für die Anmoderation, die erste Frage geht auch gleich an Katja Aßmann. Ich fand es spannend im Vorgespräch, dass ihr euch das Nachfolgeprojekt von Ruhr 2010 auf die Fahnen geschrieben habt, um mit neuen und interdisziplinären Projekten Transformationsprozesse im Ruhrgebiet in Gang zu setzen und zu begleiten. Auch mit den Mitteln der darstellenden Künste im öffentlichen Raum. Katja, bitte stelle das genauer vor.

Katja Aßmann: Wir haben ja tatsächlich über die letzten Tage aus verschiedenen Perspektiven immer auf den öffentlichen Raum geschaut. Mal war es die bildende Kunst, die darstellende Kunst, auch Stadtentwicklungsthemen. Wir haben bei Urbane Künste Ruhr versucht, alle verschiedenen Perspektiven zusammenzubringen. Wir haben tatsächlich eine Sondersituation, dass das Ruhrgebiet mit den 53 Städten diesen Kulturhauptstadttitel 2010 tragen durfte und das Land NRW und der Regionalverband Ruhr jährlich eine Summe, die gestern schon genannt wurde, von über drei Millionen zur Verfügung stellen, um weiterhin in dieser Region Projekte zu machen, die mit Kunst in diese Transformation hineinwirken. Mir war es sehr wichtig, nach so einem Großereignis wie der Kulturhauptstadt, wo natürlich ganz viel Energie in ein Stadtmarketing gesteckt wird, erst einmal genau zu definieren, was wir denn damit meinen, wenn wir über Künste im urbanen Raum oder Urbane Künste Ruhr sprechen. Wir haben sogenannte Labore ausgerufen, wo wir mit Künstlern und Kuratoren zuerst an diesem Begriff des Urbanen gearbeitet haben. Am Ende sind daraus auch Projekte entstanden, aber es waren jeweils dreijährige Prozesse, um diese Begrifflichkeiten und Themen zu diskutieren und zu verhandeln. Ich konnte eine Art Schutzraum bauen für drei Jahre, in dem die Gruppen, ohne sich mit der Verwaltung oder all den lästigen praktischen Dingen auseinanderzusetzen, aber stattdessen über Projekte und über Interventionen zu forschen. Am Ende wollten wir diese Laborergebnisse natürlich präsentieren. Auch da ist es aus meiner Sicht ganz wichtig, dass nicht die Künstler ihre neuen Perspektiven Stadtplanern oder Politikern übersetzen müssen, sondern dass dann Kuratoren wie ich diese Übersetzung übernehmen und somit die Künstler auch nicht instrumentalisieren, sondern ihre neuen Perspektiven erarbeiten zu lassen und sie gemeinsam zu repräsentieren. Künstler sollen ja nicht Stadtplanung oder Politik ersetzen, sondern sie sollen als Künstler neue Perspektiven einbringen. Das wollen wir im Ruhrgebiet weitermachen, was auch spannend ist. Wir brauchen jede Hilfe in der Transformation im Ruhrgebiet. Es gibt so viele Probleme in der Stadtentwicklung, in der Entwicklung der Stadtgesellschaft, dass ich gar nicht darauf verzichten möchte, diese neuen Perspektiven der Künstler zu sammeln und zu nutzen.

Köhler: Kurze Nachfrage: Ist dieses Modell für dich übertragbar auf andere Felder oder Regionen in Deutschland oder auch darüber hinaus?

Aßmann: Ich glaube, dass das, was wir im Ruhrgebiet zusammengetragen haben, nicht einzigartig ist. Es gibt viele Regionen, die sehr ähnliche Probleme der Schrumpfung und des Paradigmenwechsels in der Arbeit, Arbeitswelt zu bewältigen haben. Aber ich glaube, dass jede Stadt und jede Region aus sich heraus betrachtet werden muss, auch wenn es gewisse ähnliche Entwicklungen gibt. Dass überhaupt diese Gelder für Urbane Künste Ruhr zur Verfügung stehen, auch freie Gelder, um sich einzubringen und neue Perspektiven zu entwickeln, daran können sich die anderen Bundesländer durchaus ein Beispiel nehmen. Wenn wir das besonders propagieren und auch die Erfolge und das Beispielhafte zeigen, kann das Schule machen. Es wurde heute nur kurz das *Detroit-Projekt* erwähnt: Da ging es ja nicht um Detroit, sondern wir haben Detroit als ferne Größe gesehen, wo General Motors Entscheidungen über die Stadt Bochum getroffen hat, wo ein Opel-Werk geschlossen wurde oder kurz davorstand. Wir wollten das nicht einfach hinnehmen und haben versucht, mit einer großen künstlerischen Geste dem etwas entgegenzusetzen. Dieses *Detroit-Projekt* hat bereits etwas in der Politik und Stadtentwicklung verändert. Und deshalb, glaube ich, könnten wir als Beispiel gelten.

Köhler: Danke. Tolle Möglichkeiten für euch mit diesem großen mehrjährigen Projekt. Nun frage ich Angie Hiesl, die seit dreißig Jahren im öffentlichen Raum performt und ihre künstlerischen Ausdrucksmittel ständig erweitert: Was waren rückblickend deine Handlungsfelder und wie siehst du dein Wirken im öffentlichen Raum vorausblickend?

Angie Hiesl: Ich komme ganz ursprünglich von der Straße, einerseits vom Zirkus, Zirkustheater und andererseits auch aus den Traditionen von Judith Malina und Jerzy Grotowski. Das waren meine Einflüsse. Ich habe dann nur an Orten oder für Orte gearbeitet, inszeniert. Mein Hintergrund ist die Hausbesetzerszene, weshalb ich dann ganz stark in Räumen, für Räume gearbeitet habe. Zum Beispiel in diesem uralten Stollwerck, einer besetzten Fabrik, wo wir sehr frei kreieren konnten. Von dort, diesem wunderbaren und freien Ort, musste ich eben raus. Für mich war es dann aber auch ein „Freiwerden", sozusagen, mir immer wieder neue Räume zu suchen. Über diese Räume bin ich dann gemeinsam mit meinem Partner, Roland Kaiser, zu verschiedenen Menschen, Gruppen, Themen gekommen, die dann aber immer wieder im Zusammenhang mit einem konkreten Raum standen. Und so ist es weitergegangen. Manchmal sind es Themenfelder, die wir vielleicht als Vision sehen; manchmal ist es ein Wunsch, bestimmte Themen zu bearbeiten oder zu erarbeiten. Dann kommen aber auch Dinge aus dem Alltag auf uns zu. Insofern kann ich gar nicht groß über die Zukunft reden. Ich weiß nur, wir werden weitergehen, uns immer wieder verschiedene Segmente aus dem gesellschaftlichen Kontext anschauen, immer unter dem Fokus Mensch – Raum, Mensch – Urbaner Raum, Mensch – Naturraum. Das allerdings auch international gesehen. Das Reisen gehört seit meiner Kindheit zu meinem Leben; ich bin in verschiedenen Ländern aufgewachsen, und das zieht sich wie ein roter Faden durch unsere Arbeit. Das ist einer der Nährböden für unsere Arbeit. Eindrücke aus internationalen Begegnungen hineinnehmen in die Projekte, die wir hier in Deutschland entwickeln. Dann wieder das Reflektieren über unsere Wirkung in der Gesellschaft, im Positiven und im Negativen. Das sind unsere kleinen Schritte, die dann vielleicht auch noch größer werden.

Köhler: Danke. Jetzt möchte ich den Blick nach Frankreich richten. Jean-Marie Songy ist der künstlerische Leiter von Aurillac, dem größten Straßentheaterfestival in Frankreich. Vielleicht ein paar Worte zur Entwicklung in Frankreich. Es ist in den 1980er Jahren so gewesen, dass die Artisten, die Künstler, beschlossen haben, die Mauern zu verlassen, aus welchen Gründen auch immer, sicherlich auch eine Nach-68er-Bewegung, nach neuen Formen zu suchen. Sie fanden dafür auch Politiker wie Jack Lang, der als Minister diese Kulturform unterstützte. Gerade *Les Arts de la Rue*, die Künste auf der Straße, die sich dreißig Jahre später als eine besondere Kunstform entwickelt hat. Man kann sie nicht vergleichen mit dem, was hier in Deutschland entstanden ist. Es hat sich in Frankreich sehr viel entwickelt, blühte geradezu auf, und es entstanden sehr viel mehr Festivals. Es fließen einfach viel mehr Gelder in diese Sparte. Es ist eine besondere Kulturförderung. Gruppen wie wir mit Titanick, die ein Ensemble von zehn bis zwanzig Leuten haben, können nicht pro Jahr Beträge von 300 000 bis 500 000 Euro erwarten – und das dann über einen Zeitraum von drei bis fünf Jahren. Diese Gruppen haben also eine ganz andere Grundlage für ihre Arbeit und ihre künstlerische Weiterentwicklung. Und das gilt auch für die Festivals in Frankreich. Das ist eine andere Art von Kulturpolitik, denn Kultur ist da Staatsangelegenheit. Der Staat gibt Geld, die Region gibt Geld, das Departement und die Stadt ebenfalls. Und so ist auch das Festival Aurillac letztlich finanziert. Jean-Marie erzählte mir, dass er nach dreißig Jahren Erfahrungen mit dem Festival Aurillac einen Paradigmenwechsel plant und dafür inzwischen andere Kriterien entwickelt hat. Erzähle uns dazu bitte etwas, auch über neue Handlungsfelder in Frankreich.

Jean-Marie Songy: Vielen Dank für die Einführung. Die Darstellung von Uwe über die Strukturen in Frankreich ist aber ein bisschen idyllisch. Man kann schon sagen, dass sie entwickelter sind als in Deutschland und dass es auch mehr und bessere Unterstützung gibt, und trotzdem klingt es idyllisch. Es gibt eine geteilte Verantwortung in den Künsten im öffentlichen Raum zwischen den Künstlern und der Politik. Wenn wir mit unseren Projekten in den öffentlichen Raum gehen, tun wir das als Künstler, aber auch mit einer politischen Verantwortung. Der öffentliche Raum ist ja ein politischer Raum. Das Festival in Aurillac gibt es jetzt bald seit dreißig Jahren. Es ist ein viertägiges Festival, und ich als Programmmacher habe genauso wie die Kuratoren und die Künstler, die Verantwortung, Räume, Zonen zu kreieren, die nur für die Kunst da sind und die sich außerhalb von allen Regeln und außerhalb des Gesetzes befinden. Es gab ja einen großen Angriff auf die Freiheit der Kunst und auf die Meinungsfreiheit in Paris. Und es ist an uns, diese Freiheit zu schützen und dafür zu kämpfen, und das tun wir auch, indem wir in den öffentlichen Raum gehen, auch wenn wir jetzt die ganze Zeit von Öffentlichkeit und öffentlichem Raum sprechen und jeder davon auch eine eigene Vorstellung hat, was das bedeutet. Es ist wichtig, dass wir uns an die Familie wenden, und der Begriff Familie hat eine ganz wichtige Bedeutung für unsere Kunst. Was meine ich damit? Das sind die verschiedenen Generationen, die sich im öffentlichen Raum bewegen, vom Kind bis zu den Großeltern. Als Festivalmacher habe ich die Verantwortung, das mitzudenken. Das bestimmt auch einen besonderen Rhythmus, den wir in unser Festival einbringen können. Wenn wir 24 Stunden Kunst im öffentlichen Raum machen, dann denken wir darüber nach, wann und wo sich die Künstler mit ihren Projekten befinden, zu welcher Uhrzeit wir was und für wen präsentieren. Ich stehe also als Festivalleiter in dieser moralischen Verantwortung, an die Künstler und das Publikum und an die Kommunikation und Interaktionen zwischen beiden Seiten zu denken. Wir schaffen ja eine Zone der Freiheit, möglichst ohne Grenzen. Das ist das Besondere eines Festivals. Ein fragiler Raum.

Köhler: Wir lassen das mal so stehen. Bernard Fleury, Theaterleiter von Le Maillon in Straßburg ist auch Teil des Europaprojektes Second Cities. Beim Vorgespräch sagte er mir: Ich habe mit dem Theatermachen in den 1980er Jahren begonnen, weil ich Dummheiten machen wollte, und eigentlich ist das immer noch so, dass ich Dummheiten machen will. Das möchte ich erklärt bekommen. Was heißt das im Kontext von europäischen Projekten?

Bernard Fleury: Wir reden zusammen mit Jean-Marie über den Unterschied vom Theatermachen in Frankreich und Deutschland. In Deutschland denkt man mehr an Konzepte, die man so weiterbringt. In Frankreich hatte man gerade in der Zeit um 1968 mehr Möglichkeiten, sogenannte Dummheiten auf der Bühne auszuprobieren. Nämlich die Regeln des Sozialen zu brechen und neue Utopien auf der Bühne und im öffentlichen Raum zu präsentieren. Das war so die Entwicklung, die Jean-Marie meint. Diese friedliche Zone, die man sich sucht für das Theater, die das Theater gerade im öffentlichen Raum braucht, die ist jetzt mit dem Attentat auf Charlie Hebdo zerstört. Diese Zeitung wollte das Recht haben, Satire zu machen, also sogenannte Dummheiten. Gegen Könige oder auch gegen Gott. Dieser Humor ist in Frankreich etwas sehr Wichtiges. Natürlich wird in unseren Theatern auch über die Gesellschaft nachgedacht, spielt auch das Konzeptionelle eine Rolle. Die Theater in Frankreich sind aber anders als in Deutschland. Es gibt keine festen Theaterensembles, es sind freie Gruppen, so wie die Kaserne in Basel, wie der Ringlokschuppen in Mülheim oder wie das HAU, hier in Berlin. Wir laden ja auch nur Produktionen ein. Das sollen dann Stücke sein, die die Menschen z. B. in Straßburg interessieren. Aber es kommt auch zu Konflikten. Vor sieben Jahren spielten wir vor Jugendlichen in einem anderen Bezirk. Das passte den Drogenhändlern nicht, und sie ließen den Theaterwagen von Jugendlichen anzünden. Die wollten dort kein Theater haben, weil es ihre Geschäfte störte. Und da stellt sich die Frage, welche Rolle Theater in einer Gesellschaft spielt und wie offen eine Gesellschaft ist, dass sich Theater mit all seinen Mitteln mit Konflikten der Gesellschaft auseinandersetzt. Noch ein Beispiel: Romeo Castellucci inszeniert seit zehn Jahren regelmäßig bei uns. Seine Inszenierung *Über das Konzept des Angesichts bei Gottes Sohn* war von den extremen Rechten angegriffen worden. Die fünfhundert Zuschauer gingen ins Theater unter dem Schutz von 1500 Polizisten. Zwei Jahre später war es das Gleiche mit Brad Baileys *Exhibit B* bezüglich einer anderen Art von Extremismus: in diesem Fall von Leuten, die sagen, nur Schwarze haben das Recht über Rassismus gegenüber Schwarzen zu reden. Wir hatten Glück mit diesem Stück selber keine Probleme zu haben, aber ein Jahr später in Paris, im Theater Gérard Philippe (TGP), waren die fünfhundert Zuschauer wieder unter dem Schutz von tausend Polizisten. Was bedeutet das? Was bedeutet auch diese Aggression, die Gewalt gegen Charlie Hebdo? Diese Mörder waren Leute aus unserer Gesellschaft. Vielleicht nicht im Sinne von Mitbürgern, aber eben Mitbewohnern. Und da entstehen natürlich die Fragen zu unserer Gesellschaft und zur Rolle des Theaters. In Frankreich leben wir in einer gespaltenen Gesellschaft. Und welche Fragen kann da das Theater stellen oder auch welche Antworten geben? Wir können nicht akzeptieren, dass entweder der Front National oder andere Extremisten die Freiheit des Theaters angreifen. Bei uns ist es schwieriger geworden, auch an Unorten zu spielen, wo wir natürlich auch wirksam sein möchten. Seit ein paar Jahren haben wir das Netzwerk Second Cities – Performing Cities auf die Beine gestellt. Hier haben sich europäische Städte wie Straßburg zusammengeschlossen, also nicht die Metropolen. In Straßburg leben etwa 500 000 Einwohner. Innerhalb dieses Netzwerks findet ein Austausch statt, auch über die Authentizität der Beziehung zwischen den Theaterleuten der Stadt und seinen Bürgern. Wir wollen nach wie vor eine enge Beziehung zu unserem Publikum aufbauen, im Theater und auch bei Produktionen im öffentlichen Raum. Und das ist auch der Sinn von unserem Netzwerk.

Köhler: Ein guter Begriff, den auch Jean-Marie benutzt hat. Du wie auch die anderen haben im Vorgespräch gesagt, dass wir im öffentlichen Raum einen Schutzraum brauchen für unsere Kunstform. Charlie Hebdo war ein schreckliches Beispiel für die Beschneidung dieses Raumes wie auch der künstlerischen Freiheit. Übertragen auf unsere Kunstform bedeutet das schon, dass wir den öffentlichen Raum, den geschützten Raum, unbedingt brauchen. Ich möchte jetzt Sigrun bitten, aus ihrer Sicht als künstlerischer Leiterin des Theaters PAN.OPTIKUM, das auch seit dreißig Jahren Theater im öffentlichen Raum macht, auf die Rahmenbedingungen einzugehen. Was brauchen wir freien Gruppen, um auch zukünftig gutes Theater im öffentlichen Raum zu machen?

Sigrun Fritsch: Ich versuche es. Vorneweg: Wir sind ja eine freie Theatergruppe ohne feste Spielstätte. Wir kommen schon deshalb für viele Förderungen gar nicht infrage, fallen da hindurch. Wir haben verschiedene Produktionsstätten und müssen uns die Spielorte immer wieder suchen und erkämpfen. PAN.OPTIKUM ist eigentlich eine Berliner Gruppe, 1982 gegründet. Ich bin seit 1988 dabei und leite sie seit 1989. Wir wohnen nicht mehr in Berlin, sondern leben und arbeiten vor allem in Freiburg. Deshalb auch dort die kommunale Verortung für unsere verschiedenen Formate. Um kommunal wahrgenommen zu werden, machen wir auch kulturelle Bildungsprojekte in der Kommune. Um aber auf Landesebene und Bundesebene gesehen zu werden, vor allem mit Tourneen (und darauf sind wir angewiesen wie nicht wenige von euch), brauchen wir Mittel, die auch bundesweit und überregional vergeben werden. Ein Beispiel war jetzt dieses Unorte-Projekt, für das wir diese verschiedenen Fördermöglichkeiten abrufen konnten. Aber es war nur ein Projekt und ist eben nicht die Regel. Seit vier Jahren bekommen wir eine kontinuierliche Förderung. Und zum ersten Mal habe ich die Chance, zu Phänomenen wie dem Verhältnis zu Zuschauern zu forschen, oder habe auch Lust, mich künstlerisch damit auseinanderzusetzen. Zum Beispiel schaue ich bei den Produktionen im öffentlichen Raum auf die Handys der Zuschauer. Wir werden gefilmt. Das heißt, unsere Zuschauer sind zwar da, aber auch nicht da, weil sie eigentlich damit beschäftigt sind, das, was sie erleben, zu filmen, vielleicht auch sich selbst zu inszenieren. Ein spannendes Phänomen. Wie begegnen wir den Zuschauern im digitalen Raum? Kann der digitale Raum mit in eine Inszenierung einbezogen werden? Die Veränderung des öffentlichen

Internationales Symposium

Raums durch den neuen digitalen Raum lädt zur Selbstinszenierung und Kommunikation ein. Fast dreißig Jahre waren wir damit beschäftigt, uns von Projekt zu Projekt zu hangeln, Gelder aufzutreiben, um weiter existieren und neue Projekte anschieben zu können. Das hat wahnsinnig viel Kraft gekostet, weil wir ja auch ein Ensemble sind, so wie Titanick oder auch Theater Anu. Wir sind nur noch sehr wenige mit einem Ensemble hier in Deutschland, die im öffentlichen Raum arbeiten. Wir gehen auf die Straße, wir gehen runter von der Bühne und arbeiten auch anders als die Ensembles an den festen Häusern. Das waren ganz bewusste Entscheidungen. Wir haben in der Regel keine Hierarchien, arbeiten demokratisch. Und ich glaube, dass unsere Zuschauer das auch merken.

Jetzt zu den Strategien und Handlungsfeldern: Es gibt eine Studie der Bundesakademie für Kulturelle Bildung in Wolfenbüttel im Auftrag der Kulturstaatsministerin (BKM). Dort wird klar gesagt, dass Kunstprojekte nicht nachhaltig sein, sondern lediglich Impulse geben können. Dieses Projekt Unorte ist ein super Impuls, und ich würde ungern das Podium verlassen, ohne eine Vision oder irgendeine Idee zu haben, wie es weitergehen kann mit uns hier. Das ist mir total wichtig. Es gibt Modelle in verschiedenen Regionen – aber was kann künftig bundesweit passieren? Das ist eine Frage, und das ist natürlich das, was wir gemeinsam vielleicht hoffentlich hier noch diskutieren. Die bisherige Förderstruktur der Freien Theater und im Besonderen der Ensembles im öffentlichen Raum ist geprägt durch föderalistische, abhängige und praxisferne Strukturen. Produktionen im öffentlichen Raum benötigen per se mehr Mittel, da sie in der Regel auf keine Infrastruktur zurückgreifen können. Förderungen in der Größenordnung des Unorte-Projekts sollten die Regel und nicht die Ausnahme sein. Darum sind Förderungen über Kommune und Land hinaus durch den Bund unabdingbar.

Und zum Schluss möchte ich noch etwas zum Themenfeld Kulturelle Bildung einbringen: Noch liegen die Schwerpunkte dieser Förderungen auf regelmäßigen Kursangeboten oder Workshops statt bei künstlerischen Produktionsprozessen und anschließenden Aufführungen. Das ist unserer Meinung nach ein großer Fehler. Eine Präsentation, die Erfahrung, etwas erarbeitet zu haben, das dann bejubelt wird, stärkt in so hohem Maße das Selbstwertgefühl, dass es nachhaltige Auswirkungen auf die Lebenswege der Jugendlichen hat. Und nicht zu vergessen, das sind unsere Zuschauer von morgen!

Ein zweiter großer Fehler ist es, die Förderungen ausschließlich auf bildungsbenachteiligte Jugendliche auszurichten. Das hört sich jetzt vielleicht etwas befremdlich an. Aber unsere erfolgreichsten Projekte waren die, die im Laufe des kreativen Prozesses Jugendlichen aus bildungsfernen Schichten halfen, Jugendliche aus Realschulen und Gymnasien kennenzulernen und mit ihnen etwas Gemeinsames zu entwickeln. Mir ist überhaupt nicht einsichtig, dass man Jugendliche aus bildungsfernen Schichten isoliert behandeln sollte. Was soll das unserer Gesellschaft bringen?

Das bringe ich aus den Erfahrungen mit unseren Projekten im urbanen Umfeld der Gesellschaft ein, die sich nach meiner Auffassung am Puls der Zeit bewegen und öffentliche Räume bespielen, die vertraut sind und die alle aufsuchen können, unabhängig von Bildung und einer bestimmten Generation.

Köhler: Dann noch ergänzend die Frage an Angie in Richtung Strategie, Perspektiven und Nachwuchs gerichtet: Du sagtest ja, dass die Nachwuchsarbeit dringend gefördert werden muss.

Hiesl: Ja, Nachwuchsförderung beginnt für mich bei der Ausbildung. Bei Auditions, die wir immer wieder gemacht haben, stellten wir oft fest, dass die Leute technisch toll ausgebildet waren. Meistens stellten wir die Aufgabe, ein selbst gewähltes Solo zu zeigen, sei es im Tänzerischen, Schauspielerischen oder auch Musikalischen. Dann gingen wir mit ihnen in den öffentlichen Raum und arbeiteten dort mit ihnen. Und dabei haben wir oft festgestellt, dass es zwischen dem Innen und Außen eine große Diskrepanz gab. Viele konnten unseren Erwartungen nicht entsprechen, denn es ist ein großer Unterschied, ob ich drinnen oder draußen performe. Man braucht dafür andere Mittel. Und an den Hochschulen gibt es meines Wissens gar kein Verständnis für das Spielen im öffentlichen Raum und natürlich auch kein Unterrichtsfach. Ortsspezifik spielt inzwischen zwar eine immer größere Rolle bei den jungen Gruppen, aber manche glauben, dass man dafür gar keine anderen Mittel benötigt, und betrachten diese Auftritte als kleine Ausflüge. Ich unterrichte selber seit Anbeginn meiner Arbeiten im öffentlichen Raum und vermittle Methoden und Techniken, die man dafür erlernen kann. Es gibt da genügend, was wir vermitteln können, viele von uns hier. In der Theorie scheint es, schon etwas besser an den Unis oder Hochschulen auszusehen, aber was die Praxis anbetrifft, gäbe es sehr viel Nachholbedarf. Das gilt auch für das Feld der Förderung in den Kommunen und Ländern. Da scheint es auch noch gar kein richtiges Bewusstsein für das Spezifische unserer Kunstform zu geben. Sigrun hat es eben beschrieben. Dem stimme ich voll zu, trotz einiger Verbesserungen in den letzten Jahren. Wir in NRW haben da inzwischen einiges erreicht und einen langen Kampf geführt, um das Instrumentarium der Spitzenförderung einzuführen. Und in Köln haben wir es geschafft, dass es eine Konzeptionsförderung gibt. Im Moment ist es allerdings sehr kompliziert, weil die Gelder von der Politik nicht freigegeben werden. Da fehlt mir einfach das Verständnis von den Politikern, die anscheinend nicht wissen, wie wir arbeiten, wie unser Alltag aussieht. Bei unserer hochprofessionellen Arbeit haben wir Planungsvorläufe und brauchen die Fördergelder. Wie erreichen wir ein Verständnis dafür bei den Kulturpolitikern und ihren Parteifreunden? Wir schaffen es neben unserer künstlerischen Arbeit und anderen Verpflichtungen nicht, auch noch diese Überzeugungsarbeit immer und immer wieder zu leisten. Neben unseren ehrenamtlich arbeitenden Verbänden brauchen wir solche engagierten Leute wie Herrn Jeschonnek. Davon gibt es aber zu wenige, die auch diese Dinge ansprechen. Und letztendlich stellt sich dann auch immer wieder die Frage nach dem Punkt der freiwilligen Leistung Kultur. Warum gehören Kunst und Kultur überhaupt zu den freiwilligen Leistungen? Das werde ich nie verstehen. Das ist ein Unding in unserem reichen Land. So wie ich gehört habe, soll auch dieser Punkt in NRW diskutiert werden. Aber was wird dabei herauskommen? Sachsen ist das einzige Bundesland mit einem Kulturraumgesetz, wodurch sich die Landesregierung verpflichtet, Kunst und Kultur gemeinsam mit den Kommunen zu schützen und zu fördern.

Köhler: Das sollte eine mögliche Forderung auch von uns sein, dass Kunst und Kultur eben nicht mehr als freiwillige Leistungen deklariert werden. Das ist eine politische Diskussion, die geführt werden müsste. In Frankreich ist es anders. Dort ist es verpflichtend. Wir rangieren immer hinter den Bereichen Soziales, Arbeit, Schule, Kinderbetreuung, Migration etc. und werden eben nicht gleichberechtigt behandelt – im Gegenteil. Obwohl für das Kulturfördergesetz in NRW angedacht wird, bestimmte kulturelle Leistungen als verpflichtend zu betrachten. In Sachsen ist das ja so, wie wir auch von Herrn Großmann hörten. Nochmal kurz zur Erklärung: Spitzenförderung bedeutet nach dem NRW-Programm des zuständigen Kulturministeriums, dass sich Freie Gruppen um eine Spitzenförderung von 65 000 Euro pro Jahr, auf drei Jahre bezogen, bewerben können. Immerhin ein Fortschritt oder besser: ein Anfang. Ähnliche Modelle gibt es auch in anderen Bundesländern, die dann Konzeptionsförderung oder Basisförderung heißen. So wie auch beim Fonds Darstellende Künste die dreijährige Konzeptionsförderung.

Hiesl: In Köln gibt es diese Förderung inzwischen auch.

Köhler: Aber die Frage auch an Katja Aßmann. Sie ist ja Jurymitglied beim Doppelpass der Bundeskulturstiftung. Wäre es denkbar, dass wir so etwas wie eine Netzwerkförderung bekommen als Bundesverband Theater im Öffentlichen Raum, so wie der Dachverband Tanz? Oder wie der Tanzplan?

Aßmann: Ich bin tatsächlich jetzt in diese Jury gewählt worden. Das ist mein erstes Mal. Deshalb kann ich gar nicht aus großer Erfahrung sprechen, was da zu erwarten ist. Ich kann aber aus meinem Erfahrungsbereich sagen, dass Urbane Künste Ruhr mit der Maßgabe gegründet wurde, dass wir im Netzwerk arbeiten und dass wir Koproduktionen neu denken. Ich darf gar nicht alleine arbeiten, sondern verbünde mich immer mit lokalen Theatern, Museen, Kunstvereinen und Freien Gruppen. Es sollten möglichst auch immer mehr als zwei Projektpartner sein, sodass wir da auch tatsächlich neue Wege erproben können, wie man zusammenarbeiten kann. Das heißt wiederum, dass das Thema Netzwerk bei der Politik angekommen ist. Es gibt im Ruhrgebiet in diesem Jahr im September eine große Kulturkonferenz der Kulturministerin zum Thema Netzwerke. Wir alle kennen dieses Thema schon lange, aber in der Politik kommt es jetzt gerade an. Von daher scheint es ein gutes Klima für neue Modelle zu geben.

Köhler: Das wäre gut. Ich möchte nochmal auf den Impuls von Stefan Behr zurückkommen. Wir müssen eine Strategie entwickeln und uns fragen, welche Formen von Förderung überhaupt denkbar sind. Das haben eben auch Angie Hiesl und Sigrun Fritsch angesprochen. Wie können wir so etwas wie eine Denkfabrik entwickeln, zusammen mit Kulturpolitikern? Was genau braucht unsere Kunstform eigentlich an Förderinstrumentarien, wohlwissend, dass wir ganz besondere Arbeitsbedingungen, Probenbedingungen und Aufführungsbedingungen haben, die bereits angesprochen wurden? Ich werfe auch noch einen Blick nach Frankreich: von 2005 bis 2007 *Le Temps des Arts de la Rue*. Da setzte die Kulturpolitik einen Schwerpunkt. Künstler, Organisatoren, Festivalleiter und Politiker hielten nach zwanzig, 25 Jahren inne und überlegten: Was haben wir erreicht, und was können wir verbessern? Jean-Marie, bitte sage uns etwas dazu.

Songy: Es gab einen sehr starken Willen auf nationaler Ebene, aber auch in Kooperation mit den Regionen und einigen Städten zu sagen: Das Theater im öffentlichen Raum ist eine wichtige Form der darstellenden Künste. Es war eins der Ziele dieser Zeit der Straßenkunst, *Le Temps des*

Arts de la Rue, nationale Zentren zu schaffen, und es gibt heute inzwischen 13 institutionelle, nationale Zentren des Theaters im öffentlichen Raum in Frankreich.

Köhler: Das sind Zentren, die Residenzen vergeben für Theatergruppen im öffentlichen Raum, die auch entsprechende Mittel bekommen, um 300 000 Euro, 150 000 vom Staat und 150 000 vom Departement. Mit diesen Mitteln können also Residenzen durchgeführt oder auch Impulse im Bereich der darstellenden Kunst in der Region gesetzt werden. Das sind Beispiele von *Le Temps des Arts de la Rue.*

Songy: Nach *Le Temps des Arts de la Rue,* nach dieser Zeit mit dem Fokus auf Theater im öffentlichen Raum, gibt es auch heute noch eine sogenannte nationale Agenda, also auch auf höchster politischer Ebene, für alle Künste im öffentlichen Raum. Ohne Unterscheidung zwischen bildender Kunst und darstellender Kunst. Dafür gibt es bisher noch keine Mittel, aber es gibt Bestrebungen, dafür auch einen Fonds einzurichten.

Köhler: Eine weitere Konsequenz dieser Entwicklung war auch die Gründung der Schule, La FAI-AR in Marseille und die Etablierung eines ganzen Stadtteils mit den Künsten im öffentlichen Raum, genannt Cité des Arts de la Rue. Dort erhalten große Theatergruppen oder besondere Einzelkünstler Residenzen. Und es gibt ein Büro für Distribution, um die Künstler im Land und auch international zu vermitteln. Die Schule bietet inzwischen ein Masterclass-Studium mit Uni-Niveau an. Die intensive Ausbildung dauert 18 Monate. Aber Bernard will noch was ergänzen?

Fleury: Ja, Cité des Arts de la Rue, das hat zu tun mit dem Unort-Begriff, aber es entspricht nicht ausschließlich dem gesamten Konzept von Unorten. Ich wollte nur erwähnen, dass wir in Frankreich und ihr in Deutschland aufpassen müssen, dass Kunst und Kultur geschützt bleiben. Beide Länder sind da immer noch gute Beispiele in Europa. In anderen Ländern sieht es da schon problematischer aus. In Straßburg haben wir LIGNA, Dries Verhoeven und andere Gruppen für den öffentlichen Raum eingeladen. Wenn wir so etwas für Afrika planen würden, wäre das unmöglich. Zum Beispiel ist in Städten wie Johannesburg die Lage ganz anders, nicht kunstfreundlich. Und das gilt auch für viele Städte in der sogenannten Dritten Welt. Wir sollten nicht vergessen, über welche Freiheiten wir in Europa immer noch verfügen. Es gibt wunderbare Künstler, wie Steve Cohen z. B., der auch an Unorten interveniert. Die haben ein sehr schönes Festival in Kapstadt, das INFECTING THE CITY, heißt und das höchst interessant ist. Trotzdem wollte ich darauf hinweisen, dass die Bedingungen nicht mehr so wie vor zehn oder zwanzig Jahren sind. Der Druck ist im öffentlichen Raum größer geworden. Deshalb stelle ich mir immer wieder die Frage, was Theater heute für die Stadt und die Bürger bedeutet.

Köhler: Ich denke, wir sind uns einig, das war jetzt ein Plädoyer für die Vielfalt der darstellenden Künste im öffentlichen Raum – auf der Basis dieser 18 Sonderprojekte. Mit der Einschränkung, die aber de facto ja gar keine war, dass es sich um Projekte handelt, die auf einen Unort zugeschnitten waren, also *Site-specific*-Projekte sind. Alle Theatermacher wissen natürlich, dass das auch einen Nachteil hat, an einem Unort, *site specific*, zu arbeiten, weil die Inszenierung immer nur temporär und nicht ein Tourneestück sein wird. Ausnahmen bestätigen die Regel. Das ist ein Vorteil. Vorteil, weil es einfach erklärbar ist für Kulturpolitiker, dass man einen Unort entdeckt und bespielt sowie ihm Leben einhauchen will – für den Moment oder sogar auch nachhaltig. Das war ja auch der Impuls von Herrn Jeschonnek, so auch an unseren Bundesverband, mit dieser kulturpolitischen Ausrichtung erst einmal die Bundespolitik zu überzeugen und sie mit der Kraft unseres Genres anzustecken. Das haben wir mit den 18 Projekten beispielhaft erreicht. So auch zu Beginn des Symposiums die Einschätzung von Herrn Kruse. Auch wenn wir das mit jeweils 15 Minuten Präsentation gar nicht detailliert darstellen konnten. Schaut auf unsere Webseiten, damit ihr euch selbst ein Bild macht. Es lohnt sich. Und wenn ein Buch entstehen sollte, wie von Herrn Jeschonnek angekündigt, wird man sich von der Komplexität und Bedeutsamkeit der einzelnen Projekte überzeugen können. Davon bin ich überzeugt.

Jetzt müssen wir darüber nachdenken, was daraus folgen könnte und sollte. Dieses Sonderprojekt kann und darf keine Eintagsfliege bleiben. Das wurde von verschiedenen Seiten betont. Es geht uns um das Festschreiben von Fördermaßnahmen, die darüber hinausgehen, die uns ermöglichen, wirklich in Ruhe unseren künstlerischen Weg zu verfolgen als Künstler, Künstlergruppen oder auch als Festivalleiter. Das hat mit Strategie zu tun, mit Gesprächen nicht nur auf kommunaler Ebene, sondern auch mit der Bundeskulturpolitik. Wir haben allen Grund, unsere Kunst zu verteidigen und dafür zu begeistern – gegenüber den Zuschauern, aber auch gegenüber der Politik insgesamt. Wir thematisieren Konflikte, stellen Fragen und lösen mit unseren Projekten gesellschaftliche Diskurse aus. Gründe genug, dass sich nicht nur Kulturpolitiker für uns interessieren. Stellt eure Fragen, gebt Hinweise zu Strategien, Perspektiven und Handlungsfeldern. Lasst uns auch nach dem Symposium gemeinsam daran arbeiten.

Werner Schrempf: Ich wollte nur kurz noch was sagen zur Situation in Frankreich mit den 13 Kreationszentren und zu einer allgemeinen Möglichkeit, diese nationalen Kreationszentren in internationale zu überführen. Das wäre etwas, das man von Frankreich lernen kann. In Österreich und in Deutschland könnte man auch derartige kreative Zentren für die darstellenden Künste schaffen. Katja Aßmann zeigt im Ruhrgebiet, dass es möglich ist, überregional und international zusammenzuwirken und auch Brücken zwischen bildender und darstellender Kunst zu bauen. Und ich glaube, dass sich dafür auch die Zuschauer interessieren, wenn wir uns mit neuen Formaten ästhetisch weiterentwickeln.

Köhler: Danke für diesen wichtigen Impuls an unsere Adresse.

Zusammenfassung der offenen Diskussion[3] (Günter Jeschonnek)
Seitens des Bundesverbands Freie Darstellende Künste fragt Alexander Pinto aus Hamburg, wie sich die Forderungen nach Stärkung der darstellenden Künste im öffentlichen Raum in die Entwicklungen, Diskussionen, Prozesse und Forderungen einordnen, die das Freie Theater insgesamt betreffen. Er hat den Eindruck, dass die ohnehin nicht ausreichenden Mittel des Freien Theaters noch einmal aufgeteilt werden sollen, um die Kunstsparte darstellende Künste im öffentlichen Raum zu stärken.

Podiumsteilnehmerin Sigrun Fritsch widerspricht, weil alle angesprochenen Defizite und prekären Verhältnisse insgesamt für die Freie Szene gelten. Man versteht sich nicht als separate Kunstsparte, sondern als Teil der Freien Szene insgesamt. Sie fragt, wann für alle Sparten der Freien die Fördervolumina deutlich und bundesweit vergrößert werden. Sie sieht ein Missverhältnis zwischen den angeblichen Erhöhungen und dem, was bei den Akteuren tatsächlich ankommt. Aus ihrer Sicht gebe es immer mehr Bürokratie und einen Aufbau neuer Organisationsstrukturen, die enorme Summen beanspruchen. Zum Glück sei das beim Fonds mit seinen zwei Mitarbeitern nicht so.

Von jungen Gästen, speziell der Folkwang-Hochschule in Essen, wird nach der fehlenden Nachwuchsförderung gefragt, die man sehr stiefmütterlich behandelt. Welche Anreize könnte es für junge Künstler

---

[3] Die vollständige Diskussion kann auf der Website des Bundesverbandes Theater im öffentlichen Raum nachgelesen werden. (www.theater-im-oeffentlichen-raum.de)

geben, sich in diese Kunstsparte hineinzugeben? Die beiden erfahrenen Vertreterinnen des Bundesverbands Theater im Öffentlichen Raum, Ursula Berzborn und Angie Hiesl, machen dem Nachwuchs Mut, sich im öffentlichen Raum künstlerisch auszudrücken, und bestätigen als Regisseurinnen und Performerinnen, dass es in Deutschland keine qualifizierte und anerkannte Ausbildung für die Spezifik dieser Kunstsparte gibt. Die jahrelangen Erfahrungen der Akteure könnten in die Ausbildungsprozesse eingebracht werden. Der Fonds Darstellende Künste hat sich über Günter Jeschonnek frühzeitig für die Sparte interessiert und Akteure in die Gremienarbeit einbezogen. Auch wenn in einigen Kommunen und Bundesländern Fortschritte zu verzeichnen sind, so fehlt dennoch viel für die notwendige gesellschaftliche Anerkennung dieser Kunstsparte.

Auch in dieser Diskussionsrunde setzt sich die kontroverse Debatte über die Fördermöglichkeiten und geeigneten Fördermodelle der darstellenden Künste im öffentlichen Raum fort. So fordert Gerhard Baral ein offensiveres Auftreten gegenüber der Politik, insbesondere den Kommunen, dem Deutschen Städtetag und den Länderregierungen, u. a. auch unter Bezugnahme auf die Studie des Bundesverbands zur Resonanz bei Festivals im öffentlichen Raum, in der 95 Prozent der Zuschauer die Aufführungen und Gruppen sehr positiv bewerten.[4]

Für ihn ist es nach wie vor ein Skandal, dass Ensembles, die seit dreißig Jahren international touren und große Anerkennung finden, sich immer wieder für jedes neue Projekt bei den Fördergremien anstellen müssen. Hinsichtlich der fehlenden Ausbildung an künstlerischen Hochschulen müsse man mit der Kultusministerkonferenz in einen Dialog treten. Baral schlägt vor, für die Freien eine Verwertungsgesellschaft zu gründen, um über die die Stücke, die Kompositionen und Aufführungen insgesamt Abgaben einzusammeln, die der Lobbyarbeit zugutekommen.

Nicole Ruppert weist interne Verteilungskämpfe zurück und erinnert an Fördermodelle wie den Tanzplan Deutschland mit der Kulturstiftung des Bundes, vergleichbar mit dem *Le Temps des Arts de la Rue*. Warum sollte nicht ein mehrjähriger Förderplan für die Freie Szene insgesamt entwickelt werden?

Podiumsteilnehmer Jörg Wagner warnt hingegen vor Institutionalisierungen der Freien Szene. Für ihn würden damit die Probleme nur ver-

---

[4] Bundesverband Theater im Öffentlichen Raum (Hg.): *Zuschauerbefragung. Straßentheaterfestivals in Deutschland*, online: http://www.theater-im-oeffentlichen-raum.de/files/downloads/ZuschauerbefragungStrassentheaterfestivalsDeutschland1.pdf.

stärkt werden, weil die Institutionen die Budgets auffressen und für einzelne Projekte und schnell agierende Strukturen noch weniger Geld zur Verfügung stünde. Seiner Auffassung nach müsste man eher die Institutionen verändern und in Bewegung bringen, um sich neuen Produktionsmodellen zu öffnen und die Freien viel stärker einzubeziehen.

Jean-Marie Songy bestätigt diese Einschätzung aus seiner Erfahrung in Frankeich. Allein die Unterhaltung der Gebäude kostet inzwischen so viel, dass für Projekte kaum noch Mittel vorhanden sind. Und es gibt Gruppen, die für drei bis neun Jahre institutionell gefördert werden, aber nicht mehr innovativ sind und keine Impulse setzen. Er fragt, wie man den Spagat zwischen institutioneller Förderung und Innovationen gemeinsam mit der Politik regeln könne.

Katja Aßmann sieht ein großes Potential in der interdisziplinären Zusammenarbeit von darstellenden und bildenden Künstlern. Das große Projekt Urbane Künste Ruhr habe ihr gezeigt, dass man neue Denk- und Produktionsmodelle interdisziplinär entwickelt und dafür die Politik auf allen Ebenen aktiv einbezieht.

Angie Hiesl stimmt diesem Impuls zu, weil sie das so aus Großbritannien kennt. Da gibt es weniger diese Spartentrennung. Und die Projektpräsentationen zeigten ja beispielhaft, dass man interdisziplinär arbeitet. Sie plädiert abschließend erneut dafür, eine sinnvolle strukturelle Förderung aufzubauen, weil sie künstlerische Qualität und kontinuierliche Ensemblearbeit erst ermöglicht und nachhaltig beeinflusst.

Bernhard Fleury warnt vor dem ständig stattfindenden Kulturabbau, den er seit Jahren in Frankreich beobachtet. Sicherlich stehen Reformen insbesondere der Institutionen auch in Deutschland an, aber daran müssen die künstlerischen Akteure beteiligt werden, sonst werden es die Politiker allein entscheiden.

Uwe Köhler dankt allen und zieht ein Fazit: „Ja, es wird nicht mehr Geld für uns geben, das scheint so zu sein. Aber es ist so, dass Deutschland verdammt viel Geld für Kultur ausgibt, aber vor allem für repräsentative Formen von Kultur. Und es muss Diskussionen geben, wie diese Verteilung der Gelder in den nächsten zehn oder zwanzig Jahren abläuft. Dafür müssen wir als Freie gemeinsam bereit sein und Diskussionen führen. Auch unter dem Aspekt, dass eine neue Generation im öffentlichen Raum agiert und künftig agieren will."

Jeschonnek: Das ist jetzt noch nicht das Schlusswort. Erst einmal herzlichen Dank an diese Podiumsrunde, insbesondere an unsere internationalen Gäste. Auch diese Podiumsrunde hat gezeigt, dass wir hier nicht alles ausdiskutieren können, sondern Schwerpunkte setzen, Impulse geben und künftige Aufgaben skizzieren. Ich habe jetzt zwei weitere junge Hochkaräter anzukündigen, die stellvertretend für uns alle versuchen, jeweils ein kurzes und zugleich treffendes Fazit zu ziehen. Wie schwer das angesichts des prall gefüllten Symposium-Programms ist, muss ich nicht erläutern. Hilke Berger arbeitet an ihrer Dissertation zu Interventionen im öffentlichen Raum. Sie zieht thesenartig das erste Fazit; danach folgt Thomas Kaestle aus Hannover mit seinem Fazit, der sich seit einigen Jahren mit dem Thema Kunst im öffentlichen Raum publizistisch wie auch kuratorisch auseinandersetzt.

FAZIT I – Bewegung im Korsett der Erfüllungsansprüche – ein Plädoyer für mehr Risikokapital

Hilke Berger[5]: Die Ausgangslage dieses Fazits war der Auftrag von Herrn Jeschonnek, eine dreitägige Veranstaltung mit bis zu zehn Stunden täglichen Inputs auf ein Kondensat von zehn Minuten zusammenzufassen. Im Vorfeld hatte ich große Befürchtungen, mich auf eine unmögliche *tour de force* eingelassen zu haben. Interessanterweise ist diese Zusammenfassung dann aber sehr viel unkomplizierter als gedacht. Dies habe ich zum einen dem Vortrag von Walter Grasskamp zu verdanken, der mir für die kommenden Tage als Folie zur Erschließung der diversen Inhalte diente. Zum anderen – dies eine Beobachtung, die bereits das Ende vorweg nimmt – glichen sich die vorgestellten Unorte so augenfällig, dass sich das entsprechende Fazit geradezu aufdrängte: Es braucht dringend mehr Risikokapital für die Freie Szene.

Aber zurück zum Anfang: Herr Grasskamp sprach in seiner Auftaktrede in Bezug auf Urban Art, hier verstanden als Graffiti, von einer Musealisierung des urbanen Lebens, welche durch den Anspruch nach Dauerhaftigkeit entstehen würde. Mit den darstellenden Künsten hingegen verband er die Hoffnung, durch ihr ephemeres, also ein sich entziehendes, auflösendes Wesen, dass sie öffentlichen Raum als Spielraum aktivieren könnten und so gerade nichts Dauerhaftes festschreiben. Diese Flüchtigkeit als eine Stärke zu sehen, nicht als ein Defizit, das man mühevoll versuchen muss zu kaschieren, sondern als ein Alleinstellungsmerkmal von darstellender Kunst im öffentlichen Raum mit entsprechendem Potential ist ebenso evident wie erschreckend selten zu finden. Ich habe den Satz mitgenommen in die folgenden Präsentationen und Panel und konnte am Ende den Gehalt dieser Sichtweise tatsächlich viel zu selten entdecken. Zu massiv scheint mir inzwischen die Antragslogik mit der entsprechenden Prosa in allen Köpfen verankert zu sein.

---

[5] Wissenschaftliche Mitarbeiterin an der HafenCity Universität Hamburg.

Niemand traut sich scheinbar, angesichts der aktuellen Förderbedingungen mehr zu sagen, dass der Anspruch der Nachhaltigkeit der sich gemeinsam mit dem völlig überladenen Diktum der Partizipation viral in allen Ausschreibungen, egal welchen fachlichen Hintergrunds, zum Imperativ ausgeweitet hat, in vielen Fällen auch kritisch hinterfragt werden sollte. Viel zu oft wird ein unreflektierter, pauschaler Nachhaltigkeitsanspruch an Projekte gestellt, der letztlich vage auf die Utopie nach irgendwie zu messenden Ergebnissen der Arbeiten schielt. Wenn das Ergebnis dieses Anspruches im stoischen Abhaken der Frage – War es nachhaltig? Ja (wie auch immer man das dann beantworten will); War es partizipativ? Ja (na Gott sei Dank) – mündet, dann ist irgendetwas fatal schiefgelaufen. Kunst, die ephemer und sperrig ist, die aneckt und anstoßen will, die sich nicht einpassen lässt in ein Schema X, die also letztlich alle Ansprüche dessen erfüllt, was man gemeinhin unter künstlerischem Arbeiten versteht, wird sich in der Quadratisch-praktisch-gut-Logik nur sehr schwer entfalten lassen.

Auf eine großartige Weise hat sich in meinen Augen vor allem Angie Hiesl mit ihrem Projekt *ID-clash* dieser Logik entzogen. Dass sie als Einzige den Unort ganz anders verortet, nämlich in der Unverortbarkeit der eigenen Identität, fand ich bemerkenswert. Vieleicht besitzt sie aber auch durch ihre jahrelange Erfahrung die nötige Coolness eine Ausschreibung als Rahmung und weniger als Verpflichtung zu lesen und verfügt so vor allem auch über das Wissen, trotzdem einen förderwürdigen Antrag zu schreiben, aber das ist jetzt reine Mutmaßung.

Die Feststellung, dass die Begriffe Partizipation und Nachhaltigkeit, der Anspruch nach Relevanz und entsprechender Messbarkeit der aktuellen politischen Förderlogik entspringt, zog sich wie ein roter Faden durch alle geführten Diskussionen. Wenn diese Förderlogik so unproduktiv und hemmend ist, wie hier ebenfalls mehrfach angemerkt wurde, wenn es doch eigentlich Freiräume bräuchte statt einem Korsett aus Antrag und entsprechenden Erfüllungsansprüchen, wenn sogar die eingeladenen Politiker sich alle einig sind – wieso sind diese Wörter dann immer noch da? Müsste es nicht in zukünftigen Fonds, Anträgen und Förderlogiken jeder Art um diese Erkenntnis gehen? Es ist ja paradox: Da will man Projekte die Freiräume aufzeigen ohne Freiräume zu bieten. Was es dringend braucht, so scheint mir, sind Freiräume im Kopf. Wie sonst sollen Utopien entstehen?

Man darf nicht unterschätzen – und das schwang letztlich in allen Projektpräsentationen und ihrer Form mit –, dass es einen völlig unterschiedlichen Umgang mit dem Wort Projekt und der damit verbundenen Erwartungshaltung in Politik und Kunst gibt. In der Logik der behördlichen und planerischen Professionen muss immer alles in Hinblick auf Verwertbarkeit konzipiert sein. Künstler arbeiten, wie wir wissen, meist prozessorientiert, während politische Entscheidungsträger vor allem zielorientiert arbeiten. Die klassischen Verwaltungsabläufe lassen sich aber nicht einfach auf künstlerische Prozesse übertragen. Eine erfolgreiche Zusammenarbeit erfordert auch den Willen von Seiten der „Stadtmanager" und der Politik, sich auf ungewisse Prozesse einzulassen und manchmal eben auch die Katze im Sack zu kaufen. Kunst kann im starren Korsett des Anspruchs von „Verwertbarkeit" nicht funktionieren. Der Gewinn liegt manchmal eben auch im Ungewohnten und in einer Überraschung aller Beteiligter. Kunst kann auch so etwas bieten wie den Nutzen der Nutzlosigkeit oder, um Friedrich Schiller zu bemühen: „Kunst verordnet nicht, sie lädt ein." Sonst lauert – und auch diese Gefahr wurde mehrfach angesprochen, u. a. sehr pointiert von Stefan Behr – die Gefahr, Kunst nur noch als Dienstleistung zu verstehen und damit letztlich zu missbrauchen. Der Forderung von Stefan Behr nach mehr Risikokapital möchte ich mich damit nachdrücklich anschließen.

Neben dieser eher politisch orientierten Beobachtung war für mich aus einer wissenschaftlichen Perspektive vor allem das Entziehen von Räumen, welches in den Projektpräsentationen beschrieben wurde (mehrfach kam es zu Verkäufen und Privatisierungen gefundener Unorte), eine wunderbare Metapher. Ich würde mir wünschen, dass die zunehmende Unmöglichkeit, den öffentlichen Raum überhaupt noch zu verorten, sich auch in den Inhalten zukünftiger Arbeiten widerspiegelt. Zumal die Thematik, was und wo öffentlicher Raum ist, sich ebenso durch die Diskussionen zog wie der Kampf um diesen öffentlichen Raum.

Dabei wäre die Idee eines Fonds für Theater im öffentlichen Raum, dessen Inhalt der öffentliche Raum und seine Auflösung ist, für mich eine überaus spannende Vorstellung, vor allem und auch diese These leihe ich mir aus dem vor Ort Gesagten, wenn Künstler immer mehr zu Zukunftsforschern werden und öffentlicher Raum, dies ist ein Zitat der Projektpräsentation von Das letzte Kleinod: „ein sehr begrenztes Verfallsdatum besitzt". Für mich ist die riesige Chance von darstellender Kunst im öffentlichen Raum, dass sie das eigene Selbst in Beziehung setzt zu einem Raum. So entstehen nicht nur Spielräume, sondern Erfahrungsräume und Möglichkeitsräume. Mit etwas Optimismus könnten so über den Umweg des Aufzeigens der Unmöglichkeit von öffentlichen Räumen wieder Freiräume entstehen.

Abschließen möchte ich mit einem Zitat, das ich schon öfter benutzt habe, das mir aber auch in diesem Kontext als überaus zutreffend erscheint und die hier viel zitierten Wirklichkeitsbehauptungen wunderbar auf Kunst überträgt. Es stammt von Tanja Brugerra: „Kunst ist der Raum, in dem man sich so verhalten kann, als wären die Voraussetzungen für Zukünftiges bereits gegeben, und alle wären damit einverstanden, was wir vorschlagen. Es geht darum, die Menschen zu überzeugen, obwohl wir wissen, dass wir nicht mehr als diese Überzeugung selbst haben."[6] Vielen Dank.

FAZIT II – Worüber wir nochmal reden müssen
Thomas Kaestle[7]: Dieses Fazit ist mit ganz heißer Nadel gestrickt. Ich habe während der Tagung als Beobachter, als kritischer Begleiter zwei Listen geführt. Die eine heißt: „Worüber müssen wir nicht mehr nachdenken?" Und die andere: „Worüber lohnt es sich, weiter nachzudenken?" Beziehungsweise: „Was müsste beim nächsten Symposium Thema sein?" Oder auch einfach nur: „Worüber rede ich später mit Menschen nochmal beim Kaffee?" Wegen der Kürze der Zeit verzichte ich hier auf die erste Liste. Aufzuzählen, worüber wir nicht mehr reden müssen, wäre ohnehin ein wenig redundant. Vielmehr gehe ich direkt über zur Liste der Dinge, von denen ich der Meinung bin, dass wir noch einmal darüber nachdenken sollten. Es ist eher eine kritische Liste. Und wenn sich manche Dinge jetzt mit dem, was Hilke Berger angeführt hat, doppeln, dann deshalb, weil ich sie für wichtig halte. Die Perspektive ist allerdings eine andere. Ich habe mein Augenmerk mehr darauf gerichtet, was offengeblieben ist, was noch zu klären wäre oder womit ich nicht so ganz zufrieden war.

Wirklichkeiten
Harald Welzer hat angeführt, alternative Wirklichkeitsbehauptungen könnten die Praxis verändern. Ich will in diesem Zusammenhang darauf hinweisen, dass der Wissenschaftsdiskurs des Radikalen Konstruktivismus mit dem Konzept der Viabilität arbeitet. Ernst von Glasersfeld hat es prominent gemacht.[8] Viabilität bedeutet so viel wie Brauchbarkeit oder Anwendbarkeit. Das Konzept ist in den Naturwissenschaften durchaus üblich. Ein Physiker ist gewohnt, mit Dingen weiterzurechnen, die nicht beweisbar sind. Und dabei dann dennoch zu Ergebnissen zu kommen, die produktiv sind. Ich plädiere dafür, in der Kultur – es ist

---

[6] Tania Bruguera, zitiert nach Vasquez, Patricia:„Tania Bruguera". In: Portland State University's Art and Social Practice MFA (Hg.): *Open Engagement Program 2012*, New York 2012, S. 29f. (Übersetzung von Hilke Berger)

[7] Kurator und Publizist, Hannover.

[8] Vgl. von Glasersfeld, Ernst: *Radikaler Konstruktivismus*, Frankfurt am Main 1997, S. 43.

eigentlich paradox, dass die Naturwissenschaft uns da voraus ist – auch häufiger so zu arbeiten. Mut zu haben, Neues zu denken, Grenzen zu überschreiten. Frauke Surmann hat vorgeschlagen, Theater könne Probleme nicht nur lösen, sondern auch im positiven Sinne schaffen. Oder auch einfach mal nur Spaß machen, verzaubern und dadurch die Gesellschaft verändern. Und ohnehin gilt, was meine damalige Nachfolgerin im Kunstverein Hildesheim, Elke Falat, auf meine Frage nach der wichtigsten Regel im Kunstsystem geantwortet hat: „Behauptung ist alles."[9]

Kultur für alle
Kultur braucht also Freiheit, das haben wir während der Tagung häufig gehört: im Sinne von Möglichkeiten zur Ergebnisoffenheit. Es muss stärker darum gehen, Erwartbarkeiten, Kalkulierbarkeiten und Darstellbarkeiten aufzubrechen. Ist freie Kultur denn wirklich unkontrollierbar, wie eingangs der Politiker Rüdiger Kruse behauptet hat? Sollte sie das nicht eigentlich sein? Wie weit erfüllt sie stattdessen Erwartungen in vorauseilendem Gehorsam, aus Angst, Förderer zu enttäuschen oder gar zu verstören? Aus Angst, nicht lesbar zu sein, zu konfrontieren, nicht für genügend Menschen anschlussfähig zu sein? Es gibt im öffentlichen Raum immer zwei Möglichkeiten: die der Konfrontation und die der Integration. Für mich ist das Gegenteil von „Kultur für alle" die Avantgarde, also ein Entwicklungspotential. Kunst, die eben nicht jeder sofort versteht.

Manche von Ihnen haben vielleicht meinen Essay über „Kultur für alle" gelesen, den Günter Jeschonnek vorbereitend online gestellt hat.[10] Ich will nur ganz kurz darauf eingehen. Viele tun so, als ob das Konzept „Kultur für alle" von Hilmar Hoffmann seit den 1970er Jahren schon Geschichte wäre. Das Politikpanel dieser Tagung hat das zum Teil auch getan. Amelie Deuflhard hat dort hingegen behauptet, wir wollten eigentlich alle eine solche Kultur. Das verwirrt mich: Wer will denn jetzt eigentlich die „Kultur für alle" und wer will sie nicht? Wer steht zu ihr? Und wem ist das eigentlich peinlich? Wer durchschaut überhaupt deren Implikationen? Ich habe die Erfahrung gemacht, dass es in ganz vielen Kommunen tägliche Realität ist, Hoffmanns Ideal von vor vierzig Jahren nachzueifern. Vor allem leider bei Ratsmitgliedern der SPD und der Grü-

---

[9] Falat, Elke und Kaestle, Thomas: „„Meiner Meinung nach ist das, was als Kunst wahrgenommen wird, abhängig von geistiger Offenheit, Zugangsmöglichkeiten zur Kunst und Bildung"". In: Kaestle, Thomas (Hg.): *Wer ist Kunst? Funktion und Selbstverständnis,* Bielefeld 2006, S. 124.

[10] Vgl. Kaestle, Thomas: „Wie funktioniert demokratische Kunst? Hilmar Hoffmanns Thesen zur Kunst im Stadtraum". In: Schneider, Wolfgang (Hg.): *Kulturelle Bildung braucht Kulturpolitik,* Hildesheim 2010, S. 145–158.

nen, die nie gelernt haben, zwischen Kunst, Kultur, Soziokultur, Vermittlung, Didaktik und Pädagogik zu unterscheiden. Die nie nachgelesen haben, dass in Hoffmanns Original „jede Kultur für alle" gefordert wird. Und damit das Ende des Unerwarteten, des Neuen. Das wäre, glaube ich, Stoff für eine eigene Tagung. Die wäre mir auch irgendwann sehr wichtig.

Vor einem Jahr kam ein Protest einiger niedersächsischer Kunstvereine beim Ministerium für Wissenschaft und Kultur in Hannover zustande, weil inzwischen mehr Fördermittel für Kunstvermittlung zur Verfügung standen als für die eigentlichen Projekte. Was sollte denn da eigentlich noch vermittelt werden? Vor ein paar Tagen nahm ich an einer Veranstaltung im Rahmen des Stadtentwicklungsdiskurses Hannover 2030 teil. Die Kulturdezernentin präsentierte drei Themen: „Welche Kultur braucht Hannover?", „Kultur für alle" und „No education". Letzteres hatte sie von der Ruhrtriennale übernommen. Schwerpunkte des Nachdenkens über eine Kultur von morgen waren also Vermittlung und Teilhabe. Protagonisten des präsentierten Dialogs waren Schüler einer hannoverschen Schule. Die Kulturschaffenden hatte überhaupt gar niemand nach ihrer Meinung gefragt.

Wie viel müssen oder dürfen wir dem Rezipienten zumuten? Der Stadtsoziologe Hartmut Häußermann sagt, Urbanität brauche Unerwartetes, Überraschendes, Herausforderungen, Geheimnisse, Unentwirrbares, Gerüchte. Ich fand viele der zum Teil sehr guten, während dieser Tagung vorgestellten Projekte zwar poetisch, verklausuliert, bildstark. Aber auch fast immer erklärend, vermittelnd, didaktisch. Gibt es in der Freien Theaterszene tatsächlich ein Diktat der Vermittlung? Ich finde, Darstellbarkeit kann künstlerische Möglichkeiten auch verkürzen. Nicht alles taugt zur Statistik und Evaluation. Wir leben da mit einer sehr bösen Konsequenz aus dem aufmerksamkeitsheischenden Konzept der Kultur- und Kreativwirtschaft, die ja einst angetreten war, Wahrnehmbarkeit durch Ökonomisierung herzustellen, vor allem eben durch Ökonomisierung von Darstellungsoptionen. Für mich ist dieser Zwang zu Darstellbarkeit und Statistik ein Widerspruch zur Kreativität.[11]

Ästhetik

Was meinen wir eigentlich, wenn wir über Ästhetik reden? Meinen wir intellektuelle, politische oder visuelle Programmatiken? Individuelle

---

[11] Vgl. Kaestle, Thomas: *Darstellbarkeit und Wahrnehmbarkeit*. Online: http://www.zebrabutter.net/ergebnisoffenheit-darstellbarkeit-und-wahrnehmbarkeit.html (Zugriff am 8.12.2015.)

Wahrnehmung? Übertragbare oder gar objektivierbare Wahrnehmung? (Was paradox wäre, meiner Meinung nach.) Meinen wir historisch argumentierbare Formen oder Formate? Die Luhmann'sche Systemtheorie betrachtet Ästhetik gar nicht als Teil des Kunstsystems, sondern des Wissenschaftssystems, weil es sich nämlich um eine philosophische Disziplin handelt. Das heißt, sie hat ihre ganz spezifische Codiertheit als Teil eines Systems, und zwar eine andere als das Kunstsystem.[12] Ich bin der Meinung, im Gegensatz zu dem vorhin geäußerten Publikumsbeitrag aus der Schweiz, wenn wir mit Begriffen wie Ästhetik argumentieren und dazu eine anschlussfähige Diskussion erreichen wollen, dann müssen wir differenzieren. Dann müssen wir Begriffe klären.

Und übrigens: Wenn assoziative theoretische Überlegungen zu Wahrnehmungs- und Wirklichkeitskonstruktionen und deren Konsequenzen, wie wir sie vorhin von Georg Winter und Heinz Schütz gehört haben, vom Moderator sinngemäß lapidar mit „Ich habe kein Wort verstanden, aber wir machen einfach mal weiter, als wäre nichts gewesen" abgetan werden, um dann zu *Best-practice*-Beispielen und pragmatischen Bedingungen überzugehen, müssten wir uns vielleicht auch nochmal Gedanken darüber machen, wie wir kompetent über neue Perspektiven reden können. Ich habe zumindest während des Visions-Panels kein einziges Wort über Visionen gehört.

Entwicklung
Walter Grasskamp hat auf die drohende Musealisierung des Stadtraums durch autonome Kunst hingewiesen. Vielleicht müsste man analog auch fragen: Gibt es so etwas wie eine Theatralisierung von Stadtraum, möglicherweise durch Wiederholung und Übertragung von Haltungen und Konventionen? Es scheint für die Akteure schwierig zu sein, Formate jenseits des Vertrauten zu finden. Am Ende steht dann eben doch häufig altbewährtes Spektakel. Müssten darstellende Künste im öffentlichen Raum nicht eigene, zeitgenössische und neue Formen des Ausdrucks und Strategien der Erlebnisermöglichung finden? Solche, die sich nicht damit begnügen, institutionelle Räume in den öffentlichen nachzuahmen? Die Diskurse um Kunst in öffentlichen Räumen scheinen weitgehend in der bildenden Kunst geführt zu werden. Vielleicht braucht es hier mehr als Analogien. Vielleicht brauchen die darstellenden Künste im öffentlichen Raum ihre eigenen Theorien.

---

[12] Luhmann, Niklas: *Die Kunst der Gesellschaft*, Frankfurt am Main 1995.

Bewahren

In Bezug auf den Stadtraum an sich war ein häufiger Fokus während des Symposiums der des Bewahrens historischer Orte, Räume und Bezüge. Das hat vermutlich mit dem narrativen Potential von Geschichte zu tun. Jenseits des Pragmatischen muss es aber erlaubt sein, im jeweiligen Einzelfall zu fragen: Warum ist Bewahren die bevorzugte Lösung? In welchem Zustand wollen wir bewahren oder erhalten? Was rechtfertigt den unveränderten Verbleib historischer Orte in einem sich dynamisch entwickelnden Stadtraum? Welche historischen Segmente und Narrationen sind wichtiger als andere? Welche Zeiten repräsentieren sie? Wann verfügt eine Stadt über genug oder zu viele historische Orte und Referenzen? Wann und unter welchen Umständen dürfen diese mit zeitgenössischer Relevanz überschrieben werden? Was gilt zu welcher Zeit als relevant? Und warum empfinden wir historische Inhalte oft als wertvoller als fiktive?

Rahmen

Wie schaffen wir es, in der freien Kultur vor allem Eigenständigkeit zu bewahren? Wie schaffen wir es, eine Instrumentalisierung durch Politik und Verwaltung zu vermeiden? Wie können wir einem Rechtfertigungsdruck entgehen? Ich habe den Eindruck, inzwischen werden bei der Konzeptionsentwicklung Anforderungschecklisten durch Künstler abgehakt. Und ich habe das Gefühl, dass Politik und Verwaltung durch eng formulierte Programme und Ausschreibungen die wirkliche Innovation ausbremsen. Die Frage ist: Sind diese Kriterien wirklich auf der Höhe der Zeit? Ein Beispiel aus der Kunstvereinsförderung Niedersachsens: Das Ministerium hat ein eigenes Budget für Kunstvereine. Das ist hervorragend. Doch da gibt es immer noch die Regel, dass Personalkosten maximal ein Drittel eines Antrages ausmachen dürfen. Man geht unverändert davon aus, bildende Kunst sei vor allem Malerei und Plastik. Und da braucht man natürlich viel Material. Verpflegungskosten kann ich mir als Veranstalter gar nicht fördern lassen. Wenn ich eine Gruppe Künstler zu Gast habe, die an einer Performance arbeiten, und die brauchen nun mal abends Bier und Pizza, um in Fahrt zu kommen: Pech gehabt, das muss ich selbst bezahlen. Also nochmals die Frage: Ist die Förderung, ist die Politik überhaupt mit ihrem Kunstbegriff auf der Höhe der Zeit?

Thomas Kapielski, brillanter Autor hier aus Berlin, hatte eine Zeit lang eine Professur an der Hochschule für Bildende Künste Braunschweig, lustigerweise für Darstellendes Spiel. Im Grunde vermutlich eine Art Stipendium. Er bot jedenfalls immer ein Seminar an, das hieß

„Rumsitzen". Und tatsächlich saßen alle rum, in ihrer Mitte eine Kiste Bier. Kapielski zeigte wild durcheinander interdisziplinäre Dinge aus der Kultur, die er eben beeindruckend und spannend fand. Ich habe mit Studierenden gesprochen, die versicherten, das sei das beste und produktivste Seminar gewesen, an dem sie je teilgenommen hätten. Also: Mehr Ergebnisoffenheit!

Aber: Ich bin auch dagegen, allzu plakatives Förderer-Bashing, wie wir es von Jens Imorde gehört haben, in einer solchen Eindimensionalität weiter zu kultivieren. Denn: Würde völlige Freiheit nicht eigentlich in die Beliebigkeit führen? Ist ein anarchisches Modell, in dem es überhaupt keine Beschränkungen mehr gibt, überhaupt denkbar? Wenn wir bestimmte Diskurse haben wollen, dann brauchen wir auch Projekte mit kuratorischer Perspektive. Dabei geht es aber eben darum, den Rahmen nicht zu weit, aber weit genug abzustecken. Und ich glaube, solche Rahmenkonstruktionen sind die eigentliche Kunst des Kuratierens und des Förderns. Und bei all den Curatorial Studies, die inzwischen aus dem Boden schießen: Dieser Aspekt ist meiner Meinung nach gründlich unterforscht.

Transparenz

Mit der Diskussion um Förderung eng verknüpft ist die Forderung nach mehr Transparenz von Bewertungskriterien und mustern bzw. auch von Juryentscheidungen. Wir haben auch davon einiges während der Tagung gehört. Ich wehre mich hingegen gegen noch mehr Checklisten: Bitte Kulturförderung nicht überformalisieren! Das schränkt nämlich wiederum die Qualität von Konzepten ein. Wo kämen wir denn hin, wenn wir am Ende Multiple-Choice-Anträge hätten, bei denen dann auch ein Computer auswerten könnte, ob überall die richtigen Kreuze gesetzt sind und ein Projekt somit förderbar ist? Für mich entspricht das der Horrorvision von endgültiger Bürokratisierung.

Sicherlich, die Individualität von Jurys kann nie allen gerecht werden. Das ist mir bewusst. Jurys sind ja immer mit Menschen besetzt. Und übrigens auch von Menschen mit Menschen besetzt worden. Das heißt, Jurys sind immer individuell, sie sind immer fehlbar. Das sage ich als jemand, der schon Teil von Jurys war, aber auch als jemand, der schon viele Anträge gestellt hat. Aber ich bin überzeugt, es gibt keine Alternative dazu in unserer repräsentativen Demokratie. Jurybesetzungen machen auch die Individualität und Diversität von Projekten und Programmen aus, ermöglichen sie oft erst. Zum Glück sind Jurys nicht austauschbar. Ich glaube, Jurys müssen intuitiv und eben entsprechend den Perspektiven jeweils beteiligter Persönlichkeiten entscheiden dürfen. Sie müssen sich genauso von Konzepten berühren lassen können wie die Rezipienten später von den Projekten. Ein solcher Prozess kann niemals vollständig transparent und nachvollziehbar sein. Sonst verschwindet nämlich die Persönlichkeit als Faktor generell aus der Förderung von Kunst und Kultur. Die Forderung nach objektiven Entscheidungen halte ich für naiv und absurd. Oder wollen Sie etwa objektives Theater machen? Vielen Dank.

SCHLUSSWORTE
Clair Howells: Ich bin nicht so vorbereitet wie Hilke Berger und Thomas Kaestle. Mein kurzes Fazit ist deshalb noch spontaner. Zu Beginn des Symposiums sagte ich, dass wir als Bundesverband Theater im Öffentlichen Raum seit 2006 für die Anerkennung unserer Arbeit als Kunstform kämpfen. Und diese drei Tage in Berlin haben ganz viel dazu beigetragen, um diese Anerkennung voranzutreiben. Mit den 18 Projekten, die hier kurz vorgestellt wurden und mit den vielen Beiträgen, die wir hier am ersten Abend und während der vier Podien verfolgen konnten, haben wir so viel Material zusammengetragen, das verdeutlicht, dass wir es mit einer vielfältigen, relevanten und politischen Kunstform zu tun haben. Das bestätigten uns auch die anwesenden Kulturpolitiker und Vertreter von Förderinstitutionen. Wir entwickeln Kunstprojekte und können damit im öffentlichen Raum und somit gesellschaftlich wirksam sein. Mit dieser Gewissheit können wir selbstbewusst darstellen, dass wir auch eine entsprechende finanzielle Ausstattung benötigen. Wir brauchen diese finanzielle Ausstattung von den Kommunen, Ländern und auch dem Bund, um weiter als Freie regional, bundesweit und international arbeiten und diese Kunstform weiterentwickeln zu können. Und dafür bin ich auch im Namen unseres Verbandes und aller Künstlerinnen und Künstler sehr dankbar, dass dieses Sonderprojekt Unorte und das Symposium möglich wurden. Ich möchte mich auch bei den 18 Gruppen bedanken, die sich auf diesen ungewissen Weg zu den verschiedenen Unorten begeben haben. Manche von euch werden sagen: „Okay, die haben ja auch 30 000 Euro dafür vom Fonds bekommen." Das hört sich viel an. Aber was alle daraus gemacht haben, welche künstlerischen Experimente und Risiken die Gruppen eingingen, neue Partner überzeugten und zusätzliches Geld akquirierten – das verdient größten Respekt. Ja, es waren Experimente für alle. Niemand konnte sein Projekt nach einem bewährten Modell entwickeln. Für nicht wenige von uns war es auch ästhetisches Neuland, sich künstlerisch mit Unorten auseinanderzusetzen. Diese 18 Projekte kann uns niemand wegnehmen, auch wenn sie in den meisten Fällen gar nicht mehr aufgeführt werden können. Aber sie haben Spuren hinterlassen. Ja, dafür sollten wir auch applaudieren.

Ich möchte ein großes Dankeschön Günter Jeschonnek sagen. Ohne ihn wäre dieses Sonderprojekt und auch das Symposium nie zustande gekommen. Wir sind ihm als Bundesverband Theater im Öffentlichen Raum sehr dankbar, dass er uns als Partner auf Augenhöhe mit ins Boot geholt hat, sowohl für die Konzeptionierung des Antrags an den Haushaltsausschuss des Deutschen Bundestages als auch für das Konzept des Symposiums. Lieber Herr Jeschonnek, wir wissen alle, dass Sie mit Herzblut für uns arbeiten und an uns glauben. Sie sind für uns der Fonds Darstellende Künste und der beste Anwalt der Freien Szene. Danke für diese Tage hier in Berlin!

Und *last, but not least:* Ich möchte als die Vorsitzende auch noch Werbung für unseren Verband machen. Der Bundesverband Theater im Öffentlichen Raum hat eine wichtige Zuschauerbefragung gemacht. Diese Ergebnisse können wir für unsere gemeinsame kulturpolitische Arbeit nutzen. Die Broschüren liegen für euch aus. Oder ihr findet diese Studie auf unserer Website. Wir brauchen mehr Mitglieder für unseren Verband. An den 18 Projekten waren nur sieben Mitgliedergruppen von uns beteiligt. Gemeinsam sind wir stärker! In diesem Sinne danke ich allen, die zum Gelingen dieses einmaligen Symposiums beigetragen haben. Ganz vielen Dank!

Ingo Woesner: Ich möchte euch allen bloß sagen: Bleibt mutig! Alles, was ich sehen und hören konnte, zeugte natürlich von Herzblut. Es waren berührende Geschichten dabei. Ich habe natürlich auch die Zwischentöne gehört: wie schwer teilweise Auseinandersetzungen waren mit Behörden aller Art, wie viele Steine auf euren Wegen lagen. Wir kennen das aus eigener Erfahrung und drücken euch die Daumen für eure Arbeit im öffentlichen Raum. Mein Dank geht auch noch an Günter. Ich habe ja in den letzten Wochen sehr intensiv mit ihm zusammengearbeitet und habe gespürt, mit welcher Intensität er dieses Symposium vorbereitete. Seine persönliche Art und Bescheidenheit haben mich beeindruckt und zugleich motiviert. Und jetzt noch mein Bruder.

Ralph Woesner: Für uns war es eine Ehre, dass ihr hierhergekommen seid und unser Pfefferberg Theater mit eurem Herzblut und eurer Freundlichkeit erobert habt. Ich hoffe, dass dieser Kontakt mit dem einen oder anderen bleibt und vielleicht auch noch weitere gemeinsame Schritte gegangen werden können. Vielen Dank auch an unser ganzes Team. Ihr wart tolle Gastgeber. Ohne euch wäre dieses Symposium nicht so erfolgreich gewesen.

So, und wollt ihr noch ein Gedicht haben? Es ist ein Klassiker, ein Gleichnis von uns:

Eine kleine nackte Schnecke kroch einmal durch eine Hecke
Doch da im Drecke in der Hecke saß auch eine böse Zecke
Die Zecke hatte nichts gegessen und war auf warmes Blut versessen
Und dachte sich: Die kleine Schnecke bring ich mal eben um die Ecke
auf dass ihr warmes Blut mir schmecke
Die kleine Schnecke wollte mal eben noch ein bisschen weiterleben und
begann mit lautem Weinen sich bei der Zecke einzuschleimen
Die Zecke, empfänglich für den Schleim, ging der Schnecke auf den Leim
Wodurch die kleine nackte Schnecke noch mal entkam der Mörderzecke.
Und die Moral von der Geschicht': So schlecht ist Schleimen
                                                    manchmal nicht

Danke! Und kommt gut nach Hause!

Jeschonnek: Alle sitzen in den Startlöchern und müssen nach Hause. Als Gastgeber musste ich mich inhaltlich zurückhalten und konnte mich nicht in die Debatten einbringen. Aber Dank unseren beiden Berichterstattern für ihr Fazit nach diesem dichten Programm – und zugleich auch noch Anregungen zu geben, großes Kompliment. Ich hätte manches dazu kontrovers anzumerken. Aber vielleicht bietet das geplante Buch dafür etwas Raum.

Ich hoffe aber, dass wir an den drei Tagen nicht herumgeschleimt haben und sich unter uns auch keine parasitären Zecken befanden. So war mein Eindruck. Wenn wir uns darauf besinnen, dass wir viel in Bewegung setzen wollen und darüber nachdenken, was wir aus der Fülle des Präsentierten und Gesagten machen, die Gedanken und Vorschläge konstruktiv aufgreifen und weiterführen, dann hat sich das Symposium gelohnt.

Wir hatten wie so oft zu wenig Raum für die Diskussionen untereinander und miteinander. Das wissen wir. Dafür war das Programm sehr kompakt und vielfältig. Vielen Dank Ihnen allen, die Sie Zeit und Geld investiert haben, in Berlin dabei zu sein. Ich danke nochmals den 42 Beteiligten der Podien für ihr Kommen und ihre Beiträge. Und herzlichen Dank dem gesamten Team vom Pfefferberg Theater und den beiden Woesners. Berührt bin ich von den herzlichen Worten von Chris Howells und Ingo Wosener. Lieben Dank dafür. Ich wünsche Ihnen allen eine gute Heimreise. Wir sehen uns wieder!

Diskurs

Frauke Surmann

ÄSTHETISCHE IN(TER)VENTIONEN IM ÖFFENTLICHEN RAUM

Grundzüge einer politischen Ästhetik[1]

Ästhetische In(ter)ventionen kann man nicht suchen, man kann sie nur finden. Genau genommen sind sie es, die uns finden, indem sie uns plötzlich und unvorbereitet widerfahren. Wie aber lässt sich diese ephemere Kunstpraxis mit ihren humorvollen und zuweilen verstörenden Eingriffen in den öffentlichen Raum analytisch beschreiben und worin besteht ihr politisches Potential?

Prinzipiell zeugen ästhetische In(ter)ventionen von einer radikalen Selbstreferentialität: Sie lassen weder eine Ursache noch einen Zweck erkennen, der über sie selbst hinauswiese. Stattdessen erschöpfen sie sich in der transitorischen Ereignishaftigkeit ihres performativen Vollzugs und offenbaren sich derart in einer mal mehr, mal weniger rätselhaften Selbstzweckhaftigkeit. Damit entziehen sie sich der insbesondere im angloamerikanischen Diskurs als soziale Wende bezeichneten Entwicklung, das Politische der Kunst in ihrer Anwendbarkeit und ihrem soziopolitischen Nutzen zu verorten. Dieser Entzug darf jedoch keineswegs als Rückzug auf eine autonome, selbstgenügsame Position der Kunst missverstanden werden. Jenseits von Inhalt, Ziel und Zweck sind ästhetische In(ter)ventionen als Aufführungen des Politischen in ihrer Materialität und Medialität ernst zu nehmen und die durch sie evozierte ästhetische Erfahrung als Ursprungsort des Politischen zu begreifen.

Zu Beginn einer jeden In(ter)vention steht die Sondierung und Erschließung eines geeigneten Aufführungsorts. Dabei handelt es sich in der Regel um einen öffentlichen Raum, der als ortsspezifische Wahrnehmungs- und Verhaltenstopografie im Sinne eines sinnlich-sinnhaften Dispositivs einzelne Bewegungsströme ebenso wie inter-subjektive Begegnungen ermöglicht und lenkt, während er andere vereitelt. Diese normative Ordnung brechen ästhetische In(ter)ventionen auf und bringen im Zuge dieses Bruchs vorübergehend eine alternative Form mate-

---

[1] Auszüge aus Surmann, Frauke: *Ästhetische In(ter)ventionen im öffentlichen Raum. Grundzüge einer politischen Ästhetik,* Paderborn 2014.

rieller und symbolischer Räumlichkeit zur Aufführung, die der sozialen Wirklichkeit ihres Erscheinungsraums sowohl angehört als auch von ihr abgehoben ist. In diesem Sinne lässt sich die ästhetische In(ter)vention als Inszenierungsverfahren einer ambivalenten Topologie charakterisieren, wie sie sich im aufführenden Vollzug eines öffentlichen, d. h. von Körpern bevölkerte Räume entgrenzenden, Akts der Überschreitung realisiert.

Diese öffentliche Grenzüberschreitung aber evoziert in den ihr Ausgelieferten, und das ist der zweite entscheidende Punkt meines Arguments, eine fundamentale, sinnlich-sinnhafte Wahrnehmungskrise. Durch den Entzug identitäts- und orientierungsstiftender Referenzpunkte versetzt die durch die ästhetische In(ter)vention in den öffentlichen Raum eingezogene, transitorische Räumlichkeit der Aufführung ihre Teilnehmer in einen liminalen Schwellenzustand, in dem vertraute Rezeptionsstrategien nicht mehr greifen, während alternative Strategien erst noch entwickelt werden müssen. Fundamental in Frage gestellt werden dadurch nicht nur die den öffentlichen Raum herkömmlicherweise bestimmenden sozialen Konventionen, sondern auch die je individuelle, subjektrelative Position sowie die Konfiguration des intersubjektiven Miteinanders innerhalb jenes Raums. Zugleich steigert und intensiviert die erfahrene Wahrnehmungskrise die Aufmerksamkeit und lädt die gerahmte raumzeitliche Situation mit einer Vielzahl an Bedeutungs- und Handlungspotentialen auf.

Der derart durch die ästhetische In(ter)vention erzeugte Schwellenzustand evoziert in ihren Teilnehmern eine ästhetische Differenzerfahrung. Der einzelne Teilnehmer erfährt sich in eine raumzeitliche Situation jenseits seines gewohnten Wahrnehmungs- und Verhaltensdispositivs und damit gleichsam in eine Distanz zu sich selbst und seiner Umwelt versetzt. Diese Distanz aber ermöglicht gerade in ihrer entfremdenden Kraft neuartige, ungewohnte Begegnungen mit vermeintlich Vertrautem. In der durch die ästhetische In(ter)vention evozierten Differenzerfahrung öffnet sich somit ein Möglichkeitshorizont, um einander ebenso wie sich selbst im Hier und Jetzt ihrer ambivalenten Topologie gleichsam wie zum ersten Mal zu begegnen. Als Aufführungssituation, die einerseits Aufmerksamkeit bündelt und intensiviert, während sie sich andererseits erst im einmaligen Zusammenspiel relationaler Verkörperungsprozesse konstituiert, erweist sich die ästhetische In(ter)vention als eine Bühne des Begegnens. Jede Begegnung ereignet sich dabei als ein einzigartiger, unvorhersehbarer Akt der reziproken Verkörperung, der die Bühne der ästhetischen In(ter)vention sowohl besetzt und einnimmt als auch neu vermisst und mitgestaltet. In diesem Sinne offenbart sich die Bühne der ästhetischen In(ter)vention als Herausforderung an jeden

Einzelnen, die Distanz zwischen sich selbst und dem, was er hier verkörpert, immer wieder neu zu erproben und auszumessen. Dabei findet er sich zugleich in einen theatralen Wahrnehmungsmodus versetzt, wie er sich in der Simultanität eines wechselseitigen Affizierens und Affiziert-Werdens manifestiert.

Die Herausforderung zur Begegnung mit dem Fremden, und das ist entscheidend, wird dabei nicht als Bedrohung, sondern als lustvoll erfahren. Indem es die Wahrnehmungskrise erforderlich macht, mit sich selbst als organisierendem Zentrum der eigenen Wahrnehmung und damit mit sich selbst als sinngebender Instanz zu beginnen, die den in der ästhetischen In(ter)vention vorübergehend aufscheinenden Freiraum auf die ihm immanenten Handlungspotentiale hin erprobt, erfährt sich jeder Teilnehmer zugleich als gleichberechtigter Miterzeuger einer geteilten Realitätserfahrung. Die sinnlich-sinnhafte Erschließung einer ästhetischen In(ter)vention impliziert folglich neben ihrer aneignenden Vermessung immer auch schon einen Akt der hervorbringenden Verkörperung und spielerisch-modifizierenden Gestaltung. In dieser Doppelstruktur der ästhetischen Differenzerfahrung zwischen Raum nehmender Erfahrung auf der einen und Raum generierender Erfahrung auf der anderen Seite realisiert sich eine schöpferische Subjektivierungspraxis, die auf der Freiheit beruht, eine eigene Haltung zu und innerhalb der veränderten Wahrnehmungs- und Verhaltenstopografie einzunehmen und auf ihre Praktikabilität zu prüfen. In diesem Sinne gibt die Schwellenerfahrung der ästhetischen In(ter)vention einem ebenso kurzweiligen wie lustvoll erfahrenen Abenteuer der Neuorientierung und Erprobung alternativer Gestaltungs- und Nutzungsmöglichkeiten des öffentlichen Raums sowie damit unmittelbar zusammenhängender Formationen von Subjektivität und Intersubjektivität statt.

Die durch die ästhetische In(ter)vention evozierte Differenzerfahrung richtet sich dabei nicht zuletzt auch auf die anderen zur selben Zeit am selben Ort anwesenden Körper. In der geteilten Erfahrung des absoluten Ausgesetztseins an die liminale Sinn- und Grundlosigkeit der ästhetischen In(ter)vention in ihrer radikalen Selbstreferentialität erfährt sich der Einzelne immer schon als ebenso rezeptiver wie produktiver Teil einer temporären, theatralen Gemeinschaftsformation. Diese Gemeinschaftsformation aber zeichnet sich durch die unvereinbare Heterogenität ihrer einzelnen Mitglieder aus, die nichts miteinander verbindet als die Erfahrung ihrer radikalen Exposition. In Ermangelung eines finalen, allgemeingültigen Grundes wie der Umsetzung eines konkreten Ziels, der Durchführung eines Projekts oder der Zugehörigkeit zu einer bereits existenten oder noch zu konstituierenden Gruppe zwingt die ästhetische In(ter)vention als Schwellenraum ihre Teilnehmer dazu, sich ausschließlich aneinander zu orientieren und sich die Situation im Zuge dessen gleichsam einander mitteilend zu erschließen. Als Konsequenz dessen offenbaren sich intersubjektive Beziehungen somit nicht als Resultat, sondern als Projekt einer wesentlich körperbasierten Tätigkeit, das als solches immer wieder neu begründet, ausgehandelt und gestaltet werden muss. Die theatrale Gemeinschaft realisiert sich folglich im immer provisorischen Erkunden, Erforschen und Praktizieren des eigenen Mitseins und also im ebenso unabschließbaren wie prozessualen Austausch darüber, was es bedeutet, eine Gemeinschaft zu verkörpern. In einem Spiel, das weder eindeutige Regeln noch Lösungen kennt und ob seiner konstitutiven Offenheit an keine teleologische Handlungsdirektive geknüpft ist, offenbart sich die theatrale Gemeinschaft der ästhetischen In(ter)vention als provisorische Vollzugswirklichkeit, die immer wieder kritisch hinterfragt werden muss und als solche permanenten Modifikationen und Verwandlungen unterworfen ist. So setzt die ästhetische In(ter)vention nicht nur die hegemoniale Ordnung ihres Erscheinungsraums auf Spiel, sondern realisiert sich im selbstreferentiellen Vollzug ihrer kollektiven Verkörperung zugleich als transitorischer Entwurf einer alternativen Öffentlichkeitsformation. Damit sind ästhetische In(ter)ventionen als Entwürfe einer kollektiven Utopie des öffentlichen Raums zu verstehen, die nicht nur imaginiert, sondern im Vollzug ihrer Aufführung von allen Anwesenden zugleich mitgestaltet und immer wieder neu erfunden wird. Sie realisiert sich im körperlichen Antizipieren, Verhandeln und Erproben alternativer Nutzungsmöglichkeiten des öffentlichen Raums ebenso wie ungewohnter zwischenmenschlicher Begegnungen im Hier und Jetzt ihres ereignishaften Erscheinens und verfügt in ihrer Prozessualität über keine eindeutig zu bestimmende und/oder prädeterminierende Gestalt. In diesem Sinne lässt sich eine ästhetische In(ter)vention folglich auch nur retroaktiv als solche bestimmen.

Statt der Einlösung eines prädeterminierten utopischen Gesellschaftsideals affirmiert die theatrale Gemeinschaft der ästhetischen In(ter)vention im selbstreferentiellen Vollzug ihrer interdependenten (Mit-)Teilung vielmehr ihre eigene Grundlosigkeit und begibt sich gerade dadurch auf das Terrain des Politischen. Dieser Erkenntnis liegt ein postfundamentalistischer Begriff des Politischen zugrunde, wie er sich als ontologisches Moment einer kollektiven Differenzerfahrung sowie eines damit unmittelbar einhergehenden Stiftungsakts erweist. Ästhetische In(ter)ventionen führen die symbolische Ordnung des öffentlichen Raums auf das performative Moment ihrer kollektiven sozialen Genese zurück und legen sie in ihrer Kontingenz offen, ohne zugleich auf eine gezielte und/oder nachhaltige Umstrukturierung dieser Ordnung zu drängen. Ihre politische Wirkkraft besteht weniger in der zielgerichteten Konstitution einer spezifischen Form von Öffentlichkeit im Sinne der Herbeiführung einer realen gesellschaftspolitischen Veränderung als vielmehr darin, die dem öffentlichen Raum inhärente Wahrnehmungsökonomie in ihrer singulären Exklusivität ebenso wie die ihr impliziten Dispositive auf das Moment ihrer kollektiven Instituierung und somit auf ihre potentielle Veränderbarkeit zurückzuführen.

Diese politische Wirkkraft der ästhetischen In(ter)vention realisiert sich im Prozess ihrer medialen und narrativen Überlieferung auch über das Hier und Jetzt ihrer Aufführung hinaus immer wieder neu und wird als solche kontinuierlich fort- und umgeschrieben. Was sich dabei überliefert, ist das schöpferische Vermögen, in Realitätskonstitutionen zu intervenieren und diese in einem Akt der kollektiven Verkörperung gleichsam von innen heraus umzugestalten.

Dabei ist das der ästhetischen In(ter)vention in ihrer eigentümlichen Ambivalenz inhärente Potential, soziale Realitäten in Frage zu stellen und auf ihre Veränderung hin zu öffnen, keineswegs allein der Kunst vorbehalten. Stattdessen intervenieren neben der Kunst auch die Politik und die Ökonomie in die symbolische Ordnung des öffentlichen Raums. Zu diesem Zweck bedienen sich politisch und ökonomisch motivierte Werbe- und Marketingkampagnen gleichermaßen des Vokabulars und der Strategien einer interventionistischen Ästhetik, wie sie sich ursprünglich im Bereich der Kunst etabliert hat. Die im Zuge der ästhetischen In(ter)vention kollektiv zur Aufführung gebrachte soziale Utopie dient dabei in der Regel als lukrativer Imageträger und/oder als politisches Agitations- respektive Kontrollinstrument. Interventionistisch operierende Artikulationen in Kunst, Politik und Ökonomie konkurrieren miteinander um die symbolische Autorität über Zeichenregime und mediale Codes, über Fiktionen, Affekte und Geschichten und damit um nicht weniger als die Macht der Formation des Öffentlichen. Während allerdings politische und ökonomische In(ter)ventionen in ihrer zielgerichteten Zweckmäßigkeit auf die Wiederherstellung eines verbindlichen Referenzrahmens drängen, überantwortet die ästhetische In(ter)vention das unabschließbare Projekt einer kollektiven Öffentlichkeitsformation als performativ hervorzubringenden Vollzugswirklichkeit gänzlich den mitunter zufällig an ihr Teilhabenden und erschöpft sich somit als einzige im transitorischen Ereignis ihrer situativen Verkörperung.

Das bedeutet aber auch, dass sich die ästhetische In(ter)vention als Medium einer pluralen, sich kontinuierlich aktualisierenden und also nicht eindeutig bestimmbaren Praxis offenbart, die sich erst im Vollzug ihrer konkreten Realisation mit Bedeutung auflädt. Ihr Begriff impliziert somit einen raumzeitlich übertragbaren Handlungsmodus, wie er sich in einer Vielzahl möglicher – vergangener, gegenwärtiger und zukünftiger – Erscheinungsformen zu implementieren vermag. Die ästhetische In(ter)vention offenbart sich demnach als ein wesentlich offenes, permanente Fort- und Umschreibungen unterlaufendes Konzept, das ein interventionistisches Verhältnis auch zu seiner eigenen begrifflichen Fixierung unterhält. Um ihren Fortbestand als interventionistische Kunstpraxis nicht zuletzt auch in Abgrenzung von den Vereinnahmungsversuchen durch Politik und Ökonomie zu sichern, ist die ästhetische In(ter)vention auf die beständige Wiedereinführung neuer Selbstwidersprüche angewiesen.

So führt die ästhetische In(ter)vention immer wieder an den Ort des Politischen als schöpferischem Ungrund jeder politischen Aktualität zurück. Von diesem Ort aus stellt sich die Frage nach den Grenzverläufen einer gesellschaftlichen Ordnung und somit auch die Frage nach Formationen des Ein- und Ausschlusses immer wieder neu. Dabei steht nicht nur die kollektive Genese von Räumen, Körpern und Gemeinschaften, sondern auch derjenigen diskursiven Grenzverläufe und Konzepte auf dem Spiel, die diese Ordnungen wesentlich determinieren. Hierzu zählt nicht zuletzt auch die Grenzziehung zwischen Kunst und Politik selbst. Statt diese als unverrückbar gegeben anzuerkennen, macht die ästhetische In(ter)vention sie vielmehr zur Verhandlungs- und Gestaltungssache, die mit jeder konkreten Manifestation gleichsam neu zu sondieren und auszuhandeln ist. Als politisch erweist sich die ästhetische In(ter)vention folglich nicht deshalb, weil sie sich auf einen Bereich der politischen Aktivität entgrenzte, sondern vielmehr deshalb, weil sie das Verhältnis von Kunst und Politik nachhaltig in Frage stellt und zur kollektiven Verhandlungssache macht.

Hilke Berger

„UND JETZT BITTE ALLE: INTERVENTION"

Über die Kunst der Partizipation zwischen Instrumentalisierung und Aktivierung

Den Titel dieses Vortrags[1] habe ich mir nicht einfach ausgedacht. Es ist ein Satz, der bei einem Workshop zu künstlerischen Strategien im öffentlichen Raum fiel. Natürlich hier sehr lustig, weil völlig aus dem Zusammenhang gerissen – und doch erstaunlich treffend, beschreibt diese Aufforderung eine deutliche Tendenz künstlerischer Projekte der letzten Jahre, um die es im Folgenden gehen wird.

Der Untertitel fasst mein eigenes Arbeitsgebiet zusammen, denn in der Vorbereitung dieses Vortrags sind mir die zwei Pole des Themas „Künste im urbanen Raum", auf die ich mich hier beziehe, wieder einmal sehr bewusst geworden. Ich komme aus Hamburg und habe deshalb in Bezug auf die Rolle der Künste viel mit extrem kritischen Diskussionen zu Themen wie der Gefahr der Instrumentalisierung der Kunst zu tun. In Großstädten gibt es bekanntermaßen immer auch die Tendenz, Kunst als weichen Standortfaktor im Sinne von Floridas *creative class* zu vermarkten. In Hamburg sind daher alle Diskussionen zum Thema des „Potenzials" der Kunst eigentlich sofort verdächtig. Das hat natürlich mit der Geschichte der Stadt zu tun, mit Gentrifizierung, den unbezahlbaren Mieten, schlechten Erfahrungen, falschen Versprechen usw. In Hamburg unbeschwert über das Thema Kunst und Stadtentwicklung zu sprechen, ist daher eigentlich unmöglich.

Vor ein paar Wochen bei einem Werkstattgespräch mit dem Titel „Stadttheater" im Rahmen der Theaterformen in Braunschweig habe ich über die künstlerischen Projekte gesprochen, die bei der Internationalen Bauausstellung in Hamburg-Wilhelmsburg initiiert wurden, einem Programm, das in Hamburg massiv kritisiert wurde und sich der gerade beschriebenen „Kunst-benutzt-zum-Preise-Pushen"-Kritik ausgesetzt sah. Viele der Teilnehmenden am Werkstattgespräch in Braunschweig kamen aber aus Dessau und waren entsprechend mit ganz anderen Fra-

---

[1] Gehalten im Dezember 2012 in Mülheim im Rahmen von „Can't you crawl to another town …" – Symposium Darstellende Künste im urbanen Raum.

gen und Problemen konfrontiert. Ihnen ging es standortbedingt ganz ausschließlich positiv besetzt um Fragen nach dem Potenzial von Kunst, der Freiheit der Kunst und der Möglichkeit der Aktivierung von Stadtgesellschaft durch Kunst. Letztlich ging es dort also um ganz ähnliche Probleme, denen es auch in Mülheim mit Kunst zu begegnen gilt.

Sprechen wir also über Künste im urbanen Raum, sind die Spezifika dieses Raums mit allen lokalen und regionalen Problemen entscheidend für die Bewertung von allen Initiativen, die den städtischen Raum thematisieren. Diese Bewertung umspannt ein Feld, das von der Gefahr der Instrumentalisierung auf der einen bis zum Potenzial einer Aktivierung der Gesellschaft auf der anderen Seite reicht. So banal diese Feststellung sein mag: Ich denke, für einen produktiven Umgang mit allen Fragen bezüglich der Rolle, die Kunst für unser urbanes Leben spielen soll, ist es wichtig, sich diese zwei Pole klar zu machen.

So weit das Feld „urbaner Raum" sein mag, die Frage nach der Rolle der Künste verbindet die Pole in einem entscheidenden Punkt: in der Frage nach der Rolle des Zuschauers. Ganz wichtig scheint mir hier die Feststellung, so naheliegend sie zunächst erscheinen mag, dass Publikum nicht etwas ist, das per se existiert, sondern es ist immer etwas „Gemachtes" und damit nicht nur veränderbar, sondern vor allem auch aktivierbar.

Die Veränderung des Theaters von repräsentativen Arbeiten, die auf einer reinen Kopräsenz von Darsteller und Zuschauer basieren, hin zu aktivierenden Theaterformaten, in denen der Zuschauer zum Teilnehmer wird, verläuft analog zur Veränderung in der Kunst ganz allgemein. Von Objekten zu Praktiken oder Prozessen. Und so lösen sich nicht nur zunehmend die Grenzen zwischen den Kunstformen und Gattungen auf, sondern es geht eigentlich automatisch sofort auch um die Frage nach der Veränderung von Autorschaft ganz allgemein. Diese Feststellung ist eng verzahnt mit der Frage nach politischer Teilhabe. Es geht um eine Veränderung von einer „repräsentativen hin zu einer performativen Demokratie", um hier Peter Weibel zu zitieren. Also um ein gleichermaßen riesiges wie hoch politisches Feld, dem ich mich mit dem Fokus auf performative Praktiken im öffentlichen Raum nähern möchte.

In den späten 1970er Jahren löste die Kunst im öffentlichen Raum die bis dato praktizierte Kunst am Bau ab und vermischte bildende mit performativen Kunstformen vor allem im Bereich der *site specific art*. In den letzten Jahrzehnten ist eine neue hybride Kunstform entstanden, die sich entsprechend klarer Genrezuschreibungen entzieht. Ich zitiere wieder Peter Weibel: „Die Kunst dehnt sich vom Objekt aus zu einer Praktik, und in ihrer Praktik dehnt sie ihre Arbeitsfelder in neue Bereiche aus, die bis dahin den Sozial- und Naturwissenschaften vorbehalten waren."[2] Verhandelt werden hierbei Fragen der Kulturgeschichte, der sozialen Lebensbedingungen und der Stadtentwicklung. Die Trennschärfe zwischen sozialen Projekten, Kunst und politischer Aktion ist häufig aufgehoben.

Es ist eine Eigenheit der Wissenschaft, alles fassbar machen zu wollen, und darum wird in den letzten Jahren auch sehr viel mit Begriffen um sich geworfen, um das Phänomen der urbanen Interventionen (um wiederum einen der größten Sammelbegriffe zu nehmen) zu beschreiben. Was trotz der großen Diversität die Mehrzahl der Projekte wieder eint, ist die Ausrichtung auf Teilhabe. Und da ist es, das wahrscheinlich am häufigsten benutzte und vielleicht auch inzwischen am meisten gehasste Wort der letzten 15 Jahre: Partizipation. Partizipation ist so etwas wie das In-Wort der letzten Jahrzehnte und zwar quer durch alle Kunstformen und Praktiken, sodass vielfach von einem Imperativ der Partizipation gesprochen wurde. Kein Förderantrag kommt heute daran vorbei. Auch die Partizipationskritik ist nun ein bisschen in die Jahre gekommen, denn sie begann spätestens in den 1960er Jahren mit Sherry Arnsteins „A Ladder of Citizen Participation". Ein französisches Studentenplakat mit dem Wortlaut „je participe // tu participes // il participe // nous participons // vous partizipez // ils profitent" ist Arnsteins Aufsatz beigefügt und fasst die Hauptkritik treffend zusammen, denn das Plakat bezieht sich bereits auf die später heftig kritisierte Gefahr von Instrumentalisierung und Vereinnahmung der Teilnehmer. In den 1990er Jahren wurde die Debatte dann so massiv geführt, dass sie mit Sicherheit ganze Bibliotheken füllen könnte, und trotzdem ist das Wort immer noch da. Aktuell wird es natürlich immer mehr mit einem anderen Wort kombiniert, und das ist Nachhaltigkeit.

Das vermeintliche Phänomen der Partizipation wiederum ist natürlich kein neues: Von den mittelalterlichen Mysterienspielen zu russischer Revolutionskunst, vom Dadaismus über die politische Konzeptkunst eines Hans Haacke bis zu Environmental und Fluxus Art (Event-Scores), von den Situationisten sowie der Happening-Kunst der 1960er Jahre zu John Cage, Yoko Ono, Allen Kaprow, Martha Rosler und George Brecht, zu Organisationen wie der Art Workers Coalition und Gruppen wie Group Material lässt sich eine Traditionslinie zeichnen, die die Überwindung von starren Grenzen und die Involvierung

---

[2] Weibel, Peter: „Von der repräsentativen zur performativen Demokratie. Zum Verhältnis von Kunst und Demokratie". In: *Archplus* Jg. 44, Nr. 204, 2011, S. 129.

des Zuschauers gleichermaßen verband.³ Aus der reinen Kopräsenz von Zuschauer und Darsteller hat sich das postdramatische Theater maßgeblich mit der Performancekunst der 1960er Jahre emanzipiert – und so ist aus dem wiederentdeckten Phänomen auch und gerade in den darstellenden Künsten seit den 1990er Jahren der beschriebene unübersehbare Trend geworden. Allerorten wird nun aus dem Zuschauer ein Teilnehmer, und Kunst findet schon lange fernab von institutionalisierten Räumen statt wie dem Theater auf Straßen, in Parks, Cafés, Parkhäusern oder Einkaufspassagen.⁴ So bewegend solche Arbeiten in vielerlei Hinsicht sein mögen, so problematisch erscheinen sie den Kritikern nicht nur in Bezug auf ihre Rezeption. Die einen sehen die Gefahr des Verlustes eines ästhetischen Anspruches und der restlosen Auflösung des Kunstbegriffes in Beliebigkeit⁵ während die anderen nach wie vor eine grundsätzliche Kritik am Konzept der Partizipation mit und durch Kunst üben, drohe doch so das Gefühl einer Verordnung und damit einer Hierarchisierung oder – im schlimmsten Fall – einer Stigmatisierung der zu Beteiligenden im Namen der Kunst.⁶

Für meine eigene Arbeit ist Partizipation trotz all dieser Bedenken nach wie vor spannend, weil es die Arbeitsfelder der Uni, an der ich arbeite, verbindet: Kunst und Stadt. Der Studiengang Kultur der Metropole, in dem ich unterrichte und forsche, ist an einer Universität für Metropolenentwicklung und Baukunst, also an einer Technischen Uni ansässig, was eine Arbeitsweise zwischen den Disziplinen quasi schon von Haus aus mit sich bringt. So haben die Studenten beispielsweise dieses Jahr in einer Kooperation mit der Stadtentwicklungsgesellschaft in Hamburg künstlerische Projekte zum Thema Paradox Partizipation entwickelt. Dieses Paradox ist, denke ich, für die Beschäftigung mit dem Potenzial künstlerischer Arbeiten elementar. Das Paradox der Partizipation hat Wolfgang Fach treffend zusammengefasst: „Diejenigen, die partizipieren sollen, wollen nicht – und umgekehrt."⁷ Von dieser Problematik können auch Stadtplaner ein Lied singen, denn längst ist Partizipation auch in städtischen Planungsprozessen von der Kür zur

---

[3] Vgl. Rollig, Stella/Sturm, Eva (Hrsg.): *Dürfen die das? Kunst als sozialer Raum,* Wien 2002.

[4] Vgl. Deck, Jan/Sieburg, Angelika (Hrsg.): *Paradoxien des Zuschauens. Die Rolle des Publikums im zeitgenössischen Theater,* Bielefeld 2008.

[5] Vgl. Raunig, Gerald: „Spacing the Lines. Konflikt statt Harmonie. Differenz statt Identität. Struktur statt Hilfe". In: Rollig/Sturm (Hrsg.): *Dürfen die das?*

[6] Vgl. Vorkoeper, Ute/Knobloch, Andrea: *Kunst einer anderen Stadt,* Berlin 2011.

[7] Fach, Wolfgang: „Partizipation". In: Ulrich Bröckling/Susanne Krassmann/Thomas Lemke (Hg.): *Glossar der Gegenwart,* Frankfurt am Main 2004, S. 197–203, hier S. 198.

Pflicht geworden. In den meisten Fällen scheitern Maßnahmen der Beteiligung aber oder führen sogar zum Gegenteil der avisierten Aktivierung, nämlich zu Unmut und Rückzug. Künstlerische Arbeiten sind hierfür ein spannendes Untersuchungsfeld. So lassen sich an künstlerischen Arbeiten auch exemplarisch Probleme von Beteiligungsmaßnahmen zeigen. Als ein Beispiel sei hier auf die Gefahr der falsch verstandenen Fürsorge verwiesen: Mit der Haltung der generösen Option auf Partizipation, einer Heilsbringung, die von außen kommt, um etwas zum Positiven zu verändern, was vielleicht von den Menschen nicht als negativ empfunden wird, werden erst Teil-Öffentlichkeiten konstruiert, die immer als die Anderen (nämlich diejenigen, die teilhaben sollen) stigmatisiert bleiben müssen.

Nach der Auswertung zahlreicher Projekte kann ich auch aus meiner eigenen Arbeit ein Fazit ziehen: Wenn Nachhaltigkeit das Ziel sein soll, braucht es immer ein Anknüpfen an bereits bestehende Initiativen und lokale Identitäten. Egal, wie ambitioniert ein Projekt aufgestellt sein mag: Ignoriert man die bestehende Subkultur, schafft man auch mit den besten Absichten verständliche Aversionen. Außerdem braucht es bei all diesen Projekten, wenn sie wirklich erfolgreich zu einer aktivierenden Stadtentwicklung führen sollen, dringend die gleichberechtige Einbeziehung der lokalen Akteure und den Anspruch, wirklich nachhaltige Projekte zu initiieren. Künstlerische Projekte als kulturelles Feigenblatt zu benutzen und Partizipation nur vorzugeben, aber nicht wirklich zu wollen, wird sonst – hoffentlich – immer zu einer Aktivierung ganz anderer Art führen: nämlich zu Protest. Im Deutschen kann man eine sehr nette Trennung zwischen Teilnahme und Teilhabe machen. Während Teilhabe letztlich die klassische Zuschauerposition beschreibt, ein Moment, das zwar elementar ist, aber letztlich in der passiven Kopräsenz der Akteure stehenbleibt, umfasst Teilnahme einen wirklichen Einbezug. Nur an etwas teilzuhaben ist etwas ganz anderes als teilzunehmen, weil hier aus passiver Zeugenschaft ein aktiver Vorgang des „Ich nehme teil" wird. Häufig suggerieren Projekte eine Teilnahme, lassen aber nur Teilhabe zu, und natürlich fühlen sich die Menschen dann hintergangen, ausgenutzt und nicht ernst genommen.

Ich möchte Ihnen ein paar Projekte vorstellen, die sehr unterschiedlich sind, die aber das Ziel eint, durch die Aktivierung des Zuschauers Prozesse in Gang zu setzen, die über eine ästhetische Setzung hinausgehen. Die Arbeiten bewegen sich im Spannungsfeld unterschiedlicher Kunstgattungen, unterlaufen tradierte Sehgewohnheiten, verlassen institutionalisierte Rahmen und schaffen so neue Räume sozialer und kultureller Interaktion. Viele solcher Formate sind in mehrerlei Hinsicht in

Bewegung, denn sie durchqueren den Stadtraum in sogenannten *walking performances*. Durch das Gehen entsteht (mit de Certeau) überhaupt erst Stadt. Hier wird zusätzlich die Fantasie der Teilnehmer aktiviert und die Inszenierung im Kopf in Gang gesetzt. Bei solchen Performances werden Zuschauer in ungewohnter Weise in Bewegung gesetzt. Es werden öffentliche Räume temporär als Bühnen für geleitete Gänge genutzt. Gehen setzt den Körper in Beziehung zum städtischen Raum. Interessant ist es, dass das deutsche Wort spazieren von lateinisch *spatium* kommt, was wörtlich übersetzt *sich räumlich ausbreiten* bedeutet. So erschließt man sich über das Gehen einen Raum; der Raum wird wiederum durch die vom Spaziergänger gewählte Route erst als solcher erschaffen.

Ich möchte Ihnen hierzu, exemplarisch für sehr viele, die Arbeiten von Janet Cardiff vorstellen. Die Aufnahmen der kanadischen Künstlerin haben Zuhörer durch Parkanlagen, Straßenzüge, Büchereien und Museen weltweit geführt. Ebenso zahlreich und ungewöhnlich wie die Orte, an denen ihre Kunst gezeigt, abgespielt, gehört, gesehen und empfunden wird, sind die verschiedenen Medien, Gattungen und Einflüsse, die sich in den Arbeiten der Kanadierin überlagern, verwischen und durchdringen, wodurch kein Kunstwerk im klassischen Sinne erschaffen wird, sondern sowohl physische als auch mentale Erfahrungsräume entstehen. Bei diesen *walking performances,* in denen je eine Person allein, ausgestattet mit Walkman und Kopfhörern, einer bestimmten Route und einer Geschichte folgt, wird der Teilnehmer (wie Max Glauner in der Zeitschrift *Theater heute* schreibt) vom Zuschauer zum Betrachter zum Komplizen zum Akteur, denn die mediale Lücke der Vergegenwärtigung/Verkörperung wird durch den Teilnehmer selbst gefüllt, dessen eigener Atem, dessen Schritte und letztlich dessen Körper in den Walks zum basalen Bestandteil von Cardiffs Inszenierung wird. Der Zuschauer wird zum Protagonisten und erhält erst am Ende seinen Status als Beobachter zurück. Cardiffs Arbeiten befinden sich im privaten Bereich von Erzählen und Zuhören. Die Konsequenz ist die Erschaffung des Paradox einer intimen Kunst im öffentlichen Raum.

Während dieses Beispiel für ein sehr poetisches und fiktives Stadterleben steht, haben die Walks, die Boris Sieverts mit seinem Kölner Büro für Städtereisen realisiert, einen ganz anderen Charakter. Ich zitiere hier die Homepage, denn treffender lässt sich die Arbeit kaum zusammenfassen:

> Das Büro für Städtereisen veranstaltet Exkursionen in die unerforschten inneren und äußeren Randgebiete unserer Metropolen und Ballungsräume. Die ein- und mehrtägigen Reisen verknüpfen Brach-

flächen und Siedlungen, Parkplätze, Einkaufszentren und Wälder, Wiesen und Autobahnen, Schulen, Fabriken und Asylantenheime, Tiefgaragen und Hotels, Manöverplätze und Deponien, Flughäfen und Trampelpfade zu wunderschönen bis krassen Raumfolgen. Das Image der Stadt wird bis zur Unkenntlichkeit relativiert. Die Orientierung an Bauwerken und Verkehrswegen löst sich auf, und landschaftliche Zusammenhänge für ansonsten als extrem disparat geltende Umgebungen werden sichtbar.

Es gibt eine Vielzahl unendlich spannender Projekte, die alle eint, was die Situationisten bereits mit ihrem Umherschweifen, den *dérives*, sogenannten psycho-geografischen Stadtbegehungen beabsichtigten: eine Wahrnehmungsschärfung und Veränderung des alltäglichen urbanen Raums. Zu nennen wären hier natürlich auch Ligna, Arbeiten von Rimini Protokoll, Plan B, LoneTwin, Art-Tours Stuttgart, Martin Nachbar, Andrea Sonnberger, Zimmer frei und vielen, vielen anderen. In diese Gruppe hinein passen auch die Stadtspiel-Projekte, wie sie auch von Invisible Playground entwickelt werden.

Das große Potenzial künstlerischer Arbeit für die Aktivierung einer Stadtgesellschaft ist das Aufzeigen und Behaupten von Möglichkeitsräumen. In Bezug auf das so genannte „Potenzial" künstlerischer Arbeit für die aktivierende Stadtentwicklung dominiert für mich aber nicht der Pessimismus. Ich zitiere hierzu zusammenfassend Jesko Fezer und Mathias Heyden: „Partizipation stellt die Frage der Macht. Sie problematisiert, inwieweit und zu welchem Zweck Beteiligung erwünscht, eingefordert, erkämpft, zugelassen, gefördert oder praktiziert wird. Damit ist Partizipation eben nicht ‚private Selbstregulierung', keine ‚gefühlte Teilhabe' oder ‚Konsensproduktion', sondern eine Bedingung des Sozialen und des Politischen." Die Auseinandersetzung mit der berechtigten Kritik und der Gefahr der Instrumentalisierung zeigt ja immer auch die Relevanz künstlerischer Projekte, sonst wäre die Aufregung nicht so groß.

Katja Drews

CREATIVE SPACING

Die Performativität des sozialen Raums und die Transformationspotenziale darstellender Künste im öffentlichen Raum[1]

Darstellende Kunst im öffentlichen Raum bietet bedeutsame Möglichkeiten, bestehende Verteilungszustände sozialer Wirklichkeiten und Anordnungen der materiellen Nutzungspraxen der Bewohner sozialer Räume am künstlerischen Schauplatz, im Stadtraum und im übergreifenden Kontext translokaler Aktionsfelder künstlerischer Prozesse in Bewegung zu bringen. Durch das Erzeugen ästhetischer Differenzerfahrungen der wahrnehmenden Subjekte machen Kunstwerke im öffentlichen Raum neuartige Formationen der vorhandenen Wirklichkeitsbestände erlebbar. Die Beschäftigung mit dem öffentlichen Raum der Städte als Terrain künstlerischer Werke steht naturgemäß zentral auch in der akademischen Auseinandersetzung mit der Beschaffenheit solchen Kunstgeschehens, jüngst etwa in der Ausstellung und Publikation[2] *DEMO:POLIS. Das Recht auf Öffentlichen Raum* der Berliner Akademie der Künste.

Im Folgenden möchte ich einige Gedanken zur Produktivität ästhetischer Raumpraxis ausführen, die den relationalen Raumbegriff der Ethnografie, Raumsoziologie und postmodernen Humangeografie zum Ausgang nehmen für das Verstehen des Handlungskontinuums szenisch-ästhetischer Produktionen im öffentlichen Raum. Die wirkungsmächtige Schnittstelle darstellender Kunst zum Ort ihres Geschehens kann im Sinne der modernen Raumsoziologie, die Martina Löw[3] grundlegend systematisiert hat, verstanden werden als Handlungsdimension der (Re-)Produktion gesellschaftlicher und materieller Ressourcenverteilungen und deren Nutzungspraxis an topografisch und humangeografisch konkretisierten Orten durch die Akteure am künstlerischen Setting.

Ausgangspunkt ist ein transdisziplinäres Verständnis der performativen Tableaus im öffentlichen Raum als Diversität erzeugende räumli-

---

[1] Der vorliegende Text entstand im August 2016 als Nachbemerkung zum dokumentierten Symposium.

[2] Hoidn, Barbara (Hrsg.): *DEMO:POLIS. Das Recht auf öffentlichen Raum,* Zürich 2016. (Siehe auch dieses Buch, S. 405.)

[3] Löw, Martina: *Raumsoziologie,* Frankfurt am Main 2001.

che Bewegung der Beteiligten. Neben den künstlerischen Akteuren – den Konzeptschaffenden, ästhetisch Gestaltenden und Ausführenden – wären dies etwa die (institutionellen oder gegenkulturellen) Bereitstellenden des szenografisch behandelten *public space* sowie die heterogenen Gruppierungen der Rezeption und die wahrnehmenden Subjekte im Publikum als Mitproduzenten des stattfindenden Raumgeschehens der Inszenierungen. An der Peripherie hierzu gruppieren sich weitere Akteure der medialen, gesellschaftlichen und wirtschaftlichen Handlungsebenen, die durch ihre jeweiligen Partizipationsweisen am Kunstprozess beteiligt sind, etwa in Form von symbolischer Wertschöpfung durch Berichterstattung und Kommunikation oder in Prozessen sozialer Ein-/Ausschlüsse und daran angegliederter Praktiken materieller Ressourcenverteilung.

Sozialraumtheorie, Partizipation und das Handeln am Ort der Kunst

Der Begriff Sozialer Raum stammt aus dem Handlungsfeld der angewandten Sozialwissenschaften. Deren Konzept des Sozialraums und die zentrale Orientierung der sozialen Arbeit auf Gemeinwesenarbeit und Lebenswelt der Subjekte[4] beruht u. a. auf Pierre Bourdieus Aufteilung des sozialen Feldes in soziales, ökonomisches und kulturelles Kapital[5]. Bourdieu zufolge verursachen die Teilhabe an den Kapitalarten – und das ist besonders relevant für die individuelle Teilhabe an Kunst und Kultur im gesellschaftlichen Umfeld – individuelle Habitusformen, mit denen sich Individuen (unbewusst) distinguierend einordnen in die bestehende soziale Verteilungsrealität. In der Sozialraumorientierung richtet sich die Praxis der sozialen Arbeit auf die Bestärkung des Individuums bei der Einbindung in sein soziales Umfeld und dessen Strukturen. Strategien des Empowerments haben u. a. zum Ziel, die kulturelle Teilhabe im Lebensumfeld zu fördern. Dem Aspekt des Handelns kommt bereits in Bourdieus Konzept – auch wenn es nicht sonderlich zentral in seinem Werk ist – neuralgische Bedeutung zu.

Subjektives Handeln markiert zugleich die Dimension der künstlerischen Intervention ins sozialräumliche Setting von Kunstschauplätzen im öffentlichen Raum: Da Handeln die habituelle Verortung des Individuums im sozialen Ganzen stetig aktualisiert, bietet es grundsätzlich die Möglichkeit zur Entwicklung diverser Verhaltensweisen. Die Dimension des Handelns beinhaltet tatsächlich den einzig möglichen Ansatz in

---

[4] Thiersch, Hans: *Lebensweltorientierte soziale Arbeit: Aufgaben der Praxis im sozialen Wandel,* Weinheim, München 1992.

[5] Bourdieu, Pierre: *Leçon sur la leçon,* Paris 1982.

der Theorie Bourdieus, neue habituelle Haltungen zu entwickeln und letztlich neben der Ebene der subjektiven Verortung im sozialen Feld auch an Wandlungsprozessen bestehender gesellschaftlicher Strukturierungen beteiligt zu sein.

Darstellende Kunst im öffentlichen Raum positioniert sich im künstlerischen Feld *sui generis* als prädestiniert für die Erzeugung von „Kontaktzonen" für sonst kulturuninteressierte Gäste mit temporär künstlerisch transformierten Räumen der *Community*. Claire Bishops Statement von der partizipatorischen Kunst und deren gesellschaftlichen Potenzialen beleuchtet dieses sozialräumliche Setting aus der Perspektive der Post(post)modernen Kunsttheorie.[6] Aktuell und detailliert eruiert Florian Matzner das Feld partizipativer Kunst im öffentlichen Raum, dessen Entwicklung als eigenes Genre auch bedeutete, neben der Ortsspezifik die Kategorie der „Publikumsspezifik" konkreter Schauplätze als ästhetisches Moment zu verstehen.[7] Zunehmend werden auch die Themen der Migrationsgesellschaft im Zusammenhang mit der translokalen Bedeutung partizipatorischer ästhetischer und kultureller Praktiken an lokalen Orten behandelt.[8] Migrationsrealitäten, aktuell potenziert durch globale Fluchtbewegungen, leisten ihren Beitrag am relationalen Kunst- und Kulturort „imaginärer Communities". Nicht zufällig im Zusammenhang mit der performativen Verfassung immateriellen Kulturerbes gewinnt die heterogene/heterotope Beziehung zwischen Eigenem/Fremdem Relevanz im Tourismusdiskurs. Im Kontext der 2003 ratifizierten UNESCO-Konvention zum globalen Schutz immateriellen Kulturerbes beschäftigt sich dieser mit den performativen Aushandlungen identitätsstiftender lokaler Geschichts(fest)schreibungen.

Raumsoziologie und Kunstrezeption im relationalen Raum

Martina Löws Konzept einer Soziologie des Raums vertieft die von Bourdieu angelegten Handlungsstrukturen, indem sie die räumliche Praxis der Subjekte und gesellschaftlichen Institutionen als zentrale Kategorien einer grundsätzlich sozial verfassten Raumproduktion statuiert. Sie knüpft an bei Henri Lefèbvres und Anthony Giddens' Erschließungen der räumlichen Handlungsebene von Subjekten und Gesell-

---

[6] Bishop, Claire: *Artificial Hells. Participatory Art and the Politics of Spectatorship,* London 2012.

[7] Siehe dieses Buch, S. 416.

[8] Vgl. z. B. Maase, Kaspar: „Migrantische Traditionen, Stadtmarketing und globale Ökonomie". In: Bundesamt für Kultur, Schweizerische Akademie der Geistes- und Sozialwissenschaften (Hrsg.): *Lebendige Traditionen in der urbanen Gesellschaft,* Baden 2015, S. 98–105.

schaften als aktive und strukturierende Raumproduzenten.[9] Löw betrachtet besonders Handlungsroutinen und in Institutionen eingelagerte räumliche Macht(handlungs)strukturen. Allen genannten Theorien ist gemeinsam, auf einem radikal relationalen Verständnis von Raum zu beruhen, das – Newtons „Container"-Raum verabschiedend – diesen denkt als entstehende Beziehung/Relation zwischen handelnden Aktanden:[10] zwischen Menschen, Gütern oder in Institutionen eingelagerten, auf Machtstrukturen basierenden Handlungspraxen. Raumatmosphären sieht Löw durch Distinguierungsprozesse entstanden und versteht sie damit letztlich als Verschleierungen gesellschaftlich ungleicher Ressourcenverteilungen. Atmosphären reflektieren und verstetigen die Handlungsroutinen des raumerlebenden Subjekts und (re-)produzieren dessen distinguierendes Verhalten immer aufs Neue. Hier mag das Wirkungspotenzial und die mögliche Transformation bestehender Handlungsroutinen durch die Interventionen von Kunst im Raum der Akteure angenommen werden – beispielsweise, indem neue lokale Atmosphären für die Wahrnehmung der Kunstrezipienten entstehen, die somit differente Zugänge, Sichtweisen und möglicherweise neue Raumroutinen entwickeln.

Soziale Raumproduktion: *Spacing*

Lefèbvres Konzept von der sozialen Produziertheit des Raums bietet einen Ansatzpunkt, um die Geschehnisse am künstlerischen Setting zu interpretieren als Handlungspraxis zwischen Künstlern, Publikum und anderweitigen Akteuren am Set. Wie Dorsch in seinem Beitrag „Space/time practices and the production of space and time"[11] darstellt, verfolgt Lefèbvre – was wenig bekannt ist und auch eher an der Peripherie seines Werkes steht – in Verschränkung zu seinem Konzept der sozialen Raumproduktion auch eine Praxologie der sozialen Herstellung von Zeit. Auf mehrerlei Weisen ist das für den hier behandelten Kontext von Interesse: Einerseits stellen künstlerische Werke der darstellenden Kunst im öffentlichen Raum per se performative, zeitliche Handlungen dar. Andererseits stehen einige der Unort-Projekte, die im vorliegenden Band eingehender dargestellt werden, im Zusammenhang mit langjährigen Aufführungstraditionen an ihren

---

[9] Vgl. Lefèbvre, Henri: *The Production of Space,* Oxford 1992 sowie Giddens, Anthony: *Die Konstitution der Gesellschaft. Grundzüge einer Theorie der Strukturierung,* Frankfurt am Main 1995.

[10] Latour, Bruno: *Eine neue Soziologie für eine neue Gesellschaft. Einführung in die Akteur-Netzwerk-Theorie,* Frankfurt am Main 2007.

[11] Dorsch, Sebastian: „Space/Time practices and the production of space and time: an introduction". In: *Historical Social Research,* 38 (2013), S. 7–21.

Schauplätzen – etwa, wenn es sich um Aufführungen im Rahmen von Kunstfestivals handelt. Diese Facetten weisen auf die Eigenschaft des Kunstschaffens als zeitliche Geschehnisse, die zudem komplexe Beziehungen zu inhaltlichen Themen der lokalen Geschichte und Gegenwart performativ verhandeln und vergegenwärtigen. Die Frage ist nun, ob und in welcher Weise Kunstwerke und Aufführungen darstellender Künste im öffentlichen Raum nach Lefèbvres Verständnis „Raum-Zeit" herstellen als ein originäres Resultat des Kunstprozesses im Zusammenagieren der am Spielort versammelten Akteure – und welche Prozesse sie bei den Rezipienten und Produzenten am sozialen Schauplatz und dessen symbolischer Wertproduktion initiieren.

Verbindungselement zwischen Lefèbvres Konzept von der sozialen Produktion von Raum mit der der Zeit ist die Tatsache, dass beide durch Verbindungen produziert werden, eingebettet sind/werden in Routinen und damit Strukturen der Wiederholung bergen (die Lefèbvre vor allem präformiert sieht durch die Raum-Vorgaben der kapitalistisch entfremdeten Arbeitswelt) und damit die (Re-)Produktion von bestehenden Raumstrukturierungen verfestigen. Im Rahmen seiner Beschäftigung mit dem Raum-Co-Agenten Zeit spricht Lefèbvre vom Rhythmus als urbanem Puls der handelnden Subjekte in ihren Alltagswelten. Dem Rhythmus liegt ebenso der Makel reiner Reproduktion und Festschreibung bestehender eingelagerter Machtstrukturen inne, der Wiederholung und Verfestigung erhobener Wirklichkeitsbehauptungen im Aushandlungsprozess des gesellschaftlich Wirklichen. Zugleich birgt die Dimension des Handelns aber auch die Möglichkeit zur Neuschöpfung alternativer Handlungen, mithin der subjektiven Widersetzung und sozialen Transformation. Im Begriff *Spacing* wird diese aktive Komponente des Raum-Herstellens durch performatives Handeln transparent.

Zeit der Performance und Performativität des sozialen Schauplatzes
Im Medium Zeit findet jeder sprachliche Akt statt – die Grundlegung der neuzeitlichen Sprachwissenschaften durch de Saussure fand darum Eingang in nahezu alle Disziplinen, die sich mit den Phänomenen menschlichen Denkens und Handelns befassen. Nicht allein das sprachliche Zeichensystem und seine Performanz, auch die soziale Wirklichkeit – im Ursetting der Theoriebildung Judith Butlers: die der gesellschaftlich normierten Geschlechterrealität – reproduziert und aktualisiert sich im Sprechen der Subjekte.[12] Neben dem inhaltlichen Handlungs-

---

[12] Butler, Judith: *Bodies that Matter. The Discursive Limits of Sex*, London 1993.

ablauf erstrecken sich Werke darstellender Kunst im öffentlichen Raum meistenteils als Abfolge räumlicher Bewegung durch den Raum ihrer Handlung.

Zugleich vollzieht sich auch die Rezeption und Teilhabe an einheimischer (Raum-)Praxis am lokalen Ort und die künstlerische Bearbeitung derselben als performative Handlung. Im Medium des Handelns greifen die Aktions- und Rezeptionsperspektiven ineinander und wirken aufeinander ein. Die Performativität der künstlerischen Szene berührt und bedingt die performative Rezeption des Kunstgeschehens in der Perspektive der Menschen im Publikum – von welchem topografischen und sozialräumlichen Ausgangspunkt auch immer sie zum Kunstsetting gefunden haben als Bewohner vor Ort oder als von anderen Orten Anreisende. Nicht zufällig verdichtet sich auch im Diskurs der Tourismussoziologie an der performativen, immateriellen Seite von kulturellen Gütern touristischer Gebiete ganz besonders die Frage nach der stattfindenden Aushandlung authentischer lokaler „Identität" und Tradition bereister Städte, Destinationen oder Kulturen.

Staging und die Problematik lokaler Authentizität/Identität

Wenn es nun darum geht, die räumlichen Bewegungen der Handelnden am Setting des Kunstgeschehens zu betrachten, ist es auch sinnvoll, zunächst fernerliegende Konzepte sozialer Bühnengeschehen heranzuziehen. So insbesondere die Theorie von den Handlungstaktiken der Subjekte im Interesse ihres jeweiligen sozialen *Stagings*, das der Soziologe Erwing Goffman als allgegenwärtige und probate Alltagspraktik des Selbst beschrieben hat.[13] Sein Konzept wandte der Tourismussoziologe Dean MacCannell an auf die touristische Szenerie von einheimischen Akteuren touristischer Settings, die ihre Umgebung inszenieren, indem sie etwa kulturelle Traditionen einem touristischen Publikum präsentieren. Es entstehen dabei, so MacCannell, verschiedene „Bühnenbereiche". An den Polen befindet sich einerseits die „Backstage". Sie bleibt den einheimischen Akteuren vorbehalten. Am anderen Ende des Geschehens jedoch situiert sich eine „Frontstage", auf der die Präsentationen für die Gäste stattfinden und zu der die touristischen Akteure im Setting Zugang haben. Der touristische Blick aber, und damit setzt sich die Tourismussoziologie besonders auseinander, ist daran interessiert, „Backstage"-Einblicke in bereiste Gebiete oder Kulturräume zu erhalten und damit auch vermeintlich authentische Lebenspraktiken am besuchten Reiseziel erleben zu können. Es entstehen darum im Prozess der touristischen Inwert-

---

[13] Goffman, Erwing: *The Presentation of Self in Everyday Life,* New York 1959.

setzung verschiedene weitere Bühnenbereiche, künstliche „Backstage"-Areale in touristischen Aufbereitungen, die Authentizität vorgeben, aber nicht authentisch sind, sondern Übergangszonen des *Stagings* in den touristischen Besuchsanordnungen darstellen. Sie ermöglichen dem touristischen Blick, einen alternativen, fremden Raum außerhalb des eigenen (entfremdeten) Alltagslebens zu erleben. Im marxistischen Konzept Lefèbvres würde dieser damit künstlich „versöhnt" mit einer entfremdeten, unauthentischen Alltagsrealität.

Im Tourismusdiskurs geht es daher besonders um den kritischen Aspekt der Authentizität besuchbar gemachter, global marginalisierter Bewohnerschaften und Kulturen. Im Verständnis des *postcolonial* und *spacial turns* der Kulturwissenschaften findet unweigerlich eine Veränderung authentischer Lebenspraxen am Ziel der Reise allein schon durch die Anwesenheit fremder Gäste statt (wenn es denn dieses Authentische je gab). Der Authentizitätsdiskurs der Tourismussoziologie verdankt sich dem ethnologischen Bewusstsein über die unweigerlichen Resultate des vorhandenen Außenblicks auf die Aushandlungsprozesse im Akteursnetzwerk der aufgesuchten sozialen, ökonomischen und kulturellen Systeme. Der Begriff und die Auseinandersetzung mit der „Staged Authenticity" (MacCannell) beschäftigen sich mit diesen kritischen performativen Begleiteffekten des touristischen Reisens. Am Setting der Kunsthandlung darstellender Kunst im öffentlichen Raum findet sich freilich eine gänzlich anders gelagerte Realitätsanordnung: Vorgefundene materielle und soziale Formationen werden durch den Katalysator der künstlerischen Bearbeitung als einem intermediären Mittler zwischen realem und möglichem (gewesenem/zukünftigem) Zustand in Bewegung gebracht. Das Publikum erscheint in Person von Ortsansässigen und Anreisenden am Schauplatz. Gemeinsam mit den ausführenden Künstlern kreiert es denkbare Varianten zum Zustand des Handlungsortes und seiner verfügbaren inhaltlichen und sinnlichen Qualitäten. Alles zusammen erzeugt ein (u. a.) sozialräumlich verortetes Terrain des Kunstgeschehens, das topografisch durch das Handeln der Kunstschaffenden und -rezipierenden verortet ist und zugleich zeitliche Inhaltsebenen zum Spiel und zur Neuinterpretation in Form ästhetischer Differenzerzeugungen bzw. -erfahrungen freigibt.

Soziale und individuelle Transformationspotenziale entstehen an der Schnittstelle des Raums, an der die individuelle Raumpraxis den sozialen Raum durchkreuzt, an der die ästhetische Produktion neue Verbindungen, neue soziale Raumhandlungen und unweigerlich damit neue zeitliche und inhaltliche Bedeutungsverknüpfungen herstellt.

Diskurs

Site-Specificity als *Performing Space*

Das Verständnis der gesellschaftlichen Raumpraxis im Kontext von Kunst ist verbunden mit der Vorstellung von nicht hegemonialen, in Aushandlungsprozessen befindlichen Konzepten des jeweiligen künstlerisch erschlossenen Raums (Schauplatzes, *Sites*), den ästhetischen Thematisierungen seiner auch zeitlich wechselnden Gestaltungen und Themen und seiner durch Handlungen von Subjekten wiedergegebenen und erzeugten Aushandlungspraxen (g)lokaler gesellschaftlicher Realität, der „imaginären Geografie" und der „imaginären Community"[14]. Dazu zwei Beispiele zeitgenössischer Kunstproduktion:

Im Werk von Rimini Protokoll, das an global verteilten Orten umgesetzt wird, verweben sich Co-Aktionen des künstlerischen Konzepts und der teilhabenden Rezipientenschaft im bespielten Stadtraum. Wirklichkeitsschichten wechselnder städtischer Schauplätze produzieren partizipative Besuchsvorgänge. Die „Hordengeschehnisse" in der *Remote X*-Werkserie bringen so z. B. auditive Inhalte an konkreten Plätzen des jeweiligen Stadtrundgangs per Kopfhörer ins Spiel. An allen Durchführungsorten gleichbleibende Themen (Körperlichkeit erfahren auf Friedhöfen, in Kirchen, auf Transportwegen) und die unweigerlich evozierte Auseinandersetzung der Teilnehmenden mit Phänomenen kollektiven Handelns anhand der uniformen Verhaltensweisen aller Beteiligten im öffentlichen Raum des Geschehens erzeugen die Möglichkeit zu einer ganz eigenen Wirklichkeitserfahrung im durchwanderten Raum. Neben der Einspielung des stofflichen Inhalts durch Audioguides nutzt Rimini Protokoll zudem die Technik der geodatenbasierten Verschränkung von inhaltlichem Content und räumlicher Bewegung der Rezipientenschaft – etwa im Rahmen der Stadtrundgänge von *50 Aktenkilometer* –, um die Ebene zeitlicher Schichtungen gewesener lokaler Themen ins Spiel zu bringen. Die Besucher hören Audio-Tracks zu geschichtlichen Stories an topografisch konkreten Orten: die Inhalte von Stasi-Akten in Berlin-Mitte. Beide Werke veranschaulichen, wie Kunst im öffentlichen Raum gewesene Verhandlungen und Diskurse an ihren Orten aktuell erlebbar, auf neue Weise diskutierbar hält und damit an der Herstellung künftiger Sichtweisen beteiligt ist.

Der zeitlichen Achse lokaler Geschichte wandte sich auch Theatre-Fragile in der Inszenierung *GEHschichten eines Stadtteils* zu. In mehreren Miniaktionen hatten die Künstlerinnen partizipativ mit der einhei-

---

[14] Vgl. Said, Edward W.: *Orientalism*, Princeton 1979 sowie Adell, Nicolas/Bendix, Regina F./Bortolotto, Chiara/Tauschek, Markus (Hrsg.): *Between imagined communities and communities of practice. Participation, territory and the making of heritage*, Göttingen 2015.

mischen Bevölkerung des kleinstädtischen Spielorts die gelebte Zeitgeschichte vergegenwärtigt und so als Stoff der Inszenierung gesichert. Audioguides gaben die Lebensgeschichte der Heldin wieder, von der die Gäste der Aufführungen erfuhren, während sie sich real durch den bespielten, mit zusätzlichen ästhetischen Gestaltungselementen verdichteten Stadtraum bewegten. Die einzelnen ästhetisch verarbeiteten Elemente der subjektiven, lokalen und übergeordneten Welt-Geschichte(n) waren durch eine geodatenbasierte App dauerhaft abrufbar für mobile Endgeräte. TheatreFragile wirkte als Mit-Produzent des realen sozialen Raums durch den Einbezug der kommunalen Stadtplanung während der Phase der Stofferschließung. Die Inszenierung ließ schließlich eine vom Publikum erstellte „Karte der Utopien" mit Nutzungsvorschlägen des Areals am Ende der Durchführungen entstehen, durch die sich die Kunstproduktion in die künftige Gestaltung eines der Neugestaltung bedürftigen Stadtareals einmischt. Als Archivalien gehen die Dokumente der Inszenierung am Ende in das örtliche Stadtarchiv ein.

Diese Beispiele weisen darauf hin, wie die Wege der Kunst eine ganz spezifische, ästhetisch aufgeladene *Augmented Reality* anhand der topografischen Schichtung diverser Realitäten am lokalen Schauplatz schaffen können, wie wirksame Beiträge künstlerischer Produktionen zur stattfindenden Verhandlung gesellschaftlicher Realität in ihnen entstehen, räumliche Routinen von Stadtraumbewohnern berührt werden und somit die Produktion sozialräumlicher Strukturen am Ort mitgestaltet werden.

Creative Spacing – das Handeln der Kunst

Die Bezugnahmen zwischen der Theoriebildung künstlerischer Produktion und der sozialen sowie humangeografischen Raumtheorie sind bisher wenig ausgeprägt. Diese Engführung bedeutet, zwar eine sozialräumliche Einbettung der Kunstproduktion grundsätzlich anzunehmen, aber nicht, ihr außerästhetisches Paradigma abzuringen oder zu oktroyieren. Vielmehr könnte diese Engführung verstanden werden als Wahrnehmung einer sozialen Lokalisierung künstlerischen Schaffens. Gefragt wäre also eine Ausdifferenzierung der räumlichen Beschreibungen performativer künstlerischer Prozesse im öffentlichen Raum, um die Nahtstelle der Relationen in den Blick zu bekommen, an der wahrgenommener, sozialer und topografischer Raum auf der zeitlichen Achse in Beziehung gerät zum Handeln der Subjekte, zu individuell und sozial vergangenen Wirklichkeiten und zukünftig Möglichem. Diese transformatorischen Praktiken der darstellenden Kunst im öffentlichen Raum genauer zu identifizieren und den entstehenden diversen, „imaginären

Diskurs

(Sozial-)Raum" konkreter Kunst-Schauplätze auf sein transformatorisches Potenzial zu prüfen, erbrächte vermutlich veritable Beiträge zum Credo des Wirkungsanliegens relationaler Ästhetik, die der Kunsthistoriker Nicolas Bourriaud umschreibt mit: „learning to inhabit the world in a better way".[15] Diese „besseren" Wege, die viel mit der Temporalität des Handelns zu tun haben, im Raum zu bahnen, könnte somit verstanden werden als die sowohl subjektiv als auch sozial wirksame ästhetische Kunsthandlung des *Creative Spacings*. Dieses *Creative Spacing* künstlerischer Raum-Handlungen beruht auf den verschiedenen Eigenschaften der Performativität darstellender Künste und gewährt im öffentlichen Raum den Zugang zu Transformationspotenzialen ästhetischer Vorgänge in den Lebenswelten der Subjekte, im sozialen Raum von *Communities* und im gesellschaftlichen Aushandlungsdiskurs.

---

[15] Bourriaud, Nicolas: *Relational Aesthetics,* Dijon 1998.

Thomas Kaestle

WIE FUNKTIONIERT DEMOKRATISCHE KUNST?

Hilmar Hoffmanns Thesen zur Kunst im Stadtraum[1]

„Für alle?" war der Titel eines Wettbewerbs für „Innovative Vermittlungskonzepte für Kunst im Stadtraum", den der kleine hannoversche Kunstverein hub:kunst.diskurs im April des Jahres 2010 gemeinsam mit der Hochschule für Bildende Künste Braunschweig ausschrieb. Der Bezug zu Hilmar Hoffmanns zentraler kulturpolitischer Forderung aus den 1970er Jahren ist kein Zufall – ebenso wenig wie das relativierende Fragezeichen. Denn gerade im Kontext urbaner öffentlicher Räume liegen visionäre und paradoxe Aspekte der vor vierzig Jahren von verschiedensten Akteuren eingeleiteten und von Hoffmann engagiert kommunizierten Trendwende fast untrennbar beieinander. Schließlich war *Kultur für alle* beim Erscheinen der Publikation im Jahr 1979 bereits ein verdichtetes Statement am Ende des Jahrzehnts, versammelte Thesen für eine seit Jahren erprobte Praxis der Erneuerung von Kommunal- und Gesellschaftspolitik. Den meisten Aufbruchmodellen jener Zeit waren die Zauberformeln „Demokratie" und „Partizipation" gemein, Zielgruppenspezifik und Teilöffentlichkeiten sollten überwunden werden, indem Privilegien relativiert und Angebote verbreitert wurden.[2] *Kultur für alle* meinte eigentlich „jede Kultur für alle"[3]. Dass solche Ideale bereits den kommunalen Realitäten ihrer Zeit entgegenstanden, zeigte die Forderung des Deutschen Städtetages nur wenige Tage vor der Eröffnung des Ersten Deutschen Künstlerkongresses im Juni 1971, bei der Hilmar Hoffmann seine Thesen zu Kunst und Stadt einem großen (Fach-)Publikum vorstellte. „Rettet unsere Städte jetzt!" war die ebenfalls schnell zum Slogan avancierte Forderung der Städte:

---

[1] Dieser Essay erschien erstmals im Jahr 2010 in: Schneider, Wolfgang (Hrsg.): *Kulturelle Bildung braucht Kulturpolitik: Hilmar Hoffmanns „Kultur für alle" reloaded,* Hildesheim 2010, S. 145–158.

[2] Hilmar Hoffmann zitiert mit dieser Forderung u. a. den damaligen Bundespräsidenten Walter Scheel. Vgl. Hoffmann, Hilmar: *Kultur für alle,* Frankfurt am Main 1979, S. 13.

[3] Ebd., S. 11.

Diskurs

Die Kommunen werden ihrer Aufgaben nicht mehr Herr. Nicht nur die Städte, auch deren Probleme wachsen ins Uferlose. Münchens Oberbürgermeister Hans-Jochen Vogel hat längst Abschied genommen vom überschaubaren Stadtbild Matthäus Merians: „Der Stadtbegriff dynamisiert sich mehr und mehr. Stadt ist nicht länger mehr ein Zustand, sondern ein Prozeß." Das gilt für München wie für Köln, für Göttingen wie für Bremen und die übrigen 687 Städte in der Bundesrepublik.[4]

„Experiment Straßenkunst"
Bereits exakt ein Jahr vor dem problematisierenden Appell des Städtetages hatte der Rat der Landeshauptstadt Hannover am 27. Mai 1970 die Durchführung des sogenannten „Experiments Straßenkunst" für zunächst drei Jahre beschlossen:

> Es soll versucht werden, das Lebensgefühl in einem zunächst begrenzten Stadtbereich durch intensive Einbeziehung von Kunstwerken und Kunstaktionen in den öffentlichen Straßenraum zu verändern und zu steigern.[5]

Die Euphorie war groß – Oberstadtdirektor Martin Neuffer kündigte an, „Kunst in die Stadt zu pflanzen wie Bäume"[6], und begann sein Vorwort zur ersten kleinen Dokumentation mit den Worten: „Straßenkunst – die Möglichkeit einer weitreichenden, großartigen Veränderung unserer Städte durch Kunst kündigt sich an."[7] Das Projekt war tatsächlich als empirisches „Experiment" gemeint:

> Ob ein großes Publikum mit moderner Kunst etwas anzufangen weiß oder überhaupt in der Lage ist, damit etwas anzufangen, das wüßten sie alle gern, die Künstler, die Kritiker, die Museumsdirektoren und die Galeristen, die Kunstfunktionäre und die Kulturreferenten. Die Stadt Hannover läßt sich die Beantwortung dieser Frage drei Jahre lang je eine Million kosten. Für diese stattliche Summe rei-

---

[4] Binder, Sepp: „Sterben unsere Städte?" In: *Die Zeit* 21/1971.

[5] Beschluss des Rats der Landeshauptstadt Hannover am 27. Mai 1970, zitiert nach Neuffer, Martin: „Straßenkunst in Hannover". In: Landeshauptstadt Hannover (Hrsg.): *Experiment Straßenkunst Hannover. Der Anfang*, Hannover 1970, S. 3.

[6] Zitiert nach Zerull, Ludwig: *Kunst ohne Dach. Skulpturen und Objekte im Stadtbild Hannovers*, Hannover 1992, S. 27.

[7] Neuffer, Martin: „Straßenkunst in Hannover" S. 3.

chert sie Straßen und Plätze der bei ihren Einwohnern als unattraktiv geltenden Stadt mit moderner Kunst an. Finden die Hannoveraner nach diesen drei Jahren Straßenkunstexperiment die Öffentlichkeit der Kunst richtig, ist der Beweis erbracht, daß moderne Kunst nicht elitär und unkommunikativ ist. Dann sollen Kunstobjekte und -aktionen das Stadtbild auch in den kommenden Jahren so entscheidend prägen wie etwa die Grünflächen. Finden die Hannoveraner nach diesen drei Jahren aber, daß ihre Stadt durch Plastiken und Aktionen auch nicht attraktiver, ihr Kunstverständnis auch nicht größer geworden sei, soll als erwiesen gelten, daß man doch eine Minderheitenkunst gefördert hat.[8]

Das Konzept ging zunächst auf: Nach einem großangelegten Altstadtfest zum Auftakt, der Umsetzung erster temporärer Projekte und Installation erster Objekte erfuhr Hannover bundesweite Aufmerksamkeit, große Zustimmung in der Bevölkerung und Lob von der Kunstkritik. Der Mut und die Entschlossenheit hannoverscher Kulturpolitik wurden hervorgehoben – allerdings merkten Kritiker an, viele Projekte seien zu affirmativ geraten, die Stadt lasse es an kritischer Kunst fehlen und setze eher auf oberflächliche Verschönerung. Der Rat der Stadt reduzierte zwar im Verlauf des Programms das Budget immer stärker, dennoch wurden bis Anfang 1974 zahlreiche Projekte realisiert.[9]

Erhebliche Proteste der Bevölkerung rief schließlich im Januar 1974 die Aufstellung der *Nanas* von Niki de Saint Phalle hervor. Aus Angst vor der öffentlichen Meinung beschloss der Rat der Stadt das „Experiment Straßenkunst" nicht fortzusetzen, jedoch ohne dessen Scheitern jemals offiziell zu formulieren. Der groß angelegte Versuch, die Demokratiefähigkeit von Kunst im Stadtraum zu beweisen, war also in Hannover bereits fünf Jahre vor dem Erscheinen von *Kultur für alle* missglückt. Auch wenn er in anderen Städten wie Bremen und Hamburg deutlich ausdauerndere Programme inspiriert hatte, welche dort bis heute versuchen, aktuellen Tendenzen gerecht zu werden – in Hannover zog er eine Stagnation nach sich, die sich erst in den 1980er Jahren mit der Ausrichtung der Kunst im Stadtraum am Anspruch einer Ortsspezifik langsam löste. Die ausgeprägten Debatten dieser Zeit zu räumlichen

---

[8] *Süddeutsche Zeitung* vom 5. September 1970, zitiert nach Landeshauptstadt Hannover (Hrsg.): *Experiment Straßenkunst Hannover. Der Anfang,* Hannover 1970, S. 6–8.

[9] Vgl. Kaestle, Thomas: *Tradition und Innovation. Stand der Kunst im öffentlichen Raum im Innenstadtbereich Hannover. Perspektiven für deren Pflege und Entwicklung,* Hannover 2008.

Diskurs

Differenzierungen leiten eine immer weiter fortschreitende Spezifizierung im künstlerischen Umgang mit öffentlichen Räumen ein. Die damit verbundene Perspektive auf städtische Räume wurde einerseits nach vielen Jahren der kritischen Analyse des Deutschen Städtetages von 1971 gerecht, andererseits entfernte sie sich zunehmend vom Anspruch einer Kultur für alle jenseits von Teilöffentlichkeiten.

Prozessualität und Temporalität

Nach der kontextspezifischen und projektorientierten Kunst in öffentlichen Räumen der 1990er Jahre waren es schließlich genau jene Teilöffentlichkeiten, die im Mittelpunkt der Diskurse im neuen Jahrtausend standen. In Vorbereitung der Kulturhauptstadt Ruhr 2010 schrieb die Stadt Duisburg im Jahr 2007 den Wettbewerb „Paradoxien des Öffentlichen" aus, der gezielt dazu aufforderte, Konzepte für drei spezifische öffentliche Teilräume zu formulieren: „1. Konsumräume (Shopping Malls und Passagen); 2. Transitorische Räume (Autobahnen und Straßen); 3. Datenräume (mobile Technologien)"[10]. Im Katalog zum Projekt führt Monika Wagner aus:

> Angesichts des nahezu global zu verzeichnenden Strukturwandels der Städte, ja ganzer Landstriche, wie er im Ruhrgebiet besonders deutlich zu spüren ist, ebenso wie angesichts der damit einhergehenden technologischen Veränderungen formiert sich das Öffentliche neu. Statt zentraler Orte und Räume gewinnen Dezentralität und Vernetzungen, statt fixierter Ereignisse und der Erfahrung von Dauer gewinnen Prozessualität und Temporalität an Bedeutung. Im Kontext dieser Veränderungen generiert sich auch der öffentliche Raum in veränderter Form. Wie in den letzten Jahren schon vielfach dargelegt, zeichnet sich ein „Verschwimmen des Öffentlichen" ab, etwa durch die private Kontrolle öffentlicher Bereiche oder die Verflechtung von privat und öffentlich nicht allein in den Weiten des Internets. Darüber hinaus lässt sich eine Parzellierung des öffentlichen Raums feststellen, der monofunktionalen Nutzungen zugeführt wird.[11]

Offenbar wurden die Problematiken zeitgenössischer Stadträume und einer für sie konzipierten Kunst bereits in den 1970er Jahren treffend

---

[10] Vgl. www.duisburger-akzente.de/de/wettbewerb_paradoxien.php (Zugriff am 1.10.2010).

[11] Wagner, Monika: „Die Parzellierung des öffentlichen Raums – oder Kunst als sozialer Kitt?" In: Söke Dinkla/Karl Janssen (Hrsg.): *Paradoxien des Öffentlichen. Über die Selbstorganisation des Öffentlichen*, Nürnberg 2008, S. 24.

erkannt und analysiert – und offenbar hat sich an den grundsätzlichen Fragestellungen bis heute nur wenig verändert. Viele der Widersprüche ließen sich im Verlauf der Jahrzehnte kaum auflösen, Strukturen, die dabei hilfreich sein könnten, wurden nicht in ausreichendem Maße entwickelt. Ein Blick in Hilmar Hoffmanns *Kultur für alle* zeigt nach dreißig Jahren, wie viele Lösungsansätze er vorwegnehmend formulierte, die – wenn überhaupt – oft erst deutlich später einen Weg in die Diskurse fanden und zum Teil noch immer als Forderungen ihrer Umsetzung harren. Hierzu zählen vor allem: eine interdisziplinäre, nicht hierarchische Beteiligung von Künstlern an Stadtentwicklungsprozessen und der Herstellung von Urbanität[12]; das Schaffen von Freiräumen und Rahmensituationen in Stadträumen, um in ergebnisoffenen Prozessen Kommunikation zu ermöglichen[13]; die Verpflichtung der Kommunen zu Kontinuität im Umgang mit Kunst in öffentlichen Stadträumen und das Etablieren einer überregionalen Metaperspektive[14]. Trotz Analysen, die sich ihrer Zeit als weit voraus erweisen sollten, vermochte Hoffmanns Text diese jedoch nicht greifbar werden zu lassen, weiterführende Wege aufzuzeigen. Der Grund hierfür mag in der Komplexität des Zusammenspiels von Stadtentwicklung, Kultur und Kommunalpolitik liegen. Er mag jedoch auch mit der über allem schwebenden Formel der *Kultur für alle* und deren Verständnis von Kunst, Künstlern, Demokratie und Partizipation zu tun haben.

Wider die Instrumentalisierung von Kunst

Im Zusammenhang mit der gleichberechtigten Beteiligung von Künstlern am Zustandekommen von Stadt steht für Hoffmann als Motivation eine „Humanisierung" der Unwirtlichkeit der Städte im Mittelpunkt, Kunst am Bau wertet er als „Schmuck" und „Augenweide", zur „Korrektur der viel zu geringen ästhetischen Kohärenz städtischer Planung" fordert er, „ein die ganze Stadt durchwirkendes künstlerisches Environment zu schaffen"[15]. Zwar distanziert er sich von der Instrumentalisierung von Kunst für Imagepflege und Publicity – dennoch führte ein solches Verständnis von Kunst und Stadt in den folgenden Jahren und Jahrzehnten zu Festivalisierung und Eventisierung der Innenstädte. Der Wunsch nach Geschlossenheit, Harmonie und vermeintlicher Demokra-

---

[12] Vgl. Hoffmann: *Kultur für alle*, S. 132.

[13] Ebd., S. 133.

[14] Ebd., S. 139.

[15] Ebd., S. 132.

Diskurs

tie im Stadtbild ließ Kunst im Stadtraum zum Teil eines *corporate design* der Kommunen werden.[16] Solche „ästhetische Kohärenz" und gesellschaftlich demokratisierte Harmonie bringen vor allem das Problem mit sich, dass sie jeder Urbanität entgegenwirken – für welche die Stadtsoziologie als zentrales Kriterium die Heterogenität benennt:

> Es war schon immer ein Kennzeichen der Stadt, die Koexistenz von Differentem zu ermöglichen, unterschiedliche soziale Gruppen, Dinge und Lebensstile an einem Ort verdichtet zusammenzuführen.[17]

Der Anspruch einer *Kultur für alle,* Künstler FÜR eine Gesellschaft arbeiten zu lassen[18], sie als Dienstleister und Sozialarbeiter zwar in den Alltag einzubinden, ihnen dabei jedoch ihre Autonomie zu nehmen, lässt aus heutiger Perspektive die Grenzen zwischen Kunst und Soziokultur verschwimmen – früher ging es vielmehr tatsächlich darum, diese verschwinden zu lassen:

> In den 1970er Jahren forderte Hermann Glaser, dass jegliche Kultur Soziokultur sein solle. Seither ist der Begriff der Soziokultur nicht eindeutiger geworden, er entzieht sich der Abgrenzung und genauen Definition.[19]

Auch hierbei stand der Anspruch einer Demokratisierung im Mittelpunkt, einer kulturellen Chancengleichheit und Mitbestimmung.[20] Zwei Jahrzehnte später rückten Kunst in öffentlichen Räumen und Dienstleistung/Sozialarbeit nochmals ganz nahe zusammen, als das Verschmelzen von partizipatorischen Aspekten bildender Kunst und der Versuch, gesellschaftliche Relevanz durch das Bedienen sozialer und politischer Kontexte herzustellen, zur handlungsorientierten *New Genre Public Art (NGPA)* führten.[21] Dabei ist es ein Spezifikum der *NGPA,* dass es

---

[16] Vgl. Fezer, Jesko/Wieder, Axel J.: „Geschickt gemacht: Jesus vertrieb die Händler vom Platz vor dem Tempel. Stadt als Ware/Kultur/Öffentlichkeit". In: Thomas Kaestle (Hrsg.): *Wo ist die Kunst? Zur Geographie von Schnittstellen,* Bielefeld 2004, S. 118–121.

[17] Schroer, Markus: *Räume, Orte, Grenzen. Auf dem Weg zu einer Soziologie des Raumes,* Frankfurt am Main 2006, S. 233.

[18] Hoffmann: *Kultur für alle,* S. 132.

[19] www.soziokultur.de/bsz/node/17 (Zugriff am 1.10.2010).

[20] Vgl. Knoblich, Tobias J.: „Das Prinzip Soziokultur – Geschichte und Perspektiven". In: *Aus Politik und Zeitgeschichte* 11/2001, S. 8.

[21] Vgl. Kravagna, Christian: „Arbeit an der Gemeinschaft. Modelle partizipatorischer Praxis". In: Marius Babias/Achim Könnecke: *Die Kunst des Öffentlichen,* Dresden 1998, S. 35.

sich bei den Teilöffentlichkeiten oder *communities,* die zum Gegenstand und zumeist auch zu Interaktionspartnern künstlerisch autorisierter Programme gemacht werden, um Gruppen handelt, die in der Regel den kulturellen Ausschlussmechanismen zum Opfer fallen, respektive im Zentrum sozial produzierter Problemzonen stehen.[22] Die Mitglieder dieser *communities* sollen nicht nur Rezipienten sein, sondern zu Beteiligten, zu Mitarbeitern werden: „Aus der ‚dialogischen Struktur' der Einbindung der Community in den kreativen Prozess soll die Arbeit ihre Relevanz für eben diese Gemeinschaft beziehen."[23]

In den Jahren 2000 bis 2003 führte die Stadt München in der städtebaulich neu entwickelten Messestadt Riem den Modellversuch [kunstprojekte_riem] durch, unter Leitung der Kuratorin Claudia Büttner betrieb das Projekt „im Dialog mit den Menschen vor Ort den Aufbau der Messestadt mit Kunst, um dem Stadtteil ein eigenes Profil zu geben"[24], es

> beauftragte Künstlerinnen und Künstler, speziell für die Messestadt Kunstwerke zu schaffen. Die entstehende Kunst integrierte sich ins Alltagsleben der Menschen und in ihre Medien und fand ihre permanente oder temporäre Aufstellung in den Grünzügen, Plätzen und auf der Straße.[25]

Ovis Wende kritisiert diesen Versuch einer *Kultur für alle* folgendermaßen:

> Vor diesem Hintergrund lässt die Selbstdarstellung der *Kunstprojekte Riem* erahnen, wie abschüssig die Bahn ist, die eine affirmative, selbstreferenzielle Konzeption öffentlicher Kunst ins Ausgleiten und um ihren Ort in der Gesellschaft bringen kann: „Das gegenseitige Interesse legt die Basis für ein Miteinander. Gesteigert wird es durch Offenheit und Entgegenkommen, wenn beispielsweise ein Ort für die temporäre Aufstellung von Kunst überlassen wird. Für die Messestadt ist es wichtig, dass alle Beteiligten auch in Fragen der Kunst und Kultur, von gemeinschaftlichem Wollen für den Standort

---

[22] Vgl. Hauffen, Michael: „Unbehagen im öffentlichen Raum". In: *Springerin,* Band IV, Heft 2/98, S. 38.
[23] Kravagna: „Arbeit an der Gemeinschaft", S. 35.
[24] www.kunstprojekte-riem.de (Zugriff am 1.10.2010).
[25] Ebd.

getragen, in eine gemeinsame Zukunft gehen".[26] Versteht man diese Selbstdarstellung notwendigerweise als vereinnahmende Umarmung zum umfassenden *Konsens* aller Beteiligten – also auch der Künstler – und vergleicht sie mit einigen ephemeren Kunstprojekten, die dort teilweise realisiert wurden, zeigt sich, dass die Position des Künstlers nur eine *inter*kulturelle und nicht eine *intra*kulturelle sein kann.[27]

Er zeigt weiter die Gefahren einer solchen Praxis auf:

> Der angestrengte Versuch, jeden Werkcharakter künstlerischer Eingriffe zu vermeiden und stattdessen die eigene künstlerische Position in Teilnahmeattitüden verschwinden zu lassen, führt zu einem Repräsentationsoptimismus in der künstlerischen Praxis. Einem Optimismus, der hofft, künstlerische Entscheidungen und Stellungnahmen aus der Repräsentation des *common sense* aufscheinen zu lassen. Der Künstler in seiner Angst vor Vereinnahmung wird zum osmotischen Additiv. Er verweigert eine eigene Position.[28]

Künstler als ständige Berater

Bei der „infrastrukturorientierten Planung"[29] wünscht sich Hilmar Hoffmann Künstler als „ständige Beratungsgremien" oder als „mitgestaltende Teams". Dabei stellt sich vor allem die – bis heute ungelöste – Frage nach der Repräsentierbarkeit künstlerischer Positionen durch einzelne Vertreter und deren kreatives Potential. Nicht zuletzt verharren die meisten Künstlerverbände und deren assoziierte Lobbyisten in eher konservativen Konsenshaltungen, aus denen heraus sie zwar Erfolge beim Streiten für gesellschaftliche oder politische Anerkennung verzeichnen, die jedoch ein innovatives Weiterdenken aktueller Herausforderungen und Widersprüche – wie zum Beispiel bei einem zeitgenössischen Umgang mit dem Urheberrecht – eher verhindern. Zwar will Hoffmann Künstler nicht als „Dekorateure" instrumentalisieren, zugleich erwartet er von ihnen jedoch die „Gestaltung" einer demokratischen Gesellschaft[30]. Eine

---

[26] Landeshauptstadt München (Hrsg.): *Nr. 8 der Schriftenreihe zur Messestadt Riem*, München 2001.

[27] Wende, Ovis: „Dissens oder: Gegen das Ausgleiten der Partizipation im öffentlichen Raum". In: Kaestle, Thomas (Hrsg.): *Wo ist die Kunst? Zur Geographie von Schnittstellen?*, Bielefeld 2004, S. 86.

[28] Ebd., S. 87.

[29] Hoffmann: *Kultur für alle*, S. 133.

[30] Ebd., S. 134.

solche Rolle als „Gesellschaftsdekorateur" bedeutet letztlich nur die Übertragung der Indienstnahme auf eine höhere Ebene. Tom van Gestel, künstlerischer Leiter der niederländischen Stiftung SKOR für Kunst in öffentlichen Räumen, drückt sein Unbehagen diesbezüglich so aus:

> Ich glaube, wir müssen uns davor schützen, dass die Leute bei Kunst im öffentlichen Raum automatisch erwarten, dass der Künstler ihnen etwas geben wird, das sie wollen. Das ist heikel. Ich werde einen Künstler niemals bitten, ein Theater zu planen. Aber ich werde Künstler immer einladen, etwas zu entwickeln, das für die Kunst von Bedeutung ist. Wenn einer dann mit einem Raum für eine türkische Bäckerei oder so etwas ankommt, ist das in Ordnung. Aber ich werde ihn nicht bitten, einen Ladenraum zu entwerfen. Das ist ein großer Unterschied.[31]

Im Mittelpunkt von Hoffmanns Thesen um eine *Kultur für alle* steht immer wieder die Forderung nach einer Demokratisierung von und durch Kultur. Gerade eine Entwicklung von urbanen Stadträumen sowie die Kunst in diesen sind einerseits in dem Maße auf Pluralität angewiesen, in dem Urbanität notwendig durch Heterogenität bedingt wird. Andererseits bewegt sie sich bis heute in einem Balanceakt zwischen der Unmöglichkeit, urbane Prozesse zu planen (und der daraus resultierenden Notwendigkeit von stabilen Strukturen für ergebnisoffene Prozesse) einerseits und der Notwendigkeit, in einer repräsentativen Demokratie die Entscheidungen über Qualität und Entwicklung den jeweiligen Experten zu überlassen (und diese zugleich durch die Bürgerschaft kontrollieren zu können) andererseits. Walter Grasskamp sieht in dieser Situation nur zwei Alternativen:

> Man orientiert sich am größten gemeinsamen Nenner der größten denkbaren Mehrheit, was auf eine Stadtmöblierung mit Schwergewichtsnippes hinausliefe, wie sie in manchen Städten inzwischen die Regel ist. Oder aber man geht davon aus, daß Kunst in der Moderne sowohl eine Zumutung geworden wie eine Sache des Sachverstandes geblieben ist, und beauftragt ein paar Sachverständige, den Bürgern etwas zuzumuten, woraufhin diese aber in der Regel beschließen, auch etwas von Kunst zu verstehen.[32]

---

[31] Gestel, Tom van: „Besetzung auf Zeit. Das Urbane und das Unerwartete". In: Kaestle, Thomas (Hrsg.): *Wann ist die Kunst? Prozess, Moment, Gültigkeit*, Bielefeld 2005, S. 66.

[32] Grasskamp, Walter: „Kunst und Stadt". In: Klaus Bußmann/Kasper König/Florian Matzner (Hrsg.): *Skulptur. Projekte in Münster 1997*, Ostfildern-Ruit 1997, S. 18.

Diskurs

Die Heterogenität des öffentlichen Raumes und seiner sozialen Teilöffentlichkeiten birgt allerdings durchaus produktives Potential: Sie ist ein wesentlicher Faktor bei der sozialen Konstitution von Öffentlichkeit. Grasskamp verweist in diesem Zusammenhang auf Hannah Arendts Begriff des öffentlichen Raumes:

> Ungeachtet des in der deutschen Sprache und Sozialphilosophie problematischen Begriffs des *Gemeinsamen,* den die Übersetzung mit Hannah Arendts Begriff des öffentlichen Raumes verbindet, macht ihre Bestimmung ihn gerade als Ort der Gesellschaft aus, also als einen Raum, in dem die Differenz der Beteiligten vorausgesetzt wird, die als Gemeinsamkeit den politischen Willen aufzubringen haben, diese Unterschiede zu tolerieren und zu ertragen.[33]

Provozierende Innovation oder harmlose Dekoration?

In diesem Zusammenhang muss hinterfragt werden, ob das Ziel einer Kunst in öffentlichen Räumen überhaupt ein Konsens im Sinne der *Kultur für alle* sein kann oder ob es dabei vielmehr um Konfrontation gehen sollte, um Impulse im Sinne eines Um- und Weiterdenkens von Perspektiven. In diesem Fall darf angezweifelt werden, ob solche konfrontativen Impulse jemals in ausreichendem Maße aus einer demokratisierten und hierarchiefreien Bürgerschaft kommen können – oder ob es hierzu nicht des Künstlers, Kurators oder Kulturpolitikers als Konfrontationsprofi bedarf. Im Rahmen des eingangs erwähnten Wettbewerbs für „Innovative Vermittlungskonzepte für Kunst im Stadtraum" präsentierte der Kunstverein hub:kunst.diskurs Interviews mit Experten verschiedenster Disziplinen. Sie schienen sich einig zu sein: „Das Neue ist nicht mehrheitsfähig", stellten die Planer Arne Hansen und Nils Nolting fest, „demokratisch heißt nicht, dass jeder etwas sofort versteht", die Kuratorin Carina Plath und „Kunst wird immer dem allgemeinen Bewusstsein voraus sein, wenn es gute Kunst ist" der Geistliche Hans Werner Dannowski. Eine *Kultur für alle,* die jedem zugänglich ist, für jeden verständlich[34], jedem vermittelbar und gar von jedem nutzbar, negiert die Bedeutung von ästhetischer Innovation und künstlerischer Avantgarde – und bewegt sich damit auf ihr sicheres Ende zu. Die oben erwähnten *Nanas* von Niki de Saint Phalle, die noch im Jahr 1974 das hannoversche „Experiment Straßenkunst" zum Scheitern brachten, haben in der

---

[33] Ebd., S. 17.
[34] Vgl. Hoffmann: *Kultur für alle,* S. 132.

Bevölkerung nach einem jahrelangen, schleichenden Bildungsprozess heute längst den Status als harmlose, bunt vermarktbare Stadtmaskottchen. Nichts erinnert mehr an die Innovation und Provokation, die einst von ihnen ausgingen. Sie haben jenen Status „ästhetischer Kohärenz"[35] erreicht, den Hoffmann fordert, und sind dabei zu harmloser Dekoration geworden. Anton Pelinka, Professor für Politikwissenschaften an der Central European University in Budapest und Direktor des Instituts für Konfliktforschung in Wien, wägt diesbezüglich ab:

> Wahr ist, dass Kunst sich grundsätzlich selbst steuern muss, dass über Kunst vor allem Künstler bestimmen sollen – nur so kann der für die Kunst notwendige Freiraum gesichert werden. Wahr ist aber auch, dass Kunst sich nicht nur selbst steuern darf, will sie nicht in die Falle einer Inzucht, einer tendenziell neuerungsfeindlichen Zunft- und Kammerstruktur fallen.[36]

Erst das Reiben an unbequemen oder unmöglichen Visionen und Forderungen und den damit verbundenen Widersprüchen initiiert, ermöglicht und fördert fruchtbare Auseinandersetzungen. Dies gilt nicht nur für Kunst und Stadtraum, sondern selbstverständlich auch für kulturpolitische Diskurse: Erst Hilmar Hoffmanns *Kultur für alle* als kulturpolitischer Allgemeinplatz erlaubt einen kritischen Umgang mit dessen Implikationen und Konsequenzen. Er ist bis heute verbunden mit wesentlichen Herausforderungen – aber er darf nicht unhinterfragt in deren Kontexte einfließen. Den zweiten Preis im eingangs erwähnten Wettbewerb für „Innovative Vermittlungskonzepte für Kunst im Stadtraum" erhielt Hendrik Weiner für sein Konzept *KUNSTSAMMLER:*

> Als neue Möglichkeit, die Haushalte der Kommunen zu sanieren werden bisher öffentliche Kunstwerke samt ihrer Umgebung an zahlungskräftige Interessenten verpachtet oder verkauft. Die Pächter bzw. neuen Eigentümer können es sich mit ihrem Lieblingskunstwerk im neu erstandenen Vorgarten gemütlich machen und ganz allein oder zusammen mit ausgewählten Freunden das Kunstwerk betrachten.[37]

---

[35] Hoffmann: *Kultur für alle*, S. 132.

[36] Pelinka, Anton: „Demokratie als Sache der Vielen – Kunst als Sache der Wenigen?" In: Irmgard Bohunovsky-Bärnthaler (Hrsg.): *Kunst und Demokratie,* Klagenfurt 1999.

[37] Weiner, Hendrik: *KUNSTSAMMLER,* Wettbewerbsbeitrag, Bremen 2010.

Sein Spiel mit dem Gegenteil einer *Kultur für alle* macht über Exklusionsstrukturen Mechanismen des kommunalen Umgangs mit Öffentlichkeit bewusst: „Sollte und kann das Private das Öffentliche übernehmen, um es zu erhalten? Oder zerstört das Private das Öffentliche?"[38] Aktive Teilhabe an Kultur und Gesellschaft kann deutlich in ihrem Wert (und unserer Wertschätzung) steigen, wenn sie nicht selbstverständlich ist, wenn wir sie durch kritisches Hinterfragen erst herbeiführen müssen. Oder wie Bruce Wright, Richter am New York State Supreme Court, ausführt: „Participating in the system doesn't mean that we must identify with it, stop criticizing it, or stop improving the little piece of turf on which we operate."[39]

---

[38] Ebd.

[39] Zitiert nach Group Material: „On Democracy". In: Brian Wallis (Hrsg.): *Democracy. A Project by Group Material*, Seattle 1990, S. 1.

Barbara Hoidn

DEMO:POLIS

The Right to Public Space[1]

Wir wollen mehr Demokratie wagen. Wir werden unsere Arbeitsweise öffnen und dem kritischen Bedürfnis nach Information Genüge tun. Wir werden darauf hinwirken, daß nicht nur durch Anhörungen im Bundestag, sondern auch durch ständige Fühlungnahme mit den repräsentativen Gruppen unseres Volkes und durch eine umfassende Unterrichtung über die Regierungspolitik jeder Bürger die Möglichkeit erhält, an der Reform von Staat und Gesellschaft mitzuwirken.[…] Wir werden nur so viel Ordnung haben, wie wir an Mitverantwortung ermutigen. Solche demokratische Ordnung braucht außerordentliche Geduld im Zuhören und außerordentliche Anstrengung, sich gegenseitig zu verstehen.
Bundeskanzler Willy Brandt in seiner Regierungserklärung 1969

Demokratie und öffentlicher Raum bilden ein untrennbares Begriffspaar. Eine demokratische Gesellschaft ohne Öffentlichkeit ist nicht denkbar, nicht lebbar und nicht glaubwürdig. Das Recht auf Öffentlichkeit ist in der Demokratie gleichbedeutend mit der Pflicht zu Transparenz für Entscheidungsträger und Politiker, mit der staatlichen Gewähr für ungehinderten Zugang zu Information für alle, mit dem Recht des Einzelnen auf Meinungsäußerung und Teilhabe, auf aktive und mündige Formen der Mitbestimmung sowie mit dem Streben nach einer Balance der Interessen von Individuum und Kollektiv. Jedoch hat der Begriff Öffentlichkeit schleichend seine ursprünglich positiv besetzte Wortbedeutung als das Gegenteil von „im Geheimen" und „der Allgemeinheit nicht zugänglich" eingebüßt. Öffentlich kann sich sogar in ein bedrohliches Szenario verwandeln, wenn der Schutzstatus des Privaten im demokratischen Staat in Zweifel gezogen wird. Seit Bekanntwerden der staatlich organisierten und gebilligten Datendiebstähle und vor dem Hintergrund populistischer Kampagnen finanzstarker Politiker, die

---

[1] Zuerst erschienen in: Hoidn, Barbara (Hrsg.): *Demo:Polis. Das Recht auf öffentlichen Raum,* in Zusammenarbeit mit der Akademie der Künste, Berlin, und der University of Texas at Austin, School of Architecture, Zürich: Park Books, 2016.

Diskurs

gestützt auf eigene Medienkanäle sich Öffentlichkeit erkaufen oder demokratische Rechte außer Kraft setzen, besteht die berechtigte Sorge, dass der Bürger zum „gläsernen" und unter Generalverdacht gestellten Stimmvieh degradiert wird.

Soziale Netzwerke und virtuelle, von scheinbar ähnlichen Bedürfnissen und Sehnsüchten motivierte globale Gemeinden im World Wide Web scharen Mitglieder zu selektiv öffentlichen Gruppen mit eigenen Regeln zusammen, die ganz nebenbei zu schlichten Zielgruppen umetikettiert und dann abkassiert werden. Niemand ist mehr sicher vor dem unautorisierten Zugriff im Namen des Volkes. Daten und private Inhalte werden kopiert, gesammelt und verwertet. Das Recht des Einzelnen auf öffentlichen Raum und auf Schutz dieses Raums als interessenfreie Zone, als persönlicher Freiraum im besten Sinne des Wortes, sei es im Internet oder im physischen öffentlichen Raum, ist bedroht und offensichtlich ständig neu zu verhandeln. Demokratie wird zur Vertrauensfrage zwischen Bürgern und den Staat repräsentierenden Organen.

Mit der Ausstellung *DEMO:POLIS – The Right to Public Space* und dem Katalog zur Ausstellung widmen Wilfried Wang und ich uns diesem zentralen gesellschaftspolitischen, kulturellen und planerischen Thema, welches spätestens seit den 1960er Jahren, seit den pointierten Beiträgen von Alexander Mitscherlich, Hannah Arendt und Guy Debord, aber auch von Planern wie Kevin Lynch oder Jane Jacobs, zu den Hauptthemen der Nachkriegsstadtplanung und Planungssoziologie zählt.

Wie bewerten zeitgenössische Planer, Architekten, Politiker und Künstler aktuell die Bedeutung des öffentlichen Raums für demokratische Entwicklung? Spielt der Aspekt des öffentlichen Raums überhaupt eine gewichtige Rolle in der Stadtplanung? Wie geeignet sind die vorhandenen Räume für anstehende gesellschaftliche Aufgaben und Herausforderungen? Welche Atmosphäre vermittelt eine Stadtgesellschaft, eine Nation durch die Angebote in ihren öffentlichen Räumen? Wer formuliert Anforderungen und meldet Ansprüche an und wer finanziert die Neuerungen, wenn Vorhandenes nicht mehr funktioniert oder modernisiert werden muss? Wie dominant sind partielle Interessen und wer sorgt für den Ausgleich? In der permanenten Umdeutung und Weiterentwicklung des Begriffs des Öffentlichen, in der Grenzüberschreitung und Inbesitznahme des öffentlichen Raums durch wechselnde Akteure liegt der Kraftquell für den Fortbestand demokratischer Gemeinschaften; daraus entsteht Wehrhaftigkeit gegen autoritäre und diktatorische Übergriffe. In einer Art Bestands-und Momentaufnahme macht die Ausstellung alte Muster und neue Strömungen exemplarisch sichtbar und bietet dabei den beteiligten Akteuren auch Gelegenheit, sich öffentlich und im Diskurs mitzuteilen.

Demonstrationsrecht ist sichtbarer Ausdruck der Demokratie
Die Wiedervereinigung beider deutscher Staaten ist nur gelungen, weil die Protestkundgebungen im öffentlichen Raum nicht verebbten. Paradoxerweise wird der darauffolgende Wettstreit der Ideen und Systeme wohl schlussendlich in der vollständigen Zerstörung der zentralen symbolischen öffentlichen Orte in der ehemaligen Hauptstadt der DDR zwischen Alexanderplatz und Außenministerium kulminieren.

Politische Umstürze, hitzige Proteste, schweigende Kundgebungen, mutige Solidaritätsbekundungen und spontane Rebellionen werden von Menschen weltweit an zentralen symbolischen Orten ausgetragen. Die Demonstration ist die elementarste Form der politischen Willensäußerung. In unseren Zeiten moderner Medien kann globale Aufmerksamkeit in Echtzeit erregt werden. Nur so bietet sich die Möglichkeit, auch an entfernten Orten, oft unter erheblichen Gefahren, eine Botschaft und Protestnote glaubhaft und real in die Welt zu tragen. Menschen engagieren sich und unterziehen sich der Mühsal des politischen Aktivismus. Politikverdrossenheit ist nicht erkennbar. Öffentlichkeit entsteht, unmittelbar und dringend.

Kunstaktionen mahnen persönliche Freiheitsrechte an
Auf das historische Ereignis der deutschen Wiedervereinigung reagierend, entstanden verfeinerte Formen der Politisierung des öffentlichen Raums. Zeichen und Kommentare wurden im öffentlichen Raum implantiert. Viele einzelne, teils geplante, teils spontane, kluge, poetische, nachdenkliche Kunstprojekte und -aktionen im öffentlichen Raum prägten in Berlin die Jahre nach der Wiedervereinigung und wurden zum sprach- und bildgewaltigen Subtext eines zunehmend unleserlich gewordenen Stadtgrundrisses der einstmals geteilten Stadt.

Angefangen bei der Markierung des Mauerverlaufs über die Foto-Plakate am ehemaligen Grenzübergang Checkpoint Charlie oder der Wilhelmstraße bis zum Mahnmal der Bücherverbrennung auf dem Bebelplatz, in den Stolpersteinen, den Details entlang der Uferpromenade am Grenzverlauf der Stadtspree bis zu den Diskussionen um den Wettbewerb für das Holocaust-Mahnmal ließ sich der Wille erkennen, mit konkreten Informationen im Stadtraum den Orten Bedeutung zurückzugeben und die Vergangenheit auch in der Zukunft sichtbar werden zu lassen.

Durch so aufsehenerregende Arbeiten des Künstlerpaares Stih und Schnock wie die Gedenktafeln im Bayerischen Viertel in Berlin-Schöneberg oder die Arbeit *Bus Stop* für den Wettbewerb Holocaust-Mahnmal wurde definitiv der Begriff der Kunstaktion im öffentlichen Raum in eine neue Dimension erhoben. Die künstlerische Arbeit unverrückbar am Ort des Geschehens zu verankern, mit sachlicher Information zum Werk zu verbinden und dabei den Eindruck einer erhabenen Gedenkstätte zu vermeiden, das ist die subtile und poetische Leistung der Berliner Künstler Stih und Schnock, die selbst fest und streitbar in der Gedanken- und Bildwelt Berlins verwurzelt sind. Unsichtbares wird wieder sichtbar gemacht. Der Ort wird zum Heimatort, auch auf unbequeme Weise. Die Kunst mischt sich gewissermaßen unters Volk, in den Alltag.

Soziale Kunstwerke überwinden Klischees
Kunstprojekte wie diese inspirieren wiederum Projekte anderer Akteure, die von vornherein als interaktive soziale Kunstwerke oder Aktionen angelegt sind. Diese fordern aktive Teilnahme oder weisen auf Dysfunktionales, Paradoxes oder einfach nur Gegensätzliches hin wie z. B. die verschiedenen Inbesitznahmen der *Urban-Gardening*-Aktivisten oder die unangemeldeten *Diners en blanc,* zu denen sich Hunderte kurzfristig am verabredeten Ort versammeln, um gemeinsam mitten auf der Straße zu tafeln.

Es gibt aber auch die leisen Projekte, die wenig mit dem hedonistischen Leben in den Metropolen dieser Welt zu tun haben. Stellvertretend genannt seien die improvisiert anmutenden Studentenprojekte der School of Architecture in Talca, Chile, die es vermochten, der Stadt Talca Orte des öffentlichen Lebens mit Würde und Achtung zurückzugeben, zunächst nach Ende der Pinochet-Diktatur und dann nochmals nach der großflächigen Zerstörung durch ein apokalyptisches Erdbeben im Februar 2010.

Öffentlicher Raum ist das Vertrauen in Demokratie
Insbesondere aktuelle Projekte aus Lateinamerika weisen auf die Schutzbedürftigkeit des öffentlichen Raums und auf die Verletzbarkeit des Kollektivs Stadt hin, wenn Sicherheit nicht gewährleistet wird und Drogenkartelle, gewaltbereite Banden oder soziale Missstände Öffentlichkeit verschwinden lassen. Schwindet das Vertrauen in die Sicherheit der öffentlichen Räume oder verschwindet die Bevölkerung, ist das der Anfang vom Ende zivilen Lebens und ein ungleich höherer Verlust als nur ein menschenleerer Ort, an dem abends die Bürgersteige hochgeklappt werden. Wo könnte in Deutschland die Dringlichkeit der Frage besser studiert werden als in den einwohnerschwachen ländlichen Regionen, wo Jugendliche gezwungen sind, sich an den verbliebenen Bänken der Bushaltestellen oder an Tankstellen zwanglos zu treffen, in Ermangelung anderer belebter Orte.

Spätestens seit den 1990er Jahren, seit die Innenstädte wieder starken Zuzug verzeichnen und sich besonders Großstädte für den Tourismus und im Städtewettbewerb ständig neu erfinden müssen, sind vielfältige privat initiierte Projekte und Programmierungen des öffentlichen Raums auf Makro- und Mikroebene zu beobachten. Diese bilden auch die Interessen und Bedürfnisse einer insgesamt internationaler werdenden und internationaler denkenden Bevölkerung ab. Selbstorganisierte Märkte, Coffee-Shops, Food-Trucks, Strandbars und Pocket-Parks sind hybride Beispiele dieser Wiedereroberung der Stadt als Wohnort durch eine Generation mit globalen Erfahrungen und spielerischen Ideen. Diese Nutzungen erheben keinen Anspruch auf Dauerhaftigkeit und geben sich daher von vornherein eine wandelbare und flüchtige Gestalt. Die Projekte bilden einen informellen Lebensstil ab und sind vor allem extrovertiert, neugierig und kommunikativ.

Öffentlicher Raum ohne Gegenleistung?
Als positive Folge des jüngsten Städtetourismus und der Kapitalisierung der Städte als Immobilienanlage wurden vielerorts auch von offizieller Seite ambitionierte Programme zur Verbesserung des öffentlichen Raums, für die Hinzugewinnung von öffentlichen Plätzen, Parks und Landschaften oder für originelle Nachnutzungen von ausgemusterten Industrieanlagen gewagt, die keine Vorbilder haben. Berühmtestes Beispiel ist wohl die High-Line in Manhattans ehemaligem Meat Packer District, aber auch die durch die IBA Emscher Park im Ruhrgebiet initiierten Freizeitanlagen in nicht mehr genutzten Industrieanlagen.

Die Gegenleistung für diese erheblichen Investitionen ist oft genug die Ausstattung der aufgewerteten öffentlichen Salons und Parks mit Überwachungskameras für höhere Sicherheit und freiem WLAN, aber auch bessere Standortbestimmung des Einzelnen und schnellere Verbindung zu den passenden Apps, die die Benutzung der Stadt und ihrer kommerziellen Angebote kinderleicht wie ein Spielzeug machen. Gerade in den globalen Metropolen, die durch Finanzspekulationen unter enormen Druck geraten sind, wie London, Paris oder New York, spielt sich hier schon Erstaunliches ab, ironisch kommentiert von Künstlern wie Banksy.

Dennoch zählen diese millionenschweren Projekte wie z. B. der Brooklyn Bridge Park in New York City zur positiven Kehrseite der von vielen Einwohnern schon als Zumutung empfundenen neuen Kommerzialisierung der Städte durch regelmäßig abgehaltene Veranstaltungen und Festivals im Stadtraum. Spiele und Entertainment für die durchreisende Öffentlichkeit sind eine wesentliche Einnahmequelle der Kommu-

Diskurs

nen geworden und beginnen das alltägliche öffentliche Leben in andere Quartiere oder Zonen zu verdrängen. Die zentralen Orte sind, wie beispielsweise in Berlin, im Prinzip ganzjährig verpachtet. Berlin verfügt über ein Angebot an Freiflächen, Parks und Stadtachsen, das der Zeitgeist liebt und daher Maßstäbe in der Kategorie Massenevents gesetzt hat, angefangen bei der Love Parade über das zwanglose Sommermärchen des Public Viewing bei der Fußballweltmeisterschaft 2006, ebene Marathonstrecken durch die nicht enden wollende Innenstadt, frei möblierbare Fußballstadien und Fashion Shows auf ehemaligen Flughafenflächen bis zur ungebrochenen Toleranz für die mit dem Partyvolk fahrenden Bierflaschen im 24-Stunden-Angebot der Berliner U- und S-Bahnen.

Das endliche Gut der einprägsamen Stadtplätze und somit städtischen Bühnen muss regelmäßig erweitert werden, da die kreative Szene ständig neue Bilder produziert und verbraucht. Die Einwohner wenden sich deshalb auch anderen Orten zu. Ufer und Parks als ehemals untergeordnete Naherholungsbereiche werden entdeckt und für das Entschleunigen und Genießen nutzbar gemacht. Neue Rituale entstehen und verfestigen sich im wiederholten Gebrauch solcher Flächen. Die Finanzierung muss ebenso wie die Erlaubnis zur Nutzung hart erkämpft werden. Das Tempelhofer Feld ist das Referenzbeispiel dafür. Was nicht oder nicht mehr gebraucht wird, wird bald wieder brachliegen.

Demokratie und Form – Demokratie im Wandel
Es waren die griechischen Städte vom Reißbrett des Stadtplaners Hippodamos, die der attischen Demokratie erstmals Form verliehen. Der Stadtplan bestand aus egalitären Einzelparzellen, die von einem im Blockraster angeordneten Straßennetz strukturiert waren, aus denen die besonderen, gemeinsam bewirtschafteten Versammlungsorte wie der Naturhafen und der Markt ausgespart blieben. Die öffentlichen Orte wie Tempel, Stoa, Stadion und Theater waren als geometrisch reine Solitäre konzipiert und in den Stadtgrundriss implantiert. Je mehr öffentliche Orte eine Stadt vorweisen konnte, desto höher war sie im Polis-Netzwerk aufgestiegen. Die Form der öffentlichen Bauten und die darin von Menschen ausgeführten Handlungen gingen eine untrennbare Verbindung ein, bedingten sich gegenseitig. Der öffentliche Raum gewann erst durch formale Riten und Nutzung durch die Gemeinschaft seine vielschichtige Bedeutung und Form. Erst in der Nutzung komplettierte sich der Raum. Es entstanden Unikate, die noch heute aufgesucht und bewundert werden.

Demokratie als Bauherr, was bedeutet das heute für den öffentlichen Raum? Wer ist zuständig, wer fühlt sich zuständig und wie entstehen umfassende Planungsgrundsätze? Wer formuliert sie? In den Anfangsjahren der Bundesrepublik wurde das Bekenntnis zur Demokratie noch geradezu naiv in plakative Architektursprache übersetzt. Bauten mussten transparent sein, sonst waren sie nicht demokratisch, nach dem Credo der deutschen Architekten-Avantgarde. Die Bauten der Bonner Republik verkörpern diese Haltung. Der dazugehörige öffentliche Raum war jedoch diffus, mehr durch anspruchsvolle Sprechblasen beschrieben als tatsächlich erlebbar. Es entstanden Foren, Agoren, Amphitheater, Stadien und vor allem Fußgängerzonen und Stadtlandschaften.

Aber es entstanden und entstehen auch Flächen fressende suburbane Agglomerationen von privaten Einzelhäusern, bestenfalls verkettet als Stadtlandschaften, ohne jeglichen Anspruch auf kollektive öffentliche Räume. Der öffentliche Raum, das „Wohnumfeld" an der Peripherie der Städte ist ein hölzerner Begriff ohne Inhalt. An die Einfamilienhausgebiete dockten sich die Strip-Malls an und wurden nach amerikanischem Vorbild zum Ersatz für öffentlichen Raum in den Vorstädten. Wer den Eintritt bezahlen kann, ist willkommen.

Die allmähliche Inbesitznahme innerstädtischer Bürgersteige durch Gastronomie und Eisdielen erfolgte schüchtern und saisonal, aber in jedem Fall von offizieller Seite ungeplant und unvorhergesehen. Ähnliches gilt für die allmähliche Veränderung und Belebung der entvölkerten Innenstädte durch den Zuzug von türkischen Gastarbeitern und anderen europäischen und außereuropäischen Bevölkerungsgruppen. Das deutsche Brauchtum – geprägt von saisonalen Ereignissen wie Oktoberfest, Weinfesten, Weihnachtsmärkten, Karneval und Kirchenfesten – bestimmt dennoch weiterhin das Bild des öffentlichen Lebens. Der Wandel zu einem internationaleren Verständnis wurde vor allem in den Städten sichtbar. Die Bahnhofsviertel machten den Anfang.

Die Jugendkultur mit musikalischen Großveranstaltungen und Festivals unter freiem Himmel oder politischen Happenings veränderte und entspannte das Verhältnis von staatlicher Autorität und Subjekt. Der informellen Inanspruchnahme von Räumen wurde in den 1960er Jahren seitens der Obrigkeiten zunehmend gelassener begegnet. Friedensbewegung, Besetzeraktionen und die terroristischen Bedrohungen durch die RAF spitzten die Lage jedoch in den 1970er Jahren erneut zu. Das Misstrauen zwischen Bürgern und Staat vertiefte sich. Doch ziviler Ungehorsam als Aufforderung zu mehr Demokratie war nicht mehr aus der Debatte wegzudenken. Der Universitätscampus als Ort der demokratischen Willensbildung und Rebellion gewann enorm an Bedeutung. Die Hochschulen wandelten sich stellvertretend für die Gesamtgesellschaft.

Diskurs

Alle diese Veränderungen vollzogen sich ebenfalls ungeplant und waren so von der Politik nicht vorhergesehen und befürwortet. Ein Schelm, der Böses dabei denkt, dass neu errichtete Hochschulkomplexe auf isolierten Flächen fernab des Stadtzentrums angesiedelt wurden.

Neue öffentliche Räume entstanden vor allem in Form von Straßen im Sinne eines autogerechten Stadtumbaus für eine zunehmend motorisierte Bevölkerung. Zugleich wurden die unverwechselbaren, intakten und lebendigen historischen Innenstädte Italiens zu Sehnsuchtsorten der in lieblos gestalteten Städten aufgewachsenen Deutschen. Verstärkt entstanden für den Massentourismus an Italiens, aber auch an Spaniens Küsten und auf den Inseln hochverdichtete Hotels und Ferienhausanlagen, die insbesondere wiederum deutsche Urlauber anlockten. Das gesellschaftliche Auftreten und die Atmosphäre im von den Urlaubern geprägten öffentlichen Raum ist Legende geworden. Heinrich Klotz hatte dieser Entwicklung 1977 mit dem Essay-Band *Die röhrenden Hirsche der Architektur* ein schönes Denkmal gesetzt.[2] In Barcelona ging man in Vorbereitung der Olympischen Spiele 1992 an die behutsame Umgestaltung der Innenstadt und inspirierte viele Folgebeispiele. Mit einem sorgfältig vorbereiteten Programm zur Aufwertung der öffentlichen Räume wurde behutsam die zu hohe Dichte in der gotischen Innenstadt verringert, geradezu durchlüftet. Über die ganze Stadt verteilt wurden Interventionen im öffentlichen Raum gefördert, ein dichtes Netzwerk von kleinen Plätzen, Gassen und Straßen entstand, was seinesgleichen sucht. Die Eingriffe waren auf den ersten Blick oft unmerklich, da assimilierend in der Wahl der Oberflächen oder Proportionen: hier eine höherwertige Oberfläche, da eine Baumanpflanzung und eine Bank, dort ein Brunnen, und vor allem Kunst! Tradition und Zukunft ergänzen sich symbiotisch. Mit der Verlegung des Hafens und dem dadurch wieder möglichen Anschluss der Stadtpromenade Rambla an das Mittelmeer, dem Anlegen eines Stadtstrandes vor dem ehemaligen Hafenviertel Barceloneta wurde die Verbindung von einmaligem sportlichem Großereignis und regulärem Stadtumbau zu einem Höhepunkt gestaltender und weitsichtiger Stadtentwicklung. Die Neuerfindung Barcelonas wäre nicht möglich gewesen ohne den hohen qualitativen Anspruch der dortigen Stadtverwaltung. Sie bewies Visionskraft und Mut zur Extravaganz. Im Blick hatten die Planer zuerst die Aufenthaltsqualität für die Bürger Barcelonas, den Erfolg der Gewerbetreibenden, und erst dann die Touristenströme.

---

[2] Klotz, Heinrich: *Die röhrenden Hirsche der Architektur. Kitsch in der modernen Baukunst*, Luzern 1977.

Öffentlicher Raum unterstützt sozialen Frieden und demokratische Werte

Nach UN-Informationen befanden sich Ende 2015 weltweit sechzig Millionen Menschen auf der Flucht, vor zehn Jahren waren es 37,5 Millionen Menschen. Das ist eine unumstößliche Tatsache. Wie wird Europa, wie wird Deutschland, wie werden konkret die Städte damit fertig, wie orientieren sich die neuen Bevölkerungsgruppen? Gibt es Orte, die allen zugänglich sind, wo sich zwanglos Begegnungen ergeben, wo man die neue Heimat kennenlernt und normative Muster abschaut? Wo darf man behaupten, dazu zu gehören? Der öffentliche Raum ist hart umkämpft. Die politische Dimension ist eine wesentliche geworden.

Natürlich muss auch angesprochen werden, dass der öffentliche Raum mitnichten allen zugänglich ist, nicht allen in gleicher Weise zugestanden wird, ja, dass hier Diskriminierung geschehen kann. Darauf machen die wiederholten rassistisch motivierten Polizeiaktionen in den USA aufmerksam, aber auch die seit Jahren immer wieder brennenden *banlieues* in Paris. Die deutschen Pegida-Demonstrationen kommen immer mehr Mob-Kundgebungen gleich und zielen auf Unsicherheitsgefühl und Ausgrenzung. Hier wird Demokratie politisch radikalisiert. Ist die Erlaubnis zum öffentlichen Tragen von Waffen, wie nun in Texas erteilt, in diesen Zeiten das richtige Zeichen?

London öffnet Museen bei freiem Eintritt und lässt das Themse-Ufer als gigantischen attraktiven öffentlichen Raum entwickeln. Hier kann man sich auch aufhalten und amüsieren, ohne horrende Preise fürs Konsumieren zu entrichten, und ist nicht diskriminiert im Zugang zu den wichtigsten Bildungs- und Kultureinrichtungen. Das ist ebenso ein Beitrag zum sozialen Frieden wie z. B. die grundsätzlich frei zugängliche Copacabana in Rio de Janeiro und das dort jährlich am Strand stattfindende kostenlose Konzert der Rolling Stones oder anderer Megastars und bestätigt die weitsichtige und wandlungsfähige Planung von Roberto Burle Marx und der damals jungen brasilianischen Republik.

Ohne Übertreibung lässt sich feststellen, dass in der Zuwanderungsthematik der Unterschied zwischen Land und Stadt auch zum öffentlichen Stresstest für die Aufnahme- und Begegnungsbereitschaft geworden ist. Wo der öffentliche Raum sowieso schon abgesaugt ist von gefräßigen Malls, überwiegt nun Verunsicherung und ein Defizit an informellen und kostenfreien Begegnungsmöglichkeiten mit eingeübten, gefestigten Rollen und Nachbarschaften. Sozialer Umgang braucht Handlung und ständige Übung, nicht nur passive, vermeintlich umtriebige Massenaufläufe in den Shoppingcentern, zu denen man zu Fuß kaum gelangt. Die vielen Maßnahmenkataloge und Leistungen, die durch ehrenamtliche Helfer und Freiwillige angeboten werden, bilden den dringend benötigten öffentlichen Raum. Hier entsteht gerade eine neue Qualität ohne Vorbild und in jedem Fall ohne Zutun und Auftrag der Verwaltung.

Ausblick
Die Diskussion um die Beschaffenheit des öffentlichen Raums und seine Bedeutung für die zeitgenössische Stadtgesellschaft ist eröffnet. Öffentlichkeit muss man aushalten können. Es ist unübersehbar, dass die Qualität und Aufgabe des öffentlichen Raums als eigene und selbstständige Größe in der Stadtplanung ernst genommen werden müssen. Wie die Geschichte von siebzig Jahren Demokratie in Deutschland lehrt: Öffentlicher Raum ändert sich ungeplant und im ständigen Gebrauch. Die Stadtplaner müssen hinschauen und auswerten, wie einst Jane Jacobs. Der öffentliche Raum ist der Spiegel erfolgreicher Politik und Akzeptanz des mündigen Bürgers. Die Verhaltensmuster, die vorgefunden werden, werden nachgeahmt. Gibt es keine, bleibt eine Leere. Deshalb ist Haltung mehr denn je gefragt. Das Bild der Schuhe auf dem Pariser Place de la République im November 2015 als Stellvertreter für die aus Sicherheitsgründen und wegen Terrorgefahr untersagten Kundgebungen während des Klimagipfels darf nicht mehr aus den Köpfen gehen. Es kann nicht nur bei abstrakten Forderungen an Politik und Verwaltung für mehr Schutzmaßnahmen bleiben. Man muss eine Zukunft entwerfen.

Projekte, die die Hilfsbereitschaft und die Angebote der Bevölkerung nutzen und räumlich fassen, sind als Integrationshilfe zu konkretisieren. Spracherwerb und Zugang zu Bildungseinrichtungen und Informationstechnologie sind die vorrangigen Instrumente und nächsten Schritte, um eine gemeinsame Öffentlichkeit zu generieren. Entsprechende Infrastrukturprojekte für Kindergärten, Schulen, Berufsschulen können unproblematisch und zielgerichtet von der Politik beschlossen und von der Verwaltung umgesetzt werden. Anteilige Wohnungskontingente in Neubauprojekten können für Migranten gesichert werden. Man muss es nur wollen und die schrillen Sprüche unterlassen. Entweder zeigen sich die westlichen Demokratien, ihre Bürger und die lautstarken Fürsprecher westlicher Werte in der Lage, demokratische Werte in die öffentlichen Räume zu tragen und durch entsprechende Rollenmodelle und Verhaltensmuster zu vermitteln, oder die Lichter gehen langsam aus in Dunkeldeutschland und anderswo. Es geht um handfeste konkrete Probleme, die nicht tabuisiert oder weggelächelt werden können, sondern pragmatisch gelöst werden müssen und die ohne Almosenattitüde volkswirtschaftlichen Nutzen entfaltet werden.

Gewalt, Rassismus und rechte Hetzreden gegen persönliche Freiheitsrechte und Menschenwürde sind inakzeptabel und kontraproduktiv im unausweichlichen und unumkehrbaren Transformationsprozess zum Zuwanderungsland Deutschland, Europa, Welt. Manche verstehen das früher, manche später, manche nie. Auch das gehört zur Demokratie.

Florian Matzner

STREIFZÜGE DURCH DEN ÖFFENTLICHEN RAUM

Anmerkungen zu Stadt und Öffentlichkeit im frühen 21. Jahrhundert[1]

„Auf der griechischen Insel Santorin applaudieren die Touristen jeden Abend dem Sonnenuntergang. Demnach ist nicht auszuschließen, dass an diesem Ort die Sonne aus ästhetischen Gründen untergeht."[2] Diese Beobachtung des Luxemburger Künstlers Bert Theis weist auf die eigentümliche „Eventisierung" alltäglicher Lebensvorgänge vor allem in den hochtechnisierten Gesellschaften des frühen 21. Jahrhunderts hin: Alles wird inszeniert und vermarktet, selbst ein Sonnenuntergang wird wie ein Theaterstück rezipiert. Verantwortlich ist dafür der in den vergangenen zwanzig Jahren vollzogene Übergang der „alten" Industriegesellschaften in „neue" Informationsgesellschaften, in denen die Menschen täglich die eigene Anonymisierung und Ent-Individualisierung erleben. Der Tageslauf wird trotz erheblicher Erleichterung durch Internet und Mobiltelefon immer schneller, ja rasanter – im Gegenzug fordern Stadtplaner und Künstler eine Entschleunigung des öffentlichen Raumes, denn, so der amerikanische Künstler Vito Acconci: „Die Zeit vergeht schnell und der Raum ist langsam. Der Raum ist ein Versuch, die Zeit zu orten und zu verstehen."[3]

Aber wo ist der öffentliche Raum und wo ist der Ort der Kunst in eben diesem Gefüge?[4] Mit Kunst im öffentlichen Raum – für die der

---

[1] Zuerst erschienen in: Hoidn, Barbara (Hrsg.): *Demo:Polis. Das Recht auf öffentlichen Raum*, in Zusammenarbeit mit der Akademie der Künste, Berlin, und der University of Texas at Austin, School of Architecture, Zürich: Park Books, 2016.

[2] Theis, Bert: „Einige Samples". In: Florian Matzner (Hrsg.): *Public Art – Kunst im öffentlichen Raum*, Ostfildern 2004, S. 112.

[3] Acconc, Vitoi: „Leaving Home. Notes on Insertions into the Public". In: Matzner: *Public Art*, S. 46.

[4] Der vorliegende Text ist die überarbeitete und aktualisierte Fassung zwei meiner Beiträge zum Themenkomplex Public Art für den Katalog *PubliCity – Constructing the Truth*, hrsg. von Söke Dinkla, Nürnberg 2006, S. 18–21, sowie für den Sammelband *Bild und Bildung*, hrsg. von Barbara Lutz-Sterzenbach u. a., München 2014, S. 497–504, und ist zuerst erschienen in: *Demo:Polis. Das Recht auf öffentlichen Raum*, hrsg. von Barbara Hoidn, Zürich 2016.

amerikanische Sprachgebrauch den deutlicheren Begriff Public Art, öffentliche Kunst, bereithält – bezeichnet man gemeinhin Werke im Außenraum, die keinem musealen oder einem wie auch immer gearteten institutionellen Kontext verpflichtet sind. Mit Außenraum ist allerdings nicht einfach nur der Gegensatz zum White Cube des Museums oder der Galerie gemeint: Wichtig ist hier die Spezifizierung als sogenannter öffentlicher Raum. Einen Acker im Allgäu oder einen Strand an der Nordsee wird man schwerlich als öffentlichen Raum bezeichnen können, sondern schlichtweg als Gegend klassifizieren.[5] Demgegenüber meint also öffentlicher Raum immer eine städtische, d. h. urbane Struktur als Benutzeroberfläche menschlicher Kommunikation. Allerdings lässt sich in den vergangenen Jahren eine zunehmende Privatisierung des öffentlichen Raums beobachten: Prägnantes Beispiel ist der Potsdamer Platz in Berlin, der zwar für jedermann frei zugänglich ist, sich aber in Privatbesitz befindet und auf dem gegebenenfalls sogar die Ausübung der bürgerlichen Grundrechte wie etwa die Durchführung von Demonstrationen untersagt werden kann. Insofern ist der öffentliche Raum weniger ein geografisch oder topografisch spezifizierter Ort als vielmehr ein sozialer und psychologischer Zustand oder – im künstlerischen Sinne – ein Erzählraum, der konkreten architektonischen und historischen sowie gesellschaftlichen Bedingungen unterliegt. Dem White Cube des Museums als Ausstellungsort von autonomer Kunst steht also – so könnte man überspitzt formulieren – der *Dirty Space* der Stadt als Austragungsort der öffentlichen Kunst gegenüber.[6]

Seit Mitte der 1990er Jahre ist in der Organisation und Realisierung menschlicher Tätigkeiten und Befindlichkeiten zusätzlich zum konkret erfassbaren öffentlichen Raum das virtuelle Feld der neuen Medien – des Internets, des elektronischen Briefverkehrs, des Homeshoppings, des mobilen Telefonierens und vor allem der Social Media – mit seiner unerhörten Schnelligkeit hinzugekommen und dominiert nun die Strukturen des Alltags: Bereits 1974 hatte kein Geringerer als Nam June Paik, der „Papst der Videokunst", in einer von der Rockefeller Foundation finanzierten Studie mit geradezu hellseherischen Fähigkeiten einen „Frei-

---

[5] Siehe hierzu umfassend Grasskamp, Walter: „Kunst und Stadt", in: Klaus Bußmann/Klaus König/Florian Matzner (Hrsg.): *Skulptur. Projekte in Münster 1997*, Ostfildern 1997, S. 11–13. Vorbildlich ist nach wie vor das Glossar in: Brigitte Franzen/Kasper König/Carina Plath (Hrsg.): *skulptur projekte münster 07*, Köln 2007, S. 323–475.

[6] Huber, Stephan/Matzner, Florian/Pitz, Hermann: „Never Evergreen". In: Stephan Huber u. a. (Hrsg.): *Evergreen*, München 2005, bes. S. 14.

hafen für Informationen" gefordert.[7] Der Handel mit Autos, Waschmaschinen, Fernsehern und dergleichen müsse in Zukunft – so Paik – durch den Handel mit Informationen, d. h. mit Wissen, ersetzt werden, um die Zukunftsperspektive der westlichen Gesellschaften zu gewährleisten. Die damals von Paik bereits als „Electronic Superhighways" bezeichneten weltweiten Informationsströme und Datenautobahnen sind heute – gut vierzig Jahre später – selbstverständlicher Bestandteil unseres Alltags. Doch hat dieser virtuelle Aktionsraum in keiner Weise den traditionellen öffentlichen Raum der Stadt ersetzen können – ganz im Gegenteil: Der durch die neuen Medien verursachte Rückzug in die eigenen vier Wände – Playstation statt Kinderspielplatz, Facebook statt Kneipenbesuch – hat gerade die Notwendigkeit und den Fortbestand der urbanen Strukturen einer Stadt als Austragungsort menschlichen Dialogs deutlich gemacht. Insofern hat auch die Kunst in diesen öffentlichen Räumen eine konkrete Funktion und einen gleichberechtigten Stellenwert neben der architektonischen und urbanen Planung, die in den vergangenen Jahrzehnten durch die Schaffung von Fußgängerzonen und Einkaufsstraßen viele europäische Städte zu vereinsamten, grauen Wüsten verkommen ließ. Nach Ladenschluss veröden viele Innenstädte und wirken bedrohlich, U-Bahn-Schächte und Fußgängerunterführungen werden zu Bühnen der Gewalt. Sobald die Menschen den Stadtraum nicht mehr bevölkern, gewinnen die – wie Stadtplaner es nennen – „Sekundärarchitekturen" die Oberhand: Altglas-Container, Papierkörbe, Parkbänke, Straßenlaternen, Fahrradständer, Poller, Stadtmobiliar also, mit dem inzwischen alle westeuropäischen Innenstädte – und insbesondere ihre Fußgängerzonen – flächendeckend überzogen sind. Hier hat die Kunst in der Stadt die wichtige Bedeutung, dass sie – um den französischen Altmeister Daniel Buren zu zitieren – „jedem von uns, bewusst oder nicht, die Möglichkeit zu atmen gibt, dass die zeitgenössische Kunst, wie die Philosophie, entscheidend ist für die Entwicklung der Menschheit, für ihren Drang nach Freiheit".[8]

Doch diese Austragungsorte der künstlerischen Freiheit haben sich in den vergangenen vierzig Jahren erheblich verändert und innerhalb urbaner Strukturen grundlegend verschoben: Waren die 1960er und 1970er Jahre geprägt von Minimal Art, Land Art, Concept Art und

---

[7] Paik, Nam June: „Venice III – 1975, The City of Cologne Stole My Idea, Venice IV – 1993, Bill Clinton Stole My Idea". In: Klaus Bußmann/Florian Matzner (Hrsg.): *Nam June Paik: eine DATAbase*, Ostfildern 1993, S. 109–114.

[8] Daniel Buren „Über die Funktion der zeitgenössischen Kunst" zitiert nach Matzner, Florian: „Künstlerumfrage". In: Olaf Metzel: *Basisarbeit*, München 1999, S. 178.

autonomen Interventionen von Donald Judd und Robert Smithson oder Richard Serra und Claes Oldenburg, so zeichnete sich Anfang der 1980er Jahre ein grundsätzlicher Wandel ab. Unter dem Schlagwort der Ortsspezifik hatte Robert Smithson wohl als erster postuliert: „Das Kunstwerk wird nicht an einem Ort aufgestellt, der Ort selbst ist das Kunstwerk."[9] Und auch Richard Serra konstatierte: „Für die meisten Skulpturen trifft zu, daß die Werkserfahrung untrennbar von ihrem Standort ist. Abgesehen von dieser Kondition ist jegliche Werkserfahrung eine Täuschung."[10] In dieser Diskussion setzte man also die „Drop Sculptures" gegen die „Site-Specificity" eines Kunstwerks: Mit „Drop Sculptures" disqualifizierte man etwa die Plastiken eines Henry Moore, die ohne nachvollziehbaren inhaltlichen und formalen Bezug zu ihrem Aufstellungsort wie „vom Himmel gefallen" erschienen. Dagegen propagierte man die Ortsspezifik eines Kunstwerks, das in einem konkreten Bezug zum architektonischen, urbanen und historischen Kontext seines Aufstellungsorts steht und einen Dialog zwischen „site" und „work" herstellt, sodass ein bisher aussageloser Ort zum „Sprechen" gebracht wird.

„Ich weiß nicht genau, was alles tatsächlich öffentlicher Raum für mich ist. Es ist viel, wenn es gelingt, darin nur eine Sekunde eine provisorische, eine vorläufige Frage zu stellen. Vor diesem Hintergrund sind auch vorläufige Antworten interessant, weil sich auch in dem Moment, in dieser Sekunde ein kolossaler Gedanke an einen wenden kann."[11] Mit diesen Worten hat der Düsseldorfer Künstler Bogomir Ecker das Misstrauen formuliert, mit dem Künstler nach der Hochkonjunktur der Public Art in den 1980er Jahren dem öffentlichen Raum, seiner rasanten Veränderung und Neudefinierung begegnen. Seit Mitte der 1990er Jahre kommt zu der Ortsspezifik die „Publikumsspezifik" hinzu, d. h. der Versuch der Künstler, mit konkreten gesellschaftlichen Gruppen zu arbeiten, sie in den Entstehungs- und Realisierungsprozess von Kunst einzubeziehen. Erst durch einen hohen partizipatorischen Anteil, durch den aktiv teilnehmenden und eingreifenden Rezipienten wird das Kunstwerk vollendet. Ganz bewusst werden hier nicht prominente Stel-

---

[9] Schmidt, Eva/Völcker, Klaus (Hrsg.): *Robert Smithson, Gesammelte Schriften,* Köln 2000, S. 242. Andreas Sieckmann hat darauf hingewiesen, dass Robert Smithson den Begriff *site-specifity* wohl als erster 1970 beim Earth-Symposion an der Cornwall-University eingeführt hat, siehe Ders.: „Timeline zur Ausstellungspolitik". In: Markus Wailand/Vitus H. Weh (Hrsg.): *Zur Sache Kunst am Bau – Ein Handbuch,* Wien 1998, S. 72.

[10] Serra, Richard: „Extended Notes From Sight Point Rosa". In: Ders.: *Recent Sculptures in Europe 1977–1985,* Bochum 1985, S. 12.

[11] Bogomir Ecker zitiert nach Florian Matzner: „Dokumentationskarten Petuelpark München", Baureferat der Stadt München 2004 (o. S.).

len oder Plätze in der Stadt gewählt, sondern Unorte, No-Places, die oftmals bis dato keine urbane oder soziale Funktion im Sinne von Öffentlichkeit hatten.

Beispielhaft sei auf zwei herausragende Projekte dieser künstlerisch „provozierten" Publikumsspezifik verwiesen: Im Sommer 2002 hat Thomas Hirschhorn auf der documenta 11 in Kassel sein *Bataille-Monument* realisiert. In Kooperation mit vorwiegend türkischen Jugendlichen und unter Anleitung eines professionellen Sozialarbeiters hatte Hirschhorn sein Projekt außerhalb des offiziellen Ausstellungsparcours angesiedelt, nachdem er selbst mehrere Monate vor Ort gelebt und gearbeitet hatte. Das *Bataille-Monument* ist also einerseits als provokative künstlerische Ablehnung der Ausstellungsinstitution documenta zu verstehen, andererseits wurde gerade dem auswärtigen Publikum ein Ortsteil Kassels und eine lokale soziale Situation gezeigt, die ein Kunstkenner normalerweise nicht zur Kenntnis nimmt. Darüber hinaus wurde im Gegenzug eine Bevölkerungsschicht aktiv mit Kunst konfrontiert, die ihr normalerweise nicht begegnet. Als zweites Beispiel sei auf den Beitrag der jungen, in Wien lebenden Künstlerin Anna Witt zur Ausstellung *Emscherkunst* im Sommer 2013 verwiesen, die ebenfalls ihr Projekt ganz bewusst in einem sozialen Brennpunkt realisierte: Im Stadtteil Marxloh der Ruhrgebietsstadt Duisburg hat sie in Kooperation mit der ansässigen Bevölkerung ein auf den ersten Blick skurril anmutendes Projekt mit dem Titel *Breaking New* umgesetzt: Den Sperrmüll, den die Anwohner allabendlich auf die Straße stellten, hat sie durch ein Team von nomadisierenden Handwerkern und unter der ästhetischen und konzeptuellen Aufsicht der schwedischen Designer-Gruppe Uglycute zu neuen Möbeln und Funktionsobjekten „recyceln" und veredeln lassen: der Ideologie des Wegwerfens setzte sie – auch augenzwinkernd – eine Strategie der Nachhaltigkeit und der Nobilitierung durch Kunst gegenüber.

Mittels dieses „publikumsspezifischen" Ansatzes treten also Künstler, Kunst und Publikum in ein neues, anderes Rezeptionsverhältnis, in dem der Künstler zum Moderator einer nicht immer kalkulierbaren sozialgesellschaftlichen Situation wird. Aber nicht nur die öffentliche Kunst hat sich in den vergangenen zwanzig Jahren grundsätzlich verändert, sondern vor allem die Stadt selbst als deren Bühne – und *vice versa* (!): Denn nach neuesten Untersuchungen werden viele westeuropäische Großstädte im kommenden Jahrzehnt erheblich schrumpfen. Was für Detroit in den USA, für Manchester und Liverpool in Großbritannien und für viele ostdeutsche Städte inzwischen offensichtlich ist, wird auch für ganze Regionen und Ballungszentren wie das Ruhrgebiet mit Essen und Duisburg gelten: Hier wird eine Entvölkerung von mehr als zehn

Prozent erwartet.¹² Dazu kommen modernes Nomadentum, Emigration und Immigration, die Trennung von Arbeits- und Lebenswelt, denn der „klassische" Gastarbeiter der 1960er und 1970er Jahre wird in Zukunft durch den im Container hausenden Fremdarbeiter ersetzt, der ebenso wie seine zu Hause gebliebene Familie womöglich nicht einmal genau weiß, in welcher Metropole er sich gerade befindet. Auch die Gated Communities¹³ werden nicht länger auf die USA und Lateinamerika beschränkt bleiben, denn inzwischen sind die ersten Gated Cities auch in Europa errichtet worden: In Berlin sind vor mehr als zehn Jahren „exklusive Residenzen in wertvoller Lage" mit dem trügerischen Namen Arcadia entstanden, durch Sicherheitsvorrichtungen, Mauern, Tore, Wachdienste und Zugangsbeschränkungen mehr oder minder von der Außenwelt abgeschottet, ebenso wie der Novartis Campus in Basel, eine „verbotene Stadt", wie der Architekturhistoriker Andreas Tönnesmann sie nennt.¹⁴ Kommen werden auch die sogenannten Tele-Villages, wie sie bereits in der Nähe von Paris geplant und realisiert werden, Siedlungen also, in denen die Menschen nicht nur wohnen, sondern unter drohendem Verlust jedes Realitätsbezugs an heimischen PC-Arbeitsplätzen sitzen und ihre Wohnung nicht einmal mehr zum Einkaufen verlassen müssen, denn der per E-Mail oder SMS georderte Supermarkteinkauf wird selbstverständlich frei Haus geliefert und die sozialen Kontakte werden konfliktneutral über Facebook gepflegt.¹⁵ Also: In Städten werden Leerräume, Restflächen und Unorte entstehen, die als Chance oder als Risiko verstanden werden können. Zahlreiche Künstler haben sich in den vergangenen Jahren mit diesen Szenarien auseinandergesetzt und – übrigens schneller und effizienter als Stadtplaner und Sozialpsychologen – Alternativen entwickelt. So beispielsweise die Slowenin Marjetica Potrč, die in ihren „Fallstudien" die urbanen und sozialen Probleme westlicher Metropolen protokolliert und Lösungsvorschläge erarbeitet – dabei wird die Künstlerin zur Hightech-Nomadin!¹⁶

---

[12] Zum Aspekt der Shrinking Cities siehe nach wie vor umfassend Oswalt, Philipp: *Schrumpfende Städte,* Ostfildern 2005.

[13] Siehe Drilling, Annabel: „Wohnst Du noch oder wachst Du schon?". In: *Süddeutsche Zeitung,* 13.1.2006, S. 12.

[14] Steinfeld, Thomas: „Von der Wiederkehr der verbotenen Stadt. Interview mit Andreas Tönnesmann". In: *Süddeutsche Zeitung,* 10.2.2014, S. 13.

[15] Siehe Matzner, Florian: „Kunst und öffentlicher Raum – ein Forderungskatalog". In: Elisabeth Montag Stiftung (Hrsg.): *Lasst uns 3 Hütten bauen. Zeitgenössische bildende Kunst und Architektur im Dialog,* Bramsche 2005, bes. S. 101.

[16] Paldi, Livia: „Die Neuverortung der Vorstellungskraft". In: Florian Matzner: *No Art = No City. Stadtutopien in der zeitgenössischen Kunst,* Ostfildern 2003, S. 124–129.

„Ich denke", hat Potrč schon vor Jahren konstatiert, „dass Städte leere Gebäude brauchen (Ruheorte), so wie ein Mensch einen Platz zum Schlafen braucht. Außerdem, urbane Leerflächen sind gut für Tagträume."[17] Gerade das Gebiet des ehemaligen Flughafens Tempelhof in Berlin ist ein prägnantes Beispiel für die Besetzung und neue Nutzungsform einer ehemaligen Brachfläche. In der französisches Stadt Nantes werden in großem Stil Freiflächen – Parkanlagen ebenso wie Verkehrsinseln – in landwirtschaftlich genutzte Areale umgewandelt, wo die Bewohner den öffentlichen Raum völlig neu und anders erleben, weil er sozusagen in ihren Besitz übergeht.

Mit dem Motiv der Leerräume, der ungenutzten und deshalb für eine neue, andere Funktion der in Zukunft großflächig zur Verfügung stehenden Restflächen in der Stadt, hat sich auch der deutsche Künstler Olaf Nicolai beschäftigt, wobei er das Motiv der Freiheit, der menschlichen Autonomie daran knüpft: In *Exterritorial* fordert er, „einem Areal den rechtlichen Status eines exterritorialen Geländes zu garantieren und diesen Versuch in den verschiedenen Phasen – vom Rechtsgutachten über eine öffentliche Meinungsbildung bis hin zur politischen Entscheidungsfindung – zu dokumentieren. Die Diskussion um Möglichkeit oder Unmöglichkeit eines solchen Ortes zeigt die Grenzen eines gemeinschaftlichen Raum- und Rechtsbegriffes auf und die Position des Einzelnen in und zu ihm."[18] Was Nicolai in provokativer Weise thematisiert und gleichsam einfordert, entspricht einem Aspekt, auf den schon mehrmals hingewiesen wurde: Mit der fortschreitenden Anonymisierung und Beschleunigung alltäglicher Lebensabläufe haben auch der öffentliche Raum und das Verhalten der Menschen in und mit ihm eine andere Qualität angenommen. Schloss man „früher" zum ungestörten Telefonieren die Zimmertür, so werden heute unaufschiebbare Beziehungsprobleme per Mobiltelefon unter zahlreichen Zeugen in der Straßenbahn erledigt. Aus der schnellen Industriegesellschaft des späten 20. Jahrhunderts ist unversehens die superschnelle Informationsgesellschaft des frühen 21. Jahrhunderts geworden, oder – wie Bert Theis konstatiert hat – eine „neoliberale Stressgesellschaft"[19], die sich der Lebenslüge hingibt, effizienter und sparsamer mit dem „Faktor Zeit"

---

[17] Potrč, Marjetica in: Bußmann u. a.: Skulptur. Projekte in Münster 1997, S. 324. Siehe dazu auch die entsprechenden Projektdokumentationen in: Susanne Witzgall/Florian Matzner/Iris Meder (Hrsg.): *(Re)Designing Nature. Aktuell Positionen der Naturgestaltung in Kunst und Landschaftsarchitektur,* Ostfildern 2011.

[18] Nicolai, Olaf: „Vorschlag für ein Projekt". In: Matzner: *Public Art,* S. 108f.

[19] Theis: „Einige Samples", S. 110.

umzugehen, als dies ihre Vorgängergeneration getan hat. Gerade hier hat die aktuelle Kunst die Aufgabe, das Verhältnis zwischen Beschleunigung und Entschleunigung zu thematisieren, um noch einmal Vito Acconci zu zitieren: „Die Zeit vergeht schnell und der Raum ist langsam. Der Raum ist ein Versuch, die Zeit zu orten und zu verstehen. Raum ist ein Bedürfnis, etwas zu sehen. Raum ist ein Verlangen, dem Lauf der Dinge zu folgen und an das Prinzip von Ursache und Wirkung zu glauben." In diesem Kontext der Verortung des Individuums im Netzwerk von Raum und Zeit scheinen außerdem die Schnittstellen zwischen Privatheit und Öffentlichkeit sowie zwischen Virtualität und Realität immer mehr an Gültigkeit zu verlieren. Marjetica Potrč hat im Zusammenhang ihrer *Urbanen Fallstudien* festgestellt: „Aber da gibt es einen Dreh: Wir sublimieren gerne die Wirklichkeit, oder nicht? Es ist nicht das Wirkliche, was da ist – da ist, was wir für das Wirkliche halten."[20]

---

[20] Potrč in: Metzel: *Basisarbeit*, S. 187.

Florian Heilmeyer

MENTALE MONUMENTE

Vom dauerhaften Wert des Temporären in der Stadt[1]

Unser Hauptgedanke ist der einer Konstruktion von Situationen – d. h. der konkreten Konstruktion kurzfristiger Lebensumgebungen und ihrer Umgestaltung in eine höhere Qualität der Leidenschaft.[2]

The city is a state of mind, a body of customs and traditions, and of organized attitudes and sentiments that inhere this tradition. The city is not, in other words, merely a physical mechanism and an artificial construction. It is involved in the vital processes of the people who compose it, it is a product of nature and particularly of human nature.[3]

Städte sind alles andere als verlässlich und dauerhaft. Es sind vielmehr komplexe, höchst dynamische Gebilde, ihre physischen und virtuellen Strukturen sind auf vielen Ebenen geknüpfte Netzwerke in ständiger Veränderung. Dies gilt heute umso mehr in einer globalisierten Welt, in der Informationen, Wissen und Güter immer schneller, weiter und grenzenloser ausgetauscht werden. Die Fundamente dieser Welt bestehen aus Flexibilität und Mobilität, und diese gesamtgesellschaftlichen Veränderungen wirken zuerst und am heftigsten auf die Strukturen unserer Städte. In diesem Sinne müssen wir dringend unser Verständnis von Stadt als etwas Festem, Dauerhaftem ändern; denn Stadt ist und war schon immer vor allem ein sich andauernd veränderender, um- und anbauender, sich häutender und selbst verschlingender Organismus. Allerdings haben die Geschwindigkeit, der Maßstab und die Brutalität, mit der die alten Systeme von neuen überschrieben werden, seit der

---

[1] Zuerst erschienen in Aßmann, Katja/Crepaz, Lukas/Heilmeyer, Florian (Hrsg.): *Urbane Künste Ruhr 2012/2013/2014*, Berlin 2014.

[2] Debord, Guy: *Rapport über die Konstruktion von Situationen und die Organisations- und Aktionsbedingungen der Internationalen Situationistischen Tendenz* [1957], zitiert nach www.medienkunstnetz.de/quellentext/53 (Zugriff am 11.10.2017).

[3] Park, Robert Ezra: *The City: Suggestions for the Investigation of Human Behaviour in the Urban Environment* [1925], zitiert nach www.esperdy.net/wp-content/uploads/2009/09/Park-The-City.pdf (Zugriff am 11.10.2017).

Industrialisierung drastisch zugenommen. Der Popularität des „Lebensraums Stadt" haben diese drastischen Änderungen nichts anhaben können, im Gegenteil, mehr Menschen denn je leben in irgendeiner Form von „urbanisiertem Raum" und bis ins Jahr 2050 werden es drei Viertel der Weltbevölkerung sein. Diese weltweite „Landflucht" hat höchst unterschiedliche Gründe, und die Überzeugung, in der Stadt ein besseres Leben zu finden, ist sicher nicht immer die Hauptursache. Es gibt aber sicher wenig Gründe, von einer „Krise der Stadt" zu sprechen – es sind vielmehr die konventionellen, formalisierten Planungsmethoden, die in einer tiefen Krise stecken. Sie sind in ihrer behäbigen Langfristigkeit der Dynamik der Stadtorganismen ganz einfach nicht mehr gewachsen.

Daher erleben wir überall auf der Welt eine drastische Zunahme informeller, also vor allem selbstorganisierter Strukturen – sie füllen die Bedürfnislücken, die von offiziellen Planungsstellen nicht mehr geschlossen werden können. Und sie erweisen sich dabei an vielen Stellen als schneller, effizienter, fantasievoller und näher an den tatsächlichen Bedürfnissen. Immer öfter bleibt offiziellen Stellen nichts anderes übrig, als informelle Strukturen im Nachhinein zu legalisieren. Statt von einer Krise der Stadt sollten wir also von einer Krise der Stadtplanung sprechen. Diese Krise tritt in den sich rasanter wandelnden Stadtorganismen der Entwicklungsländer zwar deutlicher zum Vorschein, zeigt sich aber auch in den postindustriellen, hochkapitalistischen Städten Europas und Nordamerikas. Um diese Krise zu überwinden, muss die Stadtplanung vor allem ihre ablehnende Haltung gegenüber dem Temporären grundsätzlich überdenken – das bedeutet allerdings gleichzeitig, dass sie eine ihrer prinzipiellen Überzeugungen überdenken muss, nämlich die, ob und wie weit Stadt überhaupt dauerhaft planbar ist.[4]

Architektur und Stadtplanung sind von dem Wunsch nach dauerhaften Zuständen getrieben. Sie wollen das unendlich vielfältige Treiben in den Häusern, auf Plätzen und Straßen in vorhersehbare Abläufe und normierbare Kategorien unterteilen, um es planbar zu machen. Diese Ideen einer universalistischen Moderne, die die Welt mit ihren industriell gefertigten Planstädten überziehen wollte, haben nachweislich nicht zu dem versprochenen besseren Leben geführt. Denn sie basieren auf dem Trugschluss, Stadt könnte irgendwann „fertig" sein. Aber genau wie sich auch unsere Körper mit Botox und Silikon nicht in einen dauerhaft konservierbaren Zustand versetzen lassen, lässt sich auch der Stadt-

---

[4] Vgl. vor allem Overmeyer, Klaus/Oswalt, Philipp/Misselwitz, Philipp: *Urban Catalyst. Mit Zwischennutzungen Stadt entwickeln*, Berlin 2013; vgl. auch Oswalt, Philipp/Stegers, Rudolf Stegers: *Berlin_Stadt ohne Form. Strategien einer anderen Architektur*, München 2000.

organismus nicht dauerhaft schön machen. Stadt braucht Raum – Restflächen, Brachen, Lücken –, um kurzfristig auf Wünsche und Bedürfnisse reagieren zu können, und nur das sinnlose Dogma von ständigem Profit verhindert den freien Blick darauf, dass eine Brache eben kein Makel, sondern ein Potenzial ist, dass sie ein Möglichkeitsraum für kurzfristige Bedürfnisse ist.[5]

Stadt darf nicht nur als Summe ihrer dauerhaften Strukturen verstanden werden. Die Vitalität einer Stadt drückt sich in den temporären Ereignissen auf ihren Straßen und Plätzen aus. Und wo sich Strukturen und Nutzungen in permanentem Fluss befinden, da brauchen die städtischen Systeme ständige Updates. Da ist es also gut – bleiben wir kurz bei der Computeranalogie –, wenn noch ein bisschen Platz auf der Festplatte ist. Die Krise des Dauerhaften lässt die Vorteile des Temporären schärfer hervortreten, und es geht bei der Einteilung in das eine oder das andere gar nicht um die Frage, wie lang „dauerhaft" oder wie kurz „temporär" genau ist. Bei genauerer Betrachtung ist es vor allem eine Frage der ursprünglichen Intention, denn nichts hält länger als ein gutes Provisorium. Wo nicht der Anspruch erhoben wird, von Dauer zu sein, da sind wir bereit, (zunächst) Kompromisse einzugehen und (erst mal) Experimente zu wagen. Das Flüchtige darf aus der Reihe tanzen, darf Spaß und Abenteuer sein, persönlich, emotional oder poetisch. Da dürfen die Projekte sogar räumliche Interferenzen sein, Störungen, die vielleicht die gewohnten Handlungsmuster unterbrechen, um sie zu hinterfragen und eine neue Diskussion über mögliche andere Nutzungen einzuleiten. Dem Vorübergehenden wird zugestanden, sich noch entwickeln zu dürfen, um zu reifen, sodass es sich vielleicht im Prozess erst verfestigt und schärft – oder eben scheitert und verschwindet. Aber selbst dabei darf man sich nicht täuschen: Das Temporäre kann unsichtbare Spuren hinterlassen, die manchmal tiefer und bedeutender sind als jede dauerhaft gebaute Struktur. Ein Fest, eine Veranstaltung, ein Erlebnis können ein „mentales Monument" werden, das sich aus der Erinnerung und den Erzählungen der Besucher in das Narrativ der Stadt schreibt; ein Monument für einen Moment.

Das Temporäre kann die Wahrnehmung eines Ortes dauerhaft ändern und neue Nutzungen testen oder experimentell entwickeln. Das gilt für neue Orte, wie ein Beispiel aus Linz zeigt. Dort wurde 2005 ein Stück Autobahn eingehaust und auf dem Dach des Tunnels entstand ein Stadtpark. Der wurde zunächst wenig genutzt, bis im Rahmen der Euro-

---

[5] Vgl. vor allem Koolhaas, Rem: „Imagining Nothingness". In: Ders./Bruce Mau: *S, M, L, XL*, Rotterdam 1995.

päischen Kulturhauptstadt 2009 eine Gruppe von Künstlern und Architekten – Veronika Orso, Peter Fattinger und Michael Rieper – eine knallgelbe temporäre Hausskulptur errichteten, das *Bellevue:* Am Ende des Parks ragte es leicht über den Tunneleingang hinaus und bot eine spektakuläre Aussicht auf die Autobahn. Durch ein umfangreiches Programm mit Workshops, Vorführungen, Lesungen, Diskussionen, gemeinsamen Koch- und Tanzveranstaltungen, einer Bibliothek und einem Fahrradverleih belebte das Haus drei Monate lang den Park, bis dieser ganz selbstverständlich genutzt wurde. In seiner monochromen Abstraktion mag das *Bellevue* wie eine Skulptur gewirkt haben, aber es ging nie um das Haus an sich, sondern um die Wirkung und den Inhalt. „Uns war es ein Anliegen, dass das Haus wieder abgebaut wird", so Michael Rieper. „Der Schwerpunkt war die Einbeziehung und Moderation der Anwohner und Besucher. Ohne intensive Bespielung hätte es nicht mehr funktioniert." Das *Bellevue* war keine abstrakte Skulptur, sondern ein räumliches Mittel, die Menschen an diesen Ort und vor allem: zusammen zu bringen.[6]

Auch ungenutzte Potenziale von Räumen, die in ihrer eigenschaftslosen Alltäglichkeit quasi unsichtbar geworden sind, können so gezeigt werden. Spezialisten für solche Potenzialsafaris sind die Berliner Architekten vom raumlaborberlin. Seit ihrer Gründung 1999 bewegen sie sich konsequent zwischen den Disziplinen und bedienen sich fallabhängig aus den Töpfen der Architektur, der Stadtplanung, der Kunst, der Intervention oder des Theaters. Mit ihren oft kleinen und meist flüchtigen Projekten haben sie den Werkzeugkasten der Planer nicht nur erweitert, sie haben ihn revolutioniert.[7] Zum Beispiel mit ihren mobilen Aufblasstrukturen wie dem *Küchenmonument,* das sie in Varianten seit 2006 als „Prototyp zur Konstruktion temporärer Gemeinschaften" an verschiedenen Orten aufgeblasen haben. Schon der Prozess des Aufblasens dieses temporären Monuments ist faszinierend, wenn sich aus einem kleinen Anhänger langsam eine Plastikplane zur Großblase bläht, wie ein Kaugummi vielleicht, in der achtzig Menschen Platz finden. Dabei kombinieren sie Ideen und Schlachtrufe der Situationistischen Internationale mit Bauplänen, die Künstlerkollektive wie Ant Farm, Archigram oder Haus Rucker-Co in den 1960er und 1970er Jahren entwickelt haben. Eine leicht abgewandelte Variante des *Küchenmonuments* war als *Spacebuster* 2009 in New York City unterwegs, diesmal wurde die Raumblase

---

[6] Fattinger, Peter/Orso, Veronika/Rieper, Michael: *Bellevue. Das gelbe Haus,* Berlin 2011.

[7] Julia Maier/Heidelberger Kunstverein und raumlaborberlin (Hrsg.): *Acting in Public,* Berlin 2008.

in einem für die USA typischen Van transportiert. An acht Abenden wurde sie an acht verschiedenen Orten aufgeblasen, jeweils an einem expliziten Nicht-Raum oder Unort im Sinne von Marc Augé: Unterführungen, Autobahnbrücken, Parkplätze, Brachen, Rest- und Zwischenräume.[8] „Wir wollen den Menschen zeigen, dass es mehr Spielraum gibt, als sie allgemein annehmen", sagt Markus Bader, einer der Partner von raumlaborberlin. „Dafür müssen wir manchmal etwas Überraschendes oder Unmögliches fordern: Kommt, wir kochen unter der Autobahn. Kommt, wir machen aus einem U-Bahnhof eine Oper. Kommt, wir bauen ein U Boot aus Fundmaterialien und fahren damit über den Rhein. Wir fordern bewusst das Unmögliche, um zu testen, wie viel wir wirklich erreichen können."[9] Die sichtbar unperfekte, handgemachte Ästhetik haben die Projekte von raumlaborberlin mit vielen anderen temporären Aktionen und Strukturen im öffentlichen Raum gemeinsam. Das geht aber nur zum Teil auf die geringen Budgets der Projekte zurück, dahinter steckt auch eine partizipative Strategie, die ebenfalls mit den Gedankengebäuden eines Vordenkers der 1970er Jahre (rück-)gekoppelt ist: Es ist der US-amerikanische Architekt Charles Jencks, der 1972 mit Nathan Silver zusammen den „Adhocism" formuliert hat[10], die Lust des Menschen, selber zu bauen mit dem, was er findet – und welche Vorteile in diesem Selbermachen stecken. Es geht eben nicht um eine Ästhetisierung des Informellen, sondern um die Ermutigung: Das kannst du auch! Und um die Aufforderung: Benutze mich. Verändere mich. „Unsere Objekte sind meistens mit einfachsten Mitteln handgemacht", so Bader.

> Wir wollen, dass das jeder kann. Das Objekt soll zwar attraktiv sein in dem Sinne, dass es die Menschen staunen lässt und Neugierde weckt. Die wahre Magie liegt aber in der Ermutigung. Das Objekt ist nicht auratisch, sondern lädt die Menschen ein, es zu benutzen, zu verändern, vielleicht abzureißen. Es soll Ideen auslösen. Was wir erreichen wollen, ist, die Leute erst zu überraschen und dann zu sagen: Schaut mal, das könnt ihr alles selber machen. Die Materialien gibt es im Baumarkt und die Anleitung im Internet.[11]

[8] Augé, Marc: *Nicht-Orte*, München 2012.
[9] Zitiert aus Interview des Autors mit Benjamin Förster-Baldenius und Markus Bader, veröffentlicht in *Mark Magazine* #26, Amsterdam Juni/Juli 2010.
[10] Jencks, Charles/Silver, Nathan: *Adhocism. The Case for Improvisation*, Cambridge 2013.
[11] Zitiert aus Interview des Autors in *Mark Magazine* #26.

Viele interdisziplinäre Gruppen aus Planern und Künstlern agieren mit ähnlichen Strategien: muf architecture/art in London, EXYZT in Paris, Santiago Cirugeda in Spanien, DUS architects in Amsterdam oder Interbreeding Field in Taiwan. Letztere ist eine an der Kunstuniversität von Tainan angesiedelte Projektgruppe von Professor Li H. Lu. Seit 1999 erforscht er mit den Studenten den Stadtraum, erkundet Orte und baut aus Holz und gefundenen Restmaterialien temporäre Strukturen. Es findet kaum noch Planung im Büro statt, die Projekte sind vielmehr spontane Reaktionen, die in der direkten Auseinandersetzung mit dem Ort entstehen. Die Magie ihrer Projekte mischt den Charme des Improvisierten mit einer akribischen Analyse vorhandener Qualitäten. So haben die Studenten 2009 eine ehemalige Papierfabrik in einem heruntergekommenen Problemviertel von Tainan entdeckt. Deren baufällige Ruinen wurden zwei Jahre lang, jeweils im Sommer, mit Holz und beleuchteten Wassertanks in eine verträumte Märchenlandschaft verwandelt. In einer der alten Fabrikhallen war z. B. das Dach kaputt und es regnete hinein, wodurch an einer Stelle eine besonders üppige Spontanvegetation entstand. Durch eine Sitztribüne, eine kleine Bühne und einen Laufsteg aus Holz wurde die Halle in einen Veranstaltungsort und die Pflanzen in eine botanische Attraktion verwandelt.[12]

Da die Projekte meistens auf eine möglichst große Öffentlichkeit abzielen, haben sie oft den Charakter von Festivals, wie z. B. die Veranstaltungsserie *Sportification,* die vom Planungsbüro complizen aus Halle seit 2002 in unregelmäßigen Abständen veranstaltet wird. Mit lokalen Partnern suchen sie in den Städten nach Räumen, die für eine ungeplante sportliche Nutzung geeignet sind; „informelle Stadtentwicklungsevents" nennen sie das. Diese Events können die Form eines Brachenfußballturniers annehmen oder ein temporäres Skateboard- oder BMX-Festival sein. Es wurden aber auch schon neue Sportarten erfunden, etwa das erste Frisbee-Staffel-Hochhausrennen (Halle/Saale 2003) oder das erste Indoor-Disc-Golf-Turnier im Palast der Republik (Berlin 2004).

Diese Veranstaltungen versuchen in kürzester Zeit eine möglichst intensive Vitalität zu erzeugen, ein Kraftfeld im zuvor kraftlosen städtischen Raum. Dabei operieren sie zwangsläufig sehr ähnlich wie rein kommerzielle Veranstaltungen, die mit kurzzeitigen Events, Pop-up-Stores oder Guerilla-Marketing auf ihre Marken aufmerksam machen wollen. Genauso, wie kapitalistische Verwertungsmechanismen sich

---

[12] Vgl. vor allem die Essays Li H: *Experimental „interbreeding" & „interfering",* und Gong, Jow-Jiun: *Latent Architecture,* abrufbar unter www.interbreedingfield.com/essay.html (Zugriff am 11.10.2017).

immer wieder kultureller Strategien bedienen, kann die Kunst sich auch der kommerziellen Strategien subversiv bedienen – z. B. um eine größere Aufmerksamkeit zu erlangen. Der Unterschied ist das Ziel und das muss klar erkennbar bleiben. Hier ist es der gesteigerte Profit, dort die Verbesserung der Lebensverhältnisse und der Stadt durch eine Veränderung der Perspektive oder das Aufzeigen von Möglichkeiten, um im vorhandenen Raum zu agieren.

Das Temporäre ist dabei der Prototyp, die Avantgarde, das Experiment und der Vorreiter – was danach kommt, muss zu Beginn noch nicht klar sein. Die wichtigste Leitlinie der Stadtplanung sollte es dabei sein, Räume zu schaffen, die auch nach der Planung noch Ungeplantes zulassen: Mehrdeutige Räume, die möglichst viele Nutzer- und Interessensgruppen motivieren, sich diese Räume zu erschließen. Die zentimetergenau auf eine einzige Nutzung zurechtgeplanten Räume der Moderne sind gescheitert. Natürlich ist das Temporäre nicht per se das Gute und das Dauerhafte das Schlechte. Aber ganz sicher würde ein bisschen mehr Spaß, Abenteuer und Poesie unseren langfristigen Plänen guttun. Stadt muss aus beidem bestehen, aus dem Dauerhaften und dem Flüchtigen, aus dem Ernsten und dem Fröhlichen, aus dem Bescheidenen und dem Überkandidelten. Wo es genug Raum gibt, um die Balance zwischen den Enden der Skala immer wieder und mit möglichst großer Beteiligung neu zu verhandeln, das wäre eine gute Stadt.

Hanno Rauterberg

AB NACH DRAUSSEN!

Wie ausgerechnet das Internet eine Renaissance
des öffentlichen Lebens befeuert[1]

Vielleicht ist es nur eine Sommerlaune, und es bedeutet nicht viel, dass derzeit ein wildes Einladungsfieber die Republik erfasst und sämtliche Polizeidienststellen alarmiert sind. Ständig und überall wird zur großen öffentlichen Party aufgerufen, in Solingen, Lörrach oder Ahrensburg, selbst im Zollernalbkreis. Allein in Bochum wollen sich in zwei Wochen gleich 50 000 wildfremde Menschen treffen. Seitdem Anfang Juni ein Mädchen namens Thessa versehentlich alle Welt per Facebook zu ihrem Geburtstag einlud und ungefähr die halbe Welt tatsächlich ins stille Hamburg-Bramfeld reiste, sind die Freunde der Massenfeiern nicht mehr zu bremsen. Eine Sommerlaune, doch seltsam genug.

War nicht jahrzehntelang vom „Verfall und Ende des öffentlichen Lebens" (Richard Sennett) die Rede? Hatte nicht der bekannte Architekt Rem Koolhaas behauptet, der öffentliche Raum werde für nichts mehr gebraucht außer fürs Shoppen? Und erzählte nicht auch Jürgen Habermas mit seinem Strukturwandel der Öffentlichkeit eine Niedergangsgeschichte? Die Menschen, so hatte es den Anschein, igelten sich ein in ihrer Privatheit – Stichwort: Cocooning – und wollten vom Gemeinwesen nichts mehr wissen. Forciert durch das Internet, zerfiel die eine, die große Öffentlichkeit in viele Stämme. Denn im Internet findet jeder, was ihn interessiert, er findet Gleichgesinnte. Der Sinn fürs Große und Ganze geht verloren.

Doch das ist höchstens die halbe Wahrheit. Wenn wir uns in Thessa und ihren vielen Nachahmern nicht täuschen, dann könnten die Niedergangsgeschichten bald zu Ende gehen – und es wäre an der Zeit, dem Strukturwandel der Öffentlichkeit einen zweiten Band hinzuzufügen.

Trotz aller Privatisierungstendenzen ist der Drang nach draußen, hinein ins Öffentliche, ungeheuerlich. Überall wird gejoggt, geskatet, gewalkt, vielerorts werden Fitnessgeräte in den öffentlichen Raum gestellt, in Hamburg halten sie selbst vor dem Rathaus ein Beachvolleyball-Turnier ab. Das eine Lieblingswort der Gegenwart ist „vernetzt",

---

[1] Zuerst erschienen in *Die Zeit* 27/2011.

das andere „atmungsaktiv". Aber nicht nur die körperliche Ertüchtigung treibt die Menschen hinaus auf Straßen und Plätze. Bei vielen wächst auch die Bereitschaft, sich auf ungewohnte Spielformen des Öffentlichen einzulassen. Und erst die digitale Technik ermöglicht diese Spielformen. Besonders beliebt ist Geocaching, eine Art öffentlicher Schnitzeljagd per Navigationsgerät; allein in Deutschland gibt es bereits mehr als 50 000 solcher Geheimverstecke.

Andere begeistern sich für Flash- und Smartmobs, bei denen sich viele Menschen zu skurrilen Kurzaktionen verabreden, etwa zum Polkatanzen vor der chinesischen Botschaft. Seit Kurzem findet auch das Planking viele Anhänger, bei dem sich Menschen dabei fotografieren, wie sie mit gestrecktem Körper auf Brückengeländern oder U-Bahn-Treppen liegen, um dann die Fotos ins Internet zu stellen. Überhaupt wird der öffentliche Raum von vielen neuerdings als ein Ort des Abenteuers erfahren, durchaus auch in politaktivistischer Hinsicht: Ob Adbusting (Verfremdung von Werbeplakaten) oder Containern (Plündern von essbaren Supermarktabfällen) – der öffentliche Raum wird als gesellschaftlicher Raum begriffen, als ein Raum, der allen gehört und den sich jeder aneignen und politisch durchaus subversiv gestalten darf.

Eine stille Anarchie scheint viele Menschen zu erfassen, vor allem die jüngeren: Sie begreifen noch die hässlichsten Parkhäuser als Übungsplätze für athletische Kunststücke (Parcouring), verwandeln betonierte Straßenränder in kleine Blumenbeete (Guerilla-Gardening), machen aus Stromkästen Kunstwerke (Street-Art) oder erklären verwaiste Stadtplätze zur neuen Partyzone (Outdoor-Clubbing). Und wiederum ist das Internet, sind Facebook und Twitter oft der Katalysator. Hier gibt es die nötigen Hinweise, hier wird überwunden, was als städtische Anonymität lange gefürchtet war.

Die virtuelle Welt ist also nicht der Feind des öffentlichen Raums, wie lange behauptet wurde. Je weiter sich das Leben ins Reich des Digitalen verlagert, umso größer scheint das Bedürfnis nach Realräumen zu werden, nach jener „Kraft der Intersubjektivität", von der Jürgen Habermas spricht und die auch eine körperliche Erfahrung ist. Einerseits ebnet das Internet viele Wege in die Anonymität und Vereinzelung; zugleich erleichtert es aber das Kollektivdenken, das in sogenannten Crowd-Sourcing-Projekten wie Wikipedia zum Ausdruck kommt. Nicht zuletzt solche digitalen Gemeinschaftsprojekte und erst recht jene Freiheit der Meinungsäußerung, jenes Moment der Selbstermächtigung, das durch das Internet befördert wird und das aus jedem Nutzer einen potenziellen Produzenten macht, verändern die Vorstellung von dem, was Öffentlichkeit bedeutet.

Ähnlich radikal wie zuletzt vor gut zweihundert Jahren verschiebt sich derzeit das Verhältnis zwischen dem Öffentlichen und dem Privaten. Damals entstanden die bürgerliche Familie und die bürgerliche Intimität. Mit dem Verlassen der Wohnung veränderten sich die Verhaltensmuster, viele Dinge tat man einfach nicht im öffentlichen Raum: Man aß nicht aus Papiertüten, trank nicht im Gehen einen Kaffee, man sprach nicht laut vor sich hin, ohne ein Gegenüber zu haben (es sei denn, man war verrückt). Nur die wenigsten Menschen hätten sich in aller Öffentlichkeit massieren lassen, wie jetzt auf manchen Großflughäfen üblich. Mit anderen Worten: Der öffentliche Raum erfreut sich heute nicht zuletzt deshalb wachsender Beliebtheit, weil es viele Hemmschwellen des Privaten nicht mehr gibt.

Manche glauben sogar, wir lebten bereits im Zeitalter der Post-Privacy. „Wenn es etwas gibt, von dem Sie nicht wollen, dass es irgendjemand erfährt, sollten Sie es vielleicht ohnehin nicht tun", rät der langjährige Google-Chef Eric Schmidt. Oder um mit dem Facebook-Erfinder Mark Zuckerberg zu sprechen: „Die Zeiten, in denen man seinen Kollegen bei der Arbeit die eine Persönlichkeit präsentieren konnte und seinen Freunden eine ganz andere, diese Zeiten werden ziemlich bald vorbei sein." Für Zuckerberg ist das Private öffentlich, das Öffentliche privat und damit im Grunde alles eins.

So weit muss man nicht gehen, doch der Trend zur Hybridisierung ist nicht nur in der Autobranche unübersehbar. Vor allem die klare Grenze zwischen dem Virtuellen und dem Realen scheint sich aufzulösen, und nicht zufällig ist unter Computerexperten jetzt viel von „Wolken" die Rede. Die alten Vorstellungen von Zeit und Raum werden diffus, beweglich, wolkig eben. Immer mehr Menschen besitzen ein Smartphone, sie tragen das Internet und damit die ganze Welt in der Hosentasche mit sich herum. Ihr Da-Sein wird zum Überall-Sein, denn egal, wo sie sind, egal, was sie wollen, alles scheint immer verfügbar. Der konkrete Ort ihres Aufenthalts verliert an Bedeutung, in gewisser Weise wird er austauschbar, denn sie tragen ein Instrument der Überörtlichkeit mit sich. Es verbindet sie und verschafft ihnen so – paradoxerweise – Ungebundenheit.

Doch obwohl man nun überall Menschen sieht, die nicht mehr um sich schauen, sondern zwanghaft auf den Bildschirm ihres Telefons stieren, obwohl also alle technischen Voraussetzungen für den Rückzug in die Ich-Welt, für eine völlige Vergleichgültigung gegeben sind, könnte die Begeisterung für das Kollektive größer kaum sein. Es mangelt nicht an Auseinandersetzungen, an Turbulenzen, tiefgründigen Konflikten, überall wird demonstriert und protestiert, der viel beschriebene Wutbürger wäre nichts ohne den öffentlichen, den politischen Raum (von den arabischen Revolten ganz abgesehen).

Und gerade in den erregten Debatten um Street View, um Facebook und die Datenkraken bei Apple zeigt sich, dass es trotz aller Veränderungen weiterhin ein ausgeprägtes Bewusstsein für das gibt, was die Grundlage jeder liberalen Öffentlichkeit ausmacht, nämlich das Recht auf Selbstbestimmtheit.

Zwar scheint die normative Kraft des öffentlichen Raums zu erodieren. Unabdingbar sei dieser Raum für die Sache der Res publica, behaupteten einst viele. Erst hier würde die Gesellschaft zu sich selbst finden und im Idealfall ein stabiles Wir ausprägen. Nun zeigt sich, dass die Formen des Öffentlichen mindestens so plural und widersprüchlich sind, wie es die Gesellschaft selber ist. Allerdings war diese Widersprüchlichkeit für einen Schriftsteller wie Stendhal schon im 19. Jahrhundert zu spüren. „Urbanität", schrieb er, „ist die überlegene Unfähigkeit, sich über schlechte Manieren anderer zu ärgern." Im öffentlichen Raum veröffentlichen wir uns selbst, ob wir wollen oder nicht. Wir unterwerfen uns bestimmten Konventionen, bestimmten Zwängen. Und doch erlaubt uns dieser Raum auch eine Freiheit, eine Zwanglosigkeit. Dieses Paradox eines zwanglosen Zwangs auszuhalten, überhaupt die Gegensätze einer pluralen Gesellschaft zu ertragen, gehört zu den ebenso anstrengenden wie reizvollen Grundbedingungen des Urbanen.

Es ist nicht zuletzt dieser Reiz, der die Neubelebung des öffentlichen Raums begründet. Anders als im Internet, in dem der Einzelne tendenziell stets dem Vertrauten begegnet, treffen im Realraum die Ichs in ihrer Verschiedenheit aufeinander. Sie formen kein stabiles, dafür ein überaus lebendiges Wir.

Für Habermas galt noch das Kaffeehaus als Urort der politischen Öffentlichkeit. Heute, im Coffee-to-go-Zeitalter, ereignet sich auch das Politische oft im Vorübergehen, und das öffentliche Leben zieht auf Grillwiesen, vor Bahnhöfe, selbst nach Hamburg-Bramfeld. Mehr Menschen denn je, die sich nicht kannten, treffen aufeinander, tauschen sich aus, erfahren sich als Gemeinschaft auf Zeit. Es sind die Bewohner der neuen digitalen Welt, einige nennen sie Nomaden. Sie sind im Öffentlichen zu Hause.

Vanessa Weber und Gesa Ziemer

URBANITÄT KURATIEREN?

Plädoyer für einen erweiterten Nachhaltigkeitsbegriff durch Kunst[1]

Das Leitbild „nachhaltige Entwicklung" ist aus den unterschiedlichen Diskursen über die zukünftige Entwicklung der Gesellschaft nicht mehr wegzudenken. Mehr noch: Es ist allgegenwärtig und stellt ein gesellschaftspolitisches Paradigma ersten Ranges dar. Kein Strategiepapier, kein Wettbewerbsbeitrag und kein Förderantrag kommen ohne den Verweis auf Nachhaltigkeit aus. Nicht zuletzt in Bezug auf den Umgang mit Städten und Regionen sowie deren erhofften Transformationen durch künstlerische Projekte, steht der Anspruch an Nachhaltigkeit ganz oben auf der Agenda. Doch was sich genau hinter diesem Begriff verbirgt, sofern er nicht als werbetaugliche Worthülse im Sinne von Umweltverträglichkeit oder als vermeintlich eloquenterer Begriff für Dauerhaftigkeit verwendet wird, lässt sich nur dann angemessen erfassen, wenn man die verschiedenen Perspektiven ernst nimmt, aus denen heraus an Nachhaltigkeit angeschlossen wird.[2]

Geht man zurück an den Ursprung der Begriffsentstehung stößt man neben der forstwirtschaftlichen Abhandlung *Sylvicultura oeconomica*[3] von Hans Carl von Carlowitz aus dem Jahre 1713 auf das von Joachim Heinrich Campe 1809 herausgegebene *Wörterbuch der Deutschen Sprache,* dem zufolge sich „Nachhalt" als das verstehen lässt, „woran

---

[1] Zuerst erschienen in Aßmann, Katja/Crepaz, Lukas/Heilmeyer, Florian (Hrsg.): *Urbane Künste Ruhr 2012/2013/2014,* Berlin 2014.

[2] Der Begriff „nachhaltige Entwicklung" (*Sustainable Development*) ist seit gerade drei Jahrzehnten ins Zentrum der Debatten um gesellschaftliche Entwicklung gerückt. Weltweit ist er einer der zentralen Begriffe, anhand dessen aus den unterschiedlichsten Perspektiven über zukünftige Entwicklungen diskutiert wird. Die strategischen Konzeptionen werden seit der UN-Konferenz für Umwelt und Entwicklung in Rio de Janeiro (UNCED 1992) als „Rio-Folgeprozesse" stetig weiterentwickelt. In den vergangenen Jahren wurden darüber hinaus zahlreiche Forschungsprogramme zum Thema Nachhaltigkeit initiiert, die neben der Dominanz naturwissenschaftlicher Perspektiven unlängst sozialwissenschaftliche Ansätze integrieren, geisteswissenschaftliche Positionen jedoch nach wie vor weitestgehend außer Acht lassen.

[3] Carlowitz, Hans Carl von: *Sylvicultura oeconomica oder Haußwirthliche Nachricht und Naturmäßige Anweisung zur Wilden Baum-Zucht* [1713], hrsg. von Joachim Hamberger, Stuttgart 2013.

Diskurs

man sich hält, wenn alles andere nicht mehr hält"[4] – womit neben der politisch-ökonomischen Dimension eine weitere ins Blickfeld der Begriffsbestimmung rückt. So lässt sich fragen, was gegenwärtig nicht mehr stabil zu sein scheint. Sofort kommen einem hierbei soziologische Gegenwartsbeschreibungen in den Sinn, wie Ulrich Becks „Risikogesellschaft", Zygmunt Baumans „flüchtige Zeiten" oder Hartmut Rosas „beschleunigte Moderne"[5]. Die weltweite Zunahme von Unsicherheiten ist ein Indiz dafür, dass ökonomische und technizistische Denkweisen als Diktum einer nachhaltigen Entwicklung nicht halten, was sie versprechen.

Das Feld der Kunst mit seinen Zugängen zum Ästhetischen[6] scheint in genau diesen Zusammenhängen einige interessante Strategien zu bieten, derer sich unlängst von unterschiedlichen Akteuren, nicht nur der kulturpolitischen Stadtentwicklung, bedient wird. Jedoch knüpft die Hoffnung, die entsprechende Akteure als Erwartung an die künstleri-

---

[4] Campe, Joachim Heinrich (Hrsg.): *Wörterbuch der Deutschen Sprache*, Dritter Teil L bis R, Braunschweig 1809, S. 403.

[5] Vgl. zu diesen Beschreibungen u. a.: Beck, Ulrich: *Risikogesellschaft. Auf dem Weg in eine andere Moderne*, Frankfurt am Main 1986, und dessen erneuerte und erweiterte Zeitdiagnose: Ders.: *Weltrisikogesellschaft. Auf der Suche nach der verlorenen Sicherheit*, Frankfurt am Main 2007; Bauman, Zygmunt: *Moderne und Ambivalenz. Das Ende der Eindeutigkeit*, Hamburg 1992, sowie seine Ausführungen zu flüchtigen Zeiten und deren Zusammenhang zur Risikogesellschaft: Ders.: *Flüchtige Moderne*, Frankfurt am Main 2003, und *Flüchtige Zeiten. Leben in der Ungewissheit*, Hamburg 2008; Rosa, Hartmut: *Beschleunigung. Die Veränderung der Zeitstrukturen in der Moderne*, Frankfurt am Main 2005, und seine aktuelle Studie: Ders., *Beschleunigung und Entfremdung. Entwurf einer kritischen Theorie spätmoderner Zeitlichkeit*, Frankfurt am Main 2013.

[6] Die kulturelle Dimension von Nachhaltigkeit und damit auch die Bedeutung der Künste und des Ästhetischen sind im Leitbild der nachhaltigen Entwicklung noch immer weitestgehend unberücksichtigt. Die Publikationen, die sich mit der Bedeutung der Künste für den Begriff Nachhaltigkeit befassen, beziehen sich zwar auch auf die gesellschaftliche und damit soziale Bedeutung, konzentrieren sich jedoch weitestgehend auf umweltökologische Zusammenhänge. Vgl. zur kulturellen Dimension von Nachhaltigkeit u. a.: Kurt, Hildegard/Wehrspaun, Michael: „Kultur. Der verdrängte Schwerpunkt des Nachhaltigkeits-Leitbildes". In: *GAIA*, Heft 10, 2001; Kurt, Hildegard/Wagner, Bernd (Hrsg.): *Kultur – Kunst – Nachhaltigkeit. Die Bedeutung von Kultur für das Leitbild Nachhaltige Entwicklung*, Essen 2002; Krainer, Larissa/Trattnigg, Rita: „Nachhaltigkeit ist eine Frage der Kultur". In: Dies. (Hrsg.): *Kulturelle Nachhaltigkeit. Konzepte, Perspektiven, Positionen*, München 2007, S. 9–25, und als aktuelle Publikation: Mitschele, Kai/Scharff, Sabine: *Werkbegriff Nachhaltigkeit. Resonanzen eines Leitbildes*, Bielefeld 2013. In Bezug auf den Zusammenhang von Kunst und Nachhaltigkeit vgl. als neuere Ansätze u. a.: Demos, T. J.: „Die Politik der Nachhaltigkeit. Gegenwartskunst und Ökologie". In: Tilmann Broszat (Hrsg.): *Woodstock of Political Thinking*, Berlin 2010, S. 121–138; Spielmann, Walter (Hrsg.): *Die Einübung des anderen Blicks: Gespräche über Kunst und Nachhaltigkeit*, Salzburg 2009. Interessante Perspektiven zu diesem Themenkomplex eröffnen darüber hinaus: Goehler, Adrienne (Hrsg.): *Zur Nachahmung empfohlen! Expeditionen in Ästhetik und Nachhaltigkeit*, Ostfildern 2010, und die umfangreiche Studie zu Kulturen und Ästhetiken der Nachhaltigkeit von Kagan, Sacha: *Art and Sustainability. Connecting Patterns for a Culture of Complexity*, Bielefeld 2011.

sche Praxis stellen, noch immer an das moderne Diktum der ökonomischen Verwertbarkeitslogiken an. In diesem Zusammenhang taucht der normative Anspruch an eine nachhaltige Kunst auf, wobei der Verweis auf Nachhaltigkeit in diesem Fall meint, dass die *Wirkungen,* die von den entsprechenden Kunstpraktiken ausgehen können (und sollen), evaluierbar sein müssen. Doch wenn das Diktum ökonomischer und technizistischer Denkweisen der weltweiten Zunahme von Unsicherheiten eher den Weg bahnen, was könnte an deren Stelle treten, um diesem etwas entgegenzusetzen? Und in welchem Zusammenhang könnte der Begriff Nachhaltigkeit mit dem Kunstfeld stehen? Es bedarf der Transformation des Begriffs von einem normativen hin zu einem deskriptiv-diskursiven, um zu einem erweiterten Begriff nachhaltiger Kunst zu gelangen – wofür wir im Folgenden die Weichen stellen möchten. Doch wenden wir uns zunächst den beobachtbaren, zunehmend fließenden Grenzen zwischen künstlerischer und planerischer Umgebung zu, um in der Folge Bezugslinien einer anderen Denk- und Erfahrensweise nachhaltiger Kunst zur Diskussion zu stellen.

Verflüssigungen: Planerische Kunst und ästhetisierte Stadtentwicklung
Hybride Erscheinungsformen künstlerischer Praxis, die zwischen installativer und performativer Kunst sowie Stadtforschung changieren, bilden zunehmend eine entscheidende Schnittstelle zu gestaltenden Positionen der Stadtentwicklung. Sie finden vermehrt außerhalb der etablierten Kunsträume wie Museen, Galerien und Theatern statt, intervenieren in öffentliche Räume, agieren an den Übergängen von sozialer Praxis, gebauter Umwelt und planerischen Konzeptionen. Sie erproben die Produktion von Wissen und Erfahrung zwischen wissenschaftlicher und künstlerischer Praxis und diffundieren zunehmend in andere gesellschaftliche Teilbereiche.[7] In diesen Zusammenhängen wird an die Kulturförderung und Kunstpraxis immer häufiger der Anspruch gestellt, nachhaltig zu sein, womit gemeint ist, dass ein geleisteter Input einen gewissen Output erzielen soll.[8] In Zeiten nicht konsolidierter Haushalte

---

[7] Zu den aktuellen Transformationen innerhalb der Künste, die als Entgrenzungsphänomene in Erscheinung treten vgl. u. a.: Rebentisch, Juliane: *Ästhetik der Installation,* Frankfurt am Main 2003; Reiche, Ruth u. a. (Hrsg.): *Transformationen in den Künsten. Grenzen und Entgrenzungen in Kunst, Film, Theater und Musik,* Bielefeld 2011; Linck, Dirck u. a. (Hrsg.): *Realismus in den Künsten der Gegenwart,* Zürich 2010.

[8] Vgl. hierzu u. a. Publikationen des neueren Kulturmanagements: Bendixen, Peter: *Einführung in das Kultur- und Kunstmanagement,* Wiesbaden 2011; Wolfram, Gernot (Hrsg.): *Kulturmanagement und Europäische Kulturarbeit: Tendenzen. Förderungen. Innovationen. Leitfaden für ein neues Praxisfeld,* Bielefeld 2012.

Diskurs

und knapper Kassen ist der Erwartungsdruck, der von ökonomischen Verwertbarkeitslogiken auf die Kunst ausgeübt wird, besonders hoch. Dass Großprojekte, die als Marke wie Kulturhauptstadt Europas in Erscheinung treten, nicht nur in der öffentlichen Wahrnehmung, sondern auch in Bezug auf die Auslotung und Ausschöpfung der Entwicklungspotenziale von Städten Erfolg erzielen sollen, liegt auf der Hand.[9] Es ist unlängst bekannt, dass die Künste seitens der Stadtpolitik nur zu oft zum Allheilmittel für die Revitalisierung von postindustriellen Städten erklärt werden. Sie sollen kreative Lösungen für einen Umgang mit Brachflächen, Leerständen sowie der sichtbaren Homogenisierung der Innenstädte und der vernachlässigten Stadtteile liefern. Künstlerische – oft auch temporäre – Interventionen werden gezielt eingesetzt, um Stadtentwicklung zu betreiben. Die vielschichtigen Transformationen, die von künstlerisch-interventionistischer Praxis ausgehen können, sollen zur Förderung der jeweiligen Stadt oder des agglomerierten Raumes beitragen – und dies möglichst dauerhaft. Die kulturorientierte Förderung von Kunst als Intervention wird hierbei als Standortfaktor verstanden.[10] Das Feld der Kunst wird auf diese Weise zum Instrument, das die jeweilige Stadt oder die Region im Wettbewerb der Städte positionieren soll. Ein Anspruch, der einhergehend mit der Gefahr einer Instrumentalisierung der Künste die Einebnung gegensätzlicher Positionen in sich trägt.

Flüchtige Nachhaltigkeit und die Reflexion von Vergänglichkeit
Stadtpolitische Akteure greifen in der Zusammenarbeit mit Kulturschaffenden und Künstlern paradoxerweise zunehmend auf interventionistische Performances zurück, für die ein flüchtiger, gegenwartsbezogener Charakter symptomatisch ist. Gleichzeitig wird aber auch von dieser Kunst erwartet, langanhaltende Wirkungen zu verzeichnen. Was paradox erscheint, basiert auf der Grundlage, dass es sich hierbei um eine

---

[9] Dies lässt sich eindrücklich anhand der Praxis der Kunst- und Kulturförderung beobachten, auf Grundlage derer Kulturprogramme unter dem Stichwort Nachhaltigkeit konsolidiert werden sollen (vgl. hierzu die strategische Ausrichtung und die Nachfolgeprojekte der Kulturhauptstädte Europas Lille 2004, Liverpool 2008 oder Ruhr 2010).

[10] Vgl. zur Verwebung künstlerischer Praxis mit städtischer Kulturförderung u. a.: Kwon, Miwon: „Für Hamburg. Public Art und städtische Aktivitäten". In: Christian Philipp Müller/Achim Könneke (Hrsg.): *Kunst auf Schritt und Tritt*, Hamburg 1997, S. 94–109; Miles, Malcom: *Art, Space and the City. Public Art and Urban Futures*, London 2000; Grothe, Nicole: *InnenStadtAktionen. Kunst oder Politik? Künstlerische Praxis in der neoliberalen Stadt*, Bielefeld 2005; Rode, Philipp u. a. (Hrsg.): *Kunst macht Stadt. Vier Fallstudien zur Interaktion von Kunst und Stadtquartier*, Wiesbaden 2010. Eine wichtige Perspektive leisten außerdem Kagan, Sacha/Kirchberg, Volker: „The Roles of Artists in the Emergence of Creative Sustainable Cities: Theoretical Clues and Empirical Illustrations". In: Dies. (Hrsg.): *City, Culture and Society*, 4(3), 2013, S. 137–152.

Vorstellung von Nachhaltigkeit handelt, die sich, wie beschrieben, noch weitestgehend am ökonomisch bestimmten Nachhaltigkeitskonzept anlehnt und damit dauerhaften und messbaren Erfolg proklamiert. Ausgehend von der These, dass die seitens der Kulturpolitik und der Stadtentwicklung geforderte Funktionalität im Gegensatz zu den Wirkungen von Kunst – nämlich ästhetische Erfahrungen[11] anzuregen – steht, gilt es, Nachhaltigkeit als gesellschaftspolitisches Argument zu befragen, um ein komplexeres Bild einer möglichen Nachhaltigkeit durch Kunst zu skizzieren, die andere Werte und Bedeutungen als die gängigen zur Diskussion stellt.

Wenn wir also von der Annahme ausgehen, dass sich Nachhaltigkeit in unterschiedlichen Kontexten auf jeweils Unterschiedliches bezieht und begrifflich in den einzelnen Kontexten mit jeweils eigenen Annahmen verbunden wird, so gilt es, den Anspruch von Nachhaltigkeit in Bezug auf die Logik des jeweiligen Systems (hier dem der Kunst), in dem sie verwendet wird, zu analysieren. So gibt es erhebliche Differenzen zwischen den Ansprüchen, die einerseits seitens der Planungspolitik postuliert werden und andererseits vom Feld der Kunst ausgehen. Anschließend an die systemlogischen Differenzen des Begriffs lässt sich ferner die Annahme formulieren, dass die Perspektive der Planungswissenschaften eine naturwissenschaftliche Nähe zu Funktionalität und Artefakten aufweist. In Bezug zur Kunst wurde in Anlehnung an dieses Verständnis „Kunst am Bau" zum Appendix der funktionalen Moderne in den 1950er und 1960er Jahren – und damit zur Illusion nachhaltig wirkender Kunst durch deren Materialisierung. Einhergehend mit den postmodernen Transformationen der Künste muss sich Nachhaltigkeit in diesem Feld jedoch vielmehr auf affektorientierte ästhetische Erfahrungen, die im Sinne einer Postwachstums-Ideologie Vergänglichkeit produzieren, beziehen. Denn nehmen wir *Die Grenzen des Wachstums* des Club of Rome[12] von 1972 ernst, kann Wachstum schon längst keine zukunftsfähige Lösung mehr sein. Stattdessen sollte es zu den drängenden gesellschaftlichen und damit auch künstlerischen Auseinandersetzungen zählen, eine Reflexion um Vergänglichkeit und die Kontingenz von Zukunft anzustoßen: Es muss gefragt werden, ob es dauerhafte Stabilität überhaupt geben kann und ob die noch zukünftige Zukunft

---

[11] Eine ausführliche Aufarbeitung und Differenzierung ästhetischer Erfahrungen und deren philosophischen, theoriegeleiteten Konzeptionen leisten Stefan Deines, Jasper Liptow und Martin Seel in ihrem Band *Kunst und Erfahrung. Beiträge zu einer philosophischen Kontroverse,* Frankfurt am Main 2013.

[12] Meadows, Dennis u. a.: *Die Grenzen des Wachstums. Bericht des Club of Rome zur Lage der Menschheit,* Stuttgart 1972.

imstande ist, vorherbestimmbar gemacht zu werden, wie es naturwissenschaftlich-technizistische Messinstrumentarien glauben machen wollen.

Hier kommen in Bezug auf ein erweitertes Verständnis von Nachhaltigkeit die Künste zum Tragen, denn ästhetische Erfahrungen sind immer an den Moment gebunden, durch Flüchtigkeit geprägt und nicht reproduzierbar. Dies gilt sowohl für reduzierte Performances als auch für artefaktgebundene Interventionen. So können Kunstprojekte unter dem Anspruch der Nachhaltigkeit eine Welt *sichtbar* und *spürbar* machen, die durch Vergänglichkeit charakterisiert ist: eine „risikobehaftete Welt"[13], die in Zukunft Vergangenes als heute gegenwärtigen Moment produziert. Eine Welt, die – und das ist an dieser Stelle entscheidend – weder auf eine ökonomische noch technizistische Art und Weise messbar gemacht, sondern ausschließlich diskursiv und deskriptiv in qualitativen Einzelstudien freigelegt werden kann. Denn das Maß, die Form, die Bedeutung, die Wirkung und der Sinn der zukünftigen und flüchtigen Vergangenheit sind offen und ungewiss. Unsicherheit und Kontingenz sind – vielleicht die einzigen – Konstanten, sowohl von Beziehungen, Handlungen und Kommunikation. Diese sind immer durch Vergänglichkeit und Zukunftsoffenheit bestimmt. Genau das ist der Moment, in dem sich Nachhaltigkeit auf Kunst bezieht und ein Zusammenhang entsteht, in dem sich das Feld der Kunst mit der Vergänglichkeit und Zukunftsoffenheit von Welt sowie deren gesellschaftlicher Relevanz beschäftigen muss.

Nachhaltige Kunst – *revisited*

Ausgehend von der Annahme, dass sich Nachhaltigkeit in unterschiedlichen Kontexten auf jeweils Unterschiedliches bezieht, schlagen wir vor, zu fragen, ob sich Kunst auf Nachhaltigkeit bezieht und damit den Kodierungen von Nachhaltigkeit mit seiner normativen Aufladung als ethisch-moralisches Prinzip folgt, das auf eine sogenannte Zukunftsfähigkeit ausgerichtet ist, die Wachstum noch immer als Losung und damit erstrebenswertes Ziel proklamiert oder ob sich Nachhaltigkeit auf Kunst bezieht und darüber die vielschichtigen Sphären künstlerisch-ästhetischen Wirkens in den Mittelpunkt der Betrachtung rücken.

Erstere Prämisse meint künstlerische Verfahren, die im Sinne nachhaltiger Entwicklung dazu beitragen sollen, neue soziale Formationen zu erproben und Gemeinschaften zu produzieren, die zukünftig erfolgversprechend sein könnten und damit dem politischen Leitbild der

---

[13] Vgl. Beck: *Risikogesellschaft,* und Ders.: *Weltrisikogesellschaft.*

nachhaltigen Entwicklung dienen. In diesem Verständnis würde Kunst, die außerhalb der etablierten kunstinstitutionellen Räume stattfindet, den Alltag, die Lebenswirklichkeiten und sozialen Formationen des Zusammenlebens in neue Zusammenhänge stellen, die auf eine gegenwärtige Verteilungsgerechtigkeit gerichtet sind und den zukünftigen Erhalt von ökologischen Ressourcen sicherstellen sollen (wie es das Leitbild „nachhaltige Entwicklung" fordert), indem sie etwa neue Modelle von Vergemeinschaftung erproben und damit auf die „Avantgarden neuer Lebens- und Denkweisen"[14] setzen.

Oder ob wir die Medaille drehen und sich nach der zweiten Prämisse Nachhaltigkeit auf Kunst und damit auf künstlerische Verfahren bezieht, die sich nicht mit der Erprobung neuer Lebensmodelle von Gemeinschaft oder der Reproduktion der bestehenden und zunehmend erodierenden Systeme und Ordnungen zufriedengeben, sondern sich in subversiven Praktiken an der Herstellung von neuen Öffentlichkeiten beteiligen und damit die bestehenden Systeme unterlaufen, verkehren und möglicherweise zersetzen.

Zur zukünftigen Relevanz der unabhängigen Kunstinstitution

Ein erweitertes Verständnis von Nachhaltigkeit, von dem wir glauben, dass es durch künstlerische Praxis bespielt, verkehrt, zersetzt und neu konstruiert werden kann, muss sich den tatsächlichen Herausforderungen der gegenwärtigen Gesellschaft stellen, die sich unmittelbar zwischen lokalen und globalen Strukturen, zwischen Arm und Reich sowie zwischen den agglomerierten und entlegenen Gegenden dieser Welt abspielen. Damit die bestehenden und zusehends erodierenden Systeme und Ordnungen nicht weiter reproduziert werden, braucht es hybride Erscheinungsformen künstlerischer und diskursiver Praxis, die sich auf ihren „kritischen und oppositionellen Ort"[15] berufen und konfliktuelle Räume erproben. Denn Nachhaltigkeit kann sich nicht nur auf die Fortschreibung der Projekte und damit deren dauerhafte Festschreibung beziehen. Vielmehr bezieht sie sich auf die Möglichkeit, die Potenziale, die von künstlerischen Interventionen ausgehen, tiefgreifend zu analysieren und zu reflektieren.

---

[14] Sheikh, Simon: „Öffentlichkeit und die Aufgaben der ‚progressiven' Kunstinstitutionen". In: *kulturisse. Zeitschrift für radikaldemokratische Kulturpolitik* 01/04, Wien 1972, S. 7f., hier S. 7, unter http://kulturrisse.at/ausgaben/012004/oppositionen/oeffentlichkeit-und-die-aufgaben-der-progressiven-kunstinstitution (Zugriff am 16.4.2014).

[15] Ebd.

Diskurs

Eine künstlerisch-interventionistische Praxis, die sich den Zielen einer Stadtentwicklung verschreibt und auf ökonomische Erfolge ausgerichtet ist, wäre ihrer kritischen Potenziale beraubt und würde ihren Status als interventionistische Kunst einbüßen. Sofern wir jedoch eine weitere Lesart nachhaltiger Kunst ins Spiel bringen, die sich nicht auf eine rational-ökonomische Position bezieht, sondern den Potenzialen künstlerischer Praxis gerecht wird, eröffnen sich neue Möglichkeiten, eine nachhaltige Kunst zu denken, die nicht zuletzt in einem engen Zusammenhang zu Urbanität steht. Genau an diesem Punkt könnte eine zeitgenössische Kunstinstitution ansetzen, die nachhaltige Kunst in der Stadt kuratiert und reflektiert. Eine zeitgenössische Kunstinstitution, die eine andere Form von Stadtentwicklung betreibt, indem sie die seitens der Kunst angebotenen Räume der Reflexion bespielt, indem sie diese in Diskurse einbindet und hierüber neue Lesarten und Bedeutungen künstlerisch-interventionistischer Praxis aufzeigt. Es bedarf des Eröffnens von Optionen für eine postkapitalistische Welt, in der Fortschritt mit anderen Kennzahlen als den bislang angewandten gemessen wird. Es braucht Institutionen, die sich als Konstrukteure von öffentlichen Möglichkeitsräumen – deren Kriterium nicht lediglich die freie Zugänglichkeit ist – begreifen. Hierfür braucht es Förderstrukturen, die unabhängige Kunstinstitutionen ermöglichen genauso wie andere Bewertungskriterien.

So bleibt offen, ob es gelingt, über die entsprechenden Mechanismen eine Kultur der Nachhaltigkeit zu identifizieren – und zwar einer Nachhaltigkeit, die weit zukunftsfähiger sein könnte als die vermeintliche Produktion von Dauerhaftigkeit, indem sie die Perspektivenvielfalt prolongiert. Entscheidend ist, dass es eine Illusion ist, auf das Copy-and-paste von erfolgversprechenden Standardlösungen durch künstlerische Projekte zu setzen, um auf Platzierungen im Städteranking der „Creative Cities" zu gelangen. Diese Form von vermeintlich messbarem Ergebnis ist immer eine Abstraktion und ist niemals dazu imstande, auf die Lebenswirklichkeiten zu referieren. Wie die Skizzierung des Problemfeldes zeigt, scheint die Frage nach der Bedeutung von Nachhaltigkeit in Bezug auf das Kunstfeld nur in Einzelstudien angemessen erfassbar zu sein, indem das erweiterte Nachhaltigkeitskonzept mit den ästhetischen Erfahrungen (in der Mikroperspektive), mit dem Selbstverständnis der Kulturschaffenden (in der Mesoperspektive) und mit den Grenzen des Wachstums (in der Makroperspektive) konfrontiert wird.[16]

---

[16] Vgl. zu den hier skizzierten Mechanismen nachhaltiger Kunst die noch unveröffentlichte Studie: Weber, Vanessa: „Urbane Künste. Im Spannungsfeld von Kunst und Nachhaltigkeit in der Stadtentwicklung", 2013.

Hilke Berger und Thomas Kaestle

SCHULTERBLICK NACH VORN

Ein später Dialog zum Symposium

Thomas Kaestle: Vor fast einem Jahr musste alles ganz schnell gehen. Wir standen am Ende eines dreitägigen Symposiums unter Formulierungsdruck. Hatten als Beobachtende notiert, reduziert, verdichtet und kontextualisiert, um schließlich auf dem Abschlusspodium in kürzester Zeit jeweils ein persönliches Fazit zu ziehen. Die beiden so entstandenen Texte stehen diesem voran. Inzwischen hatten wir Zeit, unsere Bilanzen reifen zu lassen, weniger Dringliches zu vergessen, uns an Wesentliches zu erinnern und es aus neuen Perspektiven zu betrachten. Und es anzureichern mit den Diskursen der vergangenen Monate. Aus diesen sticht für mich vor allem die neu entflammte Nützlichkeitsdebatte heraus: Was dürfen, sollen, können die Künste? Wann sind sie noch frei? Und waren sie das jemals? Alleine im November war ich zu drei Tagungen eingeladen, die um solche Fragen kreisten. Eine davon hattest du an der HafenCity Universität Hamburg selbst veranstaltet. „Social Urban Art"[1] hieß sie. Mit dem konkretisierenden Zusatz: „Eine Tagung über Verantwortung". Um Nützlichkeit, Verwertung und Festlegung ging es auch schon vor einem Jahr. Der Fokus auf Verantwortung war eher neu für mich. Was rückt die Frage für dich in den Mittelpunkt?

Hilke Berger: Die Frage nach Verantwortung ist für mich die logische Konsequenz oder vielleicht sogar der eigentliche Kern der ganzen Nützlichkeitsdebatte. Es geht dabei ja immer um den Verdacht einer Instrumentalisierung von Kunst auf Kosten künstlerischer Freiheit, wie von dir gerade schon angerissen wurde. Die aktuelle Entwicklung in der Förderpolitik verschärft die Debatte, denn zunehmend ist finanzielle Unterstützung gebunden an Erfüllungsansprüche im edukativen, sozialen und sogar politischen Bereich. Da ist die Ausschreibung, die dieser Tagung zu Grunde lag, „Theater im öffentlichen Raum 2013/14" des Fonds Darstellende Künste, mit dem massiven Anspruch an „aktive" bürgerliche Partizipation und dem Wunsch, kommunale Gemeinschaft und kulturelle Identität durch die Projekte zu fördern, ein gutes Beispiel. Mit

---

[1] Vgl. https://calendar.boell.de/de/event/social-urban-art (Zugriff am 4.1.2016).

Diskurs

Blick auf die Entwicklung in anderen Ländern wie Großbritannien oder den Niederlanden sollten da durchaus ein paar Alarmlampen angehen, denn Künstler mit ihrer praktischen Projektarbeit sind natürlich viel preiswerter zu haben als beispielsweise kontinuierlich arbeitende Sozialarbeiter mit entsprechender Qualifikation, Ausstattung und langfristigen Verträgen. Wenn es um die Verlagerung sozialstaatlicher Verantwortung auf künstlerische Projekte geht, wie es manche Ausschreibungen vermuten lassen, geht es natürlich auch um politische Verantwortung.

Denn Kunst als Agentin gesellschaftlicher Veränderung fordert Antworten von Künstlern und damit auch Verantwortung für die Ergebnisse der eigenen oder angestifteten Handlungen. Fragen nach Verantwortung schwingen daher für mich in allen Diskursen zu Partizipation und Nachhaltigkeit mit, werden aber in den allerseltensten Fällen adressiert. Zu groß scheint die entsprechende Last, die ein solches Wort, einmal ausgesprochen, mit sich zu bringen droht. Dabei können sich Künstler, die so unmittelbar in der Gesellschaft agieren wollen oder sollen, ethischen Fragen ja gar nicht entziehen: Sind Projekte Handlanger eines Sozialstaats, der sich auf Kosten von prekär finanzierten „künstlerischen" Projekten zurückzieht? Oder sollte man sich sogar instrumentalisieren lassen, wie es die Künstlerin Jeanne van Heeswijk[2] provokant fordert? Sie sei, so ihre eigene Aussage, mit ihrer Kunst gerne ein Instrument, wenn es um positive Veränderungen ginge. Andere Künstler, wie z. B. die geheimagentur[3], verweigern die Rolle der *Community Nurses* ganz bewusst und hintertreiben mit öffentlichen Fördergeldern lieber städtische Entwicklungspolitik. Wer instrumentalisiert eigentlich wen und wofür, könnte man sich fragen. Oder auch: Wer trägt die Verantwortung? Finanziell, sozial, politisch? Das sind Fragen, die mich gerade sehr interessieren und die ich darum auf der Tagung gemeinsam mit euch diskutieren wollte.

Du hast bei dieser Tagung wieder die herausfordernde Rolle des Kommentators gehabt und am Ende der zwei Tage offene oder dir wichtige Fragen präsentiert. Ich nutze jetzt ganz frech die Chance, diese direkt an dich zurückzuspielen, da sie den ganzen Moloch an unscharfen Diskussionen so herrlich präzisieren. In Bezug auf die leidige, aber doch so erstaunlich (wieder-)belebte, Nützlichkeitsfrage also drei deiner Fragen an dich zurück: Welchen Mehrwert hat das Label Kunst im urbanen Kontext? Welchen das Selbstverständnis, als Künstler zu handeln? Und daran anknüpfend: Was soll/darf/kann Kunst aus deiner Perspektive nicht?

---

[2] Vgl. www.jeanneworks.net (Zugriff am 4.1.2016).

[3] Vgl. www.geheimagentur.net (Zugriff am 4.1.2016).

Kaestle: Die letzte Frage ist ein gutes Beispiel dafür, dass oft schon eine simple Perspektivumkehrung dabei helfen kann, Ansprüche zu relativieren. Plötzlich werden Wünsche, Forderungen, Zugeständnisse oder Potentiale zu Einschränkungen, Verboten und Eingeständnissen. Wir zucken instinktiv zusammen, denken an normative Kulturpolitik und Zensur. Das ist aber in diesem Fall nur ein Nebeneffekt der Frage. Denn sie kann auch helfen, Kunst und Künstler zu schützen, vor zu vielen Erwartungen zu bewahren, kreative Freiräume zu etablieren oder zu stärken. Die Frage präsentierte während deiner Tagung Barbara Holub aus Wien als Teil ihrer Herangehensweise an urbane Räume. Für sie war klar: Kunst kann keine größeren gesellschaftlichen Probleme lösen, keine konkreten Erwartungen oder Aufgaben erfüllen oder Verantwortungen aus anderen Bereichen übernehmen. Und zwar unabhängig davon, dass sie dennoch einen wesentlichen Beitrag zu aktuellen politischen, sozialen und urbanen Fragestellungen leisten kann. Ich fand es interessant, dass sie sich ganz selbstverständlich als Künstlerin vorgestellt hat, obwohl sie auch eine Perspektive als ausgebildete Planerin mitbringt. Mit ihrem Label transparadiso[4] arbeitet sie auf den Schnittstellen von Kultur und Stadtentwicklung. Dabei sieht sie sich als Vermittlerin, Moderatorin und Übersetzerin – und findet all diese Aspekte am besten unter dem Begriff „Künstlerin" zusammengefasst. Als solche könne sie Regeln und Rollen selbst festlegen. Vor allem jedoch auch die Kriterien für ihren Erfolg. Kunst könne Überforderung nicht nur zulassen, sondern auch für sich nutzen, um Strukturen weiterzudenken.

Holger Bergmann vom Festival Favoriten hob in der Diskussion die andere Seite dieses Potentials eines Handelns als Künstler hervor: Man könne – oder müsse manchmal sogar – auch einfach einmal etwas Falsches tun. Paula Hildebrandt von der HafenCity Universität erläuterte, Stadt zu erfahren bedeute auch, immer wieder fremd zu sein. Auch hierbei hilft das Selbstverständnis, im Kunstkontext zu handeln. Ich betrachte Stadt gerne als eine Überlagerung unzähliger Narrationen und Lesbarkeitsebenen. Durch ein aktives Einschreiben artikuliert jeder gesellschaftlichen Gestaltungswillen und auch Gestaltungsmacht. Das reicht von Trampelpfaden bis zu Graffitis. Wenn eine Lesbarkeit urbaner Ebenen die Bedingung für eine Teilhabe an diesen darstellt, kann eine Benennung oder Behauptung von Kunst als Kunst deren Zugänglichkeit begünstigen – sie jedoch zugleich auf bestimmte Bedeutungs-

---

[4] Vgl. http://www.transparadiso.com (Zugriff am 4.1.2016).

Diskurs

kontexte festlegen. Bei der Tagung „Really Useful Theater"[5] in den Berliner Sophiensälen bezeichnete die Aktivistengruppe Peng! Collective[6] die Kunst einerseits als schützenden Zusammenhang, in dem andere juristische Konsequenzen gelten und bestimmte Handlungen auf den ersten Blick politisch nicht ernst genommen werden. Andererseits wies sie darauf hin, ein Schutz durch ungeklärte Autorschaft außerhalb der Kunst könne ebenso hilfreich sein. Offenbar ist Unschärfe nicht nur ein Merkmal der Nützlichkeitsdebatte, sondern auch eines künstlerischen Agierens im urbanen Raum. Ein bewusstes oder unbewusstes Changieren in den Rollenzuschreibungen scheint implizit.

Im Rahmen der Tagung „Kann Spuren von Kunst enthalten"[7] der Landesarbeitsgemeinschaften für Soziokultur Niedersachsen, Thüringen und Baden-Württemberg in Hannover stellten sich Projekte dem Wettbewerb, die sich sogenannte „künstlerische Forschung" vorgenommen hatten – freilich nur, weil dies vom Veranstalter gefordert war. Gerade im Rahmen von Ausschreibungen wechselt Kultur häufig ihre Labels, um sich oberflächlich in Profile einzufügen. Zu den Gewinnern gehört ein Projekt des Kollektivs machina eX[8], welches bewusst den Kunstbegriff dehnt. Es schlägt vor, mit einem Bus Orte aufzusuchen, an denen Bürger sich im Rahmen von offenen Werkstätten selbst ermächtigen, Wissen katalysieren und tauschen. Diese *maker culture* ins Zentrum eines Kulturprojektes zu rücken, ist auch als gesellschaftlicher Impuls zu verstehen. Als Konstruktion einer alternativen Metaerzählung. Möglicherweise erfüllt dies auch die Forderung von Alexander Karschnia (andcompany&Co.[9]) bei der Tagung in den Sophiensälen: Die Realität des Theaters müsse größer sein als die Realität da draußen. In Abgrenzung zu Margaret Thatchers Formel „There is no alternative" ginge es gerade darum, Alternativen aufzuzeigen. Hierfür seien die Anführungszeichen des Theaters von großem Wert. Das führt mich direkt zu meiner nächsten Frage an dich. Wir haben beide in unseren Tagungsfazits mehr Freiräume, Utopien und Visionen gefordert. Ich habe darüber hinaus beklagt, dass das Podium zu neuen Handlungsfeldern, Strategien und Perspektiven der darstellenden Künste im öffentlichen Raum meiner Meinung nach keine solchen benannt hat. Was meinst du: Wie könnte

[5] Vgl. http://usefultheater.de (Zugriff am 4.1.2016).
[6] Vgl. www.pen.gg (Zugriff am 4.1.2016).
[7] Vgl. http://kannspurenvonkunstenthalten.de (Zugriff am 4.1.2016).
[8] Vgl. http://machinaex.de (Zugriff am 4.1.2016).
[9] Vgl. www.andco.de (Zugriff am 4.1.2016).

produktiv nach solchen neuen Formen und Formaten gefragt werden? Worüber hätte eigentlich gesprochen werden müssen, um dabei nach vorne zu denken?

Berger: Nach vorne denken kann man ja nur, wenn auch Platz da ist für solche Gedanken. Leider ist aber bei den allermeisten Veranstaltungen zwischen wissenschaftlicher Tagung und künstlerischer Präsentation häufig der Modus der Repräsentation der dominierende Ton. Wieder ein Paradox: Da hat man sich in jahrelanger Arbeit in der *Performance Art* endlich vom Diktat der Repräsentation freigeschwommen – um bei der Diskussion über darstellende Künste wieder in eben jenem repräsentativen Rahmen zu landen, bei dem es dann auch so viel um die Darstellung von Personen und Eitelkeiten geht. Ich fand daher grundsätzlich die Idee bei der von dir erwähnten Tagung in den Sophiensälen, statt repräsentativer einmal performative Manifeste zu erproben, durchaus sehr reizvoll. Und sei es nur, um einen sinnlicheren, direkteren Zugang zu schaffen und neue Formate durch neue Formate zu denken. Wenn du mich fragst, worüber Anfang des Jahres eigentlich gesprochen hätte werden müssen, dann genau über jene Frage: Welche Formate könnte und sollte es heute ganz konkret geben? Was für Visionen haben die anwesenden Künstler, Kulturpolitiker, Wissenschaftler etc. denn dazu genau im Kopf? Was für kulturpolitische Forderungen sind – fernab vom larmoyanten, ewig gleichen Gejammere nach irgendwie mehr Geld (natürlich, aber wofür denn ganz genau?) – die wesentlichen?

Es müsste viel mehr Veranstaltungen geben, die als kollektiver *Think Tank* funktionieren, mit der klaren Aufgabe, *konkrete* Forderungen und Ideen zu formulieren. Beim Fachkongress des Bundesverbandes freie Darstellende Künste[10], der im Oktober dieses Jahres in Hamburg auf Kampnagel stattfand und eigentlich auch genau das wollte, wurde in einem Panel zum Thema Theater neuen Typs, das ich moderierte, gefordert, dass kulturpolitische Entscheidungsträger vor Amtsantritt erst mal so eine Art Crash-Kurs zum *State of the Art* in der freien Szene machen. Das fand ich eine super Idee, denn so kann man auch kulturpolitisch viel schneller weiterdenken und muss nicht mit jeder neuen Besetzung darum bangen, wieder bei null anfangen zu müssen. Und auch andersrum: Vielleicht wäre ein Format wie ein regelmäßiger „Schüleraustausch" zwischen Behörde und Künstlern als gegenseitiger *Reality Check* eine sinnvolle Sache?

---

[10] Vgl. http://kongress2015.freie-theater.de (Zugriff am 4.1.2016).

Diskurs

Ich glaube, über neue Allianzen und das Aufbrechen von Zuständigkeiten ließe sich viel erreichen. Warum sind so viele Gremien, die z. B. das Potential von Städten und die kreative Klasse diskutieren und sie letztlich verwalten, nicht zwingend mit mindestens einem Künstler besetzt? Deren Perspektiven sind für urbanes Leben durch Schnittstellenkompetenzen unersetzlich. Denn gerade im Aufzeigen ungewohnter Perspektiven in der Sichtbarmachung liegt das Einmalige künstlerischen Wirkens. Wenn man das viel beschworene Potenzial von Künstlern wirklich ernst nehmen will, könnte man doch eine langfristige und richtig gut ausgestattete Förderlinie zum Thema „realitätserweiternde Wirklichkeitsbehauptung" ausloben. In zig Antragsformaten wird, weil es der gängigen Prosa entspricht, mit Begriffen wie „Labor" und „Experiment" kokettiert. Warum nicht einmal eine Förderung, die ganz offensiv ein echtes Experiment ist? Und weil konkrete Forderungen ein Ziel sein müssen: Welches Experiment würdest du vom Fonds Darstellende Künste gern finanziert sehen?

Kaestle: Bevor ich auf die Frage eingehe, vielleicht zunächst ein paar Worte zu meinen Wünschen an Tagungsexperimente. Mit der Repräsentation ist das so eine Sache. Sie bringt ja auch oft Kompetenz und Erfahrung mit sich. Im Falle des Symposiums, das in diesem Band dokumentiert ist, habe ich mich sehr über die Teilnahme bestimmter Personen gefreut, weil ich sie für gute (Quer-)Denker halte. Ob die dann zudem auch noch einen Titel und eine wohlklingende akademische oder institutionelle Funktion haben, ist für mich eher Nebensache. Schmälert aber den Wert eines Beitrags nicht. Im Gegensatz dazu habe ich mich zwar auch über die künstlerischen Statements bei *Really Useful Theater* gefreut – empfand sie jedoch schließlich als undifferenziert und eher fruchtlos. Das lag natürlich auch an mangelnden Absprachen, einer gnadenlosen Überforderung des Publikums und einem Unvermögen des Moderationsteams, das alles diskursiv aufzufangen und in eine produktive Debatte zu wandeln. Aber auch ein performatives Manifest kann zu unscharf sein. Wenn uns dann noch die Worte fehlen, das aufrichtig zu hinterfragen – und sei es nur aus Respekt vor einer künstlerischen Leistung –, ist nichts gewonnen. Ich sehnte mich nach fast allen Tagungen in den vergangenen Monaten vor allem nach simplen Strukturen. Nach einer Feuertonne im Hof und einem guten Glas Wein. Und nach zwei oder drei dieser schlauen Menschen, die wie ich Lust haben, einfach nur ein wenig auf der Basis ihrer Beiträge drauflos zu spinnen. Ohne Ergebnisdruck, aber mit Leidenschaft.

Die Expertentagung „Mobilize! Theater trifft Aktion"[11] von Heinrich-Böll-Stiftung und Schauspiel Dortmund kam dem am nächsten: mit einer guten Mischung engagierter Profis aus unterschiedlichsten Kontexten und ausreichend Gelegenheiten, sich durch potentielle (gedankliche) Netzwerke treiben zu lassen. Das führt mich ziemlich direkt zu meinen Förderträumen. Zunächst würde ich mir wünschen, dass es viel mehr nur um Menschen und deren Potenziale geht. Ich glaube, wir müssen jenseits von konkreten Projekten viel mehr Rahmen etablieren, innerhalb derer es einfacher wird, Dinge weiter zu denken, sie artikulierbar und anschlussfähig zu machen. Sich interdisziplinär auszutauschen. Zum Glück entwickeln sich mehr und mehr Formate für Konzeptions- und Rechercheförderung. Gedanken jenseits des Alltagsgeschäftes in Ruhe vertiefen zu können, wird in Zeiten des Darstellungsdrucks nämlich leider zum Luxus.

Deine Frage nach einem ganz konkreten Experiment, das zu unterstützen wäre, zielt allerdings vermutlich eher auf ein Fördermodell. Würde ich jetzt mit konkreten Inhalten oder Spielregeln antworten, würde das ja nur wieder auf ein Kuratieren von oben hinauslaufen. Experimentelles Denken bei den Antragstellern anzuregen, darf eben nicht bedeuten, es unter bestimmten Bedingungen einzufordern. Vielleicht so viel: Ich würde Theaterschaffenden ermöglichen, zu kommunalen Entscheidungsstrukturen und Gestaltungsprozessen zu forschen. Und zu den Menschen, die in diesen Kontexten Stadt planen, verwalten und entwickeln. Wer sind sie? Was motiviert sie? Was würden sie tun, wenn sie mehr Freiheiten hätten? Oder andere Perspektiven? Vielleicht brauchen wir so etwas wie hundert bezahlte Rechercheaufenthalte in Kommunalverwaltung und -politik. Und dann? Schauen wir einfach, was weiter passiert.

Berger: Ja. Das wäre doch eine gute Basis für neue Freiräume mit jeder Menge Potenzial. Und ließe sich auch sehr gut mit dem gegenseitigen „Schüleraustausch" verbinden. Dazu passt sehr schön eine der Hauptförderbedingungen des Fonds Darstellende Künste: gesellschaftlich relevante Thematik. Was könnte letztlich gesellschaftlich relevanter sein, als die Freiheit des künstlerischen Blicks auf alternative Behauptungen an der Basis zu nutzen? Wir brauchen neue, ungewohnte und vielleicht auch unbequeme Allianzen bei städtischer Planung und kommunaler Verwaltung. Gerade wenn es um eins unserer höchsten Güter überhaupt

---

[11] Vgl. https://calendar.boell.de/de/event/mobilize-theater-und-aktion (Zugriff am 4.1.2016).

geht: den öffentlich Raum. Künstlerisches Arbeiten darf nicht als Mittel zum Zweck missbraucht werden, um noch irgendwas zu retten, wenn das Schiff schon längst sinkt. Die Perspektive muss sich ändern. Freiheit allein reicht an dieser Stelle nicht aus. Es braucht den Mut und den Willen, von Seiten der Künstler und Geldgeber gleichermaßen, diese Freiheit in letzter Konsequenz auch auszuhalten. Mit allen überraschenden und mit Sicherheit auch unangenehmen Konsequenzen. Nur so ist dann vielleicht möglich, was in jedem Förderprofil als Anspruch gelistet wird: Innovation.

Anhang

GESAMTSTATISTIK
THEATER IM ÖFFENTLICHEN RAUM

Bundesländer	Anträge	Kuratorium
Baden-Württemberg	19	2
Bayern	16	1
Berlin	35	1
Brandenburg	8	
Bremen	5	
Hamburg	6	
Hessen	18	2
Mecklenburg-Vorpommern	2	1
Niedersachsen	7	2
Nordrhein-Westfalen	30	8
Rheinland-Pfalz	1	
Saarland	8	
Sachsen	1	1
Sachsen-Anhalt	1	
Schleswig-Holstein	5	
Thüringen	3	
Summe	165	18

Sparten	Anträge	Kuratorium
Performances	98	12
Schauspiel	46	4
Musiktheater	11	1
Tanz	8	
Figuren-/Objekttheater	2	1
Kinder- und Jugendtheater		
Festivals u. ä.		
Theaterpädagogik		
Summe	165	18

Gesamtproduktionsvolumen:	7 827 028	Euro
Antragsvolumen:	3 777 846	Euro
Kuratorium:	532 400	Euro

Von den 165 Antragstellern aus 61 Städten haben:
86 zum ersten Mal einen Antrag gestellt (52 %),
79 bereits einen Antrag gestellt (48 %),
41 wurden in den Vorjahren gefördert (25 %).

Stand: 31.10.2013

GEFÖRDERTE PROJEKTE
THEATER IM ÖFFENTLICHEN RAUM

	Fonds	Akquise	Gesamt-kosten
4fürTANZ Second Splash Leipzig	27 000	22 164	49 164
Aktionstheater PAN.OPTIKUM Zeit heilt alle Stunden Freiburg	30 000	30 000	60 000
Angie Hiesl Produktion ID-clash Köln	30 000	82 614	112 614
bodytalk – Yoshiko Waki Bonnkrott – Eine Stadt tanzt Köln	28 000	10 890	38 890
Breece/Staab/Kolb Dachau // Prozesse Dachau	30 000	30 000	60 000
Das letzte Kleinod Exodus Schiffdorf	30 000	65 500	118 000
Fischbeck/Kötter/Becker state-theatre/translokal #1 Berlin	30 000	21 500	53 000
Futur3 Zum Goldenen Leben Köln	28 000	45 800	75 800
Hauß, Philipp Wunderblock – Deutschland/ Lengerich	29 400	9800	39 200

Kollektiv Ender/Kolosko Das Zentrum lebt! Berlin	30 000	10 000	40 000
Peschke, Anna Das Gräsertheater Haßmersheim	30 000	10 000	40 000
Raum + Zeit/Bernhard Mikeska Das Haus :: Mittelgasse 14 Berlin	30 000	18 500	48 578
TheatreFragile Out of Bounds Berlin	30 000	54 000	84 000
Theater Anu Expedition Thälmannpark Berlin	30 000	11 011	41 011
Theater Titanick Lost Campus Münster/Leipzig	30 000	49 300	79 300
Theater Willy Praml Heinrich Heine Frankfurt a. M.	30 000	176 210	204 736
The Working Party Rettungsschirme Berlin	30 000	10 000	39 999
werkgruppe2 Blankenburg Rosdorf	30 000	90 500	128 500

Summe	532 400	747 789	1 312 792

DIE KRAFT DER EVALUATION
Ein Interview von Felicitas Kleine mit Günter Jeschonnek

Als Geschäftsführer des Fonds Darstellende Künste stellten Sie das Fachgremium zusammen, das über die Anträge entscheiden kann. Nach welchen Kriterien wählten Sie aus?
Nein, nein. Ich habe Vorschläge unterbreitet, Empfehlungen gegeben. Grundsätzlich können alle Mitgliedsverbände, der Geschäftsführer und ehemalige Kuratoriumsmitglieder Kandidatinnen und Kandidaten vorschlagen. Entscheidend sind die theoretische und/oder praktische Fachkompetenz, Kenntnisse über die freie Tanzszene sowie institutionelle Unabhängigkeit. Zudem versuchten wir die Auswahl unter spartenspezifischen und territorialen Aspekten zu treffen. Aber über die Wahl entscheidet allein die Mitgliederversammlung des Fonds.

Nun tagt die Kuratoriumsrunde zwei Mal im Jahr hinter verschlossenen Türen und gestaltet die Szene der darstellenden Künste immer neu. Ein spannendes Unterfangen?!
Für uns galt immer, flexibel und fördernd zugleich zu agieren. Nachdenken darüber, wie wir etwas befördern können, und nicht darüber nachdenken, wie man etwas erschweren oder gar verhindern kann. Das bedeutet, die Grundsätze selbst auch mal in Frage zu stellen. Dabei ging es im Kuratorium oft sehr leidenschaftlich zu und es kam gelegentlich auch zu Kontroversen. Spannend war es vor allem gegen Ende, wenn das Geld eigentlich aufgebraucht war und wir mehr Fürsprecher als Mittel zur Verfügung hatten. Dann guckten wir uns nochmal jedes einzelne Projekt an und verhandelten, bis es einen Konsens gab.

Wie formierte sich dieser genau?
Grundsätzlich gab es keine Proporz-Entscheidung. Theoretisch hätten wir auch ausschließlich Tanzprojekte fördern können, was wir natürlich nicht taten. Es gab da kein Spartenraster. Nur aufgrund der inhaltlich argumentierten Voten, basierend auf der Antragslektüre und der jeweiligen Kenntnis von künstlerischen Zusammenhängen, wurde diskutiert. Die Projekte mussten überzeugend sein und letztlich eine Mehrheit des Kuratoriums finden. Konsens bedeutete immer, Kompromisse zu machen und die mehrheitliche Entscheidung zu akzeptieren.

Seit 1989 bereiteten Sie neben Ihren eigenen künstlerischen Tätigkeiten die Kuratoriumssitzungen vor und berieten auf der Grundlage Ihrer Erfahrungen. Was hat sich in diesen 26 Jahren grundlegend verändert und was blieb beispielsweise konstanter Streitpunkt?
Gestritten wurde gelegentlich darüber, ob der Fonds Höchstförderer sein darf und wie wir die Drittfinanzierungen aus den Kommunen und/oder Ländern bewerten sollten. Wo machen wir Ausnahmen, um Projekte auch in kulturschwachen Regionen zu ermöglichen? Dennoch, wir beteiligten uns nicht daran, die Länder und Städte ihrer Verantwortung für die bei ihnen angesiedelten Künstlerinnen und Künstler zu entheben.

Sie kennen nicht nur die Antragslage der letzten 25 Jahre, sondern besuchten jährlich rund 120 der beantragten Arbeiten. Wie kamen nun Antrag und Umsetzung zusammen?
Klar, es gab auch mal Enttäuschungen. Oder man sah den hohen Anspruch der Künstler auf einer Arbeit lasten. Aber grundsätzlich kann ich sagen, dass vielleicht neunzig Prozent der von mir und anderen gesehenen Projekte das eingelöst haben, was sie ankündigten.

Ist das denn gut?
Wenn ich sage „eingelöst", meine ich, dass ich einen spannenden Abend gesehen habe. Ich ließ mich bei meinem Besuch vor Ort auf das ein, was ich sah, und las mir nicht vorher durch, was beantragt worden war. Manchmal kam mir dabei eine hitzige Diskussion aus dem Kuratorium erst während der Aufführung wieder in den Sinn. Ganz selten wunderte ich mich, warum wir gefördert hatten. Allein der Abend, die Energie der Akteure und die Interaktion mit dem Publikum zählten, nicht meine persönlichen Intentionen oder gar mein Geschmack.

Wie wirkten Ihre Beobachtungen und Ihre langjährige Erfahrung anschließend wieder zurück in die Kuratoriumssitzung?
Als Geschäftsführer war ich nicht stimmberechtigt. Es gab natürlich Beispiele, wo ich vehement begründete, warum wir fördern oder auch nicht fördern sollten. Entschieden hat am Ende aber das stimmberechtigte Kuratorium. Das hatte ich zu respektieren, auch wenn es mir nicht immer leicht fiel. Die Veranstaltungsbesuche machte ich wegen meines Interesses und der Wertschätzung der künstlerischen Arbeit. Man muss viel sehen, um dann Impulse im Kuratorium und auch gegenüber den Künstlern setzen zu können. Die Besuche waren da eine wichtige Form der Evaluation und nicht der Kontrolle.

Anhang

Es stellt sich die Frage, warum es – trotz Ihrer großen Einlassung auf die Künstler und der Arbeit, die Sie sich um ihre Belange machen – keine Begründung für die Absagen gab?
Das stimmt nur bedingt. Unsere Absagebriefe enthielten vier Argumente, die in der Regel zutrafen. Aber wenn Sie von 550 Anträgen am Ende achtzig aussuchen, bleiben 470 übrig, die nicht gefördert werden. Das detailliert zu begründen, ist aus zeitlichen Gründen gar nicht machbar. Wie soll man einen derart komplexen Diskussionsprozess während der Kuratoriumssitzungen in einer schriftlichen Begründung wiedergeben? Ich hätte für jede Rekapitulation und Verschriftlichung circa eine Stunde gebraucht. Das wären 470 Arbeitsstunden, also drei Monate Arbeit. Und dennoch: Wer Erläuterungen zu den Kuratoriumssitzungen wünschte, konnte mich anrufen oder mir eine E-Mail senden. Diesen Nachfragen bin ich nie ausgewichen.

Was waren kulturpolitische Akzente und Möglichkeitsräume, die Sie im Rahmen Ihrer Fondsarbeit als Impulse zurück in die Szene liefern konnten?
Unsere kreative Bilanz, die weit über das normale Feld einer Förderinstitution hinausging, war so umfangreich, dass ich gar nicht alles aufzählen kann. Ich denke an unser erstes Symposium 2006 in Berlin oder an die Initiative für ein nationales Zentrum für die darstellenden Künste. Daraus ist letztlich das Kunstquartier Bethanien mit seinen über dreißig Labels entstanden. Oder 2009 die weltweit größte Studie zur Lage der Theater- und Tanzschaffenden in Deutschland, das sich daran anschließende internationale Symposium und dazu das von mir herausgegeben Buch *Report Darstellende Künste 2010*. Das Symposium 2006 löste einen Paradigmenwechsel in der Wahrnehmung der freien Tanzlandschaft aus. Dort kamen erstmals aus allen Bundesländern freie Theater- und Tanzschaffende aller Sparten zusammen, um über die bundesweiten Fördererstrukturen und Arbeitsbedingungen ihrer Arbeit zu sprechen und Perspektiven zu entwickeln. Das Symposium stärkte das Selbstbewusstsein der Freien sehr. Wir wollten endlich Fakten schaffen, um nicht immer wieder allgemein über die Lage der Akteure zu diskutieren. Bis zu diesem Zeitpunkt gab es ja so gut wie keine Zahlen oder Diskussionen mit bundesweiter Ausstrahlung. Daraus entstand das erste Buch und wenig später z. B. die dreijährige Konzeptionsförderung des Fonds, die wir 2008 erstmals ausschrieben. Sie ist natürlich eine Erfolgsgeschichte geworden, die auch Kommunen und Länder anregte, ein ähnliches Fördermodell zu entwickeln.

In jedem Fall sollte aber auch der george tabori preis erwähnt werden, der mit insgesamt 40 000 Euro zu den hochdotierten Kunstpreisen in Deutschland gehört und inzwischen seine Wertschätzung bei den Theater- und Tanzschaffenden wie auch in der Kulturpolitik und interessierten Öffentlichkeit über Deutschland hinaus findet. Seit 2010 wird mit den Preisverleihungen für die Freien ein glanzvolles und öffentliches Forum geschaffen, um herausragende und kontinuierliche Ensemblearbeit der Freien zu würdigen und auch den Ruf des Fonds weiter aufzuwerten. An dieser Stelle möchte ich unbedingt Jürgen Flügge nennen, unseren ehemaligen Vorstandsvorsitzenden. Er hatte alle diese Aktivitäten tatkräftig unterstützt und war mir in den vielen Jahren beim Fonds ein ganz wichtiger Partner.

Welches Defizit und welchen Ort für neue Akzente nehmen sie aktuell wahr?
Dass der Fonds immer noch viel zu wenig Fördermittel erhält – insbesondere auch im Kontext der sich verändernden Theater- und Tanzlandschaft und gesamtgesellschaftlichen ökonomischen Entwicklungen in Deutschland –, ist kein Geheimnis. Seit Jahren wird um eine Budgeterhöhung gekämpft. 2004 gab es die letzte von 500 000 Euro auf eine Million Euro. Und damit die immer noch niedrige Förderquote von unter 15 Prozent auf zwanzig Prozent erhöht werden könnte, bräuchte es auch noch einmal mindestens 400 000 Euro mehr. In meiner letzten Kuratoriumssitzung erhielten von 235 Anträgen 165 ein Votum als förderwürdig. Am Ende konnten wir aber nur 35 Projekte fördern. Zweihundert Antragstellern mussten wir absagen. Das frustriert nicht nur die Künstler. Deshalb begründete ich zuletzt, dass der Fonds mindestens zwei Millionen Euro bräuchte.

Dokumentation und Evaluation waren Ihnen somit sehr wichtig und generierten sehr viel Kraft. Aber lässt sich umgekehrt künstlerisches Arbeiten vorab mit Zielvorgaben und Publikumsevaluation erzeugen?
Wir gaben für die künstlerischen Arbeiten keine Ziele aus. Die Künstler stellten sich ihre Ziele selber: die Inhalte, die Themen, die geplanten ästhetischen Umsetzungen, die Anzahl der Vorstellungen und somit auch die Interaktion mit dem Publikum. Zuerst anhand dieser Beschreibungen entschied das Kuratorium über die Förderungen. Vorstellungsbesuche und Gespräche mit den Künstlern waren dann Formen der Evaluation. Bei den dreijährigen Konzeptionsförderungen luden wir nach Abschluss zur Präsentation vor dem Kuratorium ein. Das waren oft die Grundlagen für eine Folgeförderung. Insofern denke ich, dass es ein Wechselspiel zwischen künstlerischen Zielen, Formen der Evaluation und der nachfolgenden künstlerischen Arbeit gab.

Anhang

Was war das Anliegen hinter dem Sonderprojekt „Unorte" und welche Erkenntnis evozierte es?
Die Praxis zeigte, dass viele Künstler, die im öffentlichen Raum arbeiten, ihre Arbeiten gar nicht in den Städten zeigen können, in denen sie leben und arbeiten. Das heißt, dass sie dort in der Regel auch keine Förderung erhalten und somit beim Fonds aus formalen Gründen gar keine Anträge stellen können. Als ich im Sommer 2012 das Signal von Herrn Kruse aus dem Haushaltsausschuss des Deutschen Bundestages erhielt, anstelle einer Budgeterhöhung ein Sonderprojekt zu entwickeln, sprach ich wichtige Akteure dieser Sparte und den Bundesverband Theater im Öffentlichen Raum an. Wir einigten uns schnell auf meine Vorschläge: Sichtbarmachen von Unorten im öffentlichen Raum, Einbeziehung von Zivilgesellschaft in die organisatorischen und künstlerischen Prozesse sowie die Entwicklung von partizipativen künstlerischen Elementen. Das Symposium dazu im März 2015 machte deutlich, dass es sich bei dieser Kunstsparte um ein interdisziplinäres Feld handelt, in dem nicht nur Akteure des Straßentheaters, der Performancekunst oder der bildenden Künste agieren, sondern deren Zusammenspiel zu überraschenden ästhetischen und gesellschaftsrelevanten Interventionen im öffentlichen Raum führt. Und hier wird es noch viele neue ästhetische Entwicklungen geben.[1]

Sehen Sie in dieser Erfahrung nicht ein elementares Beispiel für den wachsenden Wunsch nach Spartenübersprung und Weitung des Theaterbegriffs?
In jedem Fall. Das Spektrum der Projekte der darstellenden Künste wird immer vielfältiger und ausdifferenzierter. Das sahen wir an den Projektanträgen oder zuletzt bei dem Sonderprojekt. Die Grenzen zwischen den einzelnen Genres werden immer fließender. Es gibt immer weniger Projekte in sogenannter *Reinkultur*. Das einfache Geschichtenerzählen geht immer weiter zurück, weil unsere Welt auch so gar nicht mehr zu erfassen ist – auch wenn ich nach wie vor daran glaube, dass die Sehnsucht nach dem Erzählen von emotionalen und ungewöhnlichen Geschichten auf den Bühnen oder im öffentlichen Raum bleiben wird. Nur wird es dafür vielfältigere und experimentierfreudigere Formen geben, die die Zuschauer neu herausfordern. Das gilt für alle Sparten der darstellenden Künste.

---

[1] Vgl. „Un-Orte': ein Projekt. Günter Jeschonnek im Gespräch mit Frank Raddatz". In: Frank Raddatz/Sonja Rothweiler (Hrsg.): *Acting Cities. Performative Strategien*, Berlin 2016, S. 34ff.

Welche Rolle spielt dabei der digitale Raum?
Natürlich spielen die digitalen Medien eine immer größere Rolle, auch wenn ich von deren Anwendung nicht immer überzeugt bin. Vielleicht bin ich etwas altmodisch, wenn ich in diesem Zusammenhang an die Einzigartigkeit des Ortes glaube, an dem sich Akteure und Zuschauer leibhaftig begegnen. Gelegentlich schaffen neue Medien eine Distanz, die mich eher langweilt. Ich stimme da George Tabori zu, der davon überzeugt war, dass es eine Rückbesinnung geben wird, für interessante Geschichten und vor allem authentische wie leidenschaftliche Begegnungen zwischen Akteuren und Zuschauern im analogen Raum – auch ohne digitale Medien.

Wäre das ein Wunsch für die Zukunft der darstellenden Künste?
Nicht ausschließlich. Ich erlebe in den letzten Jahren einen enormen Zulauf in den freien Spielstätten. Zuschauer aller Altersgruppen. Die Neugier auf die Experimente der Freien ist groß, auch wenn logischerweise dabei nicht alles gelingt. Interessanterweise lese ich aber im Gegenzug immer mehr Verrisse in den Feuilletons zu schrillen Stadt- und Staatstheaterproduktionen. Das irritiert mich. Mein größter Wunsch ist es, dass die freien Theater- und Tanzschaffenden unter weniger ökonomischem Druck und mit mehr Zeit recherchieren und Projekte entwickeln und von ihrer so wichtigen Arbeit für die Gesellschaft leben können. Dafür müssen die Budgets auf allen Ebenen aufgestockt werden, was sich unser reiches Land auch leisten kann. Die Politik muss es nur wollen.

Das Interview führte Felicitas Kleine, freie Dramaturgin und Kuratorin, im Juni 2015.

AUTORINNEN UND AUTOREN

Katja Aßmann ist Architektin und Kuratorin und seit Anfang 2012 die künstlerische Leiterin von Urbane Künste Ruhr sowie seit 2016 Direktorin des Zentrums für Kunst und öffentlichen Raum in Berlin. Sie war Programmleiterin der Bereiche bildende Kunst und Architektur der Kulturhauptstadt Europas RUHR.2010, Geschäftsführerin der Landesinitiative StadtBauKultur NRW und bis 2016 Jurymitglied des Projektes Doppelpass. Ihr kuratorisches Interesse liegt in der Verbindung von Kunst, Stadt und Gesellschaft und der Erprobung experimenteller Ausstellungsformate im öffentlichen Raum.

Gerhard Baral ist Kulturmanager, Fachberater und Autor mit überregionalem kulturpolitischem Engagement. Von 1994 bis 2015 leitete er das Kulturhaus Osterfeld, ein soziokulturelles Zentrum mit circa 140 000 Besuchern und über fünfhundert öffentlichen Aufführungen. Seit 2015 ist er Gesamtkoordinator der Jubiläumsfestivals 250 Jahre Goldstadt Pforzheim und der Ornamenta II/2022 – Internationales Forum für Design, Architektur und Stadtentwicklung. Baral organisierte von 1977 bis 2014 das Internationale Pforzheimer Musik und Theater Festival mit nationalen und internationalen Produktionen im öffentlichen Raum.

Oliver Behnecke ist Kulturplaner, Regisseur, Produzent und Absolvent der Angewandten Theaterwissenschaft an der Universität Gießen. Er machte mit Kerstin Evert u. a. Stadtrauminszenierungen wie die *Zeiten-Wende* und kuratierte den Spielplan zum vierhundertsten Geburtstag der Universität Gießen. Gemeinsam mit Esther Steinbrecher ist er Gewinner des Bremer Autoren- und Produzentenpreises und Mitglied der Künstlergruppe gärtnerpflichten. Mit dem Filmemacher Peter Roloff hatte er die künstlerische Leitung der internationalen Ausstellungsreise *Aufbruch in die Utopie* von Deutschland in die USA inne.

Stefan Behr begründete 1998 Theater Anu. Er ist seitdem dessen Autor und teilt sich die künstlerische Leitung mit Bille Behr. Zusammen erarbeiten sie ortsspezifische Inszenierungen und zeigen europaweit begehbare Theaterwelten, in die die Besucher oft für mehrere Stunden am Tag eintauchen können. Seit 1993 konzipiert und kuratiert er das internationale Straßentheaterfestival Gassensensationen in Heppenheim, mit ausgewählten Inszenierungen, Auftragsproduktionen und über 30 000 Besuchern. Er ist Gründungsmitglied des Bundesverbands Theater im Öffentlichen Raum und vertritt ihn seit 2017 in der Mitgliederversammlung des Fonds Darstellende Künste.

Hilke Marit Berger ist wissenschaftliche Mitarbeiterin im Bereich Kulturtheorie und Kulturelle Praxis im Studiengang Kultur der Metropole an der HafenCity Universität Hamburg. Mit ihrer Doktorarbeit „Handlung statt Verhandlung. Kunst als gemeinsame Stadtgestaltung" war sie Mitglied des Graduiertenkollegs „Versammlung und Teilhabe. Urbane Öffentlichkeiten und performative Künste". Sie war für unterschiedliche Festivals und interdisziplinäre Kunstprojekte tätig.

Holger Bergmann war Gründungsmitglied und von 2002 bis 2014 künstlerischer Leiter des Ringlokschuppen.Ruhr in Mülheim an der Ruhr, der für zeitgenössische darstellende Kunst und urbane, partizipatorische Projekte bekannt wurde. Für die Ruhrtriennale entwickelte er von 2002 bis 2004 die Theaterreihe „Raum.Pfad". Ab 2005 war er Mentor für Interkultur zur Kulturhauptstadtbewerbung RUHR.2010. Seit 2015 war er Kurator für Urbane Künste Ruhr und künstlerischer Leiter des Theaterfestivals Favoriten 2016. Seit 2016 ist er Geschäftsführer des Fonds Darstellende Künste.

Friedrich von Borries ist Architekt und führt in Berlin sein Projektbüro. Er hat an der Hochschule für bildende Künste Hamburg eine Professur für Designtheorie und leitet dort das Forschungsprojekt „Urbane Interventionen". Er wurde 2004 an der Universität Karlsruhe (TH) promoviert, war u. a. bei der Stiftung Bauhaus Dessau tätig, lehrte an der ETH Zürich und dem MIT Cambridge und war Gastprofessor an der Akademie der bildenden Künste Nürnberg. 2008 verantwortete er den deutschen Beitrag auf der Architekturbiennale in Venedig.
www.friedrichvonborries.de

Anhang

Tobias Brenk ist künstlerischer Leiter des Theaterfestivals Basel und bis Sommer 2018 Dramaturg der Kaserne Basel. Er war Produktionsleiter von Showcase Beat Le Mot, arbeitete für Kampnagel Hamburg, das Forum Freies Theater Düsseldorf und als Assistent der künstlerischen Leitung beim Theaterfestival Impulse. Tobias Brenk ist Jurymitglied für die Gastspielförderung Theater beim NPN und Vorstandsmitglied des Schweizer Tanznetzwerks reso. Weiterhin ist er Mitherausgeber der Publikation *Dokument, Fälschung, Wirklichkeit. Materialband zum zeitgenössischen Dokumentarischen Theater* (2014).

Matthias Däumer wurde 2011 mit einer Dissertation zur Vortragspraxis höfischer Romane promoviert (*Stimme im Raum und Bühne im Kopf*, 2013). Seine weiteren Forschungen bewegen sich an der Schnittstelle von Theaterwissenschaft und mittelalterlicher Kultur, oft mit raumtheoretischer Ausrichtung (*Unorte*, 2011). 2012/13 arbeitete Matthias Däumer am Berliner Zentrum für Literatur- und Kulturforschung und war akademischer Berater des Unorte-Sonderprojekts. Er ist seit Feburuar 2017 an der Universität Wien angestellt, wo er an einer Monografie zu den medialen Implikationen mittelalterlicher Jenseitsreisen arbeitet.

Amelie Deuflhard ist seit 2007 Intendantin von Kampnagel Hamburg. Sie war von 2000 bis 2007 künstlerische Leiterin der Sophiensaele in Berlin und 2004/05 ebenso von Volkspalast, einer festivalartigen Bespielung des dekonstruierten Palastes der Republik. Mit EcoFavela Lampedusa Nord initiierte sie 2014 einen Lebens- und Aktionsraum für Geflüchtete. Deuflhard war eine der Kuratorinnen von Theater der Welt 2017. 2012 erhielt sie den Caroline-Neuber Preis und wurde 2013 mit den Insignien des Chevaliers des Arts et des Lettres ausgezeichnet.

Katja Drews betreut als Kulturreferentin eines Landkreises im ländlichen Raum Niedersachsens seit 2008 eine regionale Kulturszene und übt die Programmleitung im Kulturzentrum Weserrenaissance Schloss Bevern aus. Ihre Dissertation „Kulturtourismus im ländlichen Raum an ‚dritten Orten' der Begegnung als Chance zur Integration von Kultur- und Tourismusentwicklung. Eine Befragung von touristischen und einheimischen Kulturbesuchern in ländlichen Regionen Niedersachsens" erscheint im November 2017.

Susanne von Essen arbeitet seit den 1990er Jahren als freie Kuratorin mit dem Schwerpunkt Entwicklung interdisziplinärer Veranstaltungsformate. 1999 übernahm sie beim Fusion Festival Planung, Organisation und Durchführung des Theaterprogramms. Aus diesem Engagement erwuchs die Entwicklung des interdisziplinären Theaterfestivals at.tension. Von Essen realisierte ab 2003 in Zusammenarbeit mit dem Bremer Senat für Kultur das Künstlerhaus Schwankhalle und übernahm im Jahr 2008 federführend den Relaunch und die künstlerische Leitung des Weser-Festivals Breminale.

Bernard Fleury war von 2002 bis 2016 Direktor des Theaters Maillon in Straßburg und baute dort das Projekt Scène Européenne auf. 1978 gründete er die Scène Nationale de Poitiers und leitete sie bis 1990. Bis 1996 war er Generalsekretär des Office National de Diffusion Artistique und übernahm danach die Direktion des Instituts Français in Leipzig (1996–1998). Von 1998 bis 2001 entwickelte er das Festival Passages in Nancy mit dem Schwerpunkt Osteuropa. 2012 gründete Fleury zusammen mit anderen freien Theaterhäusern das europäische Produktionsnetzwerk Second Cities – Performing Cities.

Benjamin Foerster-Baldenius leitete von 1993 bis 2000 zwei Theatergruppen und gründete 1999 das Institut für angewandte Baukunst in Berlin. Seitdem arbeitet er als freier darstellender Architekt im raumlaborberlin und entwickelt mit diesem Team weltweit interdisziplinäre Projekte im öffentlichen Raum. Er war Gastprofessor für Architektur an der VSUP Prag und Professor für transdisziplinäre Gestaltung am Heterotopia Institut der Folkwang Universität der Künste und hat Lehraufträge u. a. in Witten/Herdecke und Den Haag. www.raumlabor.net

Sigrun Fritsch schloss sich 1988 dem damals in Berlin ansässigen Aktionstheater PAN.OPTIKUM an und übernahm kurz darauf die künstlerische Leitung. Anfang der 1990er Jahre verlegte sie den Sitz des Theaters nach Freiburg im Breisgau. Schwerpunkte ihrer Arbeit bilden große spartenübergreifende Inszenierungen im öffentlichen Raum, die Kategorien nicht mehr eindeutig zuzuordnen und von der Suche nach raumadäquaten Ausdrucksformen geprägt sind. Zahlreiche Kooperationen mit renommierten Festivals, Institutionen, Ensembles und Künstlern entstanden sowie weltweite Gastspiele.

Anhang

Walter Grasskamp ist seit 1975 Kritiker für Rundfunk, Zeitungen und Fachzeitschriften; von 1985 bis 1995 war er FH-Professor für Kunstwissenschaft in Münster und Aachen sowie von 1995 bis 2016 Ordinarius an der Akademie der Bildenden Künste München. Er verfasste Bücher über Museumsgeschichte, Kunst im öffentlichen Raum, Theorie der Moderne, Konsumtheorie sowie Popkultur, u. a.: *Ist die Moderne eine Epoche? Kunst als Modell* (2002), *Das Cover von Sgt. Pepper* (2004), *Ein Urlaubstag im Kunstbetrieb* (2010), *André Malraux und das imaginäre Museum* (2014), *Das Kunstmuseum – eine erfolgreiche Fehlkonstruktion* (2016).

Ulf Großmann arbeitete ab 1982 als Musiklehrer und Chorleiter in Görlitz. Von 1990 bis 2008 war er Dezernent und später Bürgermeister für Kultur, Jugend, Schule und Sport, Soziales der kreisfreien Stadt Görlitz und Vorsitzender des Kulturausschusses des Deutschen Städtetages und Mitglied des Sächsischen Kultursenats. Seit 2008 ist er als selbstständiger Kulturberater, Dozent, Projektmanager sowie Chorleiter tätig. 2011 erhielt Großmann die Berufung zum Präsidenten der Kulturstiftung des Freistaates Sachsen.

Florian Heilmeyer ist als Architekt, seit 2005 ausschließlich als Architekturvermittler, freier Redakteur, Autor und Kurator tätig. Er schreibt regelmäßig für deutsche und internationale Print- und Online-Medien, gab zuletzt u. a. die Monografie *Verwandte Objekte* über Staab Architekten (2017) heraus und schrieb Beiträge zu *Neue Meisterhäuser Dessau* (Edition Bauhaus No. 46, 2017). Außerdem sind jüngst die ersten vier Bände der Buchreihe „Archifutures. A Field Guide to the Future of Architecture" (2016/17) erschienen, die Heilmeyer mit dem Journalistenkollektiv &beyond konzipiert und redaktionell begleitet.

Rainer Heller ist Bürgermeister von Detmold. Ab 1989 arbeitete der studierte Kaufmann bei der Deutschen Telekom. Diese Erfahrungen brachte er 2001 zunächst als Kämmerer und seit 2004 als Bürgermeister ein. Er ist Schirmherr des Europäischen Straßentheaterfestivals Detmold, das alle zwei Jahre über die Grenzen Detmold hinaus tausende Zuschauer im öffentlichen Raum begeistert.

Fiedel van der Hijden ist Gründer und künstlerischer Leiter des internationalen Cultura-Nova-Open-Air-Festivals. 1983 begann er seine künstlerische Arbeit mit dem Aufbau eines Straßentheaterfestivals in Heerlen und gründete eine Schule für freie Künste. Bis 1997 arbeitete er als Programmierer und Marketingassistent am Stadttheater Heerlen und gründete danach die Kulturagentur Abraxas, die das interdisziplinäre Cultura-Nova-Festival organisiert. In jedem Jahr kommen an zehn Veranstaltungstagen mehr als 40 000 Besucher nach Heerlen. www.culturanova.nl

Christiane Hoffmann war bis 1993 als Erzieherin und danach im Kulturamt der Stadt Görlitz im Bereich Projektmanagement tätig. 1995 übernahm sie die Projektleitung des Internationalen Straßentheaterfestivals ViaThea in der Europastadt Görlitz/Zgorzelec, das sich u. a. die Überwindung der deutsch-polnischen Grenzen zum Ziel gesetzt hat. Hoffmann war Gründungsmitglied des Bundesverbands Theater im Öffentlichen Raum und arbeitet seit 2007 im Gerhart-Hauptmann-Theater Görlitz-Zittau.

Barbara Hoidn gründete 1990, nach Studium und erster Anstellung als Architektin, ihr Büro in Frankfurt am Main. Von 1994 bis 2000 leitete sie die Architekturwerkstatt des Senatsbaudirektors von Berlin. 2001 gründete sie gemeinsam mit Wilfried Wang das Architekturbüro Hoidn Wang Partner GbR in Berlin und teilt sich mit ihm einen Entwurfslehrstuhl an der University of Texas in Austin. Neben vielfältigen Projekten als Architektin, Stadtplanerin, Autorin und Herausgeberin von Büchern übernahm Hoidn immer wieder Gastprofessuren in den USA und Südamerika. 1998 erhielt sie den BDA Preis Berlin.

Clair Howells ist Schauspielerin, Gründungsmitglied und Ko-Direktorin von Theater Titanick mit Sitz in Münster und Leipzig. Die in Melbourne geborene Künstlerin lebt seit über dreißig Jahren in Europa und reist seit 1990 mit Produktionen des Theater Titanick weltweit auf Tour. Sie übernimmt Lehraufträge und Seminare und ist Kuratorin des Theaterfestivals FLURSTÜCKE in Münster. Howells gehörte 2006 zu den Begründern des Bundesverbandes Theater im Öffentlichen Raum und ist seit 2012 die Erste Vorsitzende. Sie ist Mitbegründerin der IFAPS (International Federation for Arts in Public Spaces) und seit 2015 deren Präsidentin.

Anhang

Jens Imorde ist geschäftsführender Gesellschafter der IMORDE Projekt- & Kulturberatung GmbH mit Sitz in Münster und Berlin, die Projekte und Programme zu Themen der Innenstadtentwicklung und Kultur betreuen. In diesem Zusammenhang ist er u. a. Mitautor der Bücher *Kunst (be)zeichnet Stadt* (2004), *100+1 Idee für die Innenstadt* (2006), *Ladenleerstand – Ein Fachbuch* (2007). Seit 2009 ist Jens Imorde zudem Geschäftsführer des Netzwerkes Innenstadt NRW. www.imorde.de

Günter Jeschonnek beriet den Fonds Darstellende Künste ab 1989 und war von 2003 bis 2015 dessen Geschäftsführer. Von 1982 bis 2003 war er als Regisseur, Schauspieldozent, Fernsehredakteur, Autor und Kulturmanager tätig. Er zeichnete für vier nationale und internationale Symposien zu Theater und Tanz sowie für die Standardbücher *Freies Theater in Deutschland* (2007) und *Report Darstellende Künste* (2010) verantwortlich. Jeschonnek initiierte 2010 den george tabori preis und leitete bis 2014 die öffentlichen Preisverleihungen in Berliner Theaterhäusern. Heute ist er als Kulturmanager, Kurator und Autor tätig.

Thomas Kaestle nähert sich künstlerischen Phänomenen als Kulturwissenschaftler mit interdisziplinärer Perspektive. Diskurse um Kunst in öffentlichen Räumen initiierte er u. a. als künstlerischer Leiter des Kunstvereins Hildesheim. Er ist Mitglied der hannoverschen Expertenkommission zur Kunst im Stadtraum. Als Kunstvermittler betreut er das entsprechende Programm „Kunst umgehen". Er ist Herausgeber interdisziplinärer Reader und Autor wissenschaftlicher, essayistischer und journalistischer Texte zu Kultur, Stadt und Kulturpolitik.

Uwe Köhler ist Mitbegründer und seit 1998 künstlerischer Leiter des Theater Titanick mit Sitz in Münster und Leipzig. Er gehörte von 1985 bis 1989 der Compagnie Circo a Vapore in Rom und Dogtroep in Amsterdam an. Seit 1998 führt er Regie für die Stadtinszenierungen von Titanick und ist mit seinen Open-Air-Inszenierungen weltweit unterwegs. Er ist Kurator des Festivals FLURSTÜCKE, das alle vier Jahre im Stadtraum von Münster stattfindet. Köhler ist Gastdozent an Institutionen und Universitäten im In- und Ausland und Mitbegründer des Bundesverbands Theater im Öffentlichen Raum.

Daniela Koss ist seit 2009 als Kulturwissenschaftlerin bei der Stiftung Niedersachsen für die Projektförderung sowie die Entwicklung und Durchführung innovativer Kulturförderprogramme in den Bereichen Theater, Tanz und Soziokultur verantwortlich. Sie ist Leiterin des niedersächsischen Theaterfestivals BEST OFF und verantwortet zwei soziokulturelle Förderprogramme: „sozioK – Zukunft gestalten mit Soziokultur" und „sozioK_change". Koss gab für die Stiftung Niedersachsen das *Handbuch Soziokultur* (2015) heraus und ist Mitherausgeberin des Buches *Vital Village* (2017).

Rüdiger Kruse ist seit 2009 Mitglied des Deutschen Bundestages für den Wahlkreis Hamburg-Eimsbüttel. Seit 2015 ist er Beauftragter der CDU/CSU-Bundestagsfraktion für maritime Wirtschaft. Im Haushaltsausschuss ist Kruse seit 2009 Berichterstatter für Kultur und Medien und das Bundeskanzleramt. Er wirkte maßgeblich an der Bewilligung der Fördermittel für das Sonderprojekt „Unorte – Theater im öffentlichen Raum" in Höhe von 600 000 Euro mit. 2017 wurde Kruse erneut in den Deutschen Bundestag gewählt.

Anne Maase ist Soziologin, Kulturmanagerin und systemische Coachin. Bis 2006 war sie u. a. für den Campus Verlag, den Aufbau Verlag, die Max-Planck-Gesellschaft und das Ausstellungsbüro Iglhaut + von Grote tätig und bis 2009 Kultur- und Medienreferentin der Grünen-Fraktion im Berliner Abgeordnetenhaus. Von 2009 bis 2016 betreute sie bei der Kulturstiftung des Bundes u. a. das Kleistjahr 2011 und leitete die Theaterförderfonds Wanderlust und Doppelpass. Ab April 2016 übernahm sie beim Fonds Darstellende Künste das Förderprogramm HOMEBASE – Theater für die kommende Gesellschaft.

Jörg Lukas Matthaei entwickelte nach Erfahrungen am Stadttheater multidisziplinäre Interventionen und Performances mit diversen Künstlern in unabhängigen Kunstorten und öffentlichen Räumen im Berlin der 1990er Jahre. Er gründete das Label matthaei & konsorten, unter dem seit 2000 mehr als fünfzig Arbeiten vielfältiger Ausrichtungen entstanden sind: von Inszenierungen für die Bühne über Installationen und Diskursproduktionen bis hin zur Entwicklung neuer Formate für urbane Landschaften, welche seit einigen Jahren einen Schwerpunkt der Arbeit ausmachen. www.matthaei-und-konsorten.de

Anhang

Florian Matzner übernahm nach seiner Promotion und der Tätigkeit am Westfälischen Landesmuseum für Kunst und Kulturgeschichte in Münster 1998 eine Professur für Kunstgeschichte an der Akademie der Bildenden Künste München. In München war er von 2002 bis 2005 Vorsitzender der Kommission für Kunst am Bau und Kunst im öffentlichen Raum. Seit 2003 ist er Mitglied des Bremer Landesbeirats für Kunst im öffentlichen Raum und Künstlerförderung, seit 2014 Mitglied des Hamburger Elbkulturfonds. Er ist Autor und Herausgeber umfangreicher Schriften sowie Kurator zahlreicher Ausstellungen mit dem Schwerpunkt Kunst im öffentlichen Raum, zuletzt Emscherkunst 2010, 2013 und 2016.

Hanno Rauterberg wurde 1995 in Hamburg promoviert und arbeitete nach der Henri-Nannen-Schule für den Spiegel-Verlag. Seit 1998 ist er Redakteur im Feuilleton der Wochenzeitung *Die Zeit,* deren stellvertretender Ressortleiter des Feuilletons er seit 2014 ist. Rauterberg ist Mitglied in der Freien Akademie der Künste Hamburg und gewann als Autor sowie als Kunst- und Architekturkritiker mit seinen Analysen, Reportagen und Rezensionen mehrere Preise. Zu seinen viel beachteten Büchern zählen *Wir sind die Stadt! Urbanes Leben in der Digitalmoderne* (2013) und *Die Kunst und das gute Leben – Über die Ethik der Ästhetik* (2015).

Oliver Scheytt ist Inhaber der Personal- und Strategieberatung KULTUREXPERTEN GmbH. Er wurde über Musikschulen promoviert und war von 1993 bis 2009 u. a. Kulturdezernent der Stadt Essen und Ressortleiter für Bildung und Jugend. Von 2006 bis 2012 war er Geschäftsführer der RUHR.2010 GmbH. Scheytt ist seit 1997 Präsident der Kulturpolitischen Gesellschaft e. V., seit 2007 Professor für Kulturpolitik an der Hochschule für Musik und Theater Hamburg und Autor zahlreicher Publikationen. Von 2003 bis 2007 war er Mitglied der Enquete-Kommission Kultur in Deutschland des Deutschen Bundestages.

Ilka Schmalbauch ist seit 1995 Rechtsanwältin und Referentin des Vorstands des Deutschen Bühnenvereins und seit 1996 dessen Vertreterin in der Mitgliederversammlung des Fonds Darstellende Künste. Ab 2005 war sie stellvertretende Vorsitzende, von 2014 bis 2017 Vorsitzende und seitdem ist sie erneut stellvertretende Vorsitzende des Fonds. Sie leitet seit 1996 die Geschäftsstelle des Rates für darstellende Kunst und Tanz des Deutschen Kulturrates und vertritt den Arbeitgeberverband PEARLE* und den Deutschen Bühnenverein im Sozialen Dialog der Europäischen Union.

Werner Schrempf gründete 1992 die ORGANISATION, Büro für Gestaltung und Veranstaltungsorganisation GmbH. 1998 konzipierte er das internationale Festival für Straßenkunst und Figurentheater La Strada Graz. Es ist Gründungsmitglied des internationalen Netzwerkes IN SITU zur Förderung und Entwicklung von Kunstprojekten im öffentlichen urbanen Raum. 2008 eröffnete Schrempf die Veranstaltungsreihe Cirque Noël zur Aufführung und Produktion innovativer Projekte des Neuen Zirkus. Seit 2012 ist Schrempf Mitglied des Förderbeirates im Kulturkuratorium des Landes Steiermark.

Heinz Schütz ist promovierter Kunsttheoretiker und -kritiker und unterrichtete an verschiedenen Hochschulen. Er schreibt Kritiken für Kunstmagazine und Zeitungen und gab für das *Kunstforum international* mehrere Themenbände heraus, u. a. *Urban Performance I/II* und *Museumsboom*. Er verfasste zahlreiche Texte zur zeitgenössischen Kunst und publizierte Bücher insbesondere auch über Kunst im öffentlichen Raum (*Stadt.Kunst; QUIVID-im öffentlichen Auftrag; 1a Orte; Vito Acconci: Couryard in the Wind*). Er konzipiert Symposien, kuratiert Ausstellungen und leitete das Ausstellungs- und Rechercheprojekt *Performing The City. Kunst Aktionen im Stadt Raum der 60er/70er Jahre*.

Jean-Marie Songy ist seit mehr als dreißig Jahren in die Entwicklung des Theaters und der Kunst im öffentlichen Raum involviert. Nach der Gründung der Compagnie Turbulence folgten 1990 die Gründung des Festivals Furie in Châlons-en-Champagne und 1998 des Festivals Spectacles de Grands Chemins in Ax-Les-Thermes. 1994 hat man ihm die Leitung des Internationalen Festivals für Straßentheater Aurillac anvertraut, in der Nachfolge von Michel Crespin. Dem Festival angeschlossen ist das nationale Produktionszentrum für Kunst im öffentlichen Raum, Le Parapluie. Seit 2014 ist er Mitglied des nationalen Büros für Kunst und Kultur im öffentlichen Raum.

Anhang

Bernadette Spinnen ist seit 2001 Leiterin des Städtischen Eigenbetriebes Münster Marketing. Von 1988 bis 1989 leitete sie die Koordinierungsstelle für Auslandsbeziehungen und von 1989 bis 2000 das Kulturamt der Stadt Münster. In dieser Zeit entwickelte ihr Team wegweisende Förderkonzepte für freie Kulturarbeit, Freie Theater sowie Veranstaltungsformate für den öffentlichen Raum. Unter ihrer Federführung wurde die heutige Kunsthalle Münster gegründet. Seit 2016 ist Spinnen Vorsitzende der Bundesvereinigung City- und Stadtmarketing Deutschland.

Frauke Surmann ist promovierte Theater- und Musikwissenschaftlerin. Ihre Dissertation „Ästhetische In(ter)ventionen im öffentlichen Raum. Grundzüge einer politischen Ästhetik" erschien 2014. Neben ihrer Publikations- und Lehrtätigkeit hat sie als Regie- und Produktionsassistentin u. a. für die spielzeit'europa, Royal de Luxe, die Neuköllner Oper und das Podewil – Zentrum für aktuelle Künste gearbeitet. Seit 2014 ist sie Kuratoriumsmitglied des Fonds Darstellende Künste. Darüber hinaus ist sie als Projektleiterin und Beraterin an der Universität Potsdam tätig.

Jörg Wagner gründete verschiedene Künstlergruppen zur ortsspezifischen Intervention im Alltag, im Stadtraum und in der Stadtgesellschaft unter Einbeziehung kollektiver Urheberschaften (AKKU – Arbeiten mit Alltag, kümmerei, gärtnerpflichten). Von 2008 bis 2012 war er im Vorstand des Deutschen Künstlerbunds, von 2011 bis 2013 und erneut ab 2017 im Vorstand der Internationalen Gesellschaft der Bildenden Künste. Von 2014 bis 2016 hatte er gemeinsam mit Ingke Günther die Gastprofessur Kunst am Institut für Kunstpädagogik der Justus-Liebig-Universität Gießen inne. www.extraktnetz.net

Vanessa Weber ist Promotionsstipendiatin am Graduiertenkolleg „Lose Verbindungen. Kollektivität im digitalen und urbanen Raum" und Lehrbeauftragte für soziologische Theorie an der Universität Hamburg. Sie forscht zu kulturellen Implikationen von Sensortechnologien unter Berücksichtigung von datenbasierter Medienkunst. Publikationen: *Überqueren, Unterqueren, Durchqueren. Montagen des Urbanen* (2017), „Zirkularität der Kunst. Künstlerische Praxis als Überschreibung des städtischen Raumes" (mit Hilke Berger, in: Michael Kauppert/Heidrun Eberl (Hrsg.): *Ästhetische Praxis*, 2016).

Harald Welzer ist Soziologe und Sozialpsychologe, Mitbegründer und Direktor von FuturZwei. Stiftung Zukunftsfähigkeit, Professor für Transformationsdesign und -vermittlung an der Universität Flensburg und ständiger Gastprofessor für Sozialpsychologie an der Universität Sankt Gallen. Seine Publikationen wurden in 22 Sprachen übersetzt. Zuletzt u.a.: *Klimakriege. Wofür im 21. Jahrhundert getötet wird* (2008), *Soldaten. Protokolle vom Kämpfen, Töten und Sterben* (mit Sönke Neitzel, 2011), *Selbst denken. Eine Anleitung zum Widerstand* (2013), *Transformationsdesign. Wege in eine zukunftsfähige Moderne* (mit Bernd Sommer, 2014), *Wir sind die Mehrheit. Für eine offene Gesellschaft* (2017).

Georg Winter lehrt an der HBK Saar als Professor für Bildhauerei/Public Art. Kennzeichnend für seine künstlerische Praxis sind temporäre Laboratorien, urbane Situationen, Self Organizing Performances, Forschungsprojekte in einem fächerübergreifenden Arbeitsfeld. Er zählt mit UKIYO CAMERA SYSTEMS zu den Aktivisten der *Expanded media* und der raumbezogenen Experimentalkunst. Ausgehend von der „Universität im Koffer" lehrte Winter seit 1994 an diversen Universitäten, u. a. an der ZHdK Zürich und an der AdBK Nürnberg. Gründer der forschungsgruppe_f, der AG Retrograde Strategien, des S_A_R Projektbüros und der AG AST – Arbeitsgemeinschaft Anastrophale Stadt.

Gesa Ziemer ist Professorin für Kulturtheorie an der HafenCity Universität Hamburg sowie Vizepräsidentin Forschung mit den Schwerpunkten Urbane Öffentlichkeiten und Praktiken von Teilhabe, kollektiven Arbeitsformen, Digitalisierung von Städten sowie künstlerischer Forschung. Sie ist Direktorin des City Science Labs, eine Kooperation mit dem MIT Media Lab in Cambridge und Mitglied des Akkreditierungsausschusses des Wissenschaftsrates. Letzte Publikationen: *Perspectives in Metropolitan Reserach. New Stakeholders of Urban Change* (Hrsg. mit Hilke Berger, 2017). *Komplizenschaft – Neue Perspektiven auf Kollektivität* (2013).

GENESE UND DANKSAGUNG

Die Überlegung, ein komplexes Buch zu dieser fragilen Kunstsparte und deren Transformationen im öffentlichen Raum herauszugeben, entstand im Kontext des im März 2015 durchgeführten internationalen Symposiums in Berlin. Als Leiter des Sonderprojektes und im Namen des Fonds kündigte ich an, dass ein Buch entstehen soll, sofern noch Mittel aus der Gesamtzuwendung zur Verfügung stehen. Das war nach Abschluss des Symposiums der Fall. Die Beschreibungen der geförderten 18 Projekte lagen weitestgehend vor und die Verschriftlichung des Symposiums beauftragte ich im März 2015. Theater der Zeit äußerte Interesse an der gemeinsamen Herausgabe des Buches in der Reihe „Recherchen".

Aber meine Entscheidung vom Sommer 2015, den Fonds wegen unüberbrückbarer Meinungsverschiedenheiten bereits zum Jahresende zu verlassen, führte dazu, dass die Herausgabe dieses Buches verschoben werden musste. Erst im Mai 2016 stand fest, dass ich das Buch redaktionell verantworte und ehrenamtlich herausgebe. Diese Entscheidung ist vor allem der Hartnäckigkeit von Clair Howells zu verdanken, die als Erste Vorsitzende des Bundesverbandes Theater im Öffentlichen Raum das Buch als Abschluss und Bündelung des Gesamtprojektes für unverzichtbar hielt. In diesem Punkt waren wir uns von Anfang an einig, auch wenn ich inzwischen in andere Projekte intensiv eingebunden war. Und weil die Zuwendung des Fonds aber nicht ausreichte, das Buch in dieser Form zu produzieren, überzeugte Clair Howells auch ihre Verbandsmitglieder einen zusätzlichen Geldbeitrag des Verbands zur Verfügung zu stellen. Dem schloss ich mich als Herausgeber ebenfalls an.

Neben Clair Howells ist in besonderer Weise dem Fachberater des Sonderprojektes, Dr. Matthias Däumer, zu danken. Er sichtete die bundesweit eingegangenen 165 Projektanträge und bereitete sie gemeinsam mit mir für die Kuratoriumssitzungen auf. Er nahm an den Sitzungen aktiv teil. Er konnte sich neben seinen beruflichen Verpflichtungen 16 der geförderten Projekte vor Ort ansehen und erstellte Beschreibungen und ästhetische Einordnungen im Kontext der Projektausschreibung. Auch in dieser Phase tauschten wir uns regelmäßig über die Inszenierungsergebnisse aus und kooperierten bei seinen und meinen Textfassungen. Das Arbeitspensum von Matthias Däumer ging weit über den ursprünglichen Honorarauftrag hinaus – insbesondere wegen seines Interesses und Wertschätzung den Künstlerinnen und Künstlern gegenüber.

Danken möchte ich auch allen Beteiligten des Symposiums sowie den später von mir gewonnenen Autorinnen und Autoren, die die Herausgabe des Buches erst durch ihre großzügige Textfreigabe, Kooperationsbereitschaft und Geduld ermöglichten.

November 2017, Günter Jeschonnek

RECHERCHEN

134 Willkommen Anderswo – sich spielend begegnen
133 Clemens Risi . Oper *in performance*
132 Helmar Schramm . Das verschüttete Schweigen
131 Vorstellung Europa – Performing Europe
130 Günther Heeg . Das Transkulturelle Theater
129 Applied Theatre . Rahmen und Positionen
128 Torben Ibs . Umbrüche und Aufbrüche
126 Christoph Nix . Theater_Macht_Politik
125 Henning Fülle . Freies Theater
124 Du weißt ja nicht, was die Zukunft bringt . Die Expertengespräche zu „Die Schutzflehenden / Die Schutzbefohlenen" am Schauspiel Leipzig
123 Hans-Thies Lehmann . Brecht *lesen*
121 Theater als Intervention . Politiken ästhetischer Praxis
120 Vorwärts zu Goethe? . Faust-Aufführungen im DDR-Theater
119 Infame Perspektiven . Grenzen und Möglichkeiten von Performativität
118 Italienisches Theater . Geschichte und Gattungen von 1480 bis 1890
117 Momentaufnahme Theaterwissenschaft Leipziger Vorlesungen
116 Kathrin Röggla . Die falsche Frage Vorlesungen über Dramatik
115 Auftreten . Wege auf die Bühne
114 FIEBACH . Theater. Wissen. Machen
113 Die Zukunft der Oper zwischen Hermeneutik und Performativität
112 Parallele Leben . Ein Dokumentartheaterprojekt
111 Theatermachen als Beruf . Hildesheimer Wege
110 Dokument, Fälschung, Wirklichkeit Dokumentarisches Theater
109 Reenacting History: Theater & Geschichte
108 Horst Hawemann . Leben üben – Improvisationen und Notate
107 Roland Schimmelpfennig . Ja und Nein Vorlesungen über Dramatik
106 Theater in Afrika . Zwischen Kunst und Entwicklungszusammenarbeit
105 Wie? Wofür? Wie weiter? Ausbildung für das Theater von morgen
104 Theater im arabischen Sprachraum
103 Ernst Schumacher . Tagebücher 1992 – 2011
102 Lorenz Aggermann . Der offene Mund
101 Rainer Simon . Labor oder Fließband?
100 Rimini Protokoll . ABCD
99 Dirk Baecker . Wozu Theater?

Theater der Zeit

RECHERCHEN

98 **Das Melodram . Ein Medienbastard**
97 **Magic Fonds . Berichte über die magische Kraft des Kapitals**
96 **Heiner Goebbels . Ästhetik der Abwesenheit** Texte zum Theater
95 **Wolfgang Engler . Verspielt** Essays und Gespräche
94 **Ästhetik versus Authentizität? Reflexionen über die Darstellung von und mit Behinderung**
93 **Adolf Dresen . Der Einzelne und das Ganze** Dokumentation
91 **Die andere Szene . Theaterarbeit und Theaterproben im Dokumentarfilm**
90 **Einfachheit & Lust & Freiheit** Essays
87 **Macht Ohnmacht Zufall** Essays
84 **B. K. Tragelehn . Der fröhliche Sisyphos**
83 **Die neue Freiheit . Perspektiven des bulgarischen Theaters** Essays
82 **Working for Paradise . Der Lohndrücker. Heiner Müller Werkbuch**
81 **Die Kunst der Bühne . Positionen des zeitgenössischen Theaters** Essays
79 **Woodstock of Political Thinking . Zwischen Kunst und Wissenschaft** Essays
76 **Falk Richter . TRUST** Inszenierungsdokumentation
75 **Müller Brecht Theater . Brecht-Tage 2009** Diskussionen
74 **Frank Raddatz . Der Demetriusplan** Essay
72 **Radikal weiblich? Theaterautorinnen heute** Aufsätze
71 **per.SPICE! . Wirklichkeit und Relativität des Ästhetischen** Essays
70 **Reality Strikes Back II . Tod der Repräsentation** Aufsätze und Diskussionen
67 **Go West . Theater in Flandern und den Niederlanden** Aufsätze
66 **Das Angesicht der Erde . Brechts Ästhetik der Natur Brecht-Tage 2008**
65 **Sabine Kebir . „Ich wohne fast so hoch wie er" Steffin und Brecht**
64 **Theater in Japan** Aufsätze
63 **Vasco Boenisch . Krise der Kritik?**
62 **Anja Klöck . Heiße West- und kalte Ost-Schauspieler?**
61 **Theaterlandschaften in Mittel-, Ost- und Südosteuropa** Essays
60 **Elisabeth Schweeger . Täuschung ist kein Spiel mehr** Aufsätze
58 **Helene Varopoulou . Passagen . Reflexionen zum zeitgenössischen Theater**
57 **Kleist oder die Ordnung der Welt**
56 **Im Labyrinth . Theodoros Terzopoulos begegnet Heiner Müller** Essay u. Gespräch
55 **Martin Maurach . Betrachtungen über den Weltlauf . Kleist 1933 – 1945**
54 **Strahlkräfte . Festschrift für Erika Fischer-Lichte** Essays
52 **Angst vor der Zerstörung** Tagungsbericht

Erhältlich in Ihrer Buchhandlung oder unter www.theaterderzeit.de

RECHERCHEN

49 Joachim Fiebach . Inszenierte Wirklichkeit

48 Die Zukunft der Nachgeborenen . Brecht-Tage 2007 Vorträge und Diskussion

46 Sabine Schouten . Sinnliches Spüren

45 Thomas Flierl . Berlin: Perspektiven durch Kultur Aufsätze

42 Sire, das war ich – Zu Heiner Müllers Stück Leben Gundlings Friedrich von Preußen Werkbuch

41 Friedrich Dieckmann . Bilder aus Bayreuth Essays

40 Durchbrochene Linien . Zeitgenössisches Theater in der Slowakei Aufsätze

39 Stefanie Carp . Berlin – Zürich – Hamburg Essays

37 Das Analoge sträubt sich gegen das Digitale? Tagungsdokumentation

36 Politik der Vorstellung . Theater und Theorie

35 B. K. Tragelehn . Roter Stern in den Wolken

32 Theater in Polen . 1990 – 2005 Aufsätze

31 Brecht und der Sport . Brecht-Tage 2005 Vorträge und Diskussionen

30 VOLKSPALAST . Zwischen Aktivismus und Kunst Aufsätze

28 Carl Hegemann . Plädoyer für die unglückliche Liebe Aufsätze

27 Johannes Odenthal . Tanz Körper Politik Aufsätze

26 Gabriele Brandstetter . BILD-SPRUNG Aufsätze

23 Brecht und der Krieg . Brecht-Tage 2004 Vorträge und Diskussionen

22 Falk Richter – Das System Materialien Gespräche Textfassungen zu „Unter Eis"

19 Die Insel vor Augen . Festschrift für Frank Hörnigk

15 Szenarien von Theater (und) Wissenschaft Aufsätze

14 Jeans, Rock & Vietnam . Amerikanische Kultur in der DDR

13 Manifeste europäischen Theaters Theatertexte von Grotowski bis Schleef

12 Hans-Thies Lehmann . Das Politische Schreiben Essays

11 Brechts Glaube . Brecht-Tage 2002 Vorträge und Diskussionen

10 Friedrich Dieckmann . Die Freiheit ein Augenblick Aufsätze

9 Gerz . Berliner Ermittlung Inszenierungsbericht

8 Jost Hermand . Brecht-Aufsätze

7 Martin Linzer . „Ich war immer ein Opportunist..." Gespräche

6 Zersammelt . Die inoffizielle Literaturszene der DDR
Vorträge und Diskussionen

4 Rot gleich Braun . Brecht-Tage 2000 Vorträge und Diskussionen

3 Adolf Dresen . Wieviel Freiheit braucht die Kunst? Aufsätze

Theater der Zeit